LES ÉMOTIONS

ET

LA VOLONTÉ

A LA MÊME LIBRAIRIE

AUTRES OUVRAGES DE M. ALEX. BAIN

TRADUITS EN FRANÇAIS

La logique inductive et déductive, traduit de l'anglais, par M. Comparé, 2 vol. in-8, 2ᵉ édit. . . . . 20 fr.

Les Sens et l'Intelligence, suivis d'une étude sur la psychologie d'Aristote. Un fort vol. in-8, traduit par M. Cazelles . . . . 10 fr.

L'Esprit et le Corps, considérés au point de vue de leurs relations, suivis d'études sur les erreurs généralement répandues au sujet de l'esprit. Un vol. in-8, de la *Bibliothèque scientifique internationale*. 1ʳᵉ édition, cartonné . . . . 6 fr.

La Science de l'Éducation. Un vol. in-8, de la *Bibliothèque scientifique internationale*. 5ᵉ édition, cartonné . . . . 6 fr.

LES ÉMOTIONS
ET
LA VOLONTÉ

PAR

ALEXANDRE BAIN

Professeur à l'Université d'Aberdeen (Écosse)

TRADUIT DE L'ANGLAIS SUR LA TROISIÈME ÉDITION

Par P.-L. LE MONNIER

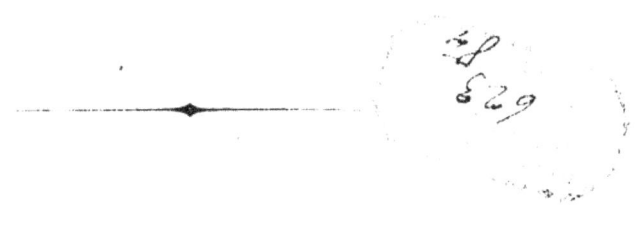

PARIS

ANCIENNE LIBRAIRIE GERMER BAILLIÈRE ET Cie
FÉLIX ALCAN, ÉDITEUR
108, Boulevard Saint-Germain, 108

1885.

Tous droits réservés.

PRÉFACE

La présente publication est la suite d'un autre ouvrage : *Les Sens et l'Intelligence* (1) ; elle complète l'exposition systématique de l'esprit humain.

La doctrine généralement admise, quoique conçue d'une façon assez vague, des rapports (de l'union) entre le corps et l'esprit a été discutée tout au long et définitivement. En traitant des émotions, je renvoie à tout ce qu'on a appris sur leurs correspondants physiques.

L'application de la méthode naturelle et historique à l'exposition des sensations est continuée dans le *Traité sur les Émotions*. Le premier chapitre est consacré aux émotions en général; chaque espèce d'émotion est ensuite discutée et classée; des chapitres séparés sont consacrés aux émotions esthétiques, nées de la contemplation de la beauté dans la nature ou dans l'art, et au sens moral ou éthique. Dans ce dernier, j'ai abordé la théorie de l'obligation morale.

C'est une habitude trop répandue que celle de faire de la volonté un simple problème métaphysique sur la liberté et la nécessité.

M'éloignant de cet usage étroit, j'ai songé à fixer la nature de cette faculté, à montrer ses premiers germes, ses premières bases, dans la constitution humaine et à suivre son développement depuis ses traces les plus faibles dans l'enfance, jusqu'à la maturité de sa puissance. Cinq chapitres sont consacrés à ces recherches, cinq autres, aux sujets du ressort de la volonté : conflit des motifs, délibération, résolution, effort, désir, habitudes morales, devoir, impuissance morale. Un dernier chapitre sur le libre arbitre *(free will)* clôt le tout.

Comme, à mon avis, la foi a un rapport intime avec la partie *active* de notre être, j'ai réservé son examen pour la conclusion du *Traité sur la Volonté*.

La dissertation finale de l'ouvrage a pour objet la conscience. Bien qu'il fût nécessaire d'accepter dès le début une définition provisoire, je considérais comme imprudent de discuter les subtils problèmes qui touchent la conscience dans l'abstrait, jusqu'à ce que l'examen détaillé des faits de l'esprit fût achevé. Quelque opinion qu'on puisse avoir sur les conclusions de cet ouvrage, je crois qu'on admettra l'utilité de cette méthode.

Londres, mars 1859.

(1) Cet ouvrage a été traduit en français, par M. E. Cazelles. (Paris, Germer Baillière et Cie.)

PRÉFACE DE LA SECONDE ÉDITION

Dans cette seconde édition, j'ai fait de nombreuses corrections dans les deux parties de l'ouvrage.

Le chapitre sur l'émotion en général a été entièrement refondu ; l'application des lois générales de l'esprit à l'émotion dérivant de la sensation a permis de mieux définir et de mieux classer les émotions. L'analyse des émotions spéciales a été refaite conformément aux vues générales. J'ai ajouté dans l'appendice un compte rendu des classifications diverses des sentiments, anglaises et allemandes.

Les chapitres sur les premiers développements de la faculté de vouloir ont été considérablement modifiés ; on trouvera, en les parcourant, de nombreux amendements.

La discussion des significations du mot conscience a été augmentée et corrigée. Et finalement, tout ce qui a rapport à la liaison entre l'esprit et les phénomènes physiques a été soumis à une revue soigneuse.

Aberdeen, novembre 1865.

PRÉFACE DE LA TROISIÈME ÉDITION

Le désir de revoir complètement cet ouvrage en a fait différer longtemps la troisième édition.

Des trois divisions de l'esprit humain, la plus difficile à traiter scientifiquement, est celle qui a pour objet les sentiments, ou en d'autres termes, le plaisir et la souffrance ; on ne peut guère la traiter que d'une façon un peu vague, en rapport avec l'incertitude du but vers lequel tendent les efforts de l'homme. D'un autre côté, il est maintenant absolument nécessaire, dans tout traité scientifique, d'évaluer les quantités avec précision. Agir ainsi en psychologie c'est, semble-t-il, se donner une tâche sans espoir de réussite. Cependant, nous devons nous enquérir des moyens employés pour fixer des degrés dans les sentiments, et chercher si ces méthodes peuvent être employées ou améliorées. J'ai consacré à ces recherches une partie de l'introduction.

Dans un chapitre séparé, j'ai discuté l'application de l'hypothèse de l'évolution aux émotions. Le seul côté de la question à étudier ici, est celui-ci : Les faits considérés au point de vue de cette hypothèse gagnent-ils en clarté ? Ceux qui rentrent dans le grand couple ennemi, l'amour et la haine sont mieux éclairés, je crois.

Les chapitres sur les émotions premières, sur l'émotion idéale, sur la sympathie, ont été entièrement écrits à nouveau. Dans le chapitre sur les émotions esthétiques, j'ai largement profité des recherches de M. James Sully qui promet d'être le psychologue des beaux-arts de la génération actuelle. Dans l'analyse du sens moral, j'ai fait place à quelques mots, sur les difficiles problèmes liés à nos impulsions désintéressées.

Sur la volonté, les changements ont été peu nombreux ; je n'ai fait qu'agrandir le sujet. Ayant à examiner jusqu'à quel point ma théorie primitive sur la naissance et l'accroissement de la faculté de vouloir, était affectée par l'hypothèse de l'évolution, j'ai acquis la conviction que mes assertions premières s'accordent avec cette hypothèse. Des modifications secondaires ont seules été nécessaires sur la nature de nos aptitudes volontaires à leur naissance.

J'ai augmenté le chapitre sur le désir.

Dans le chapitre sur la liberté et la nécessité, l'argument en faveur de la libre volonté de la conscience, reproduit par M. Sidgwick, a subi un nouvel examen.

J'ai écrit de nouveau, avec quelques modifications, le chapitre sur la foi (*belief*).

L'exposé de la conscience a été revu ainsi que l'analyse du sujet et de l'objet.

Aberdeen, novembre 1875.

ERRATA

Page 15, ligne 39 : *au lieu de* forme effective *lisez* force effective.
— 97, — 16 : *au lieu de* ou même la *lisez* ou même à la.
— 267, — 7 (note 1) : *au lieu de* qu'est-ce qui voit faire *lisez* qui est-ce qui doit faire.
— 285, — 8 : *au lieu de* de même le plaisir *lisez* de même que le plaisir.
— 304, — 33-34 : *au lieu de* et accidentellement, causent du plaisir *lisez* et accidentellement causent du plaisir.
— 327, — 40 : *au lieu de* à l'hérédité *lisez* héréditairement.
— 397, — 7 : *au lieu de* composée par *lisez* compensée par.
— 581, — 7 : *au lieu de* B *lisez* C.
— 582, — 32 : *au lieu de* nous même *lisez* nous-mêmes.

LES ÉMOTIONS ET LA VOLONTÉ

PREMIÈRE PARTIE

LES ÉMOTIONS

« Quoiqu'on puisse peut-être concevoir l'existence d'un être purement intellectuel, et quoique, en étudiant notre structure intérieure on puisse trouver convenable de séparer l'étude de notre puissance intellectuelle de celle de nos tendances actives, cependant, en fait, ces deux choses sont intimement et inséparablement unies dans toutes nos opérations mentales. J'ai déjà donné à entendre que même dans nos recherches spéculatives, le principe de curiosité est nécessaire pour expliquer l'effort que nous avons dû faire ; et il est encore plus évident qu'une combinaison de moyens tendant à l'accomplissement de fins particulières, présuppose quelque détermination de notre nature qui rend désirable l'accomplissement de ces fins. Nos tendances actives sont donc les motifs qui nous engagent à déployer nos facultés intellectuelles ; et nos facultés intellectuelles sont les instruments qui nous permettent d'atteindre les fins que nous proposent nos tendances actives :

« La raison est la voile, mais la passion est le zéphir. »

DUGALD-STEWART, *Philosophie des facultés actives.*

CHAPITRE PREMIER

DU SENTIMENT EN GÉNÉRAL

CONDITIONS PHYSIQUES DU SENTIMENT

1. — L'*esprit (the mind)* est caractérisé par trois attributs ou propriétés, le *sentiment*, la *volonté* et l'*intelligence*.

Le *sentiment* comprend tous nos plaisirs et toutes nos souffrances ainsi que cet état d'esprit qui n'est ni agréable, ni désagréable mais est une cause d'activité.

Sous la dénomination de *sensations musculaires* et de *sensations des sens*, sont rangées toutes les sensibilités d'ordre primitif, causées d'un côté par le déploiement de l'énergie musculaire, de l'autre par l'influence du monde extérieur sur les organes des sens. C'est là ce qui forme la division si importante qui comprend les sentiments secondaires, dérivés ou combinés qu'on appelle les *émotions*.

2. — Dans le volume précédent (1) on a appelé l'attention sur la correspondance, la dépendance qui existe entre toute activité mentale et les organes corporels ; et en traitant des sensations, on a montré le côté physique et intellectuel de chaque exemple. On procédera de même pour les sentiments qu'on se propose d'étudier.

Dans les sensations le côté physique comprend un mode d'action sur une surface sensible, et une manifestation extérieure ou diffusion par ondulations de l'effet produit. Dans les émotions le premier de ces phénomènes manque. Notre

---

(1) *Les Sens et l'Intelligence*, traduction Cazelles, bibliothèque de philosophie contemporaine.

attention est donc nécessairement concentrée sur le second qui prend une importance plus grande.

Pour faire l'exposé complet des rapports qui unissent l'esprit et le corps, il faudrait en connaître les nombreuses lois. Probablement nous ne les connaissons pas toutes et même nous ignorons les formes les plus générales de chacune d'entre elles. Après l'affirmation de l'existence d'une union entre le corps et l'esprit, la loi fondamentale la plus importante, celle qu'on mentionne le plus souvent et qui a gagné le plus d'autorité est la loi de la *relativité*. Comme cette loi apparaîtra constamment dans ce volume, on se réserve de l'exposer, afin de la rendre aussi claire que possible. Après elle vient la loi de *diffusion* qui contient la loi de relativité et résume les correspondants physiques ou expressions physiques du sentiment. On peut exprimer ainsi la loi de diffusion : Lorsque une impression est accompagnée de sentiment, les courants stimulés se *répandent* rapidement dans le cerveau, amènent les organes moteurs à une activité générale et affectent en même temps les viscères.

3. — L'énumération complète des parties (musculaires et organiques) jouant un rôle dans les manifestations extérieures du sentiment, a été faite dans *Les Sens et l'Intelligence* ; de cette énumération dépend la loi du plaisir et de la souffrance. Je note ici les faits relatifs au phénomène plus général de la diffusion qui accompagne tous les sentiments semblables.

Les organes affectés en premier et avec le plus de force, dans la diffusion des courants nerveux, sont les parties susceptibles de mouvement, particulièrement les traits du visage (avec les oreilles chez les animaux) ; leurs mouvements constituent l'*expression* de la physionomie. Mais l'influence des courants nerveux s'étend volontairement et involontairement à toutes les autres parties du système mobile, pendant qu'une série d'effets importants est produite sur les glandes et les viscères, l'estomac, les poumons, le cœur, les reins, la peau, ainsi que sur les organes sexuels et mammaires.

Les faits qui prouvent le rapport qui existe entre les sentiments et les phénomènes de diffusion ont été rapportés dans la description des sensations. Chacun de nous sait, par expérience, que le heurt soudain d'un sentiment fait naître des mouvements dans tout le corps et produit même d'autres effets. Quand nous ne sommes pas émus, nous sommes tranquilles ; une émotion passagère est accompagnée de manifestations passagères ; qu'une émotion intense survienne, la manifestation sera grande aussi. Chaque plaisir et chaque souffrance, chaque mode d'émotion produit des effets définis que l'observation de nous-mêmes peut nous faire connaître, et nous appliquons notre savoir à conclure des manifestations extérieures quels sont les sentiments des autres hommes. Selon toutes les apparences c'est un fait universel, on n'a pas besoin pour le prouver, de s'enfoncer dans les détails ; pour accabler ceux qui le contestent, on n'a qu'à leur montrer qu'ils n'invoquent que des exceptions manifestes à la loi.

Il y a des cas où l'impression a lieu, l'excitant existe, sans éveiller aucune émotion, aucun sentiment. Dans la mêlée d'une bataille, un homme peut être blessé et, pour un temps, être complètement insensible à la souffrance. Ce fait s'explique par l'absorption complète de toutes les énergies du système, nerveux et musculaire, empêche toute diffusion de l'impulsion donnée dans les canaux usuels, et c'est seulement lorsque disparaît l'exaltation du combat que la souffrance est sentie, car c'est alors seulement que le chemin est libre pour les courants nerveux. Par contre, lorsque nous souffrons, un moyen de nous soulager, est de détourner notre attention et nos énergies ; autant que cela est possible, on enlève ainsi les supports physiques du mal et on amortit le sentiment de la souffrance.

Cette opinion a une grande importance par rapport à l'unité de la conscience. La pluralité d'excitation peut exister ; mais ces excitations n'affectent la conscience que tour à tour, c'est-à-dire une seule dans un temps. La raison de ce fait est que des organes corporels sont engagés *collectivement* dans chaque état de conscience distinct, et qu'ils ne peuvent faire deux choses à la fois. Les yeux ne peuvent pas servir un sentiment, les oreilles un autre, les mains un troisième ; car, bien que le sentiment puisse ne pas être assez important pour nécessiter l'activité de tous les organes, cependant ces organes inoccupés doivent être ou au repos, ou remplissant par pure routine leurs fonctions, la marche, par exemple, qui n'est pas nécessairement consciente.

4. — Un dissident pourrait admettre la concomitance occasionnelle et même fréquente entre le sentiment et l'expres-

sion ou manifestation physique de ce sentiment, et cependant nier l'universalité de la loi. Un état violent de sentiment peut produire une explosion de gestes, pendant, dira-t-on, que les émotions les plus élevées et les plus profondes peuvent exister sans la moindre manifestation corporelle. On répond à ceci que de tout temps on a pensé que les émotions élevées et profondes ont une expression naturelle mais non violente. Cette expression est ce qui donne à la figure humaine sa plus grande beauté. Cependant nulle émotion arrivée à un certain degré de force n'est dépourvue de manifestation extérieure ; les émotions faibles ne sont pas accompagnées d'une diffusion assez grande pour vaincre l'inertie des traits. Lorsque le sentiment est faible l'expression est faible aussi, ceci fait partie de la loi.

La loi est encore confirmée par l'idée généralement reçue sur les actions réflexes ou automatiques, et sur l'habitude. Les actions réflexes sont pour la plupart entièrement inconscientes ; quelques-unes d'entre elles sont plus ou moins accompagnées de conscience. On conçoit ces actions comme ayant une influence nerveuse assez limitée ; quelques-unes ne dépassent pas les ganglions sympathiques, d'autres partent de la colonne vertébrale, et leur service est limité au but unique qu'elles servent. Nuls mouvements collatéraux, nulles vibrations générales, dépassant la sphère particulière de l'action, ne l'accompagnent. Une action réflexe est une réponse isolée d'un seul ganglion ou de quelque autre partie restreinte des centres nerveux, et non un courant diffus dans tous les membres.

Les actions faites sous l'empire de l'habitude sont aussi le contraire de la diffusion émotionnelle. D'abord accompagnées de sentiment, elles ont perdu graduellement ce caractère pendant que leur champ d'action se rétrécissait et se bornait au membre précis nécessaire pour accomplir l'action. Les premiers efforts de manipulation sont vivemen conscients ; tous les membres sont agités en même temps, tout le corps se meut, et tant que le sentiment est intense les manifestations de diffusion subsistent.

5. — Occupons nous maintenant des circonstances qui limitent et contrôlent la diffusion des manifestations du sentiment.

Premièrement. Un certain degré d'excitation est nécessaire, pour produire ces mouvements, changements dans les traits manifestations vocales, altérations dans l'état des viscères, que peut constater l'observateur. On peut tressaillir de plaisir, sans même sourire ; cependant un courant nerveux peut s'être répandu à tous les muscles de la face et même à tous les autres muscles ; le manque de manifestation extérieure est alors dû à l'insuffisance mécanique du stimulus central. Un certain degré d'excitation émotionnelle peut exister sans manifestation extérieure complète, mais jamais sans qu'il y ait tendance vers une manifestation.

Deuxièmement. On doit tenir compte de l'état des organes actifs. Indépendamment de la force des sentiments, les manifestations peuvent varier en intensité suivant les individus, suivant même les instants lorsqu'il s'agit d'une seule personne. Une vigueur, une jeunesse particulière dans les membres, les traits, la voix, les disposent à l'activité, à chercher toutes les occasions de manifestations ; l'âge, la faiblesse, l'épuisement paralysent ces manifestations sans détruire la faculté de sentir. Des individus et des races sont caractérisés par la vivacité de tempérament ; nous pouvons donner en exemples les anciens Grecs et les modernes Italiens.

Troisièmement. Les émotions différentes diffèrent dans leurs manifestations. Les formes distinctes caractérisant le plaisir et la souffrance ont déjà été décrites et énumérées V. *Du Jeu instinctif des sentiments*, § 18). Il existe en outre d'autres distinctions. L'étonnement n'est pas la même chose que la complaisance ; la souffrance qui résulte de la peur ou celle qui vient d'une blessure corporelle ne se manifeste pas de la même façon. Dans quelques émotions comme dans l'étonnement, l'individu est fortement stimulé au mouvement ; dans d'autres comme les émotions tendres, ce sont les glandes qui sont le plus affectées.

Quatrièmement. Les manifestations primitives des émotions peuvent être profondément modifiées par l'éducation. Le langage articulé et le chant sont deux débouchés nouveaux et raffinés ouverts au flot émotionnel. Dans l'enthousiasme de la victoire, au lieu du rire sauvage ou des gestes forcenés, le héros d'une société civilisée, a pour manifester ses émotions un langage pompeux ou une musique splendide. Les sentiments s'exhalent non seulement en discours parlés mais en discours murmurés ou pensés.

Le langage naturel des sentiments est coulé dans un

moule, jusqu'à un certain point conventionnel : un Français ou un Anglais, un homme du monde ou un rustre, n'exprimeront pas de même leurs émotions.

Cinquièmement. Il est possible, par la force de la volonté, de supprimer les manifestations les plus apparentes du sentiment, surtout les mouvements qui dépendent de la volonté. Les effets organiques, rougir par exemple, ne dépendent pas de notre volonté. La suppression de manifestation extérieure peut devenir habituelle, et cependant le sentiment exister toujours, quoique modifié pour n'avoir pu suivre son cours habituel.

6. — *Stimulus d'une impulsion active*. — La loi de la diffusion des manifestations, accompagnée de conscience, se retrouve aussi dans le mouvement. La tendance des parties en repos à se joindre à la partie qui agit immédiatement, est si forte que nous trouvons souvent difficile de localiser l'énergie là où elle est nécessaire. C'est ainsi qu'un enfant cherchant à atteindre un objet avec ses mains fait beaucoup plus de mouvements qu'il n'est nécessaire. Ainsi, dans un discours, tout éclat dans l'élocution est invariablement accompagné d'un certain nombre de mouvements et de gestes involontaires, comme s'il n'était pas possible d'isoler le courant nerveux, ou de le restreindre aux mouvements qui lui sont particuliers. Les gestes maladroits de l'enfant apprenant à écrire peuvent encore servir d'exemple. Dans chaque art, les commençants sont embarrassés par les mouvements sympathiques inutiles des membres inoccupés. La suppression de ces mouvements est l'œuvre de l'éducation et un des traits distinctifs de la maturité de la vie ; mais à aucun âge elle n'est jamais absolue. Tout ce qui semble disgracieux dans les gestes qui accompagnent le discours est supprimé dans les classes élevées de la société ; mais ce qui n'a pas ce caractère est conservé, augmenté même à cause de l'animation qu'il communique au maintien de l'homme. La diffusion du courant cérébral qui fait que dans une action les membres inoccupés coopèrent quand même à cette action, est utile dans l'art de la manifestation théâtrale et oratoire, et même dans les gestes gracieux qui accompagnent la conversation de chaque jour. Dans les rangs inférieurs de la société, surtout dans les races où le sentiment artistique est peu développé, la diffusion instinctive d'une impulsion active, produit

des effets très désagréables. Bien des personnes ne peuvent répondre à une question sans secouer la tête, cligner des yeux, ou remuer tout le corps.

Le concours des effets organiques ou des altérations dans l'action des viscères, et les états mentaux, n'a pas été observé avec tout le soin désirable. On a pourtant constaté expérimentalement l'influence des causes mentales sur la circulation capillaire.

Les vaisseaux capillaires qui apportent le sang dans toutes les parties du corps, sont soumis à deux forces, à deux tensions qui se balancent : l'une est l'action propulsive du cœur tendant à élargir les vaisseaux, l'autre est l'influence des centres nerveux agissant sur les fibres musculaires jusqu'à contracter les vaisseaux. La première de ces deux forces, celle du cœur, existe si évidemment qu'on n'a pas besoin de le prouver. L'existence de l'autre force repose sur les preuves expérimentales suivantes : quand le nerf sympathique agissant sur les vaisseaux de la tête et de la face d'un animal est coupé, la congestion des vaisseaux sanguins suit immédiatement, et la chaleur augmente sur toute la surface occupée par le nerf. L'oreille devient plus rouge : un thermomètre introduit dans les narines montre rapidement que la chaleur augmente, signe que le sang afflue en plus grande quantité dans les capillaires. On infère de cette expérience que la force servant de contre-poids étant supprimée, la force qui dilate les vaisseaux capillaires devient prédominante. Il est de plus prouvé que l'influence nerveuse qui agit sur les petites fibres musculaires des vaisseaux capillaires, vient d'un centre : en effet, en coupant le nerf qui relie le cerveau et le ganglion du cou, d'où procède le nerf sympathique déjà cité, on supprime le contre-poids et la congestion s'ensuit immédiatement. En galvanisant le nerf divisé, l'épanchement cesse, les vaisseaux se resserrant par la contraction de leur enveloppe musculaire.

On ne sait pas encore bien si les centres nerveux peuvent agir immédiatement sur le cours de la sécrétion, de l'absorption, etc., ou s'ils agissent par un pouvoir intermédiaire. Plusieurs physiologistes ont affirmé que les centres nerveux agissaient directement ; Ludwig a récemment essayé de prouver cette opinion par des expériences ; mais comme elle forçait d'attribuer aux nerfs dans l'économie animale une fonction nouvelle et distincte, d'autres physiologistes suspendent leur jugement sur ce sujet, pour le moment. Il est presque certain que l'action cérébrale provoquée par l'exercice de la volonté porte seulement sur les muscles ; par analogie il est probable que l'onde émotionnelle est aussi limitée aux muscles. Néanmoins l'existence d'une espèce d'influence agissant plus directement sur le cours des organes, est encore matière à preuve expérimentale.

CARACTÈRES DU SENTIMENT

7. — Dans *Les Sens et l'Intelligence* (p. 73 dans l'édition anglaise, 56 dans l'édition française), j'ai donné le plan d'une topographie complète des sentiments. J'y ajouterai quelques remarques pour préparer à l'étude que nous allons maintenant entreprendre.

La distinction la plus palpable qui existe entre nos sentiments est celle qu'on peut tirer du contraste du plaisir et de la souffrance. Puis vient la différence de degré dans les deux sentiments ; de ce côté la voie est ouverte. Paley a avancé, en se plaçant à un point de vue qu'il considérait comme le point de vue pratique du bonheur humain, que les plaisirs diffèrent seulement en durée et en intensité.

Voici ce qu'il dit : « Dans cette recherche (de la nature « du bonheur), j'omettrai les déclamations usuelles sur la « dignité et la puissance de notre nature, sur la supériorité « de l'âme sur le corps, sur la supériorité du raisonnable « sur la partie animale de notre constitution, sur le mérite, « la beauté, la délicatesse de quelques satisfactions, sur la « bassesse, la sensualité de quelques autres, parce que je « suis persuadé que les plaisirs ne diffèrent que par la durée « et l'intensité ; c'est d'après le calcul de cette durée et de « cette intensité, calcul confirmé par nos observations sur « la tranquillité et le contentement d'hommes différents de « goûts, de tempérament, de rang, de buts, que l'on peut « résoudre toutes les questions qui traitent du bonheur hu-« main. » (*Philosophie morale*, liv. I, ch. VI.)

Pour moi je mets en doute la perfection d'une théorie du bonheur restreinte à la considération de ces deux attributs. La distinction dans les plaisirs (et dans les souffrances) entre la vivacité et le volume (intensité et quantité) est une distinction féconde. Mais alors l'attribut de la durée, n'amenant pas de fatigue, et l'attribut de la persistance idéale dont il a déjà été fait mention, sont fondés sur des degrés de supériorité dans les plaisirs, la supériorité étant le fait capital impliqué dans le raffinement.

Les caractères du sentiment sont premièrement, ceux du sentiment en tant que plaisir et souffrance, caractères que nous appelons émotionnels (1); deuxièmement, les caractères volitionnels, ou de l'influence du sentiment sur la volonté; troisièmement, les caractères intellectuels, ou de l'influence du sentiment sur la pensée; quatrièmement, nous pouvons ajouter quelques caractères mêlés, les rapports de la volition prévoyante avec le désir et la croyance.

CARACTÈRES ÉMOTIONNELS DU SENTIMENT

8. — Tout sentiment a son *côté physique*. Dans les sensations des sens nous pouvons montrer une *origine* ou une action physique aussi bien qu'une onde diffuse d'effets. Dans les émotions il est moins facile de déterminer l'origine physique, parce qu'à cette origine on suppose une coalition d'effets avec des idées; et c'est sur la diffusion, sur les manifestations extérieures des émotions que notre science est la plus claire. Le contraste le plus remarquable, pour la partie physique de la question, est celui qui existe entre l'agréable et le pénible, et entre leurs gradations diverses; mais nos moyens de distinction ne s'arrêtent pas là. L'amour, la vanité, l'ambition sont agréables et cependant ne s'expriment pas de la même manière : la crainte, le remords, le chagrin sont pénibles, mais avec chacun un caractère extérieur particulier.

Au point de vue *mental* nous reconnaissons la *qualité*, c'est-à-dire le plaisir, la souffrance, l'indifférence; le *degré* avec ses deux formes, l'intensité et la quantité; la *spécialité*, ou manière de distinguer entre des états matériellement équivalents en qualité et en degré. Ces distinctions ont été

---

(1) Voyez sur le sens de cet adjectif : *Les Sens et l'Intelligence*, appendice, définition et division de l'esprit.

pleinement expliquées dans — sentiments et sensations musculaires.

9. — Le côté *physique du plaisir* a été étudié sous le nom de jeu instinctif de l'émotion, (*Les Sens et l'Intelligence*. — Instincts). Malgré quelques exceptions plus apparentes que réelles, on peut formuler ce grand principe : le plaisir est lié à l'énergie vitale, la souffrance au contraire. Les deux états, plaisir et peine sont opposés comme le sont le plus et le moins, le chaud et le froid, le crédit et le débit ; les accompagnements physiques de ces deux états doivent nécessairement montrer les mêmes caractères contraires.

Tous les modes d'accroissement de la vitalité ne contribuent pas également à donner du plaisir, et tous les modes de diminution n'impliquent pas nécessairement souffrance. On doit établir une distinction entre les parties plus ou moins sensibles. Une augmentation de la puissance musculaire est suivie d'une faible augmentation de plaisir ; une diminution de la puissance musculaire ne produit pas immédiatement de la souffrance. Quelques-unes des fonctions organiques, la digestion par exemple, ont une grande influence sur l'état agréable ou désagréable de l'esprit.

Il y a sans doute une certaine partie du cerveau plus intimement liée que les autres à l'état général heureux du système ; augmenter la vitalité de cette partie, serait probablement le moyen le plus direct de causer du plaisir.

On appelle la loi qui a rapport à la vitalité, loi de stimulation. Les stimulants n'accroissent pas la puissance des centres nerveux, ils les mettent seulement en activité, et l'activité, dans de certaines limites est agréable, tandis que, ne pas exercer le cerveau dans ces limites, c'est supprimer un plaisir. L'exercice à l'excès produit un affaiblissement de la vitalité, une peine par conséquent, d'après la loi première.

Ces lois ont été expliquées et prouvées par une induction tirée des sentiments et sensations musculaires ; elles ont été étendues par analogie aux émotions, pendant que leur application était confirmée par l'examen qu'on faisait des *manifestations* des états opposés, le plaisir et la souffrance.

10. — Le côté *physique* de la souffrance peut être déterminé suivant les plus grandes probabilités pour la majorité des cas. La diminution de vitalité compte pour beaucoup

dans l'appréciation. Eu égard aux souffrances des sens, nous trouvons qu'un certain degré dans l'intensité et la durée d'un stimulant conduit à la souffrance. Ceci s'applique au toucher, à l'ouïe, à la vue ; cela s'applique partiellement au goût et à l'odorat, mais non d'une manière complète dans l'état présent de notre savoir ; nous ne pouvons pas dire qu'un goût amer est accompagné d'une excitation excessive des nerfs, car nous trouvons que le plus petit degré d'amertume renferme la qualité essentiellement pénible.

Il est une autre circonstance accompagnée de souffrance qui vient d'une espèce de conflit entre les sentiments ; nous supposons que ce conflit produit une diminution de stimulation, ou bien une intensité pénible d'excitation. Mais nous ne savons pas si ces deux suppositions expliquent le cas.

11. — *Le sentiment en tant que plaisir.* — Le sentiment du plaisir est une expérience suprême et indéfinissable de l'esprit. Chaque individu a conscience du fait en lui-même ; on peut en réduire les modes, les variétés, les effets collatéraux en proposition, tout aussi bien que les lois de l'esprit. Les opposés du plaisir sont la souffrance et l'indifférence.

12. — *Le sentiment en tant que peine.* — Le sentiment de la souffrance est tout aussi indéfinissable que celui du plaisir ; il est également connu de chacun par une expérience qui ne peut pas être communiquée. Le plaisir et la souffrance sont des contraires, dans toute la force du mot ; comme le froid et le chaud, ils se neutralisent ou se détruisent l'un l'autre. Tous deux ont pour contraste l'indifférence.

13. — *Le sentiment en tant qu'indifférence ou stimulant neutre.* — Nous pouvons sentir et cependant n'être ni heureux, ni malheureux (1). Un sentiment peut être très intense sans être ni agréable ni désagréable ; un tel sentiment s'appelle neutre ou indifférent. Un sentiment bien familier, la surprise, peut servir d'exemple. Il y a des surprises qui nous ravissent, et d'autres qui nous peinent, mais beaucoup ne font ni l'un ni l'autre. Nous sommes réveillés, excités, nous devenons conscients ; pour le physique, une onde diffuse se manifeste par les traits, le geste, la voix, l'expression orale. L'esprit est arrêté sur un objet, source du sentiment ; si un

---

(1) Les sentiments indifférents sont pleinement admis par Reid, mais Hamilton, quelque étrange que ce soit, conteste leur existence.

soudain coup de tonnerre, ou un éclair, excite le sentiment, l'esprit est un moment occupé de la sensation, et oublie les autres objets de sa pensée.

Presque toute sensation et émotion agréable ou désagréable, passe par un moment d'indifférence. Un son mélodieux est plus agréable au moment de son émission; après, le plaisir subsiste, mais l'excitation produite ne subsiste pas nécessairement au même degré. Ainsi les émotions agréables, l'amour, la jouissance du pouvoir, ont des phases d'excitement pur; le piquant du plaisir s'évanouit pendant que l'agitation mentale demeure. L'amour de la mère pour son enfant est pendant longtemps à l'état de stimulant pur absorbant son attention, sans arriver au plaisir, il en est de même dans le cercle des émotions pénibles les plus intenses, la crainte, le remords, la colère ; le sentiment pénible peut subsister, et cependant l'excitation qui l'accompagne demeurer.

Comme tous les états neutres, ces sentiments ne nous invitent pas directement à l'action ; ils ne sont pas des motifs pour la volonté. Ils agissent cependant indirectement, car ils ont une influence intellectuelle puisqu'ils forcent l'esprit à être attentif. Ils forment ainsi un phénomène déjà étudié sous ce titre : *L'Idée fixe* qui vient traverser le cours ordinaire de la volonté. J'y reviendrai dans l'étude des *motifs*.

CARACTÈRES VOLITIONNELS DU SENTIMENT

14. — Quoique nous concevions les opérations de la volonté comme quelque chose de distinct ou d'ajouté aux opérations du sentiment, dans chaque volition méritant ce nom, le stimulus ou antécédent est un sentiment quelconque. Les vrais antécédents sont le plaisir et la souffrance. Les émotions neutres dont on vient de parler, ne stimulent pas directement l'activité, leur efficacité est indirecte. Un plaisir présent ou en espérance, une fête, un amusement, une acquisition, me font aller de l'avant, déployer mon activité ; un mal imminent me surexcite et je déploie mon activité pour l'empêcher d'arriver. Un sentiment neutre travaille encore en forçant l'esprit à l'attention.

Ainsi notre conduite est réglée en partie et principalement par nos plaisirs et nos souffrances passant par l'intermédiaire des opérations de la volonté, et en partie par nos émotions passant par une position nouvelle, celle des idées persistantes. De là, en remarquant la ligne d'action dictée par une émotion, nous avons de nouveaux moyens pour caractériser cette émotion. Si c'est un plaisir intense qu'on ressent, on le constate par les efforts faits pour assurer la durée du plaisir, si c'est une souffrance; on l'atteste par l'énergie qu'on met à s'en délivrer. Le caractère volitionnel d'un sentiment indique donc quelle est sa nature agréable ou pénible exposée seulement à l'influence perturbatrice d'une idée déterminée. Tous nos plaisirs nous engagent plus ou moins à poursuivre un but, toutes nos peines à faire des efforts pour nous en préserver. Des actions d'un homme nous inférons quelles sont les choses qui lui causent du plaisir ou de la peine. Nous lisons dans l'activité de tous les jours de l'humanité, les angoisses de la faim, du froid, de la mort, les plaisirs de l'exercice et du repos, de la chaleur, de la musique, du théâtre, de l'affection, de l'honorabilité, du pouvoir. La ligne de conduite librement choisie par n'importe quelle créature vivante, est le critérium décisif, mais non pas infaillible, de ses plaisirs et de ses souffrances.

15. — En décrivant les sensations, j'ai noté leur persistance en tant qu'idées, lorsque leur objet actuel est absent. Ceci est une propriété inégalement répartie pourtant, de tous les états mentaux. Elle est plus visible dans les sens les plus intellectuels, la vue par exemple, et à peine observable dans les sensations organiques. Quand nous étudions les sentiments proprement dits, représentés par nos plaisirs et nos peines, nous trouvons que nous pouvons les faire revivre ou nous en souvenir, mais non pas au même degré que nos sensations intellectuelles qui constituent notre science du monde qui nous entoure.

Il y a des raisons pour supposer qu'un état agréable demande une aide physique considérable du cerveau et des autres organes, aide qui ne peut s'obtenir que par une stimulation puissante de ces organes. Si c'est un plaisir présent, le stimulant doit être actuel; si c'est un plaisir idéal entretenu par la mémoire et l'association, l'agent résurrecteur doit avoir une force effective correspondante à l'effort nécessaire. Si l'on ne considère que la simple aide physique, il est beaucoup plus facile de maintenir dans l'esprit une peinture idéale ou une suite de souvenirs de mots, que de garder en suspend un flux de plaisir, si petit qu'il soit.

La résurrection en idée d'une émotion, est un fait qui se rattache à la grande loi de Retentivité, modifiée par les particularités spéciales aux sentiments proprement dits. Un sentiment, plaisir, souffrance, excitation mentale, ne peut exister dans des conditions physiques actuelles plus énergiques encore que lorsqu'il ne s'agit que de purs états intellectuels. Néanmoins un sentiment de l'espèce que nous venons de décrire, peut revivre avec plus ou moins de force, grâce à son association avec des sensations plus facilement éveillables : c'est ainsi que la propriété de la retentivité agrandit notre vie émotionnelle.

16. — Les conditions de la retentivité, pour les états intellectuels, sont: la répétition, la concentration mentale, l'aptitude individuelle. Ces conditions sont les mêmes pour les sentiments, quoique quelques circonstances rendent plus compliquée l'association des sentiments.

Suivant que les sentiments à faire revivre sont des plaisirs, des souffrances, ou bien un excitement mental, il y a de grandes différences matérielles. Pour entretenir un flux de plaisir il faut consommer la plus haute dose possible d'énergie vitale ; la mémoire du plaisir, pour être effective nécessite une vitalité énergique. La résolution du problème pratique de l'accroissement émotionnel est dans la culture des associations agréables et dans la réduction au minimum des associations pénibles.

Premièrement. En ce qui regarde la nécessité de la répétition, les associations du sentiment sont les plus lentes de toutes quoique elles soient très variées dans certains cas. Cela est vrai pour un cas important et typique, celui de la construction des plaisirs les plus élevés ; les affections tendres, les associations locales, les associations esthétiques, les goûts agréables sont le produit des années.

Deuxièmement. Les circonstances qui conduisent à la concentration de l'esprit sont nombreuses et efficaces. L'intensité est une des plus importantes : les sentiments intenses impriment naturellement dans l'esprit toutes les circonstances secondaires et environnantes qui en ramènent plus tard le souvenir.

Une autre circonstance accompagne généralement les

accroissements émotionnels, c'est la liberté comparative des forces mentales. Être peu distrait par un but étranger, avoir des périodes pour jouir librement des émotions agréables liées avec des objets spéciaux, c'est une des conditions essentielles pour former des associations agréables.

Troisièmement. Certains individus ont des aptitudes pour l'émotion en général, ou pour des émotions particulières, de là le rappel plus effectif d'états antérieurs de sentiment.

Toutes ces conditions sont communes aux états intellectuels et aux sentiments : voici quelques-unes des circonstances spéciales aux sentiments.

I. — On ne doit pas oublier qu'une émotion proprement dite ne peut pas, à vrai dire, revivre du tout. Une excitation vague, sentie comme telle, sans être liée à aucun accompagnement des sens, à aucun état réellement intellectuel, est absolument irrécouvrable. Une émotion, sous cette forme isolée, n'existe pas ; mais elle peut exister avec tous les degrés de liaison avec les sensations susceptibles d'être réveillées. Plus un sentiment est entouré et pénétré des sensations les plus élevées comme celles de la vue et de l'ouïe, plus il tend à devenir une propriété qu'on retrouvera à l'avenir.

Les occasions de faire revivre une manifestation émotionnelle sont soumises à certaines conditions. Il est à peine besoin de rappeler que l'état physique de l'individu doit être en rapport avec ce qu'il aura à supporter, sans cela une émotion contraire serait un obstacle fatal, auquel les idées renaissantes ne pourraient rien opposer. Nous ne pouvons rappeler d'une manière effective une émotion agréable pendant que nous sommes dans un état pénible, à moins que le souvenir agréable ait des effets tels qu'ils maîtrisent et changent la disposition actuelle. Encore une fois, le retour d'une émotion est lent et non instantané ; et pour l'acquérir nous devons nous livrer pendant un temps aux influences du souvenir. Enfin les associations intellectuelles qui rendent possible le retour d'une émotion, doivent avoir un certain degré d'énergie, beaucoup plus considérable que celui que nécessite la faculté de comprendre (1).

(1) Tout ce qui a rapport à l'émotion idéale est si important qu'un chapitre entier y est plus loin consacré.

BAIN. — Émotions et Volonté.

CARACTÈRES MIXTES DU SENTIMENT

Dans certains faits mentaux on retrouve à la fois les propriétés volitionnelles et intellectuelles du sentiment.

Le premier de ces faits constitue la *prévoyance* ou acte de la volition tendant à des fins idéales. Quand nous ressentons un plaisir ou une peine, la volonté est excitée par un motif immédiat ou présent ; quand ces sentiments sont seulement en perspective, ils doivent être présents en idée. Nous avons alors besoin de nous rappeler des plaisirs et des souffrances passés, en vue d'une action future. En tant que motif d'action la puissance de n'importe quel sentiment, est ainsi très complexe : elle dépend d'abord de l'intensité agréable ou désagréable du sentiment, puis de la vivacité de notre souvenir en l'absence de la réalité. Les plus forts plaisirs ou peines, si nous nous en souvenons peu, sont incapables de stimuler nos efforts pour les faire revivre. Comprendre la théorie de la volonté, cela suppose la connaissance complète des circonstances que gouverne la retentivité émotionnelle.

Dans le conflit des motifs contraires, il n'est pas rare d'avoir un sentiment actuel opposé à un autre sentiment idéal. C'est ainsi que souvent un plaisir actuel est diminué par la prévision de conséquences lointaines. Pour que la crainte du futur l'emporte sur le présent, il est nécessaire que l'image intellectuelle du mal absent ait une force suffisante pour détourner l'excitation volitionnelle qui sans cela se porterait sur la réalité présente. C'est ainsi que ce qu'on appelle la prévoyance, la retenue prudente, la force morale, réside dans la permanence intellectuelle de l'élément volitionnel de nos sentiments.

On peut expliquer de même la renaissance des plaisirs. Si on ne s'en souvient que faiblement, ils ne peuvent pas, dans l'absence, stimuler assez vivement les efforts volontaires qui les feraient revivre. Le contraire arrive si on se les rappelle vivement. Et l'on peut dire dans ce cas qu'il suffit que nous en conservions nettement le souvenir : un homme qui sait un livre par cœur n'a pas besoin de posséder le volume, mais la mémoire lorsqu'il s'agit de plaisirs est rarement, si elle l'est jamais, aussi bonne que la réalité. Ordinairement on a le souvenir d'un plaisir avec la conscience que ce souvenir est bien au-dessous de la réalité ; cela sert alors d'éperon, et provoque le *désir* d'arriver à la pleine possession du plaisir.

Nous voyons donc que le sentiment a la propriété d'attirer et de fixer l'observation de préférence sur certains objets ; il résulte de cette propriété que l'esprit prend possession de ces objets ou leur donne une place importante au milieu de ses autres acquisitions. L'abondance des associations formées dans l'esprit facilite leur retour dans la suite des pensées, les fixe dans le souvenir pour qu'elles puissent plus tard être employées dans les créations de l'esprit lui-même. Le poète et le savant, s'ils sont tels par nature, habitent respectivement une région peuplée d'objets et de conceptions particulières ; il ne leur reste dans l'esprit qu'une place restreinte pour les autres choses. Et c'est ainsi que grâce à la direction particulière prise par leur esprit, grâce aux lois naturelles de l'intelligence, leurs émotions prédominantes s'enroulent comme sur un peloton.

18. — On doit tenir compte de l'influence qu'exercent les sentiments sur la fixation des impressions de toutes sortes, lorsqu'on étudie l'intelligence. Le résultat est dû en partie à la volonté, en partie à l'intelligence. Un sentiment agréable fixe l'attention sur un objet qui est dès lors imprimé dans la mémoire : ceci c'est de la volition pure. Nous évitons de la même manière les objets pénibles.

Nous venons de voir qu'il y a des modes de stimulants qui ne sont ni agréables ni désagréables et qui cependant ont une action intellectuelle. Une surprise indifférente causera un choc qui imprimera l'objet dans l'esprit. Un incident pénible s'emparera de même de notre attention et s'imprimera dans notre mémoire.

19.— En exposant la loi de contiguïté on supposait, dans le premier exemple, une faculté d'adhérence neutre ou désintéressée pour chaque classe d'impressions, quelque chose de particulier dans le caractère de l'esprit individuel, qui lui permet de retenir ce qui le frappe, les couleurs, les formes, les sons, etc., sans être pour cela influencé par des charmes spéciaux ou par des motifs dictés par les sentiments. Si nous n'admettons pas cette supposition, nous sommes dans l'impossibilité d'expliquer les différences intellectuelles que l'on trouve dans les êtres humains. Le stimulus des sentiments est une nouvelle puissance, elle se partage avec la faculté naturelle d'adhérence, le gouvernement de nos acquisitions ; et cependant elle n'est pas la seule condition qui nous rend supérieurs ou distingués dans toutes les carrières. Les objets qui nous plaisent, qui nous fascinent peuvent ne pas être ceux qui s'impriment le mieux dans notre esprit et constituent alors notre plus grand pouvoir intellectuel. On peut se sentir attiré par les conceptions scientifiques, sans avoir la ténacité d'esprit nécessaire par arriver à une haute culture scientifique : et avoir des facilités réelles pour une autre étude qui ne nous charme pas de la même manière. Nous pouvons exercer notre intelligence sur un sujet et tirer notre plaisir d'un autre. Un grand homme d'état comme Richelieu trouvait un charme supérieur dans la composition de mauvaises tragédies ; un artiste d'un incontestable génie fait son bonheur d'inventions mécaniques sans valeur. Même si l'on accorde qu'un certain plaisir doit toujours naître de l'exercice de nos plus fortes facultés, il peut encore arriver que nous prenions notre plus grand plaisir là où nous n'arriverons à peine qu'à la médiocrité. Il n'y a pas de loi de l'esprit qui unisse le talent et le goût pour une même chose, ou fasse qu'ils s'excluent toujours l'un l'autre : tous les genres de relations peuvent exister entre eux, depuis l'union la plus étroite jusqu'à la séparation la plus profonde. Quand le talent et le goût sont d'accord, quand l'objet qui fascine l'attention est aussi celui qui attire l'intelligence, cette combinaison est celle qui peut le mieux produire un grand génie.

INFLUENCE DU SENTIMENT SUR LA CROYANCE

20. — Dans un chapitre suivant nous entrerons plus complètement dans l'état d'esprit qu'on appelle la croyance.

L'influence du sentiment sur la croyance est d'un caractère mixte. La croyance dépend d'abord de la volonté. L'acquisition d'une chose fortement désirée, ou en d'autres termes, d'un objet qui procure un plaisir intense, est poursuivie avec une énergie correspondante: les obstacles paraissent légers, on refuse d'y croire. On ne nous persuade pas facilement qu'une chose que nous aimons peut avoir des effets désastreux.

Il faut tenir compte, en second lieu, de l'influence des sentiments sur la suite des pensées. Quand nous sommes sous l'empire d'une émotion très grande, nous ne voyons que ce qui s'y rapporte. Une excitation *volitionnelle* très forte pourra subjuguer et remplacer un objet opposé actuellement sous le regard de l'esprit : mais un sentiment intense domine si bien les séries *intellectuelles*, que les considérations opposées ne pourraient même pas faire reconnaître leur présence. On pourrait penser que ce serait suffisant si les considérations faibles cédaient aux considérations nouvelles et plus pressantes de façon que le « *video meliora* » puisse demeurer à côté du « *deteriora sequor* » ; mais en réalité le flot de l'émotion balaie parfois en un moment tout vestige d'une émotion autre, si bien qu'on pourrait croire que cette autre émotion n'a jamais existé. Nos sentiments ne sont pas seulement des révoltés, des innovateurs en guerre avec le passé, ils sont aussi comme les Vandales destructeurs qui rasaient et brûlaient jusqu'au souvenir de ce qui avait existé. Dans un état d'excitation très forte, il ne se présente à notre esprit que les pensées ayant un rapport avec notre situation actuelle : les anneaux de l'association ne fonctionnent plus pour tout ce qui s'oppose à l'émotion dominante ; et c'est pendant cet arrêt produit dans le travail intellectuel ordinaire, que nous arrivons à nier, à ne plus croire, pour un moment, à ce que nous sentions auparavant, à ce qui nous faisait agir. Nos sentiments pervertissent nos convictions en nous frappant d'aveuglement intellectuel ; nous n'avons même pas besoin d'être tout à fait aveuglés, pour commettre des actions très imprudentes. Quelle est l'intensité d'émotion nécessaire pour nous enlever tout souvenir, pour nous ôter la vue de ce qui s'oppose à l'émotion-régnante ? Cela dépend de bien des circonstances. L'énergie naturelle du tempérament émotionnel d'un côté, la faiblesse de notre faculté retentive de l'autre, conspirent pour fausser les jugements formés sous l'empire d'une émotion violente.

21. — Les émotions intenses influent non seulement sur les actions et sur les acquisitions intellectuelles, mais encore sur le jugement du vrai et du faux. L'émotion de la peur prouve l'étendue de son pouvoir en conduisant aux croyances les plus irrationnelles. Sous l'empire d'une grande colère un homme oubliera complètement ses plus familières expé-

riences de faits, et pour un moment niera ce, qu'en d'autres temps, il aurait défendu avec le plus de fermeté. Prenez la confiance en soi. La non réussite de plus de mille projets favoris, ne rendra pas plus pratique le rêveur endurci ; il commence chaque nouvelle entreprise avec la même confiance que si les autres avaient réussi. Nous voyons tous les jours des individus promettre aux autres et à eux-mêmes, avec sincérité, ce qu'ils n'ont jamais su exécuter : Le sentiment de la confiance en soi prime ici toute l'expérience d'une vie. L'homme confiant en lui, ne sait jamais résumer en une proposition les résultats de ses expériences malheureuses, il ne sait même pas qu'il n'a jamais réussi dans ses projets. Les affections tendres ont la même influence : aveugle comme l'amour, c'est le plus vieux proverbe du monde.

Les erreurs, les méprises, les confusions sortent fatalement de cette propriété qu'ont les émotions fortes d'absorber complètement l'attention de l'esprit ; elle a par conséquent une grande influence sur les relations humaines. Je mets naturellement à part le mensonge conscient. Mais les vues faussées, les fables qui entourent un récit vrai en lui-même, les prescriptions de la superstition ou de la foi aveugle, ont leur source dans ce pouvoir qu'a l'émotion d'intercepter les impressions de la réalité.

La corruption intellectuelle si profonde due à l'ascendant des sentiments a été un thème favori de réflexions pour bien des esprits déjà ; et cependant nous ne pouvons pas dire qu'on l'ait assez exploité. Le nuage de légendes et de fables que des siècles ont accepté comme l'histoire réelle des temps passés, commence seulement à se dissiper. Les premières pages de l'histoire grecque et de l'histoire romaine ont été remplies de récits ne reposant que sur la crédulité et le sentiment ; et lorsque forcé par l'évidence, on a voulu toucher même aux évènements récents, on ne l'a fait qu'avec remords, comme une opération cruelle, parce que les sentiments les plus vifs, les rêves les plus caressés étaient coupés à la racine. Une émotion chaude avait nourri et bercé ces anciennes histoires ; et dans un âge peu inquisiteur, les réalités de la nature étaient méprisées par les esprits mêmes qui se trouvaient chaque jour aux prises avec les expériences de la vie, expériences qui ne pouvaient supprimer les créations d'une imagination sans règles,

les inventions les plus extravagantes reçues de tous sans difficulté.

Dans les sciences, les sentiments n'ont pas eu une influence moins pernicieuse. Il est dans la nature de la vérité scientifique, d'exprimer avec l'exactitude la plus minutieuse l'ordre et les séquences du monde, de façon à ce que ces expositions soient vraies dans tous les temps et pour tous les observateurs. L'esprit qui recueille les faits de la nature dans un but scientifique, doit être entièrement libre de toute influence émotionnelle, il ne doit avoir ni sympathie, ni antipathie pour les faits qu'il observe, sans cela il en garderait un souvenir particulier qui ne s'accorderait pas avec des observations nouvelles. Cette attitude de l'esprit dans l'observation qui permet de généraliser les phénomènes du monde, n'est pas naturelle à l'intelligence humaine, telle qu'elle existe dans les générations actuelles. Dans les temps primitifs, l'esprit scientifique n'existait pas. Les émotions fortes empêchaient toujours l'observation de la nature qui n'était pratiquée que d'une manière grossière et routinière pour satisfaire aux besoins de la vie. On laissait aux poètes et aux prophètes religieux qui suivaient ouvertement au lieu de s'y opposer, les courants dominants de sentiments, le soin de parler de la nature. Et même lorsque la réflexion froide commença l'examen de l'ordre du monde, les progrès furent lents. Il n'y a pas longtemps qu'est rigoureusement formée la mécanique. La chimie et la physiologie sont les sciences de ce siècle. Le premier livre du *Novum organum* de Lord Bacon, reste au milieu de ses autres œuvres si remarquables, comme un exemple de la corruption mentale qu'apportent les sentiments dans la spéculation scientifique.

INTERPRÉTATION ET ESTIMATION DES SENTIMENTS

22. — L'impossibilité d'estimer avec précision la quantité, est dans toutes les branches de la science, une défectuosité sérieuse : elle empêche de faire de cette branche une science *exacte*. « Mesurer avec précision et minutie, dit Sir William Thomson, c'est pour l'imagination peu scientifique, un travail bien moins grand, bien moins digne, que de chercher à

découvrir du nouveau. Mais presque toutes les grandes découvertes de la science n'ont été que la récompense des recherches minutieuses et laborieuses de résultats numériques. » *(Address to the British Association, 1871.)* Aujourd'hui en philosophie naturelle et en chimie, toute autorité est en évaluations numériques. Dans les sciences biologiques on peut rarement atteindre la même exactitude. Le langage descriptif de la Botanique est très vague. Lorsqu'on parle du corps animal, les quantités sont quelquefois données en chiffres, mais le plus souvent par des adjectifs numéraux indéfinis : tête petite, grands yeux, poitrail moyen, larges épaules. On pourrait pourtant transformer ces adjectifs en mesures exactes ; il serait encore plus facile de mettre en chiffre les nuances qui existent dans la santé, la force de la constitution du corps ou des organes séparés ; les formules usuelles sont celles-ci : bonne santé, poitrine délicate, digestion facile, cœur bien réglé, foie paresseux, gorge détendue. Depuis quelques années il y a de grands progrès dans la précision quantitative des diagnostics médicaux ; surtout dans ce qui a rapport au pouls et à la respiration, et depuis l'application du thermomètre à la détermination de l'intensité de la fièvre.

23. — Passons maintenant aux qualités mentales. Ici, absence totale d'estimations numériques ou mesurées, emploi exclusif des adjectifs indéfinis, *beaucoup*, *assez petit*, *très peu*. Par exemple, Helps nous parle du plaisir *extraordinaire* que procure la lutte contre un problème scientifique, et il ajoute : « Nous n'avons pas besoin d'un Akenside pour savoir que les plaisirs de l'imagination sont *très-vifs*. » Ce qui rend pire la situation, c'est qu'il ne semble pas y avoir un principe permettant de fixer la signification exacte de ces adjectifs ; pour des personnes différentes : des degrés très différents sont indiqués par les épithètes : *grand*, *modéré*, *petit*.

Le manque de précision quantitative, rend très vague nos discussions sur l'intensité des sentiments humains ; en conséquence on doit s'attendre à une grande latitude d'appréciation dans tous les essais faits pour déterminer les degrés de bonheur et de malheur. Quand nous nous arrêtons comme le vieux Kephalos au début de la *République* de Platon, pour comparer la jeunesse et la vieillesse au point de vue du bonheur, nous avons besoin de découvrir des différences bien tranchées avant de nous prononcer avec certitude : toutes les formes du langage, qui expriment la somme de bonheur qui peut être réalisée dans la jeunesse, et celle réalisée dans la vieillesse, peuvent ne pas avoir le même sens pour des personnes différentes. Le Kephalos de Platon insiste beaucoup sur l'affaiblissement des passions turbulentes dans l'âge mûr : mais qui pourra dire si la perte du feu de la jeunesse n'est pas plus grande que le gain ? Quand on est moraliste, il faut nécessairement vanter les délices de la vertu comme bien supérieures à tous les avantages du vice, et on le fait moins en s'appuyant sur un calcul que sur le caractère plus ou moins désirable de la chose en elle-même. Ainsi on essaie de décrier les plaisirs résultats de la bonne santé, de la puissance, de la réputation, en faisant appel par exemple à la loi de la relativité qui fait qu'un plaisir diminue de charme à mesure qu'on le possède plus longtemps. On ne doit accepter ces comparaisons qu'avec une certaine méfiance ; et cependant elles sont liées à la plus haute des questions, la question de savoir comment il faut vivre. Toute conduite raisonnable tend, en dernier ressort, à préférer le plus grand plaisir au plus petit, ou la plus petite souffrance à la plus grande, en ce qui nous concerne, et en ce qui regarde les autres.

La controverse métaphysique sur les éléments innés de l'esprit, devient pratiquement une question d'estimation de degrés. Nos notions de distance, d'espace, de cause, de bien et de mal, sont données par la nature; dans le développement de chacune d'elles, il faut faire la part de l'éducation, mais la question importante est celle-ci : l'éducation fait-elle tout ? Y répondre, cela suppose la connaissance de ce que *peut* produire l'éducation; et à moins qu'on ne puisse arriver à la précision dans cette connaissance, pour établir un pouvoir inné il faut constater que l'éducation n'a qu'une influence presque nulle. En supposant qu'un dixième des effets soit dû à l'instinct, si dans notre mesure de la force de l'éducation, nous nous trompons d'un cinquième, la tendance supposée instinctive est rejetée dans le domaine de l'incertitude.

24. — La position de l'observateur appréciant et estimant l'esprit est particulière. Je ne connais directement que mon propre esprit; ma connaissance de l'esprit des autres est in-

directe, détournée, hasardée. Nous connaissons notre moi par notre conscience intime ; nous connaissons notre prochain par des signes objectifs, les gestes, la conduite, les informations communiquées. Sans doute ces indices objectifs font appel en eux-mêmes, à nos sens les plus élevés ; on peut les observer et les mesurer délicatement ; ils ne fournissent pas des connaissances inférieures en degré, aux autres branches de notre science objective. En réalité ils sont souvent supérieurs aux observations de l'individu sur lui-même ! Les dimensions d'un sourire, l'intensité d'un gémissement sont plus délicatement appréciées par l'observateur que ne le sont les émotions correspondantes par l'individu même qui les ressent ; il en est si bien ainsi que la connaissance intime personnelle elle-même, est grandement facilitée par les observations objectives.

La grande difficulté est donc, lorsqu'il s'agit de l'esprit des autres, de ne jamais pénétrer dans l'esprit lui-même, quoique les manifestations des sentiments soient presque nettes. Chacun de nous doit se contenter de son propre et unique esprit comme de la clef de toute la race humaine, et encore plus, de tous les esprits supérieurs et inférieurs à l'homme. C'est une base d'observation bien étroite, lorsqu'il s'agit d'étudier une si vaste classe d'individualités. Que notre connaissance intime serait agrandie, si nous pouvions attirer à nous la conscience de cinquante ou de cent esprits, surtout de ceux dont la constitution ou les habitudes sont les plus différentes des nôtres ! Mais comme cela ne peut être, nous sommes obligés d'agir en nous appuyant sur cette hypothèse, que lorsque dans une circonstance donnée une personne se comporte comme nous nous serions comportés à sa place, cette personne sent intérieurement comme nous aurions senti. Lorsque quelque coup de fortune a donné à une personne toutes les apparences qui accompagnent un grand bonheur ressenti par l'observateur, on en conclut que la condition réelle ou subjective du bonheur est présente avec les apparences.

Notre expérience personnelle nous apprend que la même manifestation extérieure n'est pas toujours l'expression du même état intérieur. Pour être très démonstratif dans nos gestes, pour déployer une grande activité afin d'atteindre ou d'éviter une chose, il faut, non-seulement une certaine force de sentiment, mais aussi une certaine vigueur dans les organes actifs, vigueur qui est indépendante de l'état actuel agréable ou désagréable dans lequel nous nous trouvons. Ainsi, même dans une seule personne, l'énergie de la manifestation extérieure n'est pas toujours la mesure précise du degré d'excitation mentale : elle ne fait que préciser la supposition qu'elle correspond à une énergie égale des organes physiques. Nous devons nécessairement avoir recours à la même supposition lorsque nous comparons différentes personnes. Un homme peut être par nature ou par habitude, plus expansif dans ses gestes, et plus énergique qu'un autre homme, dans ses actes ; la puissance des organes actifs peut être telle chez lui, qu'elle réponde mieux qu'un autre au même état subjectif ou mental. Voilà une cause d'ambiguïté sérieuse dans notre étude des sentiments. Si nous n'avions pas les moyens séparés de constater les tendances à l'expression ou à l'action, notre incertitude serait irrémédiable. Mais, nous pouvons, dans la majorité des cas acquérir la certitude si oui ou non, la véhémence des manifestations est due à la force supérieure des organes actifs. Nous pouvons de confiance mettre la moitié de l'énergie de l'expression dans la jeunesse, comparée à celle de l'âge mûr, sur le compte de la vigueur et de la fraîcheur plus grande des organes. C'est ainsi que nous pouvons acquérir la certitude que chez quelques personnes, le rire exubérant et fréquent est une manifestation physique et non le signe d'une extrême gaieté de sentiments.

25. — Afin de connaître jusqu'à quelle précision nous pouvons atteindre dans l'estimation des états mentaux, nous devons d'abord chercher comment nous pouvons juger du degré de nos sentiments. Nous n'avons qu'à commencer par la méthode de la recherche personnelle : nous y ajouterons le témoignage des indications externes, seul témoignage qui nous mette en rapport avec les autres créatures vivantes.

Entre deux plaisirs, deux souffrances, deux émotions qui se succèdent sans intervalle, nous pouvons distinguer laquelle est la plus forte. Si l'une des deux est passée depuis quelque temps nous devons nous en rapporter à notre mémoire, et si celle-ci est fidèle faire encore la comparaison entre les deux émotions. La distinction cependant ne peut avoir la même précision, si nous prenons comme pierre de touche la précision que peuvent avoir les sens, la vue et l'ouïe par exemple, dans la vue et l'audition de choses et de sons passés. Entre le zéro d'indifférence et le plus haut degré connu de chaleur agréable, celle d'un bain par exemple, personne ne s'engagerait à interpoler vingt gradations; peut-être huit ou dix degrés seraient-ils tout ce que pourrait concevoir l'esprit. La description du plaisir produit par un goût, une odeur, la souffrance produite par leurs opposés, ne serait pas meilleure. Dans nos estimations grossières nous sautons d'un extrême à un autre sans nous arrêter à plus de quatre ou cinq échelons. D'un autre côté, dans la mesure des propriétés des objets, nous pouvons (les moyens artificiels à part) interpoler le plus souvent un grand nombre de degrés; la grandeur visible, la forme visible, les nuances d'une couleur, l'intensité et la hauteur du son peuvent être évaluées par des centaines de gradations. L'étendue d'une ligne, la rigueur d'une courbe, l'éclat d'une teinte, sont plus faciles à apprécier et à se rappeler que n'importe quelle forme du plaisir ou de la souffrance.

26. — Cependant l'hypothèse que j'ai développée plus haut, ne tient pas exactement compte de notre pouvoir de fixer les degrés de nos états mentaux. Elle nous met dans la position la plus difficile, en face de la comparaison immédiate et directe de l'intensité de deux sentiments. Exactement comme dans l'étude des fonctions des sens, nous pouvons ici avoir recours à des modes indirects d'investigations, qui augmenteront beaucoup les moyens fournis par notre conscience.

Nous pouvons évaluer un plaisir par la souffrance qu'il détruit et *vice versa* : c'est un procédé d'une grande aide pour déterminer la force comparative des plaisirs et des souffrances. La valeur d'une société enjouée, d'un changement de pays, d'une heureuse aventure, est fixée par son action sur une personne affligée. Si l'emploi de cette méthode était systématisé, on arriverait par elle à plus de précision dans la mesure de nos plaisirs et de nos souffrances.

Nous devons aussi tenir compte du temps ou de la durée d'un état d'excitation mentale. Le plus souvent l'accroissement de l'intensité d'un sentiment produit un accroissement de durée. La durée est susceptible d'une évaluation très précise ; la description subjective de la durée est déjà beaucoup plus précise que celle de l'intensité, et en employant les moyens objectifs, en se servant des instruments qui mesurent le temps, nous pouvons rendre l'évaluation aussi exacte que possible. Bien des gens ont l'habitude de s'écrier longtemps après un choc qui les a surpris, et pour prouver sa force : « Je ne l'ai pas encore surmonté ». Une autre preuve de l'intensité de l'émotion, preuve du même genre, est tirée du souvenir longtemps très vif de cette émotion. Quand une émotion a atteint graduellement sa force extrême, on peut dire que le temps qu'elle a mis pour y arriver est le signe du degré de force qu'elle a acquis. Une grande manifestation naturelle de sentiment est donc mesurée non-seulement par ses effets, mais encore par la durée des causes qui l'ont provoquée. Le charme que nous font éprouver une œuvre d'art, un spectacle, une occupation, une personne aimée, peut-être évalué par la durée de l'intérêt. Ainsi, la mesure facile du temps est pour nous un moyen collatéral d'estimer l'intensité de la cause et de la durée d'un état mental.

L'emploi indirect des nombres, le plus exact de tous nos moyens d'évaluation, employé en dernier ressort dans la mesure du temps, est encore pour nous une aide non moins efficace. Il y a diverses manières de rendre numérique la différence d'intensité entre des états mentaux. En nous en tenant à la phase subjective de ces états, on doit noter la rapidité avec laquelle les pensées se succèdent, ou les transitions d'un degré à un autre. Le fleuve de la pensée n'est pas formé d'un courant continu, mais de séries d'idées distinctes, dont la succession est plus ou moins rapide ; cette rapidité est mesurable d'après le nombre de séries qui passent dans l'esprit, dans un temps donné. C'est par cette méthode que l'on mesure continuellement l'excitation mentale ; et si nous comptons les pensées, si nous enregistrons leur durée, nous pouvons augmenter la précision de notre estimation. C'est alors comme si nous comptions les pulsations du pouls, premiers signes d'après lesquels ont peut entrevoir la mort approchante.

C'est là le cas principal de l'application des nombres à la distinction *subjective* ; les autres sont des cas objectifs.

Nous faisons fréquemment usage d'une espèce de statistique, dans nos estimations de sentiments et de caractère ; cette méthode est parfaitement légitime et pourrait être plus employée. Nos plus violents désirs ne se transforment pas toujours en actions, mais ils montrent leur force par la *fréquence* de leurs retours. C'est un critérium sûr de l'intempérance d'un homme que le nombre de fois qu'il s'est enivré. On peut prouver par la même application du calcul, l'inexactitude. On montre son goût pour la musique ou le théâtre en le satisfaisant toutes les fois que l'occasion s'en présente. On mesure la sociabilité d'une personne par le temps qu'elle consacre volontairement au monde, par le nombre de clubs et de connaissances qu'elle fréquente. On juge de l'irascibilité d'une personne par la fréquence de ses accès combinée avec leur durée et leur intensité. La jouissance que procurent les scènes des Alpes est attestée par le nombre de voyages qu'on fait en Suisse ou seulement par le désir souvent manifesté d'y retourner. Nous comparons entre eux deux hommes de génie par l'abondance relative de leurs inventions originales si ce sont deux hommes pratiques, par celle de leurs combinaisons harmonieuses si ce sont deux poètes.

Toutes les statistiques sur la mortalité, les crimes, le paupérisme, l'émigration, les mariages, les naissances, les suicides ont une signification mentale précise et délicate. Si l'on n'oublie pas d'y ajouter les deux signes et causes connus de la conduite humaine. Quand nous connaissons les conditions d'existence dans un pays d'une population, nous jugeons de l'intensité de ses aspirations vers un lot meilleur, par le nombre d'émigrations ; nous pouvons par ce moyen comparer avec précision la puissance des motifs qui font agir deux peuples.

Il n'est pas de fait plus distinct à la surface d'un peuple que la force de la croyance sur une chose donnée ; elle se montre dans la conduite, dans le langage d'une façon évidente. Le critérium statistique est applicable à la force de croyance d'un individu sur une chose donnée ; un homme confiant en lui-même suit ses propres opinions neuf fois sur dix ; un homme se défiant de lui-même est entraîné hors de ses opinions à peu près dans la même proportion.

27. — Comme nous l'avons déjà fait remarquer nous n'en sommes pas uniquement réduits à la méthode introspective — d'examen intérieur ; — même dans l'examen de nos propres états de conscience nous pouvons étendre nos ressources par l'observation des signes et accompagnements objectifs de nos sentiments. Comme c'est notre seule méthode d'observa-

tion pour les autres êtres, nous allons en examiner une fois pour toutes, le but et l'étendue. Les adjonctions externes des sentiments peuvent être résumées sous ces trois chefs : le sentiment, la volonté, et la pensée. Le *sentiment* avec l'expression proprement dite ; la *volition* avec la conduite, poursuite ou fuite d'un objet ; l'*intellect* avec les pensées communiquées de l'individu.

On a déjà longuement parlé de l'*expression* ou enveloppe corporelle du sentiment ; dans le présent chapitre on a mentionné l'onde diffuse des influences physiques qui accompagne chaque excitation mentale comme en faisant partie. Maintenant quand un sentiment peut suivre librement son cours, il n'est pas difficile de jauger son intensité d'après l'énergie de ses manifestations. Nous pouvons estimer par des mesures objectives la véhémence et la rapidité des gestes ; nous pouvons juger de l'accroissement ou de la diminution de l'enthousiasme d'une foule, par l'accroissement ou la diminution de son agitation et de ses manifestations vocales ou autres.

On pourrait établir un grand nombre de nuances ou de degrés dans l'agitation en observant comment ses manifestations vont et viennent. De même, lorsqu'il s'agit d'individus, l'intensité de leurs amitiés ou de leurs haines, les fait passer par des phases distinctes d'approbation ou de désapprobation, qui marquent nettement que le sentiment est arrivé à un certain degré, de même que la gelée ou l'ébullition de l'eau donne sans plus de peine, le point précis de sa température. Une assemblée se levant d'un même accord pour applaudir un orateur, un homme quittant père et mère pour se dévouer à une grande cause, sont autant de preuves de l'intensité d'un sentiment qui n'est pas seulement observable, mais encore qui supporte l'estimation quantitative.

Chez les mêmes personnes, dans les mêmes circonstances, le degré de force des manifestations libres, est un critérium du degré de force des sentiments ; quand nous jugeons notre propre cas nous avons en outre l'avantage de savoir si nous réprimons ou suivons librement nos impulsions, et si nous produisons ou non une manifestation, sans que nous éprouvions un sentiment correspondant ; nous savons encore si nous possédons toute notre vigueur physique, si nous sommes dans l'incapacité de produire la manifestation ordinaire répondant à notre disposition mentale. Ces particularités sont cachées aux autres personnes, ou ne sont plus ou moins connues que par des procédés indirects.

Dans la classe nombreuse des sentiments nés de causes définies et assignables, nous devons dès le début supposer que les mêmes agents, dans les mêmes circonstances opéreront de la même manière dans deux personnes ou plus. La nourriture pour une personne affamée, le sucre pour le palais gourmand d'un enfant, l'air frais pour une personne enfermée, la liberté pour le captif, la fortune pour le pauvre, produiront au premier moment, pouvons-nous supposer, les mêmes effets. C'est le point de vue économique-politique du bien être humain, la plus objective de toutes les mesures, que les moralistes méprisent trop facilement. On pourrait cependant en tirer beaucoup de choses. D'abord la nature de l'agent extérieur du plaisir ou de la souffrance nous montre si le sentiment est vif ou étendu. L'épreuve n'est pas toujours absolument vraie, mais elle contient une grande partie de la vérité, et ne devrait jamais être négligée. On doit seulement la contrôler par les manifestations du sentiment, ou signes variés de la sensibilité ; grâce à ce contrôle nos moyens d'inférence seraient élevés à la plus haute certitude possible.

Pour certains sentiments, l'expérience de l'humanité a établi des évaluations permanentes, que l'on applique à tous les cas jusqu'au jour où l'on trouve des exceptions. Tels sont les sentiments de la conservation personnelle, l'amour sexuel, la crainte de la censure publique. Pour eux comme pour les maux notables, la goutte, la névrose, la petite vérole, les différences individuelles sont moins importantes que la ressemblance générique.

28. — Signes *volitionnels* ou puissance motrice des sentiments pour atteindre ou fuir un objet. Toutes les autres circonstances étant les mêmes, un plus grand plaisir pousse à une poursuite plus active, une plus grande souffrance à des précautions plus énergiques. Nous usons constamment de cette façon de mesurer, et pour nous mêmes et pour les autres. Nous avons besoin de savoir s'il n'y a pas de motifs contraires présents ; et d'abord que les forces actives sont dans de bonnes conditions, car le même motif ne produira pas la même énergie d'action dans une organisation affaiblie. En étudiant les animaux inférieurs dont les organes expres-

sifs sont peu nombreux, et les manifestations souvent peu compréhensibles, nous devons insister davantage sur les signes volontaires ou sur l'énergie de la poursuite ou de la résistance. On juge du désir de nourriture d'un animal par la véhémence de ses recherches et sa voracité en la dévorant. Le pas de l'écolier se rendant à l'école est l'indice de la faiblesse de son ardeur pour arriver au but. La répulsion qu'on éprouve pour un voyage en mer est une grande preuve de la souffrance du mal de mer.

Nous jugeons du plaisir que nous éprouvons au spectacle par ce qu'il nous fait oublier, par le pouvoir qu'il a de nous absorber malgré des motifs contraires. Dans Alexandre et César on mesure l'intensité de leur ambition, de leur amour de la conquête, par l'énergie qu'ils ont montré dans leurs grandes entreprises, par l'audace avec laquelle ils ont défié des périls et des risques que les hommes n'affrontent pas sans de puissants motifs. Nous entendons souvent gémir sur les misères de la fortune et du pouvoir, mais comme il est bien facile de s'y soustraire et que le remède est rarement employé, nous ne croyons pas beaucoup à ces misères.

29. — Les signes purement *intellectuels* d'un état de sentiment sont manifestés par le langage. Ils sont perçus directement par le moi. Le premier indice intellectuel d'un sentiment est la faculté de concentrer l'attention et les pensées, l'influence de l'idée fixée. Une excitation assez forte pour fixer l'attention sur la cause, empêche toute dispersion de l'attention sur d'autres causes ou l'apparition de toutes les pensées qui s'écarteraient de l'objet en vue : cette excitation produit donc ainsi des effets qu'on peut évaluer. Nous pouvons de plus constater ces effets dans l'esprit des autres. A moins qu'on ne veuille nous les cacher, nous pouvons discerner la cause de l'attention d'une personne, et la direction que suivent ses pensées ; que cette personne se livre librement dans la conversation et nous saurons à quoi nous en tenir sur l'intensité comparative de ses sentiments.

30. — Dans ces observations faites surtout pour arriver à estimer notre propre état mental, j'ai anticipé quelques indications pour l'estimation de l'état d'esprit des autres hommes. Il faut cependant traiter à part cette estimation si importante, montrer quelles sont ses difficultés spéciales et les moyens de les surmonter. On a déjà parlé de la difficulté

BAIN. — Émotions et Volonté.

principale : une expression, action ou suite de pensées, signifie-t-elle la même chose dans deux personnes différentes ?

D'abord il faut que nous trouvions quelque moyen de voir clair au milieu des réticences, des réserves, des déguisements, de la dissimulation et de l'hypocrisie, qui pour beaucoup de raisons sont si communs parmi l'humanité. Nous devons donc nous assurer qu'il n'y a pas de déguisement dans le cas particulier ; nous pouvons d'ailleurs tomber sur une manifestation spéciale où la dissimulation est impossible, ou bien encore, où nous savons quelle part il faut lui faire. Dans quelques cas un bon observateur sait qu'à cause d'une dissimulation habituelle, la connaissance précise d'un caractère est impossible. Mais de tels cas n'affectent que rarement les grands problèmes de la vie ; c'est assez que nous puissions, faire la somme des sentiments — bonheur ou malheur — de ceux qui veulent bien que nous connaissions leur position.

Nous devons encore ajouter que chez quelques personnes l'habitude du contentement les empêche de nous donner toutes les indications d'un sentiment pénible, et en fait, leur apprend à regarder la misère comme non misérable.

En supposant que les obstacles nommés plus haut n'existent pas, nous devons encore tenir compte des inégalités dans l'expression, actions et pensées, d'un même état mental. Nous savons d'après notre expérience personnelle que ces inégalités existent, nous devons appliquer à l'observation des autres ce que nous a appris notre propre cas. Quand une personne est languissante, malade, fatiguée, vieille, nous ne disons pas qu'elle ne s'intéresse pas à une chose parce qu'elle en parle avec une animation modérée. Nous nous enquérons, si c'est possible, de la conduite de cette personne dans la plénitude de sa vigueur et de sa santé physique ; on ne juge du plaisir que trouve un homme au sport, au théâtre, à la géologie que lorsque son corps peut répondre aux efforts requis. De même, il y a des moments d'affaiblissement dans le cerveau et les fonctions intellectuelles, quand une excitation est extraordinairement forte pour l'esprit et quand celui-ci est la proie d'une idée ; on ne peut pas dans ces occasions juger de la force d'une cause excitante par ses effets. « La santé tient l'athée dans l'obscurité » (*Health keeps an atheist in the dark*).

Quand nous savons qu'une personne est dans des conditions moyennes d'énergie physique, nous n'avons plus qu'à surmonter l'incertitude que laissent toujours les hasards et les fluctuations inévitables : pour cela nous n'avons qu'à établir des moyennes, c'est-à-dire à nous servir de la méthode des statistiques. Les observations faites pendant plusieurs mois ou une année offrent toute la précision désirable. Par cette méthode on élimine les accidents, et les motifs accidentels ; et l'on étudie séparément les motifs à la fois permanents et importants.

Par exemple, on peut estimer le plaisir que cause la société à une personne dont nous connaissons les mouvements. Ainsi le nombre d'invitations pour une seule saison montre le plaisir qu'éprouve la jeunesse qui entre dans la vie joyeuse ; la diminution de la vivacité dans l'âge mûr, apparaît aussi par la même méthode, en faisant une certaine part aux conditions et courants contraires.

31. — Notre plus grand embarras vient des témoignages contraires que nous donnent l'émotion, la volition, l'intelligence, mais l'émotion et la volition surtout. Par exemple, d'après des démonstrations on peut supposer qu'une personne sent profondément une chose ; mais le témoignage de la volition ou la conduite prouve le contraire. Nous avons ici une réelle différence constitutionnelle qui peut être accentuée par l'habitude, et qui fait qu'il y a des races et des individus qui soumis au même degré d'excitation mentale, sont plus démonstratifs que d'autres.

On pourrait suggérer un moyen facile de sortir d'embarras : Les deux témoignages sont appuyés sur la conduite. Une surabondance de démonstrations et de protestations, sur l'agrément de cela, le désagrément de ceci, semble être au premier abord purement constitutionnelle, ou conventionnelle, si elle n'est pas feinte, et ne mérite pas qu'on s'en occupe. Le jugement est trop hâtif. Il y a une réelle différence dans la constitution des êtres humains, différence qui tient à à l'inégale prédominance des trois grandes fonctions maîtresses de l'esprit : émotion, volition, intellect. Comme, entre l'émotion et la volition quelques personnes sont plus disposées à s'adonner à l'expression du sentiment sans pour cela le transformer en action, d'autres plus disposées à l'activité traduisent davantage leurs sentiments en actions. La distinction la plus caractéristique entre ces deux genres de tempéraments se manifeste dans leur conduite pendant le malheur : pour l'un la souffrance est accompagnée de manifestations abondantes, variées, qui l'adoucissent ; pour l'autre, le refuge contre la souffrance est dans l'action volontaire qui pourra peut-être prévenir son retour. La compréhension nette de cette différence peut seule amener la conciliation des deux témoignages, émotionnel et volitionnel ; nous devons faire un diagnose préparatoire du caractère afin de faire un diagnose exact des sentiments. Il semble que c'est envelopper le problème d'un total d'incertitude qui le rendra irrésoluble : ce ne serait vrai que si la distinction faite était subtile, impalpable. Le problème n'est pas si difficile quand on l'aborde. La statistique appliquée à l'étude de la vie d'une personne démontrerait si elle a le tempérament émotionnel ou volitionnel. Le premier est essentiellement inactif, soumis aux mouvements émotionnels mesurés par la durée et la répétition, et par les caractères collatéraux de la sociabilité. Le second a vite épuisé ses facultés démonstratives pendant qu'il est énergique et persévérant dans l'action volontaire. Fox était un tempérament émotionnel, Pitt, un tempérament volitionnel.

On pourrait trouver superflu d'appliquer la même méthode au critérium intellectuel. En réalité, interpréter les signes intellectuels du sentiment, en tenant compte des différences intellectuelles entre les individus, c'est viser trop haut dans l'état actuel de notre savoir.

Lorsqu'il s'agit de personnes à peu près également douées des constitutifs émotionnels et volitionnels de l'esprit, il semble facile de comparer l'intensité de leurs sentiments, plaisirs ou peines ; entre des personnes inégalement douées la comparaison doit être plus difficile. Nous pouvons comparer, au point de vue de la gaieté, deux Irlandais nourris de pommes de terre et travailleurs insouciants ; mais comment comparer l'un d'entre eux avec un terrassier Anglais bien nourri et rude travailleur ? On devrait, semble-t-il, laisser à part les deux types de la vie mentale ; mais les nécessités pratiques demandent qu'on les compare.

Nous pouvons naturellement éprouver chaque homme sur son propre terrain, l'homme émotionnel par l'explosion de ses manifestations émotionnelles, gaies ou pénibles et par leur degré de force, l'homme volitionnel par ses travaux pour éviter ce qu'il n'aime pas et pour atteindre ce qu'il aime. Mais nous tentons l'aventure quand nous essayons d'établir une équation entre ces deux hommes, d'appeler une certaine manifestation émotionnelle l'équivalent d'une certaine manifestation volitionnelle, autant qu'en affirmant l'existence d'un sentiment agréable ou désagréable.

32. — Ceci compris, le problème en revient comme avant, à l'observation des signes objectifs ; et la dernière difficulté pratique réside dans le choix d'une unité de degré qui puisse toujours être comprise quand le langage est le même. Maintenant, si nous cherchons dans l'usage spontanément adopté par l'humanité de signifier des différences de degré dans les qualités mentales, nous verrons qu'on a commencé par supposer une *moyenne*, par se servir de ces mots : moyenne, ordinaire, usuel, commun, et ainsi de suite. Tout en concevant une moyenne, on concevait aussi un maximum et un minimum et on interpolait quelques degrés entre ceux-ci et la moyenne. En principe ce procédé est bon ; et nous pouvons dès maintenant énumérer les conditions nécessaires pour le rendre suffisamment exact.

Pour que des observateurs différents puissent faire la même moyenne, ils doivent être dans la même sphère d'observation, en rapport avec les mêmes cas, et généraliser dans le même sens. La véracité de la moyenne est très différente en Angleterre et dans l'Inde. La signification des mots heureux, très heureux, dépend de la classe à laquelle appartient celui qui parle. Le plaisir extraordinaire d'un homme extrêmement riche est à peine concevable pour l'imagination d'un pauvre homme.

33. — Notre problème n'est pas encore complètement résolu : il nous reste à examiner quelque chose de très délicat : *comment rapporter les degrés des qualités mentales à une unité commune*.

Pour essayer d'établir une unité ou principe de mesure commune, nous nous retrouvons devant la difficulté intrinsèque, l'impossibilité de comparer des états subjectifs. Nous pouvons comparer des unités de longueur ou de couleur, mais non des unités de douceur ou de souffrance. La seule solution possible de cette difficulté est celle qu'on a déjà mentionnée, l'acceptation des marques objectives identiques, comme manifestant des états subjectifs identiques. La même manifestation, la même conduite, dans les mêmes circonstances, doit être acceptée comme prouvant les mêmes sentiments. On doit admettre pareillement, que les manifestations collectives sont les témoignages suprêmes de l'esprit des autres hommes.

Il y a un avantage évident à fixer la moyenne ou tout autre point de l'échelle, par une expérience individuelle bien connue, et que tous les observateurs puissent faire à peu près de la même manière. Comme on acquiert de la notoriété en s'éloignant de la conduite commune, de tels exemples sont souvent au-dessus ou au-dessous de la moyenne ordinaire. Le dévouement peut être évalué par un philanthrope ou un martyr, l'amour des aventures par un voyageur connu, l'ambition d'après les grands exemples historiques ; on attaque la précision de ces évaluations lorsqu'elles sont faites par de si grands personnages qu'on glorifie ou qu'on rabaisse suivant les temps, et il vaudrait mieux que les exemples de moyennes soient accessibles à tous. Tout cas sérieusement discuté et fixé pourrait servir de point de comparaison. C'est ainsi, qu'en fait, établir ce point de comparaison, c'est la même chose que fixer les degrés de deux ou plusieurs cas appartenant aux différentes classes de signes.

34. — Pour arriver à une solution pratique, on propose le plan suivant pour déterminer les sentiments d'un individu donné dans un cas donné.

I. — On doit d'abord observer la constitution physique de l'individu, ses modifications qui sont souvent l'indice des faits mentaux, ou qui, au moins, peuvent servir de guide et de contrôle des caractéristiques mentaux. Cette observation comprend l'indication de la race, du sexe, de l'âge, de l'état corporel, dont nous pouvons faire l'estimation plus ou moins précise. La valeur de ces faits augmente notre connaissance des rapports du physique avec le moral, et par conséquent les progrès de la psychologie considérée comme science à deux faces. Cette étude est le seul correctif de l'erreur populaire si répandue, la dépréciation des causes physiques par rapport aux effets moraux et intellectuels. On illustre cette erreur d'exemples en faisant allusion à la situation de l'esprit pendant la nutrition, la santé du corps en général et la satisfaction de l'appétit sexuel en particulier.

II. — Nous devons ajouter les moyens et les ressources

qu'a l'individu pour obtenir le bonheur et éviter les souffrances, aux causes extérieures. La dépense de ses richesses peut montrer quels sont les plaisirs et les souffrances de l'individu, ceux du moins qui sont sous le contrôle de l'argent.

C'est par un examen complet du caractère et de ses détails, qu'on peut arriver à faire la part de l'influence de la relativité, dont on doit toujours tenir compte quand on évalue des résultats mentaux.

La connaissance des circonstances extérieures doit être complétée par l'examen de la situation précise actuelle, au moment où nous faisons nos observations sur l'état mental.

III. — On doit ensuite procéder à l'examen des signes variés du sentiment, émotionnel, volitionnel, intellectuel. Les signes directs d'intensité sont contrôlables par les indications indirectes du temps, du nombre et des manifestations critiques.

Les signes émotionnels comprennent les gestes, mouvements, exclamations, et tous les autres symptômes qui excluent une conduite volontaire.

La conduite est une chose distincte qui est un critérium de plaisir ou de souffrance, et qu'on ne peut dissimuler comme l'expression émotionnelle.

En dernier viennent les témoignages intellectuels qui ont une plus grande valeur que les autres, en eux-mêmes, et comme contrôle de ces autres.

IV. — Le témoignage spontané de l'individu est complété par l'interrogation. Quand on a la possibilité d'interroger, il faut amener la personne à faire *autant de comparaisons que cela est possible* afin de dresser une échelle des degrés des sentiments. L'interrogateur en connaissant la valeur d'un point quelconque de l'échelle peut compléter le reste de l'échelle à partir du point connu.

V. — Ce que nous avons appelé les manifestations *critiques*, est d'un grand intérêt. Le point d'intensité d'une souffrance qui fait crier un enfant ou le met en rage, est très expressif, et est naturellement d'une grande violence et provoque l'attention. C'est comme lorsqu'on apprécie la sévérité d'une maladie en disant qu'elle est mortelle. Nous montrons nos craintes pour la sûreté d'un objet de valeur en le mettant sous clef. On constate définitivement qu'une tyrannie politique est trop forte lorsqu'elle provoque une révolution. Le suicide est un critérium sûr d'une misère insupportable.

Quand il s'agit de plaisir, l'amour, par exemple est attesté par une proposition de mariage. On témoigne du charme que vous fait éprouver une nouvelle résidence en rompant toutes les associations, toutes les habitudes qu'on avait dans l'ancienne.

VI. — Pour ce qui regarde l'expression des degrés de sentiment et le choix de quelque principe unique de mesure, nous devons adopter systématiquement, et en principe, les expressions qui sont passées dans le langage ordinaire de l'humanité.

Dans son traité célèbre sur les vertus, Aristote suppose trois degrés: la moyenne, l'excès, le manque. Un de ces trois degrés fixé, les autres en sont à une certaine distance également fixée. Nous pouvons étendre cette échelle, sans perdre sa précision, et former deux ou trois échelons en plus de la moyenne. Pour décrire la vertu d'un sacrifice nous pouvons dire qu'elle s'élève à deux ou trois degrés au-dessus de la moyenne; étant capables de concevoir ces degrés dans l'acte et de les faire comprendre aux autres, nous n'avons plus besoin que de nous entendre sur le choix d'un point moyen dans l'échelle des actes vertueux.

Pour les degrés de plaisir ou de peine, d'excitement en général, nous ne fixons pas habituellement l'échelle d'après une moyenne. Nous commençons à zéro et nous donnons un nom au degré le plus bas que nous pouvons distinguer; quand ce premier est augmenté d'une valeur distincte, nous créons un second nom distinctif, et ainsi de suite. Nous nous arrêtons peut-être à la plus grande somme d'intensité atteinte ordinairement, et nous réservons une épithète additionnelle pour les cas extraordinaires. D'après ce plan on pourrait concevoir et exprimer et faire accepter de tous cinq ou six graduations, pas plus, et ne dépassant pas le plus haut point d'intensité généralement atteint. Tout le monde serait d'accord sur le point le plus bas, le zéro, signifiant repos ou neutralité; on pourrait encore s'entendre sur le premier degré en admettant qu'il signifie le point où nous arrivons à une puissance distincte, à un motif d'action; ensuite les opinions pourraient diverger; de là la nécessité de s'entendre pour fixer le point le plus haut de l'échelle, qui pratiquement déterminerait les autres.

L'observateur a donc d'abord besoin de se fixer à lui-même l'étendue des degrés de tout sentiment donné ; ensuite de diviser cette étendue en autant de points qu'il peut en discerner ; enfin de montrer par des épithètes de degré à quel degré s'est élevé le sentiment donné. Par des allusions ou des comparaisons avec des cas connus, il pourrait amener ses auditeurs à accepter son unité de mesure.

35. — Les difficultés que l'on rencontre lorsqu'on veut faire l'estimation des états mentaux, sont un aiguillon qui vous pousse à l'analyse mentale et à la généralisation. En assimilant des faits que l'on regarde comme différents, nous pouvons ne faire qu'un calcul qui servira pour tous. Qu'un degré de croyance, n'importe lequel, dépende d'une émotion donnée, l'estimation de l'émotion donnera toujours l'estimation de la croyance. Si la sympathie est un élément du sentiment moral, le degré de sympathie correspond au degré du sentiment moral. Si nous connaissons tous les éléments d'un sentiment composé, leur somme donne le degré de la composition.

L'incertitude quant aux degrés rend pratiquement sans valeur l'analyse des états compliqués. Si l'on peut assigner six ou sept éléments constitutifs, à une émotion donnée, ce que cette émotion doit à chacun de ces éléments, est entièrement incalculable. Ordinairement nous pouvons écarter comme insignifiants quelques-uns des éléments d'un composé complexe ; si nous pouvons réduire les éléments effectifs à moins de quatre, nous arrivons alors à évaluer la part de chacun dans le composé. Toutes les fois que nous connaîtrons qu'il y a un grand nombre d'éléments dans un composé nous devrons au moins nous efforcer d'établir une division entre les éléments importants et ceux qui le sont moins, et d'opérer sur les deux ou trois que nous saurons les plus importants.

ÉLÉVATION (*rise*) ET AFFAIBLISSEMENT DES SENTIMENTS

36. — Chaque sentiment naît, croit par degrés, subsiste un certain temps, puis s'évanouit par degrés. Le temps qu'il

met à remplir son cours est en rapport avec son intensité. Le seul fait d'être conscient nécessite une certaine durée. Un frémissement ne durant qu'une fraction de seconde ne serait pas accompagné de conscience.

Nous subissons un grand nombre de chocs agréables, désagréables ou neutres qui sont conscients et rien de plus ; ce sont des stimulants rapides qui, s'ils ne sont pas renouvelés, passent rapidement. Telles sont les multitudes de petites impressions que font sur nos sens des scènes variées et bien remplies. Par leur nombre et leur réunion ces impressions fugitives éveillent encore une certaine énergie, un certain courant de sentiment, qui auront le même effet qu'une manifestation considérable de sensation ou d'émotion.

Le stimulus qui commence un état de sentiment doit donc avoir une certaine durée ; et comme l'effet de chaque stimulus s'évanouit rapidement, le seul moyen de provoquer un courant puissant, est d'opérer par chocs successifs, variés quant à l'incidence s'il est possible, mais en conformité avec l'effet suprême. Les états de sentiment sont, de leur nature, plus ou moins incertains ; le système nerveux ne supporte le passage continuel d'un courant qu'à cause du renouvellement constant des impulsions défaillantes.

La condition physique de la durée suivie des états mentaux est expliquée par les conditions de la durée des efforts musculaires. Un effort musculaire soutenu n'est possible que fait par différents organes ; aucun muscle ne peut être tendu au delà d'un temps très court. De même une émotion continue est, au point de vue physique une succession de manifestations ou de paroxysmes nerveux, avec des alternatives de repos pendant lesquelles l'énergie se reforme. Ce n'est pas seulement après quelques heures d'effort que nous avons besoin d'un repos correspondant : L'effort prolongé n'est lui-même qu'une série d'accès momentanés avec des repos momentanés.

Comme le temps est nécessaire à la formation d'un état d'émotion, de même il faut du temps pour qu'il disparaisse. Lorsqu'on nous a irrités par une série de provocations, nous ne pouvons pas subitement redevenir froids. Le courant doit être dirigé sur un autre sujet, ou bien on doit provoquer un nouvel excitement. Les sentiments d'un peuple en colère, ne peuvent pas être rapidement apaisés en l'absence d'une victime : on doit les détourner ailleurs ou faire appel à une autre émotion, qui ait un certain rapport avec le cas, à l'orgueil par exemple.

37. — Il y a un second fait que l'on observe en étudiant le développement du sentiment, c'est la périodicité. Ce fait ne se retrouve pas dans tous les modes du sentiment; nous allons expliquer pourquoi. Les sentiments les plus strictement périodiques sont les appétits, qui sont gouvernés, comme on sait, par des états périodiques du système physique. Puis viennent certaines satisfactions habituelles, comme celles des goûts acquis, l'occupation routinière du corps et de l'esprit; et lorsqu'on ne répond pas en temps opportun à ces besoins, on éprouve un sentiment de trouble, il semble que quelque chose manque. L'homme religieux, dans les caractères de Théophraste, allait tous les mois, avec sa famille visiter les prêtres d'Orphée.

La longueur du temps que peut durer un sentiment dépend d'abord de l'intensité et du total d'excitation, puis de la capacité subjective du système affecté par une espèce particulière d'émotion, en tenant compte des interruptions antérieures dans l'exercice.

Ainsi les alternances d'exercice et de repos, qui donnent un caractère périodique à la vie corporelle extérieure étendent leur influence jusqu'aux profondeurs les plus intimes de la vie mentale. Chaque émotion exerce et épuise à la fois quelque partie de la charpente physique de l'esprit. Certaines circonvolutions du cerveau, certains muscles ou certains organes ont dans tous les cas leur rôle à jouer; ils s'affaiblissent dans l'exercice, puis à la suite d'un repos ils repartent chargés d'une vigueur nouvelle. C'est ainsi que chaque partie qui a été vigoureusement occupée, finit par cesser d'être le support de la condition mentale qui lui est associée, et que chaque partie qui a été longtemps inactive est prête à obéir au premier stimulus. Nous connaissons tous la jouissance que procure un sentiment dont on avait été longtemps privé; les plus tristes émotions peuvent produire un moment d'extase quand on leur a permis de s'accumuler au lieu de les dépenser à mesure. Un total très ordinaire d'affection pour le pays où l'on est né peut arriver à produire un éclat de bonheur lorsqu'on y retourne après des années d'absence. On apprécie rarement le total des sentiments que l'on dépense jour par jour; mais le mince courant barré pendant des semaines et des mois déborde un beau jour ! Les moments de joie les plus intenses sont la conséquence de longues privations.

38. — En troisième lieu les sentiments opposés ou même différents s'excluent les uns les autres.

La plus grande des oppositions est celle du plaisir et de la souffrance. Ces deux sentiments ne peuvent pas plus coexister que la lumière et l'obscurité, le froid et le chaud. Si nous sommes dans un état, agréable par exemple, une stimulation pénible détruit notre plaisir en totalité ou en partie, son pouvoir destructif étant en rapport avec son intensité.

Donc tous les couples opposés dans lesquels on retrouve comme antagonistes le plaisir et la souffrance sont incompatibles : ainsi la douceur et l'amertume, le mélodieux et le rude, l'orgueil et l'humiliation, l'approbation et le mépris, la bonne conscience et le remords.

Quand nous sommes sous l'influence de deux stimulants différemment localisés, l'un agréable, l'autre désagréable, le plaisir de satisfaire sa faim, uni à une démangeaison très vive, par exemple, nous avons conscience de ces deux stimulants, séparément ; la distinction que nous faisons entre leurs localisations d'un côté, leurs caractères distinctifs de l'autre, les empêche de former pour nous un seul état composé. La fusion est plus complète entre deux ondes émotionnelles, d'origine interne, l'une excitante, l'autre déprimante.

Mais dans tous les cas où le plaisir et la souffrance seront en concurrence, il en résultera un son total qu'auront formé les deux stimulants en se neutralisant l'un l'autre suivant leur intensité respective.

Une autre opposition est fondée sur la différence qu'il y a entre les conditions actives et passives et les modes de l'esprit. Nous ne pouvons être actifs et passifs au même moment ; nous pouvons seulement passer d'un état à l'autre avec plus ou moins de rapidité. Donc une émotion basée sur l'activité ne peut coexister avec une émotion essentiellement passive. L'émotion du pouvoir est unie à notre énergie active ; la tendresse est une émotion passive. Toutes les deux peuvent être agréables et cependant elles sont jusqu'à un certain point incompatibles, moins cependant que le plaisir du pouvoir et la peine de l'impuissance. Il y a encore une certaine incompatibilité entre l'émotion du sublime et celle du pathétique ; dans l'art, les deux ne seraient pas perçues au même moment, dans une seule image.

L'incompatibilité de la colère et de l'affection est extrême : les manifestations des deux états sont en contradiction totale. Quand l'un existe, l'autre est inadmissible à moins qu'il ne soit assez puissant pour détruire et remplacer le premier.

La peur et le courage sont des contraires qui se détruisent mutuellement ; le premier renferme un élément pénible, le second un élément agréable. De plus, le premier signifie faiblesse, prostration ; le second, force, puissance.

L'orgueil et l'humilité sont de la même façon nécessairement opposés ; on ne peut respecter et ridiculiser le même objet au même moment. Ces états différents peuvent être entrevus dans une transition très rapide pourvu qu'ils soient en rapport avec des objets différents et qu'ils ne soient pas extrêmes en degré. Nous pouvons montrer de la colère à une personne, puis de l'affection à une autre ; nous pouvons craindre un ennemi puis en rencontrer un second avec courage. La même personne peut ramper devant son supérieur et fouler aux pieds son inférieur. Nous pouvons passer du sublime au pathétique, et si l'intervalle entre eux est suffisant, trouver cette transition agréable. Le ménagement de transitions semblables est une des délicatesses du tact artistique.

39. — Quatrièmement, des sentiments de la même espèce ou d'espèces semblables, se renforcent l'un l'autre.

Ceci n'est pas seulement un effet d'addition comme celui de deux feux allumés dans la même chambre, c'est un effet d'inflammation mutuelle, comme si l'on réunissait deux masses embrasées en une seule. Dans les deux cas il y a augmentation d'intensité avec consommation plus rapide des matériaux.

Deux influences actives égales produisent une activité plus que double d'une seule, la durée étant raccourcie suivant l'augmentation de l'ardeur. Quand une personne est sous l'influence d'une passion déprimante, la peur, le chagrin, l'impuissance, l'humiliation, l'addition de l'effet d'une passion du même genre peut produire un total disproportionné. Des choses qui nous touchent à peine lorsque nous sommes dans un état normal, nous affectent vivement lorsque nous sommes déjà touchés par autre chose. De plus la loi de l'affaiblissement rapide d'un accroissement de plaisir ne s'applique pas à l'accroissement de souffrance. Parce que nous sommes accablés par le chagrin, il ne s'ensuit pas comme on se l'imagine souvent, que nous reviendrons plus vite à notre condition ordinaire. Les lois du plaisir et de la souffrance sont opposées quant aux circonstances de leur existence et de leur durée.

En résumé, les sentiments sont les produits des stimulants actuels ou idéaux, corporels ou mentaux. Les principales circonstances qui les dominent sont : 1° l'*intensité* du stimulus, développée par la variété des directions vers un seul but ; 2° la *capacité subjective* comprenant la puissance que donne l'interruption ; 3° L'*opposition* et la *ressemblance*. (On trouvera quelques exemples en plus sur le sujet de ce chapitre dans l'appendice A).

CHAPITRE II

LA THÉORIE DE L'ÉVOLUTION APPLIQUÉE A L'ESPRIT

1. — On a fait appel à la théorie de l'évolution pour rendre compte des instincts des animaux et des hommes ; et l'on a établi que toutes ces aptitudes que l'on appelle instinctives sont des aptitudes acquises puis devenues héréditaires. La faculté de la marche que montre un quadrupède dès sa naissance, a été graduellement atteinte comme une particularité acquise par l'éducation, par les ancêtres éloignés de l'animal ; et les dispositions nerveuses nécessitées par l'acte sont si bien devenues fixes qu'elles se sont ajoutées aux autres particularités transmises de l'espèce. Cette hypothèse renferme au moins une des conditions d'une explication satisfaisante ; elle réduit deux faits que l'on supposait jusqu'ici comme entièrement indépendants, sous la même loi.

2. — Tous les arguments que l'on peut émettre en faveur de l'évolution en général seront en faveur de son application au cas présent. Nous ne pouvons pas oublier le rôle d'un organe aussi important que le cerveau ; et avec le développement du cerveau arrive, *pari passu*, le développement de l'esprit. A mesure que le cerveau augmente en volume et en complication, il y a progrès, non-seulement dans les fonctions inférieures qu'on appelle réflexes ou automatiques, mais encore dans les fonctions plus élevées qu'on appelle l'intelligence, l'émotion et la volonté.

La probabilité de cette théorie générale demande un examen complet de ses rapports avec l'esprit. Les faits qui constituent les preuves de l'évolution mentale peuvent être rangés sous deux chefs : premièrement, la forte ressemblance entre les instincts et les aptitudes acquises (acquisitions) ; deuxièmement, la transmission actuelle des particularités mentales et reconnues comme acquises. Le premier est tout à fait en faveur de l'évolution, mais l'évidence du second n'est pas ce qu'on pourrait désirer.

3. — Premièrement. Sans noter en détail tous les instincts variés animaux et humains, nous pouvons cependant montrer leur grande similarité avec des facultés acquises comme habitudes. La vieille définition de l'instinct, celle de Dugald-Stewart par exemple, en fait l'accomplissement d'actions utiles à l'animal, et dont la force est augmentée par l'expérience et l'éducation. L'enfant commence à téter par instinct ; nous portons notre nourriture à la bouche et nous mastiquons par habitude ou par aptitude acquise. L'amour maternel est un instinct continué dans l'éducation et cependant parfaitement homogène.

La difficulté de dire où finit l'instinct et où commence la faculté acquise montre bien leur similarité. Beaucoup de nos facultés instinctives ont besoin de passer par la pratique pour devenir parfaites. La locomotion, même chez les animaux les mieux doués est imparfaite pendant les premiers essais. L'appropriation des mouvements au parcours d'une certaine distance est dans quelques animaux très avancée à leur naissance ; et cependant il leur faut un certain nombre d'essais et d'erreurs avant d'avoir confiance en eux-mêmes ; et nous ne pouvons pas exactement déterminer ce qui est dû à l'instinct primitif ou bien à l'expérience.

C'est ainsi que la dispute sur l'origine instinctive ou acquise de certaines aptitudes semble montrer qu'on peut les considérer sous les deux points de vue. L'imitation, la perception de la distance, la connaissance de l'espace, de la cause et de l'effet, le sentiment moral, sont regardés par les uns comme instinctifs, par les autres comme acquis ; un troisième parti serait d'admettre qu'ils sont l'un et l'autre.

C'est seulement après avoir considéré tous les instincts variés de l'homme comme des particularités acquises et transmises que nous pouvons sentir tout le poids de l'argument tiré de la ressemblance. Si l'emploi de l'hypothèse de l'évolution peut ajouter en quelque chose à notre compréhension des *faits* de l'instinct, son existence en tant que supposition provisoire est suffisamment justifiée, et la rend jusqu'à un certain point probable comme explication réelle.

4. — Deuxièmement. Évidence de l'évolution prouvée par les faits qui montrent la transmission des particularités mentales d'abord acquises. Si l'on pouvait produire des faits de cette nature, non équivoques, on prouverait l'évidence de l'évolution. Cependant l'absence de tels faits ne réfute pas la théorie. Mais eux seuls peuvent l'élever au rang de principe établi, élargissant librement son œuvre.

Dans le chapitre intitulé « Hérédité » de l'ouvrage si original et si remarquable de M. Herbert-Spencer sur la *Biologie*, l'auteur avance certains faits comme prouvant la transmission héréditaire des facultés et particularités mentales acquises. Par exemple M. Spencer regarde la faculté musicale comme un produit du développement, grandissant dans le cours de siècles d'exercice. Les faits sur lesquels il appuie surtout sont ceux-ci : certains musiciens comme Bach, Mozart et Beethoven ont eu des pères très musiciens, mais moins qu'eux. De tels cas ne sont pas assez nombreux pour être concluants, et cependant d'un autre côté ils ne le sont que trop. Pour quelques hommes de génie on peut découvrir dans leurs parents quelque chose approchant du génie; mais je suis persuadé que cela est très rare. C'est encore très extraordinaire de voir un grand génie se soutenir pendant deux générations. On peut encore dire sur ce point que s'il était possible d'arriver grâce à des aptitudes acquises par hérédité, de s'élever de la simple bonne moyenne à l'extraordinaire, le développement ne serait pas le lent progrès que nous connaissons.

5. — On doit établir une distinction entre la transmission des acquisitions intellectuelles et l'événement d'une individualité bien douée par les accidents que confère la supériorité physique. Parmi les enfants de mêmes parents, quelques-uns sont ordinairement mieux constitués que les autres ; les chances sont même en faveur des premiers-nés lorsque les parents ont l'esprit moins développé. La supériorité peut être attachée à un organe, à l'estomac, à la poitrine, aux muscles, au cerveau, et souvent être visible. Généralement parlant, les aînés des grandes familles sont parmi les plus vigoureuses créatures humaines ; suivant les conclusions faites d'après des statistiques par le Dr Mathews Duncan,

Bain. — Émotions et Volonté.

les chances de grande vigueur sont pour le second enfant d'une mère mariée vers vingt-deux ans. Maintenant, celui qui est né avec une force de constitution plus qu'ordinaire, un cerveau également développé ou pouvant supporter un grand travail d'esprit, montrera un esprit plus développé dans une direction ou dans une autre. Pour expliquer une grande puissance mentale nous n'avons pas besoin de supposer un stock transmis d'acquisitions ; une supériorité d'aptitude pour faire des acquisitions dans le cours de la vie individuelle est suffisante pour l'expliquer. La disposition à saisir les délicates gradations musicales peut être une supériorité accidentelle de quelque partie du cerveau, conséquence de bonnes conditions de formation. Un cerveau plus grand contient plus d'éléments nerveux, et l'augmentation dans la puissance de l'esprit suit probablement l'augmentation du nombre de ces éléments. Une remarque curieuse faite par M. le D^r Wm. Ogle, dans un rapport récent sur les droitiers, peut éclairer le lien qu'il y a entre la supériorité mentale et les simples conditions physiques. Après avoir prouvé que, en règle générale, l'hémisphère gauche du cerveau est la plus grande, il cherche la raison de ce fait dans les dispositions anatomiques par lesquelles la grande artère de l'hémisphère gauche devient plus grosse, et apporte naturellement plus de sang à l'hémisphère dont elle dépend. Donc une amélioration dans la nutrition du cerveau amène, par une conséquence directe, à un accroissement de volume. Cette augmentation quoique provoquée, peut faire plus pour le développement des vertus ou des talents de l'individu que les acquisitions accumulées depuis plus de deux mille ans.

Si un cerveau accidentellement volumineux se transmettait, il conserverait avec lui ses aptitudes mentales très développées sans qu'on puisse dire que ces aptitudes soient transmises. Nous pouvons admettre volontiers que le cerveau peut s'agrandir par l'exercice intellectuel, et que l'agrandissement ainsi causé peut se transmettre ; une famille ou une caste vouée aux poursuites intellectuelles peut acquérir de grands cerveaux ; si bien que l'enfant suivra plus facilement la tendance générale que des enfants pris dans une autre classe de la même communauté. Mais ceci n'est pas la seule et la plus visible origine des grands cerveaux. Si nous pouvions choisir les meilleurs cerveaux d'une famille, choisir encore parmi leurs descendants, et ainsi de suite, nous arriverions à devancer en rapidité le développement le plus grand possible atteint à la suite d'exercice mental soutenu.

6. — Quels sont les faits patents dans l'évolution des races supérieures? Tout ce que nous savons des Grecs et des Romains, c'est qu'en deux ou trois siècles ils donnèrent à la civilisation un élan plus grand que ceux qui lui ont jamais été donnés pendant des milliers d'années. Ce qui est plus remarquable encore, c'est que les races teutoniques et celtiques mises en contact avec eux étaient dans un état intellectuel très inférieur : mais qu'elles s'imprégnèrent rapidement et facilement des idées grecques et romaines. Leurs cerveaux étaient égaux à ceux des classes très cultivées quoique leurs idées primitives fussent rares et basses. Les Saxons embrassèrent le Christianisme aussitôt qu'il se présenta. Où leurs cerveaux y avaient-ils été préparés ? Dans tous les pays les hommes de génie sont sortis indistinctement de toutes les classes de la société ; pour nous, Shakspeare et Cromwell, Burns et Scott, jaillirent d'un seul bond de la médiocrité la plus humble, et ils n'avaient pas hérité de leur génie.

7. — Ce qui approche le plus d'une preuve du développement, c'est la domestication des animaux. Tous les instincts qu'on peut prouver être la propriété exclusive des races domestiques, doivent être attribués à l'hérédité. Même dans ce cas on doit encore distinguer entre les facultés générales et les associations spécifiques. Un sens plus délicat ne prouve pas le développement. On a besoin en outre de quelque action définie faite dans une situation particulière, avant que l'animal ait pu contracter l'habitude de cet acte. La conduite d'un pointer est un pur instinct ; si nous pouvions prouver que cet instinct vient en dressant un animal qui ne pouvait pas arrêter, et dont la progéniture montre cette particularité sans avoir besoin d'être dressée, le fait serait concluant.

Darwin et d'autres ont produit des faits qui semblent prouver la transmission des particularités acquises (1), mais peu

---

(1) Voyez l'ouvrage de M. Ribot sur l'*Hérédité* (p. 24) pour tous ces faits. M. Ribot a compris une discussion de l'hypothèse de l'Evolution, dans la question plus large de la transmission héréditaire des qualités corporelles et mentales, sans renvoi à leur origine primitive. Sur ce point la discussion de M. Ribot est très bien conduite.

d'entre eux sont aussi décisifs qu'il le faudrait dans une question aussi importante.

Il semble bien établi que les maladies contractées par l'homme ou l'animal sont héréditaires. Ceci prouve seulement, et c'était admis avant qu'on pense à la théorie de l'évolution, que des parents malades (quelle que soit l'origine de leur maladie) ont des enfants d'une mauvaise santé.

Une autre classe de faits a rapport à la transmission de la peur et de la timidité ; ainsi on voit toute une race d'oiseaux devenir sauvages après avoir été beaucoup pourchassés. Ici nous ne pouvons pas toujours éliminer l'influence de l'imitation des vieux par les petits. En outre, la timidité est une tendance bien vague, à moins qu'on ne prouve qu'elle est caractéristique et sélective, auquel cas, c'est une acquisition intellectuelle importante.

La classe de faits la moins exceptionnelle est celle qui a rapport aux aptitudes particulières des chiens de chasse, des chiens de berger et autres semblables, attendu qu'on peut isoler les jeunes des vieux, et que leurs tendances naturelles se manifestent de façon à ne pas laisser de doutes. On produit encore des cas où, dit-on, on connait le commencement de l'éducation, et où l'éducation a été transformée en instinct. Mais de telles allégations provoquent de nouveaux doutes, elles prouvent trop. Quand on vous dit que trois ou quatre générations suffiront pour convertir une acquisition en instinct, on trouve que cette rapidité est contraire à l'expérience. S'il était possible d'aller de ce train là, on pourrait démontrer oculairement l'évolution à chaque instant.

Suivant M. Spencer la conscience de la possession s'élève à une grande vivacité chez le chien lorsqu'il cache une partie de sa nourriture ; lorsqu'il garde la propriété de son maître, il combine le sens de la propriété avec la sympathie. On argue de ceci que toutes ces aptitudes n'ont pu être acquises que depuis que le chien est le compagnon de l'homme, et que par conséquent elles sont transmises. C'est probable, mais l'exemple est encore ambigu et peu décisif : nous ne savons pas ce qu'était le chien quand on commença à le dresser ; nous ne savons pas jusqu'à quel point son cerveau a développé une aptitude vague; tous les chiens ne conviennent pas également aux fonctions de gardiens ; nous ne pouvons pas dire exactement quelle est la part de la première éducation chez le chien.

8. — Malgré l'ambiguité des cas cités en faveur du développement mental, je n'en suis pas moins disposé à soutenir la théorie comme probable en elle-même et comme facilitant notre étude de la constitution mentale. Établissons donc quelles sont les conditions du développement mental, et voyons si elles peuvent s'accorder avec les instincts variés qu'on nous suppose.

Évidemment la transmission d'une faculté mentale acquise est un fait rare et exceptionnel. Suivant toutes les apparences ce que nous avons acquis disparait avec nous, nos enfants ont à recommencer *de novo*, tout comme si nous n'avions rien appris du tout. Le fils d'un grand philologue n'hérite pas d'un seul vocable; le fils d'un grand voyageur peut, à l'école, être surpassé en géographie par le fils d'un mineur. Toute la supériorité que peuvent posséder les enfants d'un érudit, est suffisamment expliquée par l'héritage qu'ils ont fait de cerveaux plus volumineux; cet avantage peut encore être surpassé par une naissance heureuse dans des rangs inférieurs.

9. — Malgré tout, je suppose que, lente et difficile d'ailleurs, la transmission d'acquisitions est encore possible. Sous quelles circonstances aurons-nous le plus de chances de la voir se réaliser? Réponse : 1° dans les fonctions mentales qui sont comparativement simples; 2° qui sont sans cesse répétées; 3° qui sont vivement intéressantes.

L'expérience palpable de l'humanité montre que les acquisitions complexes ne sont pas héréditaires, et à la circonstance de complexité, nous devons ajouter celle d'intermission dans l'exercice. Mais s'il s'agit d'une fonction aux limites étroites, constamment exercée et de plus utile à l'animal, cette fonction aura d'abord une forte action sur le système nerveux de l'animal, et en vertu de la force acquise des associations nerveuses, pourra peut-être persister et se communiquer à la progéniture, communication qui, dans le cours des générations pourra se confirmer et devenir une qualité héréditaire.

10. — Par exemple: Ce qu'on appelle les actions réflexes, avaler, respirer, sucer, et beaucoup d'autres semblables, nous viennent d'après la théorie de l'évolution, de nos ancêtres

dans les séries animales. Toutes sont comparativement simples, et très répétées ; leur utilité est des plus manifestes. Voilà les circonstances les plus favorables pour la fixation d'acquisitions dans le temps d'une vie individuelle, et telles sont les conditions qui amèneront la fixité nécessaire pour la transmission héréditaire.

Les actions rythmiques les plus compliquées, telles que la locomotion, peuvent contracter une tendance à l'hérédité, lorsqu'on songe à leur simplicité comparative, à leur répétition, à leur valeur. Le plus étonnant est que chez les êtres humains, la locomotion n'est pas décidément un instinct. Considérez la fréquence de l'alternation des membres inférieurs dans une vie moyenne : On peut aisément supposer qu'un homme fera douze milles par jour pendant quarante ans ; chaque jour représenterait environ dix mille pas multipliés par douze milles ce qui donnerait une centaine de millions de pas. Cependant malgré toutes ces répétitions, il faut des semaines à l'enfant depuis le moment où il met ses pieds par terre jusqu'au jour où il marche. La difficulté n'est pas d'alterner les jambes, mais semble résider dans le balancement du corps ; et l'évolution ne semble rien faire pour le faciliter.

11. — Tirons un autre exemple de l'intelligence. Les rapports d'espace du monde objectif ou étendu offrent des cas très favorables à la transmission par deux côtés : la répétition et l'intérêt. Comparés aux actions réflexes ou rythmiques, ils ne sont pas simples, ils sont même très compliqués quoique encore parmi nos acquisitions intellectuelles simples. Nous passons une grande partie de notre vie à nous rendre compte des distances, des grandeurs, et des positions des objets extérieurs, notre seul repos étant l'observation de nous-mêmes en tant que sujet, c'est-à-dire le travail de notre esprit sur nos sentiments et nos occupations intérieures. De plus, excepté pour quelques illusions occasionnelles dont nous apprenons à nous rendre compte, il y a persistance complète de nos expériences sur les grandeurs. Les informations postérieures viennent uniformément confirmer les grandeurs apparentes des choses visibles : la somme des deux côtés d'un triangle est invariablement plus grande que le troisième côté ; deux lignes qui, séparément, égalent une troisième sont égales entre elles.

La perception de la distance par la vue est devenue depuis

Berkeley un sujet distinct de discussion ; il est admis qu'on le traite séparément et cependant il n'est qu'une partie de la grande question de l'espace ou de l'étendue. Sans entrer dans la discussion des faits produits pour montrer que les hommes n'ont pas une sorte de pré-conception instinctive des différentes relations d'étendue et de grandeur, chacun doit admettre qu'ici la répétition est aussi fréquente que possible. Des rapports entre nos mouvements et les changements visibles des choses autour de nous, s'établissent chaque fois que nous changeons de place ou de posture dans la journée. Nous faisons sans cesse des comparaisons entre les grandeurs visibles. Les expériences faites dans une vie peuvent se chiffrer en millions.

12. — Si les notions comprises dans celle de l'espace sont, parmi tous les importants produits de l'esprit, parmi les plus favorables à la transmission d'une génération à une autre, le sentiment moral doit être au contraire parmi les moins transmissibles. Ceci s'appuie sur la situation du sens du bien et du mal par rapport aux trois conditions de l'hérédité.

Répétition : nous sommes toujours géomètres, nous ne sommes moralistes qu'à de longs intervalles : c'est seulement dans nos observations exclusivement subjectives qui n'occupent pas la moitié de notre vie, que nous sommes absolument libres de relations avec l'espace ; et nous pouvons passer des heures et des jours sans recevoir aucune leçon morale.

Simplicité comparative : quoique la notion de l'espace soit complexe à côté des instincts inférieurs, locomotion et ce qui lui ressemble, elle est la simplicité même comparée aux idées du bien et du mal. Quel que soit le principe moral que nous adoptions, dans son action il suppose toujours une situation compliquée entre les hommes sans laquelle il n'aurait ni substance ni forme, parce qu'il n'aurait pas de signification. Les contours de l'espace dans les trois dimensions, les simples rapports de distance et de grandeur peuvent peut-être s'imprimer sur notre système nerveux, si bien qu'ils se transmettent du père au fils ; mais un code de devoirs en rapport avec les relations humaines les plus simples, ne peut pas devenir héréditaire. La condition si importante de la persistance de l'expérience est toute en faveur de l'espace et contre la transmission du sentiment moral.

Il y a bien en vérité certains aspects communs à des actions morales qui donnent au devoir un caractère à part ; mais ces aspects communs sont accompagnés de circonstances si variables qu'ils sont souvent cachés ou obscurcis ; en conséquence, la répétition ne produit pas ici son effet ordinaire, elle n'augmente pas l'impression faite sur l'esprit.

L'intérêt qu'on attache à l'acte est la troisième condition de la transmission héréditaire. Cette condition ne manque pas aux impressions morales, cependant on peut encore trouver à dire quelque chose. Nous ne retenons pas facilement ce que nous n'aimons pas ; l'humanité étant naturellement peu disposée au renoncement de soi-même, est ainsi très lente à prendre de bonnes habitudes morales, et est ainsi peu avancée dans la perfection, même maintenant. Comment alors cette éducation qui répugne arriverait-elle à s'imprimer dans l'esprit des enfants (qui ont dû naître avant la maturité du sens moral des parents) quand tant d'autres objets plus intéressants ne laissent pas de traces qui puissent se transmettre.

13. — Ces antécédents qui montrent le peu de probabilité de la transmission des idées du bien et du mal sont en harmonie avec ce fait, c'est que les idées morales (telles que je les considère) ne sont pas des instincts moraux proprement dits. En observant les premières impressions que fait naître le monde extérieur, j'ai trouvé qu'elles possédaient un caractère de précocité dont l'expérience ni l'éducation ne pouvaient rendre compte ; lorsque j'observe les premières impressions morales je ne rencontre pas la même difficulté. Ayant discuté ce point ailleurs (*Science mentale et morale*, p. 448, édition anglaise), je ne répèterai pas ici la discussion, mais je m'en tiendrai au côté de la question intéressée dans la théorie de l'évolution.

En me déclarant contre le caractère intuitif du sentiment moral, j'avoue pleinement que certaines facultés que nous possédons dès notre naissance sont indispensables pour que ce sentiment puisse se développer ; et que ces facultés peuvent être le résultat de l'expérience accumulée des générations passées. Dans le sentiment moral entre premièrement, l'action ordinaire de la volonté nous portant à éviter la souffrance et à chercher le plaisir ; deuxièmement, la puissance de la sympathie ou des impulsions désintéressées ;

enfin, en dernier, l'action de nos émotions prédominantes, la crainte, l'amour, la colère, etc. Tous ces éléments sont des facultés primitives de l'esprit, et comme tels peuvent être soumis à l'hypothèse de l'évolution. Mais le trait final est à mon avis, donné par l'éducation sous la direction de l'autorité : c'est ce qui fait du sentiment moral un phénomène particulier, distinct de toutes les autres manifestations de la volonté, de la sympathie, de l'émotion et de tous leurs composés. De plus, la croissance et l'influence du sentiment moral dépendent de conditions intellectuelles qu'il est inutile de spécifier.

L'obstacle toujours dressé contre l'accomplissement du devoir est l'égoïsme individuel, aggravé par un défaut intellectuel qui fait qu'on ne se juge pas sainement. Le contraire de l'égoïsme est la sympathie, puissance qui se manifeste très diversement suivant les individus et les races, car elle fait défaut chez les groupes humains inférieurs et se développe généralement avec le progrès intellectuel. Plus la sympathie est grande, plus la moralité augmente ; un autre facteur n'est pas nécessaire, quoique le développement intellectuel soit d'une grande aide.

Nous devons tenir grand compte de ces manifestations importantes de l'esprit, sympathie, désintéressement, impulsions altruistes, en étudiant les formes les plus élevées du sentiment moral. Si nous regardons la morale comme le produit des expériences accumulées et de l'éducation de l'humanité, ce qui a été le plus développé c'est la sympathie. Je suis presque prêt à admettre que ce sentiment est favorable au développement, et à accorder à M. Spencer que le sentiment moral s'est augmenté des expériences héréditaires de l'humanité. Parmi les moins contestées de nos tendances innées, sont ces sentiments nombreux, comprenant aussi des idées, et qui se rattachent à la sociabilité ; là nous pouvons espérer atteindre les racines et même les maitresses branches de la sympathie.

L'HÉRÉDITÉ DE L'ÉMOTION

14. — L'hérédité des émotions est un des cas de l'association des sentiments. Nous avons tous, dans la maturité de la vie,

un nombre d'associations agréables ou pénibles avec des objets en eux-mêmes indifférents, avec nos maisons, nos habitudes, nos occupations, nos études, avec des lieux historiques, avec les restes de quelques grands événements. Toutes ces associations se forment pendant notre vie individuelle, et on peut facilement assigner les circonstances qui les ont fait naître. On ne tient pas compte alors de l'hérédité.

Pour les émotions héréditaires, les croyants de l'évolution, nous font remarquer ces circonstances environnantes qui accompagnent d'abord les sentiments violents, et qui par la répétition, finissent par affecter si bien le système nerveux qu'elles se transmettent. Quels sont ces circonstances et ces rapports environnants? Ils sont de deux sortes: ceux fournis par la nature extérieure avec les aspects scéniques permanents du monde extérieur, et ceux fournis par les êtres vivants, nos semblables, ou par les animaux inférieurs.

Malgré toute la variété du monde extérieur, il a cependant quelques aspects communs à tous les pays, à tous les climats. La voûte du ciel, la terre avec ses forêts et ses eaux fournissent à tous les animaux doués de la vue une impression constante quoique souvent complexe. Les rapports d'espace si abstraits ont une forme concrète définie, dont les traits uniformes demeurent au milieu de la diversité. Comme toute la carrière des êtres terrestres se passe en présence d'un extérieur constant, cet extérieur s'associe intimement avec leurs sentiments, et si quelques traces du monde extérieur sont héréditaires, quelques traces des sentiments qui s'y associaient peuvent l'être devenues aussi. En rendant compte de l'émotion que fait naître un paysage, M. Spencer l'explique par les associations émotionnelles vagues, formées dans la race dans les temps barbares, quand l'homme trouvait son principal plaisir dans la dépense de son activité, parmi les forêts et sur les eaux. C'est peut-être tenir trop de compte du plaisir que pouvait avoir l'homme dans ces temps barbares; l'émotion héréditaire que fait naître la vue de la nature ne peut pas venir toute du plaisir. Cependant quel que puisse être l'accent émotionnel éveillé par la nature, il n'y a pas de raisons pour le limiter à des parties choisies de la nature. Les chasseurs avaient affaire aux bois, les pêcheurs aux eaux; mais tout le monde est impressionné par le ciel au-dessus de soi, par la succession du jour et de la nuit, par la surface terrestre, dans ses traits constants, en quelque lieu que vive l'homme ou l'animal.

15. — Les êtres vivants comme nous, sont une partie de la scène qui nous environne, et cependant on doit les distinguer de la terre et de sa verdure parce qu'ils sont plus attrayants pour nous. Parmi nos instincts les mieux attestés sont ceux de la sociabilité. Les sentiments de tous les animaux sont éveillés par la présence de membres de son espèce, ou d'une espèce approchante de la sienne. L'enfant est impressionné par l'expression d'une figure humaine, avant d'avoir pu apprendre par expérience quelle est la différence de signification d'un sourire ou d'un froncement de sourcil (1). Ceci implique la persistance héréditaire de l'image de la forme humaine, cas spécial des relations de l'espace. Nous ne pouvons éprouver l'émotion sans la figure humaine, qui est une peinture compliquée, ce qui prouve, a *fortissimo*, que les relations de l'espace doivent être imprimées dans l'esprit dès la naissance. Si nous n'avons pas ici un produit simple, nous avons un cas impliquant une quantité énorme de répétitions, et un intérêt intense; c'est ainsi que la transmission héréditaire est jusqu'à ce point probable.

On peut regarder l'intérêt héréditaire de l'humanité pour le monde inanimé comme faisant partie des émotions transmises de l'humanité. C'est une assertion trop vague pour être prouvée, d'autant plus que dans beaucoup de cas l'intérêt que l'on prend à un paysage se rattache à des souvenirs personnels. Il n'y a pas de raison pour que la race des êtres ne transmette pas ses associations avec le monde extérieur, sa demeure; cependant pour arriver à la certitude, le mieux est d'interroger les sentiments de notre propre espèce. On trouvera je crois, que toutes les émotions décidément instinctives sont les émotions de la personnalité, parmi lesquelles il faut ranger sans doute l'amour, la colère et peut-être aussi la crainte. Donc, la compréhension de la situation qui développe les instincts sociaux, prépare la voie pour l'évolution des émotions en général. A ce point de vue j'y reviendrai tout de suite.

16.— Qu'il nous soit permis de demander quels sont les sen-

---

(1) M. Darwin affirme qu'un enfant âgé de six mois est affecté sympathiquement en voyant l'expression du chagrin sur un visage.

timents qui ne sont pas en apparence formés, augmentés par l'hérédité, et comment nous pouvons affirmer que quelques-uns d'entre eux soient exempts de l'influence du principe d'hérédité?

La supposition que tous les sentiments, doués des deux conditions la force et la répétition, en sont exempts, semblerait faite à la légère. Cependant nous devons avoir une disposition primordiale, quelque chose né en dehors du mécanisme du système, qui serait la base de l'accumulation héréditaire.

Les sensations organiques qui comprennent les violents appétits sensuels, sont, pouvons-nous le supposer, par eux-mêmes placés en dehors de la théorie de la transmission. Les sensations de la faim, de confort physique, les satisfactions sexuelles, dépendent de certains organes, de certains nerfs, et quoique ces organes aient pu se développer par des tendances physiques, nous n'attribuons aucune partie de l'intensité de ces sensations aux réminiscences des émotions des ancêtres. Nous pouvons donc répéter sans autre évidence, que les conditions de l'évolution mentale, que, avant qu'un sentiment puisse être transmis à la postérité comme un écho affaibli, une sensibilité de première classe doit exister pour le commencer. Les appétits sensuels peuvent servir d'exemple de la transmission émotionnelle.

M. Spencer met sur le même rang l'instinct maternel et les appétits corporels. Il commence nous ne savons comment; la supposition que c'est une transformation fortuite conservée à cause de son opportunité, dans la bataille de la vie, en vaut une autre. Ce n'est pourtant pas uniquement le plaisir de donner naissance à une postérité; cet acte n'est jamais agréable, et autant que nous pouvons le juger, il est souvent pénible. Le plaisir commence avec le baiser que donne la mère à son petit, plaisir qui devient très grand dans les classes d'animaux les plus élevées. Là on retrouve le plaisir général de la sensibilité, une sensation de chaleur. Mais le sentiment va plus loin il semble renfermer un frémissement de joie que nous ne pouvons localiser, ou exprimer avec les termes qui s'appliquent à des sensibilités connues. Probablement, dans aucune espèce le parent mâle n'éprouve ce plaisir au même degré. Dans la race humaine le père prend un intérêt très vif à l'enfant, mais moins ardent que l'intérêt de la mère, ce qui semble montrer que pour être complètement éprouvé, ce sentiment a besoin d'être senti par une organisation féminine.

Là n'est pas la preuve que l'hérédité ajoute à la force de l'instinct. Tout ce qu'on peut dire c'est que par l'hérédité nous rattachons le sentiment à ses *signes* et manifestations collatérales, petitesse, faiblesse et autres particularités du nouveau-né. L'effet de cette transmission peut être de développer l'intérêt que nous avons pour les petits et les membres faibles de l'espèce, aussi bien que pour les particularités qui naissent de la présence de l'enfant.

17. — Dans les cinq sens il doit y avoir une sensibilité primordiale, des plaisirs et des peines intrinsèques, qu'évoquent les émotions. Dans le son, par exemple, on croit voir apparaître des sentiments innés, originaux, agréables et désagréables. La douceur d'une simple note musicale, la souffrance que fait éprouver un cri discordant, sont liées à la qualité intrinsèque de la substance nerveuse. Suivant M. Sully, le plaisir de l'harmonie est un fait primitif. On n'a pas ici à faire appel à l'évolution. La répugnance qu'a le chien pour les sons de la vielle, et l'homme pour le grincement de la scie, n'a rien à voir avec n'importe quelle expérience antérieure.

De même dans les sensations de la vue il doit y avoir les plaisirs intrinsèques de la lumière, des nuances, des couleurs et de leurs contrastes, de ce qui étincelle, de ce qui brille. Tracer une ligne entre ces sensations et les plaisirs acquis ou transmis par association, n'est pas absolument impraticable, comme on le verra dans l'étude des rapports de ces plaisirs avec les émotions spéciales.

Les trois sens inférieurs, le toucher, l'odorat, le goût, ont aussi leurs sensibilités primordiales, qui sont évidemment telles, tandis que parmi les instincts des animaux, il y a des sensations que l'on peut regarder comme empruntées ou dérivées. L'odeur caractéristique de la race d'un animal ou celle d'une espèce ennemie, peut être considérée comme acquise et héréditaire.

18. — Si un sentiment varie avec les conditions physiques, nous pouvons le déclarer dépendant de l'organisme et en dehors des règles de transmission. Les plaisirs et les peines associés nécessitent toujours un certain état nerveux afin de

se manifester; cependant ils dépendent moins des conditions corporelles changeantes que les sensibilités organiques et les plaisirs et les souffrances des sens inférieurs. Si nous prenons d'un côté la bonne conscience, l'amour, la vanité, le remords et que nous les comparions au repos ou à l'exercice musculaire, aux excitations sensuelles, nous reconnaîtrons de suite l'indépendance relative de la première classe de sentiments, et la variabilité de l'autre. On a commis une grosse erreur en plaçant quelques-uns des sentiments les plus élevés en dehors de l'influence des conditions physiques; mais cette erreur montre que quelques sentiments se distinguent des autres comme suivant moins qu'eux les fluctuations des organes corporels.

19. — Le sentiment transmis possède le caractère *idéal*. Dans notre vie pratique nous faisons une distinction entre les plaisirs actuels et les plaisirs idéaux, entre la chaleur féconde et la fraîcheur reposante réelles et présentes, et avec les peintures ou les descriptions verbales de ces sensations. On peut facilement spécifier les points de différence. Le premier est l'intensité inférieure; le second est l'association avec nos sens les plus intellectuels la vue et l'ouïe. (Voy. l'*Émotion idéale*.) Ce dernier point est capital. Sans des images intellectuelles nettes, nous ne nous rappelons pas les sentiments; la reproduction du sentiment est un fait intellectuel, et son fondement est la représentation intellectuelle. La difficulté toujours renaissante de l'instinct et de la transmission héréditaire, est l'étendue et la complication des idées qui doivent se transmettre avec les émotions.

HÉRÉDITÉ DES RELATIONS SOCIALES

20. — Un aperçu général de ce que l'on peut considérer comme possible dans l'évolution des relations sociales, servira d'introduction à l'étude détaillée des émotions.

M. Spencer (*Psychologie*) a réduit la question à l'attrait de la vie en commun. Cet attrait n'est pas le même pour tous les animaux. L'isolement convient aux grands carnassiers auxquels il faut de grandes proies. La vie en commun répond mieux aux besoins des herbivores, qui peuvent trouver leur nourriture sans se disperser, et que leur réunion protège contre certains dangers.

Si l'on suppose que l'habitude de vivre en commun a eu un commencement, il doit y avoir une tendance à conserver et à perpétuer cette habitude. La survivance de l'habitude vient en aide à la tendance primitive. « La perception d'êtres d'une même espèce, constamment vus, entendus et sentis, deviendra une partie prédominante de la conscience, si prédominante même, que son absence causerait immédiatement une gêne. » (SPENCER.) L'esprit de chaque animal du troupeau s'imprimera d'une façon indélébile des images de ses semblables, avec leurs caractéristiques, traits, gestes, cris, ce qui les rendra intéressant pour lui. Immédiatement après l'herbe, tout l'intérêt du mouton sera dans le mouton. Prenant leurs plaisirs en commun, ils se regardent les uns les autres avec plaisir ; subissant leurs peines en commun, ils peuvent contracter des associations mutuelles de souffrances, et se soulager ainsi les uns les autres. L'impression d'une personnalité peut donc se cultiver, devenir une impression héréditaire si une image aussi compliquée que celle-ci peut s'imprimer sur l'intelligence. La vie en commun, si toutes les conditions en étaient remplies, amènerait une identité complète entre l'individu et le troupeau ; il ne penserait même plus à agir seul en dehors du corps dont il ferait partie. Le principe social triompherait sur tous les égoïsmes.

21. — Jusqu'ici nous n'avons parlé que des effets résultants de la vie en commun. Nous devons ajouter ceux des appétits sexuels qui concentrent l'attention sur quelques individus choisis. Ils augmentent encore beaucoup l'impressionnabilité des membres individuels, l'intérêt qu'ils prennent les uns aux autres, quoiqu'ils engendrent aussi des rivalités et des querelles. Quand le sentiment sexuel passager se transforme en un intérêt continu entre deux individus, il les rend des plus sociables ; le couple pense alors moins à lui-même exclusivement.

22. — Suivant M. Spencer nous devons tenir un grand compte du sentiment maternel, dont l'origine est moins explicable que celle du sentiment sexuel, mais encore plus puissant au point de vue social. L'instinct maternel est plus fort et plus universel ; le petit ne peut pas toujours compter sur l'amour de son père. L'intensité des sentiments de la

mère montre ce que peut faire une affection forte dans les cas extrêmes ; elle a l'esprit entièrement possédé par l'image de sa progéniture et adopte tous ses intérêts sans distinction et sans réserve. Passer par une excitation aussi vive, c'est s'identifier de plus en plus avec la personnalité commune à tout le troupeau. S'il n'y avait là encore des occasions de rivalités et de querelles, l'intérêt de chacun pour chacun, sous l'influence de ces trois sentiments, deviendrait prédominant. Le système social serait un communisme radical.

23. — Le plaisir de la vengeance nous ramène au côté vorace de la vie animale, si du moins on l'explique par l'hypothèse de l'évolution. La lutte pour l'existence implique d'abord une coopération pacifique et un antagonisme belliqueux ; si l'un de ces deux éléments est la source des plaisirs de l'amour, l'autre est la source des plaisirs de la haine et de la vengeance. Nous devons pourtant établir une différence importante. Nous voyons dans le premier une satisfaction indépendante concourant à augmenter les jouissances de la coopération, et étant peut-être le plus fort facteur du résultat. Dans le second il n'y a pas de fait correspondant exactement à ceci : au contraire, la perte nécessaire de cette satisfaction doit être un recul vers le plaisir de la vengeance.

On peut dire que si grands que soient les avantages de la coopération de la vie commune, les avantages de la destruction sont encore plus immédiats et plus apparents. La moitié de la race animale vit de sa proie : et comme il est délicieux de se nourrir ainsi, il doit être agréable de tuer. Tous les signes d'insuccès, les efforts inutiles, les tressaillements d'agonie de la victime doivent être agréables aussi. De plus, si l'animal actuellement victorieux a passé lui-même par l'état de crainte mortelle qu'il inspire, il doit se produire chez lui une réaction qui augmente l'exaltation du moment de la victoire.

24. — Suivant l'hypothèse de l'évolution, nous pouvons facilement supposer la transmission héréditaire des habitudes voraces, et de la satisfaction que procure la mort de la proie ou du rival. Nous sommes cependant encore en dehors du plaisir essentiel de la malveillance. Nous avons assez maintenant du fait qui cause une souffrance quelconque, voyons maintenant le sentiment proprement dit. Le sentiment n'ap-

paraît pas toujours dans le fait. Tout ce dont a besoin l'animal pour l'accomplir, c'est une impulsion assez forte qui lui permette de satisfaire sa faim, de détruire ses rivaux plus faibles, et de jouir de cette action et de tous ses effets. La situation ne nécessite pas en plus le plaisir de torturer un autre animal ; et le sentiment en cause, ce qui le fait agir, c'est plus d'avoir rencontré de l'opposition, que d'avoir été blessé. La disposition au meurtre est forte par elle-même sans avoir été poussée jusqu'au point de se délecter dans ces signes de souffrance que les classes élevées d'animaux peuvent seules interpréter. Ce que *nous* considérons comme des indices d'agonie et de souffrance, des animaux d'un esprit moins développé, peuvent l'interpréter comme des signes de perte de puissance pour résister.

25. — La sympathie et l'antipathie se présentent ensemble. Toutes les deux supposent la possibilité de se représenter les plaisirs et les souffrances des autres, et de faire naître ces plaisirs et ces peines chez les autres. L'une est la source d'actions faites pour donner ces plaisirs, l'autre d'actions faites en vue d'infliger un mal ; toutes deux font naître des satisfactions. Il semble étrange qu'on trouve ces deux sentiments dans un même esprit ; mais cette contradiction est levée par la différence des circonstances ; le plaisir de faire du mal suit la peine reçue.

L'impulsion carnassière donc n'implique pas le plaisir qui vient de la connaissance du mal qu'on fait, mais prépare probablement ce raffinement de cruauté. M. Spencer a remarqué qu'il était nécessaire pour le progrès de la race, que l'activité destructive fût non pas pénible mais agréable. En fait, cependant, le plaisir de la destruction va bien au-delà de ce que renferment ces mots, bien au-delà de ce qui était avantageux pour l'intérêt collectif des animaux et des hommes aussi. Le plaisir pris dans la vue de la souffrance a toujours été trop grand.

Il semblerait plutôt que la vengeance comme la crainte, soit une faiblesse et non une des qualités du système animal. Jusqu'à un certain point, lorsqu'ils sont soumis à un contrôle énergique, ces deux sentiments aident à notre sécurité. Mais tous deux sont facilement excessifs ; ce sont des passions démoralisantes et désorganisantes ; elles empêchent fatalement la justice et la mesure de notre jugement : elles sont contraires et à notre propre intérêt et à celui des autres. Les natures faibles y sont souvent soumises.

M. Spencer considère l'insensibilité devant la souffrance comme une acquisition semblable à celle de la soumission, semblable à l'insensibilité d'une peau habituée au frottement. Pour ma part je ne crois pas que ce soit une acquisition. L'indifférence à la souffrance qu'on provoque, me semble l'état primitif, le premier degré de l'échelle ; tandis que la répugnance à faire souffrir est de croissance récente, tardive et lente. De plus, l'indifférence pure et simple aurait été suffisante pour des fins pratiques ; la jouissance positive, la fascination qu'on éprouve en face d'une souffrance, est une superfluité diabolique, une humeur dépravée qui a valu à l'humanité bien des reproches.

26. — Comme nous sommes intéressés à expliquer l'hérédité des impressions de la personnalité dans les membres d'une espèce, bases de tout instinct social, nous pouvons remarquer qu'une attitude hostile, tout en détruisant l'œuvre de l'amour et de la sympathie, n'en contribue pas moins à graver l'image commune de l'espèce dans l'esprit de chaque individu, au point de lui donner la persistance héréditaire.

Cela prouve que si la transmission d'une image assez complexe pour renfermer les gestes, des mouvements, la figure d'un des animaux les plus élevés, est une rude tâche pour le système nerveux, les conditions favorables à cette transmission sont très bien remplies. Retenir l'impression héréditaire du soleil, de la lune, des étoiles, du jour et de la nuit, de la chute des corps, des champs verts, des ruisseaux bondissants, cela peut ne pas demander plus d'efforts nerveux que pour abriter le germe microscopique qui transporte la ressemblance, des parents à leur progéniture ; mais la répétition et les autres conditions qui gravent une impression sont bien inférieures.

27. — Si je n'étais persuadé que les sentiments puissants liés à ceux de la propriété et de la liberté, sont instinctifs, j'aurais eu aussi à les considérer comme produits par l'évolution. Je ne puis cependant affirmer que l'amour de la propriété et le désir d'être libre dans ses actions, ne se sont pas développés à mesure qu'on sentait mieux leur valeur, les satisfactions immédiates qu'ils nous procuraient, les besoins pressants auxquels ils paraient. Les formes les plus exagérées, les plus

irrationnelles de l'avarice peuvent naitre à la suite de circonstances particulières, dans une seule vie. On pourrait de même affirmer que l'amour de la liberté naît avec le sentiment de ses avantages. Dans beaucoup de races et d'individus, les deux sentiments sont très peu développés, quoique le temps n'ait pas manqué à l'évolution pour faire son œuvre; mais un simple changement dans l'éducation ou les circonstances extérieures, pourra donner à ces deux sentiments une prédominance suffisante.

CHAPITRE III

LES ÉMOTIONS ET LEUR CLASSIFICATION

1. — Les sentiments sont divisés en sensations (comprenant les sentiments musculaires) et en émotions.

Les sensations, comme telles, sont premières et simples ; les émotions, comme telles, sont secondaires et composées. Le plaisir que donne une odeur agréable, en tant que simple sensation, est un fait primitif ou élémentaire ; on croit qu'il est la conséquence directe et immédiate d'une stimulation physique ; le plaisir que procure une belle statue est un effet dérivé et composé ; dans sa composition entrent les résultats de l'éducation.

Les modes de dérivation ou de composition des émotions sont nombreux ; le principal est l'accroissement contigu, ou évolutions (process) associées.

Le travail de l'association est d'*unifier* en un seul agrégat, en un tout, un nombre de sentiments séparés ; c'est aussi de *transporter* un sentiment de sa cause originale, à quelque autre objet rapproché, comme dans la beauté de l'utilité, et dans le sentiment de la vérité.

Dans beaucoup d'émotions compliquées, l'association remplit ces deux fonctions ; le sentiment de la propriété est à la fois un agrégat et un transfert (*transference*).

Une autre source d'émotion est dans le concours des sensations, que celles-ci s'harmonisent ou se combattent ; du premier cas naîtra un sentiment agréable, du second un sentiment pénible, qu'on considérera non comme une sensation, mais comme une émotion. La douceur d'un son est une sensation ; le plaisir que procure une composition musicale est une émotion. La surprise, l'étonnement sont dus au choc d'états opposés, à l'introduction de quelque chose d'extraordinaire, et nous ressentons un heurt que l'on doit considérer comme dépassant la simple sensation.

Une théorie des émotions doit faire connaître les principes qui gouvernent l'agrégation et le transfert des sensibilités ou sensations premières, c'est-à-dire appliquer les lois de l'association aux sentiments. Les principes qui gouvernent l'harmonie, la collision ou conflit des sentiments, font partie moitié de la grande loi de l'harmonie et de la discorde, moitié de la loi de relativité.

2. — *Côté physique des émotions.* — Les émotions ont immédiatement une origine centrale, tandis que les sensations ont une origine superficielle ou périphérique. Quoique beaucoup de nos manifestations émotionnelles soient dues au stimulus de la sensation, quand nous avons le sentiment du sublime en contemplant les étoiles, par exemple, cependant le stimulus de la sensation n'est pas essentiel et son effet émotionnel dépend d'une série de transformations mentales, si bien que souvent le caractère émotionnel ne se manifeste que par un travail interne que nous n'affirmons qu'hypothétiquement. Toute émotion forte est suivie d'une diffusion bien marquée, d'une sorte de réalisation physique, qu'on doit noter si l'on veut faire une description complète de cette émotion.

3. — *Particularités mentales de l'émotion.* — Les émotions proprement dites ont certaines particularités mentales qui résultent de la description que nous en avons déjà donnée, et qui contrastent avec celles des sensations. D'abord les émotions naissent et croissent plus doucement, arrivent à une plus grande force, et s'évanouissent plus graduellement que les sensations. Comme l'a remarqué M. Spencer (*Psychologie*) les effets généraux d'une émotion, en tant que distingués des effets locaux, sont plus grands et plus apparents que les effets généraux d'une sensation.

Ensuite, elles dépendent, plus que les sensations, de la condition générale de l'esprit au moment donné, des dispositions, des tendances prédominantes, des facultés mentales. Nous pouvons plus facilement résister à une émotion, qu'à une sensation ; il est plus facile de supprimer l'amour ou la haine qu'un goût amer ou doux

M. Spencer a encore remarqué que la différence entre l'actuel et l'idéal est moins marquée dans les émotions que dans les sensations. Dans toute émotion il y a une grande part d'idéal, ou de sentiment ressuscité ; une sensation représente seule une actualité réelle et complète.

C'est par la même raison qu'il est dans la nature de l'émotion d'être plutôt diffuse qu'aiguë. Les plaisirs et les souffrances aigus sont le plus souvent des sensations. Il s'ensuit que les émotions sont moins épuisantes et plus durables que les sensations. Les émotions sont plus en rapport avec les sens élevés, les sens intellectuels qu'avec les sens inférieurs ; elles contrastent avec les sensations de la vie organique, avec les goûts, les odeurs, et cependant elles ressemblent à une sensation qui serait répandue dans tous les sens. Elles sont donc moins strictement évaluables quantitativement que les autres éléments mentaux ; circonstance défavorable à une étude scientifique, et à une appréciation pratique de leur valeur dans la vie humaine (1).

4. — En passant en revue les émotions dans le but de les classer, nous en trouvons d'abord quelques-unes bien distinguées par un caractère qui paraît élémentaire ou suprême : les principales sont l'amour, la colère, la crainte. Puis nous trouvons des désignations qui s'appliquent à une foule de sentiments puissants qui ne doivent pas être élémentaires quoiqu'on les suppose souvent tels ; les plus remarquables sont le sentiment de la beauté, et le sentiment moral.

Pendant que ces sentiments principaux sont exprimés avec des noms différents, qualifiés avec des épithètes qui les classent en nombreuses espèces, il y a d'autres expressions pour désigner certains états émotionnels qui sembleraient en faire des genres, des classes à part d'émotions. Par exemple, le sentiment de la propriété est une émotion de la première classe, qui semble distincte de toutes les autres. L'orgueil est un sentiment très puissant d'espèce émotionnelle, et non pas d'une espèce appartenant à quelque mode plus général du sentiment. De même le plaisir du pouvoir, de la domina-

(1) M. Shadworth H. Hodgson remarque que les émotions peuvent être considérées comme une espèce, un mode de sentiment, dépendant de la constitution et de l'opération du système nerveux. Il contredit donc les théories (de Hobbes et d'autres) qui en font de simples composés de sensations.

tion, et la peine corrélative de la soumission au pouvoir, sont deux motifs très influents dans l'esprit humain. Et encore une fois, ils sont liés au plaisir de la possession du savoir qui a si souvent servi de thème à des hymnes enthousiastes.

Si nous pouvions déclarer avec assurance que certaines de ces émotions sont simples, dernières (*ultimate*) et irréductibles, et que les autres en dérivent, le plan qui se présenterait naturellement pour classer les émotions, serait d'étudier les simples d'abord, les composées ensuite. Parmi les simples, il n'y aurait pas d'ordre absolu à suivre, on pourrait adopter celui-ci : L'amour, la colère, la crainte, ou le contraire. A moins qu'une des émotions supposée d'un genre simple ne doive être préparée, expliquée, par une autre, nous n'avons pas de raison pour imposer un ordre plutôt qu'un autre. Une seule nécessité s'impose, c'est d'étudier les émotions simples avant les émotions composées. Quant à l'ordre des composées elles-mêmes, que l'on doive parler de la beauté après ou avant de parler du sentiment moral, c'est ce qu'il est aussi impossible de décider.

5.— Il est intéressant de se demander si quelques émotions dérivent seulement des plaisirs et des souffrances des sens, par des associations avec une quantité plus ou moins grande de ces plaisirs ou de ces souffrances. Une réponse se présente immédiatement. Il y a certaines choses qui renferment ou totalisent une grande quantité de sources de plaisirs ou exemptions de souffrances, par exemple la propriété. Un sentiment, ou une émotion, provoqué par cet objet complexe peut se développer à travers des associations avec les plaisirs des sens ou des exemptions de souffrance. S'il en est ainsi, l'émotion de la propriété peut prendre un des premiers rangs dans la classification comme ne supposant que l'opération des sens unie à des associations intellectuelles.

6.—On peut alors faire une seconde question : Y a-t-il dans l'esprit humain des sources d'émotion entièrement distinctes des sens, avec ou sans la coopération des facultés intellectuelles? La réponse n'est pas facile à trouver. Il peut y avoir des produits de sensations, si subtilement composés, qu'on peut à peine en discerner les éléments constitutifs. Faisons cependant une supposition ; une personne peut dire que les deux émotions — l'amour et la colère — ne dérivent pas évidemment des sensations comme l'émotion de la propriété. Elles renferment en elles-mêmes leurs sources originales. On peut peut-être aussi dire la même chose de la crainte. D'un autre côté les plaisirs du pouvoir et du savoir sont moins probablement primordiaux ; car il est clair que posséder le pouvoir et posséder la science c'est comme avec la propriété une situation avantageuse pour gagner les plaisirs des sens et éviter les souffrances des sens. Ces deux résultats représentent-ils la valeur complète des deux émotions auxquelles ils correspondent, voilà qui peut être matière à discussion. Nous savons seulement qu'en ce qui regarde l'amour ce sentiment a une valeur en dehors du plaisir des sens ; et nous pouvons dire la même chose pour la colère.

Parmi les autres sentiments cités, il ne semble pas à première vue que l'orgueil soit un dérivé des sensations ; il peut être cependant un dérivé des autres émotions indépendantes telles que l'amour et la colère. Sa place dans une classification serait donc après les sentiments simples.

7. — Supposons, pour arriver à une explication, qu'il y ait trois sources premières d'émotion : les sens, l'amour et la colère. On en déduit naturellement que les dérivés des sens, les sentiments de la propriété, du pouvoir, de la science, doivent venir les premiers dans la classification, et que les dérivés des deux autres sources peuvent ensuite être rangés comme chacun l'entendra. Mais il faut alors examiner une circonstance qui se présente. Supposez que nous commencions par le sentiment de la propriété, comme un dérivé manifeste de nos sensations, puisqu'il est la somme d'un grand nombre de plaisirs et d'exemptions de souffrances ; pendant que les associations avec la propriété gagnent des forces dans ces influences des sensations, les deux autres sources d'émotion envoient de tous côtés leurs courants particuliers de sentiment ; et l'émotion grandissante de la propriété ne peut éviter leur influence. En fait cette émotion embrasse les intérêts des deux courants avec les intérêts des sens. Si l'on considère l'amour comme une source de plaisirs et de souffrances, si la propriété et la richesse peuvent nous donner les uns et nous faire éviter les autres, le sentiment de la propriété est un dérivé des sens et de l'amour. Le même raisonnement appliqué à la colère est vrai. Ses plaisirs, si on les recherche, augmentent la valeur de la richesse

et du sentiment qui lui est associé. Ceci n'est pas tout. L'émotion de l'amour, quoique liée à l'origine à des êtres vivants, se transporte à des possessions inanimées et les anime ; si bien que l'on trouve au milieu du sentiment agréable uni à nos moyens collectifs de nous procurer des plaisirs et d'éviter des souffrances, une teinte perceptible d'amour ou de sentiment tendre. En outre, comme la colère, quoique ayant nos frères et les autres êtres vivants pour objets premiers, est suivie de la perte de quelque plaisir, ou du développement de quelque souffrance, elle touche toujours de près au sentiment de la propriété ; si bien que lorsque ce sentiment est complet il renferme toujours une parcelle de colère.

8. — Cet exemple montre combien il est difficile d'exposer les émotions suivant un ordre strict et suivi. Que nous commencions où nous voulons, comme nous ne pouvons traiter qu'une source d'émotion à la fois, nous anticiperons nécessairement sur ce qui devra suivre. La seule chose à faire est d'admettre ce fait et ses conséquences ; c'est-à-dire de ne pas vouloir qu'une classification soit absolument meilleure qu'une autre. On pourrait peut-être en trouver une réduisant au minimum les anticipations inévitables, mais elle ne serait probablement pas encore assez évidente pour être adoptée unanimement. Ainsi, pour revenir à l'exemple cité, on placerait probablement l'émotion de la propriété, non pas en tête, mais à la fin des émotions simples.

En considérant les caractéristiques de l'amour, de la colère, de la crainte, tels qu'on les exposera plus tard, j'arrive à admettre que ces trois émotions sont simples. Le sentiment de l'étonnement ou de la surprise si nous le dépouillons de ses accessoires habituels, l'admiration ou le sentiment contraire, est un fait simple ; mais avec ce caractère simple, il a une petite valeur émotionnelle, il n'est intéressant que par ce qu'il éveille dans la conscience intellectuelle. Nous pouvons donc refuser de le placer à côté des trois puissants générateurs de nos sentiments et passions déjà cités.

Les sentiments du pouvoir, de l'orgueil, de la vanité, ne sont pas, à mon avis, des faits élémentaires, et je ne puis les placer qu'à la suite des trois sentiments que je crois élémentaires. D'un autre côté, ils ne sont pas parmi les plus compliqués de nos sentiments ; sous ce rapport ils doivent donc venir avant le groupe esthétique. Entre eux-mêmes on doit les ranger comme on l'entend ; car s'il est difficile de trouver à qui doit appartenir la priorité dans les éléments simples, la difficulté est bien plus grande lorsqu'il s'agit d'éléments composés ; on ne peut s'en tirer qu'en établissant le plus ou moins de complexité des éléments. Comme je crois les émotions esthétiques et éthiques les plus composées de toutes, je suis aussi forcé de les placer à la fin de toutes.

L'emploi de notre propre activité, la poursuite de nos fins, est une situation particulière qui donne naissance à une grande partie de nos plaisirs.

L'exercice de l'intelligence apporte certaines espèces d'émotions. Les actes routiniers entretenus par la contiguïté simple, n'éveillent aucun sentiment ; plus les habitudes intellectuelles sont parfaites, moins elles sont accompagnées de conscience ; un esprit habitué à compter ressemble à une machine à calculer. Mais dans l'exercice de la loi de *similarité*, qui produit de nouvelles identifications, une émotion, une agréable surprise accompagne l'étincelle première. Donc la routine inconsciente est à son origine un stimulant puissant. De là une partie du plaisir que procurent les œuvres de génie, et qui est la récompense de la poursuite intellectuelle.

On doit mettre sur le même plan la souffrance caractéristique produite par l'opposition, souffrance plus ou moins grande suivant les caractères. L'amour de la vérité est souvent développé par le désir d'échapper aux contradictions.

9. — Je suis donc arrivé à mettre en vue un nombre de formes connues de l'émotion, l'amour, la colère, la crainte, la propriété, le pouvoir, l'orgueil, la vanité, l'activité personnelle, la science, la beauté, le sentiment moral. Mais cette exposition renferme-t-elle tout ce qui s'élève au-dessus de la sensation, c'est ce qui reste à examiner.

N'ayant pas donné moins de onze têtes de classification, je rappelle l'attention sur les deux géants du groupe. L'amour et la colère sont les membres indispensables et dominants du système émotionnel. Retirez ceux-ci et les autres ne sont guère autre chose que des agrégats de sensation. Quoiqu'il y ait d'autres sources distinctes d'émotion, celles-ci cependant n'auraient que des produits insignifiants si elles n'étaient les incorporations de ces deux puissants alliés.

Je me propose de discuter dans des chapitres séparés les

sujets suivants importants en eux-mêmes et pour leurs rapports avec les émotions, la relativité, l'émotion idéale, la sympathie. La relativité comprendra les émotions de la nouveauté, de la surprise, de la liberté.

10. — On fera une remarque toute naturelle sur le système émotionnel ici adopté, c'est que la distinction vitale entre le plaisir et la souffrance n'y apparaît jamais comme constituant une ligne de démarcation. Mais cette distinction se présente dans tous les sentiments de l'esprit, sensations et émotions, elle pénètre dans les espèces et les individus de chaque classe. Les plaisirs et les peines sont tous deux contenus dans toutes les classes à décrire, tout comme les ordres naturels des plantes peuvent chacun contenir nourriture et poison, arômes pénétrants et émanations nauséabondes (1). Pour constituer nos familles naturelles nous avons soin de mettre ensemble les espèces qui ont le plus grand nombre de points de ressemblance au lieu d'omettre les rapprochements qui pourraient avoir un grand intérêt pratique. Je suivrai la même méthode, je traiterai nos plaisirs et nos souffrances comme des espèces nées dans les différents ordres ou familles que nous avons établis plus haut. Comme la souffrance marche toujours sur les traces de la joie, que chaque bonheur a son amertume correspondante, ce serait briser une union étroite que de partager les sentiments humains en plaisirs et souffrances, et de faire de cette distinction la division première des sentiments. (Voyez pour les remarques additionnelles sur les principes et les modes de classification des émotions, l'appendice B.)

---

(1) Pour citer quelques exemples. L'ordre naturel des *Solanées* comprend la pomme de terre bienfaisante, et la belladone meurtrière. L'ordre des *Ombellifères* renferme le céleri et la ciguë ; le genre des *Orchis* renferme l'odoriférant Cenopsea et l'Hircina fétide.

CHAPITRE IV

ÉMOTIONS DE RELATIVITÉ

1. — On parle souvent du principe fondamental de la relativité ; en discutant les émotions on doit toujours l'avoir devant les yeux. Chaque allégation sur la présence ou le degré d'un sentiment doit être qualifiée d'après la supposition de quelque état antérieur corrélatif. L'étonnant sort de l'ordinaire. La mesure d'un sentiment est la mesure d'une transition.

Le caractère relatif de tout plaisir ou de toute souffrance, n'a pas été oublié dans les maximes courantes de l'humanité, souvent même les conséquences en ont été exagérées. L'assertion : « l'esprit de l'homme s'accommode de la condition de l'homme » a grand besoin d'être tempérée. La théorie de Paley : « un homme ne trouve pas de plaisir à se comparer avec ses inférieurs, et n'est content que lorsqu'il surpasse ses égaux, » n'est pas susceptible d'être confirmée par l'expérience. On peut dire que la remarque suivante de Swift est incorrecte : « Tous les degrés de plaisir sont balancés par des degrés égaux de souffrance ou de langueur ; jouir d'un plaisir c'est comme dépenser cette année une partie du revenu de l'année prochaine. »

2. — Comment alors formuler une loi qui soit le principe régulateur des effets de l'émotion, et qui rectifie les empirismes populaires sur ces effets ? car les prétendues évaluations scientifiques de l'esprit, ne sont trop souvent pas autre chose.

La règle générale est enveloppée dans des propositions comme les suivantes, toutes semblables en substance, quoique différentes d'aspect: Le changement est nécessaire aux sentiments; nous n'avons pas conscience d'impressions continues; la mesure d'un sentiment est proportionnée au changement; une transition subite augmente l'effet d'un sentiment.

Citons quelques exemples familiers; voici les vers de Gray sur le retour à la santé après une maladie:

> Voyez le malheureux qui s'est longtemps agité,
> Sur le lit si dur de la souffrance,
> Retrouver à la fin sa vigueur perdue,
> Respirer et marcher de nouveau.

On demande « la paix avec l'abondance » après une guerre ruineuse. Le charme d'une belle matinée est doublé et triplé après une semaine de pluie et de temps sombre (1).

3. — Jusqu'ici le principe général est clair. Les difficultés viennent de la loi subordonnée d'accommodement (*Law of*

---

(1) On peut accumuler les exemples qui expliquent ce fait important. Le mouton des montagnes n'éprouve ni les souffrances ni les plaisirs de la respiration que ressentent les êtres qui vivent moitié dans l'air renfermé des maisons, moitié dehors. C'est la transition qui développe la sensation d'oppression éprouvée lorsqu'on est enfermé, et la dilatation lorsqu'on respire l'air pur. Les animaux qui passent leurs jours et leurs nuits dans la montagne ou dans la plaine n'ont pas expérimenté l'air renfermé, mais ils n'ont pas non plus conscience de l'air pur qu'ils respirent. Cela n'empêche pas l'animal d'avoir une santé générale en rapport avec cette pureté de l'air toujours respiré, mais cela leur enlève les plaisirs de la respiration que nous connaissons si bien. De même les poissons des mers tropicales n'ont pas la sensation de la chaleur. Comme ils vivent dans une température invariable, leur sensibilité, pour la température, n'est pas éveillée par des différences en plus ou en moins. Ne jamais sentir le froid, c'est ne jamais sentir la chaleur; la transition de l'un à l'autre est indispensable à la conscience de l'un ou de l'autre. De même les animaux aveugles n'ont pas le sentiment de la nuit tel que nous nous l'imaginons. C'est la perte de la lumière ou des organes de la vue qui fait la nuit; les habitants de la caverne du Mammouth en Kentucky, où jamais n'a pénétré un rayon de lumière, ne connaissent pas ce que c'est que l'obscurité.

Nous avons déjà vu plusieurs fois que l'existence de certains plaisirs dépend de l'existence antérieure de souffrances, et celles de certaines souffrances de plaisirs expérimentés ou conçus. Tels sont les états opposés de la liberté et de la contrainte, de la puissance et de l'impuissance. Certains plaisirs naissent simplement de la discontinuation. Ainsi le plaisir de l'exercice n'a pas besoin d'être précédé d'une souffrance, c'est assez pour qu'il existe qu'il reprenne après une certaine interruption, employée à reposer les parties fatiguées. Ce sont là nos meilleurs plaisirs; nous pourrions, en employant cette méthode, avoir une vie de joie sans souffrance. Exercice, repos, nous pourrions ainsi faire alterner les plaisirs des différents sens et des émotions, de façon à avoir une succes-

accommodation, on peut supposer un instant qu'elle n'existe pas. Quelqu'un est malade pour la première fois, l'intensité du sentiment qu'il éprouvera en relevant de cette maladie sera beaucoup plus forte que s'il en était à une seconde expérience. La seconde journée de vacances est attendue avec moins d'ardeur que la première. Une première visite en Suisse, à Paris, à Rome est bien plus émouvante que les suivantes. La troisième mairie de Whittington était insipide en comparaison avec la première. Les économies d'un millionnaire lui causent de moins en moins de plaisir. Les jouissances du savoir, même celles que donnent la vertu, la religion n'échappent pas à cette loi.

Peut-on évaluer le degré et les conditions de cette diminution dans les effets des causes agréables ou désagréables ? Cette diminution est-elle telle qu'après quelques répétitions un grand plaisir n'en est plus un, ou bien survit-il assez pour que les principales sources de plaisir aient toujours de la valeur pour nous, et que nos souffrances nous soient toujours

---

sion constante agréable, chaque plaisir étant suffisamment éteint pendant que d'autres sont en exercice, pour éveiller la conscience lorsqu'il arrive à son tour. On voit aussi certains plaisirs croître lorsqu'ils sont précédés d'un certain total de souffrances opposées. C'est ainsi qu'après avoir été enfermé on jouit plus du plaisir de l'exercice, ou du repos lorsqu'on a agi au-delà de ses forces ; le jeûne augmente les plaisirs de la gourmandise, le froid ceux de la chaleur. Il n'est cependant pas nécessaire que la privation arrive à être une souffrance pour que le plaisir puisse suivre. On peut jouir d'un repas sans avoir souffert de la faim. Pour être sentis, les plaisirs de la chaleur n'ont pas besoin d'alterner avec un froid pénible. Il existe cependant une classe de plaisirs qui dépendent entièrement de souffrances antérieures, comme l'état qui suit une souffrance aiguë cessant tout à coup, un chagrin violent subitement soulagé. Le passage d'une condition nerveuse à une autre est un stimulant positivement agréable, compensant jusqu'à un certain point la souffrance antérieure. La sensation agréable que procure une bonne santé suppose l'expérience de l'état opposé. La bonne santé à perpétuité quoique permettant beaucoup de jouissances, en elle-même ne donne pas de sensation.

Les conditions de la relativité ont été souvent méconnues ; ainsi dans le *Paradis Perdu*, II, les damnés passent :

De lits de feu, à des lits de glace,
D'une douce chaleur éthérée, à des températures
Où ils sont revêtus de givre, puis
Toujours sans repos ils sont de nouveau précipités dans les flammes.

En réalité ces changements devraient adoucir plutôt qu'aggraver leurs souffrances. Le froid amortirait les tourments du feu avant d'être senti en tant que froid, et réciproquement.

pénibles? Est-ce qu'une année de richesse, de commandement, d'affection, de goûts satisfaits, abaisse le choc original de quatre-vingts à quatre-vingt-dix pour cent, ce qui serait l'annihilation, ou de dix à quinze pour cent ce qui serait insignifiant ? Et vingt ans auraient-ils un autre effet qu'un an ?

La réunion d'un grand nombre de faits peut seule nous permettre d'évaluer approximativement le degré de diminution des impressions à la suite de répétitions. A cette recherche sont attachées toutes les difficultés que l'on rencontre lorsqu'on veut évaluer quantitativement des états mentaux. C'est un des cas où nous désirerions un nombre d'expériences séparées rapportées par les individus eux-mêmes.

En la soumettant à confirmation ou à correction, je hasarderai cette remarque : un choc agréable ou désagréable décline d'abord rapidement, puis pendant des semaines, des mois, des années peut-être il diminue presque imperceptiblement. Il n'y a pas de nombre de répétitions qui puisse effacer la différence de sentiments entre un supérieur s'adressant à un inférieur, et *vice versa*.

4. — La diminution est soumise à des conditions variées que l'on expliquera en détail dans l'examen séparé des différentes émotions. La première de ces conditions est la fréquence de la stimulation. C'est un fait bien connu que la répétition excessive d'un acte lui enlève tout piquant; il y a cependant dans tout cas un certain degré de répétition possible sans détruire la jouissance. Ce degré dépend des capacités individuelles à sentir un stimulus particulier. Un homme peut aller dans le monde tous les soirs, un autre trouve qu'une fois par semaine c'est assez.

En second lieu, le souvenir persistant de la condition première d'où nous sommes sortis où dans laquelle nous sommes tombés, neutralise la diminution. Une courte maladie dans un espace de dix ans augmente bien peu la conscience de la bénédiction qu'est la santé. Un homme qui n'a expérimenté que très rapidement et superficiellement la privation, le travail, la dépendance, se réjouit moins qu'un autre d'une meilleure fortune, une courte possession efface tous les effets de cette élévation ; au lieu qu'une longue expérience de ces maux profondément sentis, jamais acceptés, jointe à la mémoire du bien et du mal, fera de cette meilleure fortune une jouissance toujours fraîche, et toujours neuve pour l'esprit.

Linné symbolisait ses succès mondains par la plante qui lui avait été dédiée (*Linnæa*) ; la tige traine sur le sol longue d'un pied et même plus avant de se dresser dans les airs.

D'un autre côté c'est une des particularités du tempérament sanguin que d'oublier rapidement les souffrances qui sont passées et par conséquent de perdre le soulagement que procure la délivrance. Swift a heureusement caricaturé ce tempérament. Gulliver au retour de chacun de ses périlleux voyages jure toujours de ne jamais recommencer. Cette résolution dure trois mois puis elle s'évanouit. Chez Gulliver seulement il y avait, en outre, l'amour enraciné des aventures qui devait toujours reparaitre après un moment de repos.

On peut trouver plus ou moins ces deux conditions dans tous les cas individuels. On peut cependant commettre une erreur à cause d'une loi nouvelle de notre constitution, *la mémoire des plaisirs et des peines passés*. Le fait d'avoir senti une fois un grand plaisir ou une grande souffrance a, en vertu de la mémoire, une influence sur le futur, même si notre système ne peut repasser actuellement par ces états passés. On dit qu'un premier amour ne se répète pas deux fois, et cependant le souvenir de cette expérience aura son influence sur toute une vie humaine. En dehors de l'opération de la mémoire ou des associations agréables, nous trouvons une certaine compensation (adéquate ou non, je n'ose me prononcer) à la diminution par répétition dans l'action de la relativité ou dans l'affaiblissement de la sensibilité à mesure que nous avançons en âge. Si ces associations n'existaient pas, la vie serait sans doute une ascension rapide et courte jusqu'au sommet du plaisir suivie d'un déclin irrésistible et régulier. Le seul adoucissement serait que la souffrance (non pas le résultat de nouvelles formes de souffrances) diminuerait aussi en quantité.

5. — Chaque émotion, comme tous les autres sentiments, est soumise au principe de relativité tel qu'il a été expliqué. L'influence d'une manifestation d'affection dépend de la diminution antérieure de l'état actuel, et de même pour tous nos sentiments. Mais il y a quelques émotions dont la *cause objective* est une circonstance purement relative, l'étonnement par exemple. Pour que cette émotion naisse il n'est pas seulement nécessaire que l'esprit ait été dans un état de travail routinier, il faut encore qu'il y ait eu dans le monde

extérieur quelque brusque déviation à l'habitude régnante, à la coutume. Notre disposition mentale serait-elle aussi bonne que possible, le choc émotionnel ne se produirait pas s'il n'y avait pas à l'extérieur quelque passage brusque d'une circonstance ordinaire à une circonstance extraordinaire. Nous devons donc appliquer à ces émotions le nom d'*émotions de relativité*. Les principales sont : la nouveauté, l'étonnement, la puissance, la liberté. On en donnera ici un aperçu, en réservant des développements plus complets pour plus tard.

La nouveauté n'est pas à proprement parler une espèce d'émotion, elle exprime plutôt la force supérieure de tous stimulants au moment où ils se produisent. Sa valeur est mesurée par la diminution produite suivant la loi d'accommodement quelle que soit l'estimation de cette diminution.

C'est dans la jeunesse, alors que les sensations sont nouvelles, qu'on réalise les plaisirs attachés à la nouveauté. L'initiation de l'enfant à tous les plaisirs des sens, est un moment rempli de jouissances. Les nouvelles émotions de la puberté sont parfois accablantes dans leur fraîcheur. Quand les sensations premières sont connues, le charme de la nouveauté n'appartient plus qu'à des combinaisons variées, et sous cette forme on peut en jouir, quoique avec une force toujours diminuante, jusqu'à la fin de la vie. De nouveaux tableaux, de nouveaux objets, de nouvelles personnes, de nouveaux aspects dans la vie, voilà ce qui fait le charme des voyages. La vie active et les pages d'histoire fournissent la nouveauté d'accidents et d'événements. Les inventions dans les arts, les découvertes dans la science ont le charme initial de la nouveauté aussi bien que l'intérêt de l'utilité permanente. Dans les Beaux-Arts qui ont pour but le plaisir, on attend vivement les effets puissants de la nouveauté; on demande à l'artiste d'agréables surprises; la beauté doit être rehaussée par l'originalité; la passion du changement si elle n'est pas contrôlée conduit à la fin à la décadence. Enfin dans la mode plus qu'ailleurs la nouveauté est nécessaire. A travers tous ces faits une seule règle prédomine. Plus grande est la nouveauté, plus grand est le plaisir.

Pour tout ceci il y a un côté obvers. La nouveauté dans la souffrance produit la même augmentation. Nos premières rencontres avec les souffrances des sens sont nos plus douloureuses expériences. Quelle que soit la différence que provoque l'endurcissement de la sensibilité, la différence dans cette première expérience représente l'augmentation de l'inusité, ou de la nouveauté. C'est le plus mauvais côté de nos jeunes années. Des irritations à peine senties par l'homme âgé, sont très déconcertantes pour l'inexpérience.

7.—Après la nouveauté au sens absolu du mot, vient la variété. Celle-ci est l'effet de l'intervalle plus ou moins long qui se passe entre l'action d'un stimulus ; plus cet intervalle est long plus l'émotion revient avec force. Après une longue privation, un plaisir peut renaître avec son charme primitif (1). La perfection de la jouissance est entre la répétition fréquente qui use ce plaisir et la privation qui laisse un vide pénible. Notre bonheur dépend du retour périodique de plaisirs familiers ; beaucoup d'entre nous voient ce retour venir souvent, pendant que quelques favorisés de la fortune ont à leur disposition une plus grande variété de plaisirs.

Le retour à longs intervalles de souffrances est de même soumis à notre loi. Et la sérénité de l'homme d'affaires en face des oppositions, des vicissitudes, des abus est en partie due, pas entièrement pourtant, à leur fréquence.

8.— L'extrême opposé de la nouveauté et de la variété est la monotonie. C'est un mode particulier d'une sensibilité pénible dépendant de l'épuisement de nos organes par la stimulation, et qui dépasse le point où la nouveauté et la variété perdent leur pouvoir, pour arriver à une positive souffrance. Le poète parle de la « triste satiété de l'amour ». Le langage ordinaire a créé pour peindre la situation, ce mot expressif « assommant » (bore).

Le corrélatif de la monotonie est l'ennui, qui n'est probablement que le manque des stimulants que le système général est prêt à supporter, et qui laissent à leur place le trouble d'esprit et le désir. Les Juifs sentaient l'ennui à Babylone. C'est l'état particulier de tous ceux qui ont joui de plaisirs très grands, très variés, puis qui en ont été brusquement privés.

L'espèce d'ennui le plus profond est celui qui suit un épuisement général de la sensibilité quand les plaisirs usuels

---

(1) La visite trois fois renouvelée dans l'année des Juifs à Jérusalem donne une onction que nous ne pouvons comprendre au psaume : « J'étais heureux quand ils me disaient, entrons dans la maison du Seigneur. » — Le pionnier américain voit arriver avec une extase toute orientale « l'occasion » de faire une partie en société.

cessent de plaire; c'est alors une forme aggravée de la monotonie, une « polytonie » s'il est permis de s'exprimer ainsi.

Si nous pouvions formuler une évaluation de l'intensité de la poursuite de la nouveauté absolue, séparément de la répétition, nous pourrions arriver à estimer à peu près la force de la loi d'accommodement soumise à la relativité.

9. — L'émotion de l'étonnement est fondée sur la relativité. C'est plus que la simple nouveauté. Le degré au-dessus de la nouveauté est la *surprise* ou choc produit par ce qui est à la fois nouveau et inattendu. Il y a dans la surprise un élément de contradiction, de conflit qui, s'il était très vif, serait pénible; beaucoup de surprises cependant ne produisent qu'un simple excitement neutre plus ou moins intense. Les circonstances accompagnantes peuvent ajouter du plaisir ou de la souffrance, mais elles ne sont pas nécessaires (1).

L'étonnement contient la surprise et son effet distinct, qui produit la contemplation de quelque chose au-dessus de l'expérience ordinaire, et nous donne le sentiment de la supériorité. Nous sommes étonnés et surpris en face du génie de Shakespeare. D'un autre côté, ce quelque chose peut être au-dessous de l'ordinaire et par suite inspirer une des émotions liées à la moyenne, au petit, au méprisable, au mauvais. Cela forme encore une classe importante d'émotions, beaucoup plus complexes que l'émotion de la simple nouveauté, et

---

(1) L'expression de la surprise est bien décrite par M. Darwin. Les sourcils sont élevés, les yeux tout grands ouverts, la bouche aussi. L'élévation des sourcils est liée à l'écarquillement des yeux, tous deux ont pour but de voir mieux. Tout ce qui éveille les sens attire les regards, ou s'il s'agit d'un son, affecte l'oreille. M. Darwin lie l'ouverture de la bouche à la respiration. Pour respirer doucement dans l'insomnie, nous ouvrons la bouche; quand nous nous préparons à faire un grand effort, nous respirons profondément, ce qui est plus facile, la bouche ouverte. Jeter ses bras au-dessus de la tête, voilà encore un signe de surprise, expliqué par M. Darwin d'après son principe de l'antithèse comme opposé à l'attitude indifférente. Mais comme l'indifférence peut avoir beaucoup de contraires, on devrait donner la raison pourquoi on choisit celui-ci plutôt qu'un autre. Je serais plutôt disposé à le considérer comme un geste en harmonie avec les autres mouvements, puisque nous savons qu'un membre ne peut être subitement agité sans en entraîner quelque autre dans son action. Le relâchement de certains organes est expliqué par l'application active des autres. L'énergie est détournée sur un point dans toutes les passions violentes, et les organes non stimulés sont relâchés.

dont on doit ajourner l'examen. Elles se rattachent à l'admiration et au sublime esthétique.

10. — La liberté et la contrainte sont strictement corrélatives, l'une n'existe pas sans l'autre. La liberté est agréable comme contraire de la contrainte, la contrainte est une infraction pénible à la liberté.

Ce qui fait mieux juger ce couple, c'est l'examen de la souffrance de la contrainte, envisagée comme un *conflit*. Tout conflit est pénible. Tel est le conflit, telle est la souffrance.

Quelle que soit la souffrance du conflit, le sentiment de délivrance appelé liberté qui y répond lui est égal comme plaisir. Une contrainte légère ne produit qu'un sentiment léger de délivrance ; une contrainte sévère provoque une joyeuse mise en liberté. Le plaisir de la liberté est donc exactement mesurable si nous avons pu évaluer la souffrance de la contrainte.

La souffrance de la contrainte dépend d'abord de notre susceptibilité sensible dans le cas donné. La forme la moins compliquée de la contrainte est l'arrêt de nos mouvements spontanés. Qu'on nous enferme simplement et notre souffrance sera ce qu'on peut appeler un conflit musculaire, proportionné à l'énergie naturelle de notre constitution. Pour les jeunes gens cette souffrance peut arriver à passer de la gêne à une espèce de torture ; ils ne s'accommoderaient, ils ne se feraient à cet état pénible que très lentement, et ils y perdraient ce qui fait la jeunesse d'une constitution.

De là dans la jeunesse un grand plaisir à échapper à une contrainte musculaire ; plaisir qui correspond à la force musculaire du sujet et aux plaisirs qu'il tire de l'exercice de ses forces.

11. — Le souvenir de cette libération est peu de chose à côté de toutes les autres associations stimulantes que provoque le mot de liberté. A ce nom nous pensons à tous les buts, à tous les plaisirs que nous pouvons atteindre, à tout ce que nous souffririons si nous étions esclaves, de sorte que nous exprimons la moitié de ce qui fait l'intérêt de la vie lorsque nous parlons de liberté. Un homme qui a soif et qu'on empêche de gagner une source est jusqu'à un certain point une victime de la contrainte, mais en réalité c'est de la soif qu'il souffre. La souffrance particulière de la contrainte

n'arrive en premier plan que lorsque l'eau étant proche, survient un obstacle que ne peut surmonter la personne qui a soif. C'est ainsi que les contraintes du gouvernement et de la société sont moins des conflits de ces entraves avec notre système actif, que des obstacles qui empêchent l'homme d'atteindre certains plaisirs. Le célibat forcé est l'opposition la plus forte qu'on puisse faire aux plus forts des appétits de l'homme. S'accommoder, se faire à de telles contraintes, c'est supprimer certains désirs, certains appétits.

Le sentiment de délivrance que l'on éprouve lorsqu'on échappe à une contrainte diminue d'intensité à mesure que l'on s'accommode à cette contrainte. Il y a des cas où le système général arrive à s'adapter complètement à un état de contrainte. On a raconté qu'à la prise de la Bastille quelques-uns des prisonniers n'éprouvèrent aucune joie à se voir en liberté. Pour arriver à cette adaptation complète, pour arriver même à une adaptation sensible il faut que la contrainte ne soit jamais levée. C'est un fait important et auquel on reviendra dans l'étude des habitudes morales. Mais que cette contrainte soit levée par instants, l'étincelle de la liberté ne s'éteindra pas alors.

12. — Les émotions de la puissance et de l'impuissance dépendent comme les précédentes de la transition ou du contraste qu'il y a entre elles, par conséquent de la relativité. Que nous ayons conscience de notre pouvoir ou de notre énergie, et notre esprit se dilatera, que nous sentions notre impuissance et notre esprit sera comme abattu ; et encore si nous vivons toujours dans le même état, nous y deviendrons indifférents. Toutes les circonstances qui nous permettent de constater ou de montrer notre supériorité nous donnent un frisson de joie ; de même un insuccès nous attristera.

La puissance a des points communs avec la liberté ; la contrainte ou l'opposition lorsqu'elle est effective équivaut à l'impuissance ; mais le champ d'action du pouvoir est plus vaste ; l'énergie corporelle et mentale, le commandement, la richesse, sont plus que ce qu'exprime la simple liberté.

Cette émotion du pouvoir a une importance assez grande pour être traitée en détail dans un prochain chapitre.

CHAPITRE V

ÉMOTION IDÉALE

1. — Les sentiments émotionnels peuvent renaître suivant les lois de la reproduction (*revival*) des états d'esprit. Les conditions premières de la reproduction sont la répétition et la concentration. Dans l'étude de l'intelligence, nous avons suffisamment considéré ces deux conditions sous le rapport des états intellectuels ; nous devons maintenant examiner les particularités propres au sentiment, représentées par le plaisir et la souffrance.

Vous avons vu que nos différentes sensations renaissaient à des degrés différents ; que les sensations organiques étaient celles dont on se souvenait le moins, et les sensations de la vue celles dont on se souvenait le plus ; en fait, on peut ordonner les sens d'après le rang intellectuel de chacun d'eux, en d'autres termes d'après leurs caractéristiques et la facilité plus ou moins grande avec laquelle renaissent leurs sensations. L'échelle de degré qu'on peut en dresser s'applique et aux sensations intellectuelles des sens et aux plaisirs et aux souffrances qui y sont liés. Les plaisirs de la vie organique se reproduisent moins facilement que les plaisirs du goût, et ceux-ci moins que les plaisirs de l'oreille ou des yeux.

2. — Quelle est maintenant la facilité de reproduction (*revirability*) comparative des émotions proprement dites, l'amour, la colère, le pouvoir, par exemple ? Si nous nous en tenons à l'évaluation populaire de ces émotions, nous dirons que, sous ce rapport, elles égalent, si elles ne surpassent pas, nos sens les plus élevés, l'ouïe et la vue. Je crois que cette évaluation est juste au point de vue pratique et au point de vue théo-

rique. Nous pouvons donc construire ainsi une échelle de nos sensibilités, commençant par celles qui renaissent le moins facilement, finissant par celles qui se reproduisent le mieux :

Sentiments musculaires.
Sensibilités organiques.
Goûts.
Odeurs.
Le toucher.
L'ouïe.
La vue.
Les émotions spéciales.

Je ne voudrais pas entreprendre après un simple examen d'établir les différences qu'il y a entre les plaisirs et les souffrances musculaires et les plaisirs et les souffrances organiques ; ni entre les goûts et les odeurs. L'ouïe est décidément supérieure au toucher, la vue à l'ouïe quoique avec moins de distance entre les deux : Les émotions proprement dites sont sur le même pied que la vue, et peut-être la surpassent. Voilà je crois ce que nous pouvons conclure de nos expériences personnelles.

3.— On doit chercher l'explication de ces différences dans la nature de l'émotion et du sentiment ou dans ses contrastes avec les états intellectuels, en comparant par exemple une chaleur agréable, une affection avec une date ou un nom. L'attribut fondamental d'un état intellectuel est le discernement (*discrimination*). Les sens capables de discerner sont par ce fait même les plus intellectuels, et la faculté du souvenir est certainement attachée à la délicatesse du discernement.

Si maintenant nous observons les sentiments, c'est-à-dire surtout les plaisirs et les souffrances, nous trouvons qu'ils sont accompagnés de peu de discernement. Nous notons bien une différence entre un plaisir et un autre et nous nous servons du langage pour en exprimer les degrés relatifs, mais nos distinctions manquent de délicatesse. Pendant que dans un certain nombre de sons musicaux un musicien peut distinguer des centaines de degrés, nous pouvons à peine entre zéro et le plus haut plaisir connu, établir une vingtaine de degrés. A côté des degrés d'intensité nous pouvons bien trouver des degrés de qualité dans les états émotionnels, mais toujours avec aussi peu de précision et d'abondance. Quand à ces deux distinctions nous ajoutons la considération du temps ou de la durée, qui n'est pas facile à mesurer, nous épuisons tous les points de vue d'où nous pouvons établir des différences entre les plaisirs et les souffrances.

De plus, à l'impossibilité où nous sommes de percevoir les nuances délicates des plaisirs et des souffrances, il faut ajouter que dans un état de joie ou de peine bien complet, nous ne pensons guère à en estimer le degré ; la jouissance est la jouissance et non un moyen d'augmenter ce que l'on sait. Les différences que l'on *pourrait* sentir ne le sont pas, les comparaisons que l'on pourrait faire ne sont pas faites, de sorte qu'en fait on applique peu la faculté du discernement aux états agréables ou pénibles. Si le souvenir effectif accompagne alors le sentiment de la différence, ce doit être d'une façon bien incomplète.

Il faut encore se rappeler que la différence est descriptive ; une chose qui n'est pas distinguée d'une autre chose, n'a pas de définition, pas d'existence. Faire revivre un plaisir, c'est faire revivre quelque chose de différent des autres états d'esprit ; le nombre de nos plaisirs correspond au nombre des plaisirs que nous avons distingués les uns des autres ; de même le nombre de nos souvenirs de plaisirs est le nombre de nos souvenirs de modes distincts de plaisirs.

4. — Ceci nous conduit au fort de la question : Les sentiments, — plaisirs, souffrances, excitations neutres, — sont toujours associés à des états intellectuels, et grâce à cela sont différents, ont une durée, peuvent revivre.

Le rang supérieur assigné aux plaisirs et aux souffrances des sens les plus élevés, n'est dû à aucune supériorité spécifique des sentiments proprement dits, mais à leur association avec une classe plus intellectuelle de sensations Le plaisir que fait éprouver un beau tableau ou un beau morceau de musique vient de la perception facilement retenue de la vue ou de l'ouïe, et comme telle, on s'en souvient. Un plaisir égal venant de la chaleur ou du repos musculaire, ou encore un de ces plaisirs organiques qui naissent à l'occasion on ne sait comment, passe aussi avec l'occasion sans jamais être rappelé par une simple action mentale.

Le meilleur moyen de prouver ce que nous venons d'avancer, c'est d'appeler l'attention sur les circonstances qui tivent dans la mémoire les sensations agréables ou désagréables des sens inférieurs. Par exemple nous pouvons nous souvenir des jouissances organiques que nous a fait éprouver un jour d'été passé à la campagne après avoir été longtemps renfermé dans une ville. Mais la réflexion nous montrera que cet écho d'un état organique ne vient jusqu'à nous qu'avec l'aide des associations de la vue, de l'ouïe et peut-être du goût et de l'odorat. Plus ces associations sont puissantes, plus le plaisir organique sera présent à notre mémoire. Ainsi, quand nous nous rappelons vivement une souffrance aiguë, c'est à travers le souvenir très vif de ce qui a alors impressionné notre esprit, le lieu, les personnes, les incidents liés à une opération pénible. Les souffrances qui naissent sans cause évidente ne se gravent pas dans la mémoire comme celles dont les causes et les remèdes étaient attribués à des agents distincts et visibles.

D'après la loi que je viens d'exposer, on peut classer les émotions avec les sens les plus élevés au point de vue de la possibilité plus ou moins grande de les faire revivre, au lieu de les classer comme le fait M. Spencer avec les sens inférieurs. En tant qu'émotions proprement dites, cette faculté de revivre est au minimum, mais comme elles sont toujours liées aux sensations des sens les plus élevés, elles partagent la faculté plus grande de revivre des sensations de la vue et de l'ouïe.

Rien ne peut surpasser la perfection de la mémoire des yeux. Donc, à proprement parler, les plaisirs émotionnels ne peuvent qu'arriver au degré des plaisirs de la vue ; on ne se souvient pas plus d'une affection que d'un lever de soleil. Mais il peut y avoir tous les degrés de différence dans le nombre et la puissance des objets visibles associés à deux modes de plaisir. Un lever de soleil vu du haut du Righi laisse après lui une impression de plaisir tenace et durable à travers les associations purement intellectuelles, que faisait naître la situation. Un royaliste après avoir assisté à l'exécution de Charles Ier devait perpétuer son chagrin en se souvenant des circonstances de la scène. En réalité l'intensité d'une émotion contribue à lui permettre de revivre, mais seulement comme nous le verrons, par la perception vivifiante des circonstances environnantes sensibles.

5. — Nous devons maintenant faire allusion aux conditions

spécifiques du souvenir émotionnel. Comme nous l'avons déjà dit ces conditions sont celles de toute résurrection mentale, c'est-à-dire ainsi qu'on peut le voir dans l'*Intelligence*, la répétition et la concentration. Mais comme le cas particulier demande qu'on appuie sur des circonstances qui ne sont pas de première importance au point de vue intellectuel, le plan de la discussion ne doit pas être le même.

Premièrement. Dans les émotions il faut tenir grand compte des manifestations physiques.

Dans une éducation intellectuelle les conditions physiques telles qu'on les entend, c'est-à-dire la vigueur du système général et du cerveau spécialement, sont essentielles. Nous avons besoin d'une certaine énergie et d'une certaine fraîcheur de constitution pour amasser des images et pour nous en souvenir ; l'exception de l'activité morbide n'est qu'apparente.

Mais pour conserver effectivement le souvenir d'une émotion forte, le maintien d'un lien durable entre un état émotionnel et la situation extérieure qui lui est adjointe, pour ressusciter grâce aux associations mentales, il faut une aide physique dix fois plus forte. L'énergie éveillée puis soutenue du système nerveux doit être bien plus considérable que celle que nécessitent les simples courants de la pensée ordinaire. Nous devons donc considérer davantage tout ce qui aide et soutient l'énergie nerveuse.

En traitant de la condition première de l'émotion idéale, j'ai eu surtout en vue l'émotion *agréable* ; je la mets ainsi sur le premier plan, j'en fais le point de départ de la présente discussion. Ce n'est pas seulement parce que le plaisir est la grande fin à réaliser dans la vie humaine, c'est encore parce que le plaisir et la souffrance sont des contraires rigoureux, comme bas et haut, froid et chaud, lumière et obscurité, et que connaître un contraire c'est en connaître deux. Si nous connaissons complètement le plaisir nous connaissons aussi la souffrance ; les conditions du plaisir renversées sont les conditions de la souffrance.

Le plaisir est identique au déploiement de la plus haute énergie avec équilibre parfait des forces du système, tout comme l'accumulation de grandes richesses vient de grandes ressources combinées avec une grande circonspection dans la dépense. La souffrance s'identifie avec la faiblesse, l'épuisement, la prostration, le manque d'équilibre, l'opposition à ses penchants. Pour arriver à un grand plaisir, pour le maintenir un certain temps, il faut des forces considérables, et une appropriation heureuse de ces forces au cas donné : pour tomber dans les profondeurs de la souffrance il ne faut que de la faiblesse, ou quelque chose d'extraordinaire. Un grand nombre de conditions doivent être remplies pour donner un plaisir, il suffit qu'une seule manque pour produire une souffrance. Une constitution ou un tempérament créé pour le plaisir doit être d'une remarquable vigueur, et *vice versa*. Les associations du plaisir nous disposant à la vie idéale du plaisir ne se forment que sous des conditions favorables, et de nombreuses précautions : ce sont les plantes cultivées des jardins et des champs ; les associations de la souffrance, pour être nombreuses n'ont besoin que d'abandon : ce sont les mauvaises herbes qu'il faut sans cesse couper et qui doublent ainsi le travail de la terre. La croissance des émotions pénibles a pour nous l'intérêt de l'étude de la mort ou du crime, on cherche comment la prévenir.

C'est donc avec raison que M. Spencer dit qu'une des conditions de la naissance des émotions, c'est la vigueur des centres nerveux au moment où l'émotion est expérimentée, condition qui ne s'applique pourtant pas à toutes les émotions indistinctement, mais seulement à l'émotion agréable. Toute condition physique qui favorise la naissance d'un sentiment actuel, que ce sentiment se rattache au système nerveux ou au système musculaire, favorise aussi l'association de sentiment avec ses circonstances accompagnantes, et sa renaissance subséquente grâce à la résurrection mentale de ces circonstances. Donc les causes de la vigueur corporelle en général et de la force nerveuse en particulier, comme la vigueur de la constitution, la jeunesse, les temps de repos, sont des causes qui fixent la mémoire des émotions agréables, c'est-à-dire les émotions idéales dans la meilleure acception du mot.

Les stimulants, l'acool par exemple, qui mènent à une joyeuse excitation dans le moment présent, augmentent par là la mémoire émotionnelle. Du moment que ces stimulants ne sont pas poussés trop loin, de manière à être suivis de lassitude et d'abattement, le moment de joie qu'ils provoquent s'imprimera sur la mémoire et renaitra facilement dans des circonstances propices. La tristesse de la réaction se fixera aussi, et revivra par ses associations ; l'agréable et le désagréable compteront donc désormais parmi nos possessions futures, ce seront les reliques du passé !

6. — Deuxièmement. Dans la distribution des forces humaines il peut y avoir une tendance spéciale vers les manifestations émotionnelles, en d'autres termes un tempérament émotionnel.

Un total donné de vigueur constitutionnelle peut être très diversement distribué, d'abord il peut ne comprendre que les fonctions physiques proprement dites développées à l'excès, la digestion, la respiration, la circulation, l'assimilation, et ne produire alors qu'un corps puissant, un soldat, un athlète, un homme de peine. D'un autre côté, ce total peut-être tout dans le système nerveux, et spécialement dans ces activités immédiatement en rapport avec l'esprit, qui sont les principales si elles ne sont pas les seules fonctions du cerveau. De ceci résulterait une supériorité des forces mentales, dans l'une ou dans toutes les divisions de l'esprit ; les forces corporelles seraient alors peut-être au-dessous de la moyenne. De plus, les forces mentales forment trois divisions principales, action, émotion, intellect, qui peuvent être inégales, suivant la manière dont est distribuée la force totale du cerveau. En général si l'une des facultés de l'esprit est supérieure, les autres sont inférieures, car les facultés humaines sont limitées quant au total, quoiqu'il y ait des individus exceptionnellement doués. Une intelligence puissante peut être accompagnée d'activité et d'émotion au-dessous de la moyenne. Maintenant, avoir une capacité émotionnelle minime, cela veut dire être moins disposé que d'autres à répondre à un excitant agréable. Une telle nature ne retire pas des sources du plaisir toute l'intensité, toute la durée de jouissance ordinaire ; en conséquence, elle souffre plus des peines de la vie qui ne lui sont pas également fermées. Sans doute des circonstances extérieures favorables, l'aisance, l'abondance, peuvent contrebalancer cette tendance, et rétablir jusqu'à un certain point, l'équilibre dans cette constitution. Ou bien il peut arriver que la supériorité dans l'action et l'intelligence soit combinée de façon à éviter, à écarter les traits du malheur, et à procurer ainsi à l'individu une part moyenne de plaisir tranquille.

Jusqu'à présent c'est donc aux tempéraments émotionnels qu'appartiendront les grandes manifestations émotionnelles. La vie idéale de l'émotion aura une force correspondante à la force de la manifestation actuelle. C'est inutilement qu'une nature émotionnelle froide essaierait d'envelopper les personnes, les lieux, les objets dans cette chaleur d'intérêt durable qui seule peut contrebalancer les effets de l'habitude, la lassitude de la vieillesse.

Comme la plus grande partie des émotions humaines est enveloppée dans la personnalité, le meilleur critérium pour juger de la plénitude de l'émotion, c'est la sociabilité, ou expansion des sentiments que nous éprouvons pour les personnes, les créatures qui sentent. La personnification de la nature qui est pour une grande part dans l'intérêt que nous prenons à la nature et dans nos plaisirs esthétiques, a la même origine. De même les passions anti-sociales, l'amour de la domination, la vengeance, sont à des points différents liées à l'intérêt premier à la personnalité.

Cette considération ajoutée à celle émise sur l'émotion typique identique au plaisir, simplifie beaucoup la question que l'on peut poser ainsi maintenant : jusqu'à quel point sommes-nous par tempérament, c'est-à-dire par la distribution originale des forces du système, enclins à des émotions spéciales, comme la crainte, l'amour, la domination, la colère, la curiosité, le sentiment esthétique. Le tempérament émotionnel suppose que l'individu répond pleinement aux sollicitations des émotions agréables ou positives, comme l'amour, la puissance, et une supériorité sur les émotions pénibles ou négatives comme la crainte. La prédominance de l'une ou l'autre des émotions agréables est explicable par les spécialités de chacune. Par exemple, les plaisirs de la science supposent nécessairement un certain total de force intellectuelle en connexion avec la susceptibilité émotionnelle.

7. — Troisièmement. Les conditions de l'acquisition ou de l'association émotionnelle sont quelque peu particulières.

Naturellement, il faut avant tout qu'il y ait *répétition* plus ou moins fréquente suivant que les autres circonstances sont plus ou moins favorables. Dans tous les cas, nous devons remarquer combien nos acquisitions intellectuelles sont plus rapides que nos acquisitions émotionnelles. Quelques répétitions suffisent pour imprimer pour la vie dans notre esprit, un nom, un fait raconté devant nous ; beaucoup de nos souvenirs les plus durables ont été formés par la force d'adhésion d'une cause très simple. Rien ne peut correspondre à ceci dans les associations des sentiments agréables les plus forts.

On pourrait pourtant observer que nos souvenirs intellectuels ne sont qu'une *faible reproduction* des impressions originales, quoique cette infériorité ne détruise pas la valeur de cette reproduction en tant que savoir (*knowledge*). Le souvenir qu'avait Galilée de ses expériences sur la chute des corps, faites du haut de la tour de Pise, était bien inférieur, comme peinture mentale, à la réalité, mais il était bien suffisant pour l'autoriser à se séparer d'Aristote dans sa théorie de la pesanteur. Mais cette infériorité de l'idéal sur l'actuel, qui au point de vue intellectuel et pratique n'a pas d'importance, est du contraire de toute importance lorsqu'il s'agit des émotions. Nous ne pouvons pas oublier la plénitude et l'intensité de l'original quand nous évaluons un plaisir ressuscité ; chaque degré en moins dans l'original est une grande diminution de la valeur du souvenir.

On peut juger de la répétition et de la durée du temps nécessaires pour la formation des associations émotionnelles, par la formation des attachements locaux ; ceux-ci sont très peu de chose dans l'esprit des jeunes gens ; et peu de chose encore, pour ceux qui sont plus avancés dans la vie et qui les changent volontiers pour d'autres ; ainsi un homme émigre, change de pays bien souvent pour une petite amélioration dans sa position pécuniaire. De même le développement d'un goût par la culture est une affaire d'années. L'estimation du temps qu'il faudrait pour cultiver depuis l'origine la plus faible, une puissante émotion religieuse, de façon à ce que l'élément consolant et fortifiant de cette émotion arrive à une puissance qui en fasse le plus grand charme de la vie, serait encore plus importante.

8. — Parmi les circonstances favorables à la concentration des forces mentales fixant une émotion, la première est l'*intensité*, ou degré du sentiment original tel qu'il s'est manifesté pour la première fois. On se souvient mieux d'une émotion très forte que d'une faible ; une série de circonstances adjointes à quelque sentiment intense prendront une large place dans la vie émotionnelle idéale.

Cet effet n'est pas dû à une efficacité subsistant par elle-même de l'émotion violente, ni à la qualité propre au sentiment en tant que sentiment, mais bien seulement à l'influence de la conscience présente intense de toutes les circonstances accessoires qui accompagnent le cas. Sous l'empire d'une grande excitation tout ce qui attire l'attention se fixe d'une manière durable sur l'esprit. Tout sentiment ou émotion est toujours lié à une circonstance sensible, ou intellectuelle qui est essentielle à sa production. L'excitation d'un spectacle ou d'une course, l'admiration pour un orateur, le plaisir de la musique, le charme de l'amour, tout tend à exciter un intérêt profond pour leurs causes et circonstances environnantes ; sans celles-ci l'émotion n'arrête pas l'attention, n'a pas d'existence distincte.

Plus un plaisir est intense, plus l'effort des forces mentales pour le reproduire ou le maintenir en idée, est grand : de là l'infériorité marquée de nos souvenirs des grands plaisirs. Cependant cette intensité même servira à nous rappeler certains côté de ses plaisirs ; de sorte qu'au point de vue de la vie idéale de l'émotion, le mieux est encore d'avoir des émotions actuelles fortes. Le faible écho d'un grand plaisir contribue à rendre la vie intéressante, le seul revers de la médaille est le sentiment de l'infériorité de l'idéal sur l'actuel, sentiment qui dans les moments de tristesse peut donner naissance aux souffrances du désir non satisfait.

9. — Pour que l'esprit reçoive l'impression d'une émotion ; il faut encore qu'il soit *libre de toute distraction*, c'est-à-dire que toutes les forces mentales soient concentrées sur le sentiment actuel. Ceci est un élément important dans toutes espèces d'acquisitions mentales. Être tout à la jouissance d'un plaisir, à la satisfaction d'un goût, c'est de grande conséquence dans la renaissance d'une émotion par le simple pouvoir du souvenir. La pire de toutes les distractions est la souffrance ou la préoccupation ; mais le simple exercice intellectuel s'il est intense et quoique ne produisant pas une souffrance, atténue beaucoup l'émotion actuelle, et surtout empêche de se former les associations qui la feraient subsister comme jouissance idéale.

Une bonne éducation renferme d'heureuses associations de sentiment comme elle implique le savoir et des habitudes intellectuelles. Pour cela il est important que la force et la fraîcheur des premières années soient bien employées alors que les circonstances environnantes sont favorables.

10. — Nous arrivons maintenant à la *nature des circonstances environnantes* elles-mêmes, ainsi qu'à leur union plus ou moins intime avec la flamme émotionnelle. Suivant la théorie que j'ai adoptée sur les seuls moyens possibles de faire revivre des états émotionnels, ces associés sont en somme la partie essentielle de l'opération. La condition la plus essentielle est donc la présence des objets des sens, surtout des sens les plus élevés, la vue et l'ouïe. On doit tenir compte du nombre, de la puissance, du rapprochement des collatéraux sensibles en évaluant à l'avance le développement probable de l'émotion idéale. En d'autres termes nous devons tenir compte de l'étendue et de la qualité du terrain occupé. La fluidité de l'émotion se transforme en consistance et en permanence en passant par l'intelligence.

C'est avec les sensations de la vue et de l'ouïe que les sentiments s'associent le mieux; cette association est moindre avec les autres sens, quoiqu'ils puissent aider à la résurrection des sensations de la vue par exemple. Avoir devant les yeux au moment où naît un sentiment intense quelques circonstances environnantes remarquables, avoir les oreilles frappées de quelques sons caractéristiques, c'est une grande aide pour fixer une émotion dans la mémoire. Toutes les autres circonstances étant égales, les résurrections émotionnelles sont plus faciles et plus rapides lorsque l'individu vit dans une maison confortable, au milieu de scènes variées et d'amis nombreux. Le matelot anglais peut à peine trouver sur les vagues un point, une surface, qui soit le point de départ d'une émotion. Son vrai milieu est le vaisseau lui-même avec ses manœuvres multiples et avec les personnalités vivantes de l'équipage. Un brillant éclair de joie dans une cellule sombre et silencieuse aura de la peine à se convertir en souvenir agréable. Les jouissances d'une fête sont liées à des manifestations multiples, et si elles trouvent un écho dans l'avenir c'est grâce à ces manifestations adjointes très variées et facilement remémorées.

Naturellement le développement de l'émotion est aussi plus rapide dans les esprits sensibles et pittoresques. La faculté de retenir les objets concrets qui fait qu'une intelligence est pittoresque et artistique, entraîne encore leur souvenir.

De tels esprits sont donc plus capables que d'autres de vivre avec des spectacles et des émotions idéales. La profondeur du sentiment manifesté dans un esprit artistique est donc au début un fait intellectuel. L'affection, l'attachement aux lieux, le sentiment qu'éveillent les scènes historiques, le sublime dans la nature, même les puissantes émotions religieuses ont pour point de départ les grandes qualités des sens supérieurs.

11. — Une application également remarquable de la même loi générale, peut être faite à la tendance qu'a l'individu à concentrer son attention sur les objets de son émotion, comme dans l'amour, dans tous les attachements de choix et le favoritisme de toutes les espèces. Il ne faut pas supposer que l'attachement aveugle pour une personne, ou pour un seul lieu, ou pour une œuvre d'art, peut être dû à quelque différence intrinsèque entre les mérites, ou même la puissance plus ou moins grande d'impressionner l'admirateur. Mais il est plus facile d'idéaliser un objet limité bien connu, qu'une multitude d'individus très vaguement conçus. Quand il s'agit de jouissances, de plaisirs sensuels actuels, plus ils sont variés mieux cela vaut; pour les plaisirs qui renaissent dans l'idéal, la concentration est bien plus importante. Le feu de l'amour subsistant par nature à l'esprit se répand sur une personne choisie et se conserve mieux sur une seule. L'humanité est d'accord pour concentrer son intérêt le plus élevé, et son admiration sur certaines personnes, certains lieux, certains événements, non pas parce qu'on ne pourra pas en trouver d'autres les égalant d'une façon ou d'une autre, mais parce que l'imagination perdrait à multiplier les objets qui l'attachent. Le grec du temps d'Aristote sentait l'impossibilité de transférer à une autre localité le sentiment qu'il éprouvait pour Athènes, la terre de la philosophie, malgré la fuite de son grand philosophe à Egine. Les Italiens modernes en dépit de bien des contre-temps ont longtemps insisté pour refaire de Rome la métropole, le siège du gouvernement. Après un examen superficiel on aurait pu dire que Rome était l'objet d'association entre des souvenirs antiques et vénérables, mais qu'une autre ville choisie comme centre de gouvernement aurait eu sa part de sentiment comme capitale de l'Italie, et qu'on aurait pu satisfaire aux deux sentiments séparément et sans les heurter l'un contre l'autre. Mais

Bain. — Émotions et volonté.

le peuple interprétant ses propres émotions en a décidé autrement. Il était nécessaire à l'esprit italien de concentrer ces deux sentiments sur un seul point ; le sentiment idéal était quadruplé d'intensité grâce à la réunion des deux courants émotionnels sur un même objet d'affection.

Il en est de même dans l'amour entre les sexes. Lorsque la vie idéale est complète, l'individu voudrait réunir toutes choses dans la personne aimée, sans égard pour le principe de la division du travail, qui fait qu'une personne est créée pour être aimée, une autre pour apprendre, une autre pour lutter contre les difficultés, une autre enfin pour les affaires.

12. — Jusqu'ici nous avons discuté les voies et moyens par lesquels une émotion s'imprimait dans l'esprit, puis renaissait sous forme d'émotion idéale. Nous en venons maintenant aux conditions de la reproduction ou du souvenir. Nous supposons un certain rapport entre les deux opérations.

Les principaux modes de reproduction ont été largement traités dans l'*Intelligence*.

Voilà en outre ce qui contribue à la reproduction effective d'un état émotionnel en prenant toujours le plaisir comme type.

Premièrement. — Le bon état des centres nerveux, au point de vue physique. Pour qu'une émotion revive dans l'idéal, il faut une certaine dépense physique de la même espèce que celle faite pour l'émotion originale. Nous ne pouvons pas dans un état de fatigue physique nous élever jusqu'à une émotion joyeuse ; les exceptions à cette règle sont plus apparentes que réelles.

D'après une loi générale que nous avons déjà formulée, un long sommeil, l'absence d'une émotion particulière est favorable à l'intensité de sa réapparition. Lorsqu'il y a longtemps que nous n'avons eu l'occasion de penser à notre héros favori, nous n'en sommes que mieux préparés à nous enflammer lorsqu'on nous rappelle son nom et ses exploits. Une secte religieuse persécutée qui ne peut se réunir qu'à de longs intervalles éprouve chaque fois une émotion qu'elle essaierait vainement de reproduire sous un régime de tolérance absolue.

Secondement. — Les émotions, comme les états intellectuels revivent avec la représentation de leurs premiers accompagnements ; seulement elles ont besoin d'une plus grande impétuosité de reproduction que les simples idées. On doit donc s'étendre sur les collatéraux, et par conséquent mettre en évidence ceux qui ont eu le plus d'influence au moment original donné, ainsi que toutes les circonstances qui ont été favorables aux souvenirs de ces accompagnements. Une présentation brusque, soudaine, est nécessairement d'un grand effet comme toutes les circonstances qui font naître la surprise ou l'excitation. Prendre complètement possession de l'esprit en brisant pour un temps toutes les autres pensées, les autres images, c'est le plus sûr moyen de graver dans l'esprit la scène présente et les sentiments qui s'y associent.

L'émotion que donne une grande victoire, celle de Marathon à un Grec, par exemple, renait plus facilement lorsque le système est physiquement bien préparé pour la joie, quand on a le lieu présent à l'esprit, lorsqu'on vient de le revoir, quand on se rappelle distinctement quelques-uns des incidents, surtout ceux qui sont devenus le pivot du succès. Si le souvenir se présente brusquement à l'esprit, par suite d'une allusion accidentelle, le sentiment renait avec une vivacité, une impétuosité spéciale. Et comme tous les souvenirs circonstanciels affluent de tous côtés, par la conversation ou par autre chose, l'éclat de l'émotion, renforcé se soutient plus longtemps.

Une manière de rappeler en idée des émotions agréables, c'est de travailler en vue d'une émotion réelle. Beaucoup de nos plaisirs en idée consistent à projeter et à préparer nos jouissances variées. En hiver nous amusons nos heures de loisir en faisant le plan de nos voyages d'été. Les parents en travaillant pour l'avenir d'un enfant éprouvent déjà quelque chose de la joie du résultat.

13. — La force reproductive de la similarité agit d'une façon variable. Quand les collatéraux, les occasions d'un sentiment renaissent à la faveur d'un trait de ressemblance aperçu dans la diversité, il se produit un *stimulus* agréable et vivifiant, semblable comme effet à la surprise. L'armée romaine qui arriverait en face d'une scène qui la ferait s'écrier : « *Ecce Tiber* ! » ressentirait subitement les émotions attachées à la cité et au foyer.

La similarité agit d'une façon encore plus intéressante. Nos émotions favorites ne sont pas seulement mises en jeu par des occasions à nous personnelles, lorsqu'un homme ambitieux fait une démarche par exemple, mais par des occasions semblables qui influent sur autrui et que nous suivons avec attention. Ceci montre et illustre d'une manière remarquable l'influence de l'émotion. C'est ce qui constitue le charme de la sympathie, de l'histoire, de la poésie. Un conquérant comme Alexandre fait ses délices de l'*Iliade*, où il trouve de la ressemblance entre sa destinée et celle des héros semblables à des dieux qui étaient les chefs des Grecs et des Troyens.

L'action de similarité est encore plus subtile lorsqu'une excitation émotionnelle actuelle évoque et réveille tous les échos de nos émotions tendres. La situation est alors si compliquée qu'elle défie presque toute analyse.

On rencontre alors des faits semblables à ceux-ci : à la suite d'une stimulation des sens, comme la musique, nos émotions favorites les plus fortes renaissent; le plaisir qui en résulte est un composé de sensation présente et de sentiments idéaux. L'amour, l'ambition, l'orgueil ne s'éveillent à la vie idéale que lorsqu'elle a été préparée par quelque stimulation inférieure. La musique est un exemple frappant, mais ce n'est pas le seul; l'influence des objets de la vue, des couleurs, des autres circonstances, a la même action. Qu'est-ce qui est alors dû à l'influence actuelle et au réveil des échos du passé, voilà le problème presque insoluble qui se pose. Nous trouvons déjà difficile d'exposer le principe à l'œuvre; car il y a plusieurs manières de présenter le phénomène. Nous avons besoin de savoir combien le souvenir d'une émotion peut contribuer de lui-même au développement d'un état présent; combien une personne qui a ce souvenir est plus heureuse que celle qui ne l'a pas. Nous ne pouvons faire cette évaluation pendant un état actuel de stimulation. Il nous faudrait un cas où un état neutre serait changé en manifestation émotionnelle à la suite du simple rappel intellectuel des expériences antérieures d'un plaisir. Nous avons pu constater souvent ce changement, si souvent même que nous avons presque confiance dans la vérité du principe que nous avons émis dans ce chapitre. Nous en déduisons donc que lorsque la musique ou tout autre genre de stimulation évoque les occasions passées de plaisir, ces échos augmentent considérablement l'ardeur émotionnelle, et que l'homme dont les sentiments émotionnels sont très développés est nécessairement beaucoup plus impressionné par les circonstances que l'homme dont le tempérament émotionnel est pauvre.

Voilà donc une des lois importantes de l'esprit; une stimulation agréable actuelle est un moyen de rappeler des états idéaux de plaisir, et par là, doubles d'intensité. Sans certains de ces plaisirs que nous appelons actuels, tels que les plaisirs des sens et la satisfaction de l'appétit, la meilleure des éducations émotionnelles, la plus riche des accumulations de sentiments associés, n'auraient pas une efficacité complète ; elles seraient comme une masse enfermée de virtualités, comme des richesses sans emploi.

C'est seulement suivre la loi de similarité, dans toute sa rigueur, que de remarquer que des sentiments présents rappelleront de préférence ceux qui sont de même espèce, l'affection rappelant l'affection, la sublimité évoquant le sublime, et non pas simplement le plaisir réveillant le plaisir. D'après ce principe une exécution musicale rappellerait d'anciennes expériences musicales, et cela pour tout le monde quoique avec une force bien plus grande pour des musiciens dont les sentiments agréables s'associent particulièrement avec la musique. Pour les ignorants en musique et en art, le plaisir est comparativement vague et nul ; ils manquent d'associations intellectuelles, et en sont réduits à l'excitation physique, sensuelle, la plus inférieure, et, en fait, à une sorte d'ivresse (*intoxication*). L'esprit est ouvert au souvenir de tous les plaisirs semblables ; et dans un tel état d'esprit, les émotions les plus fortes par nature ou par culture, seront les premières à être rappelées.

14. — Il en est de même pour les deux grands agents intellectuels du souvenir, contiguïté et similarité, appliqués à l'émotion idéale. Pour être complet il faut que j'ajoute la condition si nécessaire dont l'influence est si grande sur les facultés, la liberté d'esprit. C'est dans nos heures de loisir, quand l'activité et l'intelligence se reposent, mais que les forces physiques sont prêtes à agir, que nous sommes en état d'éprouver les plus fortes émotions, et de répondre aux sollicitations de nos expériences passées de plaisir. Pour ceux qui consacrent une petite partie de leurs forces à l'action ou à la pensée, ces opportunités émotionnelles sont tout ce qui peut être désiré.

Lorsqu'on possède une provision de riches associations agréables, l'économie de la vie doit être de les stimuler fréquemment mais non au delà de ce que peut supporter la la constitution de l'individu. C'est en grande partie pour rappeler nos plaisirs en réserve que nous nous entourons d'objets intéressants, que nous voyons le monde, que nous pénétrons dans la société, cultivons la littérature, accomplissons des cérémonies, des rites.

15. — Ayant en principe étudié l'émotion en tant que plaisir, et non en tant que souffrance ou indifférence, comme manifestation de la force, de la vie du système, et non comme manifestation de sa faiblesse ou de son affaiblissement, examinons maintenant les conditions de l'association pénible ; l'intérêt pratique de cette étude sera de chercher les moyens de mettre un frein au développement trop facile des associations de ce genre.

Sous quelques rapports les deux classes d'émotion se produisent sous les mêmes conditions : là où ces conditions ne sont pas les mêmes, elles ne sont pas, simplement différentes elles sont opposées.

Pour le rappel des souffrances idéales il doit y avoir souffrance dans l'actuel, avec des circonstances ou collatéraux qui sont causes ou accompagnements accidentels. L'effort de l'attention intellectuelle appliquée aux objets environnants, attention qui forge un lien permanent entre ces objets et le sentiment, est proportionné à l'intensité de la souffrance. (Les angoisses de l'agonie sont mises à part). La répétition ou fréquence de l'émotion, confirme, renforce le lien formé une première fois. L'action de la loi de contiguïté est donc la même pour les plaisirs et pour les souffrances.

La similarité agit de même pour les deux classes d'émotion, une situation pénible actuelle rappellera d'anciennes situations semblables et de préférence celles qui avaient avec elles une similarité à la fois émotionnelle et intellectuelle. Une sombre disposition rappellera d'autres dispositions semblables, et augmentera de tristesse par l'accumulation.

C'est lorsque nous arrivons aux conditions physiques ou autres de l'émotion actuelle et de l'émotion idéale, que nous trouvons une différence entre la souffrance et le plaisir. Le bon état des centres nerveux, l'abondance du sang ou de la nourriture, l'adoucissement d'un exercice sévère, l'interruption de la stimulation spéciale habituelle, sont les conditions préparatoires d'une manifestation agréable ; ce ne sont pas les conditions qui doivent précéder une manifestation pénible. Au contraire, lorsque le système général est tout prêt à répondre à un plaisir, si par hasard on lui présente au lieu d'un plaisir, une cause de souffrance, toutes ces conditions agiront pour résister, pour neutraliser le choc, pour l'écarter pendant un temps ; et c'est seulement lorsque les mots que nous avons employés plus haut cesseront d'être applicables, lorsque le système nerveux s'affaiblira et que la nourriture ne sera plus suffisante que la souffrance sera pleinement victorieuse.

La souffrance comme telle est un excitant plus grand pour le système nerveux que ne l'est le plaisir comme tel. Si au moyen d'une saturation ou d'une extinction mutuelle nous établissons l'égalité entre un plaisir et une souffrance, nous trouverons que la souffrance éveille, stimule plus l'attention que le plaisir. En conséquence les souffrances se fixent mieux dans l'esprit avec leurs circonstances associées. L'éducation de la mémoire de la souffrance est donc plus rapide et plus facile que celle du plaisir idéal. L'une est la descente rapide de la colline, l'autre l'ascension pénible ; l'une se développe sans qu'on y prenne garde, l'autre a besoin d'être constamment surveillée. L'union la plus heureuse des expériences agréables ajoute peu de chose à la somme de nos plaisirs idéaux ; un seul accès de souffrance peut remplir la mémoire pour toute une vie, ou ruiner le travail de plusieurs années fait pour consolider un heureux souvenir. Une simple frayeur peut convertir une joyeuse confidence en un amer mécompte. Quelques suggestions de la jalousie, et une affection nourrie depuis longtemps sera brisée.

Les causes du plaisir sont (avec quelques modifications), les causes de la santé ; la souffrance est synonyme de maladie (*desease*). Cette comparaison, si l'on n'admet pas l'identité, est bien mise en évidence par les modes respectifs de production des deux termes ; pour l'un, il faut multiplier les précautions, pour l'autre, il est abandonné au hasard ; pour l'un, on veille comme pour garder une citadelle, pour l'autre, on s'endort jusqu'au moment où l'ennemi fait invasion. Et comme une défense de six mois est compromise par une négligence d'une heure, de même une suite soigneusement entretenue de plaisirs idéaux, peut être rompue à cause du plus petit incident pénible.

Les circonstances et les événements de la vie amassent donc pour nous des plaisirs et des souffrances rétrospectifs ; avec un lot heureux et beaucoup de précautions nous pouvons aider au bonheur et repousser les misères. Quand un même objet a été mêlé à des expériences agréables et désagréables, comme cela arrive pour beaucoup de choses familières, la maison, la famille, la propriété, le plaisir ou la souffrance est rappelé suivant les modes, les circonstances de la résurrection.

16. — Le courant de notre vie sensitive (*sentante*) pour ce qui regarde le plaisir et la souffrance, est un mélange d'actualité et d'idéalité. Comme l'actualité est supérieure par nature, nous la préférons dans toutes les circonstances, jusqu'à la satiété pourtant. Mais il y a en faveur de l'idéalité une circonstance qui la rend souvent préférable à l'actualité. Dans un sentiment idéal nous pouvons écarter tous les accompagnements désagréables. Le plaisir actuel d'une fête, d'un spectacle, d'un succès, est une situation concrète avec beaucoup d'effets secondaires rangés autour du principal, et dont quelques-uns sont le contraire de l'agréable ; ceux-là peuvent être oubliés dans la représentation idéale de la scène. Il est vrai pourtant que cette représentation n'est pas la reproduction exacte du fait ; et un esprit juste pourrait la repousser. Mais nous n'avons pas besoin d'être justes à ce point ; nous sommes heureux de pouvoir trier, d'écarter les circonstances désagréables, et d'appuyer sur le bon côté des choses. Si nous pouvons nous rappeler que les fragments choisis d'une scène ne sont pas toute la scène, nous pourrons vivre mieux avec l'idéal qu'avec la réalité. Ainsi, souvent nous préférons délibérativement un souvenir à une répétition de l'actualité qui lui a donné naissance ; après un grand voyage où nous avons éprouvé de grands plaisirs, mais aussi de grandes fatigues, des privations, nous prenons la résolution de nous contenter du souvenir rétrospectif, et de ne plus chercher les scènes actuelles. Le vieux soldat, l'homme d'affaires, ou le politicien retiré sont satisfaits du souvenir du passé. Le procédé est naturel ; et il est plus agréable d'avoir à l'employer, que ce ne le serait d'oublier les incidents heureux comme les autres, et d'être forcé de

répéter l'expérience sans avoir le souvenir de ces incidents.

L'idéalité étant à meilleur marché et plus vertueuse que la réalité, les moralistes ont une tendance à la prescrire comme substitut quand il y a déficit de plaisirs actuels. Une telle tentative a des limites définies, ce sont les limites de ce qu'on appelle les plaisirs de l'imagination. L'idéal est un papier courant qui a besoin de s'appuyer sur une base suffisante, sur le réel. Les considérations que nous avons déjà produites en sont la preuve. Les conditions de l'accumulation des souvenirs agréables, et de leur rappel avec une force et une fréquence suffisantes, sont incompatibles avec la conduite d'une personne insouciante, ou un tempérament froid, de même il n'est pas possible de soutenir un flot gai d'idées seules ; il faut, dans une vie heureuse alterner et mêler les plaisirs actuels. Une mère séparée de tous ses enfants est pendant longtemps en proie à des aspirations impatientes pénibles.

17. — La meilleure des conditions pour vivre heureux est d'avoir autant de plaisirs actuels qu'on peut en supporter, avec un mélange de satisfactions idéales ; l'idéal embrassant aussi l'actuel. Il est bon d'être rassasié de la vie de la ville, de la vie de la campagne, d'un travail agréable, de récréations agréables, et au moment où les accompagnements concrets de l'une de ces choses sont désagréables, il est bon de penser aux autres en idée, sachant que nous pouvons les voir arriver actuellement.

Ces jouissances actuelles peuvent être d'un nombre plus faible que celui que nous serions capables de supporter, de sorte que nous devrons passer une bonne partie de notre temps avec de simples idées ; par exemple, une relation amicale peut être sujette à de longues interruptions, mais cette relation se renouant de temps en temps, on doit en tenir compte. L'idéal n'est pas ici le ressort unique ; de plus, il est aidé puissamment par la croyance, c'est-à-dire par l'espérance. L'idéalité sous cette forme se soutient longtemps, c'est un des facteurs considérables du bonheur humain. Néanmoins il doit toujours s'appuyer sur l'actuel, non pas peut-être sur une grande masse de satisfactions extraordinaires mais sur un certain nombre de plaisirs bien assurés.

Sous sa forme inférieure le plaisir idéal ne correspond à

aucune actualité, même en supposant que les circonstances et l'éducation ont été favorables au souvenir idéal du plaisir, si celui-ci est formé de peintures n'ayant aucun correspondant dans la réalité, il peut donner par moments une lueur de satisfaction, mais jamais causer de profondes jouissances. Le chagrin causé par ce qu'on a perdu est de cette nature. Puis viennent les rêves de bonheur inaccessible, la contemplation d'une bonne fortune qui ne sera jamais la nôtre, la construction d'une jouissance future sans base réelle. C'est alors une culture mélancolique de l'imagination. Les Beaux-Arts vivent beaucoup d'imagination mais aussi de réalité. Nous avons besoin d'un fort tempérament émotionnel pour trouver toujours du plaisir à lire un roman. La question est de savoir s'il ne serait pas également profitable d'insister sur les accompagnements de tout bonheur réel, et de nous arrêter là. Cette façon de voir serait également fausse ; mais elle serait presque suffisante pour notre dessein. Nous ne pouvons, rien qu'en pétrissant des idées faire sortir la richesse de la pauvreté.

Il appartient à la théorie des Beaux-Arts de retracer les plaisirs constructifs de l'imagination, la joie de représenter des situations originales de façon à fournir de nouvelles formes de satisfactions idéales. L'émotion idéale, telle que nous l'avons considérée dans ce chapitre, embrasse principalement les plaisirs de la mémoire ou de la mémoire convertie en anticipation. Au-delà et au-dessus de ces plaisirs sont les jouissances de l'imagination proprement dite, de la poésie, de la peinture, des autres Beaux-Arts, de l'esthétique. Les émotions idéales que nous venons de décrire sont les éléments de ces jouissances supérieures ; la faculté constructive doit servir les aptitudes émotionnelles.

CHAPITRE VI

SYMPATHIE

1. — Éprouver de la sympathie, c'est entrer dans les sentiments d'un autre être et agir pour cet autre comme pour soi. C'est l'impulsion du sacrifice de soi-même en opposition avec l'impulsion égoïste. Celui qui satisfait sa propre faim, allège ses propres maux, flatte ses propres sens, cherche sa vengeance personnelle, étanche sa curiosité propre, ne se préoccupe que de ses besoins futurs, est occupé de ses intérêts, agit comme s'il n'y avait que lui d'intéressant dans le monde. Celui qui, sans penser à une récompense, prend soin des plaisirs et des besoins des autres, sympathise avec eux, on dit qu'il répand sa tendresse, se sacrifie pour son prochain.

2. — Dans les relations forcées de société, faire une faveur procure si souvent une faveur en retour qu'on a pu argumenter d'une façon plausible contre l'existence d'une conduite purement désintéressée en disant que ce n'est que de l'égoïsme déguisé. Les faits qui se refusent à cette interprétation sont ceux-ci : Les impulsions de pitié instantanées, irréfléchies, pour les êtres malheureux, que ce soient des étrangers, des ennemis, des criminels, des bêtes même ; l'absence de toute balance entre une perte immédiate et un gain futur ; la suppression de services que l'on saurait être payés de retour. L'égoïsme le mieux entendu ne saurait expliquer la conduite du bon Samaritain. Les êtres humains qui dans tous les âges ont volontairement donné leur vie pour leur patrie ne pouvaient être influencés par des considérations égoïstes. Beaucoup sans doute ont vécu avec l'es-

poir d'une vie future, mais cette croyance n'est nullement universelle ; et pour la masse des esprits ce n'est pas absolument certain que celui qui abandonne cette vie, recevra pleine compensation dans une autre.

3. — En remettant à plus tard l'examen du fondement suprême, dans notre constitution, de cette tendance à sortir de nous-mêmes, j'essaierai d'abord de définir avec précision les conditions du développement sympathique tel qu'il nous est révélé par l'observation. Généralement parlant, il y a association entre certaines manifestations des sentiments et les sentiments eux-mêmes, rapport que nous connaissons par l'expérience. Là où l'on donne les manifestations, les signes d'un état de sentiment, le sentiment sera éveillé ou tendra à s'éveiller. Les circonstances qui favorisent cette association, celles qui aident à son rappel ont été discutées ailleurs. (Voyez CONTIGUÏTÉ. — OBJETS ET SENTIMENTS. — ÉMOTION IDÉALE.) La circonstance dont on doit tenir le plus de compte en étudiant la sympathie, ce n'est pas la résurrection du sentiment, mais l'attachement de ce sentiment à une autre personnalité et l'effet des conséquences dans ce caractère. En voyant un autre homme en danger, nous pouvons nous rappeler les dangers semblables par lesquels nous avons passé, et nous sentir effrayés, mais si nous en restons là nous sommes purement égoïstes et nullement sympathiques.

4. — Nous connaissons la sympathie d'abord par notre propre expérience de ce sentiment à l'état actuel. Chaque homme a une certaine expérience des sentiments humains, cette expérience est seulement plus ou moins étendue suivant les individus. Nous connaissons tous une grande variété de sentiments, les plaisirs et les souffrances des sens, les émotions les plus simples. Les gens âgés ont naturellement plus d'expérience que les jeunes gens, l'homme civilisé et élevé plus que celui qui ne l'est pas. A chaque situation sont attachées des expériences caractéristiques et particulières. La maternité donne naissance à un groupe spécial d'émotions que ne peuvent connaître ceux qui n'ont pas d'enfant.

Parmi les efforts de l'intellect constructeur il y en a qui tendent à concevoir de nouvelles émotions encore inexpérimentées. Tant que ces efforts existent, la base de notre caractère émotionnel s'élargit ainsi que notre faculté sympathique.

Ce n'est pas assez d'avoir de l'expérience émotionnelle, il faut encore pouvoir se rappeler cette expérience, se la représenter effectivement dans l'esprit. Cela suppose, entre autres choses, une répétition considérable du sentiment. Un malade par accident quoique ayant souffert beaucoup peut ne conserver de son état qu'un souvenir trop faible pour exciter la sympathie, il n'en est pas de même d'un malade toujours souffrant. Nous avons souvent remarqué dans le cours de cette étude sur l'esprit que pour les idées de prévoyance aussi bien que pour la sympathie le souvenir effectif des plaisirs et des souffrances est nécessaire.

5. — A côté de l'expérience des sentiments il y a l'expérience des manifestations extérieures, des signes, c'est-à-dire les expressions reconnues des sentiments des êtres vivants, la voix, le mouvement, les gestes, les démonstrations de toute espèce.

Parmi les signes associés au sentiment on donnerait probablement la première place à la voix, par la raison que nous sommes toujours affectés par notre propre voix, au lieu que nous ne voyons pas nos propres traits; puis par la raison que le choc du son formant une brusque transition après le silence, impressionne plus qu'une simple variation dans l'extérieur sur lequel nos yeux sont déjà fixés, enfin parce que l'émission du son est le plus profondément significatif de tous les signes de l'état mental des animaux ou des hommes.

Les mouvements visibles impressionnent suivant leur brusquerie, leur rapidité, leur durée. Nous sommes suffisamment conscients de beaucoup de nos mouvements pour les lier à nos états de sentiment. Nous sentons distinctement le choc, l'élan que nous éprouvons avec les émotions de la joie subite, de la colère, de la frayeur, et nous les associons à ces sentiments de façon à ce qu'ils puissent ensuite nous donner la clef des états émotionnels des autres hommes. Ce que nous considérons le plus, c'est l'expression des traits avec ces changements de couleur, d'attitude qui accompagnent les états mentaux.

Nous sommes encore aidés par une autre classe d'indications de sentiment qui ne sont pas à proprement parler les expressions du sentiment, mais qui sont pourtant encore un moyen de connaître les états des autres. Ce sont les causes connues, les collatéraux et les conséquences de nos différents plaisirs et souffrances, avec les agents extérieurs et la conduite qu'ils provoquent. La vue d'un charbon chaud en contact avec la peau fait penser à la souffrance d'une brûlure ; et quand ce fait se passe en notre présence nous connaissons la souffrance aiguë du brûlé ; en voyant les mouvements des traits à ce moment, nous avons les moyens de savoir quels sont les signes exprimant une souffrance aiguë. Nous interprétons de même les effets du plaisir ; nous connaissons le plaisir de la douceur qui est lié à un morceau de sucre ; nous remarquons les altérations dans la contenance d'un enfant qui jouit de ce plaisir et nous obtenons ainsi directement la connaissance de la liaison qui existe entre le plaisir et le mouvement du sourire.

C'est seulement par cette méthode détournée que nous pouvons interpréter les changements dans l'extérieur des individus, la rougeur, la pâleur, l'éclat ou le trouble des yeux.

A partir du moment où nous lions les sons vocaux à des sentiments, nous pouvons user des indications que nous donnent les sons pour apprendre les signes additionnels de l'expression extérieure. Un cri de souffrance appelle notre attention sur l'individu souffrant ; nous connaissons déjà l'état d'esprit, nous remarquons ensuite les mouvements et gestes, et nous apprenons à associer ceux-ci avec le même état.

La situation grégaire des animaux sociables donne encore un moyen de connaître les signes du sentiment. Des êtres qui vivent ensemble sont affectés par les mêmes causes et éprouvent les mêmes sentiments. De cette façon, chacun pendant qu'il est conscient du sentiment, est témoin de son expression dans toute la troupe. Les plaisirs d'une nourriture abondante, l'excitation de la chasse, la crainte de devenir une proie, sont ressentis et exprimés de compagnie ; la coïncidence entre le sentiment et son expression ne peut être mal comprise, et il s'ensuit inévitablement une association entre les deux.

Le degré des croissances d'association entre les sentiments et leurs manifestations variées suit les lois applicables au cas. A côté de la répétition on doit tenir compte de l'intensité des sentiments d'un côté, et de la puissance des signes, de l'autre. Pour les signes, ils doivent en tant que signes, faire impression sur les sens, et de plus être très distincts. On sait que la toux avec le son déchirant qu'elle produit, le parler rude à l'excès sont contagieux ; la raison probable de cet effet est leur intensité ou leur puissance. La contagion du bâillement doit être due à quelque cause semblable. Le rire est le plus puissant des contagieux parce qu'il unit les sensations fortes de la vue et de l'ouïe (1).

6. — La liaison entre les sentiments et leurs signes dépend toujours des forces intellectuelles. Une faible intelligence succombe ici comme dans toutes les autres branches d'acquisition. De là une raison pour que l'homme soit supérieur en sympathie à la brute, raison qui plaide aussi en faveur du caractère plus sympathique des races élevées et des individus les plus intelligents. Cette règle est tempérée, mais non annulée par les cas où les forces intellectuelles sont concentrées sur d'autres objets, un homme peut avoir une grande intelligence et cependant ne pas l'employer à multiplier ou à renforcer les associations avec les sentiments.

7. — Lorsqu'on est sensible aux impressions des sens en général, on doit avoir une tendance à la sympathie. Une des plus grandes distinctions entre les êtres humains vient de ce qu'ils sont plus ou moins impressionnés par l'extérieur. Quelques hommes sont tout yeux, tout oreille, tout sens ; ils sont au plus haut degré susceptibles de recevoir des impressions. Le tempérament contraire montre une activité spontanée très vive et paie le minimum d'attention aux choses extérieures. On doit supposer que la base physique du premier des caractères est une grande richesse des centres des sens, que celle du second est une faiblesse comparative des sens qui donne plus de liberté aux centres du mouvement. Que cela s'explique ainsi ou non, la distinction entre les deux tempéraments est fondamentale et profonde, tout en prenant

---

(1) La contagion du rire, suivant M. Spencer, est un exemple de la situation primitive qui a donné naissance à la sympathie, l'état grégaire où tous les membres du troupeau étaient soumis à des influences communes, et les exprimaient en commun. Une cause de plaisir opérant sur tous, était reçue et manifestée par tous : Il pouvait se former ainsi une habitude de manifester leurs sentiments à l'unisson, de façon à ce que l'individu soit disposé à faire chorus avec la masse sans être influencé par le même stimulant original.

des formes spécifiques variées très nombreuses. Être plus occupé de sensations que de mouvements, c'est recevoir une grande variété d'impressions, et quand l'action commence elle est plus prudente, c'est-à-dire mieux accommodée aux circontances. Pour que les sympathies soient larges et promptes, il faut d'abord une grande vigilance des sens, puis, comme complément, de la vigilance dans un sens particulier et non dans tous les autres. La décadence des sens, causée par l'âge ou par autre chose, contracte singulièrement la sympathie et augmente l'égoïsme d'un caractère ; les personnes sourdes deviennent de plus en plus personnelles. Une activité excessive diminue la faculté de recevoir les impressions extérieures qu'elles soient sympathiques ou autres.

Toute circonstance qui réprime la disposition à l'activité ouvre une plus large carrière à la susceptibilité passive. La mauvaise santé peut avoir cet effet, et l'influence apaisante de l'âge peut être, à ce point de vue favorable à la sympathie. Le tempérament féminin comme moins énergique, a encore au même point de vue un certain avantage. C'est par excès morbide de susceptibilité sympathique, résultat d'une mauvaise santé sur un esprit naturellement susceptible, que John Sterling se donna lui-même le coup de la mort. Voyant une servante qui essayait de tirer une table, il voulut l'aider et par un violent effort causa un mal irréparable à ses poumons très faibles.

Le raffinement adoucissant des manières, les occupations qui n'exigent pas un grand déploiement d'activité, peuvent aussi agir et augmenter la sympathie et la susceptibilité. Cet effet est caricaturé dans l'*Athénée*, par Sir A. Grant. Un Sybarite déclare que « de voir des hommes bêcher la terre, cela lui donne un coup ». A quoi son ami répond « que la seule mention de ce fait le fait souffrir dans le côté ».

Le sommeil mesmérique est l'exemple extrême de la susceptibilité poussée au degré le plus exagéré. L'activité est alors supprimée et l'esprit ne travaille que dans un sens : tout ce qu'on lui suggère en ce sens est immédiatement saisi ; les pensées sont alors à la merci du souffleur.

8. — La relation qui est établie entre la personne qui sympathise et celle avec laquelle elle sympathise, est une question vitale. Il est certain que nous sympathisons rapidement avec les personnes auxquelles nous sommes attachés, et

plus difficilement avec des indifférents, et pas du tout avec ceux que nous n'aimons pas. La sympathie et l'amour sont donc intimement unis, et il faut beaucoup d'attention pour montrer que malgré leur alliance, ce sont deux aptitudes distinctes. La communauté d'opinions, de sentiments, de situations, de fortunes, crée ce qu'on appelle la sympathie proprement dite, qui devient assez souvent de l'affection ; mais pour cela il faut qu'il y ait au-dessus et en plus des conditions originales de sympathie, quelques causes qui engendrent l'amour positif.

C'est une question ouverte et qui doit être étudiée que celle de savoir si la nature essentielle de la sympathie est ou non la conséquence de nos sentiments tendres ou sociaux. La théorie de l'évolution appliquée à la sympathie répond par l'affirmative.

9. — D'après ce qui précède nous sommes préparés à faire la somme des obstacles à la sympathie ; l'absence de ces obstacles est une des conditions du développement de la sympathie.

Premier obstacle : Le tempérament énergique ou actif rend le système plus actif que sensitif. On n'a pas besoin d'en dire plus long à ce sujet.

Deuxième obstacle : La prépondérance ou la force des sens animaux les plus bas, des plaisirs qui ne peuvent se partager. Dans les jeunes surtout, dans quelques constitutions particulièrement, les plaisirs animaux sont très forts. Les plaisirs de la table, les stimulants, le sport, et même la passion sexuelle sont égoïstes au plus haut degré.

Troisième obstacle : Parmi les émotions premières, la colère est par sa nature antipathique. La manifestation de la colère suppose habituellement, pourtant, quelque blessure faite à une partie sensible. Il doit y avoir au fond une masse d'égoïsme enflammé, source réelle de l'énergie destructive. Le côté méchant des animaux suppose qu'ils doivent chercher leur vie, satisfaire leurs appétits violents, et qu'ils ont un penchant acquis pour la chasse.

En opposition nécessaire à la sympathie est l'amour du pouvoir ou de la supériorité qui ne subsiste que lorsqu'on foule aux pieds l'individualité du prochain au lieu de la chérir.

L'état d'esprit qu'on appelle l'aversion ou l'antipathie et qui est de nom et de fait le grand ennemi de la sympathie, est une combinaison de colère et de crainte fondée sur l'irritation de sensibilités nombreuses et vives.

La renommée ou la gloire sont égoïstes par nature, mais ont un côté sympathique. Elles impliquent la supériorité au reste de l'humanité mais demandent que nous fassions pourtant attention aux sentiments de ceux que nous surpassons.

L'avarice étant un produit naissant des sources du plaisir, mais spécialement des modes de jouissances coûteux et qu'on ne peut partager, la sensualité, le luxe, la puissance, est hostile dans la majorité des cas à la sympathie.

Comme conséquence évidente de l'énumération précédente, nous sympathisons plus facilement avec les plaisirs et les souffrances qui se rapprochent des nôtres. Notre propre expérience est la seule base de notre conception de l'expérience des autres. Donc un obstacle à la sympathie est la différence de constitution, de tempérament, d'éducation. L'homme timide ne peut pas comprendre l'assurance de l'homme courageux en face du danger ; celui dont la nature est froide ne comprend pas les souffrances d'un amour ardent ; l'esprit prime-sautier ne sympathise pas avec celui qui délibère prudemment. Quand nous sommes très éloignés par notre constitution, nos habitudes, nos associations, d'un autre esprit, et que cependant nous désirons posséder les émotions appartenant à cet esprit, comme lorsque l'historien essaie de comprendre le héros d'un âge passé, ou qu'un poète présente un idéal bien recherché à notre point de vue, nous devons faire des efforts constructifs très considérables, dont il a été fait mention ailleurs. Cet exercice est très bon, très instructif ; la sympathie nous rend capable de connaître les autres hommes comme la conscience nous permet de mettre en pratique le précepte : « Connais-toi toi-même. »

10. — Je remarque ensuite la valeur de l'effet de la sympathie sur la personne avec laquelle on sympathise. La sympathie a d'abord pour effet de prolonger la sensation que cause chaque émotion agréable. Aristote observe qu'il n'est pas facile de soutenir par soi-même une flamme dans l'esprit, tandis que de compagnie avec d'autres, en relation avec eux, c'est beaucoup plus facile. (*Éthique*, livre IX, 95.) Rencontrer une personne qui donne une puissante impulsion à nos sentiments, à nos vues générales, c'est une trouvaille qui a un charme spécial. On peut en donner beaucoup d'exemples.

Le prédicateur, le poète, l'acteur, ont le pouvoir de faire revivre dans l'esprit des hommes des émotions qui leur plaisent spécialement, et les moyens qu'ils emploient sont ceux que nous discutons maintenant. On introduit une aide étrangère pour allumer une flamme que l'individu seul n'entretiendrait pas au même degré et pendant le même temps. Ce rôle d'aide est joué par le prédicateur, par la foule de ses admirateurs, par la présence, la représentation symbolique des objets en vue. Quand l'esprit est las de s'être longtemps appesanti sur un objet d'étude favorite, l'entrée d'un ami ardent et vigoureux semble verser de l'huile nouvelle dans la lampe prête à s'éteindre. Il arrive souvent alors que nous trouvons du plaisir dans un mode de sentiment qui nous semblait difficile à supporter quand nous en étions réduits à nos forces seules, comme lorsqu'on trouve un charme dans la science sans posséder la force, la culture scientifique. Dans ce cas nous aimons à subir l'influence d'une personne qui manie facilement les objets et les émotions de la vérité scientifique, et nous pouvons alors jouir des deux. C'est de la même manière que les sentiments qui agitent une assemblée, un parti, une nation, ont une force qui vient de l'accumulation ; et que ce soit pour nous encourager dans les luttes ardentes, ou pour nous plaindre dans le malheur, nous sommes toujours très sensibles à la valeur des démonstrations d'un grand cercle d'amis.

11. — C'est un fait d'une grande importance pratique que la sympathie nécessite d'abord de notre part une certaine considération pour notre bonheur. Si notre lot ne renferme qu'une petite somme de plaisirs, ou si par une culture ascétique nous avons appris à faire peu de cas des jouissances de la vie, nous manquons de la base même de la sympathie. Ainsi pendant que l'égoïsme excessif exclut la sympathie, l'abnégation de soi-même et le malheur l'éteignent. Il y a entre les deux extrêmes un point moyen bien plus favorable à l'épanouissement de la sympathie.

Dans le service militaire chaque homme risque sa vie dans les batailles et personne n'a un grand désir de servir de paravent à son voisin. On montre de la sympathie au blessé avant tout. Dans les grandes calamités publiques, la peste par exemple, la sympathie pour les autres s'éteint. James Mill a remarqué que les hommes ont besoin d'être eux-mêmes dans le confortable, pour entrer dans le malheur des autres : la vertu et l'infortune sont incompatibles. Une quantité modérée de propriété donne de la sympathie pour la propriété et pour les droits des propriétaires. En supposant la présence d'un élément sympathique, pour le mettre en activité, il nous faut aussi une poursuite mesurée et heureuse de notre propre bonheur. Parmi les plus grands défenseurs des abus on trouve souvent ceux qui en ont le plus souffert ; il faut une puissante impulsion de bienveillance, ou encore quelque espérance d'une grande importance personnelle pour vouloir exempter les autres des misères que nous avons souffertes. C'est ainsi que l'on a de la répugnance à abolir les *fagys* (souffre-douleur) dans les écoles et les épreuves de l'apprentissage dans le commerce (1).

12. — Nous sommes maintenant en état de poser cette question : quelle est l'origine ou la source première des impulsions sympathiques ou désintéressées de notre nature ? Nous avons vu que ces impulsions sont au plus haut degré intellectuelles, qu'elles s'appuient sur des opérations intellectuelles. Elles supposent l'expérience de différentes formes d'émotion,

---

(1) « Tout sentiment d'altruisme nécessite le sentiment égoïste correspondant comme facteur indispensable. » (SPENCER.)

« Les situations, dit Adam Smith, dans lesquelles la douce vertu de l'humanité peut être heureusement cultivée, ne sont pas du tout les mêmes que celles qui sont favorables au développement de la vertu austère du commandement de soi-même. L'homme qui lui-même est à son aise peut mieux assister la misère des autres. L'homme qui lui-même est exposé au malheur peut mieux veiller, contrôler ses propres sentiments. Dans la lumière sereine de la parfaite tranquillité, dans le calme de la retraite philosophique, la douce vertu de l'humanité fleurit facilement et c'est là qu'elle peut arriver au plus haut développement. »

« Mais la force de la papauté était dans son énergie et son activité. Elle avait des armées à ses ordres plus puissantes que les chevaliers d'Alva ou des Guises. Pour le service intérieur ou extérieur elle avait ses forces appropriées et effectives. Elle avait sa police dure, sans remords avec les Dominicains qui dirigeaient l'Inquisition en Espagne et en Italie, hommes au cœur de fer dont l'imposant et singulier fanatisme côtoyait le bord du sublime terrible, car ils avaient acquis la pleine conviction que l'humanité était un crime quand elle mettait en danger des âmes immortelles ; amants du cilice et du fouet, des veilles glacées au milieu de la nuit, des jeûnes austères et desséchants, ils étaient un exemple de cette grande vérité : *les hommes qui se refusent le bonheur infligent la souffrance avec moins de scrupules.* Une sombre pensée les captivait, faisait qu'ils étaient prêts à sacrifier leur propre vie ou à enlever celle des autres. »

(MILMAN.)

avec la faculté de se les rappeler par le souvenir ou en idée. Elles supposent de plus la connaissance exacte des signes du sentiment qui font appel aux sentiments eux-mêmes. Tout cela est entièrement dû à l'intelligence alliée avec notre expérience personnelle des différentes sensations et émotions. Mais c'est alors qu'on arrive au point délicat, au moment caractéristique : comment sommes-nous saisis, pénétrés par ces sentiments *en tant qu'associés à une autre personne*? Comment cette personne s'empare-t-elle de notre esprit au point d'en chasser notre propre personnalité? Les étapes antérieures préparaient ce résultat, mais ne renfermaient pas, ne garantissaient pas nécessairement cette transaction finale. Je puis traverser tout le domaine intellectuel et user de tout ce qui ne constitue pas la sympathie; je puis faire servir cette partie de l'intelligence à des fins pratiques, pour gouverner les hommes et devenir un orateur et un politicien; je puis essayer de la reproduire en vue d'effets artistiques en étant auteur, étudier scientifiquement ses lois comme psychologue. Mais être susceptible de sympathie, voilà une nouvelle phase de la vie intellectuelle, un fait nouveau qu'il faut évaluer.

J'ai toujours été disposé à regarder la sympathie comme un exemple remarquable et décisif de l'idée fixée qui en fait un fait intellectuel, ou y tend autant que le peut une émotion. Elle a cela de commun avec l'idée fixée, qu'elle heurte les manifestations régulières de la volonté en faveur de nos plaisirs. Cependant cette question subsiste toujours : qu'est-ce qui donne à l'impression des souffrances et des plaisirs d'autrui un degré de fixité tel que nous sommes forcés d'y faire autant d'attention que s'il s'agissait des nôtres ; qu'est-ce qui nous force à mettre pour un temps nos propres plaisirs de côté, pour accomplir des sacrifices plus grands que les satisfactions que pourra nous apporter la sympathie ?

13. — Je crois que l'hypothèse de l'origine grégaire de l'impulsion sympathique lève toutes les difficultés du problème et explique, de la façon la plus satisfaisante, comment nous sommes arrêtés, retenus, fascinés par les états d'esprit d'autres personnes. L'ancienne habitude d'agir avec d'autres, l'idée préconçue très forte de la personnalité font prendre de l'intérêt à tout ce qui touche les personnes; un plaisir ne s'en suivra pas dans toutes les circonstances, il pourra

bien être remplacé souvent par tout le contraire, et cependant, à une époque ou à une autre, il y a toujours eu une grande quantité d'expériences de plaisir ou de soulagement de souffrances qui en somme laissaient une impression de jouissance et en outre l'habitude bien établie d'exprimer nos sentiments à ceux qui nous entourent. L'habitude une fois contractée, l'effet s'en suivra souvent sans aucun plaisir conscient, ou avec un plaisir plus que neutralisé par les conséquences pénibles de la sympathie.

Les faits, les apparences sont, autant que je puis en juger, en faveur de cette explication; et, jusqu'à ce qu'on en trouve une meilleure, j'y acquiesce. Le développement de la situation présumée sera résumé et amplifié dans le chapitre sur les émotions tendres.

Cette hypothèse est en accord marqué avec une condition spéciale de la sympathie, notre affection pour la personne avec laquelle nous sympathisons. Il semble que cette condition rende impossible que nous sympathisions avec ceux que nous n'aimons pas; cependant l'aversion quoique étant un obstacle sérieux pour la sympathie ne la détruit pas.

14. — L'influence de l'habitude est suffisante pour nous aider à surmonter cette difficulté. La tendance sympathique fut d'abord engendrée puis continua à exister grâce à la satisfaction de la coopération avec autrui; mais son effet ne fut pas limité aux occasions où cette satisfaction était ressentie. L'augmentation sensible de son intensité lorsqu'elle a pour objet des êtres que nous aimons montre combien elle dépend des plaisirs sociaux; cependant il y a dans notre constitution une pression constante des sentiments sympathiques qui nous fait passer par les souffrances, les sacrifices, nous fait surmonter nos répugnances, et nous enlève toutes considérations de récompenses personnelles (1).

15. — C'est donc ainsi que notre sympathie peut s'étendr

---

(1) C'est l'attachement non raisonné du peuple pour les institutions existantes qui est une des grandes sauvegardes des gouvernements. Un attachement semblable ne naîtrait probablement pas si l'institution n'était en somme, avantageuse; mais une fois qu'elle est née, elle est confirmée, renforcée par l'habitude; elle tire sa force de l'existence d'habitudes semblables pour d'autres institutions, crée un sentiment patriotique qui fait agir tous les citoyens, indépendamment de tout raisonnement spécial, sans aucun espoir d'avantage personnel et direct.
Sir G. LEWIS, *Méthodes d'observation et de raisonnement en politique*. II.)

bien au-delà de nos affections de cœur. Un homme peut être difficile dans le choix d'objets d'affection et former peu de liens d'amitié. Son intérêt social peut être le sentiment très étendu de la fraternité; ses sympathies seraient larges alors, et patriotiques ou cosmopolites. Avec les conditions intellectuelles de la sympathie bien remplies, la faculté représentative bien développée, cet homme travaillera en vue de l'intérêt général, pour guérir des maux, pour lever l'étendard du bien être général. Il sera Howard ou Bentham, pour choisir parmi les noms gigantesques.

CHAPITRE VII

LES ÉMOTIONS TENDRES

CONSIDÉRATIONS PRÉLIMINAIRES

1. — Les émotions tendres dans toutes leurs manifestations sont parmi les premières, si elles ne sont pas les premières émotions humaines. Elles sont le plus grand intérêt de la vie, elles sont même à la base de tous nos plaisirs. Quelle que soit la chose dont nous jouissions (à peu d'exceptions près), nous désirons en jouir en société, en d'autres termes, nous désirons les accoupler aux plaisirs de l'association.

Quelle est donc la base, le fondement de cette grande susceptibilité ? Est-ce simplement une grande agrégation de plaisirs des sens dont les créatures vivantes fournissent l'occasion sous bien des rapports ? Ou bien son origine est-elle supérieure aux sensations proprement dites ?

2. — Dans un chapitre sur l'évolution, j'ai présenté la situation grégaire comme la source d'émotions spéciales, particulièrement de la sociabilité et de l'amour. M. Spencer a étudié les effets de cette situation afin d'expliquer la sympathie. Il n'a pas cependant pris en considération combien l'intérêt social, qui rend un être heureux de la présence d'un autre, malheureux de la solitude, est en substance, l'émotion chaude, tendre, la réalité de l'amour et de l'affection. Cependant quand nous étudions les effets de l'amour, nous voyons combien ils diffèrent de ceux de l'intérêt social, cette jouissance que fait éprouver la présence d'autres personnalités. Si le simple fait de se trouver constamment ensemble dans une masse d'individus se rendant des services mutuels pour satisfaire les premières nécessités de la vie,

développe une quantité de sentiments agréables l'un pour l'autre, il me semble que c'est un commencement suffisant de tout ce qu'on veut exprimer par amour, affection, tendresse.

3. — M. Spencer croit nécessaire d'assigner une origine spéciale, séparée de celle du sentiment social, à ce qu'il regarde comme le fait central de la bienveillance, l'amour du faible. Nous devons admettre que le sentiment protecteur qu'éprouve le fort pour le faible est une forme bien distincte de l'intérêt affectionné, et un des grands plaisirs qu'il fait naître. Ce qui n'est pas si évident, c'est qu'il soit un sentiment primitif de notre constitution, dû au hasard, puis se perpétuant à cause des grands avantages qu'il conférait pour la bataille de la vie. Ce sentiment suppose une situation complexe ; il implique la connaissance de ce fait, être fort ou faible, la faculté de découvrir la faiblesse dans un autre individu, celle de répondre à cette faiblesse par la sympathie. Quiconque remplit toutes ces conditions doit avoir déjà des sentiments sociaux très développés. J'ai de la peine à supposer que ce sentiment, résultat si complexe, soit né tout d'un coup dans une variété accidentelle du règne animal. M. Spencer explique de la même façon hardie, le sentiment maternel, puisque rien ne l'évoque dans le cours de la génération ordinaire ou de l'évolution. Les deux faits sont en somme un seul et même fait : le sentiment maternel n'est qu'un cas spécifique du sentiment protecteur. Si nous pouvons rendre compte de l'un, il est bien probable que nous expliquerons les deux. Le sentiment maternel en particulier conduit à l'amour des faibles en général, et réciproquement.

L'amour des faibles ne s'éloigne certainement pas des sentiments dus (comme nous le supposons) à la situation sociale. L'intérêt pour tout le troupeau, l'habitude de la coopération, de s'aider l'un l'autre implique *a fortiori* celle d'aider les nécessiteux et les faibles. Une intelligence moyenne distinguerait la position de celui qui possède de celle de celui qui a besoin, et l'intérêt social général manquerait rarement de faire prendre quelque décision en rapport avec ces positions.

Dans la situation vorace, guerrière de ceux qui disputent leurs proies, les sentiments de la force et de la faiblesse pourraient être cultivés indépendamment. La présence d'un rival d'une force dangereuse pourrait inspirer la colère et la crainte ; et la réaction extrême qui s'en suivra pourra atteindre une créature qui ne serait ni forte ni en rivalité avec l'individu ; jusque là nous pouvons accepter la loi de l'antithèse de M. Darwin. La disparition de la crainte est certainement un fait agréable ; la disparition de la colère, c'est-à-dire l'éloignement complet de la cause de cet état et la naissance d'un état tout opposé, peut éveiller un sentiment parent de l'amour. La pitié et le désir de la vengeance peuvent se développer ensemble comme un couple obvers. Quant à leur origine elle est à la fois aussi explicable et aussi inexplicable.

4. — Dans l'examen de la genèse des émotions tendres considérées dans tous ou presque tous leurs modes, j'incline à donner une importance première à la sensation du contact animal, ou au plaisir de l'*embrassement*, plaisir auquel M. Spencer n'a pas fait allusion. On peut produire beaucoup de faits pour montrer son intensité, la facilité avec laquelle il est ressenti et les nombreuses associations dont il est le point de départ.

1° Le toucher est le sens fondamental et générique, le premier-né de la sensibilité, duquel, d'après l'évolution, tous les autres sont sortis.

2° Même lorsque les autres sens sont différenciés, le sens premier continue à être la susceptibilité maîtresse de l'esprit. Le toucher doux et chaud a une influence de premier ordre. Les puissances combinées de la douceur et de la chaleur du contact donnent un degré très considérable de plaisir sensible ; elles peuvent s'élever jusqu'à l'extase avec l'aide toutefois de certaines sensations et idées. Entre le mâle et la femelle naît l'appétit sexuel. Une affection préparée d'avance par d'autres moyens, rend le contact plus pénétrant.

3° Le fait important qui ne peut être expliqué c'est qu'avec les émotions tendres il faut toujours sous entendre le désir du contact. Entre les sexes il y a un appétit très fort : dans les émotions tendres simples et non sexuelles, il n'y a que le simple désir du toucher, à moins que nous ne supposions l'existence de quelque influence magnétique occulte.

De même que la colère s'éteint, atteint un terme satisfaisant, lorsqu'elle a terrassé quelque individu, de même l'amour se complète et se satisfait dans un embrassement. Cela semble prouver que l'émotion de l'amour quoique nourrie par les perceptions de la vue, de l'ouïe et même de l'odorat, n'arrive à son point suprême qu'avec le contact : et s'il en est ainsi on doit l'identifier avec le sens du toucher plus qu'avec tout autre. En un mot nos plaisirs d'amour commencent et finissent avec le contact sensuel. Le toucher est l'alpha et l'oméga de l'affection. Comme sensation finale, satisfaisante, comme *nec plus ultra*, elle doit être un plaisir du plus haut degré.

CARACTÈRES DE L'ÉMOTION

5.—La description générique applicable aux nombreux sentiments compris sous le nom d'émotions tendres, est celle-ci : un plaisir sensuel naissant de relations définies entre des personnes ou des créatures qui sentent, et tendant à l'embrassement.

Si nous suivions l'ordre habituel, nous commencerions par décrire complètement les *objets* ou causes inspirant l'émotion. Il sera cependant plus profitable de donner ces détails séparément chaque fois que se présentera une nouvelle branche d'émotion. L'émotion, comme l'intérêt de la sociabilité en général, est stimulée par une classe d'objets ; de même l'amour sexuel est stimulé par une autre classe ; l'amour paternel, la pitié par une troisième.

Nous pouvons sans plus de délai montrer certains faits sensibles, certaines apparences qui provoquent un sentiment tendre ; mais il est douteux qu'ils aient une autre influence que celle d'éveiller la personnalité. Le contact doux et chaud, les lamentations pathétiques, les couleurs et les formes qui inspirent un tendre intérêt ne sont effectifs qu'associés à une personne (1). S'il en est ainsi l'objet important et central doit être une personne ; et cette personne doit être entourée de certaines particulatités afin

---

(1) Les gémissements passionnés sont des associations avec la souffrance, le chagrin, et ont une puissance primitive pour éveiller un sentiment. En voyant des larmes dans les yeux d'une personne on se sent entraîné à pleurer avec elle. Là encore il y a une liaison d'associations héréditaires profondément enracinée. La fascination qu'on éprouve pour l'eau claire et les objets transparents, tout en comprenant l'attrait de la beauté de l'éclat, peut avoir la même origine.

d'inspirer de l'affection et non un autre sentiment, la colère, la crainte par exemple, ou de ne rien inspirer du tout.

L'examen des modes et des aspects de la personnalité qui appellent l'émotion sous une forme définie, prend alors un grand développement ; il ne peut s'arrêter court devant la grande question : qu'est ce que la beauté ?

6. — De grands plaisirs s'ils sont aigus ou considérables font naître l'émotion. Dans l'agitation d'une joie extrême les affections se manifestent avec chaleur et cherchent une chaleur correspondante. La remarque naïve d'un enfant citée par Darwin est profondément vraie. On lui demandait : « Qu'est-ce que cela veut dire être de bonne humeur ? » et il répondit : « Cela veut dire qu'on rit, qu'on parle, qu'on embrasse. » On célèbre par des fêtes, des assemblées sociales, les causes de réjouissance.

C'est un paradoxe de la tendresse que de dire que la souffrance non moins que le plaisir opère comme cause éloignée. Un des traits les plus caractéristiques de l'émotion de la tendresse, c'est qu'elle est un moyen d'adoucir la souffrance et d'augmenter le plaisir. Ce n'est pas sans raison qu'une personne dans la peine recherche la société, trouve une consolation dans l'amour et la sympathie, mais bien parce que dans certaines formes de souffrance, le contact de la société fait naître un jet de nouveaux sentiments qui réconforte le patient. Pour cela il faut que la souffrance soit de celles qui ne trouvent pas de soulagement dans la volition ou dans la colère, qui sont liées à des infirmités, à l'impuissance, et non à l'énergie. Naturellement les souffrances de l'affection cherchent la sympathie, la tendresse.

Nous pouvons remarquer dans les plaisirs du corps une tendance à déterminer un sentiment tendre Tels sont les plaisirs que procurent les mouvements lents, le repos après l'exercice, une chaleur modérée, les odeurs douces, les sons qui ont de l'ampleur, la lumière tempérée du soleil. Ces plaisirs sont de l'espèce reposante, adoucissante, opposés aux plaisirs aigus, piquants ; il déterminent la tranquillité et inspirent la tendresse. Et cela probablement à cause du désir général de sociabilité, et aussi à cause de la convenance de l'état de repos pour le développement des jouissances de l'affection.

7. — Le *côté physique* des émotions tendres suscite une étude

intéressante. Nous avons déjà insisté sur le rôle du toucher. La participation des organes lacrymaux, glande et réceptacle, se présente alors devant l'examen : ils sont affectés par l'ensemble des sentiments et combinent probablement leur sensibilité propre aux autres. Nous connaissons les manifestations extrêmes de ces organes dans le chagrin, nous pouvons en déduire leur influence, à d'autres degrés, et dans d'autres modes du sentiment.

Tous ceux qui suivront M. Darwin dans son étude si sérieuse sur les causes des larmes, verront que le phénomène n'est pas lié à une émotion particulière de l'esprit. La première de ces causes semble être la souffrance, les larmes sont alors un vrai soulagement (parce que, suivant ce que croit M. Spencer, elles diminuent la congestion du cerveau); il est pourtant curieux que les enfants pendant un certain temps ne puissent pleurer, ils ne peuvent que crier quand ils souffrent. Suivant M. Darwin une des conséquences éloignées des cris prolongés est de stimuler les glandes lacrymales. Le même effet suit le rire prolongé : la violence de l'émotion, quoique joyeuse, amène les larmes. En adoucissant ainsi la souffrance, en ajoutant au plaisir, les larmes dont le but original était de conserver une certaine humidité dans les yeux et de les défendre contre les particules irritantes, ont de nouvelles fonctions plus importantes que les premières.

Si l'on considère les deux causes des larmes, la souffrance et le plaisir, pleurer est en somme plutôt agréable qu'autre chose. Mais l'effet des larmes est un effet de détente, de prostration, opposé aux manifestations énergiques. Quand nous sommes fatigués, abattus, délaissés, cet effet est cherché; c'est la conséquence de la faiblesse, de la passivité, il est associé à une sorte d'indolence qu'on se permet à soi-même, à une inactivité qui est le contraire de la domination de soi-même.

Maintenant nous pouvons demander quel est le lien qui unit ces circonstances au sentiment affectueux en particulier? C'est par pitié pour les autres, plus encore que pour soi-même, qu'on est prêt à pleurer. L'effet des larmes approprié aux souffrances des affections est comme avant inexpliqué. Il semble pourtant qu'il y ait un point commun aux deux situations, les pleurs et les relations d'affection, c'est la passivité, le repos, en opposition avec l'activité et l'énergie, et la

seulement on peut pour l'instant, trouver la solution de la difficulté.

8. — A la suite des larmes viennent les sanglots, mouvement spasmodique de la glotte, et que les enfants acquièrent plus tard encore. Les sanglots arrivent (suivant l'avis de Gratiolet admis par Darwin) lorsque l'aspiration spasmodique franchit la glotte et que l'air se précipite dans les poumons. Darwin pense que les sanglots commencent chez les enfants parce que ceux-ci « ont une certaine puissance de commandement sur leurs organes vocaux et qu'ils peuvent arrêter leurs cris, tandis qu'ils ont moins de pouvoir sur les muscles respiratoires de sorte que ceux-ci continuent à agir d'une manière volontaire ou spasmodique après avoir agi d'une façon violente » (*Expression*). Il ajoute : « Les sanglots semblent être particuliers à l'espèce humaine. »

Comme les pleurs, les sanglots sont d'abord liés à la souffrance en général; mais ils ne sont pas les accompagnements primitifs des manifestations agréables. Dans leur développement final, ils se prêtent aussi à la naissance des sentiments d'affection. La contraction indescriptible de la gorge qui accompagne la manifestation soudaine d'une émotion généreuse, est un commencement de sanglots. La surabondance de pitié, de chagrin vient de la sensibilité très grande des larmes et des sanglots prêts à éclater. Ces deux expressions d'un même sentiment sont associées à la faiblesse ou du moins à l'abdication de toute énergie active. Quand notre ennemi accomplit un acte d'amitié inattendu, notre activité hostile se brise tout-à-coup et se change en un sentiment plus tendre approprié à l'action qui stimule spécialement ces deux expressions.

La secrétion mammaire chez les femmes semble résulter de cette sensibilité qui entre dans la composition du sentiment tendre. La constitution féminine tout entière, certaines variétés de constitution mâle, sont favorables au développement de l'émotion; circonstances qui tendent à montrer que les organes des sens par eux-mêmes, ne sont pas la base exclusive de l'émotion, et que les fonctions organiques internes participent à sa formation jusqu'à un certain point que nous ne pouvons absolument préciser. Les circonstances analogues qui influent sur le sentiment sexuel augmentent la probabilité de cette hypothèse.

9. — *Côté mental* : sous ce rapport l'émotion tendre a déjà été caractérisée généralement et elle le sera plus spécialement dans l'étude des différentes espèces d'émotion. Dire que c'est un sentiment affectant toute la masse, c'est dire que c'est une émotion et non une sensation. J'ai déjà fait observer le rapport remarquable qu'il y a entre l'émotion et la passivité ou la faiblesse. La colère, la passion guerrière, est alliée à l'activité et à l'énergie; l'amour, la passion bienveillante fleurit dans l'abdication des énergies actives et s'accommode des états de prostration, de faiblesse, les plus complets. C'est le refuge après la fatigue, la consolation près du lit du malade, l'émotion des années de déclin. Dans son développement, comme nous allons le voir, nous trouverons comme élément important la faiblesse, et comme unique manifestation de force, l'exercice du protectorat. Dans l'affection on rengaine l'épée, on met de côté les énergies guerrières ; l'attitude est celle de la confiance mutuelle qui dispense de la pensée même des précautions ordinaires à la guerre.

On ne doit cependant pas penser que l'émotion peut être soutenue comme jouissance de la vie sans l'aide de l'espèce de vitalité physique convenable au mode d'existence de l'émotion. A la vérité cette aide est indépendante de l'énergie musculaire et de l'énergie correspondante des centres moteurs ; mais dans d'autres organes, dans d'autres parties du cerveau, il doit y avoir une réserve de puissance en rapport avec les stimulations de l'affection. Il y a des faiblesses « trop profondes pour pleurer » où la seule manifestation possible est un faible sourire répondant à un grand service reçu. Dans beaucoup de cas la perte de la santé tend à rendre irritable, chagrin, à supprimer la disposition à la tendresse, même lorsqu'on est l'objet des attentions les plus affectueuses.

DIVERSES SORTES D'ÉMOTION TENDRE

L'intérêt social.

10. — Voici le sentiment que l'on a supposé naître de la situation grégaire, de la vie de commune égalité. Nous pouvons prendre pour type la Fraternité.

Un total considérable d'intérêts, de jouissances sociales est sans aucun rapport avec le sentiment sexuel ou le sentiment paternel; et l'on doit ranger à part les objets ou les stimulants de cet intérêt, de ces jouissances.

La situation grégaire, telle que nous l'avons déjà décrite, suppose l'aide ou la protection mutuelle, et la conscience du gain, du bénéfice qu'il y a à vivre en société. On doit encore supposer, comme base de l'intérêt social persistant, aussi bien que des autres plaisirs acquis, ce fait : le sentiment agréable du bénéfice reçu fait que l'individu considère celui qui le donne avec plaisir. Sans cette supposition fondamentale, il est impossible d'assigner une origine à l'intérêt social, ainsi qu'à la joie artificielle que donne la propriété ou la liberté. Il doit y avoir un degré suffisant de persistance mentale pour qu'on retienne le sentiment agréable des premières satisfactions, et pour les accoupler jusqu'à un certain point à l'image du donataire ou du protecteur. C'est de la même manière qu'on a dû arriver aux associations de sentiment agréable avec les sources inanimées du plaisir, avec le ruisseau où l'eau n'a jamais manqué, avec les localités où la nourriture a toujours été abondante.

11. — Nous devons encore expliquer la supériorité de ces associations agréables lorsqu'elles sont contractées avec d'autres créatures qui sentent. Pourquoi ressentir un sentiment plus vif pour une créature semblable à moi que pour une fontaine perpétuelle? Cela doit être parce qu'il y a une source de plaisir dans les relations avec les autres créatures qui sentent en outre et au-dessus de l'aide qu'elles peuvent nous donner pour obtenir les nécessités de la vie. Pour expliquer ceci je ne puis qu'invoquer le plaisir premier et indépendant de l'embrassement animal.

Là, comme je l'ai déjà dit, il y a une jouissance qui entre pour une grande part dans le total des plaisirs humains. Même dans sa forme primitive, c'est-à-dire avant d'être augmentée par les associations postérieures, cette jouissance est réelle et très grande.

Les créatures qui sentent, peuvent se sentir attirées l'une vers l'autre par cela seul. C'est l'élément de la sociabilité dans les familles solitaires ; il fait que les individus s'intéressent fraternellement les uns aux autres, sans la coopération grégaire et si seulement il peut ne pas y avoir rivalité. La situation grégaire ajoutée à la tendresse mutuelle fondée sur l'embrassement, élève l'intérêt social de la fraternité à son point le plus haut ; dans ce cas, cet intérêt a une grande puissance sur l'esprit animal, il n'est pas inférieur à l'intérêt de la subsistance, et ne le cède qu'aux attraits spéciaux de sexe ou de maternité quand ceux-ci sont pleinement développés.

12. — Jusqu'à présent nous n'avons considéré que le plaisir de recevoir des bienfaits. Nous devons maintenant expliquer le plaisir de donner. D'après notre point de départ, puisque recevoir est un plaisir, donner devrait être une peine, car c'est une perte pour le donataire. Il en est souvent ainsi et voilà une difficulté que nous devrons résoudre.

Revenons à la situation grégaire et considérons ses meilleurs résultats, ceux qui font par la coopération mutuelle, que chacun bénéficie, que personne ne perd plus qu'un autre, que toutes les associations tendent au même but : chaque membre de la société regarde alors son voisin comme un aide et non comme un fardeau. C'est le cas ordinaire de l'intérêt fraternel : le plaisir de donner n'a pas alors besoin d'exister. Comment donc est-il né, comment est-il arrivé au point où nous le trouvons ? Probablement c'est une acquisition lente peut-être difficile et qui ne vient pas seulement de la fraternité ; en somme, même dans les races humaines à leurs meilleurs moments ce plaisir n'existe pas en grande quantité. Nous pouvons concevoir qu'il naisse de la découverte que donner est la condition de recevoir. Puis nous pouvons l'associer au plaisir social naturel, l'embrassement de l'amour. Chaque créature est disposée à donner quelque chose pour ce plaisir, même lorsqu'il n'est que paternel. Le don d'un certain total de bénéfice matériel est la condition de l'embrassement donné de tout cœur en réponse, la possession complète de la joie primitive. En l'absence de ces conditions, le plaisir de donner qui est nécessaire pour compléter l'intérêt social, est un bien maigre sentiment, nous ne le savons que trop, dans les êtres semblables à nous.

Dans la théorie idéale des relations sociales, chacun a l'occasion de recevoir du bien des autres et chacun a celle d'en faire sans un trop grand effort ; voilà le maximum de l'intérêt fraternel. Quelle serait la force de l'élément de satisfaction humaine qui en sortirait, personne ne peut en juger. Les systèmes communistes doivent leurs plus grands attraits à la haute estime dans laquelle on tient cet idéal.

13. — Nous devons encore mentionner comme objets ou stimulants de l'intérêt social, tous les signes et accompagnements de l'intérêt et de l'affection. L'expression souriante, la conduite qui annonce la bonté, et tout ce qui est l'indice d'actes amis éveille l'intérêt fraternel.

Si, indépendamment de la personnalité, un être sentant a quelques charmes touchants, de ceux qui dans le monde de la matière morte donneraient du plaisir, c'est autant de gagné. Une voix douce, des couleurs brillantes, des odeurs agréables s'ajoutent aux autres attraits personnels. Il y aurait là une jolie étude à faire pour déterminer si quelques-unes des beautés les plus caractéristiques de la personne, celles par exemple des yeux, des cheveux, de la peau, des dents, ne sont pas augmentées et même formées par des associations personnelles.

Les formes rondes peuvent faire naître un plaisir primitif, mais ce plaisir est probablement bien développé par le souvenir de l'embrassement. Le cas où il ne s'agit que de la simple mélodie des sons prouve que *tous* les charmes des personnalités vivantes ne sont pas formés d'associations; nous sommes sûrs qu'un son doux est agréable en lui-même, et nous pouvons tracer une ligne entre les effets primitifs et les effets d'emprunt du son.

14. — Nous verrons bientôt la transformation de l'embrassement en d'autres formes de réponse sympathique. Rendre des regards, se faire l'écho de sentiments exprimés, agir à l'unisson, tout cela étend la sphère de la tendresse, et raffine ses plaisirs. Les manifestations de l'amitié sont peu nombreuses; on se donne une poignée de main, on se prend par le bras, voilà tout et cependant ces manifestations ont une grande valeur.

Voilà les principaux objets, stimulants ou causes de la tendresse en tant que fraternité ou intérêt social. J'ai réservé pour la suite non-seulement les sentiments de sexe, mais aussi les plaisirs de la bienveillance en tant que fondés sur la pitié pour le malheur ou la faiblesse. Ces deux grands stimulants contribuent à former le grand agrégat de l'intérêt personnel.

A la présence des objets de l'émotion, il faut ajouter l'absence des influences opposantes venant des passions hostiles.

SEXE

15. — La spécialité de l'amour sexuel est suffisamment résolue. L'embrassement mutuel se montre là à sa plus haute puissance. L'œuvre de la passion est alors comparativement simple pendant que les ondes collatérales d'émotion sont difficiles à atteindre et peut-être inscrutables.

L'émotion de l'amour sexuel qui prend naissance dans les appétits implique des éléments surajoutés.

En premier lieu, les simples associations de ce nouveau plaisir ajoutent à l'intérêt de la personnalité, telle que nous l'avons établie. Le fait qu'une autre personne est du sexe opposé suffit pour évoquer cette contribution additionnelle à l'intérêt fraternel.

Ensuite, la conformation différente des deux sexes augmente le charme que l'un trouve dans l'autre. L'analyse de cet effet est très subtile? elle nous conduit à la question de la beauté personnelle modifiée par le sexe. Je supposerai ici, ce qui est le plus probable, en somme, que la beauté personnelle relève de qualités et d'apparences qui augmentent l'expression de l'affection et de la bonne volonté, et aussi de qualités et d'apparences qui suggèrent l'embrassement caressant. Cela s'applique également à l'amour fraternel et à l'amour sexuel. Pour ce qui regarde la question des sexes différents, nous devons en séparer les deux aspects. Les rapports de l'homme avec la femme, et les rapports de la femme avec l'homme.

16. — Il doit y avoir un rapport senti entre la forme des deux sexes et la part qu'accomplit chacun dans l'acte sexuel, de sorte que la conformation caractéristique des deux côtés suggère faiblement et vaguement la satisfaction des appétits. De plus les différences entre les deux conformations sont de nature à donner carrière à chaque individualité sans qu'il y ait obstacle de la part de l'une ou de l'autre. Il y a un genre de dissemblance qui repousse, un autre qui attire, l'un qui tend à amener la rivalité, l'autre à conduire à l'amitié. Quand deux personnes désirent une même chose et qu'une seule

peut la posséder, le gagnant est détesté par le perdant quand les buts du désir sont différents, il y a compatibilité entre les deux personnes. De plus, si l'une possède une chose que l'autre n'a pas mais qu'elle désire, il y a dans ce fait le point de départ d'un charme positif. Dans l'amour le charme de la disparité (comme on l'appelle), va au-delà des différences fixes de sexe, c'est ainsi que s'explique l'attrait des contrastes de tempérament, de stature.

Jusqu'à présent, la différence de mode dans les rapports entre les deux sexes est limitée à la différence de participation dans l'acte sexuel. L'élément de disparité agit également sur les deux sexes. On découvre une différence plus grande lorsqu'on envisage les sexes au point de vue de l'inégalité des facultés ou capacités physiques ou mentales, inégalité qui fait que l'un acquiert de l'ascendant sur l'autre et qui crée ainsi entre les deux des relations de protecteur et de protégé. Ceci complique la situation et introduit le type nouveau du parent : nous en étudierons les différents aspects. La *Femme-Enfant* de Dickens est le type exagéré du protégé ; pendant qu'en affirmant la parité et l'égalité des sexes on se dispense de rendre compte des faits.

Bien qu'il y ait une forme de l'amour qui ne fasse pas appel aux appétits, nous ne sommes pas disposés à en conclure que les appétits n'ont pas été le point de départ de l'attrait. Comme l'intérêt social ou fraternel peut être expliqué en dernier lieu par l'embrassement, quoiqu'il n'agisse alors que comme une simple poignée de main; de même les manifestations de l'appétit puissant des sexes sont nombreuses et diverses. L'intérêt qu'éveille un sexe pour l'autre précède la satisfaction de l'amour et continue en l'absence de cette satisfaction; mais nous n'avons pas besoin de supposer que ces deux modes d'amour aient été indépendants l'un de l'autre pendant toute la durée passée de l'espèce.

17. — Pendant que l'appétit et le charme personnel sont les éléments constitutifs de l'amour des deux sexes, les autres sentiments importants jouent aussi leur rôle lorsque l'émotion se manifeste dans toute sa puissance; ainsi l'admiration manifestée et reçue, la propriété, tous les autres plaisirs de la vie viennent se placer comme un tout autour du sentiment dominant. Et tous ces plaisirs augmentent de force grâce à cette particularité de l'amour — la concentration de l'atten-

tion sur un individu. — Être capable d'expliquer cette étrange disproportion entre les différentes sortes d'intérêt que l'on prend aux personnes ce serait la meilleure manière de prouver que nous comprenons l'œuvre subtile de l'amour. L'intérêt social par nature est diffus; le sentiment maternel lui-même admet la pluralité des objets; la vengeance s'attaque souvent à plus d'une victime; l'amour de la domination s'étend à bien des sujets; mais l'intensité bien plus grande de l'amour limite cette passion à une seule personne.

L'intensité et l'unité dans l'objet sont associées, c'est ce que montrent les faits suivants. Premièrement, une personne ne peut exciter vivement certains sentiments sans que l'on suppose ou que l'on rende cette personne très supérieure aux autres. Les commencements d'une affection spéciale relèvent avec de petites différences, de l'amitié. Mais de telles différences s'exagèrent facilement; le sentiment et l'estime agissent et réagissent jusqu'à ce que la distinction soit absolue.

En second lieu, ceci suppose une tendance positive à rendre plus intenses, à rétrécir les rapports d'amour. Il semble aussi que cette condition d'intensité et de concentration est le signe d'un état émotionnel plus élevé, d'un bonheur bien plus grand, que celui que donneraient des sentiments faibles et diffus. On dirait que l'esprit doit saisir l'opportunité de s'élever à ce mode de sentiment intense et concentré. Devons-nous prendre ceci comme une loi suprême de l'émotion, ou en trouvons-nous les traces correspondantes dans d'autres faits? Il y a là une circonstance favorable considérable, naissant de notre constitution intellectuelle, la prise bien plus grande qu'exerce sur notre imagination une seule personne. Ce fait est d'autant plus important que les moments imaginatifs de l'amour sont plus faciles à susciter.

Le mode concentré du sentiment est le mode favori du roman, celui qu'il nourrit de préférence à tout autre idéal. Le sentiment politique de la loyauté lui-même est plus naturel et plus facile lorsqu'il n'a qu'une seule personne pour objet.

La passion absorbante pour une personne, n'est pas soustraite à la lutte pour l'existence. Les influences hostiles n'ont pas qu'une petite importance, souvent elles annulent le sentiment et dans beaucoup de circonstances montrent au moins leur pouvoir. La satiété produite par l'uniformité, la différence entre la conception idéale et la personne actuelle, l'effort nécessaire pour soutenir l'émotion, sont des agents formidables pour renverser ce qui n'est souvent que le produit d'une excitation passagère ou de l'imagination.

On a plus insisté sur les sentiments qu'éveillent les relations de l'amour que sur tout autre, ce qui montre la place qu'ils occupent en idée et en réalité dans la vie de l'homme, la facilité avec laquelle ils se prêtent aux combinaisons artistiques. On ne doit pas cependant mesurer leur puissance réelle d'après le langage poétique. Nous pouvons mettre de côté les modes d'expression exagérés suivant l'habitude, et en appeler au critérium de la conduite, aux travaux, aux sacrifices auxquels l'amour donne naissance aussi bien qu'aux satisfactions évidentes qu'il fournit. L'excitation de l'amour à son plus haut degré, au milieu du torrent des sensations de la jeunesse, avec ses désirs non satisfaits, est probablement l'expérience la plus forte, la plus étourdissante que puisse faire l'homme. D'après tous les témoignages appliqués à l'évaluation de la force du sentiment on peut juger de son importance. Même dans une période plus avancée, alors que la familiarité, les faits, les discordes momentanées ont fait sentir leur influence, une somme d'intérêt se maintient entre les sexes opposés et montre mieux que toute autre circonstance la force qui les pousse l'un vers l'autre.

LES SENTIMENTS DE FAMILLE

18. — L'union des parents et des enfants est la source d'une variété d'émotion tendre, nouvelle, mais toujours liée aux autres. Le type de la situation qui fait naître ce nouveau sentiment, est donné, lorsque les angoisses de la maternité sont passées, et que l'enfant nouveau-né repose, étreint par les bras de sa mère. De tous les états de la vie de la sensation, celui-ci est celui qu'on attend avec le plus d'impatience et de tendresse, c'est probablement l'exemple le plus élevé de la jouissance sensuelle.

La situation grégaire ne contient pas cette disposition spéciale en faveur de la faiblesse du nouveau venu dans le troupeau. Tout ce que nous pouvons dire c'est que dans la variété d'aspect de la coopération grégaire on peut trouver certains sentiments qui se rapprochent de cette disposition.

Accoutumés à agir en commun dans le danger commun, les membres du troupeau passent naturellement en revue les points faibles et se rangent à côté des individus les plus menacés ou les moins forts. L'intérêt, la sollicitude pour les membres faibles est presque le complément indispensable de tout système social. D'un autre côté, pour ce qui regarde l'affection personnelle basée sur l'embrassement, on préfère l'individu faible à celui qui est fort, ce dernier a d'autres goûts, d'autres occupations, qui ne le disposent pas toujours à l'amour. Tel est le jeune Adonis :

C'est la chasse qu'il aimait, et il riait de l'amour.

Ainsi, nous pouvons donc soutenir que l'attrait intense qui porte vers les faibles ne fait pas simplement partie de la situation grégaire, mais semble être la conséquence nécessaire de ses exigences variées. Néanmoins, nous pourrions aller trop loin en supposant qu'une affection ayant la force de celle d'une mère pour son enfant, peut naitre de l'influence grégaire. D'après la nature même de cette affection elle doit être contemporaine du moment de la vie animale où le nouveau venu a besoin d'être nourri et surveillé par ses parents. La sociabilité grégaire ne peut que précéder cet état avancé d'affection. La question importante est de savoir si les nécessités paternelles ne viennent pas bien avant les nécessités sociales dont elles deviendraient ainsi un élément composant considérable, ce qui s'accorderait avec la théorie qui fait de la famille le commencement de l'état, de la communauté, de la société. Le sentiment paternel contiendrait alors aussi en germe le sentiment tendre, l'affection, et la sympathie effective.

Les mêmes remarques s'appliquent au sentiment sexuel. Dans l'histoire hypothétique des séries animales, considérées comme développées, la sexualité avec l'affection et la sympathie qui l'accompagnent, précéderait la situation paternelle. S'il y avait des animaux dont les petits peuvent se suffire aussitôt qu'ils sont nés, le sentiment paternel n'existerait pas, et cependant l'union des sexes n'en serait pas moins nécessaire.

19. — Laissant de côté ces hypothèses curieuses, mais qui méritent qu'on y réfléchisse, examinons les objets, les stimulants ou causes motrices du sentiment de famille tel que nous le

trouvons dans l'humanité et dans les animaux supérieurs.

Ce n'est pas assez de dire que le stimulant est un enfant dans un état de faiblesse et de dépendance. Nous désirons analyser la situation et séparer les conditions essentielles de celles qui ne le sont pas.

En comparant tous les attributs du nouveau-né chez les animaux, ainsi que l'impression qu'ils produisent sur l'esprit des parents, M. Spencer ne trouve qu'un trait constant — la faiblesse ou l'incapacité de faire pour lui-même ce que peut faire pour lui-même un animal plus âgé. J'ai déjà fait allusion à la seule difficulté que présente cette théorie, — la capacité mentale que l'on suppose aux parents pour comprendre l'impuissance de leur progéniture, capacité qui implique un grand développement de la faculté de réfléchir. Il me semble plutôt qu'on trouve à la base du sentiment paternel ce plaisir intense que donne l'étreinte du petit, étreinte qui caractérise complètement ce sentiment paternel. L'origine de ce sentiment peut être purement physique comme celle de l'amour. Un tel plaisir s'associant avec les traits dominants, l'aspect de nouveaux-nés, répand sur ceux-ci l'intérêt qu'on étendra désormais à tous. Pour conserver ce plaisir les parents découvrent la nécessité d'en nourrir la cause et arrivent à considérer la fonction de protecteur comme partie ou condition de la jouissance.

En admettant qu'il y ait dans l'étreinte animale une satisfaction initiale augmentée par la réciprocité, nous avons dans le sentiment qui lie les parents aux enfants, un exemple très fort de la situation, puisque la faiblesse est un motif pour s'attacher à une personne. Les manifestations de tendresse réciproque peuvent être facilement réprimées dans les relations fraternelles, tandis qu'elles sont presque irrésistibles lorsque l'affection de famille ou l'amour sont en cause [1].

Il semble inutile de vouloir sonder la diffusion physique

---

[1] On retrouve la liaison intime qui existe entre l'amour et l'impuissance, la faiblesse, dans toutes les ramifications ; elle se révèle à chaque pas de notre exposition. Nous la remarquons même chez les enfants qui aiment et dorlotent tout ce qu'on peut concevoir de plus faible ; cet instinct de l'affection pour ce qui est faible, fait considérer comme tel ce que l'on aime, de là tout le vocabulaire des diminutifs. En répondant à l'amour du plus fort, comme dans le cas de l'enfant ou de la femme aimant, on trouve toujours un sentiment de faiblesse, de besoin d'une protection qui n'est souvent qu'une fiction.

des souffrances d'une mère, dont les larmes ne sont qu'une faible partie de la série des effets organiques qui accompagnent la sensation collective. La souffrance suprême et dernière ne contribue en rien à la jouissance, mais cependant les opérations précédentes de la conception peuvent préparer le système à jouir mieux du plaisir de l'embrassement. En réalité le sentiment de l'animal ne se limite pas à son nouveau-né; quoiqu'il ait son origine dans ce fait qu'il y a un nouveau-né, il peut se transférer par la force de la similitude, à d'autres cas.

20. — L'aspect touchant du nouveau-né, peut, comme le prétend M. Spencer, devoir toute son influence à l'idée de faiblesse, ou bien encore, avoir une efficacité indépendante. Nous savons que toutes les jeunes créatures ne sont pas également intéressantes, et cependant toutes peuvent avoir également besoin d'aide. Il y a des enfants qui attirent, il y en a d'autres qui repoussent, et il est possible d'assigner des raisons à ces impressions, raisons qui seront les conditions même de la beauté personnelle.

En partant de ce point, que l'enfant est une personnalité, nous remarquons d'abord que c'est une personnalité en miniature, une réduction de grandeur et qu'à cette petitesse de volume est associée la première jouissance du contact sensuel. Ensuite, l'enfant possède à un grand degré, quelques-unes des beautés les plus fines de la personnalité, celles qui augmentent le charme des deux sexes, et les charmes féminins en particulier; beautés qui sont dans leur origine, de nature à rehausser la valeur de l'embrassement primitif.

Encore une fois, l'aspect agréable et souriant qui invite la mère à prodiguer ses caresses et promet qu'elles seront rendues, augmente le charme de l'enfant. De plus, il y a une sorte de plaisir intellectuel ouvert à l'intelligence la plus ordinaire, dans la contemplation de la ressemblance curieuse, dans la dissemblance, que provoquent les formes grêles de l'enfance. C'est là une des beautés de l'enfant tant qu'il est séparé du moment où il deviendra un homme ou une femme.

Lorsqu'il s'agit du propre enfant d'une mère, l'affection maternelle est accrue par les sentiments si forts de la propriété et de l'orgueil, qui, partout où il y a possession exclusive, tendent à augmenter toutes les formes de tendresse. En prévoyant son bonheur futur, on peut donner librement carrière à des désirs, des vues idéales, exercice d'esprit qui fixe encore l'attention sur la cause première de cet exercice.

Lorsqu'on revoit toutes ces indications, la maternité apparaît comme la plus intense de toutes les émotions sociales. Elle peut être surpassée par l'amour dans toute sa fraîcheur, sous sa forme la plus élevée, mais en somme, lorsqu'on considère l'ensemble de la vie, c'est sans doute la première des émotions humaines.

21. — Grâce à la profonde communauté d'organisation entre les sexes, et malgré leurs fonctions opposées, le parent mâle est également sensible, quoique à un degré moins considérable, au plaisir que donne un enfant qu'on porte dans ses bras, et comme la mère, il est affecté par toutes les autres conditions du plaisir. Le sentiment de la protection est un des favoris du sexe mâle dans les relations sexuelles, sentiment qui naît avec la conscience de la puissance que le sexe mâle possède au plus haut degré. Beaucoup des beautés de l'enfant sont des beautés féminines; l'amour de l'enfant est l'extension de l'amour antérieur du sexe féminin. Le charme intellectuel de la ressemblance dans la dissemblance est également ressenti par la mère par le père et par le spectateur désintéressé. Les sentiments de la propriété et de l'orgueil sont appréciés par le père, pendant qu'il jouit à un degré plus haut des plaisirs de la puissance. Hobbes a résumé avec une certaine brusquerie, et en laissant de côté la tendresse, les relations paternelles : « Les enfants, a-t-il dit, sont la puissance et l'honneur de l'homme. »

LES AFFECTIONS BIENVEILLANTES

22. — Toutes les formes du sentiment tendre, de l'amour, de l'affection, ont leur place dans les trois espèces d'émotions que nous avons étudiées. Il faut encore y faire entrer les premières impulsions de la sympathie que nous devons considérer comme inséparables de l'affection ou de l'intérêt pour les personnes.

La bienveillance, sous sa forme la moins développée est la pitié ou la compassion, impulsion qui vient du plaisir pris à secourir ceux qui ont besoin d'aide. M. Spencer en fait un faible rejeton, ou une extension de la puissante impulsion maternelle, puisqu'elle suppose la condition de faiblesse, quoiqu'un peu altérée. Il y a sans doute analogie dans un point important, peut-être le seul de toute importance, la faiblesse ou le besoin d'aide ; cependant les souffrances d'une grande personne sont bien différentes de celles de l'enfant ; de plus pour la première, les éléments d'intérêt sont bien moins considérables. Pour achever la comparaison, il n'y a pas d'inconvénient à ce que la conduite de l'objet de pitié soit une conduite un peu enfantine, et que son chagrin soit doux et humble et non irrité et violent; en même temps, les attraits personnels auront leur part d'effet.

Le plaisir de la pitié est un grand élément de la vie humaine, une grande puissance dans la conduite. Les impulsions qui poussent à soulager la peine ont un double motif; celui qui prête son aide ressent le plaisir direct de la compassion, et le plaisir indirect du soulagement d'une peine.

Sous son aspect le plus large, la pitié est la sympathie pour la souffrance. C'est la source sûre de bonnes actions. Celui qui sympathise prend pour lui la souffrance qu'on témoigne, et au lieu de chercher à la fuir et de tourner le dos au malheureux, il agit comme pour lui-même en proposant tous les soulagements qu'il peut offrir. Le résultat net de tout cela peut être un sacrifice, une perte même, et cependant il est accompli.

23. — Quand le sentiment tendre se mêle à la sympathie, ce mélange provoque des manifestations qui sont ou pénibles ou agréables. On les rencontre d'abord lorsqu'il s'agit d'un enfant faible, abandonné par ceux dont il a besoin, d'un nouveau-né qu'on laisse périr par exemple. Puis elles s'éveillent lorsqu'on voit un homme privé par la force ou la ruse de ce qu'il a gagné ; toute injustice flagrante les provoque, qu'il s'agisse de l'esclavage, de la brutalité ou de la tyrannie. Nous sommes frappés lorsque nous voyons un homme plein de vigueur tomber dans le malheur, puis dans les situations les plus tragiques de la vie. Le simple spectacle de la misère nous arrache des larmes de pitié. Se sentir capable de soulager cette misère provoque une réaction joyeuse mais qui peut augmenter les larmes et la suffocation spasmodique qui les accompagne ; on peut alors aussi ressentir la sensation agréable qu'on appelle le luxe de la pitié. Une commisé-

ration stérile peut même l'éveiller ; c'est alors un sentiment faux qu'on appelle sentimentalité, dans le mauvais sens du mot. Une grande partie des bons offices rendus à ceux qui en ont besoin vient de ce luxe de pitié qui donne des résultats immédiats et apparents, en soulageant la misère et en recueillant la reconnaissance du malheureux. Kant s'étonnait qu'il y eût « tant de bienveillance dans le monde et si peu de justice ». On pense que la chevalerie est une chose plus délicate qu'un bon gouvernement.

RECONNAISSANCE

24. — Le sentiment tendre et social suppose sous toutes ses formes, et lorsqu'il est complet, la réponse mutuelle à ce sentiment. Nous avons ici la reconnaissance sous son aspect le plus simple, ou plaisir rendu en retour d'un plaisir donné. Le sentiment, au degré le plus inférieur, fait rendre le plaisir inconsciemment, à cause de la réciprocité nécessaire du plaisir. L'enfant en répondant aux caresses de sa mère ne sait pas qu'il augmente le plaisir de sa mère, il ne cherche que sa propre satisfaction.

La gratitude proprement dite ne commence que lorsque nous entrons par sympathie dans les plaisirs et souffrances des autres, ou lorsque nous sommes conscients d'être la cause des uns ou des autres. Elle suppose aussi que nous savons que les autres peuvent être les causes de nos plaisirs et de nos souffrances, et que des associations se forment en conséquence dans notre esprit. A ce point, la satisfaction de rendre de bons services augmente quand nous-mêmes nous en avons reçu de la personne à laquelle nous en rendons maintenant. Lorsque nous trouvons quelqu'un qui nous a fait du bien en nous mettant dans une position qui nous permet de lui en faire à notre tour, nous ressentons une double explosion de sentiment tendre, avec ses manifestations agréables et désagréables.

Pendant que l'émotion du protecteur est un sentiment tendre comme la pitié ou la bienveillance, l'émotion du protégé doit contenir certains éléments d'affection sans renfermer le plaisir de secourir. Toutes les autres circonstances étant semblables, c'est un degré inférieur d'émotion. Néanmoins c'est la situation primitive, celle où l'on suppose que les émotions sociales sont engendrées; elle permet de prendre un intérêt agréable dans les autres individus de notre espèce et sert à nous attirer vers eux lorsque les autres passions nous en éloignent.

25. — La gratitude émotionnelle se montre d'abord comme l'amour et va rapidement au-devant de ceux que nous pouvons aimer; ensuite elle devient la source d'une conduite bienveillante et bienfaisante. Nous avons grand peine à éprouver le sentiment de la gratitude comme un sentiment chaud et tendre envers des êtres dignes et hautains. Dans l'amour parfait, le supérieur descend au niveau de l'inférieur. La gratitude envers le Créateur est bien prescrite sous cette forme, mais elle est rarement ressentie ainsi sous cette forme spéciale.

L'aspect sous lequel se présente encore la reconnaissance, est celui sous lequel la gratitude est prescrite comme une règle de justice, comme l'accomplissement de ce qui est obligatoire dans les relations réciproques de la vie. Que le sentiment tendre doive ou non entrer dans l'accomplissement de ce devoir, c'est ce qui dépend des circonstances et du caractère des personnes en cause.

26. — Les animaux inférieurs sont des sujets convenables d'affection et inspirent de chauds attachements. Leur dépendance totale empêche les rivalités qui introduisent cette teinte de vigilance anxieuse dans les relations entre les hommes. Par leurs charmes touchants, leur vivacité, le contraste qu'ils forment avec nous, leurs services, leur attachement, les animaux domestiques sont capables de toucher la corde de la tendresse et d'élargir la sphère de nos intérêts affectionnés.

27. — La forme d'affection qui s'adresse aux choses inanimées ne manque pas. L'homme arrive à regarder sa maison, ses champs, ses richesses, ses opérations de commerce, ses collections de curiosités ou d'œuvres d'art, les lieux qui l'entourent, avec quelque chose des associations émotionnelles que provoquent sa famille ou ses amis. L'intérêt qu'il prend à toutes ces choses prend le caractère de l'affection; lorsqu'il en est privé, sa souffrance est une espèce de chagrin.

C'est sans doute parce qu'elles ont le pouvoir de faire

plaisir que ces choses inspirent une tendre passion ; mais comme elles ne peuvent répondre à cette passion, elle est imaginaire ou fictive, comme l'amour qu'on ressent pour une personne placée bien au-dessus de notre portée. Nous éprouvons une certaine satisfaction à personnifier les objets impersonnels qui nous procurent du plaisir, puisque en nous accommodant aux formes, nous pouvons dans une certaine mesure expérimenter la réalité de l'intérêt affectionné.

CHAGRIN

28. — Les souffrances infligées aux êtres humains à travers leurs sentiments tendres sont de degrés différents, depuis la tristesse douce qui accompagne une courte absence, jusqu'au chagrin accablant qu'on ressent en face d'une tombe qui vient de se fermer. Elles sont aussi variées que les maladies qui peuvent atteindre tous ceux que nous aimons. On peut les diviser en deux classes principales: d'un côté sont nos propres pertes causées par l'absence de ceux que nous aimons, de l'autre est la part que nous prenons dans les malheurs qui leur arrivent : voilà les deux côtés où nous sommes vulnérables à cause de nos affections.

Pour ce qui regarde le premier cas, la privation de ce à quoi nous étions attachés, notre souffrance est d'autant plus profonde et intense que nous étions plus attachés et que l'objet de cet attachement nous procurait plus de jouissances. Quand l'objet de notre affection est arrivé à former un élément principal du bonheur de notre vie, la perte de cet objet provoque une réaction de peines et de souffrances, qui charge d'amertume la coupe que nous devons boire jusqu'à la lie. C'est l'effet que produit toujours la souffrance qui suit une perte sévère ou les grands désappointements. L'impossibilité d'accomplir une vengeance longtemps méditée, une insulte faite à la dignité personnelle, le naufrage de quelques espérances chéries, des pertes pécuniaires, un désappointement causé par une personne sur laquelle notre cœur comptait, la chute d'un soutien habituel, tout cela mène à un conflit mental intense, qui constitue une des plus sévères souffrances humaines. Une grande classe d'associations qui habituellement produisaient du plaisir, ont subitement suspendu leurs paiements.

Quoique l'état d'émotion que nous venons de présenter ait pour premier effet quelque chose qui se rapproche de celui que produirait une perte accablante, cependant il revêt ensuite un caractère particulier à la classe présente d'émotions. Quand le temps a adapté les courants de l'esprit au nouvel état des choses, l'affection survit encore comme un des plaisirs de la vie. Elle a la propriété de la persistance idéale, de sorte qu'elle est une possession, même lorsque son objet a cessé d'être. Sans doute l'aiguillon du regret se mêle toujours à la tendresse, et c'est alors ce que nous appelons le chagrin, mais l'un peut s'effacer pendant que l'autre demeure. La tristesse, les lamentations font place à un souvenir aimé.

29. — Les aspects sociaux et éthiques du sentiment tendre sont de la plus haute importance, quoique la meilleure partie des effets soit alors due à la coopération de la sympathie proprement dite. Par le seul fait que les autres êtres nous font éprouver du plaisir, nous recherchons leur société, nous tendons à attirer et non à repousser l'espèce humaine. Les brutes éprouvent le même sentiment lorsqu'elles préfèrent la société à la solitude. Ce sentiment aurait des effets bien plus uniformes dans tous les degrés de l'échelle des êtres qui sentent, s'il n'existait pas d'autres passions violentes qui tendent à la désunion et qui, même dans les formes les plus élevées de la civilisation humaine, n'ont pu être domptées que bien partiellement.

30. — L'influence de l'affection est si grande qu'on la considère naturellement comme un grand levier moral pour l'éducation de l'humanité. Malheureusement il n'a pas de prise sur les natures inférieures, parce que les aptitudes sympathiques manquent à peu près totalement chez elles. Un enfant, un sauvage, et même une bête sauvage lorsqu'ils reçoivent des bienfaits remercient le bienfaiteur et à la suite de bontés répétées, peuvent arriver à une espèce d'affection; cependant la faculté sympathique existe à peine et n'est pas éveillée ; la vertu morale, dans son sens propre, ne fait aucun progrès. La sympathie ne fleurit que sous un certain développement intellectuel, développement que peuvent à peine atteindre et certains individus et certaines tribus de la famille humaine.

ADMIRATION ET ESTIME

31. — Nous devons ajouter comme supplément au présent chapitre, l'étude de certains sentiments qui ne sont pas exclusivement fondés sur l'émotion tendre, mais qui la contiennent comme élément principal, ou qui s'allient facilement avec elle.

L'analyse de l'admiration est anticipée. Nous supposons ici que l'admiration élève agréablement l'esprit lorsqu'il aperçoit une supériorité et une perfection quelconque dans toutes les capacités humaines. Manifestée d'abord pour une personne, elle inspire l'amour aussi bien que le sentiment de la puissance, à moins que son objet soit doué de qualités contraires à l'affection, dans le cas où de puissantes facultés sont mal employées par exemple. La force physique d'un Hercule, l'habileté manuelle, la puissance artistique, la force intellectuelle, les qualités morales éminentes, la beauté, même les circonstances accidentelles, la richesse, les honneurs, tout cela tend à nous élever au-dessus de nous-mêmes et la résultante de cet état, c'est le sentiment de la puissance mêlé à l'amour, c'est-à-dire l'admiration. La reconnaissance d'une supériorité à laquelle nous sommes très sensibles, est souvent le commencement de l'amour.

32. — L'estime est un sentiment qui s'applique à beaucoup de choses qui ne provoquent pas tout à fait notre admiration. S'attachant surtout aux qualités utiles, nous ne demandons pas pour ressentir ce sentiment des raretés, une excellence extraordinaire. Le sentiment que nous éprouvons pour ceux qui accomplissent leur tâche en conscience et avec lesquels les relations de la vie sont bonnes, c'est l'estime. Par lui nous ne comparons pas un homme avec un autre, nous comparons plutôt l'ouvrage à faire avec la manière de le faire.

Nous pouvons donc dire que nous estimons tous ceux qui remplissent les devoirs que leur impose leur situation, ou qui cultivent les vertus qui font qu'un homme est utile à la société. Le travail, la dignité, la fidélité à la parole donnée, l'intégrité, la droiture, le bon sens pratique, sont des qualités qui commandent notre estime, quoiqu'elles puissent ne pas avoir ce charme qui impose l'admiration. Les nécessités de la vie, dans le sens borné du mot, impliquent des devoirs de précaution, qui n'ont de valeur que parce qu'ils préviennent des maux, mais qui en eux-mêmes n'ont aucun charme fascinant. Un artiste donne une impulsion immédiate en touchant les sources du plaisir ; un magistrat, un avocat, un médecin, n'ont de valeur que parce qu'ils préviennent ou écartent des maux.

L'estime est un sentiment de réflexion ou d'association qui naît lorsque nous avons conscience du mal prévenu et du bien exécuté par l'accomplissement des vertus sociales. Nous connaissons bien que toutes les misères s'accroissent par la négligence, et nous ressentons comme un sentiment de soulagement très agréable quand nous voyons une conduite soigneuse et vigilante; et nous éprouvons alors facilement pour la personne qui agit une certaine affection. Le sentiment qu'un danger possible ou immédiat a été prévenu a une grande influence, influence qui varie en degré suivant la nature du danger. Le plaisir laisse toujours une trace distincte accompagnée d'un mode d'humeur doucement gai, et dans certain cas l'effet peut arriver à être une manifestation de vraie jouissance. Lorsque l'on échappe à des peines actuelles, cet effet est immédiat; ensuite vient le plaisir de prévenir ces peines. Cette forme idéale du plaisir est liée aux difficultés, aux précautions que comporte l'activité humaine, c'est ce qui nous fait nous intéresser à nos compagnons de travail. Le sentiment de plaisir que nous éprouvons lorsqu'on prévient la misère, naît lorsque nous voyons un homme se tirer d'affaire avec son travail et remplir fidèlement tous ses engagements. La tendance à l'affection qu'implique le plaisir, nous aide à estimer, à considérer l'individu.

Le sentiment de l'estime quoiqu'il ne soit pas une des émotions premières qui contribuent le plus à notre bonheur, en est cependant un élément appréciable; et cela d'autant mieux que nous sommes plus sensibles aux malheurs d'une vie imprudente. Lorsque le sentiment de l'estime est très développé, lorsqu'il a pour objet des personnes que nous pouvons observer tous les jours par exemple, un courant d'une force considérable se dégage ordinairement en présence ou au souvenir de ces personnes. Elles ne nous procurent pas seulement le plaisir qu'on exprime par cette phrase usuelle : « elles m'intéressent », mais elles influent encore avec force sur nos actions,

Bain. — Émotions et Volonté. 10

nos opinions, nos sentiments. Tout cela est exprimé par ces mots : *considération*, *respect*, qui indiquent un intérêt mêlé de déférence. Dans la bataille de la vie, chacun lutte pour conserver sa position; nous faisons place à part pour ceux que nous estimons, nous montrons notre préférence pour eux, nous trouvons un certain plaisir à les servir.

L'admiration et l'estime sont des émotions bien faites pour développer notre bonheur, comme membres de la société. Non seulement elles nous attachent par de chaudes relations à un certain nombre de nos semblables, mais encore leur expression dans le langage est un effort facile et agréable, et un lien de sympathie entre nous et une tierce partie. Notre conversation est souvent composée d'allusions à ceux que nous estimons et que nous admirons ; et, quand nous nous adressons à des personnes qui partagent nos sentiments, l'effet produit anime et plait.

CHAPITRE VIII

L'ÉMOTION DE LA CRAINTE

L'émotion de la crainte ou de la terreur naît lorsqu'on appréhende la venue d'un mal. Ses caractères sont, l'abaissement, la prostration des énergies actives, excepté pourtant de celles qui portent à fuir ; enfin l'impression excessivement forte que laissent les idées qui sont liées à cette émotion.

La souffrance que produit une peine actuelle, un coup, un organe affecté, un goût amer, une querelle, une perte par exemple, peut être grande ; mais la souffrance seule, qu'elle soit aiguë ou répandue sur toute la masse, n'est pas la terreur. C'est seulement lorsque l'esprit appréhende quelque souffrance pénible, mais encore future, que nous connaissons cette émotion. L'attente d'une punition est un état d'esprit bien différent de la punition actuelle, mais tous deux sont pénibles.

CONSIDÉRATIONS PRÉLIMINAIRES

1. — Bien que la crainte soit une de nos émotions les plus élémentaires, elle répond à une situation qui est assez compliquée, et qui présuppose les lois et conditions mentales suivantes :

Premièrement. — Pour plus de clarté, nous devons rendre compte complètement de la souffrance actuelle sous ses deux aspects, mental et physique. Pour le côté mental, nous devons spécialement rappeler la propriété volitionnelle, ou stimulus de la volonté. Nous devons aussi faire remarquer les aides ou associés intellectuels de la souffrance, les causes et les collatéraux qui fixent fortement l'attention sur la conscience irritée. Ce sont là les caractéristiques spéciaux de cette souffrance, c'est par eux qu'elle revit plus tard.

Pour le physique nous devons observer l'expression, la manifestation, l'enveloppe de la souffrance présente, la violence spasmodique des premières phases, et la prostration des fonctions à tous les degrés.

Deuxièmement. — Il nous faut comprendre le souvenir ou la renaissance de la souffrance en idée, et la persistance de l'état grâce aux seules forces mentales.

Ceci est encore un sujet de complication ; et toutes les conditions qui affectent la renaissance et la persistance de la souffrance modifient ou produisent l'émotion de la crainte. Comme des états idéaux peuvent être provoqués par des influences idéales, ils peuvent être la représentation très défectueuse de l'actuel. La vie saine de l'esprit qui nécessite que tout état idéal corresponde à un état réel, passé ou avenir, demanderait que cet idéal cadre exactement avec le réel, et que son développement soit ce qu'il serait dans la réalité. Le souvenir d'une souffrance la donnerait avec sa pleine valeur et rien de plus; l'attente d'une souffrance ferait de même. Si la correspondance de l'idéal et de l'actuel était aussi juste, aussi parfaite, l'émotion proprement dite de la crainte ne se manifesterait pas.

L'instrument principal de la renaissance d'une souffrance idéale est le concours de circonstances collatérales qui captivent les sens et l'attention pendant la souffrance réelle. La cause véritable ou supposée de la souffrance joue toujours un rôle important dans la renaissance idéale ; mais comme à cause de notre ignorance et des difficultés de nature, nous nous trompons souvent sur la cause, nos souvenirs sont donc souvent infidèles et dirigent mal notre conduite.

La souffrance idéale influe sur la volition de la même manière que la souffrance réelle, à mesure qu'elle s'approche en intensité, de l'actuel. Sans même arriver à la plénitude de l'état actuel, si notre raison nous montre combien l'idéal est près de l'actuel, nous arriverons à nous conduire d'après ce que serait la réalité.

Le côté physique de la peine idéale montre les mêmes caractères que le côté physique de la peine actuelle avec seulement une différence de degré. Le degré inférieur des simples démonstrations instinctives, et du dérangement des fonctions montre à quel point l'idéal est proche de l'actuel.

Comme la terreur est un état idéal, elle est à la merci des agents qui affectent nos idées. Dans la vie saine de l'esprit une idée devrait correspondre à une réalité, mais en tant qu'idée elle dépend des forces mentales, dont la puissance de la réalité forme une partie. En résumé nos états idéaux sont sous l'influence de ces forces mentales et peuvent ainsi pervertir nos actions. Les conditions physiques et mentales influent en même temps sur la souffrance idéale de l'anticipation, et la rendent ainsi plus ou moins la mesure propre représentant le fait actuel présagé. C'est ainsi qu'agissent toutes les circonstances qui augmentent ou affaiblissent les associations, c'est l'explication donnée dans l'exposition systématique de l'émotion idéale.

Troisièmement. — On doit accorder de l'attention à l'état d'attente ou de croyance, opposé à l'idée pure, à l'imagination qui ne correspond à aucune réalité.

Il n'est pas nécessaire maintenant de chercher l'origine mentale de la croyance; il faut seulement exposer ses caractères et ses sources évidentes. Ce qui nous fait le mieux croire en un mal qui va arriver ou l'attendre, c'est notre expérience antérieure modifiée par certaines circonstances qu'il n'est pas temps d'énumérer. Une baisse subite du baromètre en mer remplit de crainte le marin qui voit venir l'ouragan. Toutes les circonstances qui peuvent augmenter sa croyance au danger de l'orage attendu, se présentent à sa mémoire et ajoutent à ses craintes. D'un autre côté, tout ce qui peut l'amener à croire que l'orage n'atteindra pas des proportions dangereuses, affaiblit, calme ses alarmes. Les sources de croyance sont des agents qui éveillent ou endorment les craintes ; et *vice versâ*, les sources de crainte (séparées de la croyance) ont de l'influence sur la croyance proprement dite. Ceci peut sembler une pure subtilité, mais cela deviendra une évidence lorsqu'on étudiera complètement la croyance.

Quatrièmement. — Ce qui caractérise le mieux la situation de la terreur, c'est l'incertitude, l'ignorance, l'obscurité. Dans le cas d'un mal grand, mais certain et connu, la peine idéale peut être simplement la mesure de la réalité du cas. Lorsque le développement de l'émotion est disproportionné, extraordinaire, excentrique, c'est que l'émotion vient de l'attente d'un mal futur dont on ne connait pas la grandeur ou le caractère. Comme il n'existe pas de tableau défini qui puisse servir de point de comparaison et contrôler ou modérer les mouvements de l'esprit, tout ce que peut introduire le cours hasardeux de la pensée est accepté ; et, comme rien n'est sûr ni stable, la victime est ballotée çà et là dans l'incertitude et l'agitation. Suivant les lois ordinaires de la pensée et du sentiment, il doit naturellement s'ensuivre un état d'excitation forte et pénible. C'est la manifestation véritable de la terreur. Prenez le cas d'un esprit susceptible et superstitieux enfermé dans un château hanté. Rien n'est clair, défini, certain ; un grand malheur est possible, et cependant personne ne sait quand, où, et comment ce malheur arrivera. Chaque rien provoque l'imagination ; mais tout est spéculation, incohérence ; l'esprit dont le calme central est brisé, est effrayé, abattu, il voit le mal d'avance sans savoir ce qu'il est. La tristesse de l'excitation s'accentue et se fixe.

Ceci est tout le contraire de cet exercice si agréable de l'imagination, si désiré dans les beaux-arts, et qui est une expérience agréable accompagnée d'une possibilité splendide. En vérité, les moments de bonheur les plus intenses pour l'homme sont ceux où une satisfaction actuelle n'est que le commencement de jouissances idéales plus grandes.

Cinquièmement. — Les considérations précédentes nous préparent à examiner la terreur comme produit de l'évolution. Autant que je puis en juger on n'a pas encore fait appel à l'hypothèse de l'évolution pour expliquer les caractéristiques les plus généraux de la terreur ; l'excitation, l'abattement, l'idée fixe, l'exagération du mal idéal, ainsi que tout ce qui fait partie de l'onde physique des effets. Sans doute nous pouvons dire que les lois générales de toute action mentale sont développées ; mais ce n'est pas là ce que signifie le développement des émotions spéciales ; celles-ci sont surajoutées à l'ensemble plus général de notre sensibilité et de notre activité.

2. — Les exemples que l'on donne pour illustrer l'évolution de la crainte montrent surtout des *formes spéciales* de l'émotion ; ainsi on prend pour exemple la peur que montre l'enfant ou l'animal en présence de l'homme sans avoir éprouvé

du mal de la part de l'homme. Si c'est un fait, nous pouvons l'expliquer par la transmission de l'expérience héréditaire des maux endurés de la part de notre espèce. Ces manifestations spéciales accompagnant l'infliction du mal doivent prendre la forme de la crainte ; elles impliqueraient encore le sentiment opposé de l'encouragement ou de la satisfaction que donne la vue des aspects bienveillants de l'humanité. En résumé elles seraient comprises dans ce que Darwin croit être instinctif chez l'homme, l'interprétation du sourire et du froncement de sourcil. Lorsqu'il s'agit d'animaux qui font leur proie des autres, la vue seule de l'un d'eux inspirerait la terreur ; ainsi un serpent vu pour la première fois, effraie un jeune singe. L'émotion est alors enveloppée d'une certaine préconception intellectuelle et ne naîtrait pas sans cela.

C'est seulement en faisant appel à des cas spéciaux que M. Spencer examine l'évolution de la crainte. Il suppose qu'on regarde un animal pendant qu'il est en colère, lorsque le chien gronde, renverse ses oreilles en arrière, montre les dents et bondit en avant, par exemple. Quoique l'expression de la menace soit différente avec des animaux différents, cependant elle renferme un élément commun à tous les animaux. Celui-ci a été continuellement expérimenté par les générations successives ; de là une union mentale héréditaire entre une image intellectuelle, l'abattement émotionnel, et les autres caractères de la peur.

La possibilité de ces associations spéciales constituant la crainte instinctive d'animaux particuliers et des expressions et des attitudes particulières, nécessite que les fondations de l'émotion de la crainte soient déjà jetées dans le système. Cela suppose que dans le cours de chaque vie, l'animal par une sorte d'éducation arrive à avoir peur de tout ce qui a été pour lui une cause de souffrance. A moins que cela soit possible pour nous, il n'y aurait pas au premier abord, d'associations transmises. L'expérience de la vie c'est la grande route, la transmission héréditaire, c'est le sentier difficile et étroit. Nous sommes jusqu'à un certain point susceptibles de ressentir la peur chaque fois que l'occasion se présente ; ceci doit exister avant que le produit tel que le suppose M. Spencer soit arrivé à maturité ; à moins pourtant qu'on ne soutienne que l'émotion générale est développée *pari passu* avec les modes spéciaux. Son développement présuppose pourtant tout ce qui est nécessaire afin de contracter les sentiments de la peur pendant la vie individuelle, ou quelque chose d'approchant. L'hérédité est la transmission à la progéniture et comme un faible écho de ce qui avait fait une forte impression sur les parents; il n'y a que les impressions les plus profondes qui puissent affecter le germe et reparaître dans la progéniture. Et, ce que l'évolution explique, c'est non pas l'émotion de la crainte, mais les associations instinctives de peur avec les animaux carnivores.

L'évolution ne rend pas compte de la crainte d'une flamme, d'un coup, de la faim, de la prison, encore moins de celle des fantômes, de la mort, des punitions dans la vie future. Ces états d'esprit qui provoquent notre appréhension de ces objets de terreur, doivent trouver leur explication dans les lois connues du sentiment, de la volonté, de l'intelligence appliquées à des situations particulières, et ces lois si elles sont développées progressivement naissent de situations beaucoup plus générales que celles qu'on a supposé rendre compte de la peur instinctive.

CARACTÈRES DE LA CRAINTE

3. — Après cette discussion préparatoire résumons méthodiquement les caractères de la crainte.

Côté physique. — Les signes évidents et habituels de la peur comprennent un dérangement organique, une détente musculaire accompagnés de violents efforts faits dans des directions particulières. Le résultat total est une perte de puissance; mais il y a augmentation de tension des yeux, de la voix, et un effort violent pour échapper au danger.

Ainsi, d'un côté affaissement physique accompagnant une souffrance générale, et de l'autre côté volition intense, excitante, inspirée par le désir d'échapper au danger. C'est l'état précis où les fonctions organiques souffrent le plus, chacune d'entre elles peut être affaiblie (1). De même tous les muscles

---

(1) La suppression de la salive est un bon exemple de l'affaiblissement des fonctions organiques. C'est sur cette circonstance qu'est fondée une coutume de l'Inde qui consiste à faire mordre du riz, aux criminels soupçonnés. L'accusé est forcé de prendre une bouchée de riz puis de

qui ne sont pas expressément stimulés montrent du relâchement.

Le tremblement de la peur est dû à l'intermittence du *motor* stimulus des muscles.

4. — *Côté mental.* — Le caractère général de l'état mental de la crainte est une souffrance répandue à toute la masse, une dépression générale. Nous donnons à cet état les noms figuratifs les plus forts : mélancolie, humeur noire, désespoir.

Le total des plaisirs absorbés par la crainte ou pour revenir à notre état normal, confirme la valeur élevée des souffrances que fait naître la terreur à tout degré un peu prononcé.

Pour ce qui regarde la volition, nous avons déjà fait remarquer l'activité qu'excite l'idée d'échapper au danger. Si le moyen de fuir est défini, il y a concentration de l'énergie pour employer ce moyen. Mais les cas les plus affreux de la crainte sont ceux où les chemins de la fuite ne sont pas ouverts, il y a alors imitation stérile et pénible de l'activité volontaire. Dans les cas extrêmes, lorsque le danger se combine avec l'incertitude, il y a même paralysie de l'activité.

L'augmentation dans la fixité du regard fait partie de l'effort volontaire. Une vigilance intense doit accompagner nos efforts pour éviter la cause du mal.

Le cri de la peur, suivant la théorie de Darwin sur l'emploi original de la voix, serait poussé pour demander aide. Il est en réalité lancé en partie inconsciemment, par habitude, en partie consciemment parce que nous savons qu'il peut nous procurer du secours. Il n'y a rien de particulier à l'émotion de la crainte dans l'émission de cris ; cet effet est un de ceux qui accompagnent toujours les grandes souffrances.

Les aspects intellectuels de la terreur sont en rapport avec ses autres caractères. Les objets d'alarme ont au plus haut degré la faculté d'impressionner l'esprit. Un des effets de la souffrance aiguë est en général d'activer la mémoire. Lorsqu'on fouette les garçons sur une ligne servant de limite, c'est pour mieux graver chez eux le souvenir des bornes de

---

la rejeter. Si le riz est sec, l'accusé est reconnu coupable, la conscience qu'il a de sa faute paralysant les organes salivaires. Il n'est pas besoin de faire remarquer que voilà un effet de la peur qui, comme la rougeur, pourrait faire condamner un innocent aussi bien qu'un coupable.

propriété. Mais le trouble de la crainte, son excitation des facultés de perception, font sur l'esprit une marque plus indélébile que toutes les corrections corporelles. Je me rappelle une personne dont la maison avait brûlé, et qui était restée très sensible à l'odeur du bois brûlé.

Dans la crainte nous voyons le cas extrême de l' « idée fixée » ou l'influence des sentiments sur la conduite par l'intermédiaire des séries intellectuelles. Ce n'est pas l'action régulière de la volonté nous faisant éviter la souffrance et chercher le plaisir, mais l'action qui vient de la persistance croissante d'une idée qui cache la vue des conséquences généralement, et détourne de tout calcul rationnel. Quand un homme est profondément effrayé, il ne commande pas à son intelligence. Les formes mineures de la crainte : l'anxiété, l'attention, le souci, excitent les facultés de l'esprit et écartent toutes les impressions étrangères. L'homme pauvre dont le pain de chaque jour n'est jamais assuré, la mère de nombreux enfants, le commerçant engagé dans des spéculations variées, ne sont pas aptes à recevoir une culture libérale ou à faire de nombreuses acquisitions mentales.

L'influence de la crainte sur la croyance affecte, d'après ses caractéristiques, comme passion déprimante ; la crainte s'empare de l'intelligence et l'obscurcit. La prostration mentale quelle que soit son origine, est une défiance exagérée envers le bien, une attente constante du mal ; une idée dont on ne peut se débarrasser paraît bientôt pour un temps, être la représentation exacte des faits.

5. — Il est nécessaire d'appuyer un peu plus sur la cause, l'occasion qui produit la terreur, décrite comme *appréhension de la souffrance ou du malheur à venir*. La souffrance actuelle ou présente non couplée avec l'anticipation ne semble pas donner naissance à la crainte. Une souffrance présente considérée comme *avant-coureur* de quelque chose de pire, est ce qu'il y a de plus efficace pour produire la terreur ; c'est l'appréhension sous sa forme la plus impressionnante. Un mal arrivant, certain, d'une intensité connue, est aussi l'occasion d'alarmes, mais comme favorable au jeu des influences neutralisantes, ce n'est pas le plus mauvais cas qu'on puisse concevoir. C'est le moment de faire preuve de force d'âme, de faire appel à la résignation. L'esprit d'une mère n'est pas troublé par l'attente de la naissance de l'en-

faut ; c'est un mauvais moment à passer, mais dont la simple appréhension ne produit pas nécessairement le tremblement de la crainte. D'un autre côté les maux qui ne sont que possibles ou probables, dont le total est incertain, agissent puissamment comme causes d'émotion. Un craquement soudain dans la nuit, l'arrivée brusque d'un messager dont la figure est lugubre, le cri au feu, le bruit d'une bataille dans le lointain, tout cela occasionne une frayeur indescriptible. L'imagination surexcitée conçoit des malheurs irréparables, passe d'une supposition à une autre, et empêche tout effort pour reprendre courage, résister ou se résigner. Parmi toutes ces formes du danger, la plus redoutée est une nouvelle *espèce de danger*. La crainte est identifiée avec de nouveaux monstres :

.....*grave ne rediret
Seculum Pyrrhæ nova monstra quæstæ.*

Cet exemple nous amène à la liaison générale qu'il y a entre la crainte et l'ignorance, circonstance toujours prédominante lorsqu'il s'agit des effets de l'émotion. Il y a des cas où l'ignorance est un bonheur, où le savoir ne servirait qu'à découvrir un danger de premier ordre. Mais la valeur du savoir lorsqu'il montre d'une façon définie le total exact d'un mal possible à venir, est incalculable. Je ne crois pas que la science la plus avancée ait de meilleurs résultats que ceux de détruire les terreurs.

On comprend facilement les effets de l'obscurité. Être dans la nuit, ce n'est pas par cela seul une cause de peur ; très souvent c'est une situation protectrice, défensive et qui prévient ainsi la crainte. Mais lorsqu'on prévoit un mal, l'obscurité c'est l'ignorance, l'appréhension vague.

On peut maintenant poser cette question : jusqu'à quel point la simple *intensité* de sensation, en elle-même, introduit-elle la condition de la crainte ?... Le trouble nerveux dû à un choc violent, semble être assez proche parent de la crainte. Comme influence affaiblissante, il prépare la voie pour un état de frayeur, de telle sorte que tout le système devient la proie facile de toutes les suggestions de danger. Un coup de pistolet tiré à l'oreille de quelqu'un qui ne s'y attendait pas, produit un grand trouble : dans l'esprit de beaucoup d'animaux, d'enfants, de grandes personnes même, il excitera le tremblement de la peur proprement dite. C'est ce qui se rapproche le plus de l'émotion de la crainte si ce n'est pas l'émotion elle-même. On sait que pendant l'incendie on ne peut gouverner les chevaux. Tous les animaux sont effrayés par les éclairs, le tonnerre, par une éclipse totale du soleil. S'il y a oui ou non dans ces circonstances une réelle appréhension de danger, c'est ce que je ne peux décider (1).

La même remarque s'applique à l'étrange, au singulier. Il suffit qu'une chose nous soit étrangère pour que nous la craignions; pour être effrayés d'une chose nouvelle, en elle-même indifférente au point de vue du bonheur et du malheur, il faut que nous soyons accoutumés à considérer le monde qui nous entoure comme nuisible plutôt que comme ami, si bien que nous supposons que toute chose est notre ennemi jusqu'à ce que le contraire soit prouvé. Ceci implique nécessairement des agents d'un grand pouvoir. Lorsqu'une suite de caravanes passe dans un village, conduite par un éléphant, les enfants et les chiens rentrent dans leurs demeures.

Je ne crois pas que les comètes eussent jamais effrayé personne si l'éducation n'avait jamais été superstitieuse.

DIFFÉRENTES ESPÈCES DE CRAINTE

6. — Examinons d'abord l'émotion de la crainte chez les animaux inférieurs. Les manifestations de terreur dans les animaux font partie de leurs relations sociales. Ils se craignent les uns les autres; et tous, plus ou moins, ont peur des êtres humains.

Le fait de la crainte n'est pas expliqué cependant tant que nous ne faisons pas d'abord allusion à l'œuvre de la volonté pour prévenir le mal. Le chien brûlé qui évite le feu ne montre pas par là nécessairement de la crainte; l'émotion n'est réelle que si l'animal exagère le danger d'une nouvelle brûlure, bondit à la chute d'un frésil, et porte partout l'idée fixe

---

(1) Une observation rapportée par M. Darwin explique l'œuvre du singulier. Il mit une tortue vivante d'eau douce dans la cage des singes dans les Jardins zoologiques. Cette tortue produisit un grand étonnement et même un peu de crainte. Mais « il était curieux d'observer que les singes étaient moins effrayés de la tortue qu'ils ne l'avaient été, d'un serpent vivant que j'avais mis auparavant dans leur cage ».

d'être grillé. Voilà alors le phénomène général de la crainte, n'ayant aucun rapport avec les autres êtres, ne demandant pas d'être expliqué par l'hérédité.

On trouve aussi fréquemment chez les animaux la forme de crainte qui consiste à être troublé par l'étrange, par des surprises qui ne sont nullement associées avec la souffrance. Cela peut cependant venir des expériences sociales, mais c'est faiblesse ou incapacité de leur part. La faiblesse physique, règle générale, est plus facilement affectée par une sensation inconnue ou alarmante.

C'est un fait remarquable, bien connu, que les oiseaux des îles inhabitées ne montrent aucune crainte lorsqu'ils voient l'homme pour la première fois : ils n'en ont jamais éprouvé ni bien ni mal. Il serait désirable que nous possédions sur ce fait plus d'informations. Nous aimerions à demander que craignent-ils ? La venue d'un éléphant troublerait-elle leur conduite ? La lutte pour l'existence ici comme partout, conduit à la compétition, à la chasse ; la crainte est donc déjà introduite dans l'existence ; il est probable qu'ils raisonnent par analogie, et passent du masque connu de l'ennemi, à l'inconnu. Il est probable que la victime habituelle du gorille se sentirait troublée en présence de l'homme blanc, à plus forte raison, du nègre, du papou.

7. — Les effets de la peur chez les enfants sont en rapport avec les particularités de leur position. Les premières manifestations de cet état se rencontrent lorsqu'il y a perturbation générale du système à cause d'une excitation trop forte, d'une trop grande intensité de sensation. Un soudain éclat de lumière, un son profond, un contact rude, sans être nécessairement pénibles, affectent cependant avec force le système nerveux un peu de la même façon qu'une frayeur soudaine. Quand l'enfant en est arrivé au point de reconnaître les objets familiers, tout ce qui est nouveau arrête son attention, et provoque une perturbation qui est la crainte. L'enfant se révolte contre l'étreinte d'une personne étrangère et témoigne tous les signes de la terreur. A un point plus avancé, quand la souffrance est liée à une cause spécifique, lorsque par exemple l'enfant sait ce que c'est que d'être plongé dans l'eau froide, que de prendre une tisane amère, que d'être grondé, puni, l'émotion de la peur apparait sous sa forme propre, comme appréhension d'un mal en

suspens; la seule remarque à faire est que l'émotion vient alors de la faiblesse du sujet. L'obscurité n'est pas nécessairement une source de terreur pour les enfants, mais le devient facilement.

La crainte instinctive que provoque un froncement de sourcils fait partie des associations héréditaires pénibles, avec certaines apparences; nous pouvons faire appel à ces associations pour expliquer quelques terreurs spéciales, mais non pour la terreur en général.

8. — Expliquer par des exemples la crainte servile, cela donnerait lieu à des développements considérables. L'état d'assujétissement, de subordination implique punition, et la punition peut être telle, qu'elle provoque non seulement des actes volontaires pour l'éviter, mais encore la perturbation de la crainte. Les deux principales circonstances, qui la feront alors naître sont la grandeur de la punition, le caprice avec lequel elle est infligée. Des punitions très fortes introduisent naturellement la crainte dans la famille, dans l'école, dans la sphère industrielle, dans l'état.

Après l'intensité il y a l'incertitude quant au total, avec possibilité que celui-ci soit très considérable. Un despote capricieux, non pas toujours sévère, mais capable de l'être peut inspirer la terreur à ses sujets. C'est là le mal du despotisme dans sa forme pure, le gouvernement personnel sans le frein de la loi ou de la coutume. Les parents, le maître d'esclaves, le chef de tribu dans les états sociaux inférieurs, par des excès de sévérité peuvent se rendre des objets de terreur.

La crainte qui naît de possibilités incertaines de punition arbitraire, diminue à mesure que dominent les lois écrites; cependant dans une société avancée, les complications de la loi sont au-dessus de l'intelligence du peuple, et introduisent de nouveau l'élément d'incertitude, base de la terreur. Un pauvre homme dans notre pays attend avec autant de crainte la fin d'un procès, que le fait un solliciteur dans la plus corrompue des cours orientales..

La pression actuelle, le total de terreur dépend de la fréquence de ce qui nous rappelle cette terreur, que ce soit la punition des autres ou la nôtre. Un tyran, un législateur sévère fait ainsi sentir et craindre son autorité. Une famille, une école, un bâtiment, un régiment, où l'on punit toujours est un enfer sur terre.

9. — En partant d'un point de vue plus large encore, nous devons maintenant mentionner l'appréhension de tous les désastres en général. Tout ce qui peut nous apporter un mal sérieux est pour nous non seulement un objet que nous évitons mais encore un objet que nous craignons. Les puissances du monde physique ont toujours été une cause persistante de crainte, et cela d'autant plus qu'on était plus ignorant des lois de la nature.

Le terme anxiété correspond à une espèce de crainte en rapport avec nos divers intérêts qui peuvent être plus ou moins menacés. Nos efforts rationnels et mesurés pour atteindre les nécessités connues indiquent de l'anxiété dans l'esprit. Cependant ce terme n'est véritablement applicable que s'il y a un certain degré de perturbation de la crainte dans l'esprit (1). L'état d'anxiété est une préparation à la peur, liée avec nos points les plus vulnérables dans toutes les occasions d'appréhension ou d'incertitude. Comme on n'est jamais sûr de l'avenir, les causes d'anxiété ne manquent pas pour les esprits disposés à cet état. La vie de quelques personnes est remplie de flux constants d'agitation, avec quelques moments de repos inexprimable.

Le soupçon, c'est l'œuvre de nos craintes sur notre croyance. Un état d'alarmes brisant par nature la confiance fait qu'on arrive à se méfier de tous les objets. Des événements légers, qui dans d'autres temps passeraient inaperçus, sont interprétés comme de mauvais présages ; et les per-

(1) Il y a une anecdote bien connue qui raconte, si je ne me trompe, qu'un grand général ayant lu cette inscription sur une tombe : « Ici repose un homme qui ne connut jamais la peur » remarqua aussitôt : « Et bien en voilà un qui n'a jamais éteint une chandelle avec ses doigts. » Ici la crainte de la souffrance qui existe dans tout esprit sain, dans tous les moments de la vie, est confondue avec le trouble de la peur, qui est seulement occasionnel, et qui peut même, dans quelques caractères être complètement inconnu. On retrouve la même ambiguïté dans l'exposition de ce que le Dr Thomas Brown appelle les *émotions-prospectives*. (Lecture 65.) Pour lui, la peur est simplement le contraire du désir. Voilà quelques-unes de ses expressions : « Nos craintes viennent à la fois de la perspective d'une chose désagréable en elle-même et de la perspective d'une perte de quelque chose d'agréable en soi. » — « Nous avons peur de perdre toute source de plaisir, tout ce qui a été pour nous un objet de désir. » C'est probablement à l'absence de terme propre à exprimer le contraire du désir qu'on doit cette [application absurde du mot peur. La vraie antithèse est entre crainte et calme, froideur, sang-froid.

sonnes dont nous n'avons jamais douté sont soupçonnées de méditer notre ruine. Ces effets ne peuvent être attribués qu'au trouble causé par la peur. Comme elles affectent notre conduite envers les autres, les manifestations du soupçon sont désastreuses. Nous les montrons constamment dans la vie privée, et sur une plus grande échelle encore, on les rencontre dans tous les procédés entre nations. Des temps de désordre politique comme les guerres civiles de Rome, la première Révolution française, deviennent plus terribles encore par les exagérations de la suspicion, et par le crédit qu'on accorde aux suggestions de la peur (1).

Pour désigner une terreur soudaine qui saisit une foule, nous avons un mot expressif : *panique*. Le mode de manifestation de l'émotion est toujours le même, seulement il agit sur une échelle bien plus étendue. La perte complète de tout sang-froid, de tout contrôle, de toute discipline, la persistance désastreuse d'une idée fixe atteignent les proportions les plus excessives.

10. — Sous le nom de superstition, l'émotion se montre vivement et échappant de plus en plus au contrôle régulier de la volonté. Les maux rêvés ne sont pas réels et par conséquent sont indéfinis, ne peuvent se mesurer.

La superstition naît dans les dangers actuels. Les pouvoirs destructifs de la nature ne sont pas imaginaires; tous les hommes en sont les victimes actuelles. C'est par sa manière de contempler ces pouvoirs que la race humaine tend à la superstition. Incapables de découvrir leur vrai caractère, les premiers observateurs furent trompés par des analogies apparentes avec l'homme surtout et le type de l'activité humaine. Un orage devint une manifestation de colère, une éclipse un présage de calamité. Dans l'étude des causes et des effets, des riens furent considérés comme la clef des secrets du monde et associés à des sentiments de respect ou de crainte. Les présages, les augures, les symboles sont tous de la même famille, celle de la superstition. Les obser-

---

(1) Il est bien connu, dans les pays ignorants où règnent des maladies épidémiques, qu'on soupçonne habituellement les médecins d'empoisonner les sources. Alexandre le Grand fit crucifier le médecin qui soignait son ami Hephæstion. C'était l'effet d'une colère de despote enflammé par le soupçon.

vances de propitiation sont conçues d'après la même méthode imaginaire et exercent un pouvoir égal sur les craintes humaines. Incapable d'aborder en face les réalités actuelles de la nature, l'humanité a été longtemps à la merci de ces suggestions imparfaites pendant que ses craintes s'engageaient naturellement dans la même voie. Les déités malfaisantes, les esprits mauvais, les hôtes des ténèbres, avec leurs noms divers, fantômes, lutins, mauvais génies, fées, tout cela appartient à la théorie primitive de l'homme sur l'univers; ces fantômes de l'imagination avec leur pouvoir supposé, inspiraient la crainte. En parlant des notions populaires sur les pays lointains, avant les voyages de Colomb, Helps disait : « Là où vous ne connaissez plus rien, placez les terreurs. » D'une manière plus précise nous pouvons dire : « En présence des grands agents de malheur dont vous ne connaissez pas les principes d'action, tissez les rêves avec les craintes. »

11. — Dans les opérations nouvelles qui impliquent des risques à courir, il y a toujours un élément de terreur. La jeunesse en fait souvent la douloureuse expérience. L'effort d'un commençant pour atteindre un but difficile est particulièrement pénible lorsqu'il a des témoins; c'est le cas des acteurs, des orateurs qui se présentent pour la première fois devant le public. On peut trouver ici que c'est un des sentiments spéciaux envers les autres êtres, sentiment plus ou moins instinctif, qui est en œuvre mais ce n'est pas du tout de l'instinct. Les lois ordinaires de la crainte opérant dans ces circonstances données feraient que l'état de celui qui conforme sa réputation ou son avenir aux chances de non-réussite, est une terreur spéciale.

La crainte qui vient de ce que nous vivons tous sous le contrôle, la censure des autres personnes, que nous pouvons perdre notre réputation, entraîne à une certaine circonspection de manières dans la société, jusqu'à ce que l'usage du monde nous ait mis à l'aise. L'incertitude de notre position par rapport aux autres, l'ignorance dans laquelle nous sommes des dispositions que nous leur inspirons, est une source de méfiance, de souffrance dans nos relations sociales. De là l'excellence de la longue familiarité qui fait mettre de côté tous les soupçons.

La réserve entre les sexes a la même origine et prouve

l'influence de l'intérêt mutuel par l'appréhension même de chacun de ne pas s'accorder avec l'autre.

12. — La crainte de la mort est la manifestation suprême de l'émotion que nous étudions. L'appréhension de la perte des plaisirs de la vie nous affecte suivant la saveur que nous trouvons à la vie ; avec force dans la période vigoureuse de notre existence, mais avec tous les jours moins de puissance à mesure que nous avançons en âge ou que nous devenons malades ; si bien que trop de souffrances peuvent changer en désir la répugnance que nous avons pour la mort.

C'est un des traits distinctifs de l'intelligence humaine que de concevoir un *plan* de vie avec des objets à atteindre, des fins à remplir. Voir une carrière tracée d'avance, brisée tout à coup, c'est un choc sévère dont la perspective est pleine d'angoisses. C'est une expérience qui n'atteint que ceux qui regardent avant et après ; les animaux inférieurs qui n'ont pas des plans de vie ne ressentent pas cet événement ; non plus que les créatures humaines insouciantes. Ceux qui commencent durement la vie, qui ont fait leur chemin par le travail et qui sont enlevés juste au moment où ils allaient atteindre leur récompense, ont bien le droit de regarder la mort comme un féroce destructeur. Lorsqu'on a joui dès le début d'une mesure complète de bonheur, qu'on a été heureux dans l'enfance, dans la jeunesse, que la vie vous a donné tout ce qu'elle peut donner, on doit se consoler de mourir avant le temps.

La terreur de l'état inconnu qui suit la mort, est d'une autre espèce. Là, tout dépend du tableau représentatif qu'on se fait, de ce qu'on conçoit, de ce qu'on croit. La conviction bien enracinée de la réalité d'un lieu de tourments sans fin, une vie mal remplie, peu d'espoir de pardon, voilà qui peut remplir les derniers moments d'une existence de terreurs inexprimables.

La peur du fait même de mourir est factice, imaginaire. Nous arrivons à voir qu'on ne souffre pas plus en mourant qu'en naissant ; dans la mort la plus douloureuse, les souffrances ne sont pas plus fortes que celles que nous avons pu ressentir dans la plénitude de la vie. La répugnance pour la décomposition du corps mort est aussi factice. La grande difficulté est de ne pas attribuer à l'état de mort la sensibilité de la vie. Les expressions les plus utiles et les plus douces sous lesquelles on conçoit la mort et qu'ont adoptées les hommes de toutes les croyances, sont celles qui comparent la mort avec le repos, le sommeil.

13. — La crainte est encore éclairée par ses contraires.

L'opposé de la peur c'est le sang-froid en face du danger. Ce n'est pas insensibilité, indifférence pour le mal, mais une juste estimation du danger, et un effort correspondant pour l'affronter et le surmonter. Ce n'est pas à vrai dire le courage, noble qualité qui contient un élément de sacrifice personnel, et qui est l'opposé de la lâcheté qui renferme un élément de bassesse.

Il y a certaines qualités du système nerveux, qui, en mettant à part toutes les qualités mentales, résistent à l'agitation et aux énergies déplacées de la peur. Tout le monde connait les différences que provoquent la bonne et la mauvaise santé, et surtout celles qui viennent de la vigueur ou de la faiblesse des nerfs. Les enfants doivent sans doute souvent d'être peureux, à un certain développement des centres nerveux. Un système nerveux vigoureux résistera à toutes les violentes sensations, à tous les chocs qui mettraient le trouble dans les courants nerveux d'un système plus faible.

Nous devons encore dire qu'un tempérament actif ou énergique aide au sang-froid et contraste avec le tempérament passif et sensible. Une surabondance de vigueur spontanée et naturelle résiste aux ravages de la crainte qui ne peut s'établir sans briser plus ou moins les énergies, sans détourner de leur cours celles qui résistent et subsistent. C'est un des résultats importants du tempérament actif que de rendre moins susceptible aux influences de la peur, aux signes, aux symptômes de danger.

Une nature sanguine, gaie, résiste à la peur simplement parce que c'est une émotion qui l'abattrait et qui la ferait passer de l'attitude défensive à la consternation de la terreur. Les personnes sanguines ont ordinairement l'humeur gaie, et ne se laissent pas facilement abattre par des apparences menaçantes ou contraires.

La puissance de la volonté, ou en d'autres termes la force des motifs pour conserver le sang-froid peut tenir en échec les mouvements de la peur. Ce contrôle est ce qui peut donner l'habitude du sang-froid. Il peut s'imposer aux organes du mouvement qui se prêtent aux manifestations et au développement de l'émotion ; il agit encore mieux sur la pensée qu'on ne peut souvent gouverner lorsqu'on est empoigné par la peur.

Mais le grand spécifique contre la peur en général, c'est la science. Le savoir supérieur nous révèlera sans doute des dangers cachés aux ignorants. Mais cette révélation est bonne puisqu'elle nous permet d'envisager avec calme ces dangers. Ce qui détruit notre bonheur, ce sont les appréhensions que crée notre imagination, les superstitions, les erreurs vulgaires. Le médecin est calme en face d'une mort qui effraie ceux qui l'entourent. Quand il y a tant de dangers réels dans le monde c'est un bonheur d'être libre des dangers imaginaires. Il y a longtemps qu'on dit que la science est une puissance, on peut rendre ce mot plus énergique, le spécialiser et dire que la science, c'est le sang-froid.

14. — L'état de réaction, de soulagement qui suit une frayeur est une jouissance, qui correspond à l'abattement, à la souffrance qu'a produit l'alarme. La tension considérable que provoque la terreur, cesse, les forces reviennent dans leurs canaux habituels. Nous ne retrouvons pas nécessairement tout ce que nous a fait perdre la souffrance ; une frayeur sérieuse ne peut être véritablement compensée comme une moindre.

Il y a une habitude permanente, une situation d'esprit qui est fondée sur la réaction de la terreur, c'est l'état de confiance, de sécurité, d'assurance qui est éminemment réconfortant, agréable. Il vient en partie de ce qu'on tient le malheur à distance ; mais lorsque ce malheur est tel qu'on ne peut le considérer sans trembler de crainte, le tour d'esprit qui vient de l'assurance où l'on est de le surmonter est d'une origine supérieure.

La sécurité est d'abord un état d'entière virginité d'âme, une situation digne du paradis, qui prouve qu'on ne connait pas le mal. Une fois violé, on ne retrouve cet état qu'après une longue tournée dans le voyage de la vie, une éducation laborieuse pour étudier les causes du bien et du mal, et reconnaître comment et jusqu'à quel point nous pouvons tenir le malheur à distance.

La valeur excessive que nous attribuons aux divers moyens de nous préserver contre le malheur, comme l'argent, la liberté, la puissance, la science, les amis, doit venir en partie de la réaction de la crainte. La grande puissance de l'argent explique ses attraits, mais non le plaisir d'accumuler sans intention de dépenser. Le duc de Wellington, dans sa vieillesse, s'amusait à faire marcher un grand nombre de montres, c'est la réaction après une grande tension d'esprit qui s'était si souvent appliquée à la ponctualité. Les hautes exigences de l'amour de la vérité sont nourries par nos terreurs. La liberté ou l'autonomie contient les éléments d'une réaction semblable. Un gouvernement assis, sous lequel la propriété et la vie sont en sécurité, a un charme inexprimable, comme terme du règne de la terreur. Toute machine parfaite en vue de sa fin, lorsque cette fin nous intéresse profondément, nous élève au-dessus des cauchemars de la peur, c'est ce qui fait son charme.

15. — Dans le gouvernement, dans l'éducation, la discipline du châtiment peut être renforcée par la terreur. Lorsqu'une autorité rencontre une résistance passive, ou bien la révolte, elle peut chercher l'aide de cet instrument. La dispersion des énergies que provoque la crainte, plus que tout autre chose dompte la révolte, l'endurcissement d'esprit. Elle a moins d'influence sur les efforts réguliers, la vivacité, la prudence dans la conduite; là, il faudrait, pour vaincre, la domination complète, froide de toutes les énergies du système. Les terreurs spirituelles dont usent souvent les gouvernements retombent sur eux-mêmes : avec elles on peut mettre un peuple en fuite, mais on ne lui donne pas ce qu'il faut pour que, au moment du danger, il se range et combatte avec son chef. Il y a longtemps qu'on connaît les détestables résultats d'une éducation où l'on gouverne les enfants par la crainte des revenants.

16. — Nous fermerons ce chapitre en étudiant le rôle de l'émotion de la crainte dans l'art. L'expression de la crainte est un sujet de travail pour l'artiste, qu'il soit poète ou peintre. L'acteur cherche à la reproduire sur le théâtre dans le drame ou la comédie. Des peintures, des récits d'un grand intérêt sont souvent composés des plus grandes horreurs que puissent fournir la réalité et l'imagination.

Une frayeur véritable est sans doute une expérience purement pénible; mais une peur légère, avec un prompt soulagement, arrivant dans un moment de tristesse, d'abattement, agit comme un stimulant sur le système nerveux. Dans un moment de pleine vigueur corporelle le danger ne fait qu'augmenter l'intérêt de l'action, de la poursuite. La chasse au tigre est la plus excitante de toutes les chasses.

Mais c'est dans les terreurs *fictives* que disparait le plus facilement le dard de la peur, pour ne laisser que le stimulus agréable. A mesure que la réalité du mal est plus éloignée de nous, nous sommes plus libres de jouir de l'excitation produite par l'expression de la peur. L'auteur dramatique habile mesure la dose de terreur qu'il peut administrer ; tous, pourtant, n'ont pas su le faire ; le génie de Shakespeare n'a pas été capable de faire oublier les pénibles horreurs de Lear. Quelques esprits peuvent supporter un total de terreur très grand, parce qu'ils ont cette vigueur nerveuse qui rejette la souffrance et permet de n'en pas être trop affecté. Les meurtres, les calamités, les désordres ne sont intéressants que pour ces esprits. Pour d'autres l'élément pénible prédominera trop. Le spectacle d'un combat de gladiateurs, de taureaux, d'un tournois, renferme à la fois des excitations terrifiantes et voluptueuses ; il plaira ou ne plaira pas suivant que les individus sentiront l'un ou l'autre de ces deux éléments. On suppose généralement que les anciens mystères (1)

(1) Les *Mystères d'Eleusis* se célébraient tous les ans en septembre pendant dix jours. Tous les sexes, tous les âges étaient admis ; les étrangers, les gens d'un mauvais caractère dans la vie de tous les jours, étaient seuls exclus. Les citoyens d'Athènes considéraient comme un devoir d'aller à Eleusis au moins une fois pour être initiés. Ceux qui avaient l'intention de se faire initier allaient en procession et à pied d'Athènes à Eleusis, distance dix ou douze milles. On accomplissait diverses cérémonies de purification, des processions solennelles, avec des torches allumées. Les courses, les luttes, qui accompagnaient toujours les réjouissances, se faisaient naturellement comme de coutume. Les candidats entraient couronnés de myrthe ; ils étaient revêtus de vêtements neufs, ils trempaient leurs mains dans l'eau sainte à la porte en passant. Le hiérophant, ou principal acteur dans les mystères, les recevait après leur avoir solennellement recommandé de conserver leurs esprits sans souillure : puis il leur lisait une explication des mystères. Il leur adressait ensuite certaines questions pour savoir comment ils s'étaient préparés et recevait des réponses formulées suivant certaines règles. On exhibait alors devant eux d'étranges scènes, d'étranges objets : des roulements, des éclairs alternaient avec l'obscurité, des apparitions horribles avec des spectacles dramatiques du plus haut intérêt. La triste histoire mythique de la déesse était représentée, semble-t-il, avec une exagération de détails qui versait la crainte dans l'âme des spectateurs. On croit aussi que des rites et des symboles obscènes étaient mêlés à ces révélations. Le choc donné aux spectateurs devait être ter-

étaient entourés de terreur, et que leur influence était considérable sur l'esprit qu'ils stimulaient.

rible. Toute la scène formait par excellence une véritable tragédie suivant la définition d'Aristote, purifier le cœur par la pitié et la terreur. C'était une accumulation de tous les objets de tous les stimulants des passions les plus tumultueuses, les plus pathétiques. Les motifs de cette exhibition étaient, semble-t-il, d'agir comme neutralisants, des manifestations habituelles de l'émotion de la peur, par la permanence du souvenir d'une manifestation presque volcanique de l'émotion. On raconte que souvent les personnes qui avaient visité la caverne de Trophonius, où on leur servait un pareil ensemble d'horreurs, ne souriaient jamais plus : on attendait peut-être quelque effet permanent, solennisant, semblable de l'exhibition des mystères.

CHAPITRE IX

ÉMOTION DE LA COLÈRE

1. — Voilà le second membre du grand couple antithétique qui, à côté des sensations collectives, prédomine parmi les sources des plaisirs et des souffrances humaines.

Dans le chapitre consacré à l'évolution, on a examiné les caractères de l'émotion de la colère comme la dérivation supposée du côté carnassier de la vie animale. L'hypothèse semblait rendre compte de toutes les phases de l'émotion excepté de la dernière elle-même. La nécessité de vivre d'une proie impliquerait un intérêt agréable pris dans l'acte de détruire une autre créature, dans tous les symptômes de faiblesse, de mort prochaine. L'intérêt ne se bornerait pas aux associations avec la nourriture obtenue, mais à des associations non moins puissantes avec le sentiment qu'on n'est pas devenu la proie d'un autre animal. Les animaux cherchent, tuent leurs inférieurs et combattent leurs égaux avec des chances diverses. Ils peuvent donc ressentir ce joyeux sentiment qui naît lorsqu'on a évité une lutte douteuse, et qui est d'autant plus fort qu'il est lié à l'émotion spéciale de la crainte et en outre aux sensibilités premières de la souffrance. Cette réaction à la suite d'une frayeur est une source réelle de jouissance, elle ajoute un facteur considérable au total de plaisir.

Nous devons cependant rendre compte de la condition caractéristique de la colère, le désir d'infliger une souffrance à celui qui nous a fait souffrir, le plaisir pris dans la contemplation de la misère, de la souffrance d'un ennemi. Ceci est surtout l'émotion sous une forme humaine. Les animaux inférieurs sont trop peu versés dans l'étude des faits subjectifs pour apprécier au même degré toutes les circonstances. Ils connaissent ce qui va souffrir, ils connaissent quelques-uns des signes de la souffrance, les cris surtout, et dans le même troupeau viennent au secours de ceux qui donnent un signal de détresse. Ils connaissent même le lien qui existe entre un sentiment et ses manifestations. Appliquant leur savoir à leurs victimes, à leurs rivaux abattus, on peut supposer qu'ils déduisent des indications de souffrance que la lutte va cesser, qu'ils ont une proie assurée, qu'ils se sont débarrassés d'un ennemi dangereux. Ils s'intéressent peut-être dans le simple fait de la souffrance, ils peuvent acquérir même du plaisir dans la vue de la peine, à travers ces connexions avec des fins plus pressantes citées ci-dessus. Il est cependant probable que cet intérêt va rarement au-delà des signes distincts d'agonie qui présagent une mort prochaine.

2. — Ainsi la colère, avec son caractère humain est le plaisir d'infliger un mal à des créatures qui sentent, qui ont pu avoir l'occasion de nous faire souffrir.

Quand quelque cause visible nous a fait souffrir, notre premier mouvement est un effort volontaire pour nous en délivrer. Le déploiement de la volonté est, d'après toutes les théories de l'esprit, le ressort, la ressource fondamentale dans l'apparition de la souffrance. D'autres effets peuvent se produire, ils sont ce que nous appelons émotionnels, ce sont le chagrin, la terreur. Ils réduisent à néant les énergies volontaires ; si un homme est capable de surmonter une peine par l'emploi de ses énergies volontaires, il ne se laissera pas aller au chagrin, ne succombera pas à la peur ; enfin il y a un troisième moyen de réagir contre l'abattement et un moyen émotionnel, c'est la colère. Celle-ci ne suppose pas l'anéantissement de la volonté ; elle s'accorde parfaitement avec la pleine activité volontaire. Si la cause de la souffrance est une personne, la volonté neutralise l'action de cette personne. L'émotion de la colère va plus loin, et nous demande d'enfoncer notre aiguillon dans les sensibilités de la cause de notre malheur. Ainsi, pour trouver un remède aux peines que nous infligent les autres créatures, notre activité volontaire semble s'unir à notre colère. Nous pouvons dépenser de l'activité sans colère, mais la colère suppose de l'activité.

3. — Le *côté physique* de la colère explique le caractère de l'émotion.

1° L'excitation du système en général, des organes actifs en particulier, est la première indication d'une manifestation de colère. Ceci cependant n'est qu'une tendance à l'énergie volontaire, qui ne prouverait rien sinon la présence d'une nécessité d'effort. Un homme peut être vivement engagé à agir sans être en colère ; mais nous savons que l'addition de la colère fait que l'excitation et l'activité volontaire sont plus fortes que si elle n'existait pas.

M. Darwin considère que l'excès d'activité est un des caractéristiques de la rage. L'action du cœur est vivement accélérée et même troublée ainsi qu'il arrive toutes les fois que nous faisons quelque grand effort volontaire. « Le cerveau excité donne des forces aux muscles et en même temps de l'énergie à la volonté. » Dans un cas rapporté par le Dr Harley, un enfant affecté d'une activité morbide des centres moteurs, déployait une violence extraordinaire de tempérament qui se calmait lorsqu'on trouvait des remèdes pour affaiblir l'excitation active.

Nous ne devons pas être surpris qu'une grande excitabilité, même lorsqu'elle n'est pas limitée à un point plutôt qu'à un autre, soit accompagnée d'un caractère irritable ; car bien que l'excitation ait pu être générale d'abord, elle se localise facilement ; une provocation à la colère a justement la propriété de la localiser. Une grande facilité d'excitation se montre dans le tempérament sous d'autres formes. C'est ainsi qu'on dit d'une personne irascible d'une façon ordinaire, mais très excitable, qu'elle a un caractère vif. En même temps que se calme l'excitation, l'accès de colère tombe aussi.

2° L'expression de la colère qu'on doit ensuite examiner, sont les manifestations qui correspondent à l'activité *destructive*. C'est le côté de la question qui se prête le mieux à l'hypothèse de l'évolution d'après M. Spencer : « La passion destructive se manifeste par une tension générale du système musculaire, par le grincement des dents, la proéminence des griffes, la dilatation des yeux, des narines, les grondements ; et tout cela n'est que la moindre partie de toutes les actions qui accompagnent le meurtre de la proie. » « Ce que nous appelons le langage naturel de la colère, est dû à une contraction partielle de ces muscles que le combat actuel mettrait en pleine activité ; et tous les signes d'irritation, en partant de l'ombre rapide qui passe sur le front, et qui accompagne un simple ennui, sont les degrés variés des mêmes contractions. »

Les détails minutieux de l'expression particulière de la colère sont donnés par M. Darwin. « Le corps est tendu, prêt à agir, quelquefois il se porte au devant de l'offenseur, les membres sont plus ou moins rigides. La bouche est généralement close avec fermeté, les dents serrées les unes contre les autres. Les bras se lèvent, les poings fermés. Le désir de frapper devient irrésistible, et s'apaise quelquefois par des coups appliqués à des objets inanimés. » La femme australienne dans un accès de rage danse en faisant voler la poussière dans l'air. Quelquefois les lèvres sont protubérantes, action que M. Darwin ne sait comment expliquer. La contraction des lèvres découvrant ainsi les dents serrées est plus commune, plus remarquable. Elle est liée à l'action de mordre qu'accomplissent les jeunes enfants aussi bien que les animaux lorsqu'ils ragent. Les aliénés manifestent la même chose dans leurs accès. Découvrir les dents canines, c'est exprimer nettement la haine la plus déterminée.

Pour ce qui concerne la face, suivant M. Darwin on remarque dans la majorité des cas un froncement très marqué du front, indication de mécontentement, de difficulté, de concentration d'esprit. Quelquefois le front demeure lisse, et les yeux sont fixes, étincellants. Quand la circulation est abondante dans la tête, les yeux sont toujours brillants, et dans les cas extrêmes, sont enflammés, sortent de l'orbite. Les narines sont dilatées, c'est le signe de colère, favori des poètes ; c'est la conséquence de l'agitation des poumons pendant la respiration.

La voix est haute, dure, discordante ; ce qui peut signifier violence de l'activité et venir en même temps du désir d'inspirer de la crainte à la victime.

Les troubles organiques dépendent tous de l'excessive activité du système. La rougeur de la face, de la tête, des autres parties, la dilation des veines du front, sont le résultat des battements plus rapides du cœur. M. Darwin a observé dans un enfant de quatre mois que le premier symptôme d'une manifestation approchante de colère, était l'affluence du sang dans le crâne découvert. Les singes rougissent aussi lorsqu'ils sont en colère. Dans une colère excessive, comme dans toutes les passions violentes, l'action du cœur est empêchée, la face devient pâle, livide. Les fonctions digestives et autres souffrent nécessairement du retrait du sang et de la puissance nerveuse.

Dans le succès des représailles, de la vengeance, le vainqueur rit de plaisir ou sourit en grinçant des dents, ce qui, lorsqu'il s'agit de passion hostile, n'est ni agréable ni réjouissant à regarder.

Quelles sont les causes spécifiques du rire, voilà un des points les plus discutés de la psychologie. Que ce soit l'expression d'un plaisir exubérant, voilà ce qui est certain; mais ensuite il semble que le rire est lié à certains états de plaisirs et non à d'autres : il y a de bonnes raisons pour que l'hypothèse de Hobbes soit vraie, le rire accompagne toujours l'ivresse de la victoire. La colère et la puissance sont deux proches voisins; tous deux impliquent l'abaissement des rivaux, état que les vainqueurs contemplent facilement avec des éclats de rire.

4. — Voyons maintenant l'*œuvre mentale* de la colère. Il y a d'abord dans l'esprit un choc pénible qui détruit l'ordre dans le système, et dirige les énergies dans la voie de la volition protectrice. La circonstance que c'est d'une personne que vient la souffrance, provoque l'état particulier que nous appelons colère, la souffrance profonde et forte qui fait immédiatement désirer infliger une contre-souffrance, et dirige les efforts de la volonté contre cette personne. Par une tendance inhérente au système l'activité se renforce dans cette poursuite; l'esprit et le corps s'y absorbent. Si nous sommes promptement et complètement vainqueurs, la souffrance se change en une joie excessive. La provocation est engloutie dans la victoire. La connaissance que nous avons d'avoir battu, et rendu misérable l'offenseur est une source de jouissances.

Les souffrances qui poussent à la colère, doivent aiguillonner mais non détruire la force active. Un coup écrasant tuerait le sentiment de la colère et finirait en terreur ou en chagrin. Il est proverbial que ce sont les petites provocations qui sont les plus irritantes. Un langage insulteur a une efficacité spécifique. La liaison entre la souffrance et quelque agent personnel est essentielle ; on éprouve une sorte de satisfaction farouche à suivre tous les malheurs qui arrivent à une personne, et qui préparent la revanche.

Il semble donc que la colère renferme comme particularité essentielle, *une impulsion consciente qui pousse à infliger une souffrance à une autre créature sentante, et à tirer de ce fait une jouissance positive.* Nous avons besoin de pouvoir lire, entrer dans les plaisirs et les souffrances de nos semblables ; et de même que le plaisir dont jouit une personne peut satisfaire nos sensibilités tendres, de même la souffrance manifestée par une personne peut satisfaire notre sensibilité irascible. C'est ainsi que la satisfaction qui dérive de notre sympathie malveillante, s'il est permis de s'exprimer ainsi, aide à adoucir la blessure primitive.

Partant de la circonstance que nous souffrons par l'entremise d'une autre personne, la simple impulsion volitionnelle nous conduirait à réagir contre cette personne afin de la priver du pouvoir de nous faire injure. C'est ainsi que nous agissons avec les animaux offensifs : nous les mettons hors de combat pour nous protéger nous-mêmes ; ayant une fois expérimenté la souffrance et le péril qui résultaient de leur présence, nous expérimentons dans notre délivrance une satisfaction correspondante, mais ceci n'atteint pas encore l'essence du sentiment irascible.

5. — Pour trouver le vrai caractère de la colère, nous devons observer le sentiment qui demeure après que notre ennemi a été privé des moyens de nous faire de nouveau souffrir. Le fait d'avoir souffert par les mains d'une autre personne laisse un aiguillon dans la blessure faite à nos sentiments intimes. Ceci présuppose sans doute le sentiment d'orgueil du respect de soi-même, dont la présence donne naissance aux formes les mieux développées de la colère quoique nous puissions cependant avoir de vrais spécimens de colère sans cette coopération. Dans tout cas, la souffrance que nous inflige consciemment un agent personnel, nous donne en plus de la souffrance actuelle un trouble mental qui survit à la simple peine. Nous oublions le mal causé par des objets inanimés ou par la simple inadvertance de nos semblables. Mais l'injure faite à dessein, ou par négligence ne s'efface pas facilement. Il faut des remèdes particuliers pour guérir les blessures qui peuvent s'envenimer. Deux

remèdes peuvent être employés: l'un est l'humiliation volontaire de celui qui a commis le mal, l'autre est l'infliction par contrainte de cette humiliation. La vraie colère suppose donc un trouble d'esprit causé par le mal reçu d'une autre personne, et la cure de ce trouble par la soumission ou la souffrance de l'agent.

6. — Il semble alors que le fait primitif dans le plaisir de la colère soit sans doute, *la fascination qu'on éprouve pour la punition, la souffrance corporelle*. Quelque singulier et horrible que paraisse le fait, cependant son évidence est incontestable. C'est assez de rappeler le plaisir des enfants à torturer les animaux, le goût de la foule pour les exécutions. En l'absence d'une sympathie adéquate, les contorsions de la souffrance semblent fournir une nouvelle variété de la stimulation sensuelle et touchante qui naît de la vue des autres créatures sentantes. Les indices d'un état de souffrance dont nous sommes heureusement exempts, et que nous ne voudrions pas voir dans son horrible réalité, au lieu de la répulsion, provoquent une espèce d'excitation agréable.

L'éducation morale s'est efforcée de supprimer chez l'homme et elle est au moins arrivée à lui faire déguiser le plaisir primordial qu'il prenait dans la vue de la souffrance. Dans les esprits exceptionnellement brutaux ce plaisir s'étale dans toute son horreur primitive. Témoin la conduite de Jacques II, alors à Edimbourg comme duc d'York, « et qui s'amusait à entendre crier les ligueurs (*convenanters*), à les voir se tordre pendant qu'on leur aplatissait les genoux dans leurs bottes ». La cruauté a toujours été un des éléments de plaisir des tyrans. L'horrible cruauté des temps barbares n'agissait pas seulement en vue d'agrandissements égoïstes, elle renfermait encore le plaisir pris dans le spectacle de l'agonie. L'amphithéâtre à Rome était le plaisir quotidien du grave citoyen; les goûts d'un Néron demandaient même de plus grandes jouissances (1). Pour les populations avilies,

---

(1) Voyez la description dans la troisième satire de Juvénal. Le buveur au sortir de l'orgie atteignait l'apogée de l'horrible, lorsque n'ayant cassé la tête à personne il se lamentait comme Achille après la mort de Patrocle :
> Ebrius ac petulans, qui nullum forte cecidit
> Dat pœnas: noctem patitur lugentis amicum
> Pelidæ cubat in faciem, mox deinde supinus.

l'exécution publique d'un condamné était jadis un vrai régal. Dans les relations sur la vie des sauvages nous trouvons des exemples de la joie extrême que montrait la foule à la vue des efforts qu'un homme qui ne lui avait jamais fait de mal, faisait pour ne pas se noyer.

7. — L'existence d'un tel sentiment étant ainsi un fait constaté, qu'arrive-t-il quand une autre personne est cause que nous souffrons ? Comment est affecté notre état habituel d'esprit livré aux sollicitations opposées du plaisir d'infliger un mal, et du sentiment que la personne de nos semblables est sacrée ? Je crois que l'effet d'une injure reçue est de suspendre pour un temps les sentiments de compassion, de sympathie, de respect et de laisser le champ libre pour les autres passions ; c'est de faire de l'individu un hors la loi, de retirer les barrières qui contiennent un flot toujours prêt à déborder, d'établir une batterie toujours chargée ; de tout cela il ne peut résulter qu'une chose. La protection qui entoure habituellement l'homme, sans laquelle il pourrait être à chaque instant victime de la chasse d'un autre homme, est momentanément supprimée quand il est pour quelqu'un une cause de souffrance ; il est exposé à la réaction que fera naître son acte, aux conséquences du réveil du sentiment du pouvoir dans cette personne attaquée. Le côté humain de ma nature, le sentiment de mon devoir, m'empêchent de donner un coup de pied à un chien qui passe ; voilà un résultat qui sans doute satisfait chez moi d'autres sentiments. Mais si l'animal aboie, veut me mordre, la souffrance ou l'appréhension tendent à détruire mes sentiments sympathiques, et le souvenir des droits de toute créature sentante ; sur quoi, je suis porté à me dédommager de ce que j'ai souffert en cherchant le plaisir d'infliger un mal. Je puis même aller plus loin, et me servir de l'occasion comme de prétexte pour en tirer plus de plaisir que ce qui aurait été l'équivalent de la souffrance : mais ceci dépasserait la mesure des exigences humaines ordinaires.

DIFFÉRENTES ESPÈCES DE COLÈRE

8. — Commençons par les animaux inférieurs. Ils manifestent avec force la furie de la passion destructive en atta-

quant leurs proies ou leurs rivaux, mais bien peu doivent arriver à ce degré de raffinement où l'on prend un pur plaisir à contempler ceux qui souffrent. Ils manœuvrent leurs armes offensives avec vigueur et se réjouissent naturellement de leurs succès. Ils ne jouissent guère des douceurs de la vengeance séparées des douceurs plus substantielles de la nourriture et de l'amour. On peut sans doute trouver quelque chose approchant du plaisir de la malveillance pure et simple dans les animaux placés au sommet de l'échelle, les singes, les quadrupèdes les plus intelligents, comme le chien et spécialement les éléphants. Bien des anecdotes racontent les fines vengeances des éléphants. Les singes sont presque capables de jouir de l'agonie de leurs victimes. Quand un certain nombre d'entre eux se forment en chaîne sur un fleuve pour faire un pont pour les autres, les singes qui traversent ce pont vivant, sont souvent assez méchants pour pincer ceux qui le forment, sûrs qu'ils sont d'échapper à toute vengeance.

On doit cependant dire que c'est de la pure colère lorsqu'un animal ayant été provoqué par une autre créature, réunit toutes ses énergies destructives pour accabler l'offenseur. Ce n'est pas seulement ici simple volution protectrice, c'est la volonté inspirée par le sentiment de la colère. Il est probable que beaucoup d'animaux se mettent sur la défensive parce qu'ils supposent que toute offense est dirigée contre leur personne ou leur propriété, et leur donne donc le droit d'être rencontrés *vi et armis*.

9. — Nous pouvons trouver les plus clairs caractères de la colère dans ces manifestations chez les enfants. « Les jeunes enfants, lorsqu'ils sont dans une rage violente, se roulent par terre sur le dos et sur le ventre, criant, mordant, battant tout ce qui les entoure. » Voilà ce que nous voyons chez nous ; et il semble tout à fait superflu de citer dans la personne de M. Darwin une autorité pour prouver que les enfants Indous ne se conduisent pas mieux que les nôtres. Il est beaucoup plus instructif d'observer la ressemblance parfaite qui existe sur ce point entre les enfants et les petits des singes qui ressemblent le plus à l'homme.

10. — Les variétés de l'émotion, dans la maturité de la vie changent en partie d'après les variétés de souffrance, d'injure, qui constituent le stimulus original. On peut attaquer un homme dans sa personne, dans sa propriété, sa réputa-

tion, ses relations sympathiques. Quelquefois c'est par un acte seul qui l'offense, d'autrefois cet acte ouvre la porte à une série d'offenses. En tout cas l'*intention* de l'offenseur doit toujours être prise en considération. Sitôt qu'il y a réparation morale on oublie facilement un mal fait sans intention; tandis que si nous savons qu'il était prémédité, nous en conservons un ressentiment profond. Les formes de la colère diffèrent beaucoup suivant les individus ou les races, elles se modifient avec la civilisation ou les changements dans les coutumes des peuples. Au milieu de toutes ces différences possibles, nous devons faire choix de quelques espèces bien reconnues et qui ont reçu des appellations caractéristiques.

Nous avons d'abord à établir la distinction entre le ressentiment soudain et celui qui est prémédité.

Un soudain éclat de colère est provoqué par un choc inattendu et dépend de l'irritabilité de la constitution. On dit de quelques caractères qu'ils sont *vifs*, voulant dire par là que les passions, les mouvements agissent rapidement sur eux. Ce n'est pas seulement la colère qui se propage rapidement et avec énergie dans ces tempéraments, mais encore la peur, l'étonnement, toutes les passions. On applique encore à ces caractères le mot *nerveux* parce qu'on suppose que les nerfs à cause de leur susceptibilité supérieure, jouent leur rôle et contribuent à cet effet. La colère, lorsqu'elle naît brusquement, correspond aux impulsions les plus naturelles, les plus profondes de l'individu. Lorsque nous sommes brusquement mis en demeure d'agir, c'est alors que nos instincts originaux, et nos habitudes acquises se font jour sans déguisement. Dans ce cas l'acte naît seulement du choc actuel et exclut tout appel aux circonstances environnantes, ou collatérales. Ainsi le ressentiment subit tend à être aussi excessif que hâtif, de là l'espèce de mal qui en résulte. Dans les relations compliquées de la vie, les décisions instantanées doivent être souvent mauvaises, et les impulsions irréfléchies d'un ressentiment soudain doivent être souvent regrettées. Cependant l'égalité d'âme est très exposée, ainsi que nous l'avons déjà remarqué, à être troublée par les coups soudains et vifs; la volition préventive, le flot d'amertume que fait naître la violation de la personnalité, la tendance à la vengeance, se réunissent en un courant violent, dont la force s'accroît encore si le tempérament est vif ou nerveux. Ainsi, c'est en se persuadant que ces impulsions soudaines ont besoin d'être tenues en échec par la raison, que tout homme se garde de les provoquer inutilement.

11. — Le plus ample champ d'observation permet d'étudier la colère préméditée. Comme elle implique la considération de toutes les circonstances qui entourent l'injure primitive, aussi bien que les conséquences de la vengeance, nous pouvons la considérer comme un nom générique qui s'applique aux formes d'émotions qui se développent dans les esprits cultivés ou les nations civilisées. Cela permet de faire appel à quelques principes de conduite, à des règles de justice, des commandements religieux, ou à des maximes reçues dans la société ; cela permet de parler de la punition des malfaiteurs et du maintien de l'ordre.

La vengeance, c'est la colère arrivée à son plus haut degré. C'est le terme qui exprime le désir qu'éprouve la personne offensée d'infliger un mal pour apaiser sa colère. Là où la passion est très forte, on est sûr de voir apparaître la vengeance, puisqu'en somme celle-ci est le mode de conduite qui atteste l'existence de la colère. Lorsque l'injure a été grande, lors même que cette grandeur serait imaginaire, lorsque la personne offensée est difficile à satisfaire, la vengeance n'a pas de limites naturelles. Bien souvent nous ne pouvons arriver à une vengeance actuelle, nous sommes obligés d'en jouir à l'avance et en imagination, d'en tirer une satisfaction idéale. Les caractères implacables sont nombreux dans l'histoire. Les guerres d'extermination entre les tribus et les peuples, les vengeances du parti vainqueur, les proscriptions atteignant les rivaux de ceux qui gouvernent, remplissent les pages des annales de tous les pays. Quelquefois la vengeance est une simple satisfaction donnée à une blessure qui s'envenimait, un soulagement après une souffrance réelle ; quelquefois il semble qu'on entretienne la blessure afin de mieux goûter les douceurs de la vengeance. On pourrait produire beaucoup d'exemples pour prouver que ces raffinements existent. On n'a qu'à se rappeler l'histoire du général carthaginois Annibal (1).

(1) Hamilcar, le grand père d'Annibal, avait été tué à Himera en Sicile ; son petit-fils, en 409, envahit cette île et prit la ville. Il fit massa-

12. — On ne doit pas oublier ici le terrible état d'esprit qu'on appelle antipathie ; c'est une des nuances, une des variétés de la passion malveillante. Ce n'est pas contre l'auteur d'une attaque à notre propriété ou à notre personne, que naîtra ce sentiment extrême ; mais ce seront les choses qui froissent nos sensibilités esthétiques, les animaux et les êtres humains qui dégoûtent, qui provoqueront le retrait nécessaire de notre sympathie protectrice. Les usages, les opinions des étrangers produisent souvent cet effet.

Lorsqu'on met en pratique la doctrine de la libre pensée pour se séparer des théories que nous respectons particulièrement, on se heurte à bien des antipathies. Cependant, là, on aperçoit l'orgueil de la puissance blessé, et qui se venge lui-même en espèce.

La crainte entre comme élément constitutif dans l'antipathie. Cela vient en partie de la prise qu'offre l'esprit aux influences de la peur, et en partie de la nécessité de faire des

---

crer les citoyens par ses soldats ; voici comment raconte ce fait l'historien de la Grèce :

« Le général carthaginois put s'enorgueillir le jour où il fut le maître d'Himera, où il put remplir comme un devoir la vengeance que demandait de lui la mort de son grand-père. L'accomplissement du projet longtemps chéri fut vraiment tragique. Ce ne furent pas seulement les murs et les temples (comme à Sélinus) qui furent rasés, mais encore toutes les maisons d'Himera. Les temples dont on avait arraché tout ce qui avait quelque valeur furent brûlés. Les femmes et les enfants captifs furent distribués comme récompense aux soldats. Mais tous les hommes au nombre de 3,000 furent réunis dans le lieu où Hamilcar avait été tué, et là, furent indignement mis à mort comme pour expier la perte de son honneur. Enfin, pour que le nom même d'Himera disparût, les Carthaginois fondèrent peu de temps après aux environs une ville qui fut appelée Therma (à cause des sources chaudes).

Nul homme ne peut lire aujourd'hui sans dégoût et sans horreur le récit de ce massacre en masse. Cependant il est hors de doute que c'est l'acte de sa vie dont Annibal était le plus glorieux, celui qui renferme de la façon la plus complète, la plus accentuée, ses différentes inspirations, sa piété filiale, ses sentiments religieux, son honneur de patriote : être généreux cela aurait été se montrer rebelle à tous ses principes d'action ; et si les prisonniers avaient été plus nombreux, le sacrifice expiatoire n'en aurait été que plus honorable et plus efficace. Dans la religion de Carthage les sacrifices humains n'étaient pas seulement admis, ils passaient pour la plus grande des manifestations de dévotion, et devenaient plus nombreux lorsque le malheur arrivait, et qu'il fallait se rendre les dieux propices. Sans aucun doute l'armée partageait cordialement les sentiments d'Annibal et enviait la plénitude de sa vengeance. Voilà jusqu'à quel point sont différents et même opposés les principes directeurs du sentiment moral à des âges différents, dans des nations diverses. »

efforts pour prévenir le mal. Les animaux qui excitent la plus grande aversion ne sont pas seulement ceux dont l'aspect est repoussant, mais aussi ceux qui mordent et sont vénimeux. L'antipathie excitée contre un individu peut être fortement accentuée par un certain total de crainte : mais il ne faut pas aller trop loin ici, parce qu'on arriverait à la prostration des énergies actives sans lesquelles la colère ne peut longtemps se soutenir.

13. — La haine est une *affection* permanente fondée sur la colère, comme l'amour l'est sur la tendresse. Les causes les plus ordinaires de la haine sont le sentiment qu'on a fait à une personne un tort qu'on n'a jamais réparé, qu'un individu a un caractère malveillant, qu'une personne occupe une position qu'elle ne mérite pas et dont elle prive une autre. La simple aversion pour un caractère, une ligne de conduite, et même pour le seul extérieur d'une personne, à laquelle on n'est pas hostile pour cela, engendre souvent une antipathie habituelle.

La répétition d'occasions de se mettre en colère, finit par aboutir à une attitude permanente peu bienveillante, et qui rend l'individu toujours prêt à agir en vue de la vengeance, à chercher des moyens d'abattre son provocateur. Pour arriver à vraiment haïr il ne faut qu'être d'un caractère irascible et être placé dans une situation où l'on est exposé à de fréquentes offenses. C'est par là que les rivalités, l'exercice de l'autorité, les grandes inégalités de condition, sont des causes de haine, avec l'esprit de parti. Sous l'influence de ce sentiment les hommes sont affectés par les émotions fortes, dans une direction définie. Ils tirent une partie de leur bonheur de leurs sentiments d'animosité, ils agissent volontiers pour les satisfaire, ils les maintiennent en idée, si bien qu'ils en ont l'esprit constamment occupé. Enfin ils en arrivent à croire de leurs adversaires tout ce qui s'harmonise avec leur haine. Les réunions en sectes et factions donnent carrière au développement de ce sentiment, car d'un côté elles permettent de satisfaire au besoin de relations sympathiques, et d'un autre côté elles provoquent les manifestations tout aussi naturelles de l'antipathie. C'est ainsi que les rapports des individus avec leur parti, leur secte religieuse, politique ou autre, sont parmi les grands intérêts de la vie. L'existence de l'esprit amer du sectaire dans toutes les époques de l'histoire, prouve jusqu'à quel point la haine est naturelle à l'homme.

14. — On peut encore éclairer la question en donnant un coup d'œil aux situations d'hostilité, de guerre, ou combat actuel entre deux partis opposés, qui nous font voir où naît la passion et où elle finit et est satisfaite. On a souvent remarqué que les rivalités, la polémique, étaient les stimulus suprêmes des énergies humaines; ce qui est une manière d'exprimer le lien intime qui unit l'activité à la haine. L'attitude hostile des êtres humains varie d'après l'idée qu'un parti se fait du parti adverse. Une offense involontaire peut provoquer un éclat soudain et momentané qui s'apaise facilement. Aussitôt que nous savons qu'on n'avait pas l'intension de faire mal, nous acceptons des excuses et sommes satisfaits. Convaincus que l'inviolabilité absolue est impossible dans le monde et que le hasard nous expose à bien des maux accidentels, nos esprits sont préparés à laisser passer les offenses involontaires sans avoir la satisfaction d'infliger un mal correspondant à l'offenseur. Puisqu'il n'est pas absolument nécessaire de se venger pour apaiser la colère, on peut étendre cette discipline imposée à l'esprit, si besoin est, à tous les autres cas. Lorsque l'offense est involontaire mais provient de l'indifférence, de la négligence de l'offenseur, la personnalité blessée n'est pas si facilement apaisée. Nous considérons alors que l'offenseur a négligé les précautions indispensables auxquelles nous sommes nous-mêmes tenus, et dont l'oubli général produirait de grands malheurs; nous sentons que le mal n'est pas seulement pour nous, mais encore pour les autres, et nous ne nous croyons plus obligés à supprimer notre colère sans la satisfaire. Un troisième cas se présente, c'est lorsqu'une personne sans désirer ou sans savoir nous faire du mal, poursuit ses propres fins qui se trouvent contrarier nos sentiments et nos intérêts. Voilà une cause bien fréquente de préjudices. Des personnes qui n'ont aucun mauvais vouloir contre leurs semblables, sont souvent entièrement indifférentes au bonheur des autres pendant qu'elles poursuivent le leur, ne ressentent aucun regret des maux qu'elles causent. Nous ne pouvons nous considérer comme forcés de supprimer nos sentiments irascibles envers cette classe d'offenseurs; notre indignation légitime nous semble le frein nécessaire qu'il faut opposer

à un tel égoïsme. Le quatrième cas dans lequel nous pouvons être lésés, est celui où l'offense est délibérée, voulue, avec ses caractères limités ou non. Cela nous dévoile un tel état d'esprit, une telle suite possible de maux, que nos sentiments irascibles profondément émus crient vengeance. Lorsqu'avec cela nous avons conscience de n'être pas les causes de l'offense et que c'est volontairement, gratuitement que notre semblable nous fait tort, la provocation est complète.

Quand, en exerçant les représailles, nous rencontrons résistance, opposition, la guerre s'ensuit. Chaque parti enflammé par un sentiment d'offense, emploie toutes ses forces à ruiner l'autre. Ceci provoque des efforts volitionnels extraordinaires que nous avons notés comme conséquence de la souffrance, encore plus de la résistance, et que l'on rencontre, surtout au plus haut point dans le combat actuel. Même en mettant à part l'amertume de la personnalité blessée qui demande vengeance, la position du combattant stimule l'énergie volontaire de façon à la développer au plus haut degré. Lorsqu'on ajoute à cela l'esprit de vengeance, la furie devient diabolique.

Les armes de l'hostilité changent beaucoup suivant les circonstances et les caractères respectifs des partis rivaux. En dehors la lutte physique de deux hommes engagés dans un conflit mortel, nous remarquons la substitution d'autres modes d'attaque à ceux qui causent un dommage corporel. La calomnie et l'injure sont les armes habituelles des factions et des rivaux qui vivent dans la même société ; et, nous savons jusqu'où elles peuvent atteindre. Chacun n'aura qu'à se rappeler l'élection contestée, la dispute locale, la querelle de famille dont il aura été témoin. Avec le raffinement intellectuel, le sarcasme, les insinuations remplacent les grossières injures. Quelquefois un procès sert d'arène à la lutte. Enfin au degré le plus éloigné, le plus opposé à la lutte corporelle, on trouve les débats entre les opinions et les doctrines contraires. L'esprit d'hostilité n'a pas changé, mais le mode d'action n'est plus le même. Le goût pour la polémique, la contradiction, l'amour du paradoxe sont des modifications du sentiment irascible.

15. — Le Dr Chalmers, dans une dissertation sur les penchants vicieux a adopté une suite d'explications qui tendent à faire douter de l'innéité (*genuineness*) des plaisirs de la

malveillance (1). Mais bien que l'exercice du ressentiment soit accompagné de souffrances accidentelles nombreuses, cependant le seul sentiment de la vengeance satisfaite est un plaisir aussi réel, aussi indiscutable que toutes les autres formes du bonheur humain. L'injure, la violation comprises dans la provocation originale, les dommages postérieurs qui suivent la punition de l'offenseur, ne sont qu'une partie des maux qui s'attachent au cas. Souvent la présence dans le même cœur de tendres sympathies et de chaudes affections sont la cause d'une lutte très pénible qui s'ajoute aux autres souffrances. Mais si nous admettons que les impulsions contraires sont la preuve de la souffrance inhérente à l'émotion de la colère, nous devons aussi les considérer comme la preuve de la souffrance inhérente à l'amour. Il y a des

(1) « La tendresse, l'honnêteté, la loyauté sont, en elles-mêmes, et sans compter leur légitimité, douces pour l'homme intérieur. La méchanceté, l'envie, la mauvaise foi, l'injustice, sans compter que ce sont des passions mauvaises, ont l'amertume du fiel et de l'absinthe. » — « L'observateur le plus ordinaire de ses propres sentiments, bien qu'incapable d'analyse, doit sentir au moment où il satisfait pleinement son besoin de vengeance sur l'homme qui l'avait provoqué ou offensé, que tout n'est pas parfait en lui, et que là comme dans tout autre sentiment malveillant il y a un lourd fardeau d'inquiétude, de malheur qui trouble le cœur et se peint d'une manière visible dans toute la contenance. Le tyran féroce, dont la cruauté n'a pas de frein, peut satisfaire chaque jour ses caprices barbares et ses colères violentes par de nouvelles exécutions, mais nous nous tromperions en croyant qu'à travers ces satisfactions journalières, il n'endure pas des tourments intimes violents. »
Les réflexions du plus philosophique des historiens de la Grèce, sur le sacrifice des prisonniers à Himera par Annibal, sont bien plus vraies, bien plus justes. C'est avec la même impartialité et la même justesse que le même auteur dépeint le luxe de vengeance satisfaite que déployèrent les Athéniens en condamnant Phocion. Après la destruction de la démocratie athénienne par le général macédonien Antipater (322) Phocion se prêta lui-même au vainqueur pour exécuter ses décrets, humilier et abattre sa patrie, puis pour en administrer les affaires comme principal agent d'Antipater. A la mort d'Antipater un autre général macédonien (Polysperchon), se rendit maître de la Grèce. Il rappela les nombreux exilés politiques, accorda de libres constitutions à diverses cités, Athènes comprise. Cet événement força Phocion à paraître devant les Athéniens pour leur rendre compte de sa conduite criminelle. L'assemblée devant laquelle il comparut était composée en grande partie des citoyens qui revenaient du dur exil auquel les avait condamnés Antipater.
« Quand ces citoyens virent Phocion pour la première fois depuis leur retour, l'antipathie commune qui les animait éclata en de furieuses manifestations. Agonides, principal accusateur, puis Epikurus et Demophilus, trouvaient leurs accusations agréables, savourant d'avance la peine, lorsqu'ils faisaient de Phocion un criminel qui avait prêté la

moments où l'exercice de nos affections est excessivement pénible, c'est lorsque leur objet excite notre colère. Alors il est bien pénible d'aimer et mieux vaudrait n'avoir dans le cœur que de l'irascibilité. C'est ainsi que, lorsque les sympathies et les affections sont peu développées dans le caractère, et que les passions contraires sont extraordinairement fortes, la jouissance de la malveillance pure devient intense, sans mélange. Rien, si ce n'est un mal venant des maux qu'on a infligés aux autres, ne peut alors interrompre la joie du ressentiment satisfait, le vrai bonheur de l'acteur qui sait se précautionner personnellement. On rencontre parfois dans la vie réelle ces caractères vraiment diaboliques que l'on trouve si souvent dans les romans. Le Quilp de Dickens en est un spécimen bien instructif. Le tempérament irascible à ce degré extrême, n'a pas besoin d'un offenseur actuel, il s'attaquera aux choses et aux personnes les plus étrangères, les plus innocentes.

main au renversement de la constitution, aux souffrances de ses concitoyens déportés, à la soumission des Athéniens à un potentat étranger ; ils ajoutaient à cela la trahison de Peirœus pour Nikanor, et montraient ce nouveau crime courbant plus que jamais les Athéniens sous le joug de Cassandre, alors qu'un édit impérial récent venait de leur promettre l'autonomie. Lorsque l'accusation fut formulée, Phocion fut appelé à se défendre, mais il lui fut impossible de se faire écouter ; à la fin, désespérant du cas, il s'écria : « Pour moi, Athéniens, je me reconnais coupable, je prononce contre moi la sentence de mort pour ma conduite politique ; mais pourquoi allez vous juger ces hommes qui sont près de moi et qui sont innocents ? » — « Parce qu'ils sont vos amis, Phocion, » cria-t-on de tous côtés. Phocion alors se tût ; Agonides proposa alors à l'assemblée de décider par élévation des mains si les accusés étaient coupables ou non ; et s'ils étaient coupables de les condamner à mort. Quelques personnes crièrent que la torture devait précéder la mort ; mais cette proposition sauvage, si contraire au respect que la loi athénienne professait pour le citoyen, fut repoussée non seulement par Agonides mais encore par l'officier macédonien Kleitus. Le décret de mort passa, toutes les mains se levèrent pour l'approuver, tous les citoyens se levèrent pour augmenter encore la grandeur de cette manifestation de leurs sentiments, quelques-uns allèrent jusqu'à mettre des couronnes comme pour fêter une victoire. Pour beaucoup sans doute, ce moment donné à la satisfaction de sentiments unanimes de colère qu'ils considéraient comme légitimes et même comme patriotiques, dût être un des moments les plus heureux de leur vie. »

L'exemple ci-dessus est peut être un des plus remarquables qu'offre le monde ancien. Les transports furieux qui accompagnèrent l'exécution de Robespierre, surpassent pourtant ceux des Athéniens.(V. la description de Michelet, *Histoire de la Révolution française*, liv. XXI, chap. 10.)

La tragédie du Dr Young, *Zanga ou la Vengeance de l'Esclave*, est la traduction poétique de la même idée.

16. — Parfois, dans les occasions spéciales, on qualifie la colère de « juste indignation », c'est lorsque quelque grand crime, ou quelque tort flagrant, en est la cause. Les gens qui violent ouvertement la loi, qui empiètent sur les droits des bons citoyens, les tyrans, les oppresseurs de l'humanité excitent cette sorte de sentiment. Une nation qui se lève tout entière pour secouer le joug d'un despote peut être animée d'une juste colère. On a toujours pensé que cette forme de la colère ne messeyait pas aux plus grands esprits, puisqu'elle est justifiée par l'occasion qui la fait naître. C'est quelque chose de différent quoique de même espèce que ce qu'on appelle une « noble colère », c'est la colère sous un aspect intéressant, poétique, qui plaît dans une grande scène, un spectacle ou un drame émouvant. La colère d'Achille était théâtrale et non juste. Au point de vue du spectateur, les développements de la passion irascible sont intéressants : et nous décorons du mot « noble » ce qui inspire un puissant intérêt esthétique. Le même tyran qui a allumé dans les cœurs une flamme de juste indignation devient pour le peintre et pour le poète, lorsqu'il résiste seul à la populace ameutée, un sujet émouvant ; voilà la différence qui existe entre nos sentiments moraux et esthétiques.

17. — En morale, et pour maintenir l'ordre dans le monde, le ressentiment est un instrument puissant. Ce n'est pas seulement le choc que produit la colère, mais encore l'expression ou l'aspect de l'émotion qui inspire la crainte et invite les hommes à agir pour l'éviter. La colère forme comme un mur de feu autour de nous. Quand on gouverne les hommes on peut, en manifestant un sentiment de colère, mettre un frein à la désobéissance.

D'un autre côté cette passion est une des grandes sources des désordres qui troublent la vie. Une injure, réelle ou supposée, excite la soif de la vengeance, et les manifestations de celle-ci, si elles ne domptent pas l'offenseur, ne font que provoquer de nouveaux actes d'agression. Ainsi par un procédé d'action et de réaction, le mal va se multipliant lui-même, et à chaque pas en avant écarte de plus en plus tout espoir de réconciliation. Une simple irritation devient une haine véritable, les individus sont atteints, les lois violées, et le principe du mal règne en vainqueur.

CHAPITRE X

L'ÉMOTION DE LA PUISSANCE

1. — (1) Dans mon précédent volume j'ai parlé des sentiments divers qui naissent dans l'exercice des organes musculaires. J'ai dit que ces sentiments étaient très agréables lorsque le corps est sain, fort, dispos, et qu'ils sont un des éléments de la conscience agréable qu'on a de son activité.

(1) Dugald-Stewart est extraordinairement heureux dans la manière dont il expose l'œuvre du sentiment du pouvoir :

« En général, on peut observer, que lorsque nous nous considérons comme les causes d'un effet, nous sentons une sorte d'orgueil, parce que nous sommes conscients de notre *puissance* ; ce plaisir est le plus souvent proportionné à la grandeur de l'effet produit, comparée à la petitesse de l'effort.

« Ce qu'on appelle communément le plaisir de l'activité, est en réalité le plaisir de la *puissance*. L'exercice simple ne fait naître aucun effet sensible, n'est suivi d'aucune jouissance, ou d'une jouissance presque nulle. La jouissance, lorsqu'elle existe est purement corporelle.

« L'enfant, encore dans les bras de sa mère, trouve son bonheur dans l'exercice de ses petites forces qu'il applique à toucher tout ce qu'il peut atteindre ; et il est très humilié lorsque quelque accident vient lui prouver son impuissance. Les passe-temps de l'enfant, presque sans exception, peuvent tous lui suggérer l'idée de son *pouvoir*. Quand il jette une pierre, tire une flèche, il est heureux de pouvoir produire un effet à une certaine distance de sa personne ; pendant qu'il mesure la distance des yeux, il contemple avec plaisir l'étendue que sa puissance a fait franchir au projectile. C'est en partant du même principe qu'il aime à mesurer sa force avec celle de ses compagnons, et à jouir de la conscience de sa supériorité. Nous n'avons pas besoin de chercher dans les dispositions malveillantes de notre nature, un autre motif des actes de cruauté apparente qu'il accomplit au détriment des animaux inférieurs ; dans ces cas là, les souffrances de l'animal lui échappent complètement, ou du moins sont oubliées dans cet état de plaisir triomphant que communique à un esprit faible et irréfléchi un fol abus de *pouvoir*. Les jeux actifs du jeune homme captivent son imagination en lui suggérant

L'effort mental considéré seulement comme l'exercice d'une des activités du système est de même une jouissance.

Nous éprouvons de la satisfaction à atteindre le but de nos efforts. Dans tout effort *volontaire* deux choses influent sur l'esprit : l'état d'activité ou l'exercice ; la fin, le but à poursuivre. L'animal rôdant pour trouver sa proie et le paysan qui bêche sa terre éprouvent ce double effet. Ainsi le travail, qui est l'exercice pour se procurer une satisfaction ou pour éviter un mal, est une situation compliquée ou composée et l'émotion qui en résulte est également composée. La grande variété des modes d'exercice actif d'un côté, celle des effets agréables de l'autre, conduit à une classe nombreuse d'émotions composées qui se rapportent à la région de notre activité. Quand un effort très naturel de notre part produit un effet très agréable, la réunion de ces deux plaisirs doit nécessairement créer une jouissance intime. Une combinaison aussi heureuse n'est pas habituelle ; ou bien l'espèce d'exercice qui nous plaît le plus ne produit pas d'aussi doux fruits, ou bien, pour atteindre nos fins favorites, il faut des travaux peu attrayants.

Le plaisir propre du pouvoir est quelque chose de plus que

les idées de la force corporelle, de la force d'esprit, de la valeur, du danger. Ce sont les mêmes occupations que Virgile fait justement pratiquer à son jeune Ascagne ;

> At puer Ascanius mediis in vallibus acri
> Gaudet equo ; jamque hos cursu, jam præterit illos ;
> Spumantemque dari pecora inter inertia votis
> Optat aprum, aut fulvum descendere monte leonem.

A mesure que nous avançons en âge, comme notre puissance animale diminue, nous cherchons à augmenter notre influence sur ceux qui nous entourent, à les dominer soit par notre fortune ou notre position, soit par notre intelligence, ce qui est plus flatteur, par l'étendue de notre savoir, soit par une supériorité marquée dans l'art de persuader et d'agir avec adresse. Combien l'orateur doit se complaire dans l'idée de sa puissance, lorsqu'il dirige une assemblée, qu'il impose le silence à ses adversaires par son seul génie, qu'il fait converger vers son but les désirs et les passions, et que, sans avoir recours à la force, au faste qui en impose, il devient l'arbitre des nations !

« Nous devons rapporter au même principe une partie du plaisir qui accompagne la découverte des théorèmes scientifiques généraux. De telles découvertes nous mettent en possession d'une foule de vérités ou de faits particuliers, nous ouvrent la clef d'une masse de connaissances dont nous n'aurions pu nous servir auparavant. Elles augmentent en un mot notre *puissance intellectuelle* comme une machine, un engin, augmente le pouvoir mécanique du corps humain. »

le simple effort fait en vue d'un but. Il naît de la comparaison entre les manières faciles ou difficiles d'agir. Lorsque la difficulté d'une opération est uniforme, les sentiments qui y sont liés sont ceux que nous avons déjà mentionnés ; le plaisir (ou la souffrance) de l'action et le plaisir du but. Mais supposons qu'une œuvre d'abord accomplie avec beaucoup de peine ou de difficulté, le soit ensuite avec beaucoup de facilité ; dans ce cas le passage d'un état à l'autre donne naissance à un autre sentiment qui appartient à la classe des sentiments de relativité ou de comparaison, c'est une réaction joyeuse, dont l'intensité correspond à la grandeur, à la brusquerie du changement ; il se forme dans l'esprit une dépression correspondante quand l'ordre des choses est renversé et qu'on passe du facile au difficile. Ainsi, après une lutte longue et douteuse, lorsque nous sommes vainqueurs, il se produit une joyeuse manifestation excitante particulière à la condition du contraste.

J'ai déjà décrit l'émotion en tant que conscience d'une *puissance* supérieure, force ou énergie, avec présence devant l'esprit d'un degré inférieur qui permet la comparaison.

2. — La possession et l'exercice du pouvoir donnent, à part toute autre considération, un plaisir de premier ordre. La genèse supposée de ce sentiment semble imparfaite. La situation simple que l'on suppose est celle-ci : une personne ne peut faire une chose aujourd'hui, elle la fait demain ; ou bien elle a conscience de quelque augmentation dans les aptitudes mentales ou physiques, c'est ce qui donne naissance aux sentiments de la jeunesse qui se sent croître, sentiments qui sont incontestablement très agréables ; mais est-ce là une base suffisante pour la jouissance si grande que donne l'exercice d'une vaste influence dans le monde ?

Je suis disposé à penser que tout plaisir procuré par un succès remporté contre soi-même, est insipide ; c'est comme lorsqu'on est seul à jouer. La joie du pouvoir, de la supériorité, n'arrive à son plus haut degré que lorsque ce succès atteint une autre personne ; l'élément personnel ou sociable semble nécessaire pour que la puissance soit douce à celui qui l'exerce. Une des choses qui fait que l'homme intéresse l'homme, c'est la possibilité de la domination. Tous les exemples rapportés pour montrer les jouissances du pouvoir, sont en faveur de cette opinion.

3. — L'émotion de l'amour a illustré l'intérêt social sous sa forme la meilleure et peut-être la plus intelligible, l'attachement et la tendresse réciproques. Avec l'émotion de la colère nous avons vu des sentiments agréables de la plus haute importance engendrés par des relations sociales qui sont le contraire d'amicales. Auxquels de ces sentiments celui du pouvoir se rattache-t-il le plus aisément ? L'hypothèse de Stewart est plausible : le pouvoir serait le fondement du plaisir de la malveillance. Les faits cependant s'adaptent également à la supposition contraire : la malveillance est la base de la jouissance de la puissance. Il y a en réalité un grand rapport entre les deux situations. Que nous éprouvions une grande et profonde satisfaction à nous venger, cela est indéniable. La souffrance obverse comprend, outre la peine, un sentiment de dégradation, d'humiliation envers celui dont on est la victime. Maintenant, c'est un incident dans la possession du pouvoir que d'être le vengeur et non le vengé. En fait, lorsque nous sommes très puissants nous pouvons jouir de la souffrance des autres, sans, ou avec un prétexte d'injure, pendant que nous pouvons échapper à cette souffrance.

J'ai peur que le plaisir de la puissance sous sa forme la plus grossière, la plus brutale et peut-être aussi la plus stimulante, soit le plaisir de faire souffrir les autres, d'accomplir sans prétexte ce que la colère fait avec justification. Les deux sentiments sont donc presque identiques au fond. Et la malveillance pure correspondrait aux excès du pouvoir plus encore qu'à ceux de la colère.

4. — Mais la puissance est un nom qui couvre beaucoup de choses et toutes ne ressemblent pas à la cruauté basse. Le pouvoir a un grand nombre de points de ressemblance avec la propriété et la richesse, comme elles il comprend les moyens d'acquérir ce qui est agréable aux sens et d'éviter ce qui est désagréable. Il peut le faire directement en employant les autres; ainsi un homme qui a beaucoup de serviteurs leur ordonne de faire ce qu'il désire ; il peut le faire indirectement en mettant la main sur des possessions autres, comme le maraudeur. Enfin le pouvoir provoque la flatterie et la servilité.

De plus les plaisirs de l'amour dépendent du pouvoir. On chasse les rivaux, on exerce un protectorat, on gagne l'affection. Si un homme a des idées larges, généreuses, philanthropiques, il a besoin de puissance pour vaincre les oppositions, et avec cela il peut être aussi doux avec le tyran brutal et grossier qu'avec l'esprit le plus bienveillant.

Nous voyons ainsi que la valeur considérable qu'on attribue justement aux plaisirs de la puissance vient, non pas du sentiment mesquin qui anime l'homme remuant actuellement une pierre qu'il ne pouvait soulever six mois auparavant, mais de l'identification de ces plaisirs aux trois grandes sources de la sensibilité humaine, les sensations agréables, la colère, l'amour. Cette valeur s'augmentera chaque fois que s'ouvrira une nouvelle source de plaisir ou que les anciennes deviendront plus abondantes.

5. — L'agrégat qu'on appelle sensations agréables comprend les moyens d'obtenir les plaisirs des sens et d'en éviter les souffrances ; une de ces sensations est plus que toutes les autres identifiée à la possession du pouvoir ; c'est l'élément musculaire qui renferme les deux extrêmes : peine excessive, exercice délicieux. Quand, par une augmentation de puissance ou de moyens d'une espèce quelconque, nous passons du labeur à l'aisance, la réaction est agréable et augmente sans doute à la vue de nos semblables dans l'état premier par lequel nous avons passé. Attendu que le travail (qui dépasse de beaucoup la limite où l'exercice est une jouissance) est la trame de notre existence, tout ce qui l'écarte pour un temps est le bienvenu ; et de quelque nom que nous qualifions cet accident heureux, il désignera ce qui fait le bonheur d'une vie.

Le génie d'Addison décrit par Pope est aussi enviable que rare :

« Né pour vivre, causer et écrire *sans peine*. »

Le sentiment du sublime ne semble pas devoir nécessairement contenir le sentiment du pouvoir qu'on a sur les destinées des êtres vivants (quoique cela arrive souvent) ; mais il comprend au moins le sentiment de réaction agréable après l'oppression du travail. Quant, après avoir exercé nos facultés jusqu'aux limites extrêmes de travail qu'elles peuvent supporter, nous arrivons à être incapables ou presque, d'atteindre nos fins, si alors nous sommes transportés à un état où nous obtenons tout ce que nous désirons à la suite d'un effort renfermé dans les limites de l'exercice agréable, nous jouissons de la plus grande des satisfactions que puisse procurer la forme la plus simple du sentiment du pouvoir. Cette jouissance n'est cependant que le sentiment qu'on est délivré d'une grande masse de souffrances physiques, avec lesquelles est nécessairement liée l'idée d'autres privations qui nous transportent dans les régions lointaines de la sensibilité. Le laboureur avec ses rudes travaux, s'il est doté d'une situation aisée éprouvera plus qu'un soulagement physique musculaire; il jouira, en outre, du sentiment que toutes ces améliorations sont stables, et peut-être du luxe de se sentir supérieur à quelque rival envieux.

Une locomotion facile comparée à la marche à pied pénible, la faculté de commander à des instruments de mouvement ou aux animaux et aux forces physiques, tout cela supprime la fatigue musculaire. On éprouve un sentiment de soulagement et de reconnaissance pour les armes à longue portée qui étendent notre puissance en frappant au loin.

6. — Si la puissance est ainsi une émotion dérivée ou composée, ses manifestations au point de vue *physique* ne seront pas nouvelles. Liée avec la propriété et avec la délivrance du travail et de privations désagréables des sens, son expression est joyeuse, débordante même, sans autres caractéristiques spécifiques. Sous son aspect qui la rapproche le plus de la colère, l'exercice malveillant du pouvoir, l'expression est correspondante et nous l'avons déjà décrite dans la colère.

La contenance raide et altière d'un homme conscient de la supériorité de son pouvoir est une preuve de l'effet excitant et satisfaisant de la situation et de son alliance avec la mise en œuvre d'une activité qui contraste non seulement avec la faiblesse, mais encore avec l'inaction de l'amour.

Le succès dans une lutte entre deux forces et la défaite de l'ennemi sont des causes spécifiques de *rire*. La seule raison que l'on puisse donner de cet effet, c'est qu'après un grand effort d'activité nous avons besoin de lâcher la vapeur; c'est ce qui produit l'éclat de rire spasmodique. Par une association très longue devenant peut-être une transmission héréditaire, le rire s'est si bien lié au pouvoir, à la possession, à la victoire, qu'il est devenu le mode de donner cours aux plaisirs aigus en général; en même temps, à cause des mêmes associations, c'est une de nos plus grandes souffrances que de voir qu'on rit de nous.

7. — C'est seulement par intervalle que nous jouissons du pouvoir en exercice actuellement. C'est par extension idéale qu'il occupe une plus grande place dans notre esprit. Le souvenir du passé, l'anticipation de l'avenir, la conception du possible augmentent dix et vingt fois les douceurs du pouvoir. Les signes de puissance, les conditions environnantes, sont presque toujours présents au possesseur et de quelque façon dont il en jouisse dans l'idéal, ce sont toujours de puissants stimulants.

Cependant si la jouissance était limitée au possesseur actuel, les plaisirs du pouvoir auraient une action très bornée ; voir ce pouvoir chez une personne, c'est souvent l'indice qu'on trouvera la servitude chez beaucoup d'autres. Mais l'émotion de la puissance est de celles qui peuvent être idéalisées sans possession actuelle ; elle étend ainsi son domaine et devient, quoique sous une forme plus faible, un plaisir universel.

La possession pour soi-même d'une grande force physique est si agréable, que nous jouissons de la vue d'un homme vigoureux, aux mouvements musculaires faciles et puissants. Il semble que la contemplation en idée d'une telle vigueur nous élève pour un instant au même degré de puissance. Et cela est si réel, que nous nous arrêtons devant un homme aux forces physiques puissantes, et qui surpasse tous ses compagnons dans ses exercices musculaires. C'est sur cette tendance qu'étaient fondées des institutions comme les jeux grecs ; c'est un témoignage important de la fascination qu'exerce la puissance, même en idée. Une telle fascination doit être faite d'éléments d'une importance notable ; il doit y entrer les plaisirs les plus choisis des sens, les exemptions de souffrances ; les deux grandes sources émotionnelles, l'amour et la malveillance doivent apporter leur contribution. Nous avons déjà vu qu'au delà de l'exercice agréable, il y a une réaction délicieuse. Nous pouvons imaginer quelle puissance de protectorat est enfermée dans une grande personnalité ; et nous sommes également frappés, peut-être plus, de la malveillance efficace que peut enfermer un tel être. Tous ces courants de sentiment idéal se réunissent pour former le plus grand charme de la contemplation de la puissance. Quand une tribu élit pour chef son membre le plus fort physiquement, et lui obéit à cause de cela, les sentiments de respect et de loyauté sont faits de ces éléments divers ; et nous ne sommes pas surpris d'apprendre que les vainqueurs des jeux olympiques devenaient souvent à leur retour les chefs et même les despotes de leurs cités.

8. — Tous les signes, les apparences, les conditions extérieures du pouvoir ont de l'intérêt pour celui qui l'observe. L'apparence de la force attire d'abord l'attention sur la personnalité ; puis, viennent les effets ou résultats de la force, les travaux, les changements qu'elle accomplit. Une digue massive opposée à la fureur des flots, un arbre gigantesque qui a survécu à d'innombrables orages, les lignes des Torres Vedras, remplissent notre esprit du sentiment de la puissance en tant que résistance. Mais, en ce qui concerne la nature extérieure, ce qui nous impressionne le plus, ce sont les agents moteurs eux-mêmes, parce que ce sont ceux qui ressemblent le plus à l'homme actif : tels sont les mers, les fleuves, les chutes d'eau, les irruptions volcaniques, et jusqu'à un certain point, les vents que nous ne pouvons pas voir mais que nous pouvons concevoir en mouvement.

9. — Le pouvoir, la fortune produisent souvent l'envie ou la crainte d'en être victime. Il y a dans l'humanité une servilité naturelle, rejeton de la faiblesse, et qui se manifeste inégalement dans les races et les individus ; elle a pour résultat une sorte de culte pour le pouvoir qui est une protection. La foule renonce comme à une impossibilité à imposer son pouvoir et se met à l'abri sous le pouvoir d'un homme qui prend tous les risques.

Cette disposition à vivre de la grandeur d'une autre personne, à se résigner à une position inférieure et à la soumission, à renoncer à la lutte pour les grands prix du monde, a son côté ignoble lorsqu'elle ne cherche que l'aisance et le confort physique ; elle a son côté plus noble lorsqu'on la retrouve dans l'amour, le dévouement que montre souvent le faible pour le fort, exigeant en retour amour et protection. Enfin, dans d'autres cas elle prouve la faculté qu'a l'esprit de prendre un intérêt soutenu à la grandeur idéale ou contemplée.

Toutes ces formes de manifestation du pouvoir impressionnent l'observateur suivant qu'il est capable d'en comprendre les effets sans être repoussé par la rivalité ou la crainte. L'admiration pour la puissance morale, pour la renonciation ascétique de soi-même a toujours eu un grand charme pour les hommes de tous les âges. Nous nous soumettons plus facilement à cette forme du pouvoir, qu'à toutes les autres. Nous y voyons un moyen de résoudre les plus grandes difficultés de la vie, de concilier des aspirations opposées. C'est ainsi que nous approuvons un idéal éthique sévère, qui implique le renoncement de soi-même, et que nous sommes en quelque sorte contraints de l'adopter pour nous-mêmes.

CHAPITRE XI

LES EMOTIONS DU MOI

1. — Le mot « moi » *(self)* a beaucoup de significations en dehors de celle que nous voulons lui attribuer dans ce chapitre.

I. — Comme il est impossible de connaître l'existence à aucun degré, si ce n'est comme se rapportant à l'esprit individuel, on doit regarder l'univers de chacun comme conforme au moi. C'est la théorie qu'on appelle ordinairement : Idéalisme.

II. — Généralement on reconnaît une distinction entre l'esprit sujet et ce quelque chose distinct en forme, extérieur, agissant sur l'esprit, qu'on appelle matière, monde externe ou étendu, l'objet le *non-ego*, ce qui n'est pas le moi. Il y a certainement une différence entre l'esprit sentant et la chose sentie, entre celui qui perçoit et la perception, entre celui qui conçoit et la conception, et ainsi de suite ; mais cette différence pour moi ne vient pas de ce qu'il y a personnalité d'un côté et négation du moi de l'autre. Je reviendrai sur la différence réelle dans le dernier chapitre de ce volume.

III. — Il y a un état d'examen intérieur où nous considérons que les sentiments et les opérations de l'esprit doivent être contrôlés et étudiés parce qu'ils forment un contraste avec l'activité des organes agissant sur les choses extérieures. Quand nous réprimons nos craintes, nos colères, dans un but de discipline mentale, quand nous étudions les lois de la pensée et du sentiment dans un but instructif, on dit souvent que nous avons *conscience de nous-mêmes* par opposition à d'autres actes, bêcher, filer, bâtir, qui s'accomplissent en vue du monde extérieur.

IV. — La force impulsive, la spontanéité, les tendances originales, peuvent être étudiées comme un aspect du moi contrastant avec la soumission au choc et aux influences extérieurs. Grande est la différence entre une manifestation de vigueur naturelle, libre de tout contrôle, et la circonspection, la contrainte imposée par les sentiments des conséquences qui peuvent suivre toute action.

V. — Les plaisirs, les souffrances totales, besoins, désirs, actions d'un individu constituent le moi distingué par les qualités contraires de toutes les autres choses indifférentes. Ce qui touche à notre bien être, ce que nous sentons, ce que nous faisons pour lui, voilà le but de notre vie, ce qui en constitue la grosse affaire, celle où tout notre être est engagé. L'intérêt qu'on prend à la vie donne une signification bien caractérisée du terme à définir.

VI. — Une partie de nos intérêts collectifs ne renferme en aucune façon les intérêts d'autres êtres, les néglige ou les contrarie positivement; elle ne tient aucun compte de la sympathie et du dévouement. L'amour de soi (ou comme on dit avec une intention de blâme, l'égoïsme) est la désignation spécifique de cette sphère resserrée d'intérêts.

Même lorsque nous faisons entrer dans le cercle de nos affections, une ou plusieurs créatures vivantes, notre amour peut encore être teinté d'égoïsme. Comme membres d'un groupe domestique, nous pouvons renoncer au moi, mais l'affirmer au plus haut degré en face d'étrangers. L'égoïsme sort donc non seulement de l'individu, mais encore des petites sociétés où l'affection dévouée peut régner à l'intérieur.

2. — Nous devons maintenant étudier une classe d'émotions encore plus restreinte, plus choisie, et qui est formée des qualités que nous possédons, qualités qui chez les autres hommes inspirent des sentiments d'amour, de respect, d'estime, ou bien le contraire. Tout attribut qui impressionne notre esprit, parce qu'il est manifesté par nos semblables, produit aussi un effet particulier lorsque c'est nous qui manifestons cet attribut. On éprouve un grand plaisir à contempler sa propre excellence, sa puissance, sa grandeur ou ses

autres caractéristiques importantes. C'est un mode spécial de l'émotion du moi ; c'est ce qu'on appelle la satisfaction de soi-même, l'estime de soi, la suffisance, l'orgueil.

Cette émotion prend un aspect un peu différent et surtout plus satisfaisant, plus intense, quand notre conduite, notre caractère provoquent l'admiration, l'amour, l'estime de ceux qui nous entourent. Cette satisfaction et le désir qu'elle engendre prennent les noms de vanité, amour de l'approbation, désir de gloire.

ESTIME ET SATISFACTION DE SOI-MÊME

3. — Il est facile de comprendre les premiers sentiments égoïstes cherchant les sensations agréables et les plaisirs émotionnels, amour et colère. Que nous les considérions individuellement comme plaisirs de plusieurs sens séparés, ou collectivement dans les agrégats, propriété, puissance, liberté, estime sociale (évaluation des jugements de nos semblables), ce dont nous avons à tenir compte, c'est toujours l'opération du plaisir et de la souffrance sur la volonté qui cherche l'un et évite l'autre. Notre égoïsme, en somme, n'est que le dévoûment de notre personne à la poursuite des choses bonnes de la vie, prises en masse, notre résolution de tirer des choses le meilleur parti possible. L'égoïsme, l'amour de soi, ne signifient pas autre chose.

4. — Mais quand nous étudions la signification des mots : estime de soi, pitié de soi, complaisance pour soi, contentement de soi-même, admiration de soi, on s'aperçoit que l'émotion du moi a quelques aspects différents. Il y a là un élément de réflexion, de conscience de soi-même, d'évaluation personnelle qui n'entrait pas dans l'égoïsme simple tel qu'il a été défini plus haut. L'attention se tourne sur le moi en tant que personnalité avec le même genre d'effort que pour la contemplation des autres personnes. Nous avons l'habitude de scruter les actions et la conduite de ceux qui nous entourent, d'assigner plus de *valeur* à un homme qu'à un autre après avoir comparé les deux, à le prendre en *pitié* dans son malheur, à sentir plus de *complaisance* pour une personne que pour une autre, à féliciter un homme lorsqu'il réussit là où nous désirions qu'il ait gain de cause, à admirer la gran-

deur, l'excellence que montrent nos semblables. Tous ces exercices sont essentiellement sociaux comme l'amour ou la colère ; un individu isolé ne pourra jamais les atteindre. Par quel moyen donc, à l'aide de quelle fiction tournons nous nos émotions sur le moi ? Comment arrivons nous à obtenir quelque satisfaction en mettant le moi à la place de notre semblable ?

5. — Peut-être l'acte réfléchi sous sa forme la plus simple est-il ce qu'on appelle évaluation de soi-même, estime de soi; peut-être commence-t-il, s'appuie-t-il sur l'observation des actions et de la conduite de nos semblables. Nous faisons bien vite des comparaisons entre nos voisins, nous voyons que l'un est plus fort que les autres, qu'il fait plus d'ouvrage et peut-être reçoit en conséquence un salaire plus élevé. Nous voyons qu'un autre témoigne plus de bonté et en retour reçoit plus d'amour. Nous voyons quelques individus surpasser ceux qui les entourent par leurs hauts faits vraiment étonnants, et la foule fixer sur eux des regards d'admiration. Nous acquérons ainsi une série d'associations fixées par les personnes, favorables à ces personnes si elles sont supérieures, défavorables si elles sont inférieures. Nous estimons que l'homme fort et laborieux doit recevoir une forte récompense, et que son lot est meilleur que celui de beaucoup d'autres. Désireux comme nous le sommes par une disposition primitive de notre être, de posséder les choses bonnes en voyant ces choses arriver à l'homme qui fait de grands efforts pour les acquérir, nous sentons que nous respectons ces efforts et nous souhaitons être à la place de cet homme. Nous savons que nous faisons aussi des efforts pour atteindre ces choses bonnes, et en observant ceux que font les autres, nous pouvons les comparer avec les nôtres; ces comparaisons tirent leur intérêt de leurs conséquences.

Ayant donc d'abord considéré les autres personnes comme accomplissant des travaux plus ou moins considérables et en tirant des fruits en conséquence ; de plus, nous trouvant nous-mêmes exactement dans la même position que nos semblables; nous arrivons à trouver que ce n'est ni difficile, ni dépourvu d'intérêt de nous contempler nous-mêmes travaillant et payés en retour. En astronomie l'idée que représente le mot *planète* a d'abord été acquise par l'étude de Jupiter, Mars, Vénus, etc., c'est en partant de ce point qu'on a ensuite appliqué le terme à notre terre, ce que nous n'aurions pu faire si nous n'avions connu que la terre.

De même que nous décidons entre deux hommes lequel mérite le mieux de recevoir une grande part de bonheur, de même nous décidons entre nous-mêmes et tous les autres hommes, bien qu'alors nous puissions être influencés par nos propres souhaits. Le sentiment de notre valeur personnelle lorsqu'il est poussé à l'excès et devient un défaut, est simplement notre appétit déréglé pour les choses bonnes, notre préférence du *meum* au *tuum* dans la comparaison des mérites. Nous désirons une large part de bonheur pour nous-mêmes; influencés par ce désir nous arrivons à croire que nos œuvres, notre puissance de travail, nos titres, nous méritent cette part supérieure. Une estimation de soi-même qui n'aboutirait à rien serait insipide et peu profitable. L'estimation de soi, c'est la demande qu'on fait d'une part dans les bonheurs de la vie.

Enfin la manifestation de la conviction de sa propre justice, implique une prétention mal placée au respect et à l'estime qui s'attachent à la haute valeur morale.

6. — Un nouveau degré dans l'opération de la réflexion appliquée à soi-même, c'est la pitié pour soi-même ou appropriation du plaisir qu'on prend à plaindre les malheurs d'autrui. Quand un homme est la victime d'une spoliation, d'une injustice, quand il est privé de ses droits, tout spectateur dont l'esprit est bien fait le plaindra ; c'est une des situations les mieux faites pour inspirer la pitié. De plus la pitié renferme un élément de plaisir quoiqu'elle naisse de la souffrance, et peut-être s'y perde, lorsqu'on y porte assistance; ce plaisir c'est la récompense qu'on reçoit pour être entré dans les malheurs des infortunés. Nous pouvons étendre au moi cette suite d'opérations. Quand nous sommes privés de droits que nous considérions comme mérités, quand nous sommes ouvertement spoliés, le malheur de la situation fait naître l'effet que nous avons expérimenté en considérant un malheur semblable chez les autres. La stimulation première, le sentiment de l'injustice, est à son maximum de force dans notre propre cas, si bien que la pitié se répand avec plus de profusion quoique d'une façon que nous pouvons appeler factice et non réelle. Cependant comme nous pouvons considérer le moi comme une autre personne, nous pouvons ressen-

tir pour ce moi l'émotion de la pitié qui s'éveille en faveur d'autrui placé dans la même situation. Nous trouvons une sorte de consolation dans cette pitié que nous versons sur nous-mêmes, c'est ce qu'on appelle le luxe du chagrin. Le plaisir de la pitié dont la manifestation spéciale sont les larmes, prend sa source dans un soulagement organique, puis, par un lien que nous ne pouvons qu'indiquer, il devient une manifestation d'amour et c'est à ce fait qu'il doit sa douceur particulière et féconde. Comme, grâce à l'intervention de l'amour, nous sommes arrivés à faire de la pitié un plaisir, nous retirons un bénéfice de cet adoucissement dans nos propres malheurs. Cependant se laisser aller à cette pitié complaisante, c'est relâcher le jeu des énergies ; on le considère donc comme un manque de caractère qu'on ne justifie que lorsqu'il s'agit de natures faibles.

7. — Par les termes, complaisance pour soi-même, satisfaction de soi-même on indique une jouissance positive qui naît de la vue de nos mérites. Là, comme ailleurs, le point de départ est l'observation de l'excellence ou des bonnes qualités d'une autre personne accompagnée plus ou moins d'amitié ou d'amour. Mais l'intérêt fixé sur soi, au lieu de l'être sur les autres, renferme un élément d'infériorité ; car, il est dans l'essence de l'amour qu'il y ait une seconde personne pour y répondre ; « l'amour de soi », ce ne peut être qu'une expression prise au figuré. D'un autre côté cependant la satisfaction de soi-même a le même attrait que l'évaluation de soi-même ; il s'agit toujours de chercher la plus grande part de bonheur possible. C'est, au fond ce qui constitue le charme de la complaisance pour soi-même. Sous sa forme particulière, lorsqu'il s'agit de la contemplation de l'étendue des avantages et des possessions, on trouve à peine trace de l'opération réfléchie ; il y a seulement là conscience de ressources supérieures. « N'est-ce pas cette grande Babylone que j'aie bâtie ? » Voilà qui peut être de la complaisance de contemplation de soi-même, mais en somme ce n'est rien de plus que le sentiment d'un grand pouvoir. Il n'est pas besoin de mérites personnels pour que la satisfaction de soi-même se manifeste sous cet aspect ; la richesse, les privilèges dus à la naissance et non à la valeur personnelle, les avantages extérieurs peuvent suffire pour lui donner naissance.

Aristote pensait que les dieux ne s'inquiétaient pas des

hommes, mais trouvaient leur bonheur dans la contemplation perpétuelle de leur propre grandeur. C'est là la pure satisfaction que provoque la possession de toutes les puissances, mais ce n'est pas l'opération réfléchie qu'impliquent les félicitations complaisantes qu'on se donne à soi-même.

8. — Le respect de soi-même est un sentiment plus élevé que tous ceux décrits précédemment ; ce n'est pas seulement la recherche égoïste des choses bonnes, c'est un sentiment noble, estimable. Il cache l'idée de faire quelque chose pour les autres ; voici comment : Un homme s'estime très haut, et attend quelque chose en retour et en proportion de cette estimation. Il reconnait aussi qu'en fait, une telle attente de sa part suppose une attente légitime de la part des autres ; et il est prêt à y répondre. Il ne fera rien de ce qui aux yeux de ses semblables serait incompatible avec la haute estimation qu'il a fait de ses propres mérites et droits. Un homme qui occupe un rang important se respecte lui-même quand il s'écarte des jouissances populaires et dédaigne de pauvres gains.

L'orgueil, avec sa meilleure signification, exprime aussi la même idée. Il y a dans l'orgueil une certaine complaisance égoïste, mais aussi la réserve du mérite conscient qui ne fait pas de réclame. L'homme fier reste en somme le créancier de la société, il sent qu'il a droit d'obtenir sans chicane ces demandes si au-dessous de ce qu'elles pourraient être, parce qu'elles sont assises sur de fermes fondements.

L'orgueil qui ne renferme pas la noble qualité qui le légitime, s'appelle de la hauteur. Être hautain, c'est s'arroger une certaine supériorité sans grâce, sans condescendance, et ne jamais oublier cette supériorité supposée dans aucun cas.

9. — La hauteur poussée à l'excès devient la croyance qu'on peut se suffire à soi-même ; c'est la forme extrême du désir de ne dépendre de personne, d'aucune façon. Personne ne peut, absolument parlant, se suffire complètement à soi-même, c'est une question de manière de faire et de degré.

Si un homme se tient à l'écart évitant autant que possible l'échange de services, n'étant ni débiteur ni créancier, il se suffit à lui-même dans un sens, mais d'une façon qui n'a rien de méritoire. La société ne gagne ni ne perd avec lui. Pour que cet homme fût vertueux il faudrait qu'il rende service à ses semblables sans rien leur demander en retour, enfin pour qu'il fût grand il faudrait qu'il supporte l'abandon dans les circonstances difficiles, et que seul il brave même les opinions hostiles. Diogène le cynique et Socrate étaient des hommes qui se suffisaient à eux-mêmes de deux façons différentes.

Cette attitude ne renferme rien de subtil, de difficile à expliquer, elle ne contient pas cette opération réfléchie que nous avons trouvée dans l'évaluation de soi-même et la pitié pour soi-même.

APPROBATION, ADMIRATION, LOUANGE

10. — Le sentiment de l'approbation nous ramène à la situation primitive des êtres humains croissant sous l'influence de la société. De même que les enfants sont affectés par un sourire ou un froncement de sourcil, de même il existe un sentiment instinctif ou héréditaire d'approbation et de désapprobation. Il est renforcé par l'éducation, par l'association constante de conséquences agréables avec l'un, de conséquences pénibles avec l'autre. Le sentiment moral, croit-on, se forme dans la période de l'éducation. Le degré d'intensité des sentiments que provoque l'approbation ou la désapprobation, correspond au degré de dépendance dans lequel nous sommes par rapport au bien ou au mal, envers ceux que nous associons avec ce bien et ce mal. Dans tous les temps, dans toutes les circonstances, ces sentiments ont été un élément puissant dans la vie humaine, un puissant motif de conduite pour l'homme. Comme nous vivons toujours sous l'empire de ces sentiments, nous nous dirigeons aussi toujours d'après eux. Quand notre position nous expose à des vents contraires, à l'approbation des uns et à la désapprobation des autres pour les mêmes actes, nous cherchons à nous endurcir contre le blâme et à nous conserver l'approbation. Nous essayons alors de faire une estimation réelle de la valeur de la louange et du blâme, des conséquences bonnes ou mauvaises pour nos intérêts qu'auront l'un et l'autre, et de détruire ainsi, autant que possible, l'association qui existe entre les signes de mécontentement et les consé-

quences qui suivent. Nous ne pouvons jamais être absolument insensibles à l'expression du mécontentement; cela montre combien est forte la chaîne qui a été forgée par la longue expérience du mal que nous en éprouvons ensuite.

11. — L'effet pénible de la désapprobation, et le plaisir opposé de l'approbation dépendent d'abord, pour ce qui regarde les grands intérêts de la vie, du degré de dépendance qui nous attache à celui qui exprime cette approbation ou cette désapprobation. Ils dépendent ensuite de notre sympathie, de notre attachement, de notre respect, et suivent alors toutes les lois qui gouvernent nos sympathies. La désapprobation d'un supérieur donne une secousse pénible et bouleversante; la censure exprimée par celui auquel nous sommes attachés, que nous admirons, ne serait pas moins amère, quoique d'une façon différente. Dans la comparaison de nos plaisirs et souffrances, voilà une souffrance qui peut être classée parmi les plus pénibles.

La manière habituelle d'amoindrir la secousse, est d'estimer, s'il est possible, très bas la personne qui désapprouve. C'est là le remède qu'on oppose aux censures injustes de l'esprit de parti ou de la méchanceté personnelle.

12. — Se sentir admiré, c'est quelque chose de différent que se sentir approuvé ; c'est un sentiment lié au sentiment de l'excellence personnelle, c'est l'*extension, par sympathie, du sentiment de complaisance pour soi-même*, décrit plus haut. Etre supérieur aux autres, par une des qualités qui intéressent les hommes, qu'elle soit physique ou morale, c'est éveiller l'admiration ou la louange qui augmente notre complaisance pour nous-mêmes et étend le plaisir. Les qualités les plus utiles, l'accomplissement du devoir, gagnent l'admiration, les qualités extérieures brillantes, de même. La plus haute influence que l'homme puisse exercer sur l'homme combine l'admiration et l'approbation; le sentiment que fait naître un bienfaiteur illustre, un Timoléon ou un roi Alfred, est l'expansion des sentiments les plus élevés d'approbation et d'admiration.

Se sentir admiré, peut être la première révélation de sa propre supériorité. James Mill au moment où son fils quitta la maison paternelle, lui recommanda de se mettre en garde contre l'admiration.

Les louanges sont des stimulants qui provoquent la

complaisance pour soi-même. L'homme d'État heureux « lit son histoire dans les yeux de la nation ». Ces stimulants agissent surtout lorsque nous venons de manifester notre propre capacité par de nouveaux efforts, de nouveaux résultats, conséquences d'actions que nous avions déjà faites.

13. — La flatterie, l'adulation, impliquent excès, sinon mensonge, dans le compliment. C'est un art qu'on cultive (jusqu'à certaines limites assignables) dans les sociétés polies. La gloire est la forme la plus large, celle qui renferme le plus d'ostentation, de l'admiration humaine. Les processions triomphales, les couronnes données au Capitole, les fanfares des trompettes, « le tumulte de l'acclamation » remuent et enivrent les cœurs plus que toute autre chose. Pour obtenir ces récompenses on oublie la souffrance, on supporte la fatigue, on brave le danger jusqu'à mettre sa vie en péril.

On peut trouver réputation et gloire dans une ovation publique, dans les échos multipliés d'une grande société. Voir son nom connu du monde entier, survivre aux siècles, voilà une destinée qui allume tous les cœurs, qui paraît à tous ce qu'il y a de plus enviable pour un mortel. On a bien traité il est vrai la gloire posthume d'absurdité et de paradoxe puisqu'elle ne commence que lorsque le sujet est mort. Mais elle n'en est pas moins une des formes du plaisir idéal. Celui qui héritera de la gloire s'enflamme, de son vivant, aux honneurs qu'on rendra plus tard à son nom, et les hommages qu'on rend à ceux qui ne sont plus agissent en réalité sur lui. Dans les honneurs sont comprises toutes ces marques de respect, de considération, de déférence, que l'on rend en société à ceux qui occupent une place élevée, par l'office ou la réputation. Les applaudissements peuvent être accordés par la foule, comme au théâtre, ou par une élite, comme lorsqu'il s'agit de beaucoup de travaux intellectuels. Il y a moins de manières démonstratives de rendre honneur. Un simple regard peut indiquer l'estime et être accepté comme tel par l'âme affamée de louanges. Le compliment peut être impliqué, insinué, et ainsi ne pas se présenter sous la forme de flatterie ouverte, qui froisse si souvent les esprit délicats. La jalousie *(invidia)* que font naître souvent les honneurs rendus, est aussi une des circonstances qui nous révoltent contre les formes grossières de la flatterie. La société moderne a jeté un certain discrédit sur la jouissance des plaisirs de la louange du moi, et c'est ainsi qu'une personne qu'on acclame peut éprouver un sentiment de honte. A cause de toutes ces raisons, il y a longtemps qu'on considère comme un raffinement la transformation des louanges dites en face, en des modes plus détournés, plus couverts de flatterie. La vanité, la vaine gloire, voilà ce que cultive l'individu qui, persuadé de sa propre importance, brigue toute distinction. Le glorieux, non content de sa propre estime, cherche celle des autres, et si on ne la lui accorde pas, il cherche toutes les circonstances qui forceront ses semblables à fixer les yeux sur lui, et qui pourront tourner à sa propre glorification.

14. — Les artifices de la *politesse* appartiennent à notre présent sujet. Les courtoisies de la vie sont jusqu'à un certain point des manifestations de tendresse et de sympathie, mais souvent elles ne s'adressent qu'à l'*amour-propre* de la personne qui les reçoit. Le compliment direct, une démonstration respectueuse, l'offre d'honneur, l'expression de la déférence, voilà les formes positives de politesse, qui doivent être accompagnées de tous les efforts possibles faits pour éviter de blesser l'importance personnelle de nos semblables. Le sentiment de complaisance pour soi-même est un des grands « intérêts » de la société, c'est comme la vie ou la propriété, il y a des lois pour le protéger. Il n'est même pas permis d'exprimer sa propre et honnête conviction quand la dignité des autres peut en souffrir. On n'est pas toujours libre de faire entendre la vérité à des « oreilles polies ».

15. — De même que les compliments ne sont que l'augmentation agréable des félicitations qu'on s'accorde à soi-même, de même la censure, la désapprobation, le blâme, l'injure, le mépris, l'infamie, augmentent le sentiment de l'humiliation du moi, ou du moins en augmentent la souffrance. De même que les contraires de ces derniers termes, sont la chaleur et la lumière dans une existence, de même les termes eux-mêmes produisent le malheur, la crainte, et assombrissent la vie extérieure. Si une personne se sent coupable d'un crime envers la société, d'une omission dans ses devoirs, d'une faute contre la loyauté, l'indignation publique achève de la jeter dans la poussière ; saisie de

remords, de regrets, elle résigne tous ses titres à la considération, est prête à se soumettre à la décision des puissances offensées qui peuvent la déclarer criminelle.

16. — On explique le sentiment de la honte par la crainte d'être condamné ou mal jugé par les autres. Une censure infligée sous les regards hostiles d'un grand nombre de spectateurs, voilà ce qui constitue une honte publique. On peut encore être honteux d'avoir commis un acte qu'on désapprouve en général et que nos semblables censurent en eux-mêmes sans peut-être le blâmer immédiatement. C'est le cas le plus fréquent dans la vie sociale ordinaire. Connaissant la sévérité avec laquelle on juge toutes les infractions au decorum conventionnel, nous sommes humiliés lorsque nous nous sentons coupables d'une bévue ; et nous pouvons facilement imaginer quelle est la sentence qui ne nous accable pas actuellement. Dans tous ces cas, la souffrance est exactement la même que si la désapprobation était ouvertement exprimée.

17. — Nous pouvons remarquer, avant de conclure, l'influence de l'éducation et de l'instruction sur l'émotion que nous venons d'étudier.

Ayant pour objet principal l'excellence personnelle, et étant une des grandes sources de satisfaction humaine, cette émotion engage puissamment à la culture du moi et à l'utilité active, elle pousse à chercher avec ardeur toutes les bonnes qualités qui frappent notre esprit ou celles qui impressionnent notre entourage, ainsi qu'à éviter toutes celles qui ne plaisent pas à la société. Le sentiment de l'estime de soi-même, comme tous les autres égoïsmes, se cultive à l'excès; c'est-à-dire que nous avons une tendance à augmenter d'une façon déloyale les louanges, les honneurs, l'admiration qu'on nous paie. En général, il nous est plus facile de nous arrêter à comtempler nos propres actions, notre caractère, que d'être frappés par les bonnes qualités des autres. Le frein, le contre-poids de l'*amour-propre* excessif, c'est la faculté d'admirer les autres, de sympathiser avec eux et avec les choses autres que le moi. L'admiration, l'amour, la sympathie en général, nous sortent de nous-mêmes, nous rendent capables de prendre plaisir à voir, sinon à augmenter le bien que possèdent nos semblables.

18. — J'ai déjà fait remarquer que l'amour-propre et l'égoïsme

embrassent une quantité de sentiments bien plus nombreux que ceux que nous venons de discuter. On peut encore dire ceci : l'amour-propre est une espèce de contemplation, d'estime de soi-même qui fait qu'on considère les besoins et les plaisirs de l'existence comme un but, qu'on surveille avec sollicitude. Un être qui sent, non seulement souffre de la faim, mais encore s'en souvient. Cette souvenance d'états conscients et les actes qui s'en suivent, sont un mode de conscience de soi-même. La faim actuelle nous pousse à agir actuellement ; cela constitue un fait simple ou isolé de la conscience ou du sentiment de la vie animale. Cependant quand la sensation de la faim est notée et rappelée comme un appétit périodique, quand on assure pour plusieurs mois les moyens d'y répondre, cette sensation change d'aspect, de cours, et on a besoin d'un mot nouveau pour exprimer cet ensemble, ce total, d'après lequel agit alors la volonté. C'est ainsi qu'on use du terme « moi » et l'amour du moi devient identique à la prévoyance, à la prudence. Un homme traite son moi, pris dans cette acception, comme il traite son enfant, son cheval, prévoyant ses besoins et y pourvoyant en gros. Nous voilà donc amenés à considérer une des phases très importantes de la conduite humaine, celle qu'on désigne par les mots « prévoyance » — « prudence » — « calcul » ; on admet que ce sont là des vertus essentielles de l'humanité, mais parfois on les stigmatise comme des vices. Le culte que l'on rend dans certaines occasions à l'abnégation aveugle du moi, ou même à l'aveuglement de l'abnégation du moi, montre que l'intérêt que l'on prend à tout sacrifice pénible fait oublier le mauvais calcul qu'est souvent ce sacrifice. Personne ne songe à reprocher à la tendre mère qui se dévoue tout entière à son enfant malade, l'oubli qu'elle fait d'elle-même et du reste de la famille ; et, cependant, avec un peu plus de calcul, peut-être pourrait-elle concilier tous ses devoirs.

19. — Quant à l'amour profond de soi-même qu'on appelle l'égoïsme, je crois pouvoir faire remarquer de nouveau, que rien ici ne vient favoriser la croyance qu'il peut y avoir des êtres entièrement libres de motifs égoïstes. Qu'un homme soit entièrement absorbé par ses affections, ses vues philanthropiques, son amour de la justice, et qu'il agisse alors en vue du bien des autres, ou bien, semblable à Howard, qu'il

fasse du soulagement de toutes les misères étrangères le but de sa vie, il sera encore évident qu'il suit les impulsions de sa propre personnalité, et cependant qu'il doit être placé au milieu des hommes les meilleurs et les plus nobles. L'égoïsme que nous trouvons mauvais, c'est celui qui non seulement exclut les autres hommes de notre cœur, mais encore leur vole ce qui leur appartient, le gain légitime, la liberté, les honneurs qu'ils méritent.

CHAPITRE XII

LES ÉMOTIONS DE L'INTELLIGENCE

1. — Les opérations de l'intelligence donnent naissance à des sentiments choisis qui sont liés à nos plaisirs et à nos actions. L'étude de l'intelligence m'a conduit, dans mon précédent volume, à observer un grand nombre de ces sentiments ; il n'est donc nécessaire ici que d'en faire un résumé ordonné et caractéristique.

Les séries d'associations que l'on trouve dans la mémoire, l'habitude, ne présentent pas de stimulants émotionnels particuliers. Ce sont de simples exercices qui satisfont ou peinent l'individu suivant que celui-ci a l'esprit plus ou moins vigoureux. C'est sous la loi de similarité que sont placées les situations qui provoquent l'émotion. Les identifications, les ressemblances d'objets éloignés, et en apparence étrangers entre eux frappent l'esprit. La faculté d'identification n'agit pas précisément de même pour tous les sujets différents ; les découvertes scientifiques originales ne nous affectent pas de la même manière que les comparaisons poétiques heureuses et nouvelles : le sentiment de la proportion que peut éveiller une œuvre industrielle n'est pas le même que celui que provoque un dessin. L'inconséquence, le manque d'unité, la discordance positive sont des formes de souffrance qui influent sur nous au plus haut point, et qui sont importantes parce qu'elles nous inspirent l'amour du vrai, de l'intègre, du juste ; c'est-à-dire les vertus qui, en somme, sont les éléments constitutifs du sens moral.

2. — L'émotion, le sentiment excité par la similarité ou identification de choses que l'on n'avait jusqu'alors jamais

considérées comme semblables, produit en général une agréable surprise, puisqu'en fait c'est le produit de la nouveauté. Lorsque nous découvrons soudainement une ressemblance entre deux objets séparés et qu'on n'avait jamais considérés comme appartenant à la même classe nous éprouvons un étonnement agréable. Lorsque nous voyageons dans des pays étrangers où tout, climat, végétation, vie animale, est différent dans la nature, une coïncidence inattendue nous arrête, quand par exemple, nous reconnaissons des genres, des espèces déjà connus, sous des formes diverses. La similarité dans les manières nous frappe lorsque les bases de la société sont distinctes ; c'est ce qui a lieu lorsque nous étudions l'histoire des âges passés ou les habitudes des peuples étrangers. Un trait caractéristique de notre humanité commune nous frappe lorsque nous sommes en plein extraordinaire, surnaturel ; l'antiquité poétique et mythique nous ménage de ces surprises. Accoutumés comme nous le sommes par nos premières impressions à trouver une grande diversité dans les choses qui nous entourent, toute identification nouvelle est pour nous un agréable stimulant. Quand nous voyons une jeune plante croître avec tous les caractères des anciennes, quand nous retrouvons dans un enfant les traits et les goûts de ses parents, ou des ressemblances entre des individus étrangers les uns aux autres, notre attention stimulée s'arrête comme fascinée sur les objets en vue. Des formes semblables dans les animaux, les plantes, des répétitions dans la structure ou la stratification du globe, provoquent des excitations analogues.

3. — Les surprises agréables varient avec leurs objets, je dois donc indiquer de nouveau les différentes classes d'identifications que j'ai déjà décrites dans mon étude sur l'intelligence. Dans les identités que découvre la science, généralisations, abstractions, classifications, inductions et déductions qui constituent les découvertes scientifiques, le choc soudain de la surprise est accompagné d'une façon très marquée, du plaisir de la *réaction (rebound)*, du soulagement que donne la disparition d'un fardeau intellectuel, ou la solution d'une difficulté. J'ai déjà appuyé sur ce fait. Le travail intellectuel qu'il faut accomplir pour comprendre est bien réduit par la découverte d'identités ; et cette découverte provoque d'abord un sentiment de joie semblable à celui que nous éprouvons

lorsqu'on nous délivre de quelque lourd fardeau, d'une obligation absorbante. Le même sentiment nait de la solution de contradictions apparentes qui nous embarrassaient. Les grandes généralisations, la théorie atomique de Dalton, par exemple, nous donnent le sentiment d'une augmentation de puissance en rapport avec la multiplicité de la nature, c'est quelque chose de plus que la simple surprise momentanée.

Quand une nouvelle connaissance a une portée pratique, l'émotion produite est celle que donne l'accomplissement plus facile de fins pratiques, la diminution de travail ou l'agrandissement des résultats. L'invention d'un engin à vapeur, outre le plaisir de la nouveauté, enlève des épaules de l'humanité un nombre incalculable de fardeaux et augmente considérablement le total de travail. Voilà à la lettre le fait qu'exprime l'apophtegme — science est puissance.

Des comparaisons à l'aide d'exemples procurent le même soulagement intellectuel lorsqu'elles rendent facile et claire une chose obscure.

Les plaisirs de la connaissance comprennent encore quelques autres formes de satisfaction. La simple nouveauté d'impressions est un des grands facteurs de ce total de jouissance ; et plus grand est le nombre des faits observés, plus grande est la facilité de les condenser, de les simplifier en d'heureuses généralisations.

Les émotions de la science, deviennent plus hautes à mesure qu'elles prennent le nom de curiosité, recherche des causes des choses. C'est là une aptitude émotionnelle complexe et vague. Nous pouvons trouver en elle, outre la nouveauté d'impression et la simplification de ces impressions, la satisfaction de soumettre l'inconnu au connu en ramenant à notre type de causation ce qui est encore inexpliqué. Voilà une addition à notre sentiment de puissance, une émotion que l'on trouve sans cesse dans l'analyse du plaisir de la connaissance.

Le sentiment agréable de l'étonnement, de la curiosité, arrive à sa plus grande puissance lorsqu'il donne carrière aux suppositions de possibilités grandes, vagues, indéfinies Nos aspirations sont stimulées par l'anticipation de quelque chose de plus grand que ce que nous avons jamais accompli. C'est là le secret de cet enthousiasme, de cette exaltation d'esprit que les hommes ont si souvent ressentie dans la poursuite de la science ; de ce moment de bonheur intellectuel, splendide illusion qui se réalise juste assez pour pouvoir se continuer.

4. — En remettant à plus tard (au chapitre sur les beaux-arts) des observations plus complètes, nous devons encore ici dire quelques mots de la contradiction dans les opinions, les jugements, les manières ; la contradiction est pénible pour l'intelligence qui cherche toujours à opérer la réconciliation entre deux opinions, deux récits contradictoires alors qu'il s'agit du même fait. Ce désir de l'esprit est d'autant plus grand que l'intelligence est plus élevée, plus développée ; en réalité, pour la plupart des hommes les contradictions ne sont importantes que par rapport aux conséquences. Il suffit que l'esprit soit violemment ému pour qu'il tombe facilement dans la contradiction ; mais celui qui est habitué à peser ce qu'il dit, éprouve une sorte de répulsion intellectuelle pour les doctrines opposées, contradictoires. Cette sensibilité intellectuelle conduit ordinairement à choisir un des contraires, ou à suspendre son jugement, c'est-à-dire à rester pour un temps en suspension entre les contraires.

Ce n'est pas seulement de cette façon que la contradiction froisse la susceptibilité de notre intelligence. Le mal est plus grand lorsqu'il a des conséquences pratiques. Le voyageur qui croit suivre la bonne voie et qui après avoir consulté de bonnes autorités, croit devoir prendre une direction tout opposée, éprouve une souffrance qui est quelque chose de plus que la souffrance du conflit intellectuel. L'obligation d'agir et l'incapacité de se décider, amène un conflit de volitions opposées qui est une des souffrances les plus fortes qu'on puisse endurer. C'est ce qui donne tant de valeur à la vérité et à la sûreté de jugement aux yeux de l'humanité. Cette valeur vient non pas tant des angoisses de la contradiction pour un esprit susceptible, mais de la nécessité de la constance, de l'assurance pour que les relations de la société et la vie individuelle soient possibles.

L'amour de la vérité qui renferme l'attrait positif des grandes découvertes qui pénètrent l'infini et illuminent l'obscurité de la nature, est encore augmenté pour deux raisons : la vérité a une influence en rapport avec la prédominance de l'intelligence ; elle a une grande action sur tous les intérêts pratiques de l'humanité. Quand nous parlons de l'amour de la vérité pour elle-même, nous excluons les motifs pratiques de l'aimer pour donner toute importance aux autres. Ce sentiment n'a pas de forme plus pure, plus désintéressée, que l'amour de la science, lié à la révolte contre la contradiction. L'affection naturelle pour la vérité implique effort laborieux pour arriver à l'évidence. Les poètes et les rhéteurs ont souvent invoqué la vérité ; c'est la déesse à laquelle on rend bien des hommages, qu'il ne faut malheureusement pas regarder de près ; car alors, en les comparant aux durs travaux qu'il faut accomplir pour se rendre maître de quelque évidence, on découvre la fausseté de ce culte.

CHAPITRE XIII

LES ÉMOTIONS DE L'ACTION. — POURSUITE

1. — Lorsqu'on agit volontairement, en vue d'une fin, on peut éprouver trois espèces de sentiment, — la satisfaction d'atteindre le but, le plaisir (ou la souffrance) de l'exercice, le plaisir que donne une puissance supérieure (ou la souffrance que donne une puissance inférieure). En outre, il faut tenir compte de la situation mentale en face de la fin à réaliser, et examiner ce qu'on appelle la poursuite, l'intérêt que l'on prend à un projet.

Le rapport entre l'attitude corporelle et l'attitude mentale, peut se conformer à l'explication donnée par l'hypothèse de l'évolution. Depuis le commencement même de la vie animale, la locomotion en vue d'une fin, la recherche de la nourriture ou d'autres objets désirables, est l'occupation et l'activité habituelle de chaque individu. Par une répétition incessante, cette activité devient une habitude du système animal, une seconde nature dans toute la force du mot. Cette tendance peut être si profondément enracinée qu'un animal qui en est doté, mais qui est privé du prétexte originel pourrait trouver que poursuivre quelque chose est nécessaire à son existence, est un besoin artificiel, un remède contre l'ennui et l'abattement. Si nous suivions M. Spencer dans son explication de l'amour de la nature par les associations formées chez les ancêtres entre les paysages et la chasse ou la pêche, nous pourrions attribuer une partie du plaisir que donne l'activité raisonnée aux lointains échos des plaisirs des générations sans nombre passées depuis longtemps et dont la vie était la chasse.

2. — Pour que l'activité soit agréable, il faut que certaines conditions soient remplies. Il faut d'abord un but intéressant, l'emploi de toutes les facultés pour arriver à ce but, le rapprochement graduel et enfin la conquête de la fin en vue. Mais pour que la situation soit complète, il faut que ces conditions diverses forment un tout délicatement ajusté.

Pour que le but soit intéressant il ne faut pas qu'il soit trop trivial, trop insignifiant, mais il ne faut pas non plus qu'il dépasse nos forces ; car alors le moment de suspens entre le début de l'action et son couronnement n'a rien d'agréable. Ce moment est même absolument pénible lorsque l'enjeu est considérable, lorsque par exemple la situation d'un homme pour toute sa vie, dépend des chances d'une élection.

L'occupation doit convenir aux facultés de l'individu, la dépense être en rapport avec la force du système, c'est ce qui fait qu'une occupation est agréable, récréante et non pénible. Souvent, grâce à des transitions furtives, les moralistes décrivent l'exercice pénible avec des termes qui n'appartiennent qu'à la description de l'exercice agréable.

Le but doit se rapprocher graduellement, chaque effort étant un pas en avant. Ne pas faire de progrès visibles, c'est encourir la peine de l'action sans résultat, c'est une des souffrances attachées à la poursuite primitive. D'un autre côté, arriver trop vite au but, c'est clore la chasse alors que les forces sont encore égales à une dépense plus suivie. Nous avons à notre disposition une certaine force active, et une certaine force d'attente mentale, la poursuite doit continuer jusqu'à que ces forces soient épuisées et pas plus longtemps.

3. — Il doit y avoir, avant d'atteindre le but, un moment de suspens et d'anticipation idéale, qui fait que l'esprit est heureux de l'idée seule lorsqu'elle est associée à l'approche de la réalité. Ce serait un mauvais calcul que de ne pas mêler les occasions de réelle satisfaction, de jouissances idéales. Une poursuite régulière, durant un certain temps qui ne doit pourtant pas être trop long donne la satisfaction idéale sous sa meilleure forme ; le but se rapprochant stimule, et stimule à nouveau l'idée, donnant à l'esprit l'abrégé de la réalité. Souvent nous ne désirons pas voir nos souhaits instantanément réalisés, nous préférons tenir un certain temps le plaisir en perspective. Les besoins purement animaux

sont ceux qui admettent le moins cette suspension, mais là encore nous passons agréablement par une série de situations nous rapprochant de la satisfaction finale (1).

4. — Un élément d'incertitude augmente l'intérêt de la poursuite en la rendant plus excitante. Mais il ne doit pas être trop considérable, car alors il pousserait à la peur. La certitude absolue relâche la tension corporelle ou mentale nécessaire pour atteindre le maximum de jouissance. Nous ne faisons pas usage de toutes nos ressouces pour obtenir des états de conscience agréable, sans effleurer bientôt le domaine de la possibilité redoutable. Courir un danger momentané, c'est en revenir avec une jouissance enivrante. Enfin l'incertitude est le royaume de la possibilité idéale, des suppositions imaginaires. Pendant que rien n'est décidé, tout est admissible, et l'esprit se complaît dans les actions idéales qui lui conviennent le mieux. L'incertitude sous sa forme la plus achevée, c'est le mystère, dont tout le charme réside dans le libre champ qu'il laisse ouvert à toutes les suppositions. L'incertitude cependant a toujours son mauvais côté, c'est-à-dire la terreur, la balance dans l'estimation des probabilités penche alors vers les plus mauvaises. C'est seulement lorsque l'esprit est assez fort pour supporter des projets heureux que l'inconnu est pour lui un sujet de suspens agréable.

5. — Toute occupation, surtout lorsqu'elle a pour but le monde extérieur, nous sort du moi, de la subjectivité, c'est un

---

(1) « L'attrait d'un projet vient en grande partie de la curiosité qui met en jeu l'intelligence et la volonté, et de l'anticipation par l'imagination. Tout spectacle dont l'issue est très incertaine, et quel que soit le peu de valeur que puisse avoir cette issue, peut stimuler d'une façon agréable les activités de l'attention et de l'attente. Le plus haut degré de ce genre de satisfaction s'obtient quand l'événement n'est ni trop improbable, ni trop inattendu, ni trop certain. Dans le premier cas, il peut y avoir surprise agréable, mais l'esprit n'est pas encouragé à suivre la sequence des événements; il n'est que dérangé de sa position normale. D'un autre côté, si le résultat est trop certain, il n'y a pas de place pour l'attente, et par conséquent l'attention languit. Donc la forme la plus pure de cette excitation agréable est celle où, par un ensemble de circonstances, un certain nombre d'issues sont ouvertes sans que nous puissions déterminer pour cela celle qui est la plus probable. Cet attrait existe donc toutes les fois qu'il y a lutte entre des forces à peu près égales physiques ou morales. En observant un bateau se dirigeant entre des courants contraires, en regardant une grande bataille, le spectateur éprouve du plaisir à prévoir un résultat douteux et à suivre l'approche de l'événement conjecturé. » (SULLY, *Sensation et Intuition*.)

avantage que nous avons souvent fait remarquer déjà ; l'effort objectif qui existe surtout dans l'activité augmente d'intensité avec la valeur qu'on attribue au but d'action.

6. — Les plaisirs du sport sont basés sur un exercice agréable en vue d'une fin agréable ; l'intérêt de l'attente se rencontre encore ici. Une bonne course plait au chasseur ; la recherche du gibier et l'incertitude sont pour lui un délai, une attente charmante.

On retrouve encore un faible degré d'attente dans certains plaisirs industriels. Mais dans la majorité des cas les conditions ici ne sont pas favorables. L'homme de peine essaie d'adoucir son labeur en pensant à l'approche du temps de repos, « comme le serviteur désire de l'ombre pour s'asseoir, et le mercenaire la récompense de son travail ».

Le riche ou l'homme inoccupé peut trouver agréable d'imiter l'industriel et de partager ses anxiétés et ses travaux. C'est ainsi qu'un homme très riche condescend à accomplir l'œuvre d'un fermier ordinaire pour montrer son adresse au travail et observer l'effet de ses opérations.

La poursuite de la science et de la vérité donne parfois le genre de jouissance que nous venons d'examiner. Pour sir W. Hamilton la poursuite de la vérité a plus de valeur que la possession. Ce jugement n'est applicable qu'à un petit nombre de sujets choisis où le travail pour les obtenir est naturel et dont les résultats ont une petite importance pratique. C'est le cas d'une certaine espèce d'érudition et d'un grand nombre de spéculations philosophiques; mais les recherches conduites avec une précision qui les fait nommer sciences «exactes» sont trop ardues pour être aimées en tant que simples exercices, tandis que comme possession elles ont une grande valeur intrinsèque. Les premiers philosophes furent enivrés des charmes idéaux de la connaissance; Platon et Aristote, ne se rendirent pas absolument compte des difficultés des recherches scientifiques, et ils furent éblouis par la grandeur possible et entrevue de la connaissance philosophique.

7. — La même sympathie qui nous fait trouver du charme à constater les talents et les qualités de nos semblables, nous fait encore nous intéresser à leurs actions. Nous pouvons suivre avec attention les progrès d'un homme vers son but. C'est là un grand développement de nos plaisirs

idéaux. Si notre intérêt est peu de chose comparé aux sentiments de l'homme qui agit actuellement, nous sommes délivrés de ces craintes de non-réussite. Cette situation est entièrement contenue dans ce qu'on appelle l'intérêt social. Les désirs, les travaux, les luttes, les succès, les défaites de ceux qui nous entourent, l'élévation et la chute des individus, des familles, des États, sont pour nous des sujets d'intérêt permanent. Le champ ouvert à cet intérêt s'étend encore par le récit, par l'histoire, par la poésie, la fiction, où les artifices et les conditions de l'activité volontaire sont étudiés de façon à produire le plus grand total possible de stimulation agréable.

CHAPITRE XIV

LES ÉMOTIONS ESTHÉTIQUES

1. — J'entends par émotions esthétiques le groupe des sentiments que font naître les beaux-arts, et qui constituent une classe de plaisirs assez vaguement définis mais cependant tout à fait distincts de nos autres plaisirs. On a toujours admis qu'il y avait contraste entre le beau et l'utile. Et nous pouvons dès maintenant chercher en quoi semble consister la différence. Les satisfactions que l'on appelle sensuelles, le boire et le manger, par exemple, doivent être exclues de la classe des émotions que nous allons étudier, elles leur sont même souvent opposées. D'abord, suivant notre constitution, ces fonctions corporelles, bien qu'elles puissent accidentellement servir nos plaisirs, sont avant tout faites pour conserver notre existence; et, comme elles agissent d'abord pour cette fin spéciale, on ne peut dire qu'elles donnent ce qu'on appelle des jouissances proprement dites. Puis, elles sont liées à la production de ce qui est répugnant et cela corrompt leur pureté en tant que sources de plaisirs. Enfin leur influence est limitée à un seul individu, car la sociabilité à table est un élément qui est loin d'être constitutif. Deux personnes ne peuvent jouir du même morceau de viande ni boire à la même coupe. Ainsi les fonctions qui remplissent une ou plusieurs de ces trois conditions peuvent faire partie de la liste des utilités ou servir aux fins industrielles, mais elles ne peuvent se ranger parmi les émotions esthétiques. Enfin, toutes nos mesures de précaution contre la souffrance, la maladie, la mort — nos vêtements, nos maisons, nos murs protecteurs, nos digues, nos notions conductrices physiques

ou médicales, sont des choses qui n'ont en elles-mêmes rien d'agréable, et qui appartiennent à la catégorie de l'utile. La culture corporelle ou mentale n'est pas agréable en elle-même, elle est même souvent tout le contraire. La richesse ne peut entrer dans la catégorie, but de notre étude, parce qu'elle est entachée par la troisième condition, car en tant qu'argent le plaisir qu'elle donne est limité au seul propriétaire. On peut dire la même chose de la puissance, de la grandeur, dont la jouissance ne peut être divisée ni diffuse (1) à moins qu'elle ne se présente sous un aspect que nous devons ici faire remarquer. L'affection est presque dans la même situation par la difficulté où l'on est de l'étendre à un grand nombre de personnes. Tout ce qui est assez restreint comme sphère d'action pour constituer une propriété individuelle et être une occasion de jalousie ou d'envie, n'est pas un plaisir que convoite l'amant des beaux-arts. Car il peut trouver des objets qui en eux-mêmes sont agréables, qui ne sont pas accompagnés de choses désagréables ou révoltantes, et dont la jouissance n'est pas restreinte à un seul esprit; de tels objets sont donc évidemment d'un rang très élevé dans l'échelle de nos plaisirs. Quoiqu'ils ne produisent pas des jouissances aussi intenses que d'autres plus restreintes en action, leur diffusion les rend précieux comme l'air libre et la lumière du ciel.

2. — Les yeux et les oreilles sont les grandes avenues par où pénètrent jusqu'à l'esprit les influences esthétiques ; les autres sens servent plus ou moins les intérêts égoïstes. Le ciel bleu, les bois verts, toutes les beautés du paysage peuvent remplir les visions d'un nombre illimité d'admirateurs. Il en est de même des sons agréables; on peut artificiellement les monopoliser, mais par nature ils sont appréciables par un grand nombre. Autres choses sont celles qui ne périssent pas avec l'usage, mais qui cependant ne peuvent agir sur plusieurs esprits à la fois, comme tous les instruments de nos plaisirs. Ainsi un fauteuil est un objet d'une application trop limitée pour être esthétique.

---

(1) On peut cependant jouir de la puissance nationale comme d'un sentiment collectif, c'est-à-dire qui approche de la condition qu'implique tout sentiment esthétique. Il en est de même de l'orgueil de famille ou de l'orgueil de position.

3. — On peut introduire des éléments sensuels et musculaires dans un art si on les contemple en *idée* au lieu d'en jouir en réalité. Un peintre ou un poète peut peindre une fête et cette peinture peut être considérée avec plaisir. Contemplés à une distance suffisante, les objets de plaisir sensuel peuvent prendre un aspect esthétique. Ils ne sont plus soumis aux conditions dégradantes spécifiées plus haut. Ils ne répondent plus à des nécessités de notre nature ; leurs accompagnements désagréables n'ont pas besoin d'être représentés en peinture ; ils ne sont plus limités au consommateur individuel (1). Il en est de même des éléments, richesse, puissance, gloire, affection qui dans l'actuel manquent du caractère libéral qui fait la vraie jouissance artistique. Pourvu que nous puissions éprouver du plaisir à les voir entre les mains d'un petit nombre de propriétaires choisis, ils deviennent pour nous une jouissance que nous pouvons partager avec la multitude. Et, en réalité, c'est un fait que l'humanité trouve un certain charme à contempler la richesse, la puissance, la gloire, la grandeur, et s'intéresse à la manifestation de fortes affections où elle n'a nulle part. En général, le plaisir que l'on prend à contempler la grandeur d'un souverain est plus fort que l'*invidia* qu'excite tant de puissance donnée à un simple mortel ; et nous ne savons si pour beaucoup, l'histoire ne perdrait pas la moitié de son intérêt s'il n'y avait pas de rois.

4. — Dès l'aurore de la spéculation philosophique, on a discuté sur la nature du beau. Dans les conversations de Socrate et dans les dialogues de Platon, cette discussion avait sa place à côté de celles qui avaient pour objet le bon, le juste, l'utile. Beaucoup de chercheurs partaient d'un point de vue faux ou illusoire, qui rendait la discussion sans importance au point de vue des résultats analytiques ; ils croyaient qu'on pouvait trouver un élément unique commun

---

(1) Ces trois conditions sont les seules vraiment distinctives que je puis citer pour séparer les plaisirs esthétiques des autres. Je n'affirme pas qu'elles renferment tout ce qui rend un plaisir « élevé » et raffiné, tout ce qui l'oppose aux plaisirs sensuels et « dégradants » ; parce que souvent la convention la plus arbitraire crée toute la différence. La représentation idéale des plaisirs sensuels appartient à l'art ; mais, pour des raisons de prudence et de morale, elle est enfermée dans des limites plus ou moins étroites qui varient avec les âges et les pays.

à toutes les choses qui appartiennent à la classe du beau. Et cependant, sauf peut-être le sentiment provoqué qui a un certain caractère d'uniformité à cause de l'emploi exclusif d'un même nom pour le qualifier, il n'existe pas une chose commune à tous les objets beaux. Si cette chose existait, nous la connaîtrions depuis deux mille ans qu'on la cherche.

5. — Sublime, beauté, grâce, harmonie, mélodie, idéal, pittoresque, proportion, ordre, convenance, accord, voilà des noms qui bien qu'ils ne soient pas tous relatifs au beau, sont néanmoins compris dans le cercle de plaisirs que nous allons maintenant étudier ; il est bien évident qu'on ne doit pas s'attendre à retrouver le même fait sous ces désignations si variées. Il doit y avoir une grande multitude d'agents pour produire les différentes impressions désignées par ces termes, agents qui ne sont liés les uns aux autres que parce que tous concourent à former les plaisirs de classe esthétique. Sans doute plusieurs de ces termes peuvent être en partie synonymes, comme beauté et grâce, proportion et ordre, mais au fond il n'y a pas deux termes absolument synonymes, tous sont des conceptions distinctes impliquées dans le sublime, la beauté, le pittoresque, le convenable, le risible.

6. — Dans ce volume et dans le précédent j'ai déjà parlé des éléments divers qui entraient dans l'art, des sensations, des associations intellectuelles, et des émotions spéciales. La première chose à faire maintenant est de réunir ces anciennes indications et de voir jusqu'à quel point elles épuisent le catalogue des effets esthétiques.

On a dû d'abord supposer les lois du plaisir. La nature du sujet demande qu'on expose ces lois avec plus de détail. La loi première de vitalité n'est pas spécialement applicable aux beaux-arts. La loi de la stimulation alternée et proportionnée est toute influente sur l'ensemble des productions de l'art. La loi de relativité est comprise ici dans la loi de stimulation, mais lorsque le plaisir est cherché comme réaction après la souffrance, elle a une application indépendante et d'une finesse particulière. On doit aussi étudier les lois du plaisir idéal, afin, par exemple, de déterminer la juste proportion entre l'idéal et l'actuel. De plus, comme l'art tout en cherchant l'agréable aspire aussi au noble, on doit apprécier avec précision quelles sont les conditions du plaisir sympathique.

7. — Parmi les sens nous devons d'abord parler de la vue dont les plaisirs primitifs peuvent prendre rang parmi les esthétiques. Les effets optiques élémentaires sont la lumière, la couleur, l'éclat ; ils ont, en total, la faculté de donner une grande somme de plaisirs. Il est curieux de chercher jusqu'à quel point leur efficacité est empruntée, dérive de certaines associations. Pour ce qui a rapport au charme particulier de l'éclat, je crois qu'on peut être aidé par la suggestion de la personnalité. J'hésite à décider si certaines couleurs n'ont pas une influence organique primaire augmentée par certaines connexions extérieures ; cela est pourtant possible et même probable. S'il y avait une prédisposition héréditaire en faveur du spectacle de la nature, le bleu et le vert devraient être préférés au jaune par exemple, et, à cause des êtres vivants, le rouge serait la couleur favorite, celle qui inspirerait un intérêt continu. Si d'un autre côté les couleurs étaient indifférentes, les associations qu'elles rappelleraient sans influence, la seule condition qui ferait qu'une couleur est agréable, serait son alternance avec d'autres ; et cependant, en se plaçant sur ce terrain, il me paraît difficile d'expliquer les préférences et les partialités de chacun en faveur de certaines couleurs (1).

(1) « Selon toute probabilité, les premières idées de *beauté* viennent des *couleurs*. Bien avant que les enfants trouvent dans la beauté des formes et des mouvements un plaisir (ce qui exigerait, rien que pour la perception, un certain effort d'attention et de pensée), leurs yeux cherchent déjà les colorations brillantes, les lumières éclatantes, et en jouissent. J'incline à croire que dans le jugement d'un paysan sur la beauté, même dans une évaluation des perfections d'une forme féminine, cet élément composant de la beauté a la plus grande part; lorsqu'il s'agit de la nature inanimée, je crois même que c'est le seul élément dont il jouisse. C'est de l'effet produit par la riche coloration des nuages dorés par le soleil levant, que Akenside infère l'existence des semences du goût, puisqu'il est impossible de les découvrir dans d'autres mains que celles de la nature :

> Demandez au jeune homme
> Qui rentre au foyer après le dur labeur
> D'un jour d'été, pourquoi, oublieux de ses peines
> Et du repos qui l'attend, il s'attarde à suivre
> Les rayons du soleil qui percent à travers les nuages d'ambre
> Sur tout l'ouest du ciel ; bientôt, malgré
> La rude expression de son visage et ses airs incultes.
> Il se sent ému de ce spectacle au delà de tout ce qu'on peut dire,
> Il sent la forme de la beauté souriant à son cœur.

« Parmi les différentes espèces de beauté, dit M. Addison, c'est dans la contemplation des couleurs que les yeux trouvent le plus de plai-

La forme visible a une influence égale aux effets optiques. Une partie du plaisir de la forme est certainement une pure sensibilité musculaire des muscles de la vision ; mais pour la plus grande partie, ce plaisir résulte de l'ensemble des associations avec des personnes ou des choses. Nous voyons cela surtout dans l'appréciation des circonstances, la ligne droite est agréable dans un cas, dans un autre ce sera la ligne courbe.

L'ouïe est encore un sens esthétique, le plaisir d'entendre comprend non seulement les effets agréables des tons simples mais encore ceux des accords et séquences mélodieuses. Ces plaisirs sont variés par le temps, l'intensité, le volume, l'ampleur ; ils appartiennent à l'art musical.

8. — Puis vient ensuite la coopération de l'intelligence dans la formation des matériaux de l'émotion esthétique. J'ai déjà donné à entendre que des sensations d'un rang inférieur pouvaient s'élever jusqu'à devenir des plaisirs idéaux. Ainsi quand l'exercice musculaire, le repos, la fatigue sont seulement suggérés à l'esprit, quand, par exemple, nous regardons faire de la gymnastique, danser, patiner, ces exercices deviennent les sources d'un intérêt plus raffiné. En perdant leur nature égoïste, ils peuvent affecter un nombre illimité de personnes, et prennent ainsi ce caractère libéral essentiel à l'art. Les sensations de la vie organique sont rehaussées de la même façon. Tant qu'elles sont renfermées dans le cadre de notre expérience actuelle ou même de notre expérience passée ou à venir, elles sont exclues du domaine que nous étudions présentement ; mais quand on les considère isolement, abstraction faite d'un individu qui les accomplit, elles deviennent la propriété de l'artiste. Ainsi l'intérêt que nous prenons à la nutrition, à la subsistance de la vie animale, est un intérêt qui n'a rien d'exclusif. Une circonstance secondaire, respirer de l'air pur et libre, apporte à l'esprit l'idée d'une respiration abondante qui réjouit ; elle est très intéressante et assez élevée pour être digne du plai-

---

sir. Nulle part dans la nature nous ne trouvons de plus beau et de plus agréable spectacle que celui du ciel au lever ou au coucher du soleil, et ce spectacle est uniquement composé des différents jeux de lumière qui se jouent à travers les nuages dans des situations différentes. Voilà pourquoi les poètes, qui s'adressent toujours à l'imagination, empruntent aux couleurs, plus qu'à toute autre chose, leurs épithètes. » (STEWART, *Sur le Beau*.)

ceau de l'artiste. En réalité un peintre ne peut avoir de plus grand succès qu'en inventant des scènes et des effets qui fassent qu'on sente puissamment et comme actuellement cette fraîcheur et cette liberté rien qu'à la vue de son tableau. La jouissance actuelle de la chaleur ou du froid est sensuelle pour parler ainsi, mais la suggestion de ces effets à l'esprit de l'observateur par des circonstances associées couleur, lumière, ombre, devient raffinée, artistique. Nos propres états de faim, nos actions pour prendre notre nourriture, ont un genre inférieur d'intérêt quoique, peut-être pour nous individuellement, il s'agisse ici de nos expériences les plus durables, les plus profondes ; lorsque nous contemplons Sancho Pança perdant son diner par les ordres du médecin, cette contemplation appartient à la sphère élevée de l'intérêt exclusif. Les apparences qui indiquent la propreté ou l'absence de toute cause de dégoût, sont d'agréables associations avec l'annulation de souffrances organiques. Les odeurs douces auxquelles on fait une allusion qui vous les rappelle vivement, appartiennent au genre de plaisir que nous étudions. Homère parle de la douce odeur qu'exhalaient Andromaque et Aphrodite. Un toucher chaud et délicat peut être reproduit idéalement et c'est alors un plaisir purement esthétique. Les objets de l'ouïe et de la vue qui en eux-mêmes peuvent constituer des plaisirs communs et libéraux, sont encore plus élevés et plus nobles en idée ; lorsque par exemple on ramène devant l'esprit des scènes de beauté naturelle, à l'aide de mots qui font image. Tout ce qui donne un cachet plus intellectuel aux objets de plaisir, pourvu que ces objets restent dans le domaine de la compréhension générale, élève le caractère de ces objets et les rend plus généraux. C'est là qu'est la supériorité de la littérature sur tous les autres beaux-arts.

9. — Vient ensuite l'étude des émotions. Ici encore il faut tenir compte du grand couple opposé : l'amour et la malveillance. Leur influence sur l'art correspond à leur œuvre si compliquée, en tant que plaisirs. Ces plaisirs ne sont d'abord pas esthétiques parce qu'ils sont limités à des individus : l'amour des parents pour leur enfant est exclusif. Mais ils prennent bien vite le caractère idéal et produisent de grandes jouissances lorsque l'art ou le récit les peint. Non seulement ils éveillent l'intérêt si absorbant de la personnalité, mais ils

extraient cet intérêt du monde impersonnel en évoquant à un degré extraordinaire les similitudes personnelles.

Il y a sans doute des sources d'émotion d'un genre inférieur à côté de ces deux grandes puissances maîtresses de l'âme. Ainsi l'intérêt que l'on met à l'action, la poursuite ne les renferme pas, et cependant est un grand ajouté pour l'art et pour d'autres plaisirs. Mais l'action n'est pas seulement une émotion, c'est surtout un moyen de mêler et de manier nos susceptibilités émotionnelles.

Ce qu'on appelle l'émotion du pouvoir, entre pour beaucoup dans les effets esthétiques parce qu'elle renferme le sublime et le risible. J'ai considéré cette émotion comme un composé de malveillance, d'amour et de sensations agréables; ces éléments, avec toute leur diversité de composition, peuvent introduire une grande variété dans la combinaison des effets esthétiques.

10. — L'influence particulière esthétique de l'unité dans la multiplicité suppose le travail de l'intelligence et a un grand charme, qui a pour origine un soulagement intellectuel. Dans tous les grands ouvrages où les détails abondent, nous réclamons un plan qui résume, qui nous permette de saisir le tout et de distinguer les parties.

On fait souvent usage dans l'art de l'effet que produit la ressemblance dans la diversité. Cet effet est un plaisir émotionnel dû à la perception de la similarité et probablement, intellectuellement parlant, à une sorte de soulagement mental. La variété est un trait essentiel du plaisir esthétique, car elle est la condition première de la conscience de ce plaisir; mais la variété tend aussi à alourdir, à charger la compréhension mentale de sorte que l'esprit demande à être soulagé par la recherche des similarités.

11. — On doit une remarque spéciale à la dernière des émotions simples telles que je les ai énumérées, aux émotions de l'intelligence. On conçoit facilement que l'amour de la vérité et de la science mérite le premier rang parmi les sentiments esthétiques s'il est allié avec la dignité et le raffinement. Rien ne peut ouvrir mieux de grands horizons que de tels objets. Malheureusement ils agissent sous l'influence de deux conditions qui leur enlèvent une partie de leur valeur esthétique, à cause de la constitution actuelle de l'homme. D'abord les émotions de l'intelligence demandent une prépa-

ration souvent si pénible que peu de personnes seulement ont le courage d'aller au-delà. Ensuite la vérité n'est pas une cause de plaisir sans mélange, pas plus que la médecine ou la chirugie, et le plaisir n'est pas son but immédiat. Toutes les vérités qui ne sont pas soumises à ces deux conditions qui les déprécient, sont les bienvenues auprès de l'artiste ou auprès du pourvoyeur de nos plaisirs. Les découvertes de la science les plus intelligibles et les plus populaires, se répandent par la lecture du soir, le journal, le livre du jour, la comparaison explicative qu'emploie le poète, et l'idée de la vérité est ainsi entretenue avec un plus grand respect, si l'on a épargné à l'esprit les travaux et les exemples pénibles. Mais il est évident que la connaissance scientifique dépasse la sphère de l'art autant qu'une forme éminemment artistique dépasse la sphère de la science. S'il en était autrement, quelle force cela nous donnerait; si ce qui nous fait connaître et acquérir la certitude était d'une compréhension facile et était la source de grands plaisirs, bien des peines nous seraient épargnées; et nous aurions fait bien des progrès dans le chemin qui conduit au bonheur et à la sécurité de la vie (1).

12. — *Les combinaisons du son.* — *La musique.* — La partie considérable de l'art qu'on appelle la musique est fondée sur les sensations de l'ouïe, de même le discours si on l'envisage comme ensemble de sons.

J'ai déjà fait allusion aux sensations élémentaires que donne le son agréable, il est aujourd'hui démontré, surtout depuis les recherches d'Helmholtz, que ces sensations impliquent harmonie. Depuis qu'on admet qu'une note douce

---

(1) M. Spencer fait souvent appel à la notion du *jeu (play)* pour en faire le point de départ des plaisirs esthétiques; il remarque avec justesse que là où il y a un surplus de vigueur musculaire, après la dépense pour les nécessités de la vie, ce surplus trouvera un emploi dans quelque exercice fictif analogue à la fonction première. Voilà pourtant qui est bien loin de l'art; cette explication conduit à la description du sport, du jeu, mais n'exprime une partie de l'art que lorsque ces exercices ont été idéalisés. On doit aussi observer que l'intérêt du sport tient non seulement à l'exercice de la vigueur des organes actifs, mais encore à l'intensité extraordinaire des émotions de la poursuite, c'est-à-dire des passions destructives et carnassières. Enfin on peut admettre que le surplus de vigueur se gaspille dans l'inaction.

Néanmoins il serait intéressant d'étudier le côté mental des émotions du sport, comme préparation à l'observation des plaisirs esthétiques.

est déjà une harmonie, l'influence des accords musicaux reconnus n'est plus quelque chose d'absolument nouveau, c'est une extension des mêmes procédés harmoniques. Donc, nous considérons maintenant les harmonies simples et les séquences mélodiques comme des effets *sensuels* ; l'intelligence n'intervient que plus tard. Pour une oreille délicate, ces premiers effets sont très agréables ; la composition musicale lui fournit en abondance ces premiers effets, les varie ; pendant qu'elle donne en même temps de quoi charmer l'intelligence.

Le fondement suprême de l'agrément des sons élémentaires est trop insaisissable pour être fixé. Toute sensation normale, avec l'alternation et le degré voulus, est agréable ; et, quand la combinaison ajoute au plaisir, la seule explication qu'on puisse donner, consiste à supposer une concurrence mutuelle qui augmente la conscience sans augmenter la dépense nerveuse.

Nous trouvons que la *régularité* est une condition essentielle de la sensation agréable ; la note musicale est faite d'une succession de battements égaux en durée. Quand plusieurs notes sont liées par l'harmonie il y a régularité, périodicité, et augmentation d'excitation. Les rapports numériques simples ($\frac{3}{4}$, $\frac{3}{2}$, $\frac{4}{3}$, etc.) expriment les meilleurs accords et à mesure que ces rapports s'éloignent de la simplicité, les effets harmonieux font place à la discordance qui est en somme pénible.

13. — L'effet musical s'élève d'un degré lorsque commence la jouissance intellectuelle que donne l'unité dans la variété.

C'est ce que M. Sully appelle la beauté de la *forme musicale*. « Contraste et symétrie, variété et unité, voilà ce qui est commun à toute espèce de beaux objets qu'ils soient naturels ou artistiques ». — « Le développement de la musique peut être regardé comme une expansion graduelle de la forme musicale. Sans doute l'art en progressant a augmenté les sensations distinctes de ton, d'harmonie, grâce surtout à l'élargissement de toute l'échelle, à l'invention d'instruments de différents timbres, et à l'introduction de nouveaux éléments harmoniques et mélodiques. Mais les inventions successives ont agi avec plus de grandeur encore en tendant à une beauté de structure plus élevée, à une nouvelle manière de combiner les éléments musicaux de façon à ce qu'ils produisent des jouissances plus grandes grâce à l'appréciation consciente du semblable dans le divers. »

Dans son analyse aussi subtile qu'originale, M. Sully trouve les traces de l'unité dans la variété à travers toutes les formes diverses que prennent les compositions musicales. Le temps se présente en premier comme un moyen d'unité. Produire une succession de notes toutes égales en durée, c'est donner l'impression la plus simple de l'unité dans la variété. Vient ensuite la succession de notes alternées avec leurs subdivisions. Ceci conduit à ces différentes mesures qui donnent à la musique son caractère rythmique distinctif. L'accent est encore intimement lié au temps. Mais ce qui donne le plus carrière aux effets intellectuels c'est l'élément musical proprement dit, le degré ou la hauteur du son. Un degré défini conduit à des intervalles musicaux définis, c'est-à-dire à des mouvements en haut et en bas de l'échelle musicale. Ces intervalles produisent d'abord l'effet de la simple mélodie, mais lorsqu'ils sont groupés symétriquement ils permettent d'ajouter de nouveaux effets à l'unité dans la variété. Ainsi, par exemple, nous pouvons avoir « le retour de séries ou intervalles mélodiques absolument dans leur ordre primitif, mais avec un élément de variété introduit par les notes subordonnées d'*ornement* ». — « Nous pouvons trouver une nouvelle forme en transposant un mouvement donné d'un ton dans un autre, par le choix d'une nouvelle note initiale liée à la première. »

Enfin la forme musicale reçoit de l'harmonie une grande extension. Quand l'esprit est capable de discerner des nuances définies d'harmonie, il est préparé à de nouveaux contrastes, à de nouvelles transitions, et par conséquent à de nouvelles formes d'unité dans la variété. Le passage de l'harmonie pure à la dissonance constitue le contraste musical sous sa forme la plus complète, tandis qu'une succession d'accords d'un même caractère harmonique manifeste une certaine unité esthétique.

14. — En troisième lieu ce qui fait la puissance de la musique c'est l'*expression* ou le reflet des émotions humaines La musique n'est pas un art imitatif comme la peinture et la sculpture ; elle ne nous ramène pas au monde visible. Mais elle imite les sons de la voix humaine qui sont les signes les plus flexibles et les plus expressifs du sentiment. Nous avons acquis pendant notre vie une grande quantité d'associations

entre les sons et les émotions: et, si l'on accepte l'évolution nous possédons en outre les associations acquises par nos ancêtres. Tous les sons qui se rapprochent de ces associations de son deviennent des moyens d'éveiller les sentiments eux-mêmes. Voici les principaux points de ressemblance *directe* entre la musique et les sons vocaux naturels : élévation du son, intensité, timbre, changement de degré, intervalle, durée et rapidité, ampleur et faiblesse du son. Nous pouvons encore noter une ressemblance *indirecte* : une expression heureuse, paisible, tend à prendre une forme agréable à l'oreille.

La musique est capable de représenter la force ou l'intensité émotionnelle; une passion puissante est exprimée avec les éléments énergiques du son, l'intensité, la rapidité, les écarts entre les intervalles et les durées. La différence entre le plaisir et la souffrance peut être rendue, bien imparfaitement il est vrai, grâce aux associations indirectes mélodiques et harmoniques. Quand le musicien veut exprimer l'énergie de la volonté plutôt que l'émotion il renforce l'accent, s'élève en degré, et termine avec brusquerie. Quand une série de sons éveille les passions et les énergies humaines, elle suggère, par une illusion naturelle, l'idée d'une âme vivante cachée derrière ces notes, en partie révélée, en partie mystérieuse, et envers laquelle nous sentons naitre une sorte de sympathie. Enfin grâce à notre habitude d'entendre et de reconnaitre les sons qui émanent du monde visible, nous sommes ramenés par eux aux objets et aux activités visibles. C'est de cette façon que nous sommes conduits à concevoir un ouragan, une bataille, une scène naturelle ; de là des compositions comme la *Symphonie pastorale* de Beethoven.

C'est au milieu de ces limites qu'imposent les nécessités de la forme musicale que doivent se réaliser les vues souvent en conflit du compositeur. (Je renvoie pour plus de détails aux trois essais de M. Sully sur la *Musique*).

15. — La mélodie du discours tient à un élément qui lui est particulier, la facilité de prononciation. L'oreille est affectée par sympathie de la facilité ou de la difficulté de prononciation, puis elle trouve un plaisir indépendant dans la variété (articulée ou musicale) dans le rythme et la régularité, et dans la cadence ou inflexion mélodieuse de la voix. On trou-

vera ces détails exposés dans une rhétorique, dans un traité d'élocution. Il n'y a pas ici de nouveau principe esthétique à signaler.

16 — *Les harmonies de la vue*. — Les effets les plus simples sont ici : lumière et ombre, couleurs et leurs contrastes, éclat; mouvements et formes visibles.

La lumière et l'ombre sont agréables à cause de l'alternation du stimulus. La couleur introduit un effet nouveau agréable comme tel. Après avoir regardé un certain temps un paysage campagnard, un ciel coloré nous ravit; qu'elles sont les couleurs en vue, cela importe peu, c'est la variété qui est alors le point important. Pour la même raison le passage d'une couleur à une autre, d'une ombre à une autre, augmente le stimulus ; et, dans une disette d'effets, toute couleur est la bienvenue. C'est ainsi que nous préférons la variété et le plus de variété possible dans les nuances et les teintes, plutôt que de voir toujours vert ou rouge.

Quand nous sommes saturés d'une couleur, c'est pour nous un soulagement que de passer à une autre. C'est ici qu'il faut rappeler la loi de la composition de la lumière qui montre que le stimulus le plus agréable est le complément de n'importe quelle couleur donnée; complément par lequel nous rétablissons la balance parfaite des couleurs primitives. C'est ainsi que le passage du rouge au vert est meilleur que celui du rouge au jaune ; le vert est formé de jaune et de bleu; et le rouge, le jaune, le bleu sont nécessaires pour épuiser le spectre. Mais jusqu'à ce que l'œil soit fatigué par des couleurs non équilibrées, le complément du spectre n'est pas une nécessité, quoiqu'il soit un plaisir pour l'œil cultivé.

Il est d'usage de protéger les yeux faibles par des verres bleus ou verts. S'il ne fallait qu'adoucir la lumière en général une teinte sombre suffirait. Mais il semble que les nerfs de la vue trouvent du repos à voir tous les objets revêtus de ces couleurs. C'est une exception au principe du balancement des couleurs d'après leurs proportions dans la lumière blanche. Je ne sais comment on peut expliquer ce fait à moins qu'on invoque l'influence de l'habitude où nous sommes de voir la terre verte et le ciel bleu.

Les simples effets du mouvement et de la forme visibles représentent des plaisirs musculaires. Les formes droites et courbes, leur alternance, les changements de courbure, tous cela fait appel à la sensibilité musculaire, lorsqu'il y a diversion et alternance.

17. — Les beautés intellectuelles de la vue, la réalisation de l'unité dans la variété sont nombreuses en proportion de la multiplicité des effets visibles. Quand nous avons à ranger un nombre d'objets semblables, nous les plaçons à des intervalles égaux. Nous pouvons même constituer de plus petits groupes à égale distance les uns des autres et subordonner le tout à une forme simple, à un type.

Partout où un objet linéaire est divisé afin de plaire aux yeux, la division doit observer des règles de proportion dont la détermination appartient aux beaux-arts. A l'origine on n'était guidé dans la construction de ces proportions que par l'effet, de même on composait des mélodies pour plaire à l'oreille sans s'occuper des rapports musicaux. C'est dans une période plus avancée que l'on cherche de strictes lois numériques (1).

18. — Le principe que nous étudions affecte également

---

(1) Les lois de proportion qui régissent les œuvres d'art admirées, la sculpture et l'architecture grecques, par exemple, ne sont pas évidentes, et on a proposé différentes manières de les déterminer.

Prenons le cas simple d'une élévation verticale harmonieusement divisée (une croix, par exemple). Les critiques allemands ont énoncé la règle qu'ils appellent « la section d'or » *(golden section)* : la petite partie doit être proportionnée à la plus longue, comme la plus longue au tout; on doit suivre la même règle dans les subdivisions des parties, comme cela doit être dans une grande façade architecturale. Une seconde loi doit régler les proportions de la largeur à la hauteur, des bras de la croix à la hauteur du montant, de la largeur d'une façade aux divisions de la hauteur. Ce dernier rapport est loin d'être fixe; mais on peut donner pour exemple d'une proportion simple et agréable, la largeur moyenne proportionnelle entre les divisions courtes et longues de la hauteur verticale. (Voyez *Menschen and Thierseele*, vol. II, p. 82, de Wundt.)

M. D.-R. Hay prétend qu'on doit trouver la proportion numérique des œuvres d'art parfaites, non dans les lignes, mais dans les angles formés par les différentes divisions linéaires. Ainsi, dans un rectangle, les angles faits par la diagonale seraient en proportions simples avec un angle droit, comme $\frac{1}{2}$ (dans un carré), $\frac{1}{3}$, $\frac{1}{4}$, $\frac{2}{3}$, etc.; ce qui naturellement donne les rapports simples des deux parties de l'angle droit entre elles — 1 à 1, 1 à 2, 1 à 3, 2 à 3, etc. M. Hay nomme ces proportions d'après les notes de l'échelle musicale qui ont les mêmes rapports entre leur nombre de vibrations; cependant, ce qu'il obtient à l'aide de cette comparaison n'est pas très apparent, puisque les deux cas dépendent de la même règle de simplicité dans les rapports.

M. Hay étudie la face humaine, la tête, avec la même méthode. On forme une ellipse, dont le grand axe est la longueur totale de la tête, depuis le sommet jusqu'au menton. La largeur, ou petit axe, est déterminée

les deux éléments, nombre et espace en leur donnant une portée artistique. Lorsqu'il s'agit d'une multitude d'objets nous ménageons entre eux des intervalles égaux et proportionnés et nous subdivisons de même la dépense la plus insignifiante. Il faut encore tenir compte ici de l'influence du contour spécialement pour ce qui regarde les figures à lignes droites — carrés, parallélogrammes, triangles, polygones

par les considérations harmoniques suivantes : on joint les extrémités des moitiés des axes majeurs et mineurs, de façon à former un triangle rectangle, et les angles aigus sont respectivement comme 30° est à 60°, ou comme 1 est à 2 ; ceci produit une ellipse *dominante* construite sur un triangle dominant et semblable à l'accord de la quinte en musique. Maintenant cherchons l'étendue du crâne. Il faut construire un cercle du même caractère, la largeur de l'ellipse le couvrant et le touchant au sommet. Les figures combinées du cercle et de l'ellipse donnent le contour harmonique parfait de la face, si l'on réserve quelque adoucissement par-ci par-là, afin d'approcher davantage de la nature. Voilà l'opération à faire pour les traits : du sommet de la tête ou de l'extrémité supérieure de l'ellipse, on trace des deux côtés une série de lignes formant les angles respectifs $\frac{1}{3}$ (30°) $\frac{1}{4}$ (22° $\frac{1}{2}$), $\frac{1}{5}$ (18°), $\frac{1}{6}$ (15°), et $\frac{1}{7}$ (12° $\frac{6}{7}$). Par les points où elles rencontrent la circonférence de l'ellipse, on trace des lignes horizontales à travers la figure, de manière à former une série de triangles isocèles. Commençons aux lignes extérieures par l'angle le plus grand, $\frac{1}{3}$ ou 30° ; la ligne qui les joint passe par le centre des yeux, et, par conséquent, sert à déterminer leur position. La ligne de l'angle de $\frac{1}{4}$ ou 22° $\frac{1}{2}$ touche la circonférence extérieure de l'orbite ; elle sert donc encore à déterminer la position des yeux ; la jonction horizontale des deux lignes donne la position verticale du nez. La jonction horizontale des lignes de $\frac{1}{5}$ (18°) traverse le haut de la lèvre supérieure. Les lignes de $\frac{1}{6}$ (15°) passent à travers les centres des yeux et complètent la détermination de la place des orbites ; la jonction horizontale donne la limite inférieure de la bouche. La jonction horizontale des lignes de l'angle de $\frac{1}{7}$ donne l'arête supérieure du menton.

C'est par un ensemble semblable d'angles proportionnés que M. Hay détermine la beauté de la figure humaine. Et il applique sa méthode au Parthénon et à l'architecture en général.

Que par ce système on arrive à représenter à peu près les proportions d'un bel objet, oui ou non, voilà ce que seule l'expérience peut prouver. Mais si M. Hay a l'intention d'insinuer que le sentiment agréable que fait naître la proportion dans l'esprit du spectateur, est le sentiment de la proportion d'angles imaginaires, il avance une hypothèse incroyable. On ne peut supposer que l'esprit, en jugeant une figure, construise un diagramme idéal et jouisse de la plaisante mélodie des angles. Ce que l'œil juge doit mieux que cela rentrer dans la catégorie des choses qu'il juge habituellement ; la profonde mélodie des angles ne peut être acceptée que comme un équivalent mathématique de quelque charme plus apparent que M. Hay a oublié d'expliquer. Nous devons donc revenir à la vieille théorie du plaisir que donnent les lignes courbes lorsqu'il s'agit de surfaces courbes ; et, en même temps, nous devons, pour les dimensions rectilignes, chercher un ordre de proportions plus évident, plus palpable que celui que propose la théorie de M. Hay.

équilatéraux, etc., — et les courbes symétriques,— le cercle et l'ellipse. Dans ces figures, on suppose que l'œil découvre égalité ou commensurabilité entre les différents côtés ou dimensions. Un triangle ou un quadrilatère dont tous les côtés sont inégaux ne donne à l'œil aucun plaisir de forme ou de contour (à moins qu'il ne soit comme une dissonance dans la musique, introduit occasionnellement); tandis que le carré et le parallélogramme se conforment aux exigences de l'esprit. Le parallélisme est une égalité soutenue autant que l'égalité des intervalles dans une rangée d'objets. Quand des lignes convergent nous cherchons l'égalité dans les deux côtés convergents, nous sommes heureux de découvrir un certain égard pour les proportions, comme dans l'égalité des trois côtés du triangle, et l'égalité ou la commensurabilité de la base et de la hauteur. Quand un angle arrête l'attention, nous préférons celui de 45° à celui de 30° comme parties aliquotes de l'angle droit. Le parallélogramme oblique aux côtés égaux, avec les angles de 45° et de 135° est une agréable subdivision de la fenêtre à petits panneaux.

On peut chercher l'unité dans la variété dans des groupements, des arrangements divers, tout comme en musique. On trouverait le même plaisir intellectuel à découvrir des ressemblances dans la diversité et l'élément de la forme visible ne ferait jamais défaut. Dans la décoration et le dessin les figures les plus compliquées deviennent agréables par la répétition et l'arrangement méthodique.

19. — En suivant l'ordre dans lequel nous avons étudié tout ce qui constitue le son, nous en arrivons à l'*expression* ou suggestion par des objets visibles de sentiments et d'émotions qui dépassent ce que l'on peut sentir par les yeux. Le domaine de l'expression est encore plus grand lorsqu'il s'agit de la sensation visuelle que lorsqu'il s'agit de la sensation auriculaire. Il se divise en un grand nombre de détails qui vont suivre; mais il est nécessaire de donner auparavant quelques exemples.

On a cité suffisamment les associations qui donnent la beauté aux couleurs. Toutes les teintes qui sont liées à la santé, à l'enfance, à la jeunesse, aux charmes du sexe aimable, à l'énergie et à la vigueur, sont agréables parce qu'elles expriment ces qualités. L'éclat des yeux, des cheveux, de la peau, des dents suggère l'idée de la personnalité. La vue d'une larme éveille un sentiment pathétique. Les apparences qui indiquent une peau douce et lisse font penser à l'embrassement.

20. — L'expression de la forme et du contour est une grande partie de l'esthétique. Après avoir rappelé les plaisirs musculaires des yeux qui ne comptent que pour peu de chose, nous devons noter les associations des formes courbes avec l'aisé, celles des formes droites avec la contrainte, la sévérité. Les objets extérieurs reflètent parfaitement le soulagement après le travail, la fatigue, l'effort, lorsqu'ils cessent. Enfin les membres qui meuvent, étant des leviers fixés par une extrémité, décrivent des courbes lorsqu'ils agissent librement ; faire une ligne droite, cela nécessite un ajustement laborieux des différents membres, et rien qu'en idée, fait naître un sentiment de contrainte pénible. De même une chaîne ou une corde ne peut être maintenue horizontalement sans une tension énorme ; sans cette tension la corde formera une courbe.

Mais dans tout ce qui touche à l'art, l'intérêt de la personnalité est toujours plus fort que tout autre ; et le charme suprême du contour courbe est lié à la forme humaine, parce qu'il est approprié à l'amour. Cet intérêt est si profondément enraciné que nous devons penser qu'il est instinctif et héréditaire, tandis que son degré d'intensité dépend de la personne.

Il y a des cas où les lignes droites sont esthétiques. Nous avons déjà vu qu'on pouvait obtenir une série d'effets agréables par leur unité et leur proportionnalité, sur des objets et des formes à lignes droites. Dans la figure humaine, sous le contour courbe on découvre un certain élément de rigidité, de droite ligne qui indique la force des membres et de l'épine dorsale qui sont les supports de la tête. Là où il faut de la fermeté, il faut aussi une solide structure et alors la rigidité de la forme accompagne souvent la solidité. Un nez droit, un front uni sont les subsidiaires des mouvements et de la stabilité de la face.

21. — Les dimensions de la largeur et de la hauteur sont déterminées par une condition souveraine ; il faut que les objets puissent résister à la force de gravité ; voilà des éléments nouveaux le poids, la pression, le soutien, le support, introduits. Nous sommes si absolument soumis à cette force, et si occupés pour la neutraliser, que dans toutes les occa-

sions où cela est nécessaire, notre premier soin est de nous pourvoir d'un appui suffisant. L'expérience apprend vite à l'enfant que l'on porte encore, le mal qui résulte de la suppression des bras qui le soutiennent ; la peur de tomber se manifeste de si bonne heure que généralement on dit qu'elle est instinctive. Et nous n'avons pas besoin d'autre explication que celle que nous donnent les coups, les blessures que nous recevons, les chutes, les pertes que nous faisons lorsque nous manquons de stabilité. Nous arrivons à être sur ce chapitre d'une telle inquiétude, que la seule apparence, la seule idée de l'instable nous fait appréhender une chute. De là, notre désir de voir tout ce qui nous entoure remplir les conditions qui assurent comme nous l'avons appris par expérience, la stabilité. Nous savons que de solides fondations, une large base, une charpente épaisse sont les seules sauvegardes contre une gravitation qui nous écraserait, et c'est une vraie souffrance que de les voir manquer. La pyramide est la forme qui remplit le mieux ces conditions. Le mur en pente place plus bas le centre de gravité et rend la construction très difficile à renverser. Le mur droit est moins stable et demande des expédients que ne nécessitent pas l'autre : il ne doit pas être conduit trop haut, les matériaux doivent être suffisants comme force, poids, tenacité afin de permettre que la base soit étroite. Les murs d'une maison liés par des solives et un toit ne sont pas dans la même situation ; le volume total de la construction forme comme une seule masse et la stabilité est très grande. Un effet semblable est produit quand une rangée de pilliers est surmontée d'une poutre qui forme fronton.

22. — En même temps que les édifices solides sur leurs bases satisfont l'esprit et donnent le sentiment agréable d'une résistance suffisante et même excessive à la pression de la gravité, un autre motif joue encore pour modifier les formes des constructions solides, c'est le désir de voir de grands effets produits par la plus petite dépense possible de moyens, et avec une apparente facilité de la part de l'agent. C'est là un des côtés de l'amour du pouvoir qui est satisfait lorsque de petits efforts opèrent de grands changements ou produisent de grands effets. Nous pouvons considérer les pyramides comme des œuvres énormes, pesantes, singulières, disgracieuses, quand nous considérons seulement de quelle façon

elles supportent leur propre masse. Nous sentons alors qu'on a fait usage d'une quantité de matériaux et de temps énorme, disproportionnée avec le but. (Le cas serait autre s'il s'agissait d'une jetée ou d'une fortification.) Si l'on peut élever un objet à une grande hauteur sans une telle dépense de matériaux et une telle ampleur de base, cela nous plaît, si en même temps nous sommes sûrs que le support est suffisant. Sous ce rapport l'obélisque est un grand progrès sur la massive pyramide. La colonne représente un effort encore plus élevé d'autant plus que son sommet est capable d'être couronné par une masse et de la soutenir. Ce qui nous fait apprécier ce procédé hardi, c'est la largeur de la fondation et l'évasement léger du sommet, et tout cela avec le moins de matériaux possibles. C'est ainsi que la colonne déploie le capital le mieux employé pour soutenir le poids énorme de l'architrave et de la frise. Le pilier est rendu plus léger par la coupure qui permet en outre de lui donner une base plus large. Une tige svelte assise sur une large base peut prouver sa puissance comme appui, et donner à l'esprit l'idée d'un grand effet produit avec une petite dépense. En général tous les objets qui remplissent le rôle d'appui et dont les formes sont gracieuses, les vases, les tasses à boire, les tables, sont construits d'après ces principes, et donnent en outre le plaisir attaché aux formes courbes qui ne dépend pas pourtant de cette association particulière. Un bel arbre avec sa tige svelte et cependant suffisante, ses racines nombreuses lui donnant une base étendue, et couronné par une tête volumineuse, un feuillage touffu, est un exemple parlant de l'union qu'il peut y avoir d'une puissance de support suffisante avec une petite dépense de matière, et forme un contraste frappant avec la massive pyramide (1).

---

(1) Le trépied est une amélioration de la masse pyramidale.

C'est à l'artiste de juger jusqu'à quel point il peut réduire l'épaisseur sans nuire à la solidité apparente nécessaire.

C'est à cause du sentiment que nous venons d'étudier qu'il faut que les murs soient strictement perpendiculaires. Un objet élevé penchant d'un côté cause une impression pénible; on s'attend à le voir tomber. La tour penchée de Pise est tout à fait stable, son centre de gravité est à la base; mais son inclinaison est très désagréable.

J'ai déjà remarqué (*Contiguïté*, § 30), que les proportions architecturales qui satisfont l'esprit doivent différer suivant les *matériaux* ; la beauté du dessin est très différente avec le bois, la pierre ou le fer.

23. — C'est tantôt la simple proportion, tantôt la solidité qui réclament la symétrie. L'inégalité des deux côtés de la figure humaine produit l'effet désagréable de proportions violées ; l'absence ou l'inégalité d'un membre détruit l'aplomb du corps. Un arbre dont le feuillage pousse tout d'un côté est irrégulier sous ces deux rapports.

24. — Les conditions de la beauté des mouvements sortent des considérations que nous venons de présenter, et de la manière dont les yeux sont affectés par ces mouvements et les transmettent à l'esprit. Les contours droits ou courbes suggèrent les mêmes émotions dans les formes au repos ou dans les corps mouvants. Un mouvement curviligne, celui d'un projectile ou d'un oiseau, les pas d'un danseur gracieux, sont agréables en eux-mêmes ; les mouvements droits ne deviennent artistiques que par leurs associations avec la puissance, la régularité, l'utile, ou quelque autre circonstance qui les recommande à notre attention. Un vol vertical renferme une analogie avec l'appui, le support de la vie solide, il implique l'idée du déploiement d'une force suffisante pour contrebalancer l'influence de la pesanteur, et en donnant l'idée d'une grande énergie propulsive, il devient un spectacle attachant.

25. — *L'utile, l'esthétique de l'utile.* — Ce que nous venons de discuter est en réalité un cas de l'accommodement de la mécanique à une fin mécanique, la résistance à la pesanteur. Nous prenons tant de plaisir à voir cette fin se réaliser, surtout lorsque c'est d'une façon aisée, que nous construisons des édifices pour le plaisir de les voir solidement campés. L'industrie humaine est capable de faire appel au même sentiment de puissance par la production d'effets avec une dépense moindre. Un ouvrier combinant une grande force à une extrême adresse exécutera avec aisance ce qu'un autre homme trouve difficile, et l'observateur trouvera un sympathique plaisir à contempler cette puissance. La possession d'outils supérieurs donnera le même plaisir. En conséquence de la satisfaction ainsi obtenue, l'acteur en scène cherche à supprimer toutes les apparences de travail, de fatigue, et à faire oublier, autant que possible, l'attirail scénique. Lorsqu'il s'agit de machines, nous les voulons brillantes et silencieuses parce que la rouille et le bruit suggèrent l'idée d'une action entravée et celle d'un pénible effort. Nous personnifions les puissances de la nature, et nous sympathisons avec la réali-

sation facile ou pénible de leurs fins. La faible brise mettant en mouvement une lourde masse de matériaux solides fait naître en nous le sentiment délicieux qu'un doigt léger pousse un corps pesant. Il semble que le tonnerre bruyant peine en accomplissant son œuvre. Une explosion de poudre serait plus grande sans le vacarme ; l'action silencieuse ou tranquille nous donne beaucoup plus le sentiment d'un pouvoir actif, à moins pourtant que le bruit ne soit lui-même un signe de puissance. La présence de l'échafaudage autour du monument qu'on élève, enlève le plaisir que nous prendrions à contempler l'œuvre elle-même, parce qu'elle introduit l'association désagréable d'un travail pénible et prolongé. De là l'art de cacher l'art, maxime critique formulée depuis si longtemps. Nous aimons à ne jamais voir la souffrance sous n'importe quel aspect, surtout sous celui du travail ; et nous chérissons toutes les apparences, fussent-elles illusoires, qui nous font croire à la facilité de la réalisation des fins du travail.

26. — Certaines choses subordonnées à l'heureux achèvement du travail, ont encore de l'intérêt pour le spectateur. Nous avons déjà vu que la régularité, la proportion affectent une sensibilité primaire de l'esprit, et arrivent à avoir une grande valeur à cause de certaines considérations d'utilité. Sous un nom général, l'ordre, nous comprenons toute la précision, la régularité, le bon rangement des objets, si favorables à la marche des opérations industrielles. Les formes droites deviennent esthétiques parce qu'elles sont les instruments qui servent à réaliser des fins utiles. On cultive le sentiment agréable que donne au simple observateur le spectacle de l'ordre, lorsqu'on pousse l'ordre, le fini, à l'extrême, plus qu'il n'est nécessaire. C'est ce qui arrive pour la maison en parfait état, pour la fabrique, la boutique bien tenues, c'est ce que produit la discipline chez les soldats. La propreté a pour origine le désir de mettre hors de vue les matières qui sont préjudiciables et dégoûtantes en elles-mêmes. Faisant un pas de plus, elle arrive à viser au lustre, à l'éclat, à la blancheur extérieure là où ces qualités produisent d'agréables effets, et à enlever avec soin tout ce qui peut souiller une surface naturellement propre. Les outils bien polis plaisent par leur brillant et par l'idée qu'ils donnent d'un travail facile. Le net, l'élégant nous satisfont comme faisant partie de

l'ordre et même lorsqu'ils ne sont pas essentiels à l'industrie pratique, prouvent un esprit convaincu de l'importance de ce grand auxiliaire. Il serait absurde d'aller jusqu'à dire avec certains écrivains que la beauté implique toujours âme ; mais c'est un fait d'observation que souvent les objets ne sont intéressants que parce qu'ils suggèrent l'idée d'utiles qualités mentales. Le contraire est aussi exact. Quelques brins de paille sur un tapis, un petit trou dans un bas ne sont pas incompatibles avec une occupation utile, et ne peuvent détruire l'éclat de toute autre beauté présente ; mais en donnant l'idée d'un esprit décousu, indifférent aux qualités d'ordre qui ont sur un ensemble une si grande influence, ils peuvent affecter bien désagréablement l'observateur.

27. — *Le sublime.* — On admet généralement que le sublime est plus simple que la beauté. Si l'on se place à un certain point de vue c'est vrai, car c'est le simple attribut d'un pouvoir supérieur. Mais alors le pouvoir, ainsi que nous l'avons souvent vu, est un fait très complexe ; il renferme les jouissances de la malveillance, les plaisirs du protectorat (forme du sentiment tendre) et la délivrance du travail dans toutes ses ramifications. Maintenant, au point de vue de l'art on considère ces modes de pouvoir non pas comme actuellement possédés, mais en tant qu'observés par la sympathie. C'est ainsi que nous pouvons arriver à une notion idéale, fictive d'un grand pouvoir en nous-mêmes. On a déjà remarqué que la vue de nos semblables se servant de quelque faculté que nous possédons, réveille la conscience que nous avons de jouir de cette faculté. En tant que souvenir, cela est agréable ; c'est une partie de l'intérêt heureux que nous prenons à nos compagnons de travail présents ou passés. Cependant les circonstances peuvent modifier ce plaisir. Nous pouvons d'abord nourrir l'agréable illusion d'être l'égal ou le supérieur de la personne que nous admirons ; c'est la forme que revêt le mieux le sentiment sympathique du pouvoir. Mais nous pouvons aussi être humiliés par la conscience de notre infériorité, en quel cas le spectacle de la supériorité est positivement désagréable. Il y a un troisième cas possible, c'est celui où nous reconnaissons gaiement que nous sommes surpassés et cependant jouissons de l'idée qu'un si grand pouvoir domine autour de nous. C'est là l'admiration désintéressée qui contient un élément naturel de

sympathie, et éloigne toutes les idées de rivalité ; c'est une émotion fondée sur l'amitié et sur l'amour. L'hommage que nous rendons aux qualités supérieures a ce caractère sympathique.

Un quatrième cas se présente et demande un examen spécial : Nous contemplons la force excessive avec la conscience de notre propre faiblesse, de notre petitesse, et au lieu d'être élevés par ce spectacle, nous nous sentons humiliés et découragés. Ce n'est pas là le sentiment agréable du sublime, c'est bien plutôt le contraire. La forme la plus désagréable de ce sentiment viendrait de ce que la situation nous condamnerait à l'esclavage, en quel cas nous ne pourrions expérimenter qu'une terreur absolue. Le côté favorable de la situation est celui qui la montre comme une protection ; le sentiment de la puissance peut alors prendre une certaine apparence tendre et reconnaissante. C'est l'émotion qui convient en face d'un pouvoir tempéré de ce monde, ou en face de l'objet d'un culte.

28. — La puissance de l'homme, voilà le sublime véritable et littéral, le point de départ de la sublimité des autres choses. Un homme qui domine ses semblables par sa force, sa volonté, son courage, sa persévérance, son dévouement, donnera au spectateur une idée frappante de la puissance qui pourra revêtir toutes les formes ci-dessus mentionnées, et donner une somme considérable de satisfactions.

La puissance malveillante de l'homme est sublime et agréable à contempler si nous donnons libre cours à la jouissance naturelle que donne la production de la souffrance ; mais aussitôt qu'il y a danger pour nous-mêmes, ou que notre pitié pour les victimes s'éveille, cette puissance devient un objet d'horreur et de dégoût. Néanmoins, tels que nous sommes constitués, le charme le plus grand du pouvoir suppose une infliction pénible à une certaine distance ; l'esprit ne cherche pas à voir clairement le fait, mais il en a toujours vaguement conscience. Les déités de l'ancien monde devaient une partie de leur sublime grandeur à la manière dont elles punissaient leurs ennemis plutôt qu'à celle dont elles protégeaient leurs adorateurs.

Les objets inanimés en imitant de loin les énergies humaines font naître une forme particulière du sentiment du sublime. Quelque vague que soit la ressemblance entre un homme et un volcan, un ouragan, une cataracte, nous oublions la différence pour ne voir que la supériorité qu'indique dans les deux cas la force motrice.

29. — Nous pouvons d'abord chercher un exemple dans la sublimité du support. Nous avons déjà vu comment la pesanteur conduisait à déployer soit une force de résistance, soit une force propulsive. Notre propre expérience nous enseigne tous les jours que pour élever la matière au-delà du niveau ordinaire, il faut dépenser de la force ; partout où nous voyons des colonnes élevées, nous pensons à l'énergie surhumaine qui les a élevées. Une montagne imposante par sa masse et sa hauteur, un projectile qui fend les airs nous suggèrent l'idée d'une puissante cause agissante. La simple élévation est donc un incident du sublime ; la surface de la terre étant notre point de départ, nous supposons que tout ce qui s'élève au-dessus du niveau commun et s'y maintient, est soutenu par quelque effort de pouvoir. En conséquence les masses dont les formes sont les plus sublimes sont celles qui sont élancées et abruptes, parce qu'elles impliquent l'effort le plus intense de la puissance de support. Un précipice produit les mêmes effets, et pour les mêmes causes ; en regardant l'abîme profond, la surface du terrain d'où nous le considérons, nous apparaît comme supporté dans les airs à une grande hauteur.

30. — La sublimité de l'espace est dans la grandeur, l'étendue. On a supposé que c'était cela et non la puissance qui était le fait fondamental du sublime matériel. Il ne peut y avoir de grande action matérielle sans une certaine amplitude d'espace ; mais la sublimité peut apparaître dans un espace relativement restreint, en vertu de l'intensité des forces en jeu. Un lion, une machine à vapeur, un canon, un fourneau de forge, une cataracte de soixante pieds de haut sont sublimes quoique leurs dimensions dans l'espace ne soient pas considérables. Cependant tout agent ou effet naturel est exalté en raison de son étendue ; le fleuve l'Amazone est sublime par sa largeur et son volume d'eau ; l'Etna est sublime à cause de la largeur de sa base aussi bien qu'à cause de sa hauteur ; ici les deux qualités s'unissent pour déterminer la force qu'il représente.

Mais, en mettant de côté l'énergie active, l'espace est sublime à cause du volume, de l'étendue qu'il exprime.

L'esprit est rempli, élevé et comme dilaté par la sensation, le sentiment de la grandeur. De même pour le son : des sons en masse, ceux que produisent la foule, une musique au complet, le tonnerre, les vents, la mer, exercent un pouvoir semblable. La vue qu'on a du haut d'une montagne est sublime parce qu'elle embrasse d'un coup d'œil une large étendue de terrain avec tout ce qu'il renferme d'activités, d'intérêts, d'associations diverses. Nous ne pouvons pas entièrement séparer la notion du pouvoir, dans la stricte acception du mot, d'une vaste perspective. Pour ce qui regarde la sublimité de l'espace nous devons donc reconnaitre ces deux éléments, sensation du volume, sentiment du pouvoir, qui naissent l'un de l'autre, se soutiennent l'un l'autre. L'étendue étoilée est pour l'esprit capable d'en comprendre quelque peu la grandeur, la plus ample des étendues de l'espace.

31. — La grandeur dans le temps a aussi son effet sublime. Le temps, non pas considéré comme une durée dans l'abstrait, mais comme rempli par des transactions et des événements connus qui, envisagés en masse ont l'influence excitante du volumineux. Ici la puissance intellectuelle est nécessaire pour embrasser le cours des siècles. La capacité de renfermer dans une seule conception les destinées de nombreuses générations nous élève à une certaine puissance intellectuelle non moins que la vue de cités populeuses. Ainsi, les objets qui nous amènent forcément au souvenir d'un temps passé depuis longtemps, ou à l'idée d'un futur lointain, nous affectent comme renfermant la sublimité de la durée. Les restes des empires anciens, les antiquités, les débris des âges géologiques éveillent ce sentiment dans l'esprit qui réfléchit, et cela d'autant mieux que la mémoire est capable de se rappeler les événements intermédiaires. Il est naturel alors qu'une certaine nuance de mélancolie accompagne le souvenir de ces antiques scènes de désolation, de ces nombreuses espérances brisées.

32. — *Des objets naturels en général.* — Une brève revue des objets et formes principales de la nature, remarquables par leurs qualités esthétiques, contribuera à éclaicir la question. Le règne minéral fournit surtout des spécimens des formes symétriques, des différentes couleurs et sortes d'éclat ; nos pierres précieuses n'ont pas d'autres qualités intrinsèques qui puissent les recommander. La nature végétale renferme

des effets plus variés. Les couleurs les plus éclatantes, les plus splendides, accompagnent des formes, des structures qui ne nous affectent pas moins. Les contours sont plutôt courbes que droits. On trouve proportion, symétrie, harmonie, dans les deux moitiés de la feuille, dans la répétition de la même forme dans chaque espèce, dans la structure de la fleur ; en même temps, la multitude des parties forme encore un certain tout, une certaine unité. Quelques plantes avec leurs proportions élancées et élevées sont aimables et gracieuses ; d'autres plus massives ont une sorte de grandeur, de beauté architecturale. Poètes et peintres se sont souvent égarés dans cette partie de la nature, si bien qu'une sorte d'idolâtrie, de délire, finissait par annuler leur faculté de discernement, et qu'il n'était plus permis de dire que toutes les espèces végétales, ne sont pas synonymes de beauté.

Les montagnes, vallées, rivières, plaines, la surface du globe en général, doit son influence à des effets déjà mentionnés. Les masses montagneuses sont les pyramides de la nature et, soit que nous contemplions de leur pied leur élévation, soit que nous observions de leur sommet les étendues immenses qu'elles dominent, nous avons le sentiment de la puissance, du sublime. Le fleuve avec son large courant, sa masse mouvante étincelante au soleil et se déployant en courbes gracieuses, manifeste aussi sa puissance. Le lac tranquille opère différemment, on ne peut le séparer du paysage qui l'entoure. Les beautés d'un paysage résultent de l'accumulation des effets ci-dessus détaillés, joints à des harmonies, des associations particulières qui augmentent l'émotion générale. Trouver ces harmonies, c'est la vocation du peintre, auquel répondra le goût des spectateurs.

33. — Le règne animal renferme une foule d'objets d'un haut intérêt esthétique, mais aussi la plus grande partie des difformités de la nature. On peut trouver dans les espèces animales, mélodie des sons, agréables couleurs, contours, formes, mouvements qui plaisent et par eux-mêmes et par les associations suggérées par eux. D'un autre côté on doit chercher la raison de notre répugnance pour beaucoup d'animaux. Parfois la cause en est évidente et compréhensible, c'est simplement la présence de quelque qualité malfaisante, de quelque pouvoir de faire mal aux personnes ou aux pro-

priétés ; la bête de proie, la vermine destructive, l'animal dont les dents sont acérées, ou celui qui est venimeux, sont nos ennemis naturels et nous les détestons comme tels. D'autres animaux nous sont désagréables, à cause de leur laideur, de leurs difformités, de tout ce qui domine en eux de contraire au beau. La limace lente et visqueuse excite l'horreur générale. Le ver de terre est moins répugnant ; mais le mille pattes excite toujours un sentiment de dégoût. La grenouille est antipathique à beaucoup de personnes. Il n'est pas toujours facile de donner la raison de toutes ces antipathies. Évidemment il faut d'abord tenir compte d'un vague sentiment de crainte, éveillé par l'idée d'un mal possible et inconnu fait par ces créatures, car la familiarité nous réconcilie avec elles. Une grande cause de crainte, c'est leur faculté de faire *invasion* ; cette crainte est proportionnée à leur rapidité de mouvement. Il se peut encore que le sentiment de notre dignité soit froissé lorsque nous les rencontrons sur notre passage, ou les voyons envahir une personne qui ne s'y attendait pas. Enfin, toutes les causes de dégoût épuisées, nous pouvons encore retomber sur le principe actif de dégoût et d'antipathie qui est inhérent à notre nature et qui, dirigé d'abord sur des objets qui réellement devaient inspirer l'horreur, s'étendrait ensuite à d'autres pour lesquels le prétexte de répugnance serait faible ou nul.

Notre sociabilité naturelle trouve de nombreux débouchés dans nos relations avec les différents animaux. Nous prenons les uns pour favoris, les autres pour chasser, pour détruire. Comme ce sont des créatures actives qui sentent, nous surveillons avec intérêt leurs mouvements et leurs mœurs à la fois si semblables et si dissemblables aux nôtres. Les collections d'animaux vivants tiennent une grande place parmi les plaisirs publics.

34. — Pour la forme humaine, les effets intrinsèques de la sensation primitive sont surpassés par les suggestions de l'ensemble par rapport aux émotions de l'amour. Une figure gracieuse, bien que faible en tant que support, est approuvée sur le terrain architectural du proportionné. Les courbes du contour passent souvent par toutes les formes possibles de flexion, allant du convexe au concave pour revenir ensuite au convexe.

La face contient certains traits que nous sommes habitués à considérer comme essentiels à la conformation humaine. Elle admet pourtant des variétés et certains types sont plus agréables que d'autres. L'explication de ces différences conduit à la théorie de la beauté de la figure humaine. Le type grec est fondé sur la proéminence comparative de certains traits, donnant lieu à des proportions particulières. Suivant Bell, ce qu'il faut considérer avant tout, c'est l'éloignement du type animal, et, ajouterons nous, du type des races humaines inférieures. Une sorte de modèle aristocratique fut inventé, et le goût des âges suivants fut contraint de l'accepter.

Lorsqu'il s'agit du mouvement, de l'expression, la condition première de beauté est tirée de ce que peuvent suggérer les sentiments, surtout l'amour. Tout ce que peut provoquer la plus puissante des émotions, n'arrivera pourtant pas à égaler la suprême beauté. Il ne faut cependant pas ici oublier une considération de la plus haute importance : je vais y faire allusion présentement.

35. — La beauté de caractère est un vaste sujet d'étude. Les détails sont nombreux, mais quelques points dominent l'ensemble. Nous avons encore ici l'éternel centre d'intérêt, l'amour. Une conduite dévouée aura toujours un charme auquel nul esprit ne pourra jamais rester indifférent (1).

36. — Nous devons dire un mot de l'opération vraiment artistique accomplie sous les ordres de l'imagination et de l'idéalisation, et qui consiste à combiner les éléments puissants fournis par le sentiment, et à les raffiner tout en conservant ce qui fait leur charme. Les sensibilités premières les plus intenses de l'esprit sont la sensualité et la malveillance. On peut arriver à les tenir à distance, mais sans pouvoir leur enlever une sorte d'attrait, de fascination. Il y a une façon de manier si délicatement les sentiments les plus grossiers qu'on arrive presque à détruire le désir de jouissance immédiate et réelle. La grande beauté d'une forme humaine, du mouvement, de l'expression, implique au fond,

---

(1) Le lecteur trouvera encore ici à s'instruire en psychologie artistique dans une des lectures contenues dans l'essai de M. Sully, intitulé : *Aspects esthétiques du caractère*. Toutes les considérations qu'il présente seraient trop nombreuses pour le présent ouvrage.

sensualité de l'amour ; et cependant nous pouvons la transformer au point de repousser la pensée même de l'actualité. C'est le charme de l'enfant de reproduire comme l'ombre du type à sa maturité, sans éveiller même une supposition sensuelle, qu'on ne peut que difficilement supprimer dans la contemplation de la forme achevée. C'est le triomphe de l'art grec que d'éloigner de l'esprit les considérations purement sensuelles, en nous parlant du charme des proportions justes et solides ; si nous n'oublions pas alors le plus grand de tous les charmes, du moins ne lui accordons-nous pas notre attention exclusive.

Appliquée à l'autre grande et cette fois dangereuse source d'un sentiment puissant, la malveillance, l'imagination créatrice fournit des modes voilés de stimulation qui sans encourager la réalité, contiennent le charme essentiel à l'émotion. Ceci est du ressort de l'art du poète. En peignant le crime il excite en nous une indignation que l'on peut satisfaire sans remords et qui tend même à réprimer le sentiment de pure malveillance.

Le plus grand triomphe de l'art en lutte contre le ressentiment est peut-être ce que nous appelons l'humour. Là, les contraires sont réconciliés et le lion couche avec l'agneau.

Le charme de la grande puissance est sans doute beaucoup plus vif lorsqu'on considère ses effets destructifs. Une masse montagneuse nous impressionne de plusieurs manières ; nous n'oublions pas qu'elle pourrait écraser, ensevelir une multitude d'êtres ; et cependant ce sentiment ne répond vraisemblablement à aucune réalisation de cette possibilité.

37. — Les beaux-arts ont, en partie, pour objet les choses naturelles qu'ils copient ou adaptent, ce sont alors les arts *imitatifs* : poésie imitative (en tant qu'opposée à la poésie qui se répand en effusions), la peinture, la sculpture, l'art scénique, la pantomime, et une petite partie de l'art décoratif. L'architecture, la décoration, la musique, n'imitent les objets naturels qu'à un bien petit degré ; ils s'appliquent à satisfaire nos sensibilités diverses sans l'entrave d'une condition imposée par l'extérieur, par exemple d'une fidélité absolue à un type créé d'avance. Je ne puis croire que l'imitation de la nature pour les arts nommés en premier, soit autre chose qu'un accident ; mais cet accident une fois

arrivé, on a été forcé d'y faire attention. Là où nous professons l'imitation, il faut que nous soyons fidèles. Non pas j'imagine que de cette fidélité naisse un charme artistique particulier, mais parce que une mauvaise reproduction cause une impression désagréable. Si le poète sort de la réalité, il ne doit pas se lancer dans des descriptions trompeuses parce que nous ne recevons pas seulement ses œuvres à cause de leur mélodie, des images touchantes qu'elles renferment, mais encore à cause des descriptions de la vie humaine que nous y cherchons. Il y a sans doute une limite à nos exigences ; et l'artiste occupé avant tout des exigences de son art ne peut être en même temps botaniste, zoologiste, géologue, astronome, physiologiste et géographe.

Bien qu'on puisse croire d'abord, pour les arts imitatifs que la fidélité évite une pierre d'achoppement plutôt qu'elle ne communique un charme, cependant il y a certains cas où elle rehausse le plaisir esthétique. La sympathie nous porte vers ceux qui ont poursuivi le même objet que nous, ou qui ont exprimé, mis en relief ce que nous avons nous-mêmes senti sans l'exprimer. La conformité entre deux esprits produit toujours un effet agréable ; parfois la surprise augmente l'effet. Ainsi, quand un artiste ne reproduit pas seulement ce que remarque tout le monde, mais encore les objets les plus minutieux qui échappent à la masse des observateurs, nous sympathisons avec lui pour son attention, nous admirons sa puissance d'observation et nous devenons ses élèves pour étendre notre connaissance de la nature et de la vie. Nous ressentons une sorte de surprise piquante à découvrir pour la première fois ce que nous avions depuis longtemps sous les yeux. Puis nous devons juger la manière dont a été exécuté un dessin particulier, voir si l'artiste a bien ou mal réussi la partie imitative de son œuvre, et, si le verdict est favorable, admirer la puissance déployée. La reproduction d'une apparence avec quelque matière étrangère, celle par exemple de la forme humaine sur la toile ou avec la pierre, a un certain effet excitant. Enfin lorsque la fidélité de reproduction s'allie au charme artistique, le sentiment de la réalité et de la vérité en tant qu'opposé à la fiction, à l'illusion, faisant appel à notre sens pratique, nous dispose à tirer de l'œuvre artistique un double plaisir et de lui assigner une valeur supérieure.

Ainsi l'imitation, qui, à proprement parler, est indépendante de l'art tout comme elle l'est presque de la musique, de l'architecture, devient le pivot d'une classe d'effets agréables ou acceptables. Ces effets ont d'autant plus de valeur que nous sommes plus blasés sur les idéaux esthétiques purs. Nous nous reposons de la romance du moyen âge en passant au roman des journaux de notre temps.

38. — *Du risible.* — Les causes du rire sont d'abord *physiques*; ce sont le froid, quelques souffrances aiguës, le chatouillement, l'hystérie. Les causes sont ensuite *mentales*; l'hilarité en est l'expression parmi les autres modes de manifestations joyeuses; le rire des dieux décrit par Homère était l'exubérance de leur joie céleste après le banquet de chaque jour. La liberté après un temps de contrainte est pour une jeune et fraîche nature une occasion de se livrer à une franche gaieté. Le sourire accompagne l'émotion agréable que donne l'amour, et c'est une manière d'exprimer cet état. La satisfaction de soi-même se manifeste souvent de la même manière. Nous avons vu aussi que le sentiment de la puissance éveillé par la production de grands et remarquables effets, stimule l'expression du rire, surtout dans la jeunesse.

On dit souvent que le rire est provoqué par l'*incongruité*, c'est-à-dire par la discordance entre les choses, « qu'il implique toujours la concurrence d'au moins *deux* choses ou qualités qui sont plus ou moins opposées de nature entre elles ». Mais alors quelles sont les incongruités ou oppositions qui sont des causes inévitables de rire? Il y a beaucoup de ces oppositions qui sont loin de faire naître le rire. Un homme décrépit, courbé sous un pesant fardeau; cinq pains et deux poissons pour nourrir une foule, et tout ce qui est disproportion frappante; un instrument désaccordé, une mouche dans un onguent, de la neige en mai, Archimède faisant de la géométrie pendant un siège, tout ce qui produit le désordre, tout ce qui est contre nature, le catalogue entier des vanités donné par Salomon, tout cela est incongru, mais produit la souffrance, la colère, la tristesse et non pas la gaieté.

39. — L'occasion du rire, c'est la dégradation d'une personne ou d'un intérêt ayant de la dignité, dans des circonstances qui n'excitent pas quelque émotion plus forte. Dans

toutes les théories du rire, on a plus ou moins signalé ce fait important. Suivant Aristote, la comédie doit peindre des caractères sans valeur, non pas vicieux, mais *mesquins* ou vils ; le risible est donc le déformé ou le vil, mais non poussés au point où ils seraient pénibles et nuisibles (ils provoqueraient alors la pitié, la crainte, la colère ou quelque autre sentiment très fort). Aristote aurait plus approché de la vérité s'il avait dit que le risible naît lorsque quelque chose qu'on respectait avant, est présenté comme médiocre ou vil ; car dépeindre comme mesquine une chose que l'on considère déjà comme telle ne causerait aucun rire, ce serait seulement un moyen de réfléchir notre propre dignité par comparaison. Quelques-unes des expressions de Quintilien sont plus heureuses : « Une parole qui provoque le rire est généralement appuyée sur un raisonnement faux (jeux de mots) ; elle renferme presque toujours quelque chose de bas ; elle dégénère souvent en bouffonnerie ; elle *n'est jamais honorable pour ce qui en fait le sujet.* » — « Les comparaisons sont souvent de grandes occasions de grandes plaisanteries, surtout lorsqu'elles sont faites avec un *objet moindre ou moins respecté*. » Campbell *(Philosophie de la réthorique)* répondant à Hobbes, soutient que le rire est associé à la perception de la bizarrerie, et non nécessairement au mépris, à la dégradation. Il donne des exemples du risible et défie d'y trouver quelque chose de méprisable. « Bien des personnes, dit-il, ont ri à cette comparaison singulière :

> Car la rime est pour les vers un gouvernail
> Qui, comme pour les vaisseaux, dirige leur cours.

et n'ont jamais pensé qu'il y eut là dedans une personne ou un parti, une action ou une opinion, qui fut persiflé. Pour moi, au contraire, il y a là une véritable dégradation de l'art poétique ; au lieu de travailler sous l'inspiration mystérieuse de la muse, le poète cherche à composer au moyen de vulgaires procédés mécaniques.

La théorie de Hobbes est bien connue et bien souvent attaquée. « Le rire, dit-il, est un orgueil soudain naissant de la perception soudaine d'une supériorité de notre être, comparée aux infirmités des autres ou à notre faiblesse antérieure. » En d'autres termes, c'est l'expression du sentiment agréable d'une puissance supérieure. Nous trouverons beaucoup de cas où cette théorie est applicable, le rire de la victoire est bien connu ; il éclate souvent en face des personnes que nous avons nous-mêmes humiliées, que nous méprisons, que nous tournons en dérision. Mais nous pouvons aussi rire par sympathie, lorsque par exemple la dégradation fait naître le sentiment d'orgueil chez une autre personne, lorsque nous jouissons de la littérature comique en général, et que nous rions d'une humiliation que nous n'avons pas causée. De plus, le rire peut être excité par des classes, des partis, des systèmes, des opinions, des institutions, des choses inanimées même, que la personnification a revêtues d'une certaine dignité; on a de ces dernières un exemple suffisant dans le couplet d'Hudibras sur le lever du soleil. — Enfin la définition de Hobbes n'est guère applicable à l'humour que l'on regarde comme quelque chose de naturel *(genial)*, d'innocemment gai, bien opposé à cet orgueil de soi-même qu'on éprouve à la défaite des autres. Ce n'est pas cependant qu'il n'y est pas dans l'humour la plus *genial* (suivant le mot anglais si expressif) un élément de dégradation ; seulement il est déguisé, adouci, mitigé comme il ne l'est jamais dans la joie sans mélange de la supériorité triomphante (1).

En revenant à notre dire que le rire est lié à la manifestation du sentiment de la puissance ou supériorité, et aussi à un soudain soulagement après la contrainte, nous trouverons que deux faits reviennent et dominent au milieu des nombreux exemples de dégradation risible. Les observations suivantes s'appliquent à la réflexion d'un pouvoir supérieur actuel et idéal, et peuvent être étendues considérablement. Une fréquente occasion de rire, c'est d'effrayer ou de voir effrayer quelqu'un. Après l'effroi, vient le plaisir de mettre quelqu'un en colère ; si cette colère n'est pas dangereuse, elle satisfera le sentiment de pouvoir de l'agent.

40. — Considérons maintenant la dégradation risible comme une délivrance de contrainte. Sous ce point de vue, le comique est la réaction du sérieux. Les attributs dignes, solennels, stables des choses exigent de nous une certaine

---

(1) Dans un manuel de rhétorique, j'ai exposé autant que possible ce qui me paraît être les conditions spéciales de l'humour, et je n'y reviendrai pas ici.

rigidité, une certaine contrainte ; si nous sommes brusquement délivrés de cette contrainte, la réaction, l'hilarité s'ensuit ; c'est le cas des enfants à leur sortie de l'école. Si nous nous sentons pour ces choses du respect, si nous sommes convaincus de leur importance, et si nous les acceptons comme telles avec pleine bonne volonté, il n'y a pas de contrainte imposée, pas de désir d'être délivré d'une attitude et de formalités respectueuses. Au contraire, nous ressentons alors vivement tout ce qui peut manquer à ce respect. Le croyant fervent est choqué à l'église de tout incident profane, tandis que l'irrévérent éclate de rire. Il en est de même pour le sentiment de l'importance personnelle. L'esprit qui caresse ce sentiment est profondément offensé du contact d'une chose basse ou vulgaire, d'autant plus qu'alors il y aura des gens pour rire à ses dépens. C'est sous sa forme forcée que le sérieux, le solennel qui accompagne une position officielle produit, au contact de la trivialité ou de la vulgarité, une réaction, une jouissance la plus franchement gaie qu'il puisse y avoir. Nous sommes souvent obligés de nous montrer d'une dignité qui ne s'accorde peut-être pas avec la réalité, par exemple lorsque nous grondons des inférieurs ; plus souvent encore nous prenons une attitude respectueuse devant des gens pour lesquels nous n'avons, intérieurement, aucun respect. L'une et l'autre situation sont une tension fatigante du système et nous bénissons tout ce qui nous permet d'y échapper. Un élément du véritable comique, c'est la moquerie de ces dignités qui, à cause d'une circonstance ou d'une autre, ne commandent pas sérieusement le respect. Les déités fausses ou passées de mode ; la splendeur, la montre, ne répondant pas à des réalités, les dignitaires sans valeur, les prétentions, l'affectation, l'importance, la vanité, la fatuité, toutes les hypocrisies qui tendent à se faire paraître plus qu'on n'est, les efforts pénibles faits pour atteindre des positions brillantes, tout cela rapproché d'infériorités basses et dégradantes, peut arriver à provoquer le rire. Il est vrai que parfois, entraînés par le plaisir de rire, nous tournons en dérision les sentiments les plus respectables, la conduite qui indique la vraie dignité ; mais c'est agir alors contre le meilleur de notre nature, et nous sommes toujours aises de voir les choses tourner autrement.

Le sentiment de délivrance après la contrainte est souvent si vif lorsqu'elle est brusque, que la majorité des personnes consent à garder un moment une attitude sérieuse afin de jouir de la délivrance. Le tempérament comique est probablement déterminé par une sorte d'inaptitude à rester dans le sérieux et le solennel, qui fait qu'on a beaucoup de peine à conserver une attitude respectueuse, et un grand soulagement à en être débarrassé. Que cela soit ou non, la meilleure manière de donner ce soulagement désiré, c'est de mettre l'objet vénéré en face de quelque objet dégradant, de les faire agir conjointement ; l'esprit libéré aussitôt laisse ses émotions suivre leur cours naturel. Le sérieux et le risible sont en contraste perpétuel dans la vie humaine, dans les caractères humains, dans les circonstances et incidents de notre expérience de chaque jour. Le joyeux répond à l'aisance, à la liberté, à l'*abandon*, à l'insouciance (1). Le

(1) « Dans une cour de justice, dans une assemblée d'une gravité plus qu'ordinaire, un incident futile provoque le rire. Nous sommes écrasés par l'expression d'une gravité, d'une dignité, que nous ne partageons pas au fond du cœur, et la plus petite vulgarité, un ronflement étouffé, par exemple, renverse immédiatement tout cet appareil solennel. Toute dignité de maintien forcée, celle qu'on impose aux enfants, au peuple dans certaines occasions, est très exposée à faire explosion. Dans une réunion joyeuse, toute tentative faite pour rétablir l'ordre et le décorum est une nouvelle cause de joyeux transports. Les enfants qui imitent les airs, la tenue des hommes faits, sont risibles; mais le singe l'est bien plus, parce que, tout en se tenant, en agissant comme un homme, celui-ci est toujours bas et graveleux, ce qui présente un contraste plus grand encore entre les actes et la manière de les accomplir. La mimique au théâtre ne devient comique que par l'introduction de quelques vulgarités de costumes ou de manières.

Un moyen de faire rire aux dépens d'une personne, est de la montrer passant d'une action pleine de grandeur à une autre vulgaire ou dégradante; Pope dit :

<blockquote>
Vous voilà donc, grande Anna, vous à qui obéissent trois royaumes,
Et qui tantôt siégez au conseil, tantôt prenez le thé.
</blockquote>

Cette remontrance, adressée à une dame, est du même genre :

<blockquote>
Peut-être aviez-vous raison de dissimuler votre amour,
Mais pourquoi me faire sauter les escaliers ?
</blockquote>

Plus la fusion entre deux éléments hostiles est parfaite, plus il arrive qu'il est impossible de penser à eux séparément, plus est achevé l'effet comique. » (*Esprit et humour*, Westminster Review, octobre 1847.)

Dans cet article, j'ai donné des exemples des différentes espèces d'effet comique; mais ce que je présente ici comme la partie importante de la chose n'est peut-être pas suffisant. La contrainte, le sérieux artificiel, qu'imposent les nécessités de la vie, et cela souvent sans grande nécessité, me semblent le point de départ de la production d'une sorte de

sérieux, c'est le travail, la difficulté, l'obstacle à vaincre, les nécessités de notre position, qui donnent lieu aux institutions sévères, gouvernement, lois, moralité, éducation, etc. Il est toujours agréable de passer du côté sévère des affaires au côté facile, et la jonction comique de ces deux côtés est une forme de la transition.

risible. Les luttes, les difficultés, les dangers, nous forcent à prendre une attitude attentive aussi bien qu'à de laborieux efforts; si nous sommes délivrés de cette attitude et de ces efforts, nous éprouvons un soulagement joyeux. Un homme qui attend le malheur ou la mort est grave; un législateur, un juge, un commandant militaire, tous ceux enfin qui ont de lourdes responsabilités sont sérieux. Ceux qui ne font qu'être les témoins de graves entreprises sont portés à prendre une contenance grave. S'ils sont persuadés de l'importance des circonstances, ni les acteurs, ni les spectateurs ne seront disposés à résigner l'attitude solennelle; mais s'ils remplissent sans conviction un rôle imposé, ils accueilleront volontiers toute distraction. Quelques constitutions sont faites pour être solennelles : celles-là ne comprendront jamais la jouissance de l'*abandon*; elles conserveront, par respect pour elles-mêmes, une attitude digne et deviendront la cible à cribler de traits des tempéraments opposés qui abondent dans la société, surtout dans les races gaies. Les jeunes gens souffrent beaucoup de la gravité forcée, et sont les premiers à s'en débarrasser lorsqu'ils le peuvent. De là leur irrévérence habituelle envers leurs supérieurs, et leur indifférence pour les solennités d'une grande importance. Ils acceptent une solennité ironique, pour jouir d'une façon plus intense de la délivrance, tout comme ils jouent au sommet d'une éminence, afin d'avoir le plaisir de la dégringoler, ou barrent une rivière pour voir le barrage emporté par le courant.

Dans un essai sur la physiologie du rire, dans *Macmillan's Magazine*, 1860, M. Herbert Spencer a proposé une explication basée sur la distribution physiologique de la puissance nerveuse. Quand l'esprit et le corps sont portés à une haute tension, cette puissance doit s'ouvrir un chemin dans une direction ou dans une autre, et dans quelques circonstances déterminées, elle devient le rire. Ce principe général est vrai, et M. Spencer en a donné quelques applications instructives et originales. Je crois cependant qu'il a été imprudent en rejetant le fait de la dégradation comme circonstance gouvernant le risible. « Il y a, dit-il, bien des cas où aucune dignité personnelle n'est en jeu, comme lorsque nous rions d'un bon calembour. » Je désire beaucoup qu'il ait fait un calembour semblable; pour moi, je n'en ai jamais entendu. Le *Jest-book* (recueil de plaisanteries), publié par Mark Lemon, est un ample répertoire où l'on a de quoi choisir, et je n'y ai pas trouvé un seul exemple de l'effet risible produit sans dégradation. Je comprends presque le rire d'admiration et de plaisir provoqué par un trait d'esprit; mais il ne faut pas confondre le trait d'esprit avec le franc *(genuine)* risible. L'esprit, avec tout son brillant, manque de bonhomie. Aucun des dires mémorables de Sydney Smith et de Douglas Jerrold ne sont dépourvus de l'élément humiliant. M. Spencer a noté (p. 399) certaines situations calculées pour produire le rire, et qui, dit-il, ne contiennent aucun élément dégradant; je crois que beaucoup de gens l'y trouveraient.

CHAPITRE XV

LES ÉMOTIONS ÉTHIQUES OU LE SENS MORAL

1. — Il est presque impossible de commencer une analyse du sentiment particulier qu'on appelle sens moral, approbation et désapprobation morale, sans formuler d'abord une opinion intelligible sur la grande question éthique. Qu'est-ce qui constitue la moralité, le devoir, l'obligation, le droit, le bien ?

Je crois que la véritable signification, valeur, de ces mots leur est assignée par une série d'actes soumis à la sanction de la *punition*. On peut ne pas aimer un certain mode de conduite, mais on ne regardera l'abstention de cette conduite comme obligatoire que lorsqu'elle aura été punie. Je sais que cette définition suppose l'admission d'un point disputé ; mais mon intention est d'établir dès le début ce que je regarde comme une distinction vitale, et plus tard de revenir sur mes pas. Si un homme prend la propriété, attaque la bonne réputation d'un voisin, notre désapprobation va jusqu'à demander que cet homme soit puni ; mais si cet homme ne fait que laisser son voisin dans la misère sans lui venir activement en aide, nous désapprouvons encore sa conduite sans pourtant aller jusqu'à la demande du châtiment.

Les puissances qui imposent la sanction obligatoire sont les lois et la société ou communauté agissant par le gouvernement, par les actes judiciaires publics, ou bien agissant en dehors du gouvernement par l'expression non officielle de la désapprobation et l'exclusion des bons services sociaux. Le meurtrier et le voleur sont punis par la loi ; le lâche, l'adultère, l'hérétique, l'original sont punis par la communauté agissant en tant que réunion d'individus privés s'entendant pour censurer et excommunier l'offenseur. La troisième puissance en cause lorsqu'il s'agit d'obligation, c'est la conscience qui est la ressemblance idéale de l'autorité publique, se développant dans l'esprit de l'individu et travaillant dans le même but. Eclairer cette variété constituée en soi-même du gouvernement moral, est la fin où tendra ce chapitre.

En supposant provisoirement que certains actes tenus pour moralement mauvais ont pour marque distinctive d'être suivis de punition, nous devons ensuite chercher pourquoi ces actes sont défendus et réprimés avec toute la force que la société ou les individus peuvent posséder. Quelles sont les raisons ou les considérations qui imposent à chacun de s'abstenir de certaines actions, et de concourir à leur répression générale, par l'adoption de fortes pénalités ? Pour répondre à cette question, il faudrait exposer la théorie de la morale.

2. — On a assigné différents fondements à l'exercice de cette autorité contraignante, c'est-à-dire en d'autres termes, qu'il y a plusieurs théories morales rivales. La volonté de la déité, la propriété, la raison, la convenance des circonstances, la décision de la magistrature civile, l'intérêt personnel, les décisions dictées par une faculté spéciale appelée le sens moral ou la conscience ; l'utilité ou le bien général de l'humanité, ont été tour à tour indiqués comme déterminant ce qui doit être enjoint ou défendu d'une façon absolue, c'est-à-dire ce qui est bien ou mal.

En étudiant les différentes opinions sur l'origine des distinctions morales, nous devons nous rappeler que chercher le motif pour lequel on a décrété les lois que nous trouvons existant dans toute communauté, ce n'est pas la même chose que de fixer le motif qui doit, suivant nous, décider l'imposition de ces règles. Expliquer historiquement la naissance des institutions, c'est autre chose que d'essayer de formuler les meilleurs principes pour modifier les anciennes institutions ou pour en former de nouvelles. Il se peut qu'une partie de la moralité existante ait été inspirée par des considérations ou des motifs que nous n'approuvons pas, bien que nous ne puissions nier que ces motifs n'aient opéré de façon à produire le résultat voulu.

3. — La volonté arbitraire de la déité exprimée dans la révélation, est reconnue sérieusement par beaucoup comme vraie source du bien, mais bien d'autres défenseurs du christianisme regardent cette opinion non seulement comme non soutenable, mais encore comme pleine de conséquences dangereuses pour la religion elle-même.

Propriété, raison, convenance des choses sont des mots qui indiquent une tendance à construire une théorie morale rationnelle ou intellectuelle. On fait de la détermination du bien et du mal un acte de discernement intellectuel, semblable à la perception de l'égalité ou de l'inégalité des longueurs, ou au discernement de la vérité ou de la fausseté d'un fait. Enfin, si la morale est un ensemble de règles, un système, un acte de l'intelligence est nécessaire pour les appliquer ; quand on nous dit de ne pas attaquer la personne, la propriété, la bonne réputation de nos semblables, nous avons besoin de la faculté qui nous permet de distinguer ce qui est une attaque ou non. Ce serait autre chose pourtant que de soutenir que les règles elles-mêmes ne sont fondées que sur une opération du jugement ; l'abstention de toute attaque contre nos semblables demande au fond quelque motif qui n'est pas intellectuel. L'intelligence peut déterminer la convenance des moyens pour arriver à une *fin* ; mais cette fin elle-même doit, en dernier ressort, être un sentiment quelconque, une chose désirable ou non, un plaisir à chercher, une souffrance à éviter, une impulsion à suivre. Les moralistes rationnels (Cudworth, Wollaston, Clarke, Price) ne rendent aucun compte du but final de la morale.

On peut opposer la même critique au dicton de Kant : « Agissez de façon à ce que votre conduite puisse être érigée en loi pour les autres êtres. » Il y a ici un attribut, une condition importante de la bonne conduite ; les actions qu'on n'accomplit pas généralement ne peuvent pas être approuvées. Cependant ce n'est pas tout, quelque chose est omis et ce quelque chose contient la véritable essence de la morale. Il faudrait pour qu'il soit complet que le dicton soit ainsi conçu : « Agissez de façon à ce que votre exemple puisse être suivi par tous, *et que vos actes soient conformes à l'intérêt, au bonheur général, ou à quelque autre exigence de la société.* » En généralisant l'action, on met tous les hommes sur le même niveau, et l'on permet d'entrevoir toutes les conséquences ; mais on ne dit pas quelles fins l'on doit ainsi uniformément chercher. On n'établit pas de différence entre les différents usages moraux ; entre la polygamie et la monogamie, l'inégalité ou l'égalité des castes. Partout où prévaut une règle morale, on doit y attacher la condition de l'obéissance universelle ; ce qui est permis à l'un doit être permis à tous les membres égaux d'une même société.

Suivant Hobbes, le souverain agissant et responsable devant Dieu est le juge suprême du bien (*right,* ce qui est droit, suivant le droit). S'il a seulement voulu dire que la morale est une institution de la société maintenue par l'autorité et les châtiments de la société, il a formulé ce que je crois être le fait réel. Sa théorie du gouvernement était cependant celle-ci : les hommes pour échapper aux maux de l'état de nature, se constituèrent en société et firent ou auraient fait leur testament en faveur d'un seul législateur despote. C'était là la question pratique du temps de Hobbes ; les événements ont décidé contre lui.

4. — Quelques auteurs ont proposé un système moral uniquement basé sur des motifs égoïstes. Ils affirment que les hommes accomplissent leurs devoirs sociaux et moraux, en vue de satisfaire leurs intérêts individuels, et en conséquence que les règles du bien sont adaptées à ces intérêts. Mais si par satisfactions « du moi » on veut dire les satisfactions de l'individu qui ne sont pas partagées par les autres personnes, — les plaisirs sensuels, l'amour de la richesse, de la puissance, des honneurs, et tous les autres plaisirs exclusifs — nous pouvons en toute sûreté nier la prétendue constitution de la nature humaine sur laquelle est fondée la théorie. (Je comprends ici dans le terme — constitution de la nature humaine — les plaisirs qui sont nés d'associations constantes, ainsi que les plaisirs originaux, primordiaux ; puisque tous contribuent à constituer et à déterminer l'homme intérieur). Il y a une classe de plaisirs qu'il est dans leur nature de prendre dans les autres créatures ; ce sont là toutes les affections sociales. Nous avons de plus une tendance à entrer dans les souffrances de ceux qui nous entourent, de les sentir comme si elles étaient nôtres, et de travailler à leur soulagement en agissant comme nous le ferions pour nous. La puissance de la sympathie est un

fait dans la nature humaine, et cette puissance est très étendue ; elle modifie constamment les impulsions égoïstes proprement dites et même les détruit. Il n'est donc pas vrai que les hommes n'aient jamais accompli leurs devoirs que lorsque le moi étroit y était impliqué ; bien que naturellement, les autres impulsions de notre nature font encore partie du « moi » pris dans une autre acception.

La théorie de l'intérêt personnel est encore contredite par l'existence dans l'esprit humain, d'antipathies désintéressées qui nous poussent à infliger aux autres un mal dont nous ne retirerons pour nous-mêmes aucun profit. Nous aurons plus tard à mettre en évidence ces aversions sentimentales, qui ont pour sujets nos semblables, et qui nous font oublier notre propre intérêt presque autant que le font nos sympathies et nos affections.

Donc, nous pouvons dire que non seulement l'égoïsme n'a jamais été le seul fondement des idées de l'homme sur le bien, mais encore que si nous le proposions comme tel, il serait rejeté. Les sources ci-dessus nommées du désintéressement, nous lient si bien à nos semblables, que les fins que nous poursuivons dans la vie, renferment toujours plus ou moins quelques-uns de leurs intérêts, et que nous sommes disposés, dans certaines circonstances, à sacrifier tout ce que nous possédons, notre vie elle-même, au bonheur, au bien-être des autres. La force comparative des deux classes de motifs varie suivant les individus ; la direction prise par les motifs sympathiques peut également varier ; A peut être poussé par son affection pour B à tuer ou à blesser C. Mais nous pouvons être certains, que nous retrouverons les deux genres de motifs dans toutes les transactions de la vie humaine, règlements sociaux et moraux compris.

5. — La théorie la plus généralement admise est celle qui s'appuie sur le sens moral. Suivant cette théorie, il y a dans l'esprit humain une certaine faculté qui nous rend capables de définir ce qu'il est bien de faire dans tous les cas particuliers, et qui a fait naître les règles et maximes courantes de morale. Cette théorie affirme donc que la nature humaine est universellement dotée d'une puissance instinctive de déterminer ce qui est bien et ce qui est mal ; de là une uniformité prétendue de sentiments moraux, assez absolue pour constituer « une morale éternelle et immuable ».

Cette théorie, la plus généralement préférée, est sujette à de sérieuses objections qu'on a souvent émises sans jamais les réfuter complètement.

6. — Dans la manière d'envisager le sens moral comme étant comparable au sentiment du chaud et du froid, à la faculté de discerner le blanc du noir, on pourrait dire rigoureusement que le sens moral peut se passer d'éducation ; cependant on ne l'a jamais sérieusement soutenu, car on insiste universellement sur la nécessité d'éclairer la conscience par un enseignement religieux et moral. En conséquence, on peut prendre ce passage tiré des *Éléments de Morale* du docteur Whewell, comme exprimant parfaitement la théorie du sens inné de la rectitude :

« Il résulte de ce que nous venons de voir, que nous ne pouvons absolument en référer à notre conscience comme à l'autorité suprême et dernière. Elle n'a qu'une autorité intermédiaire, subordonnée, qui se place entre la loi suprême à laquelle elle est tenue de se conformer, et nos propres actions qui pour être morales doivent s'y conformer. La conscience n'est pas une règle personnelle à chacun, comme certains appétits corporels le sont. La règle morale de chacun n'est une règle morale que parce qu'on suppose qu'elle représente la règle suprême exprimée par les idées morales, bienveillance, justice, vérité, pureté, sagesse. De même que chaque homme a sa raison en vertu de sa participation à la raison commune de l'humanité, de même chaque homme a sa conscience en vertu de sa participation à la conscience commune de l'humanité qui reconnait que la bienveillance, la justice, la vérité, la pureté, la sagesse, sont les lois suprêmes de l'existence de l'homme. Comme l'objet de la raison est de déterminer ce qui est vrai, l'objet de la conscience est de déterminer ce qui est bien. Comme la raison de chaque homme peut errer et le conduire à se former une opinion fausse, de même la conscience de chaque homme peut le conduire à se donner un principe de morale faux. De même qu'une opinion fausse ne détruit pas la réalité de la vérité, de même les principes faux de morale ne détruisent pas la réalité de la règle suprême de l'activité humaine. »

Mais alors quelle est cette règle suprême? Où la découvrir? Jusqu'à ce qu'on la nous présente, nous n'avons rien à discuter, à affirmer ou à nier. Est-ce quelque conscience modèle semblable à celle de « l'homme sérieux » (ὁ σπουδαῖος) d'Aristote, ou est-ce la décision d'un corps public autorisé à décider pour le reste de la communauté? Il n'est pas difficile de savoir quel est le principe d'après lequel on juge le vrai et le faux, mais quel est le principe qui sert de pierre de touche à la conscience? Voilà ce qu'il *faudrait* dire; ou bien la morale n'est pas un sujet qu'on puisse discuter.

7. — Le Dr Whewell semble présumer l'existence de certaines idées morales n'ayant aucun rapport avec un esprit individuel quelconque, corrigeant ces esprits individuels mais cependant n'étant produit par aucun. Il fait appel à un principe de morale ayant une sorte d'existence indépendante qu'on peut à peine concevoir, qui n'existe pas lié à quelque chose d'autre. Nous avons des principes, des règles pour mesurer les hauteurs, les largeurs, qui bien qu'incorporés dans des objets matériels ont à peine cette sorte d'indépendance supposée ici. Pour adopter certaines mesures comme le yard ou la livre, un certain nombre de personnes s'assemblent avant d'accepter une unité définie ; ces personnes, qu'elles soient le corps gouvernant de la nation, ou qu'elles soient suivies par le corps actuellement gouvernant, font la loi, dictent le principe suprême qui sera adopté par elles-mêmes et par les autres. Il est vrai qu'ici l'individualité est contrôlée et dominée, mais non par une puissance abstraite, invisible, qu'on ne peut produire. Dans ce cas, nous voyons une partie de la communauté adopter un certain choix et le reste l'accepter. Tout marchand doit apporter ses poids et mesures afin qu'ils soient essayés d'après la règle qui fait loi; mais il n'y aura rien de perdu parce qu'on aura dit quels sont les auteurs et les protecteurs de cette règle. C'est la même chose pour le temps. Quand on nous demande de régler nos montres sur l'heure de Greenwich, nous avons là un critérium qui n'est pas au-dessus de l'humanité. Le corps collectif des astronomes a reconnu un mode de mesurer le temps fondé sur l'adoption générale du jour solaire comme unité principale. Des observations ont été faites à l'observatoire de Greenwich pour déterminer la mesure modèle pour le pays; la populaton en l'acceptant sait ou peut savoir qu'elle suit l'observatoire royal et accepte son autorité ainsi que celle des astronomes en général.

8. — Je dois insister davantage sur la prétendue unifor-

mité des jugements moraux des hommes dans tous les temps et dans tous les pays, qui indiquerait une faculté spéciale analogue à l'un de nos sens.

Pour prouver cette assertion, il faudrait qu'on réunisse pour nous les soumettre, tous les codes moraux qui ont jamais existé. Nous serions alors en face d'une évidence expérimentale. En l'absence d'une telle réunion, je prendrai sur moi d'affirmer que l'uniformité supposée des décisions morales se résout elle-même dans les deux particularités suivantes.

Premièrement. — Le but commun, *la sécurité publique* qui est aussi la sécurité individuelle, demande certaines précautions qui sont presque partout semblables et dont on ne peut en aucun cas se dispenser. Là où un certain nombre d'hommes vivent ensemble, il doit exister une sorte d'autorité constituée pour contrôler les impulsions individuelles, et pour protéger la personne et la propriété de chacun. Les devoirs qui sortent de ces arrangements nécessaires sont essentiellement les mêmes dans toutes les sociétés, que nous les regardions comme devoirs de chaque homme envers ses semblables ou comme renfermés dans la forme plus générale de l'obéissance à l'autorité constituée, ils ont un certain caractère d'uniformité sur tout le globe. Si le sentiment de la sûreté générale n'était par assez fort pour constituer l'obligation sociale de l'obéissance à quelques règles communes, la société ne pourrait exister et raconter l'histoire d'une exception à l'universalité d'un principe commun de droit. L'homme ne peut pas plus vivre sans l'obéissance sociale et sans un certain respect pour « ce qui est mien et ce qui est tien », que la race ne pourrait subsister sans l'amour sexuel et les soins maternels. Cela ne constitue pas une preuve de l'universalité d'une certaine faculté innée spéciale propre aux distinctions morales; ce n'est qu'une certaine appréciation rationnelle de ce qui est nécessaire à l'existence même de chaque individu vivant en compagnie d'autres hommes. Sans aucun doute, si la triste histoire de notre race avait été conservée dans tous ses détails, nous aurions beaucoup d'exemples de la perte de tribus qui n'avaient pas réalisé la conception du système social, qui ne s'étaient pas soumises aux contraintes qu'il impose. Nous connaissons assez ce que c'est que l'anarchie pour savoir qu'il est souvent difficile à l'homme de remplir pleinement les conditions qui assurent la sécurité sociale ; mais l'oubli absolu de ces conditions mènerait à une rapide destruction mutuelle. On doit donc admettre qu'il existe un sentiment assez général de la nécessité où l'on est de reconnaître quelques droits aux individus vivant en société, et d'admettre l'obligation de l'obéissance civile qui n'est qu'une autre manière de respecter ces droits. Ce sentiment donne lieu à des jugements « éternels et immuables » qui sont moraux jusqu'à un certain point parce qu'ils condamnent le voleur, l'homicide et le révolté (1), mais qui n'impliquent pas dans leur origine une faculté intérieure particulière ; ils ne font que répondre à une situation extérieure générale. Nous pourrions nous contenter d'admettre l'existence d'une intuition générale qui provoquerait l'uniformité de structure des institutions humaines. La moralité est naturelle à l'homme comme l'est le langage ; tous deux naissent de la situation sociale.

9. — Deuxièmement. — L'humanité, avec un ensemble singulier, a imposé aux membres individuels de la société quelques observances ou restrictions d'une origine purement *sentimentale*, n'ayant aucun rapport direct ou indirect avec la conservation de la sécurité sociale. Certaines maximes fondées sur les goûts, les sympathies, les antipathies, ou l'imagination sont arrivées dans toutes les sociétés connues de nous, à acquérir une autorité morale, à devenir pour ainsi dire des « termes de communion », à s'appuyer sur des châtiments. Un seul exemple, celui de la femme musulmane obligée de se voiler la figure en public suffira pour illustrer ce que j'ai voulu dire. Je pourrais disserter là-dessus en détail. Personne ne pourrait prétendre associer la sécurité générale à cet usage qui a dans l'esprit des musulmans toute l'autorité des autres préceptes moraux, puisqu'il est sanctionné par la communauté et par la conscience élevée dans cette idée. Dans d'autres sociétés on peut trouver d'autres traces de la même espèce

---

(1) Il ne faut pas cependant établir des limites trop rigoureuses. On admire le révolté s'il est heureux. On ne blâmait pas les voleurs et les homicides dans les temps homériques, ni même dans le moyen âge. S'ils étaient faits prisonniers, c'était pour satisfaire aux vengeances particulières des parties attaquées, mais ce n'était pas la loi ou la société qui les punissait.

d'obligation. Là, cependant l'uniformité repose sur ce fait : *l'imposition de quelque chose qui n'est pas essentiel à la durée de la société* ; les observances imposées diffèrent autant que peuvent différer les actions humaines. Les maximes morales qui ont cette origine varient et souvent même se contrarient entre elles. Le Grec ancien considérait comme un devoir sacré, l'obligation de boire du vin en l'honneur du dieu Dionysus ; pendant que certaines tribus juives et les mahométans étaient du sentiment contraire. Les lois alimentaires, les lois qui réglaient les cérémonies, les lois somptuaires avaient la même autorité dans des nations variées. Les règlements qui régissaient les relations des sexes ont varié beaucoup ; ils n'avaient entre eux qu'un rapport, c'était la nécessité, l'obligation d'observer ce qui était prescrit. Les sentiments de caste sont souvent arrivés à revêtir la forme de prescriptions autoritaires, mais sans jamais renfermer un élément spécial constant.

Il y a donc dans les règles suggérées par les nécessités publiques et communes une certaine uniformité qui tient à la similarité de situation de toutes les sociétés ; entre les règles fondées sur les sentiments, les sympathies et les antipathies, il n'y a qu'un fait commun c'est que l'un de ces sentiments est transformé en obligation publique, est mêlé aux devoirs impératifs nés des nécessités sociales. Nous ne pouvons jeter un regard instructif sur les fondements de la morale, tant que nous n'avons pas démêlé les deux classes de devoirs ci-dessus énoncées, ou séparé les devoirs sociaux des devoirs nés d'un sentiment prédominant, et qui sont arrivés à s'imposer comme les autres et avec les mêmes peines comme sanctions, à tous les membres de la communauté.

10. — Adam Smith dans sa « *Théorie des sentiments moraux* » a donné un nouvel aspect à la doctrine du sens moral, en proposant pour critérium du bien « les sentiments sympathiques du spectateur impartial et bien informé ». Il pense qu'une personne qui cherche en elle-même ce qu'il semblerait de ses actions à un témoin désintéressé et au fait des circonstances accompagnantes, doit arriver à une estimation correcte de leur valeur morale. On peut remarquer qu'avec cette modification la théorie intuitive des jugements moraux fait la part des tendances de l'agent mais

suppose que la critique est libre de toute erreur. Alors en examinant de près cette supposition nous voyons que le spectateur aussi bien que l'acteur peut être mal disposé et peut mal juger. Le désir d'imposer des contraintes, des prohibitions est, dans l'esprit de beaucoup, plus fort que la sympathie pour le plaisir ; l'arbitre impartial peut donc réclamer un total indéfini de renoncement de soi-même. Le spectateur peut avoir une autre faiblesse, c'est de considérer l'action comme une partie d'un effet théâtral, c'est-à-dire de la voir sous son *côté intéressant*, aspect sous lequel le bonheur de l'agent tient peu de place (1). Pour constituer un bon juge moral, il faut de même que pour être un bon juge civil, une éducation spéciale, de l'expérience, du sang-froid, de l'impartialité, et le respect de toutes les maximes protectrices des innocents.

Il reste encore à faire valoir la considération la plus importante. L'objection principale formulée contre les théories rationnelles de morale demeure dans toute sa force en face de la théorie de Smith. Où le spectateur impartial prendra-t-il le principe directeur qui lui servira de pierre de touche ? Où trouvera-t-il les règles qu'il doit interpréter avec impartialité ? Une autorité compétente fournit un code légal au juge ; l'on suppose le spectateur arbitre également pourvu d'un code moral. Le point de dispute est toujours le même : qu'elle est la source, le fondement du code moral lui-même ?

11. — Vient ensuite le principe d'utilité. Il est opposé à la théorie du sens moral. Il remplace le principe intérieur par un principe extérieur ; c'est la substitution du raisonnement sur les conséquences des actes, à un simple sentiment non raisonné. L'utilité est encore l'opposé de l'égoïsme, parce que cette doctrine, telle qu'elle est comprise ici, implique toujours, bien de la société en général, et subordination de l'intérêt individuel au bien général (2).

---

(1) « Un homme bon luttant contre l'adversité est un spectacle digne des dieux. » Voilà un exemple curieux du désir que nous avons d'envisager les actes de nos semblables comme des actions théâtrales frappantes. Le Spartiate, le jeune Indien d'Amérique, auraient enduré la torture physique pour mériter les applaudissements de ceux qui contemplaient cette exhibition.

(2) L'exposé du principe, par Jérémie Bentham, « le plus grand bonheur du plus grand nombre, » a les avantages et les défauts d'une épigramme.

Quelle est la portée exacte de l'utilité comme principe de morale ? Ce principe doit être limité sur quelques points, car il est évident que nous ne faisons pas de tout ce que nous considérons comme utile une règle morale. Il est utile de faire des expériences de chimie, mais ce n'est pas un ordre de la morale, à moins que cela ne fasse partie du devoir professionnel que l'homme a accepté et pour lequel il est payé. Jérémie Bentham a écrit beaucoup de livres utiles, mais non pas parce qu'il y était obligé par la morale. Beaucoup d'actions éminemment utiles à la société sont accomplies par la libre volonté et le choix des individus, et non pas par crainte du châtiment ou du remords. On doit donc établir une distinction entre ce que l'utilité rend obligatoire et ce qu'elle laisse libre.

Il y a bien des degrés différents d'obligation dans les choses utiles. L'extinction d'une maison en feu, la répression d'un tumulte, la résistance à une invasion armée, sont des actes que la nécessité fait passer avant tous les autres. Les

---

Le début est mauvais, parce qu'il semble indiquer qu'il est bien d'enlever le bonheur à un petit nombre pour donner un bonheur plus grand à un plus grand nombre. La morale doit traiter les hommes également; et dans son véritable ressort, qui est non pas le bonheur total, mais la sécurité ou la protection, elle le fait. Bentham, à l'origine, dirigeait son principe contre les *intérêts de classe* qui avaient leur place dans la législation, et faisaient réellement du plus grand bonheur du plus petit nombre le but des règlements de police publique.

En morale, Bentham opposait d'abord à l'utilité l'ascétisme, puis ce qu'il appelait sympathie et antipathie ou décisions du sentiment pur; sous ce dernier chef, il comprenait les théories du sens moral, de la convenance des choses, de la raison, etc. Il affirmait que la production du plaisir et la fuite de la souffrance étaient les seules fins positives, jamais oubliées un instant, à moins que cet oubli ne soit volontaire et pour arriver à un total plus grand de plaisir. Pour aider aux calculs nécessaires, il essaya de classer et d'énumérer nos plaisirs et souffrances.

J'ai exposé ailleurs les difficultés que soulève le principe d'utilité tel qu'il est exprimé ici, difficultés qui pourtant n'affectent pas sa solidité en tant que principe opposé au sens moral. (V. page 88, *Philosophie de Paley et dissertations additionnelles*, W. et R. Chambers, Édimbourg.)

Bentham aurait encore fait faire un pas de plus aux discussions éthiques sérieuses, s'il avait renversé le plan de son œuvre et s'il l'avait intitulé : *Études sur la législation et la morale*. Il aurait ainsi mis en avant ce qui est obligatoire d'une manière évidente, formelle et officielle, afin d'éclairer les côtés obscurs et contestés de l'obligation. Il y a, d'après lui, parallélisme absolu entre la législation morale privée des individus et la législation publique et gouvernementale; et si ce parallélisme était plus nettement tracé, nous aurions, de l'obligation morale proprement dite, une idée plus juste. Dans les deux législations, le châtiment est

actions sociales les plus obligatoires sont celles qui sont essentielles à l'existence même de la société.

« On doit assurer la sécurité sociale parce que c'est ce qu'il y a de plus nécessaire à l'existence des hommes vivant en commun ; tout ce qui y fait obstacle peut être considéré comme une chose mauvaise. C'est sur ce fondement que nous établissons le bien, le devoir, l'obligation comme s'attachant à l'obéissance à la loi, à la fidélité aux contrats, à la justice, à la vérité ; et en faveur de ces classes d'action, nous employons le châtiment comme sanction.

« De plus, l'homme désire non pas la plus faible sécurité compatible avec l'ordre civil, mais bien la plus complète possible ; c'est pour cela qu'il donne une si grande importance à la vertu de l'intégrité.

« Quand on adopte une chose comme bonne et qu'on l'impose, si cette chose est autre que la sécurité sociale, il faut qu'elle produise une augmentation nette du bonheur général sans aucun sacrifice matériel du bonheur individuel. Un simple accroissement de jouissance ne doit pas être sur le

---

l'instrument et le critérium de ce qui est obligatoire. Là où le code ne prescrit pas une peine, il ne crée pas un devoir ; là où la société ou toute autre autorité ne pense pas à propos de menacer d'une punition, elle ne songe pas à formuler une loi morale.

Ainsi, pour ce qui regarde l'*origine* des obligations morales et la vraie *autorité prescrivant l'obligation*, nous devons insister pour avoir quelque déclaration positive. Qu'est-ce qui voit faire ainsi la loi à la communauté sur quel droit se fonde-t-on pour la faire ? L'autorité est-elle au despotisme, à la monarchie constitutionnelle ou à la république ? Doit-on faire appel à l'opinion publique, permettre la discussion à tous, avant qu'un *bill* moral devienne une loi morale ? Devons-nous recevoir notre code d'une antiquité vénérée, enfermé dans notre religion, et fermé à jamais à tous les changements ? Quelle que soit la réponse, il en faut une et précise, comme l'histoire des fondations politiques de notre code légal.

De plus, nous avons besoin d'avoir un code écrit de morale publique, ou réunion des devoirs imposés par la société ; et ce ne devrait pas être un traité écrit librement, mais bien une stricte énumération de ce que la société impose sous peine de punitions, et des choses qu'elle défend avec la même rigueur. Le système de morale composé pour guider l'individu, membre de la société, doit exclure toutes les vertus qui portent en elles leurs récompenses, tout comme une ordonnance de guerre omet de rappeler les vertus du soldat, et ne fait qu'énumérer les offenses et les crimes. Le vaste et intéressant champ de la vertu et de la noblesse de l'homme doit être exploré à part avec toute l'éloquence possible, qualité de composition qui n'a rien à faire dans un strict traité de morale, pas plus que dans un code criminel ou dans un digeste de la procédure de la justice de paix.

même pied que la sûreté générale. » (Edition de Paley ci-dessus citée.)

Il est d'usage de distinguer entre les fonctions nécessaires ou non du gouvernement. La défense, la sécurité, l'administration de la justice, etc., sont nécessaires ; mais que le gouvernement doive ou non subventionner les églises, les écoles, les théâtres, les établissements de charité, l'administration des routes, chemins de fer, postes et télégraphes, voilà qui dépend de bien des considérations. Il en est de même en morale. La société doit forcer les hommes à tenir leur parole et punir celui qui la viole ; mais il n'est pas absolument *nécessaire* de maintenir les distinctions héréditaires de caste, bien qu'il soit permis à chacun de présenter en leur faveur des arguments assez forts pour justifier l'obligation du respect envers la classe favorisée, ou bien de vouloir la réduire à rentrer dans la communion sociale.

12. — Il semble à première vue que la grande objection à faire contre le principe d'utilité imposé sans exception, vienne de la considération de la liberté individuelle. (Une objection bien plus sérieuse, serait celle qu'on tirerait de la faillibilité de l'autorité sociale.) Toute loi publique est une restriction imposée à la libre volonté des individus ; la somme totale de souffrance et de privation qui forment de semblables contraintes doit être opposée à l'utilité positive de la loi. Il y a des cas où l'autorité publique peut faire un bien positif et contraindre le moins possible l'individu, lorsqu'il s'agit par exemple d'établir des communications postales ; l'intervention de l'autorité est alors justifiée. Il y a d'autres cas plus discutables, lorsqu'il s'agit des établissements religieux et d'éducation, et des règlements sur le travail. Dans les pays où ces questions sont discutées et résolues par l'opinion générale exprimée après la libre discussion, il est difficile de trouver une autre pierre de touche que le bonheur des populations évalué par elles-mêmes.

L'aversion assez commune pour le principe d'utilité se résout en une préférence sentimentale aboutissant à l'abnégation de la raison dans la vie humaine. Un homme refuse d'embrasser une profession lucrative à cause de son orgueil de famille, et aime mieux vivre dans la misère et les privations ; voilà un choix dicté par le sentiment, et faux par rapport au bien-être privé de l'individu. A cause d'une aversion qui n'est fondée sur aucune raison, je refuse l'assistance professionnelle d'un homme qui peut particulièrement me tirer de la misère ; on retrouve encore ici l'antithèse du sentiment et de l'utile. Mais il y a des sentiments si sublimes, si dignes, si nobles, et des utilités si basses et si ravalantes, qu'on ne peut songer un instant à les comparer. Ainsi les principes de justice, de pureté, de vérité considérés sous une certaine forme idéale, sont regardés comme incomparablement au-dessus de la prospérité du monde. « Que la justice s'accomplisse, dut la nature en être atteinte. » Voilà du sentimentalisme du plus haut vol (1).

Lorsque l'individu aime mieux mourir de faim que de sacrifier une partie de son orgueil, il n'y a rien à dire, parce qu'en somme, en tant qu'homme libre il fait son propre choix. S'il n'entraîne personne dans sa ruine ses amis peuvent essayer de le raisonner, mais aucun n'a de titre pour aller au-delà. Il en est de même lorsqu'il s'agit d'un nombre d'hommes ; chacun ayant ses préférences sentimentales, pourvu que ce ne soit pas au détriment des autres. Même en supposant qu'ils soient beaucoup moins heureux qu'ils ne le seraient s'ils n'obéissaient pas à des sympathies ou à des aversions particulières, ils doivent cependant en tant que hors de tutelle, ils doivent décider eux-mêmes pour eux-mêmes ce qu'ils acceptent. Un réformateur philanthropique aurait sans doute le désir de délivrer, par une meilleure éducation ou par tout autre moyen, ses concitoyens d'un sentiment pernicieux, superstition, antipathie ou autre semblable ; mais aussi longtemps que chacun limite l'œuvre du sentiment à soi-même, le respect de la liberté empêche toute intervention. Mais quand un homme essaie d'imposer ses goûts ou ses aversions à un autre, ou qu'une simple préférence sentimentale de la majorité est imposée à tous comme loi, il y a d'un côté violation sérieuse de la liberté individuelle et de l'autre absence d'un avantage véritable pour compenser, en cas de succès la contrainte forcée. C'est ici que réside la réelle opposition des deux principes en tant qu'appliqués à la législation et à la morale. Si un

---

(1) Voyez la critique admirable qu'a faite James Mill du mot d'André Fletcher : « Je donnerais ma vie pour ma patrie, mais je ne ferais pas pour elle une chose basse. » Fragments sur *Mackintosh*.

homme a une forte antipathie (comme celle que l'on trouve dans plusieurs races humaines) pour le porc, c'est une bonne raison pour lui de ne pas en élever ou en manger; mais s'il se joint à cet homme un nombre d'individus suffisant pour former une majorité, elle pourra imposer à la société la haine du porc et convertir ainsi une simple aversion physique en une loi morale, et outrager ainsi la liberté individuelle. Le fait de défendre publiquement la vente de l'arsenic est bien différent. Si l'on devait être le législateur des Indiens de l'Amérique, la prohibition ou la tolérance des liqueurs alcooliques serait une grave question à résoudre, à cause du manque de force morale des naturels pour résister à une habitude qui les conduit à leur ruine. La mesure à prendre ne devrait ici dépendre que de l'utilité.

13. — Ces différentes observations sur les diverses théories morales, ont pour but de préparer à cette conclusion : *les lois morales qui dominent dans toutes ou presque toutes les sociétés sont fondées en partie sur l'utilité (1) et en partie sur le sentiment.* Si nous mettons de côté la question de savoir quelle est la base légitime et acceptable de la morale, et si nous demandons seulement qu'est-ce qui a donné naissance aux codes existant aujourd'hui ou autrefois, je crois que nous sommes forcés d'admettre que l'utilité n'est pas la seule réponse possible bien qu'elle soit un facteur important. Si nous ajoutons pourtant le sentiment et la tradition qui sont la conservation de l'influence de quelque utilité ou sentiment existant auparavant, nous pouvons expliquer assez

---

(1) M. Mill, dans l'ouvrage ci-dessus cité, remarque que les termes « moral et immoral » ont d'abord été appliqués à des actes « dont on remarquait que les effets étaient avantageux, et qu'on désirait voir accomplis à cause de cela ». C'est affirmer que toutes les lois morales ont été à l'origine liées à l'utile, qu'il soit bien ou mal vu. C'est une impression assez générale. Nous pouvons observer chez beaucoup d'écrivains une tendance à chercher quelque intention pratique dans les usages les plus simples, comme dans le système d'ablution, qui est presque devenu un rite religieux. On dit parfois, pour excuser l'antipathie de la population blanche des États-Unis pour les noirs libres, qu'elle naît de la crainte salutaire d'affaiblir un sang pur par un mélange avec celui d'une race inférieure; à quoi l'on peut répondre que jamais l'idée de donner naissance à une progéniture vigoureuse n'a été une considération directrice de la société, excepté dans l'ancienne Sparte. Il est assez d'usage d'avancer des *prétextes* utilitaires pour faire admettre des considérations sentimentales, mais la faiblesse de tels plaidoyers est ordinairement très visible.

complètement les usages actuels. Les règles qui s'appuient évidemment sur l'utilité sont celles qui protègent la personne, la propriété, la réputation, etc. de tous les membres de la société ; elles aident à faire respecter la justice, les conventions et engagements : ce sont celles qui soutiennent la véracité et l'intégrité, qui font observer l'obéissance à l'autorité constituée, (1) qui protègent les faibles, etc.

14. — Comme on l'a déjà remarqué, les cas dans lesquels un sentiment est converti en loi morale, diffèrent suivant les lieux et les temps. Ils ont parfois pour origine une *préférence* sentimentale rendue forte par la consécration publique, la vénération des Hindous pour la vache est de cette espèce, de même le respect du Bouddhiste pour la vie animale. C'est à cause de ce respect que les Brahmines s'abstiennent de viande (2). Les lois morales fondées sur les *aversions*, dégoûts, antipathies que l'on rencontre si souvent dans la nature humaine, sont encore plus nombreuses. La cause naturelle du dégoût est l'impureté qui accompagne la vie animale et ce qui constitue le contraire de la propreté. L'expression de notre aversion pour ces choses est la plus énergique de nos répugnances. Bien que ce soit étrange à dire, nous manifestons très facilement cette aversion, même dans des cas où la saleté est factice et sans aucun rapport avec la cause ci-dessus citée, l'impureté. Quand on est facilement dégoûté on trouve bien des objets à mépriser ; de même qu'un tempérament tendre trouve bien des choses à aimer. Ces objets ne doivent même pas nécessairement offenser les sens, si seulement ils fournissent un prétexte on les appellera sales, et l'on déchargera sur eux tout son dégoût.

Pour citer de fortes antipathies transformées en règles

---

(1) Le sentiment aide parfois à l'obéissance sociale, dont le fondement réel est éminemment pratique ou utilitaire. La sainteté et le droit divin des rois et des dynasties n'est presque plus aujourd'hui admis même par le sentiment. Il est vrai qu'on dit souvent que sans l'aide du sentiment religieux on ne pourrait pas maintenir l'ordre civil.

La réponse à la question : Devons-nous conserver nos colonies ou non, dépend et de l'utilité et du sentiment.

(2) Notre situation en face des races animales est un exemple pénible du conflit entre le sentiment et l'utilité. Il n'y a pas de sentiment naturel qu'on doive plus chérir que la sympathie pour les autres êtres sentants, et cependant, pour notre conservation de chaque jour, nous sommes forcés de tuer un grand nombre d'innocentes et heureuses créatures.

morales, nous n'avons qu'à chercher des exemples semblables à celui du porc. Révéler les mystères sacrés était pour un grec le plus grand de tous les crimes. Le rituel hindou est rempli de prescriptions pour la purification des actions réputées impures. La haine pour une classe d'hommes a souvent acquis la force d'une loi morale. Le système des castes implique l'existence de toute une population de bannis avec laquelle il est défendu aux privilégiés de se mêler. Les étrangers ont souvent eu le même sort; c'est le même sentiment qui éloignait les Juifs des idolâtres, les blancs des nègres. La haine sincère d'un bon catholique du quinzième siècle pour un hérétique était si forte qu'aucun crime contre la société civile n'a jamais allumé de feu plus furieux. L'antipathie pour les incrédules a persisté jusqu'à nos jours. Les Juifs ont eu une large part de la haine des chrétiens. Non seulement ces antipathies poussaient rapidement à injurier leurs objets, mais encore elles s'imposaient comme obligatoires à tous les membres de la communauté, si bien que quiconque donnait l'hospitalité à la classe proscrite était sujet aux peines les plus graves. Les haines entre les sectes religieuses opposées ont été parfois si intenses, que tout membre individuel un peu froid sous le point de vue religieux s'exposait à encourir bien des dangers de la part même de ses coreligionnaires; on peut se rappeler ce qu'a produit cette haine entre catholiques et protestants.

Certains usages, n'affectant en rien le bien-être de la société ont excité certaines aversions assez fortes pour les faire prohiber par l'autorité morale. Le vin et la nourriture animale ont été parfois totalement défendus. Certaines pratiques sont si odieuses qu'il n'est même pas permis de les nommer; la société regarde en général d'un mauvais œil les jouissances excessives; elle les stigmatise alors de termes méprisants; elle appelle par exemple un gros mangeur — un glouton — elle dénonce la recherche de la fortune, l'amour de la louange comme de vils motifs d'action.

15. — Je dois maintenant faire allusion, pour mieux illustrer ce que je viens d'exposer, à l'*histoire de la formation des lois morales*. Cela mettra en lumière ce que les avocats du sens moral laissent dans l'ombre, la puissance réelle, l'autorité du principe suprême auquel doit se conformer la conscience individuelle. L'histoire nous permet de découvrir

l'origine de quelques parties de la morale actuelle et, par analogie, nous pouvons entrevoir les commencements des autres parties.

Une des sources les mieux connues des lois morales, c'est la dictature d'un prophète religieux, comme Mahomet. En gagnant par un moyen ou par un autre une grande influence sur une communauté, un tel homme est capable de prescrire des pratiques qui dirigeront les actes, les consciences de sa génération et des suivantes. Ses affections et ses aversions personnelles mêlées à des considérations d'utilité publique se fonderont dans le code moral qu'il rédigera. Demandez au mahométan quelle est l'autorité à consulter pour résoudre toutes les différences entre les consciences individuelles, et il vous renverra au Coran, c'est-à-dire aux commandements de Mahomet modifiés seulement par ses interprètes autorisés. En Chine, c'est Confucius qui a donné le code moral à une partie de ses compatriotes; et, si nous connaissions les commencements du brahmanisme et du bouddhisme nous trouverions pour origine une autorité semblable. Mais les règles morales sont aussi sorties d'une autorité *civile* incorporée dans une seule personne qui faisait de ses jugements et de ses sentiments des lois obligatoires. Qu'il soit appelé comme Solon ou le traditionnel Lycurgue, à réformer une société troublée, qu'il ait conquis le pouvoir par la force, que la puissance lui vienne par voie d'hérédité, le despote civil peut parfois donner non seulement des lois publiques, mais encore une direction nouvelle aux sentiments moraux de son temps. C'est ainsi que la religion de l'Europe, et le code moral qui l'accompagnait furent changés par les potentats impériaux, qui adoptaient dans ce cas ce qui était déjà promulgué. L'assentiment de la société est nécessaire pour compléter l'évolution législative, et chaque nouvelle génération doit être préparée à embrasser fermement ce qui lui a été présenté. Donc la réponse à la question : Quelle est l'autorité morale? — serait : *Les lois de la société existante, données par quelqu'un revêtu en son temps d'une autorité législative morale*. Les mêmes remarques s'appliquent également aux réformateurs, aux fondateurs de nouvelles sectes qui par des causes que doit exposer l'histoire, ont obtenu une grande influence sur un ensemble de disciples. Le Quaker règle sa conscience sur le code moral qu'il a reçu de George Fox et qui est toujours reconnu par la société de son époque. Dans ce cas, l'assentiment populaire est plus raisonné, plus personnel *(self prompted)* que lorsqu'il se soumettait aux anciennes autocraties religieuses, et il renferme toujours un sous-entendu, le droit qu'a la société d'examiner à nouveau les dogmes originaux. On peut retracer à peu près complètement l'histoire de cette partie de notre code moral qui est relative au mariage et aux relations des sexes; et l'on peut faire peser sur qui de droit la responsabilité de conserver cette partie sous sa forme présente. Il est bien inutile de remplir notre imagination d'une autorité morale inconnue, invisible, qu'on ne peut même pas produire ; nous n'avons qu'à ouvrir l'histoire et à y chercher l'autorité réelle qui maintenant conserve tous les préceptes moraux prescrits à l'origine et dont on admet aujourd'hui la force d'obligation. Au lieu de traiter la morale comme un tout un et indivisible étudions ses lois en détail ; et selon toute probabilité, nous remonterons jusqu'à la source suprême, dans presque tous les cas.

16. — Le changement qui s'est fait dans le sentiment des hommes sur l'esclavage, serait un exemple intéressant de la manière dont naissent les nouveaux sentiments moraux. Il y a moins de deux cents ans l'horreur que fait naître l'usage d'avoir pour esclaves des êtres humains n'existait pas ; maintenant cette horreur a presque atteint la force d'un sentiment moral. L'histoire de cette nouvelle et plus libérale théorie des droits de l'humanité depuis le moment où elle a soulevé les masses, pourrait être retracée (et elle l'a été en partie) ; nous aurions alors une explication suffisante de l'origine d'une des maîtresses idées morales de notre temps. Mais c'est un des cas où l'idée morale n'est pas encore arrivée à acquérir la force complète d'obligation. Il y a beaucoup de personnes parmi nous qui voudraient faire des opinions contraires à l'esclavage une « condition de communion » et prohiber toute relation avec des personnes accusées d'avoir fait la traite. Mais ceux qui professent cette opinion extrême ne sont pas assez nombreux ni assez influents pour la faire adopter généralement ; et c'est ainsi que le sentiment d'horreur pour l'esclavage n'a pas achevé son évolution et n'est pas encore à proprement parler un sentiment moral. Le bill n'est pas devenu loi. Cependant l'exemple n'en est

pas moins bon ; car une somme d'intensité en plus, et probablement ce sentiment prendra rang parmi les lois obligatoires.

17. — L'*abrogation des lois morales* est encore un fait qui peut servir d'exemple. Une modification des sentiments de la société en général, ou un triomphe de la minorité, suffisent pour faire une révolution morale. Des époques comme la Réformation et la première Révolution française sont fécondes en changements de cette espèce. Quand les sentiments et les usages, non pas la force d'une loi, imposent une certaine restriction dans l'accomplissement d'une règle reconnue, un nombre de personnes peuvent défier l'opinion générale et chercher en elles-mêmes la sympathie et l'aide que l'on cherche ordinairement dans la société. La masse les excommuniera ; elles n'auront rien à attendre en dehors de leur communauté, si ce n'est la persécution ; mais si leur cause est une de celles qui sont faites pour grandir ; elles revendiqueront pour elles la tolérance, et arriveront ainsi à briser une partie de la domination sociale. C'est ainsi que les dissidents ont pris racine au milieu des établissements ecclésiastiques, que les Quakers se sont maintenus malgré leur refus d'accepter les taxes de guerre et les lois sur le mariage. C'est ainsi que le Christianisme a rompu avec le Judaïsme.

18. — J'ai, de propos délibéré, différé l'examen de la *Conscience* en tant qu'attribut ou faculté distincte, parce que j'ai la conviction que cette partie de nous-mêmes est moulée sur l'autorité extérieure, son type. Je me sépare ici entièrement de Dugalt Stewart et de la plupart de ceux qui ont parlé des théories morales, qui présentent la conscience comme une faculté de l'esprit, primitive et indépendante qui se développerait en nous-mêmes quand même nous ne connaitrions jamais l'autorité extérieure. Je soutiens, au contraire, que la conscience est une imitation en nous-mêmes du gouvernement en dehors de nous, et que même lorsqu'elle diffère dans ce qu'elle prescrit, de la morale courante, son mode d'action est encore conforme à l'archétype.

La première leçon que reçoit l'enfant comme agent moral, est l'obéissance ou soumission à la volonté d'une autre personne. Il ne peut rien y avoir d'inné dans la notion ainsi acquise du commandement et de l'autorité puisqu'elle implique une situation où l'on vit avec d'autres êtres humains. On se sert de la facilité avec laquelle l'enfant jouit ou souffre pour obtenir cette obéissance, et une association mentale se forme rapidement entre la désobéissance et une peine qu'on redoute, qu'on craint, plus ou moins. La particularité qui s'attachera à cette espèce de peine, sera la continuation indéfinie, ou bien encore l'augmentation de la souffrance jusqu'à ce que le but poursuivi soit atteint. La connaissance de ce fait laisse dans l'esprit une certaine crainte qui s'attache bientôt aux actions défendues ; c'est la conscience, ou plutôt son premier germe, sa première manifestation. La crainte d'encourir certaines peines faites d'éléments physiques et moraux,— la souffrance corporelle et le chagrin,— est le premier motif d'action ayant un caractère éthique, que l'on puisse découvrir dans le système mental de l'enfance. Il y a dans l'esprit d'autres impulsions qui déterminent un certain respect pour les sentiments des autres ; mais la conscience du devoir proprement dit, chez l'enfant, est la liaison qui existe pour lui entre la terreur et l'action défendue. A mesure que l'enfant a plus l'expérience de l'autorité, son habitude d'agir par la peur et la crainte d'offenser, augmente ; en d'autres termes, le sentiment du devoir devient de plus en plus fort. De nouveaux éléments sont alors introduits afin de modifier cette répugnance acquise pour tout ce qui est prohibé par les parents, maîtres, et autres autorités. L'amour ou le respect qu'a l'enfant pour la personne de son supérieur fait naître une nouvelle espèce de crainte celle de faire de la peine à l'objet aimé. Quelquefois cette crainte est un motif plus fort encore que l'autre. Nous trouvons qu'agir par amour plutôt que par crainte, indique un ordre plus élevé de conscience. Quand le jeune esprit est capable de comprendre pourquoi on lui défend certaines choses, et d'approuver le but de ces prohibitions, un nouveau motif d'action s'ajoute aux autres, la conscience est alors un triple composé et évite les actes en question avec une crainte trois fois plus grande ; dans la maturité, lorsque la raison et les sympathies sont développées, le dernier élément de la conscience devient celui qui domine les autres. Tout ce que nous entendons par autorité de la conscience, sentiment de l'obligation, sentiment du bien, aiguillon du remords, n'est pas autre chose que de nombreuses manières d'exprimer l'aversion acquise, la crainte que nous inspirent certaines actions associées dans l'esprit avec les conséquences que nous savons. Exposons comme nous le pouvons la grande variété des formes que revêt le sentiment, mais sa nature, son essence, sera toujours ce que nous venons de chercher. La crainte par anticipation d'un mal opérant pour détourner de l'acte, et la souffrance réalisée après l'accomplissement de l'acte, sont des produits parfaitement intelligibles de l'éducation de l'esprit soumis à l'autorité, et de l'expérience du bien et du mal, conséquences des actions. Si la conscience est surtout formée par la crainte de la punition, la souffrance causée par le *remords* signifie seulement appréhension de la peine encourue ; c'est celle du soldat qui a enfreint la discipline militaire, celle du croyant qui, sous une religion de peur, a failli. Si l'amour, l'estime, le respect entrent surtout comme éléments composants de la conscience, le remords correspondra à la souffrance endurée en blessant ceux que nous aimons, respectons ou vénérons. Si le devoir a été approuvé par l'esprit, par la raison, parce qu'il servait les intérêts généraux des personnes avec lesquelles nous sympathisons, la violation de ce devoir doit nous affecter comme lorsque nous nuisons à ces intérêts.

19. — Le sentiment de l'obligation peut revêtir des formes diverses à l'infini ; mais on peut assigner à chacune de ces formes son origine dans la constitution, l'expérience ou l'éducation de chaque individu. Que les intérêts soient restreints ou étendus, et une nouvelle distinction se forme ; l'opposition de la famille à la communauté, de la petite société à l'humanité, est un exemple de la force relative des intérêts restreints et étendus.

Le sentiment de l'obligation, tel qu'il naît dans les plus petites sociétés, sera pour mon dessein, un excellent exemple. L'honneur professionnel du soldat, du magistrat, qui est parfois même en conflit avec la loi générale ; et les sentiments particuliers des sectes spéciales, sont des preuves évidentes que le sentiment de l'obligation est acquis. C'est seulement à cause de la discipline qu'exerce toute société sur ses membres, des louanges ou des blâmes qu'on donne à certaines actions, que le code de la société est imprimé sur l'esprit individuel et donne naissance à une conscience qui y correspond.

La conscience religieuse est caractérisée par la présence et la prédominance des sentiments religieux, mélange d'amour et de crainte pour la déité, qui doivent à cette circonstance tout leur pouvoir. Le sentiment de la désapprobation se résout de lui-même dans la peine d'avoir déplu à l'objet d'un profond respect. Enfin quand ce sont les impulsions bienveillantes qui sont les plus fortes, on heurte davantage le sentiment d'obligation en infligeant un mal. Quelquefois l'esprit s'attache avant tout à la lettre des préceptes de morale ; les accès de remords sont alors violents ; parfois aussi il s'attache à l'esprit, à l'intention de la règle, et sent plus profondément toute infraction. S'il y avait dans l'esprit humain une faculté, une conscience innée, nous ne rencontrerions pas des différences aussi profondes dans la manière d'interpréter les devoirs particuliers ; la disposition générale serait plutôt d'obéir avec une force presque égale de détermination, à tout ce que commanderait une autorité reconnue.

20. — Nous devons maintenant étudier d'une façon particulière la conscience indépendante, variété du sentiment moral qui n'est influencé ni par la crainte ni par la vénération de quelque puissance supérieure. Si l'on suppose que l'autorité extérieure est le type naturel et original de l'autorité morale intérieure, la difficulté serait d'expliquer les cas où l'individu est sa loi à lui-même. Mais la contradiction apparente n'est pas bien effrayante. Le sentiment d'abord formé et cultivé grâce aux relations d'obéissance et de commandement, peut arriver à s'appuyer sur un principe indépendant, de même que l'étudiant qui reçoit d'abord sans examen ce qu'on lui apprend, arrive à croire ou à rejeter à la suite de ses propres recherches, ce qu'on lui avait enseigné. Quand le jeune esprit accoutumé à obéir à toutes les règles est suffisamment développé pour apprécier les motifs, les utilités, les sentiments qu'on lui imposait, le caractère de la conscience est entièrement transformé ; les motifs d'action naissent dans une autre partie du terrain intellectuel. L'attention se porte sur le but et la portée de la loi et non plus sur le seul fait de voir une chose prescrite par quelque puissance. Une intelligence d'une énergie supérieure découvrira parfois des inconséquences entre le but proposé et les préceptes imposés et prendra une attitude hostile à l'autorité existante.

Je veux citer quelques exemples du développement des jugements indépendants en matière de devoir, afin de montrer comment l'esprit tout en s'émancipant des entraves du sentiment dérivé de l'obligatoire, s'attache encore au type de l'autorité extérieure. Un cas bien commun est celui de la découverte de quelque inconséquence supposée ou réelle entre la règle que nous a inculquée l'éducation, et un usage quelconque rencontré dans le monde. La contradiction froisse d'abord l'esprit, mais dans la plupart des cas on passe par dessus, on s'y accoutume. Il y a cependant des esprits exceptionnels qui ne peuvent aussi facilement admettre la contradiction ; ils prennent alors une position indépendante, soutiennent la règle et répudient tout ce qui lui est contraire, ou bien admettent l'usage et répudient la loi. Par exemple l'interprétation littérale du précepte : « Tu ne jureras point » a conduit la *Société des Amis* à repousser le serment sous n'importe quelle forme. Une personne s'imagine qu'une règle morale n'est pas aussi complètement appliquée qu'elle devrait l'être, elle trouve des cas que cette règle devra dès lors embrasser. Quelques personnes pensent que l'obligation de la monogamie en tant qu'institution chrétienne, doit empêcher les parties de se marier une seconde fois. Quand leurs esprits sont faits à cette idée, elles se sentent obligées d'y répondre en pratique, malgré l'usage contraire général, par toute la force de sentiment qu'elles ont enlevée à cet usage pour en doter la théorie originale dans laquelle elles ont été élevées. C'est ainsi, par ce procédé général, qu'elles sont encore les disciples des opinions régnantes, même lorsqu'elles s'en séparent sur un point particulier (1).

21. Je puis faire encore quelques remarques sur le sentiment

---

(1) Un homme peut, dans l'exercice de son jugement indépendant, adopter des vues sur le devoir qui diffèrent profondément de celles de la société dans laquelle il vit, et se les imposer à lui-même, sans pourtant parvenir à les faire accepter par d'autres. C'est là le seul cas où la conscience soit entièrement détachée de la sanction de la communauté ou de quelque autre pouvoir étranger à l'individu. Même dans ce cas, la notion, le sentiment, ou la *forme* du devoir dépend, est tiré de ce qu'impose la société, bien que le fond soit très différent. L'obéissance sociale développe dans l'esprit le sentiment et l'habitude de l'obligation, et cela subsiste même lorsque la loi individuelle change. Lorsque les obligations sont imposées par la personne, elle ne craint plus la censure publique, mais elle a si bien assimilé dans son esprit les lois

abstrait du devoir qui fait que chaque homme accomplit ce qu'il reconnait comme obligatoire, sans être mu par les motifs ci-dessus cités. Il agit alors sans être poussé par la crainte d'une punition, par le respect d'une autorité supérieure, par l'affection ou la sympathie envers des personnes pour lesquelles on accomplit son devoir, sans penser à son propre avantage indirectement intéressé à ses sentiments religieux, à ses sentiments individuels. De même lorsqu'on aime l'argent pour lui-même, on peut arriver à prendre l'habitude d'agir d'une certaine façon lorsque les impulsions spéciales qui étaient les causes motrices originales, ne renaissent plus dans l'esprit. Ceci ne prouve pas qu'il existe un sentiment primitif, abstrait du devoir, pas plus que la conduite de l'avare ne prouve que nous sommes nés avec l'amour abstrait de l'or. C'est une tendance due aux associations que celle de fonder de nouveaux centres de force, indépendants des centres particuliers qui leur ont d'abord donné une signification ; ces nouvelles créations réunissent souvent autour d'elles un ensemble de sentiments ayant plus de puissance qu'aucune des réalités constituantes. Rien de ce que peut payer l'argent n'affectera l'esprit de l'avare comme l'énumération arithmétique de ses gains. Pour certains esprits on arrive à des résultats semblables, au point de vue du sentiment habituel du devoir, avec les grandes abstractions, vérité, justice, innocence, etc. On ne peut prouver que ceux-ci soient des sentiments primordiaux ; cependant nous les trouvons très prédominants dans certains cas ; et les personnes qui n'ont pas l'habitude de l'analyse mentale peuvent facilement supposer qu'ils sont, dès l'origine, implantés dans notre constitution. La *rareté* comparative de tels sentiments moraux abstraits, si l'on y réfléchissait bien, prouverait au chercheur consciencieux qu'ils n'ont pas leur place marquée dans le plan original de l'esprit ; en même temps la possibilité d'expliquer leur développement rend l'appel à cette hypothèse bien peu philosophique.

de sa propre invention aux règles impératives de la société, qu'elle leur reconnaît une force égale à celle du devoir, et ressent les mêmes remords lorsqu'elle les enfreint. Elle éprouve, lorsqu'elle a fait vœu de ne vivre que de légumes, et qu'elle a trahi son vœu en mangeant de la viande, la même espèce de remords que celui qui suivrait une profanation ouverte, la violation d'un serment solennel.

22. — Jusqu'ici j'ai supposé la conscience n'opérant que sur la propre personne de l'individu, excitant à agir, punissant la négligence. Mais l'exposition ne serait pas complète si je ne montrais pas la conscience prononçant des jugements moraux sur la conduite des autres ; ce côté nouveau de la question ne renferme ni difficultés ni obscurités. Je dois cependant dire d'avance qu'ici, comme lorsqu'il s'agissait du sentiment moral, je chercherai ce qu'est la *désapprobation* et non l'approbation morale. J'ai déjà dit qu'une loi morale n'était pas une loi permettant d'opter entre plusieurs choses, et qu'elle était renforcée par une certaine pénalité comme sanction. Il est vrai que la morale pratique est faite pour réunir tous les préceptes vertueux et nobles qui sans doute ont besoin d'être inculqués ; mais l'accomplissement de ces préceptes constitue le mérite et donne lieu à des récompenses, tandis que le non-accomplissement n'entraîne pas punition ou censure. La question, quant à la moralité de quelque ligne de conduite, est celle-ci : inspire-t-elle un sentiment de désapprobation comme violant des maximes que l'on reconnaît obligatoires ? S'il en est ainsi, on suppose que le même sentiment du devoir qui opérait sur le moi d'un individu, le faisait frémir de remords et de crainte en cas de désobéissance, se fait jour quand c'est une autre personne qui est l'agent coupable. Le sentiment qui s'élève contre cette personne est un fort déplaisir, peut-être de l'aversion, suivant que nous avons plus ou moins de respect pour le devoir violé. C'est un ressentiment moral, une disposition à infliger une punition au coupable, qui naît ici. C'est la promptitude à punir qui forme le critérium de la désapprobation morale, ou marque la limite entre un sentiment moral et une simple et permise différence d'opinion.

Ceci nous ramène de nouveau à l'imposition primitive des règles morales. Nous détestons si franchement, avec ou sans raison une certaine ligne de conduite que nous sommes tout préparés à empêcher de tout notre pouvoir, qu'on la suive. La majorité de nos concitoyens ont la même aversion, et en tant que majorité, ils emploient toute leur puissance à prévenir absolument cette conduite ; voilà un nouvel article ajouté au code moral de la communauté. Naturellement quiconque commet l'action défendue est blâmé et puni. Tout homme dont la propre conscience s'accorde avec les lois morales dominantes, répand son indignation sur les violations de ces lois, au lieu que celui dont la conscience est indépendante juge d'après ses propres et spéciales convictions, qu'il s'agisse de lui ou des autres ; seulement, n'ayant aucune communauté morale avec le coupable il est sans pouvoir sur lui, le sentiment individuel quelque bien fondé qu'il soit, ne peut avoir la force de la loi.

23. — Les termes « approbation morale » sont, strictement parlant, dépourvus de signification. Nous pourrions dire la même chose si l'on parlait « d'approbation légale » : nous savons bien que la loi n'approuve jamais, elle condamne seulement. Quand un homme fait son devoir, il échappe au châtiment ; affirmer autre chose, c'est effacer la distinction radicale entre le mérite et le devoir. Il est admis qu'il peut y avoir du mérite dans l'accomplissement du devoir, quand les circonstances rendent cet accomplissement si difficile que la plupart des gens n'y arrivent pas. Un homme peut arriver par là à se distinguer et à s'élever dans l'ordre du mérite, mais ici l'exception confirme la règle en montrant que nous louons ce que nous considérons comme peu raisonnable d'attendre et de requérir de tout le monde. Le mérite s'attache à quelque chose qui n'est pas notre devoir, mais qui rend grand service aux autres êtres. La bienfaisance positive est un mérite. Il en de même des bons services rendus, de tous les travaux gratuits faits en vue d'un but de bienfaisance. Nous les estimons, les honorons, les récompensons, mais nous ne leur donnons pas notre approbation *morale*. Les bonnes actions, le sacrifice de soi-même, sont l'essence de la vie noble de l'homme, mais dépassent la sphère de la morale proprement dite pour occuper une région spéciale. Ce que la société a jugé nécessaire d'imposer à l'aide d'inflictions positives et rigoureuses, n'a rien d'absolument commun avec les efforts volontaires de l'homme désintéressé et généreux, efforts qui prennent le nom de conduite vertueuse et noble et que nous récompensons par des éloges, des souvenirs, et des monuments (1).

---

(1) Il semble qu'il y ait conflit entre la définition du devoir telle que nous l'avons ici adoptée, et la distinction établie entre les devoirs d'obli-

24. — Actuellement, l'objection qu'on présente le plus souvent contre la doctrine de l'utilité, c'est que celle-ci ne fournit que des motifs égoïstes d'action, et par conséquent ne donne pas une fondation suffisante à la morale. Il y a à ce sujet une certaine confusion entre les idées ; et pour les éclaircir, le mieux est peut-être d'observer l'état de la question en ce moment et la discussion sur l'existence de motifs désintéressés dans l'esprit humain. Qu'on les désigne sous les noms de sympathie, désintéressement, sentiments sociaux, altruisme, j'ai toujours défendu nos impulsions qui nous forcent à agir pour le bien des autres. Tous les utilitaires, autant que je puis en juger, admettent l'existence de ces impulsions, bien que leurs avis soient séparés souvent par de profondes différences.

La réalité de ces sentiments qui nous font sortir de nous-mêmes et nous identifient aux autres membres de la société, ne peut pas être mieux et plus fortement exposée que dans le chapitre de Mill sur les sanctions de l'utilité (Utilitarisme,

---

gation absolue ou imparfaite qui correspondent aux droits parfaits ou imparfaits. « Une loi imparfaite, dit M. Austin, est, au sens des juristes romains, une loi qui manque de sanction, et, par conséquent, n'est pas obligatoire. En conséquence, c'est moins une loi qu'un conseil, une exhortation adressée par un supérieur à des inférieurs.

Beaucoup d'écrivains qui étudient la *morale* et ce qu'on appelle *la loi de la nature* ont ajouté un sens nouveau au terme *imparfait* ; en parlant des obligations imparfaites, ils veulent souvent dire devoirs qui ne sont pas légaux ; les devoirs imposés par les commandements de Dieu, par la morale positive, sont ainsi distincts et même contraires aux devoirs imposés par la loi positive. Une obligation imparfaite équivaut exactement pour les juristes romains à l'absence d'obligation, car le terme *imparfait* signifie simplement que la loi manque de la sanction qui est appropriée aux lois de même espèce. Prise dans un autre sens, l'expression d'obligation imparfaite veut dire obligation religieuse ou morale. Le terme *imparfait* ne veut pas dire que la loi imposant le devoir manque de la sanction qui lui est propre. Il signifie seulement que la loi qui commande le devoir n'est *pas* établie par un supérieur politique, qu'elle n'a pas cette sanction *parfaite*, plus forte, plus sûre, que donne le souverain ou l'État. » (Austin's, *Province of jurisprudence determined*, pp. 23-25.)

Ainsi expliqués, les devoirs qu'on qualifie d'imparfaits peuvent encore être des devoirs dans la pleine acception du mot ; la société peut les imposer si la loi ne le fait pas. Ils ont peut-être pourtant cette particularité que Paley et d'autres renfermaient dans le terme imparfait, c'est qu'ils ne créent pas de *droits* correspondants. Faire la charité, voilà un devoir que peut nous imposer la sanction sociale (en nous blâmant, si nous le négligeons), bien qu'aucun nécessiteux particulier ne puisse réclamer de nous son accomplissement. Mais, lorsqu'il s'agit de bien-

chap. III). Le ferme fondement de la morale utilitaire est, dit-il « les sentiments sociaux de l'humanité, le désir d'être en communion avec nos semblables, principe puissant de la nature humaine que les progrès de la civilisation tendent à rendre chaque jour plus fort. L'état social est si naturel, si nécessaire, si habituel à l'homme, excepté dans quelques circonstances particulières, ou par une effort volontaire d'abstraction qu'il ne se conçoit jamais autrement que comme membre d'un corps, etc. » Tout ce passage devrait être médité par ceux qui étudient la morale.

Devant une assertion aussi forte, il semble que ce soit peu important de savoir comment en dernier lieu l'analyse psychologique explique ces impulsions sociales. C'est en effet de peu de conséquence, pourvu que l'analyse ne laisse pas échapper ces impulsions.

Après avoir déployé toute sa finesse habituelle dans la discussion de la question, les impulsions désintéressées sont-elles, au fond, oui ou non égoïstes, Mill conclut ainsi : « Il résulte des considérations précédentes qu'on ne désire pas

---

faisance et de philanthropie, on peut dire plus correctement que ce sont des devoirs encouragés par les récompenses de la société, et qu'alors on peut les ranger par les mérites et non parmi les devoirs.

Je dois faire allusion à la doctrine professée surtout par les calvinistes, qui est celle-ci : la créature humaine la plus parfaite peut accomplir strictement son devoir, et en conséquence il n'y a pas lieu de parler de mérite.

Je n'ai à répondre à cette doctrine qu'une chose, c'est qu'elle n'est pas éthique, mais théologique. Elle ne vient pas des relations d'homme à homme, mais des relations entre l'homme et Dieu.

Je sais bien que l'on a essayé de faire coïncider les deux terrains, éthique et théologique. Ainsi, le Dr Wardlaw, dans ses *Leçons sur l'éthique chrétienne*, a censuré tous les moralistes, sans en excepter des hommes aussi attachés que lui au christianisme (Butler, par exemple), pour n'avoir pas fait de la doctrine de la corruption de la nature humaine la pierre angulaire de leurs systèmes respectifs. Mais il a été prouvé bien des fois que priver la morale de son indépendance, la faire reposer sur la religion, c'est entrer dans un cercle vicieux.

La science de l'éthique doit, je crois, être fondée sur les vastes terrains qu'occupent les hommes d'opinions religieuses variées, et sur ce qu'un homme peut exiger d'un autre en tant que son semblable.

Enfin l'homme doit agir d'après la louange ou le blâme, la récompense ou la punition. Quand c'est d'après le blâme et la punition, il fait son devoir; lorsque c'est en vue de la louange et de la récompense, son acte est méritoire : voilà la véritable signification qui s'attache aux mots de devoir et mérite. Ainsi, si la louange et la récompense sont des motifs d'action, il doit exister, au point de vue humain, quelque chose qui est le mérite.

autre chose que le bonheur, quelque chose qu'on désire, non pas, comme moyen d'atteindre un but, et en dernier lieu au bonheur, est désirée comme partie de bonheur, et n'est désirée pour elle-même que lorsqu'elle est ainsi devenue partie du bonheur. Ceux qui cherchent la vertu pour elle-même, la cherchent soit parce qu'ils ont conscience qu'elle est un plaisir, soit parce que ne pas la posséder est une souffrance, soit pour ces deux motifs réunis. En réalité de même le plaisir et la souffrance existent rarement séparés, de même une seule personne éprouve à la fois du plaisir à atteindre un certain degré de vertu, et de la souffrance à ne pas en atteindre un plus élevé. Si l'un ou l'autre de ces deux sentiments n'existait pas, cette personne n'aimerait ni ne désirerait la vertu, ou ne la chercherait que pour les autres avantages qu'elle en tirerait, soit pour elle-même, soit pour les autres. »

Cette conclusion peut être suffisante ou non pour les défenseurs des sentiments sociaux ; mais il me semble que nos impulsions désintéressées sont entièrement distinctes du désir d'atteindre le plaisir et d'éviter la souffrance. Elles nous conduisent, je crois, à sacrifier le plaisir, à encourir la souffrance et cela sans espoir de compensation, elles diminuent positivement notre bonheur.

On admettra que dans toute action méritant véritablement la qualification de « désintéressée » nous nous dépouillons, au bénéfice des autres d'une certaine partie de notre propre bonheur. On admettra aussi qu'après un tel abandon nous n'atteignons pas nécessairement un plaisir égal. Quelquefois cela arrive, lorsque de fortes affections sont en jeu, lorsque on est poussé au sacrifice par le simple plaisir de la pitié, ou par la reconnaissance de celui qui bénéficie.

La position prise par Mill n'est tenable que s'il ajoute que l'*omission* d'un acte désintéressé que nous sommes portés à faire, nous causerait une telle *souffrance* que ce n'est que pour assurer notre propre bien-être que nous accomplissons le sacrifice demandé. Cette supposition est plausible. Si nous nous sentons pressés d'accomplir une certaine action, ne pas le faire nous causera une souffrance. Mais lorsque, à propos de la première partie du raisonnement, la conduite bienfaisante nous procure du plaisir, nous essayons d'appliquer cette doctrine aux cas extrêmes, le terrain se rompt sous nos pas. Un homme peut marcher volontairement à une mort certaine comme le sergent qui suspendit le sac de poudre à la porte de Delhi. Supposerons-nous que s'il ne l'avait pas fait et avait survécu, ses remords auraient été si grands qu'ils auraient empoisonné sa vie, l'auraient rendue pire que la mort? Lorsqu'un homme quitte une position qui lui plait pour en prendre une autre qu'il n'aime pas, cela pour satisfaire le caprice d'un parent, agit-il ainsi seulement parce que la peine de refuser serait plus grande que le dégoût qu'inspire sa nouvelle position? Ce que l'on ressent lorsqu'on étouffe une impulsion généreuse est trop peu de chose, et trop rapidement oublié pour être comparé à quelque important sacrifice. Si Howard était resté chez lui, jouissant des plaisirs de sa position, il aurait été beaucoup plus heureux en dépit de tous ses désirs de soulager les misères de l'humanité. Ses désirs auraient diminué ses plaisirs, mais n'auraient par rendu sa vie misérable comme elle l'a été.

Il me semble préférable d'aborder ce qui parait un paradoxe : il y a dans l'esprit humain, des motifs qui vont contre notre bonheur. Cela n'avancera à rien de dire que *puisque* nous agissons de telle et telle façon, notre plus grand bonheur *doit* se trouver sur la route que nous choisissons. Cela ramène au contraire au centre de la discussion. La théorie du désintéressement telle que je la conçois, suppose justement que l'action de la volonté et le désir du bonheur sont écartés. Il y a une fraction exceptionnelle et assez petite de l'humanité pour laquelle les motifs d'action et le bonheur sont en conflit. Une fois ceci admis les actes de l'homme deviennent intelligibles ; il n'y a pas besoin de faire de grands efforts pour expliquer les exemples extrêmes de conduite désintéressée, ou de grande vertu.

C'est la seule manière de voir compatible avec notre habitude de louer et de récompenser les actes de vertu. Si l'homme qui a fait un grand sacrifice se retrouvait dans une position aussi bonne qu'il avait avant de se sacrifier, nous pourrions ne pas le remarquer. S'il avait plutôt gagné que perdu dans la transaction, il pourrait se passer de toute récompense de notre part. Sans doute on peut dire alors que l'approbation publique attendue fait partie du cas, que c'est la circonstance transformante qui fait que l'action n'est pas une perte. Mais si cette approbation est suffisante pour payer de petits sacrifices, elle est tout à fait insuffisante lorsqu'il s'agit de grands sacrifices, bien que parfois ce soit pour la gagner qu'on les fasse.

Nos actes purement désintéressés sont souvent accomplis sans calcul, sans une pensée pour ce qu'on peut gagner ou perdre, et s'il y a calcul, l'idée que l'on perdra, ne peut pas détourner du sacrifice. Il est impossible que ce que nous faisons dans de pareilles circonstances soit compensé par des plaisirs Puis, que se soit compensé ou non, c'est ce que nous ne considérons pas, c'est ce qui n'influe pas sur nos impulsions. Pour nos actions moins absolument dévouées, nous pouvons calculer la perte et la faire entrer dans les considérations qui nous déterminent. Mais là encore, nous pouvons volontairement encourir une perte qui ne sera pas compensée; nous supposons rarement que la peine que nous cause l'omission d'un acte de bienfaisance soit si lourde à supporter, que nous ne trouvions pas de perte trop grande pour la racheter.

Je crois donc qu'on peut, après avoir écarté les actes personnels qu'on appelle égoïstes, diviser les actions humaines en classes qui comprennent : Premièrement, les actes faits pour les autres en vue du plaisir qu'ils rapportent ; deuxièmement, les actions faites pour les autres parce que leur omission nous laisserait un remords ; troisièmement, les actions faites pour les autres sans considérer les plaisirs ou les peines qui peuvent suivre ; celles-ci seules forment la conduite désintéressée pure et typique, dont une certaine somme permet à la société de subsister. Quelle est la proportion relative des trois classes voilà qui serait bien difficile à déterminer en ne prenant qu'un individu, tant sont grandes les différences entre les esprits. Mais chaque classe représente une quantité sensible dans la somme totale de l'activité humaine.

Dans la lutte contre l'égoïsme et les sentiments sociaux les trois classes doivent être comptées, et pratiquement parlant on peut dire que leur somme constitue nos sentiments désintéressés au sens le plus large du mot. Quand il y a hésitation entre l'égoïsme exclusif et étroit, et l'acte bienfaisant, l'un des trois ordres de motifs peut faire pencher la balance.

Enfin lorsqu'on admet l'existence des sentiments bienfaisants, et spécialement celle de la troisième des classes de motifs, ci-dessus citées, les actions bienfaisantes ne doivent plus paraître extraordinaires. Elles ne dépendent plus de la doctrine morale qu'on choisit, elles sont, en fait, au-dessus de toutes les théories. L'utilitaire ne les fait pas, il compte sur elles. Il ne peut ni les décréter, ni les abolir. Le système qui pactise le plus sérieusement avec elles est le système théologique. A un certain point de vue la morale théologique semble être la plus bienfaisante de toutes, c'est celle qui demande avec le plus d'énergie à l'individu de se sacrifier pour le bien des autres. Mais comme ce système promet des récompenses et des peines soit pour la vie présente, soit pour la vie future, il est en réalité entièrement fondé sur l'intérêt personnel. Au milieu des tonnerres qui entourent les peines et les récompenses éternelles, on ne peut entendre la voix si faible du désintéressement pur.

L'objection faite au principe d'utilité en particulier comme ne fournissant pas un motif de faire le bien aux autres, peut être renvoyée contre toutes les théories connues. L'altruisme fait partie de la constitution de l'esprit humain, et les théories n'y changeront rien. Si les motifs désintéressés sont faibles, l'éducation peut faire quelque chose pour les renforcer et même les éveiller, mais faire appel pour les évoquer aux récompenses et aux peines, c'est les annuler. Nous pouvons, en instituant des récompenses et des peines forcer l'homme à accomplir ses devoirs sociaux ; mais par ce fait même cet accomplissement est rendu intéressé. Pour obtenir la vertu sous sa forme la plus pure, la plus noble, nous ne devons même pas faire mention de peines et de récompenses.

25. — La conclusion de l'admirable ouvrage de M. Sidgwick intitulé « *The methods of Ethics* » soulève une difficulté bien plus grave. C'est un des grands mérites de ce livre que d'avoir examiné à fond l'opposition entre la morale intuitive et l'utilité. Cependant à la fin de son étude, M. Sidgwick est obligé de confesser qu'il y a une contradiction fondamentale, une difficulté insoluble, celle de réconcilier le devoir et l'intérêt. Le devoir signifie quelque chose de « bon pour les autres » et non « bon pour moi » ; et pourquoi serais-je sacrifié à un autre homme ? Même si quelque chose dans une constitution me fournit un motif qui m'engage au sacrifice,

pourquoi, moi particulièrement, serais-je chargé des fardeaux des autres hommes ? Que chacun porte son propre fardeau, voilà ce que dictent la raison et la justice.

C'est presque trop pour un philosophe moraliste de se charger de ce grand problème ou de demander à un de ses collègues de le résoudre. Cette grande difficulté n'est pas neuve ; elle n'est en réalité qu'une partie du plus vieux des problèmes : l'existence du mal. Il n'admet pas de solution exacte.

Comme on a toujours senti la difficulté, examinons comment on l'a abordée. La société comprenant bien que le devoir implique souvent sacrifice, a toujours essayé de compenser ce sacrifice par des récompenses. Que cet homme bon souffre pour les hommes mauvais, cela lui a paru une anomalie qu'elle a toujours essayé de rectifier, autant que possible du moins. On a toujours pensé que le terrain sur lequel se passait la vie humaine avait besoin d'être amélioré jusqu'au moment où chacun aurait ce qu'il mérite. A côté de la justice parfaite, vient le désir de distribuer également les défalcations, au lieu de faire d'un petit nombre les victimes du plus grand. Ainsi un des moyens de vaincre la difficulté, est le perfectionnement idéal de la société.

Un autre moyen se trouve exactement donné par la théorie de Mill sur la vertu ; suivant Mill, c'est l'éducation qui doit amener l'humanité à tirer un réel plaisir d'une noble conduite, si bien que celle-ci arriverait à ne plus être considérée comme un sacrifice. Si un nombre assez considérable de personnes pouvait atteindre l'état d'esprit que peint si brillamment Mill, le surplus des bonnes actions spontanées compenserait toutes les défectuosités ; et le sacrifice de soi-même, au sens littéral, ne serait plus nécessaire. Il y a bien peu d'exemples de martyrs et de héros assez enivrés de leur propre vertu pour être plus heureux avec leur dévouement personnel qu'avec le plus heureux égoïsme mondain. Ce serait trop que de dire que la grande vertu produit habituellement cet effet sur l'esprit. Les héros sont exceptionnellement constitués, et le renoncement qu'ils pratiquent doit s'accorder harmonieusement avec la pente particulière de leur esprit.

Un troisième moyen, c'est de regarder le sacrifice et non pas le bonheur comme la fin de l'existence. Nous sommes constitués, dit-on, pour travailler au bien des autres et pour y trouver notre propre bien. Mais en réalité au lieu de résoudre la difficulté cette proposition la répète. Cependant elle satisfait beaucoup de personnes, celles que choque la déclaration de saint Paul ; s'il n'y avait de réel que la vie présente, les chrétiens seraient les plus misérables des hommes. Mais la question se pose de nouveau toujours semblable : Qu'est-ce que B est de plus que C pour que C couvre les défectuosités de B ? Il faut augmenter le bonheur, voilà qui est intelligible, et une des meilleures manières de l'augmenter est l'échange mutuel de bienfaits. Mais l'échange doit être mutuel et égal ; prendre à l'un pour donner à l'autre c'est se donner une peine improductive, et de plus commettre une injustice.

Inculquer le dévouement sans limite c'est vouloir démontrer la valeur extrême pour le bonheur, des bons offices réciproques. Pour voir mûrir un fruit si précieux, il faut semer la graine du désintéressement. De même que nous mettons de l'eau dans une pompe pour la faire tirer, de même nous devons hasarder quelque chose pour espérer récolter en retour, et la meilleure façon de hasarder c'est d'écouter nos impulsions désintéressées. C'est le meilleur état d'esprit possible pour se mettre à l'œuvre. D'un autre côté, celui qui reçoit doit si bien répondre à celui qui donne que l'action de celui-ci ne soit pas une perte pour lui. Il doit y avoir rivalité entre les deux ; le donnant ne pensant pas à la récompense, le recevant déterminé à ne pas se laisser dépasser en services réciproques. Cette situation renferme une sorte de paradoxe psychologique, qui n'est pas sans analogue dans les opérations de l'intelligence. Il y aurait conduite désintéressée librement tenue, et qui cependant ne serait pas sans être récompensée. Le donnant ne devrait pas attendre de rétribution et cependant en recevrait une. Nous ne pouvons nous passer de l'initiative désintéressée et nous sommes forcés de voir que celui qui agit a sa récompense.

Il semble donc que la seule solution possible à l'énigme de M. Sidgwick, le seul cosmos moral acceptable, soit la détermination prise par la société de faire des arrangements tels qu'ils puissent récompenser le sacrifice. On doit reconnaitre que cette détermination a été aussi faible et aussi stérile que possible par le passé ; des hécatombes de victimes ont été sacrifiées, et nous n'en avons pas encore vu la fin. Nous savons que cela ne se passe pas comme cela le devrait, et nous nous efforçons de faire mieux pour l'avenir. Que les victimes des âges passés et futurs aient eu, auront ou non quelque récompense, c'est une question à laquelle ne peuvent répondre que des considérations qui dépassent la sphère de l'Ethique.

DEUXIÈME PARTIE

LA VOLONTÉ

CHAPITRE PREMIER

ÉLÉMENTS PRIMITIFS DE LA VOLITION

Dans mon précédent ouvrage j'ai esquissé rapidement ce qui me semble être, dans notre constitution mentale, le fondement ou le germe de la volition (*Instincts*, § 24). Plus loin (*Contiguité*, § 51), j'ai fait allusion au caractère acquis du contrôle volontaire de nos mouvements dans la maturité de la vie. Je veux dans le livre présent revoir sévèrement les opinions que j'ai déjà émises et examiner en détail les différentes classes de volition. J'étudierai d'abord dans ce chapitre préliminaire les deux éléments fondamentaux composants de la volonté. Voici ces éléments : premièrement, existence d'une tendance spontanée à exécuter les mouvements indépendants du stimulus des sensations ou des sentiments ; deuxièmement, existence d'un lien entre l'action présente et le sentiment présent qui fait que l'un est sous le contrôle de l'autre.

SPONTANÉITÉ DU MOUVEMENT

1. — Le caractère de cette spontanéité et les preuves de son existence ont été présentés dans le livre I, chap. ɪ du précédent volume. On y avançait que le mouvement précède la sensation et, à l'origine est indépendant de tout stimulus venant de l'extérieur ; et que l'activité est une propriété plus intime, plus inséparable de notre constitution, qu'aucune de nos sensations, et qu'en fait elle entre comme partie composante dans chacun de nos sens, leur donnant le caractère de composés pendant qu'elle même reste propriété simple et élémentaire. On peut produire à l'appui toute une série de faits : le fait physiologique d'une décharge centrale de l'énergie nerveuse qui n'est provoquée, causée, par aucun stimulus extérieur ; — l'activité des muscles involontaires qui se manifeste dans la respiration, la circulation du sang, etc... Lorsqu'on se réveille, le mouvement, en général, semble précéder la sensation ; le même fait se retrouve dans les premiers mouvements de l'enfant et dans ceux des jeunes animaux, dans l'activité déployée lorsqu'on est excité, ou qu'on a un tempérament plus actif que sensible. Ces faits conduisent nécessairement à conclure qu'il y a dans notre constitution une provision d'énergie nerveuse accumulée pendant que le système se nourrit et se repose, et entrant en activité sous l'influence ou non de stimulants extérieurs ou de sentiments. De fait, la spontanéité est la réponse du système à la nutrition, une dépense de puissance qui a la nourriture pour condition. De même pour expliquer l'acte final de la parturition nous n'avons qu'à supposer que les fibres musculaires arrivées à leur complète maturité se contractent d'elles-mêmes, et que, grâce à la puissance inhérente à l'organe, celui-ci se décharge spontanément de lui-même. Cette façon d'envisager une des manifestations de la puissance active animale, n'est contraire ni aux probabilités, ni à la raison. Les muscles, quand on leur donne l'aliment qui leur est propre, les centres nerveux lorsqu'ils sont chargés de la puissance qui leur est particulière, sont dans une condition qui les dispose à déployer leur activité. Et, bien que cette activité soit excitée et augmentée le plus générale-

ment par le stimulus de nos sentiments divers, il n'y a cependant pas de raison pour supposer que le calme mort régnerait, que l'énergie emmagasinée ne se dépenserait pas, si aucun agent extérieur n'intervenait. Les faits à l'appui de la supposition contraire sont tels qu'ils entraînent la conviction. Les plus frappants sont donnés par les mouvements initiaux de l'enfance et l'activité impatiente des membres jeunes et actifs du règne animal. Le besoin violent d'exercice est alors hors de proportion avec les stimulants extérieurs et ne peut être expliqué que par l'existence d'un feu central qui ne peut se consumer à l'intérieur. Dans le délire, les centres dépensent une force considérable d'énergie, pendant qu'ils sont à peu près insensibles à ce qui se passe extérieurement. La seule manière d'expliquer cette excitation maladive, c'est de supposer que le système nerveux est disposé, à un degré extraordinaire, à répandre son énergie vitale ; tout comme, lors de la bonne santé, il n'est disposé qu'à la dépenser avec modération. J'ai quelque difficulté à supposer un cas décisif s'opposant à cette théorie, et je ne puis découvrir aucun fait qui prouve que le système animal attend que quelque chose affecte ses sens et doit éprouver une excitation pénible ou agréable avant d'entrer en activité. Au contraire, l'expérience prouve que tant que la vie demeure, il n'y a jamais de temps d'arrêt absolu dans l'activité des membres de mouvement, et cela ni dans le repos, ni dans le sommeil, ni dans le plus profond des évanouissements. Nous devons donc admettre que l'énergie ou activité centrale est une propriété fondamentale et permanente du système ; et, ceci admis, nous sommes libres de supposer que cette activité peut se manifester d'une foule de manières différentes.

2. — Ainsi, ce que j'affirme afin d'expliquer l'origine de la puissance volontaire, c'est que les différentes activités, les différents groupes de membres actifs, entrent d'eux-mêmes en mouvement tant que le stimulus central n'est pas épuisé, tant qu'ils ne reçoivent pas du dehors une nouvelle impulsion, une nouvelle direction. Le plus remarquable de ces groupes est l'appareil locomotif dont j'ai déjà fait remarquer la spontanéité. « Il comprend (en prenant les animaux vertébrés) les membres ou extrémités antérieures et postérieures avec leurs muscles particuliers, le tronc du corps qui, chez tous les animaux, suit plus ou moins les mouvements des

extrémités. Parmi les actions spontanées, l'effort locomotif (fait pour marcher, courir, voler, nager) est un des plus importants parce qu'il a l'avantage d'occuper une plus grande partie du système musculaire et de donner ainsi passage à un courant plus considérable d'activité accumulée. » La force musculaire des bras et des mains de l'homme entre en action de la même manière, exécute différents gestes, aide le corps humain à prendre les positions les plus compliquées. Les mouvements du tronc, du cou, de la tête qui habituellement suivent ceux que nécessite la locomotion, peuvent aussi se manifester indépendamment. Le jeu de la mâchoire est une manifestation indépendante de la spontanéité. La bouche, les traits, avec leurs muscles si nombreux, peuvent se mouvoir sous une inspiration distincte ; les mouvements si importants des yeux auxquels est consacrée une large part de puissance cérébrale, sont parfois complètement isolés de l'activité générale du système.

« L'émission de la voix est parfois simplement due à l'excès d'énergie centrale, bien qu'elle dépende plus qu'aucun autre mode d'action des stimulants extérieurs. Les flots de parole, le chant chez l'homme ; les aboiements, les braiments, hurlements chez les animaux, n'ont souvent évidemment d'autre cause que la « fraîcheur » des organes vocaux » (1).

3. — Voilà une des conditions du commencement du pouvoir volontaire ; *les organes auxquels nous devons dans la suite commander séparément ou individuellement doi-*

---

(1) Les muscles de l'abdomen qui forment un autre groupe, sont en relation avec le tronc et le canal alimentaire. « Quand le bassin et le thorax sont dans certaines conditions, les muscles abdominaux peuvent resserrer la cavité, comprimer les viscères, surtout si le diaphragme descend au même instant comme cela arrive dans les expulsions. » Ces actes bien que parfois automatiques sont aussi volontaires de leur nature, et peuvent être également pourvus du même élément original de spontanéité.

Pour étudier la question sous tous ces points de vue, la région du périnée nous fournit les faits nouveaux : Les mouvements sont ici volontaires en ce qu'ils servent les desseins de l'animal, mais il semble impossible de les commander séparément, sans affecter en même temps les muscles d'une autre partie ; ce fait paraît donc impliquer que jamais la chaîne des connexions primitives n'est brisée par une explosion de spontanéité. Il se peut cependant que cette spontanéité se manifeste à de rares intervalles ce qu'on parviendrait à savoir si l'on y appliquait son attention, mais ce que l'on n'a aucun intérêt à faire.

rent être susceptibles d'être isolés dès le début. Par exemple, je puis faire accomplir n'importe quel mouvement à mon index seul, ce que je ne puis faire avec le troisième doigt. Nous avons vu que dans l'organisation primitive du système, les muscles ont été groupés et unis en plusieurs classes, si bien qu'il est d'abord plus facile d'accomplir un ensemble de mouvements que de faire agir un membre pendant que tout le reste du corps est immobile. Mais, si le principe d'union était absolu, jamais une action isolée ne pourrait se produire; il faut qu'il existe aussi un certain degré d'indépendance qui permette à un flux d'énergie d'affecter un muscle ou un petit nombre de muscles sans se répandre ailleurs. Cette indépendance existe manifestement dans le système bien qu'elle soit inégalement répartie. L'index est un exemple de haute indépendance. Nous pouvons voir dans les gestes imparfaits de l'enfant que ce doigt reçoit des centres nerveux une impulsion indépendante pendant que les autres doigts agissent généralement ensemble. Il en est un peu de même, à moindre degré pourtant, pour le pouce. Les orteils agissent avec les autres doigts, cependant nous avons pu rencontrer des exemples d'hommes ayant perdu les mains et ayant appris à écrire et à prendre avec leurs orteils; mais ces acquisitions sont très laborieuses et prouvent le peu d'indépendance qu'ont reçu primitivement ces doigts. Les quatre membres, surtout chez les quadrupèdes, sont groupés pour la locomotion; mais leur structure est telle qu'il est possible d'isoler les mouvements de chaque membre, le stimulus central peut affecter l'un séparément des autres. Cette situation existe surtout pour les quadrupèdes et leurs membres antérieurs; pour l'homme, les bras n'ont que peu de rapports avec les extrémités inférieures en mouvement, et sont extrêmement sensibles aux impulsions indépendantes. L'union primitive des deux bras fait qu'ils alternent ou qu'on les lève en même temps, bien que leur organisation nerveuse leur permette aussi d'agir séparément. La puissance cérébrale peut suivant l'occasion ne se répandre que là où cela est nécessaire pour lever le bras droit seul; si cela n'était pas ainsi organisé, nous n'arriverions jamais à commander séparément et volontairement aux bras isolément. Le tronc et la tête peuvent se mouvoir de concert, mais on peut aussi les isoler, et leur faire accomplir à volonté les mouvements séparés ou combinés, ce qui implique l'existence de courants primitifs distincts partant du stimulus central. Les flexions, les extensions du tronc, les différents mouvements de la tête, ont, chez les animaux les plus élevés, ce caractère indépendant bien qu'ils fassent partie d'un système organisé d'action rythmique.

L'indépendance des différents *groupes* de membres actifs est très grande malgré la tendance du corps à agir tout entier. La voix, par exemple, est si indépendante qu'elle est le sujet d'une impulsion exclusive. On peut dire la même chose de la langue, de la bouche, de la mâchoire. La langue est un organe d'une activité naturelle très grande, parce qu'elle est douée d'un grand nombre de muscles et que son champ d'action est des plus étendus : les communications nerveuses entre elle et le cerveau sont considérables ; et l'indépendance de ses mouvements primitivement spontanés correspond à l'empire volontaire étendu acquis à la longue. Les mouvements des yeux arrivent rapidement à une semblable indépendance. Si ces mouvements étaient liés à d'autres comme les doigts de pied le sont entre eux, l'acte volontaire, commandé, de la vision serait très difficile. Nous trouvons cette unité d'action dans les deux prunelles; là, pas de courant nerveux particulier pouvant être dirigé sur l'une ou l'autre. Le cas est très différent lorsqu'il s'agit des sourcils et des paupières qui, bien que disposés à agir ensemble pour ouvrir ou fermer les yeux, peuvent néanmoins se mouvoir séparément. Les activités groupées sous le nom de traits de la figure sont à la fois liées et isolées. La bouche, les muscles du nez et les sourcils sont faits pour se mouvoir ensemble et les deux côtés correspondants ont une grande tendance à agir conjointement ; cependant il y a un nombre de cas occasionnels contraires, assez considérable pour prouver qu'on peut arriver par la volonté à commander à une partie plutôt qu'à une autre, comme cela se voit dans l'éducation de l'acteur.

Ainsi, voilà un fait manifeste, et sans lequel le développement de la volition semblerait presque inexplicable. Le cerveau peut diriger sa puissance dans des courants solitaires, en vue de mouvements isolés, et, alors que bien des issues semblent ouvertes, en préférer une à l'exclusion des autres. Cette propriété de choisir entre les courants nerveux est compatible avec les autres fonctions des centres nerveux qui font aussi mouvoir simultanément ou font alterner des groupes entiers de membres. Nous avons vu que la faculté d'isoler certains organes est très limitée, que pour d'autres elle est très étendue ; dans le premier cas la volonté fait difficilement sentir son empire, dans le second elle le fait aisément.

Pour prouver la nécessité de trouver une origine spontanée au mouvement, comme prélude du commandement de la volonté sur les organes, je puis prendre comme exemple l'oreille externe qui chez l'homme est habituellement immobile bien qu'elle soit pourvue de muscles. Là, le stimulus central manque à l'origine, et par conséquent la faculté de produire l'effet demandé fait aussi défaut. Il y a pourtant des exemples de personnes remuant leurs oreilles comme le font si rapidement certains quadrupèdes ; la seule explication que nous puissions donner de cette opération exceptionnelle de la volonté, c'est de supposer que, dès le début, un nerf particulier de communication a établi la communication entre le cerveau et les muscles articulaires, et leur a fait partager l'impulsion spontanée des autres muscles volontaires. Si un organe, à un moment quelconque, se meut de lui-même, c'est l'instant pour établir un commencement de contrôle volontaire ; et si chaque fois que la spontanéité reparaît, l'attention était attirée et fixée sur ce point, nous arriverions à soumettre à la volonté cette partie du système.

CIRCONSTANCES QUI INFLUENT SUR LA MANIFESTATION DE LA SPONTANÉITÉ

4. — Avant de continuer l'étude de ce qui nous occupe en ce moment, il faut déterminer quelles sont les conditions qui font les différences de degré dans la vigueur de l'impulsion centrale, il faut préparer l'explication du cas où la volonté agit avec une promptitude et une énergie semblables à l'explosion de la poudre à canon.

Il faut d'abord tenir compte de la vigueur naturelle de la constitution. Nous avons déjà vu qu'il y a des hommes et des animaux capables de fournir une force d'activité qui dépasse la moyenne ; tous les êtres ont leurs périodes de plus ou moins grande abondance de courant actif. La jeunesse et la santé, une nourriture copieuse, l'accumulation de la puissance nerveuse sont des causes qui prédisposent à une manifestation grande et soudaine pendant laquelle l'individu est capable de fournir la plus haute somme possible d'activité. Notre expérience de chaque jour nous montre l'exubérance des enfants se manifestant à leur réveil, après leurs repas, lorsqu'ils sont délivrés de leurs leçons; cette exubérance est le résultat de l'accumulation de l'énergie, elle n'est causée par aucun excitant extérieur. C'est une sorte d'explosion, une inondation produite par l'ouverture des écluses. Dans cet état il ne serait pas difficile, il serait même naturel d'accomplir quelque haut fait. Le garçon qui sort de l'école saute immédiatement les fossés, passe par-dessus les barrières, remue les corps les plus lourds et cela sans avoir besoin d'être stimulé d'une façon spéciale ou extraordinaire.

Ce qu'on appelle un état d'excitation a besoin d'être expliqué ; c'est en général un flux inusité d'énergie nerveuse centrale amené par des causes variées et suivi d'épuisement ou de perte prématurée de force. C'est une propriété attachée aussi, semble-t-il, à la vie mentale, qui fait que par un moyen ou par un autre les courants actifs ordinaires peuvent être convertis en décharge extraordinaire et de courte durée, aux dépens de l'avenir. Quand nous citons une nature excitable, nous voulons parler d'une nature qui a des tendances à éprouver cette exaltation spasmodique pour ainsi dire. Les causes excitantes sont parfois physiques lorsque ce sont des liqueurs enivrantes ou la maladie, quelquefois mentales ; ce sont celles qui opèrent à travers les sens et les émotions, c'est-à-dire une partie de nos plaisirs et souffrances. Quelle que soit la cause d'un état d'excitation, tout effet partant d'elle augmente la véhémence de toutes les impulsions spontanées qui naissent à ce moment. L'action qu'on accomplit alors est faite avec force. Donc, quand il doit se présenter une occasion de manifestation vigoureuse, un moyen d'y préparer le système est de produire dans tout le système une excitation générale qui fournira le secours additionnel nécessaire.

Les stimulants vraiment mentaux méritent une mention spéciale. Nous trouvons d'abord les causes du plaisir. Que ce soit d'après la loi de la conservation personnelle ou d'après la loi supplémentaire de la stimulation non conservatrice, cela importe peu, mais ce qui donne du plaisir, donne en même temps une certaine exaltation à quelque partie de la vitalité (*Instincts*, § 18). Si le plaisir est grand, l'excitation est générale et affecte même les énergies musculaires. S'il est aigu, soudain, le stimulus est très puissant. Des succès répétés stimulent l'esprit et le corps et les préparent à une manifestation d'énergie active.

Une simple piqûre est un stimulant. Un choc ni agréable ni désagréable éveille notre activité et pour un temps donné plus de rapidité à nos mouvements. On peut faire bondir un cheval en le touchant du fouet ou de l'éperon. Un tambour bruyant, une cloche au son éclatant, un cri perçant, un éclair soudain, excitent tout le corps bien qu'ils n'affectent qu'un sens.

On a déjà remarqué l'effet excitant produit par des mouvements rapides ; des gestes rapides, des regards vifs excitent tout le corps et activent tous les mouvements.

La souffrance est un stimulus des facultés actives, jusqu'à certaines limites assez étroites. Si nous nous plaçons hors du point de vue présent, de l'influence de la souffrance sur la volonté, plus cette influence est neutre, mieux elle répond à son but.

La résistance, l'opposition, sont des stimulus des facultés actives, mais probablement ce sont des stimulus dérivés et non originaux. Un attouchement à la surface des sens provoque des mouvements réflexes et autres, et plus ce contact est violent, plus les mouvements le sont aussi. Nous redoublons d'efforts pour atteindre un objet qu'on nous dispute, nous les triplons si nous sommes encore excités par l'orgueil et la colère.

5. — Ces circonstances si variées préparent l'explication qu'on peut donner de l'étendue et de la flexibilité, si l'on peut s'exprimer ainsi, des manifestations spontanées des influences nerveuses. Nous avons vu qu'il y a bien des manières de provoquer un large courant nerveux pour faire face à ces circonstances imprévues, pour lesquelles un courant ordinaire ne serait pas suffisant. Il n'est pas difficile de comprendre comment nous pouvons contracter l'habitude de déployer une grande énergie pour surmonter certains cas particuliers ; ici, comme dans bien des parties de notre cons-

titution, il faut faire appel au grand principe de l'association. Pour provoquer une explosion d'activité il a d'abord fallu qu'un des agents puissants que nous venons justement de décrire soit présent ; mais, après un certain temps, l'effet se trouve produit par quelque autre circonstance ne possédant pas en elle-même la propriété d'exalter le système. Il faut d'abord fouetter et éperonner un cheval pour lui faire sauter le fossé dont plus tard la vue seule provoquera l'augmentation nécessaire d'énergie cérébrale. Frapper un coup pesant avec un marteau, cela implique association entre une simple idée, celle de briser un obstacle ou de lancer une masse, et l'élan de l'énergie nerveuse à travers les muscles des bras et du tronc ; mais, même lorsque l'association est la mieux établie, comme cela arrive chez l'artisan qui connaît bien son métier, il faut, si l'on est de sang-froid et qu'on veut lancer le marteau, donner un certain temps au système pour emmagasiner la force nécessaire à l'effort. On peut frapper un coup très soudain soit après avoir accumulé une certaine somme d'énergie soit au milieu d'un éclat de frayeur ou de colère. Dans une bataille corps à corps, par exemple, quand le sang commence à couler les combattants sont excités au plus haut point. Ce qu'on pourrait appeler une *constitution* volitionnelle équivaut à une constitution dont l'émanation centrale de puissance active est très forte ; les *acquisitions* volitionnelles rattachent les différents degrés d'effusion centrale aux signes qui indiquent la somme d'énergie nécessitée par les différentes circonstances imprévues de la vie.

LIEN ENTRE LE SENTIMENT ET L'ACTION

6. — Le mode d'opération que nous venons d'indiquer est essentiel comme partie, mais n'est pas le fait complet de la volition. Il manque un second élément qui donne une direction à ces impulsions spontanées, qui fasse des actes, qu'elle provoque des *buts*, c'est-à-dire qui leur donne le véritable caractère qui appartient aux actions volontaires.

Dans mon précédent volume (*Instincts*, § 26) j'ai essayé de découvrir le rudiment du *lien* qui existe *entre le sentiment et l'action*, et de l'exprimer dans la loi qui lie le plaisir à l'accroissement de la vitalité, et la souffrance à la diminution de la vitalité, la loi de la conservation de soi-même. De cette racine sortent deux branches qui divergent, mais qui peuvent par occasion se rencontrer ; l'une, est celle des manifestations émotionnelles, l'autre, celle des manifestations volitionnelles.

Les manifestations émotionnelles ont été suffisamment décrites ; elles consistent, en partie, en mouvements plus ou moins énergiques ; et, en conséquence, nous trouvons en elles un lien, au moins, établi entre le sentiment et l'action. Un coup pénible nous éveille à l'activité ; une boisson rafraîchissante nous permet de nous mouvoir plus vivement ; les mouvements produits constituent l'expression du plaisir. Mais ces mouvements distincts de la spontanéité centrale ne sont pas des mouvements produits par la volition. Ils choisissent suivant une loi, la volonté préfère suivant une autre.

7. — On peut se demander si un mouvement commencé sous une excitation émotionnelle peut passer éventuellement sous le contrôle de la volonté. Presque tous les membres du corps sont actifs lorsqu'ils expriment les degrés les plus forts de l'émotion ; les bras gesticulent de plusieurs façons, les membres avancent et reculent, le tronc et la tête s'agitent diversement, les traits se contractent ou se dilatent, la voix est stimulée, les muscles de la respiration sont affectés ; enfin il semble que tous les mouvements que peuvent provoquer les sentiments les plus divers soient stimulés. Mais alors pourquoi avoir recours à toute cette théorie de la spontanéité pour trouver un premier commencement d'action dans des membres destinés à être soumis à la volonté ? La grande difficulté semble être d'affirmer que les muscles agissent n'importe comment dès le début, ou qu'ils agissent en vue de leur direction définitive et décidée à l'avance, et il n'est que naturel de chercher si l'on ne trouverait pas dans les impulsions données par l'excitation émotionnelle le point de départ nécessaire. Ainsi, pour expliquer le moment préparatoire qui précède le développement de la volition, il y a deux hypothèses en vue ; l'une fait appel à une spontanéité indéterminée, l'autre à l'expression déterminée de nos émotions spéciales.

Bien que cette dernière hypothèse fournisse une véritable

origine aux mouvements, je pense cependant qu'il est nécessaire d'accepter comme plus primordiale, l'existence d'impulsions centrales spontanées indépendantes de l'excitation émotionnelle. A l'appui de cette manière de voir, j'en réfère d'abord aux preuves que j'ai déjà produites en faveur de la spontanéité, et qui arrivent à fournir un argument dont la force n'est pas à dédaigner. Il est suffisamment évident qu'il y a dans notre constitution ce qu'on peut appeler une tendance à déployer notre puissance musculaire, en l'absence de toute impulsion émotionnelle ; et, comme cette tendance est un fait naturel *(genuine)* et distinct, elle me paraît être pour la volonté un point de départ meilleur que ne le seraient les mouvements émotionnels.

S'il était nécessaire de produire un argument additionnel, je ferais appel à une circonstance sur laquelle j'ai déjà insisté, parce qu'elle fait partie de ces mouvements qui se manifestent dans les volitions : c'est la nécessité d'une impulsion *isolée* au premier moment, et distincte des impulsions agrégées. C'est le caractère du courant émotionnel de communiquer dès l'abord le mouvement à un certain nombre d'organes ; tandis qu'il semble impossible de faire commencer ici la puissance volontaire, à moins que nous ne trouvions l'opportunité d'un membre se mouvant de lui-même. Nous avons vu que le doigt indicateur et d'autres parties encore, ont cette propriété ; mais le concours de l'excitation de plusieurs organes au même moment, caractère particulier d'un courant émotionnel, fait que les sentiments sont une mauvaise école pour commencer le travail de la volonté prenant de l'ascendant sur chaque membre individuel et séparé du système actif.

8. — Cette question préliminaire étant réglée, je passe à la seconde branche ou branche volitionnelle de la loi de conservation *(Instincts*, §§ 28-31). Nous supposons que des mouvements commencent spontanément, et accidentellement, causent du plaisir ; nous supposons aussi, qu'avec le plaisir il y aura augmentation de l'énergie vitale, que les mouvements heureux ont part à cette augmentation et que par conséquent ils accroissent le plaisir. Or, d'un autre côté, nous supposons que certains mouvements spontanés produisent la souffrance, qu'avec la souffrance il y a diminution de l'énergie, s'étendant aux mouvements qui causent le mal,

fournissant ainsi le remède. Que la rencontre fortuite entre un mouvement et un plaisir se reproduise plusieurs fois, et une association se formera d'après la loi de contiguïté ou de retentivité si bien qu'après un certain temps le plaisir ou l'idée du plaisir provoquera le mouvement lui-même. C'est la thèse que nous essaierons de prouver en fournissant des détails et des exemples à l'appui dans les deux chapitres suivants.

Étudions d'abord plus particulièrement comment les plaisirs et les peines stimulent l'activité en lui donnant un but, c'est-à-dire la volition. Nous retrouvons les tendances primordiales dont il a déjà été question, à l'œuvre dans toute la vie, et voilà la meilleure preuve que l'on puisse donner de la théorie qui les suppose.

Rôle du plaisir. — C'est un fait bien connu que lorsque nous avons goûté à un plaisir nous voulons y revenir, l'augmenter, et cela sans délibération ni délai. Lorsque nous avons froid et que nous nous approchons du feu, nous obéissons à une impulsion immédiate, nous n'attendons pas d'avoir rempli les formalités qui sont supposées accompagner une décision de la volonté : il nous faut un effort pour résister au mouvement qui nous pousse tant que le plaisir s'accroît. Nous trouvons un exemple semblable dans l'action de manger. Le goût de la nourriture augmente l'énergie de la mastication; le soulagement qu'on éprouve à apaiser une faim violente, joint au goût savoureux du morceau, fait que nous agissons avec une espèce de furie. Il en est de même pour tous les sens. Ainsi les yeux se tournent d'eux-mêmes vers la lumière; l'attraction éprouvée pour la flamme commence avec la volition et ne cesse jamais; l'humanité semble partager la fascination du papillon. Nous voyons bien comment les enfants cherchent avidement un plaisir déjà goûté, que ce soit la chasse, la marche, ou tout autre jouissance des sens. Dans cette transformation de la volonté qu'on appelle le désir, l'impulsion primitive apparaît irrésistible. Quand nous ne pouvons plus suivre par des actes la bannière du plaisir, nous sommes dévorés en idée par des envies illimitées. Il n'y a pas de moment précis où le plaisir devient irrésistible, il n'y a pas non plus de bornes à assigner à sa violence. La satiété veut dire non pas que le système cesse d'être mû par la jouissance, mais qu'il a monté le courant jusqu'au point dangereux où commence la souffrance.

Voilà, je crois, l'exposition réelle des faits. On peut rendre compte des exceptions apparentes. Ainsi, il y a des plaisirs qui calment notre excitation active, la chaleur, la réplétion, les plaisirs de la masse en général. Mais ces cas se conforment encore à la loi. Il y a là arrêt de l'activité pénible ou morbide, qui est remplacée par une action ou une attitude en accord avec le plaisir : attitude qui est gardée autant que possible et le mieux possible. Nous semblons passifs dans cette situation ; mais en réalité le repos est la condition essentielle de notre jouissance. Que quelqu'un essaie de nous tirer de notre état confortable et tranquille, et nous prouverons par une résistance énergique quelle est la puissance active du stimulus agréable. Le fait est assez évident lorsque par exemple on tire quelqu'un du sommeil. Cependant ces plaisirs ont toujours quelque chose d'exceptionnel parce que lorsque nous en jouissons nous sommes satisfaits et contents, et jusqu'à un certain point, exempts des tourments de l'envie. Cela tient peut être d'abord à ce que nous avons atteint le maximum de jouissance qu'ils peuvent nous donner, et que par un effort réel ou idéal plus grand nous ne ferions que les gâter. Mais il y a probablement une autre raison. Les états de jouissance prolongée et non aiguë, sont accompagnés d'un apaisement graduel des courants nerveux, en d'autres termes ils endorment, et ne provoquent ni l'effort actif, ni l'effort idéal. Ce sont nos plaisirs sereins, satisfaisants, calmants. Ce sont les plaisirs obvers des peines cuisantes.

Il y a un autre cas où le plaisir ne stimule pas l'activité, c'est lorsque la force est épuisée. L'action volontaire implique une certaine fraîcheur des organes actifs occupés. Quand les membres sont épuisés par la fatigue, la faim, la maladie, ils ne répondent plus à l'éperon, et le soulagement que procurerait alors le plaisir est contrebalancé par la souffrance qu'occasionnerait un effort actif. C'est ainsi, que même lorsque nous sommes très excités afin de poursuivre un but agréable, notre faiblesse ou notre indolence nous maintiennent au repos.

Rôle de la souffrance. — Nous avons vu que son effet primitif et général est d'abattre l'énergie. L'œuvre des peines aiguës est exceptionnelle puisqu'elle stimule l'énergie ; il a été suffisamment insisté sur ce point. Dans la souffrance, la vitalité diminue : mais comme une sorte d'irritation est produite par cet état, il s'en suit des mouvements divers. L'effet typique de la souffrance est celui qui naît lorsque notre activité est la cause de la souffrance et lorsque l'apaisement de cette activité suit en tant que remède ; ainsi quand nous sommes arrêtés par une haie piquante, ou par un choc contre un mur de pierre. Il est bien rare que la souffrance ne guérisse pas alors de l'envie de continuer à agir.

La souffrance ne résiste pas directement à l'inertie, à l'inactivité, à moins qu'elle ne soit très aiguë et n'implique un effort spasmodique et temporaire. La difficulté est de montrer comment la souffrance peut résigner ses fonctions qui sont d'abattre l'énergie, et remplir la véritable fonction du plaisir, c'est-à-dire provoquer un effort continu. Je suis d'avis que dans ce cas, l'élément influent n'est pas la souffrance, mais bien *la délivrance de la souffrance*, c'est-à-dire le plaisir. Lorsqu'on souffre, tout mouvement qui apporte un soulagement partiel, est continué, augmenté, exactement comme lorsque le plaisir jaillit de l'indifférence. Une diminution de peine et une augmentation de plaisir ont absolument la même valeur au point de vue de l'accroissement de la puissance vitale, et de l'exercice continu d'une activité heureuse.

En travaillant dans l'idéal ou dans l'actuel, à affaiblir la souffrance, le sentiment qui dominera sera celui du soulagement idéal ou réel. Le voyageur fatigué, s'il écoutait immédiatement les impulsions provoquées par la sensation de la fatigue, s'assiérait au bord de la route ; ses forces chancelantes sont soutenues par l'idée qu'au bout du voyage il y aura un lieu de repos meilleur. Nous savons combien la promesse d'un prompt soulagement est un puissant tonique pour tout le système fatigué ; et combien l'absence de toute espérance dévoile vite la véritable fonction de la souffrance, en abattant les énergies.

Il reste à examiner jusqu'à quel point la théorie de la volonté ici émise, est affectée par la doctrine de l'évolution telle qu'elle a été établie et exposée par ses chefs.

Mes postulats principaux — spontanéité, continuation de

l'acte qui donne du plaisir, développement contigu d'une liaison accidentelle, — sont tous compris dans l'explication que propose M. Spencer du développement de notre activité. Il appelle le commencement spontané de la volonté, une manifestation diffuse de l'énergie musculaire (*Psychologie*, vol. I).

Il considère que, à mesure que la structure nerveuse est plus compliquée, chaque excitation musculaire spéciale est accompagnée de quelque excitation musculaire générale. En même temps que les muscles particuliers manifestent leur activité, les plexus ganglionaires répandent inévitablement une certaine quantité d'activité à tous les autres muscles ; et cette diffusion générale peut causer quelque mouvement heureux et favorable à une acquisition imprévue quelconque.

Voici la théorie de la spontanéité sous une forme très concise, trop concise à mon avis, pour les nécessités du cas. J'ai déjà remarqué l'infériorité du courant diffus accompagnant une impulsion centrale active ou émotionnelle. Si l'on pouvait assigner une autre origine aux mouvements musculaires fortuits, et si cette nouvelle explication présentait des avantages sur la manifestation diffuse, nous devrions la comprendre dans notre hypothèse. La question se résout donc d'elle-même dans la suffisance des preuves que j'ai émises, en faveur de la théorie de la spontanéité telle que je l'ai déjà expliquée.

Ce qu'expose M. Darwin est l'équivalent de la spontanéité du mouvement : « Quand le sensorium est fortement excité, les muscles du corps sont généralement très violemment mis en action. » — « Des contractions involontaires et sans but des muscles des poumons et de la glotte, excités comme il est dit ci-dessus, peuvent à l'origine, avoir produit l'émission des sons vocaux. » (*Expression*, p. 82-3). Il s'agit ici du commencement spontané dans des circonstances où l'excitation est forte ; mais j'ai essayé de montrer que l'excitation n'est pas nécessaire, et que la spontanéité fait partie des qualités ordinaires des organes en activité.

La seconde chose nécessaire à l'acquisition volontaire aussi bien qu'à la consolidation des puissances instinctives, est une certaine force qui puisse fixer et confirmer une coïncidence fortuite heureuse. M. Spencer expose ainsi son opinion sur cette opération : « Après le succès viendront immédiatement certaines sensations agréables accompagnées d'un courant d'énergie nerveuse dirigée vers les organes employés. » — « Les lignes de communication nerveuse à travers lesquelles le courant passe dans ce cas, ont ouvert une nouvelle route vers certains canaux inoccupés; et en conséquence, elles donneront désormais passage à une plus grande quantité de mouvement moléculaire, et seront plus pénétrables qu'auparavant. » — « La tendance qu'avait le courant diffus à suivre cette voie sera donc plus grande qu'avant. »

L'on suppose ici l'admission de la loi du plaisir et de la souffrance. Le plaisir est accompagné d'un accroissement d'énergie nerveuse, énergie nerveuse qui suit les lignes de communication qui ont été ouvertes grâce à une coïncidence heureuse. L'on suppose encore, comme conséquence, le troisième des postulats ci-dessus exposés — l'adhésion contiguë entre les deux états, l'état de sentiment, et l'état musculaire approprié. L'expression physique de ce fait, donnée par M. Spencer, est correcte, je n'en doute pas : « L'ouverture de nouveaux canaux de décharge, entraîne la production d'un plus grand total de mouvement musculaire. »

Le développement de la volonté a fait un grand pas, lorsque sous l'aiguillon du plaisir ou de la souffrance, nous faisons *sciemment* quelques mouvements d'essai, et que sciemment nous les changeons, les varions jusqu'à ce que nous ayons atteint notre but. Ce progrès, n'est pourtant pas, autant que je puis m'en rendre compte, un fait primitif de notre constitution. Je crois que c'est une acquisition faite pendant le temps de la vie individuelle. Ce pourrait cependant être aussi un instinct ; d'après la théorie de l'évolution, c'est une expérience devenue héréditaire. Il est encore plus probable que ce progrès existe dès l'origine, à l'état de tendance faible, mais rapidement renforcée, par l'expérience. Le mode de développement que nous supposons être le vrai, amène en son temps cette tendance à son point de maturité ; une fois bien fixée dans l'individu elle peut devenir héréditaire et instinctive. Elle apparaît probablement trop tôt chez l'enfant pour qu'on puisse supposer qu'elle est entièrement acquise.

Voilà sous sa première forme la conscience de l'*effort* qu'on introduit si souvent dans les théories transcendantes de la volonté. On a un but en vue ; il y a un motif pressant de l'atteindre ; mais une puissance directrice manque. Nous savons par expérience qu'un mouvement d'une certaine espèce est l'introducteur du plaisir et l'ennemi de la souffrance ; nous sommes donc pressés de commencer à nous mouvoir quoique un peu au hasard ; si notre mouvement a du succès, nous le soutenons sans que nous ayons conscience d'un effort, bien qu'un effort conscient puisse nous aider à le faire. Si notre mouvement ne réussit pas ou fait empirer la situation, la même double influence, le sentiment primordial et l'effort conscient, l'arrête.

Cet effort conscient est sans doute l'élément dominant de la volonté dans la maturité de la vie ; mais il a été fourni assez d'exemples pour prouver que le lien primitif formé entre le sentiment et l'action ne se rompt jamais.

L'effort revêt une nouvelle forme lorsqu'il veut dire lutte contre les obstacles, accomplissement d'une œuvre à laquelle nos forces sont à peine égales. Nous avons un motif pressant d'accomplir une action. Mais nous savons que nous devons rencontrer une forte résistance ; nous nous sentons prêts à abandonner notre projet, et nous le ferions si notre motif d'agir était moins fort. On dit alors que nous faisons un grand effort pour agir, pour montrer de la résolution, de la détermination, de la force de volonté ; ce qui veut dire que la puissance du motif est égalée par celle de l'opposition.

Souvent un motif est contrebalancé non pas par une difficulté physique, mais par un autre motif ; par exemple quand nous luttons contre la tentation de quelque plaisir présent, qu'il serait imprudent ou mal de se permettre. Nous sommes pressés d'un côté par le motif vertueux, de l'autre par l'attrait du plaisir. Si la résistance à notre bonne impulsion est presque, pas tout-à-fait, égale à sa puissance, nous souffrons du conflit, nous avons le sentiment de la lutte, en d'autres termes nous avons conscience d'un grand effort moral.

Une autre propriété de notre volonté mûrie, la graduation de la force dépensée, peut être en partie instinctive. Cela doit être chez les animaux inférieurs ; leur puissance de locomotion, les efforts divers qu'ils sont bientôt capables de faire pour se transporter, supposent non seulement le choix et le groupement des mouvements appropriés, mais encore une distribution graduée instinctive de l'énergie. On pourrait acquérir, à la suite d'essais spontanés et pleins de hasard, cette faculté de distribuer rapidement différentes quantités de force nerveuse, mais ce serait probablement très long, si cette faculté manquait au début. Cependant elle n'est pas assez évidemment primitive pour s'affirmer elle-même sans l'appui d'un grand nombre d'expériences faites d'après la vieille méthode expérimentale qui a présidé à sa formation.

CHAPITRE II

DÉVELOPPEMENT DE LA PUISSANCE VOLONTAIRE

1. — Ayant reconnu que les fondements de la puissance volontaire sont : 1° la spontanéité ; 2° la conservation de soi-même ; et 3° la retentivité, je vais en étudier maintenant la superstructure. Ce que nous avons à expliquer, c'est le développement par l'éducation des liens qui se forment entre des sentiments définis et des actions définies, si bien que dans l'accomplissement de nos projets, les uns commandent aux autres.

Comme cela a été fait dans l'exposition des sentiments, nous commencerons par l'exercice musculaire. Nous aurons à étudier les plaisirs que procure l'exercice lorsque les muscles sont frais et reposés, et les souffrances que provoque la fatigue. L'œuvre de ces plaisirs et de ces souffrances sur la volonté est remarquablement simple.

Donc, commençons par l'exercice. Des mouvements spontanés étant commencés, il s'en suit des états de conscience agréables, et un accroissement de vitalité ou une stimulation plus grande que celle qu'aurait produite la simple spontanéité. La loi de la conservation opère ici dans sa simplicité primitive ; antérieure à toute éducation, elle pousse à prendre la route que suivra la volonté perfectionnée. Le lien entre l'action et le sentiment créé dans le but de faire naître le plaisir de l'exercice, est le lien précis qui doit exister dès le commencement ; le plaisir résulte du mouvement et y répond en le soutenant et en l'augmentant. Le plaisir se nourrit ainsi lui-même.

L'opération des souffrances venant de la fatigue a le

même caractère de simplicité. Sans les tâtonnements pénibles et les acquisitions lentes nécessaires dans beaucoup de cas, la souffrance apporte avec elle, grâce à l'influence de la conservation de soi-même, son propre remède. La dépense musculaire est la cause du mal, la réduction de cette dépense est le remède qu'implique directement la peine. Chaque être sentant, expérimentant la fatigue pénible, entre de lui-même dans le repos.

Nous pouvons cependant trouver des exemples de muscles soumis à l'empire acquis de la volonté. Prenons la souffrance de la restriction des mouvements lorsqu'il y a répression de la spontanéité. Sous l'empire du sentiment de la conservation, cette souffrance ne fournirait pas son vrai remède ; elle donnerait plutôt le contraire ; c'est l'activité et non le repos qui est nécessaire. Nous devons ici supposer la naissance d'un mouvement accidentel tel, qu'il puisse nous tirer de la contrainte où nous sommes ; l'animal qui tourne autour de lui-même et qui trouve une porte ouverte est dans la même position que nous ; le mouvement commencé est soutenu à cause du sentiment de soulagement éprouvé, jusqu'à ce que peut-être, un autre obstacle renouvelle la souffrance. La spontanéité provoque de nouvelles tentatives et celles qui sont heureuses sont de nouveau choisies et maintenues aussi longtemps qu'elles sont une soulagement, si maintenant nous supposons qu'un certain mouvement défini est un remède constant à l'irritation que fait naître l'emprisonnement, comme par exemple lorsqu'un animal fait tous les jours une certaine course en sortant du lieu où il est enfermé, la liaison répétée, soutenue entre le sentiment et ce mouvement unique (d'abord accidentellement entrepris) finira par former entre les deux une association solide ; il n'y aura plus ni tâtonnements ni incertitude ; les tentatives faites au hasard provoquées par la spontanéité et les spasmes de la souffrance, céderont la place à un mouvement choisi et approprié, et nous aurons une volition pleinement développée et adaptée aux circonstances.

2. — En passant ensuite aux sensations proprement dites, nous commençons par la vie organique. Les muscles en outre qu'ils répondent aux sentiments qui appartiennent à leurs attributions distinctes, sont affectés, en commun avec les autres tissus, par les souffrances qui viennent d'un mal reçu ou

de la maladie. Ces souffrances appartiennent à la classe des peines physiques aiguës qu'on a déjà décrites. Nous devons noter ici leurs rapports avec l'acte volontaire. Au début de la vie, il n'y a pas de lien spécial entre une espèce quelconque de souffrance physique et les actions calculées pour la soulager ; il n'y a qu'une tendance générale qui diminue la vitalité, et qui est caractérisée par des éclats spasmodiques d'irritation nerveuse. Tous les remèdes spéciaux doivent naître d'après ce procédé habituel de l'éducation de la volonté. Pour rendre ceci plus clair, supposons qu'une partie quelconque externe du corps souffre d'une piqûre ou d'une brûlure. L'excitation spasmodique (en partie réflexe, en partie émotionnelle) qui accompagne la souffrance, développera des mouvements qui feront retirer le membre, mais qui peut-être aggraveront le mal produit par le contact du corps pointu ou brûlant. Je ne puis considérer ces mouvements, qu'ils viennent d'un stimulus réflexe ou d'une excitation émotionnelle, comme protecteurs en aucune façon, ils peuvent l'être dans une occasion, ne pas l'être dans une autre. Je conçois qu'on montre la naissance d'une volition protectrice typique, en supposant par exemple, qu'un membre souffre de la proximité d'un corps chaud et que sous l'influence d'une spontanéité qui agit au hasard, le membre est retiré par une *impulsion isolée*. Le sentiment du soulagement opérerait alors pour continuer et augmenter l'impulsion. Qu'une conjonction semblable se produise une seconde fois ; nous attendrons peut-être longtemps le commencement de la contraction du membre, mais une fois commencée, elle apportera avec elle le même sentiment de soulagement, et il se formera une chaîne d'association qui ira se renforçant à chaque conjonction subséquente. C'est par des procédés semblables, que nous apprenons définitivement à retirer chaque membre de notre corps d'un contact pénible. Un simple stimulus réflexe pourrait opérer dans un sens fâcheux ; la volonté instruite, opère avec une énergie égale et avec toute la précision nécessaire. Voilà comment se constitue une classe d'acquisitions volontaires ayant rapport aux souffrances aiguës.

Il est impossible de dire quel nombre de conjonctions fortuites est nécessaire pour engendrer une adhésion contiguë assez forte pour nous permettre de nous élever au-dessus des incertitudes du commencement spontané. Cela dépend beaucoup de la réussite des mouvements convenables ; tout accompagnant étranger ferait opposition à l'union parfaite. Si le mouvement convenable n'est jamais entièrement séparé des autres, l'association qui l'isolera dépend de sa plus grande répétition ; elle se forme, le premier obstacle étant surmonté, parce qu'elle est favorisée par l'excitation mentale du sentiment de soulagement. Nous savons comment, ensuite dans la vie, une heureuse conjonction qui arrive après beaucoup de tentatives infructueuses, s'imprime dans l'esprit et résout pour toujours la difficulté.

Voici un exemple curieux de volition, provoqué par une souffrance musculaire caractéristique. Une crampe dans les membres ne suggère pas l'idée des mouvements nécessaires pour adoucir la peine. Peut-être est-ce à cause de la rareté de l'expérience, mais nous n'avons pas d'avance une volonté bien arrêtée qui ferait que notre état de souffrance nous donnerait tout de suite l'idée de recourir au meilleur moyen de nous soulager ; nous sommes ainsi rejetés dans les tâtonnements et les erreurs primitives. Ceci prouve, en contrastant avec les derniers exemples de contraction des membres en contact avec une chose qui les fait souffrir, combien le développement de la volonté dépend de l'éducation. L'association qui s'établit entre la crampe qui fait souffrir dans la jambe, et les mouvements nécessaires pour la faire cesser, est un desideratum aussi grand que le retrait du pied lorsqu'on le brûle ou qu'on le pince ; et cependant de telles associations n'existent que formées à la longue et à la suite d'expériences pénibles. L'association formée dans le second cas l'est si bien dès l'enfance que généralement on la regarde comme instinctive ; mais pourquoi aurions-nous un instinct pour éviter certaines espèces de souffrances, et non pour d'autres peut-être plus pénibles ? L'explication la plus acceptable semble être que nous sommes plus favorablement placés pour acquérir l'association nécessaire, dans un cas que dans l'autre.

Parmi les sensations de la vie organique, je dois citer la soif comme très pressante pour la volonté. Cependant les enfants ne peuvent pas tout de suite boire dans un verre. Chez les animaux inférieurs au contraire on a constaté que les actes nécessaires à accomplir pour apaiser leur soif étaient instinctifs.

3. — Les sensations des poumons sont très intenses. La suffocation est la sensation la plus caractéristique dans ces différents degrés. C'est alors que la volonté vient au secours des poumons en aidant à leurs mouvements. Les enfants très jeunes ne semblent pas pouvoir se servir ainsi de la volonté. Il est probable que l'influence de la volonté sur les poumons a d'abord été exercée à cause d'une autre association, avant d'être transférée à la poitrine. On ne peut pas toujours absolument définir la sensation qui a régularisé l'emploi de chaque mouvement volontaire, parce que quand une association a provoqué un mouvement spécial, il est plus facile d'introduire ce mouvement dans un autre ordre d'associations que de le faire sortir de son véritable point de départ. Il se peut que l'enfant apprenne à faire de profondes aspirations et expirations afin d'adoucir la souffrance que cause l'oppression ; car cette souffrance est très pressante et peut très bien provoquer l'impulsion spontanée donnée aux muscles de la respiration. Sans aucun doute, une impulsion aussi adoucissante, coexistant avec une souffrance aussi intense, doit facilement et fortement s'associer dans l'esprit. Il se peut aussi que la sensation si agréable que donne l'air frais après un certain temps d'emprisonnement, soit l'occasion d'apprendre à augmenter la respiration en ajoutant l'impulsion volontaire aux mouvements involontaires des poumons ; l'opportunité est alors favorable à la naissance des impulsions spontanées. L'emploi de ces efforts volontaires de respiration est si varié que l'ordre de leur acquisition peut ne pas être uniformément le même.

Les sensations du chaud et du froid inspirent à l'animal développé un grand nombre de précautions. Elles commencent dès la première période de la vie. J'ai déjà cité l'exemple de l'enfant se serrant contre sa nourrice pour avoir chaud. Les animaux découvrent bien vite qu'ils ont plus chaud lorsqu'ils sont tapis, couchés. C'est par une expérience semblable, accidentelle dans le commencement, fixée par le soulagement ressenti et par l'association formée, qu'on invente de nouveaux moyens de préservation. L'habitude de se blottir les uns à côté des autres, celle de ramper dans des terriers, sont autant d'acquisitions de l'expérience des tribus animales, faites pour éviter les souffrances du froid et conserver la jouissance de la chaleur.

4. — J'arrive aux sensations du canal alimentaire. Elles sont naturellement le point de départ d'un grand nombre d'efforts volontaires, et fournissent de bons exemples de l'état primitif obscur de la volonté que j'essaie de mettre en lumière. Les premiers actes compris dans celui de l'absorption de la nourriture, sont réflexes à un haut degré, mais on trouve encore à leur début un certain total de volonté qui étend rapidement sa sphère d'action. On affirme généralement que l'acte de la succion est purement réflexe chez l'enfant nouveau-né. L'action d'avaler reste réflexe. Mais, comme je l'ai déjà dit, cesser de sucer quand cela ne procure plus aucun plaisir, c'est de la volition en germe, germe qui contient en petit tout le développement subséquent, et sur lequel j'ai suffisamment insisté. Les mouvements de l'enfant sont très instructifs. On peut dire que le stimulus volitionnel maintenant un mouvement commencé aussi longtemps qu'il procure une jouissance, agit dès la première heure de la vie si l'on peut prouver comme un fait que si l'enfant cesse de sucer, c'est à cause de ses propres sensations. Il se peut que l'action purement réflexe qui provoque les premiers efforts, ne soit pas conciliable avec les sensations, et qu'un certain temps s'écoule avant que ces impulsions spontanées qui viennent du cerveau, opèrent et se soumettent à l'empire de la sensation concurrente. Mais quel que soit le moment exact où une sensation présente affecte pour la première fois une action présente, ce moment est celui de la naissance de la volition. Nous atteignons ce point par un développement intérieur. Une fois atteint, l'éducation de la volonté consiste à développer ce qui est commencé, à l'améliorer. La succion est le seul mouvement que l'enfant fasse pour se nourrir au moment où il entre dans la vie des sens. Un mouvement des poumons participe à l'acte, car c'est un vide partiel créé par la dilatation de la poitrine pendant l'aspiration qui détermine l'arrivée du lait dans la bouche. Si tous les mouvements nécessaires pour accomplir l'acte en question étaient seulement et absolument réflexes, ils n'auraient jamais pu devenir volontaires, pas plus que les mouvements du cœur ou des intestins. De même que dans l'acte de la respiration en général, il doit y avoir ici un certain total de mouvements réflexes ou automatiques mêlés aux impulsions spontanées des centres cérébraux,

et prêts à subir l'influence des sensations agréables ou désagréables qu'ils rencontrent. Les muscles de la bouche, de la langue, de la poitrine sont très volontaires de leur nature, la langue surtout ; c'est ce que montre la grande portée de leurs mouvements acquis, et la disposition qu'ont les enfants à les mouvoir si souvent et dans tant de sens différents. J'insiste sur ces considérations parce qu'elles expliquent comment la succion devient si vite, de réflexe, volontaire, et subit l'influence des sensations de soulagement et de satiété. Nous voyons très vite que l'enfant ne suce pas seulement parce qu'on l'y engage et que la volonté ayant commencé son œuvre il n'obéit plus uniquement aux impulsions automatiques. Il est probable qu'une association régulière s'étant formée entre les sensations digestives et le mécanisme actif de la succion, la faim met en mouvement ce mécanisme, et la satiété ou le dégoût l'arrête. Nous ne pouvons pas vérifier directement les progrès des acquisitions volontaires dans ce cas particulier ; du moins, je ne puis pour mon propre compte dire que j'ai fait les observations spécifiques. Les progrès subséquents sont plus faciles à vérifier. Ainsi l'enfant bien que capable de sucer, ne l'est pas tout d'abord de trouver tout seul le sein, tandis qu'ensuite il le cherche de lui même. Dans l'intervalle, il a dû faire un grand nombre d'acquisitions. Je ne puis les expliquer qu'en reproduisant le raisonnement qui semble être d'accord avec toutes les apparences ; le corps de l'enfant est agité de mouvements spontanés qui se trouvent être ceux qui sont nécessaires pour le mettre à même de prendre sa nourriture ; il recommence ces mouvements aussitôt qu'il s'aperçoit qu'il en retire une jouissance ; et les mouvements sont rapidement unis à la sensation, si bien qu'ils se produisent sitôt qu'elle est présente. Il y a cependant dans le fait étudié ici un élément additionnel que j'aurais voulu ne pas encore signaler, l'action faite en vue d'un plaisir, et le passage par plusieurs degrés dont le dernier seul procure le plaisir cherché.

5. — Vient ensuite le développement des mouvements de la mastication. Parmi ces mouvements, nous trouvons d'abord celui de la langue roulant le morceau dans la bouche ; pour celui-là, la volonté a bientôt appris son rôle ; les sensations très fortes du goût et du soulagement de la faim d'un côté, l'activité très grande de la langue de l'autre, développent

et fixent rapidement l'alliance nécessaire. Les tâtonnements sont ici moins compliqués et moins sujets à erreur qu'ailleurs. Il faut supposer que pour produire l'association des deux éléments en question le cas le plus favorable est celui où une sensation forte et simple coéxiste avec le mouvement qui y correspond immédiatement, alors que tous les autres organes sont parfaitement tranquilles. L'isolation de la séquence qui dans la philosophie expérimentale permet d'indiquer la cause et l'effet, est ce qui permet à l'instinct volitionnel primitif d'opérer complètement, de commencer l'alliance permanente qui constitue la puissance de la volonté. Les mouvements de la langue semblent se distinguer par leur indépendance ou leur individualité. Il n'y a pas d'organe qui soit plus indépendant des organes collatéraux soit pour suivre leurs mouvements, soit pour les entraîner dans son action. Un enfant met dans sa bouche un morceau de sucre ; si la langue ne fait à ce moment aucun mouvement, comme cela est possible, le morceau fondra simplement au hasard et se perdra ainsi. Chaque enfant doit nécessairement passer par des expériences semblables pendant l'âge pré-volitionnel. Mais qu'une impulsion vienne élever la langue de façon à ce que le morceau soit pressé contre le palais, l'enfant éprouvera immédiatement une jouissance, précédent qui l'engagera à continuer le mouvement spécial accompli. Ainsi que je l'ai déjà répété, plus les impulsions actives ont été isolées, indépendantes, plus la conjonction qui suit est reconnaissable. Que l'enfant, par exemple, sous l'influence d'une explosion de spontanéité cérébrale, exécute en même temps un autre mouvement, peut-être plus accentué que le premier, l'augmentation de plaisir pourra au premier moment engager à continuer ce mouvement. Le mouvement additionnel peut venir des doigts, des bras, des paupières ; la coïncidence fâcheuse perpétuera un instant l'impulsion mauvaise. Mais c'est alors qu'entre en jeu une puissance correctrice, la situation ; car, l'absence d'un surcroit de sensation agréable ferait que les accompagnements fâcheux de la situation disparaîtraient puisqu'ils ne seraient plus encouragés ; la vraie cause redevient alors apparente.

L'emploi de la mâchoire est nécessairement assez tardif chez l'enfant. Cette circonstance est en faveur de la facilité du commencement de l'effort volontaire ; pourvu que la pratique améliore toutes les tendances spontanées. Quand l'enfant commence à mâcher, la production du plaisir qui provoque l'activité de la langue suggère aussi la coopération de la mâchoire ; l'expérience cimente l'union de la sensation et des mouvements propres à la prolonger et à l'accroître. Un morceau amer ou dégoûtant fait naître la tendance opposée, il arrête, paralyse presque, l'activité de la langue et de la mâchoire, et stimule fortement toute autre activité qui pourrait apporter un soulagement. Tous les progrès de la mastication ne font donc que donner encore un exemple du spontané devenant volontaire. Les parties employées sont spontanées et indépendantes au plus haut degré; les sensations qui leur appartiennent sont assez fortes pour rendre les expériences décisives. En conséquence, après quelques tâtonnements habituels, mais courts, l'enfant soumet complètement à sa volonté les organes de la mastication ; aussitôt qu'il sent un morceau dans sa bouche, il le roule, le ramène, jusqu'à ce qu'il soit passé dans le pharynx. A travers le canal alimentaire la propulsion est involontaire, jusqu'au moment final où elle redevient volontaire ; là encore on retrouve les phases par lesquelles passe toute acquisition volontaire : mouvements spontanés heureux, répétition, formation d'un lien d'association, développement complet de la volition.

Dans ces observations, sur les sensations alimentaires, j'ai compris le sens du goût de façon à n'avoir plus que peu de chose à en dire. Les goûts amers et doux opèrent de la même manière que les dégoûts et les jouissances. Outre les mouvements déjà décrits de la langue et de la mâchoire, nous acquérons plus tard, la faculté de rejeter de notre bouche une substance dont le goût nous déplaît. Avant d'en arriver là l'enfant ne sait que cesser de mâcher, et la bouche ouverte, avec une grimace, garde le morceau ou le laisse tomber, comme cela arrive constamment. En vain disons-nous à l'enfant de cracher la chose, nous ne pouvons anticiper ainsi sur son éducation volontaire. Hartley affirme que les enfants ne peuvent se moucher avant deux, trois ans et même plus.

6. — Les sensations de l'odorat contribuent encore à éclaircir notre thème. Les odeurs douces et agréables poussent à faire des efforts pour continuer à en jouir si une fois nous en avons rencontré. De là l'habitude d'aspirer fortement l'air

chargé d'odeurs fraîches ou balsamiques. Les poumons s'entendent avec la bouche pour ne faire passer l'air que par le nez ; il est probable que l'action additionnelle des poumons est un de ces mouvements spontanés qui arrivent de très bonne heure à être liés avec les sensations qui sont influencées par eux. J'y ai déjà fait allusion à propos de la suffocation. Si c'était là le seul acte nécessaire pour respirer une odeur agréable, le jeune enfant où l'animal aurait vite formé l'association qui lui permettrait de le faire. Mais, quand deux actes presque indépendants l'un de l'autre doivent concourir à la production d'un effet, ils agissent avec moins d'ensemble, ce qui retarde le commencement de l'acquisition volontaire. Si une cause quelconque, autre que la spontanéité fortuite, aidait à la formation du lien entre les sensations et les actions qui leur sont appropriées, les mouvements composés s'exécuteraient aussi rapidement que les simples. Leur développement tardif au contraire est tout à fait en rapport avec un système qui invoque les commencements fortuits, tandis qu'il ne s'accorde pas avec la théorie qui affirme l'existence d'une disposition spéciale déterminant, dans un sens spécial la marche de la volonté. On arriverait vite à respirer une odeur agréable si les poumons seuls devaient agir pour cela ; la spontanéité d'un accroissement d'activité respiratoire est assez manifeste, assez fréquente, pour répondre à la provocation d'une sensation agréable, et cela jusqu'à ce qu'une alliance se soit formée pour l'avenir entre l'action et la sensation. Cependant l'aspiration de l'air n'est d'aucun profit si la bouche est ouverte ; et il n'est pas du tout naturel que les lèvres se ferment à ce moment. Ainsi l'observation prouve que la faculté de sentir activement est une acquisition assez tardive. Je crois que l'enfant ne doit généralement pouvoir le faire que lorsqu'il est déjà capable d'instruction, ou qu'il sait au moins soumettre les muscles de sa bouche à sa volonté. Les mêmes remarques s'appliquent presque aux mauvaises odeurs. Pour supprimer la souffrance qu'elles causent, il faut qu'une forte expiration passe par les narines exclusivement et que la bouche soit fermée. C'est là l'œuvre de la volonté. Les manifestations émotionnelles, que l'on retrouve si marquées dans le jeu des muscles qui élèvent les ailes du nez, n'ont rien à faire avec la suppression de la cause du mal. Elles ne sont le point de départ d'aucune tentative pour arrêter le courant délétère, et si cela était, leur intervention produirait le contraire de l'effet désiré.

7. — Nous arrivons maintenant aux sensations si variées et si abondantes du toucher. Ces sensations qui sont les antécédents de la volition, sont nombreuses et d'une grande importance pratique. On en a déjà cité quelques unes en parlant en général des souffrances aiguës, mais sans insister suffisamment. On a vu que les plaisirs caractéristiques du toucher sont ceux que donnent un contact doux ; nous devons y ajouter de plus les sensations de l'amour. Les mouvements accomplis pour amener le contact cherché sont des plus élémentaires, à commencer par ceux qui sont spontanés, et par ceux qui sont compris dans la dépense journalière de la puissance amassée, emmagasinée. En bonne santé, on ne supprime jamais, un seul jour même, les mouvements des jambes, des bras, du tronc ; la puissance centrale amassée pendant la nuit par un enfant vigoureux, ne trouverait pas un débouché adéquat si elle ne pouvait pas animer les muscles de grande locomotion. C'est ainsi que la spontanéité de ces muscles est régulière dans ses manifestations. En conséquence, quand une sensation agréable, un contact doux et chaud, par exemple, est déterminée par un mouvement particulier, il n'est pas difficile de les unir dans une seule volition. Les chances d'une répétition fréquente, et la nature bien définie du résultat conscient sont les deux circonstances qui aident surtout à la rapidité de formation de l'association. La circonstance la moins favorable est peut-être le *défaut d'uniformité* dans le résultat de l'action. Le contact se produisant tantôt sur un point, tantôt sur l'autre, nous ne pouvons l'unir à notre impulsion motrice. Nous devons, en fait, l'associer à un grand nombre de mouvements, jusqu'au moment du moins où nous apprenons à localiser nos sensations, c'est-à-dire, à lier chaque partie de notre corps avec les mouvements spéciaux qui font avancer ou retirer cette partie spéciale. Avant d'atteindre ce point, nous devons avoir recours à la vieille méthode toujours à notre disposition, des tâtonnements, des tentatives souvent malheureuses.

Jusqu'ici j'ai supposé que le contact chaud s'obtenait par l'extérieur et impliquait une action faite pour s'éloigner ou pour s'approcher du corps étranger, faite dans une direction définie par conséquent : ainsi l'enfant se serre contre sa nourrice, se pelotonne dans ses langes, l'animal se couche sur l'herbe moelleuse, se blottit dans un terrier chaud, ou contre les corps chauds de ses semblables. Il y a une autre manière d'obtenir le même résultat, c'est de presser les membres et le corps ensemble. Le même résultat étant encore, en somme, obtenu par le même moyen, une alliance entre les sensations et les impulsions motrices convenables doit probablement se former en peu de temps. Le jeune quadrupède apprend bien vite par l'expérience qu'il aura chaud en se couchant bien contre terre. Plus tard il découvrira l'association qu'il y a entre la chaleur et une situation abritée.

Les sensations pénibles, piquantes, du toucher servent à l'éducation des animaux. Quand nous voulons gouverner les mouvements d'un animal, nous lui appliquons des peines externes tant que nous jugeons ces mouvements mauvais, et nous conservons le fouet à la main même lorsque nous les trouvons corrects. Mais pour former les anneaux fondamentaux volitionnels, et pour forcer un être sentant à renoncer à un exercice actif présent, le fouet ne vaudrait rien, ce serait un bien mauvais instrument d'éducation. L'animal lui ne sait rien des desseins cachés de celui qui le dresse ; il n'a de présent à l'esprit qu'une série de peines cuisantes, et l'existence de ses propres énergies actives. La douleur de la souffrance détourne le courant des énergies ; d'autres impulsions partent des centres irrités ; et quand l'une des punitions, ou des coups de fouet cesse, lorsqu'il obéit à une de ces nouvelles impulsions, il se rappellera celle-là de préférence aux autres. Si la cessation de la punition n'avait pas le pouvoir d'engager l'animal à agir dans un sens plutôt que dans un autre, il serait impossible de dresser un jeune cheval. L'animal sous le coup de la souffrance, agirait peut-être avec une spontanéité plus violente mais n'apprendrait pas à se mouvoir dans le sens qu'on lui voudrait imposer.

L'éducation du fouet ne peut pas commencer dès le moment de la naissance. Il faut déjà pour y arriver, un certain développement volontaire. Nous avons de bonnes raisons pour supposer que la formation d'une première association volitionnelle rend plus facile celle d'une seconde bien qu'elle puisse être d'un ordre tout différent. Cet accroissement de facilité peut venir de plusieurs circonstances sur lesquelles je reviendrai; mais je crois que l'expérience seule d'avoir associé des mouvements et des sensations rend l'acte plus distinct, et que la première association, est, à ce point de vue, la plus difficile à faire naître. C'est donc une sorte de cruauté que de vouloir soumettre trop tôt le jeune animal ; non pas parce que nous pourrions ne pas réussir, mais parce que la souffrance serait beaucoup plus grande en ce cas. On n'a pas l'habitude de commencer l'éducation de l'enfant dans sa première année parce qu'il ne verrait pas clairement la connexion des peines et des actes, et qu'il ne pourrait pas commander à ses activités non encore développées. Les premiers essais d'éducation sont suppressifs, et généralement ils provoquent des crises de larmes et de cris.

L'éducation d'un jeune animal nous permet de calculer le temps nécessaire à la formation d'une association entre une sensation de souffrance et le mouvement qui la supprime. Le cheval dressé allonge le pas sous le fouet ou l'éperon, s'arrête lorsqu'on tire sur les rênes. Employez les mêmes moyens pour faire courir ou pour arrêter un jeune poulain, et vous n'obtiendrez rien de semblable. Après beaucoup de souffrances, l'animal lie un certain mouvement à une pause dans les tourments qu'on lui inflige ; voilà le premier degré du développement. Après une autre leçon et beaucoup d'expériences semblables, il agira de lui-même dans un certain sens et comme la première fois éprouvera une interruption dans ses souffrances. La répétition de cette coïncidence produit une adhésion contiguë et chaque jour l'animal fait le mouvement nécessaire à la suite de moins de luttes, de moins d'erreurs. Enfin après un certain temps, qui doit être observable pour tous les cas, le mouvement et la sensation sont si fermement associés que le mouvement se fait en même temps que la souffrance est ressentie. Et c'est ainsi que l'animal est dressé pour chaque mouvement particulier. Quand par hasard il y a erreur, ou qu'une inclination perverse fait l'office de puissance perturbatrice, il faut épuiser la force primitive de la nature, et infliger à l'animal une suite de châtiments jusqu'à ce qu'il ait abandonné ses mauvaises habitudes et pris la bonne. Même lorsque les volitions complètes sont définitivement acquises, on peut toujours faire appel à cette circonstance qu'une peine présente tend à supprimer un mouvement présent, et en réalité, jusqu'au dernier jour de notre vie nous ne pouvons nous dispenser d'user de cette tendance.

8. — J'indiquerai rapidement quelques observations sur les sensations de l'ouïe. L'enfant ne peut protéger facilement par un mouvement spécial son oreille contre les sons durs, rauques, discordants ; de là l'impossibilité de former, dans la première période du développement, n'importe quelle association volitionnelle. Lorsque la faculté de se mouvoir est développée, un animal fuit le son qui lui est désagréable ; mais cette action implique une certaine estimation de la direction, qui ne peut se faire que lorsqu'on a une certaine expérience des sons. Mais si cette expérience n'existe pas d'après la loi primordiale de volition, l'animal doit continuer sa course pendant que le son désagréable se fait entendre, et s'arrêter si la souffrance produite augmente. La même chose arrive, en tenant compte bien entendu de la différence inévitable, quand l'oreille perçoit un son très agréable. L'auditeur est sous le charme ; toute impulsion motrice est supprimée, et l'attitude qui est celle du repos attentif est gardée de préférence parce qu'elle donne un maximum de jouissance. L'enfant lui-même acquiert la falculté de rester tranquille pour jouir de sons agréables, parce qu'il sent qu'ainsi le plaisir augmente, tandis qu'avec le mouvement, il diminue (1).

9. — Les plaisirs et les souffrances de la vue s'associent rapidement aux mouvements spécifiques ; et cela parce que quelques-unes de nos impulsions spontanées primitives sont provoquées par les sensations de la vue. Quand nous avons une douce lumière devant les yeux, nous nous sentons privés si on la déplace d'un certain côté. Nous pouvons cependant conserver le plaisir ressenti en faisant quelques mouvements très faciles que chaque enfant accomplit plusieurs fois par jour parce que ce sont les mouvements principaux par lesquels commence l'activité spontanée. L'action de tourner la tête semble naitre aussi aisément que tout autre mouvement ; il suffit que ce mouvement si simple se fasse

---

(1) Apollonius de Rhodes dit des Argonautes écoutant les chants et la lyre d'Orphée, qu'ils sentaient avec tant de force le charme de cette musique que lorsqu'elle cessa ils restèrent immobiles, la tête inclinée, attendant qu'elle recommençât.

en même temps qu'on éloigne la lumière pour que les deux faits s'unissent et que cette union ait ses effets habituels.

M. Abbot (*Sight and Touch*, p. 164) expose ainsi les résultats de ses observations faites avec soin, sur l'acquisition de la puissance volontaire quant aux yeux. « L'impression très vive que fait sur les yeux la lumière d'une bougie, fixe le regard si bien que le corps peut bouger mais que la tête reste immobile. » Je ne suis pas ici en situation pour contester ce fait, mais avant de m'en servir comme point de départ d'un raisonnement, j'aimerais à ce qu'il soit confirmé par le plus grand nombre possible d'observations. J'ai peine à croire que ce soit là un effet invariable, en tout cas il faudrait calculer quelle est sa prépondérance comparative.

M. Abbot continue : « A trois semaines, l'enfant distingue la lumière et d'autres objets et les cherche par des mouvements de la tête. » J'ai peur que ce second fait ne soit pas plus incontestable. Si un enfant garde la tête tranquille pendant que son corps remue, il doit accomplir une volition pour mouvoir la tête avec le corps afin de continuer à faire face à la lumière ; la disparition perçue *(felt)* de la lumière est le stimulus qui fait tourner la tête en sens contraire au mouvement du corps, afin de conserver l'impression qui disparait. Un enfant capable d'agir ainsi serait aussi capable de tourner la tête vers la lumière qu'il ne verrait pourtant que par un regard oblique. A mon sens ces deux faits prouveraient que la faculté de suivre un objet se mouvant ou de se tourner pour faire face à un objet de côté, est instinctive.

M. Abbot dit ensuite : « Que dans la septième semaine l'enfant suit les objets des yeux sans tourner la tête, et que lorsqu'il les voit de côté il tourne les yeux vers eux. » Il est curieux que la faculté de tourner la tête précède celle de tourner les yeux, que la première soit assez précoce pour paraître instinctive, et que la seconde prenne tout le temps de se développer. C'est comme si notre éducation était guidée par une loi de parcimonie. Nous commençons par un mouvement incommode de toute la tête, puis nous découvrons à la longue « qu'un petit mouvement des yeux suffirait » pour chercher les objets. Il serait intéressant de noter la marche suivie pendant ces sept semaines, puisque c'est la période assignée pour la complète éducation des yeux, éducation qui implique la connaissance des deux dimensions de superficie de l'espace; période au bout de laquelle il faut avoir rapidement parcouru le champ de la vision, de droite à gauche, de bas en haut. Il est cependant possible que de nouvelles observations prouvent que la faculté de tourner rapidement les yeux sur tous les points indifféremment est encore irréfléchie.

Les observations suivantes de M. Abbot ont rapport aux notions de distance. Le seul fondement que nous puissions assigner à ces notions qui viennent de l'adaptation de l'œil aux différentes distances, c'est la netteté plus ou moins grande des images; ceci suppose qu'il y a un plaisir lié à la distinction plus grande de la forme d'un objet familier. L'œil seul ne voit bien qu'à une distance de trois pieds; c'est ce qu'on reconnaît bien lorsqu'on essaie de voir distinctement des objets placés à quelques pouces de l'œil. Pratiquement, et sans chercher à adapter l'œil à une vision éloignée, un objet à deux ou trois pieds est assez distinct. Pour toutes les distances, depuis la plus petite jusqu'à la plus grande, l'adaptation binoculaire est nécessaire; si cette adaptation n'est pas faite, nous en sommes punis par une double image.

Enfin, toujours d'après M. Abbot, « l'enfant commence à reconnaître les objets et les figures, mais lorsqu'ils sont à de courtes distances, de un à trois pieds, puis il les reconnaît à trois ou quatre mètres (quatrième mois) ». La lumière d'une bougie ne change pas de caractère à cause d'une mauvaise adaptation, c'est pourquoi on l'observe dès le commencement à une plus grande distance.

Cela prouve que l'adaptation des yeux à la vision n'est pas absolument instinctive; elle doit donc passer, par toutes les alternatives, tous les tâtonnements qui traversent le développement de toute acquisition volontaire. L'éducation de la vue est rapide, nous sommes donc libres de supposer pour expliquer ce fait l'existence d'une prédisposition instinctive ou héréditaire; mais la promptitude avec laquelle les yeux s'adaptent aux distances les plus diverses, suppose un nombre d'associations trop considérable pour être transmis à l'hérédité.

10. — *Actions intermédiaires et fins associées.*—Dans le

développement complet de la puissance volontaire, la vue des fins prochaines stimule souvent la recherche des fins lointaines. Même dans la période primitive que nous étudions en ce moment on retrouve déjà quelque chose de semblable. Quand il y a en même temps qu'une sensation agréable ou pénible, une circonstance qui arrête l'attention, cette circonstance se lie dans l'esprit à la sensation et acquiert la même influence. La connexion entre une brûlure et la vue d'une flamme se fixe de bonne heure dans l'esprit de l'enfant, du jeune animal; si bien que l'approche de la flamme inspire la même sorte d'activité que la souffrance même. Ceci implique, sans aucun doute, un certain progrès sur l'état initial de l'esprit. Quelques progrès intellectuels ont modifié les éléments constitutifs de la volonté. Nous supposons une certaine persistance du sentiment agréable ou pénible et pareillement de quelques autres impressions sensibles, celles de la vue par exemple ; et nous affirmons que la fixité et l'efficacité idéale de celles-ci sont assez fortes pour que l'idéal opère comme la réalité. C'est bien là le cas qui se présente. Pendant que la volonté se développe au milieu des difficultés et des erreurs, les impressions fournies par les objets sensibles acquièrent grâce aux répétitions une certaine persistance et rentrent ainsi dans la vie idéale. C'est une remarque à faire qu'une des circonstances importantes de la vie idéale est cette association des plaisirs et des souffrances avec leurs accompagnements habituels et l'adoption de ces accompagnements comme fins volitionnelles. J'ai fait remarquer avec quelle rapidité peut se former un lien lorsque l'excitation produite par une souffrance est très forte. Souvent on fixe une chose étrangère uniquement parce qu'elle est présente, et sans qu'au milieu des circonstances accompagnantes nombreuses, on ait le moyen de distinguer la véritable cause de cette attention. Mais la répétition du même fait doit amener cette découverte ; et quand un objet s'est toujours présenté devant nous en même temps que naissait une sensation très forte, leur connexion nécessaire est probable aussi bien que le lien que l'esprit a établi entre les deux. Prenons encore pour exemple une des sensations primitives et persistantes. L'enfant associe la sensation de la chaleur au feu, aux vêtements, aux bains ; ses efforts tendent à l'approcher de ces choses. Les sensations importantes que fait naître la satisfaction de la faim, sont liées à un grand nombre d'objets. Pour l'enfant la figure même de sa mère, et toutes ses actions faites en vue de le nourrir, sont une partie de cette association. Plus tard l'extérieur de toutes les espèces de nourriture, les plats, les préparations différentes s'associent fermement aux sensations alimentaires. L'activité volontaire de l'enfant, de l'animal se dirige sur quelques-uns de ces effets intermédiaires qui permettent l'application du principe exposé ici. Ouvrir la bouche pour recevoir un morceau de nourriture, est un acte de caractère intermédiaire qui implique une première association entre l'effet principal et un autre qui s'est trouvé lui servir d'auxiliaire. L'effort qu'il faut faire pour saisir le morceau d'une main et le porter à la bouche est d'un degré plus élevé. Il faut que bien des choses arrivent avant qu'une succession aussi complexe de mouvements soit convertie en une chaîne ininterrompue. Une sensation secondaire, de nature indifférente a été transformée en faim, et l'instrument de cette transformation est une action d'une influence étrangère. Ce qui commande la volition, c'est la vue d'une chose en mouvement s'approchant de la bouche ; l'impulsion qui détermine le mouvement dure en vertu du lien fondamental dont il vient d'être si souvent question, pendant que toute impulsion dans une autre direction est arrêtée ou paralysée. Voilà un cas absolument nouveau, mais le principe générateur est toujours le même. Le mouvement d'un morceau de nourriture vers la bouche est, pour celui qui le suit avec attention, un plaisir ayant son expression joyeuse, et faisant durer tous les mouvements qui s'y rapportent. C'est, pour ainsi dire, un plaisir factice, artificiel, dérivé, associé, qui renferme au plus haut point une stimulation volontaire. Les plaisirs innombrables de cette espèce entrent dans la vie de l'être développé qu'il soit homme ou bête ; l'activité déployée pour les obtenir est aussi ardente, l'éperon volitionnel aussi ferme que lorsque c'est une sensation originale qui provoque un mouvement, qui l'augmente ou le diminue directement.

Je note encore les observations de M. Abbot sur l'histoire des premiers mouvements de la main. Vers la onzième semaine l'enfant commence à porter fréquemment la main à sa bouche. Les premiers mouvements faits pour atteindre un objet désiré viennent non des mains, mais de la tête qui semble être ce qu'il y a de plus remuant à l'origine. « De quatre à six mois les essais pour prendre les objets sont des tentatives souvent infructueuses; plus tard même, lorsque les mains saisissent assez bien les objets rapprochés, elles ont encore des mouvements brusques, irréguliers, désordonnés. »

Je dois dire que ces observations ont été faites par l'auteur cité non pas pour expliquer le développement de la volonté, mais pour réfuter l'hypothèse de Berkeley sur la vision. Je n'ai pas ici à m'occuper de cette controverse ; mais l'argument de M. Abbot n'en est que plus fort si on le fait servir à prouver que les yeux sont de bonne heure soumis au contrôle de la volonté tandis que les mains n'y obéissent que beaucoup plus tard.

CHAPITRE III

DÉVELOPPEMENT DE LA PUISSANCE VOLONTAIRE

(Suite)

1. — Nous devons maintenant poursuivre l'étude du développement de la volonté soumettant peu à peu à sa puissance tous les organes volontaires.

J'ai déjà fait remarquer qu'un mouvement appartenant à une association, peut se transporter à une autre association. Lorsqu'un lien existe entre une action et un sentiment, l'action revient plus fréquemment que si elle ne dépendait que des impulsions simplement spontanées, elle a donc plus de chances de former de nouvelles alliances. Le même mouvement peut répondre à plusieurs exigences, à des circonstances imprévues, et préparer ainsi des associations futures. Les mouvements de la tête et du tronc, d'abord spontanés, mais produisant d'agréables effets, la chaleur par exemple, furent rapidement associés à ces sensations et provoqués ensuite par elles; bientôt on trouve qu'ils permettent de chercher d'autres sensations, la lumière par exemple, de là une nouvelle association qui les soumet à de nouvelles influences. La tendance de la conservation de soi-même est de plus toujours prête à s'introduire lorsqu'il y a coïncidence entre une impulsion active et une augmentation de plaisir ou une diminution de souffrance; les probabilités en faveur de ces coïncidences sont d'autant plus nombreuses que les mouvements sont plus fréquents. Reprenons des exemples dans le champ si vaste de la locomotion animale. La faculté de se mouvoir est d'abord purement spontanée mais certains modes particuliers de locomotion se lient bien vite aux sensations de l'animal et deviennent ainsi plus durables et plus facilement évoquables que si la spontanéité seule les produisait. J'ai déjà remarqué qu'une grande activité naturelle est singulièrement favorable à la naissance d'actions associées à cause du grand nombre d'essais qui sont faits en conséquence. Ces essais n'aboutiraient à rien sans l'instinct primordial qui fait que nous conservons et que nous reproduisons tout ce qui aide au plaisir actuel et à la diminution de la souffrance actuelle; grâce à cet instinct, les essais de l'activité sont fructueux et produisent toutes ces connexions spéciales dont est faite notre puissance volontaire. Une action spontanée, locomotrice par exemple, s'associe rapidement à une quantité de sensations qui lui permettent de répondre à un grand nombre de sollicitations variées. Ces actions, chez l'enfant, se reproduisent fréquemment grâce à leur association avec des sentiments divers. Les mains, la langue, la bouche avec la tête, le tronc, les membres atteignent d'abord ce degré partiel de puissance volontaire constituée par des alliances spéciales, et sont dès lors mieux préparés à franchir de nouveaux degrés. Tout organe actif va élargissant ainsi les limites de ses associations avec des états de conscience agréables ou désagréables si bien qu'il arrive à être stimulé par ces états et qu'il devient un instrument de la libre volonté dans les bornes de ses acquisitions. La soumission d'un mouvement à plusieurs sentiments séparés peut se représenter assez souvent pour répondre à toutes les fins de l'existence animale; c'est alors que l'éducation de la volonté serait pratiquement complète. Mais, chez l'homme surtout, la volonté est généralisée, si l'on peut s'exprimer ainsi, par des séries d'acquisitions différentes de celles que nous venons de décrire, afin de répondre aux nécessités spéciales du système actuel. Nous devons donc étudier les éléments composant les plus importants qui constituent la puissance de la volonté.

2. — Je commencerai par l'expression du commandement; on guide avec la parole les hommes aussi bien que les animaux. Voilà un moyen bien éloigné du fouet qui cependant sert de point de départ à son acquisition. Un son peut être en lui-même si désagréable à l'oreille qu'il active les mouvements de l'animal; que cela soit vrai ou non du claquement de fouet du postillon français, c'est ce que je ne puis dire. Les sons brusques et rudes de la voix humaine sont probablement pénibles à l'oreille de l'animal qu'on

dresse et produisent le même résultat qu'un coup de fouet sur la peau. Mais l'entremise du fouet nous permet d'associer des sons en eux-mêmes presque indifférents avec les actes dont nous désirons amener l'accomplissement. L'animal apprend vite à lier chaque émission de sons avec le mouvement demandé, car il est poussé à ce mouvement par l'application additionnelle d'un coup de fouet. C'est ainsi qu'on apprend au cheval à avancer ou à s'arrêter, à tourner à gauche ou à droite, à ralentir ou à allonger son pas, et cela à la parole de commandement de celui qui le conduit. L'animal une fois initié à un certain vocabulaire à l'école de la souffrance, une série d'associations donnent au son seul toute la force de l'infliction de la souffrance. Toute défectuosité de la chaîne d'associations, est annulée par le retour au système primitif que la meilleure éducation ne peut entièrement supplanter. On peut, par un mode soigneux d'élevage établir dans les esprits des espèces les plus dociles un grand nombre de ces connexions entre le langage et les mouvements. La manière de procéder est la même pour tous ; mais il y a de grandes différences d'aptitudes entre les individus. L'explication de la méthode est en somme donnée, comme pour les êtres humains, par la loi de contiguïté. Pour que l'obéissance à la voix soit possible il faut d'abord une bonne oreille qui distingue nettement une articulation d'une autre, un timbre d'un autre. Une autre condition purement intellectuelle est la durée du souvenir d'une coïncidence qui s'est répétée plusieurs fois, c'est là une propriété, à des degrés différents, de l'organisation animale en général. Une fois ces deux éléments présents, on peut étendre très loin la soumission de l'animal au commandement parlé. L'homme forme un nombre bien plus grand d'associations ; son oreille discerne probablement mieux que ne le fait celle des animaux, les différents sons vocaux, et en même temps son esprit fait plus vite les acquisitions nécessaires. Les premiers développements de cette partie de l'éducation montrent toutes les particularités de la volition naissante. Si nous ne prenons pas la peine d'associer dans l'esprit de l'enfant un mouvement à un son, il faut que nous attendions une occasion où le mouvement naisse spontanément, et que nous essayions alors de provoquer sa durée. Pour l'enfant, le ton et les gestes qui accompagnent les premiers essais de l'influencer par la parole sont comme le fouet pour le jeune cheval ; ils paralysent l'action commencée au même moment, et encouragent tous les mouvements qui font cesser le tourment. Sous leur influence l'enfant supprimera tour à tour les mouvements inutiles et conservera fidèlement celui qui lui apportera un soulagement sensible ; il passera naturellement par la période d'indécision, de tâtonnement, qui accompagne le début de tout progrès, mais la clarté se fera bientôt dans son esprit. Quand une fois l'enfant a nettement vu la liaison qui existe entre l'action qu'on lui demande et le son qu'il entend et qui est peut-être accompagné d'inflictions pénibles, le premier pas est franchi, et l'alliance permanente des deux choses se fixera en temps convenable dans son esprit. Tout ce qui peut le guider au début, ce sont les sons durs et pénibles qui tombent dans son oreille au moment où il est en mauvaise voie, et les mêmes paroles, mais dites avec un accent tranquille et doux, lorsqu'il est en bonne voie. Quand l'enfant est arrivé à apprécier jusqu'à un certain point cette différence entre les deux modes de commandement, que l'un lui donne une sensation réelle de souffrance, et l'autre une sensation agréable, nous pouvons rapidement développer en lui la soumission à notre volonté. Un enfant de quelques mois peut, au commandement, accomplir un certain nombre d'actions simples, fermer la bouche, écarter les mains, se tenir droit, et ainsi de suite. Des mouvements qui ne pouvaient être provoqués par aucune autre association, naissent donc au commandement de la voix qu'il faut ainsi reconnaître pour un des antécédents importants qui éveillent les énergies de la volonté. Il arrive souvent qu'un enfant ou un animal oublie d'accomplir les mouvements que lui commandent des circonstances urgentes, tandis qu'il les accomplit immédiatement si son oreille recueille les sons directeurs auxquels elle est accoutumée ; l'association est mieux formée dans un cas que dans l'autre. La volonté est une machine de détail ; apprendre une langue étrangère, ce n'est que faire des acquisitions séparées et multipliées. L'unité de la puissance volontaire, est imaginaire ; les apparences dans la maturité de la vie sont en faveur de cette unité ; ne sommes-nous pas capables d'accomplir une multitude d'actions sur un simple désir ? Mais cette unité n'est que le résultat de l'accumulation d'une foule d'associations de détail dont on a perdu de vue ou oublié l'histoire. Nous avons acquis pas à pas la faculté de soumettre les membres et le corps à la direction vocale; nous n'avons atteint le résultat qu'après des luttes longues, des hésitations et des répétitions pénibles, et c'est ce qu'on oublie quand on commande à des hommes faits.

3. — La volonté franchit un troisième degré de son développement grâce à la faculté acquise d'imitation. J'ai déjà (*Contiguïté* § 52) réfuté l'opinion qui considère cette faculté comme instinctive, en exposant sa formation graduelle au milieu des luttes qui signalent tout commencement volontaire. L'imitation implique formation d'une association entre l'aspect que présente un mouvement exécuté par une autre personne et l'impulsion qui meut chez nous le même organe. Il s'agit ici de l'action des membres, du tronc, de la tête, de la bouche, des yeux et des traits; lorsqu'il est question d'imitation vocale, c'est entre un son perçu par l'oreille et l'impulsion communiquée au mécanisme de la parole, que se forme l'association. On ne peut pas trouver un meilleur exemple du développement d'une acquisition volontaire, que les commencements de la faculté d'imitation. Si nous observons les premiers efforts faits pour parler, nous retrouverons la marche invariablement suivie et que nous avons déjà décrite tant de fois. L'articulation est d'abord spontanée ; si le son produit plaît à l'oreille, il est probable que le stimulus vocal est conservé. Quelques répétitions du fait le fixent dans l'esprit avec ses deux éléments si bien qu'à la fin l'ordre peut être interverti et l'audition d'un son provoquer son émission. C'est probablement ainsi que se passeraient les choses si l'enfant était abandonné à lui-même ; mais on lui fait suivre une marche spéciale afin de rendre plus rapides ses acquisitions. Pour provoquer l'imitation on emploie la même méthode que pour enseigner la soumission au langage du commandement. L'enfant est déjà habitué à entendre certains sons aux tons impérieux qui ont pour effet, comme la souffrance, de stimuler ses efforts actifs. Mais les tentatives sont généralement beaucoup trop prématurées pour avoir un résultat, l'enfant ne peut pas établir de connexion spécifique entre les sons qu'il entend et les mouvements du larynx. Cependant si par hasard il produit le son qu'on lui demande, le courant nerveux peut se maintenir dans cette

direction et aider ainsi à la formation d'une association avec le son entendu. Que deux ou trois de ces accidents favorables se reproduisent, et les deux éléments qui doivent se joindre seront déjà moins étrangers l'un à l'autre. Ce n'est donc pas un travail inutile que de forcer la force cérébrale à suivre une bonne direction en émettant souvent le son qu'on veut voir reproduit. Nous pouvons ne pas réussir dans nos essais, mais nous augmentons au moins les chances de succès. Tout ce qui peut produire l'effort d'émission en même temps que la perception distincte du son, pendant que l'esprit est libre de toute autre occupation, est favorable à la formation de l'association nécessaire, et à la suite d'un certain nombre de répétitions peut fixer définitivement cette association. Les premiers sons articulés dont l'enfant est assez maître pour les prononcer immédiatement au commandement sont parmi les plus simples. *Bah*, *tah*, *nah* représentent des sons faciles à prononcer pour la bouche et la langue, ce sont les premières syllabes que disent les enfants s'efforçant à parler. La spontanéité doit avoir une grande part dans le jeu de ces organes si mobiles, et persister longtemps avant que l'enfant franchisse le degré le plus élémentaire du langage volontaire ; c'est à peu près vers la fin de la première année que cette spontanéité primitive des organes vocaux disparait. Il n'y a pas d'ordre fixe dans lequel doivent se reproduire les premiers sons articulés ; les labiales (comprenant *b* ou *p*) et les dentales (comprenant *d*, *t* ou *n*) semblent, dès l'origine, faciles à prononcer ; les gutturales (*r*, *g*) sont peut-être plus difficiles et d'acquisition plus tardive, mais la différence est petite. Le fait matériel important pour notre dessein est que dans tous les cas l'émission de la voix doit d'abord être naturelle afin d'être dans l'esprit couplée à ses effets, ce qui rend possible sa reproduction imitative. Je ne connais pas d'exemple pouvant mieux prouver ou annuler la théorie ici soutenue de la volonté, que celui de ces acquisitions vocales. Elles sont facilement observables, au lieu, ainsi que d'autres, d'être ensevelies dans les profondeurs de la conscience même de l'enfant, elles apparaissent ni trop tard ni trop tôt ; elles portent en elles le germe de la volition assez isolé pour manifester son vrai caractère. Toutes les circonstances qui concourent à la formation de la chaîne qui doit conduire au développement de la puissance volontaire sont apparentes, depuis le commencement spontané, jusqu'aux répétitions de moins en moins difficiles à produire, à mesure que l'association devient plus solide et plus complète. On peut voir si l'intervalle qui sépare l'émission fortuite de l'imitation facile est bien celui qui est nécessaire au développement de cette acquisition comme à celui des autres en général. Une série d'observations bien conduites et faites sur une grande quantité de cas individuels, permettraient de fixer sans que les contestations soient possibles, qu'elle est la genèse de nos énergies volontaires. Les premières émissions seraient naturellement celles qui se prêteraient le mieux au développement de la théorie en vue ; mais chaque pas en avant devrait toujours reposer sur le même principe original, à peine modifié par les acquisitions précédentes. La circonstance modifiante est celle-ci : après que l'enfant a appris à émettre un certain nombre de sons à l'imitation de sons entendus, il a une tendance à faire *quelque effort vocal* lorsqu'on lui demande d'articuler un son nouveau, tandis que, au début, il n'y avait pas de lien entre le son entendu et la voix. Je suis disposé à admettre l'existence de cette espèce de tendance instinctive. C'est beaucoup d'avoir trouvé quelques traits d'union entre les deux régions, c'est ouvrir la route aux stimulants de la voix. Nous essayons dès lors de reproduire de nouveaux sons, de les émettre plus promptement, et sans attendre autant des rencontres spontanées fortuites.. Nous avons rétréci le champ trop vaste des possibilités et des incertitudes lorsque nous avons obtenu que l'énergie nerveuse afflue vers l'organe propre, au lieu de se perdre indistinctement dans tout le système. Cependant, tout en tenant compte de cet avantage, les acquisitions additionnelles se font toujours de la manière décrite ci-dessus. Nous ne pouvons jamais forcer l'émission d'un son : mais nous pouvons saisir l'occasion de son émission spontanée pour l'enfoncer, la fixer dans l'esprit. Nous pouvons stimuler la voix, mais nous n'avons pas le moyen d'ordonner au mouvement précis de naître de préférence aux autres. Après un certain temps, l'enfant accomplit de lui-même ce que lui dicte l'imitation, et adapte ses propres mouvements à ceux qu'il observe autour de lui. L'accent par exemple ne s'enseigne jamais par des leçons faites exprès ; il ne l'apprend donc pas comme il a appris à émettre les sons de l'alphabet. L'enfant en articulant des syllabes, emploie naturellement quelques modulations pendant que son oreille est frappée des modulations particulières qu'elle recueille de l'extérieur. On éprouve un certain plaisir à reproduire ces nuances par lesquelles l'oreille est si délicatement affectée et une certaine souffrance à produire des sons qui ne sonnent pas d'accord avec ceux qu'on entend. On a donc une tendance à conserver les intonations qui répondent à celles qui servent de modèle, et il est étonnant d'observer avec quelle sûreté se fait une approximation qui n'a pour instrument que la conservation de coïncidences accidentelles.

L'étude du chant n'offre pas de particularités qui puissent nous engager à nous arrêter. La première imitation des notes musicales ne peut être qu'une tentative incertaine. Une bonne oreille distingue si le son émis s'accorde avec le son entendu, et le stimulus volitionnel soutient l'impulsion vocale exacte ; une association s'ensuit réunissant les deux éléments, l'élément sensuel et l'élément actif, et dans l'avenir, le chanteur imite de suite les sons entendus. Avant d'arriver à ce point, on doit passer par une période d'erreurs et de tâtonnements : le sentiment de la dissonance empêche l'émission de sons faux, celui de l'unisson soutient et encourage l'émission des sons justes.

4. — L'imitation des mouvements à vue forme une grande partie de notre première éducation volontaire. Le procédé d'acquisition est toujours le même. L'enfant meut spontanément ses bras, ses mains, ses doigts et les voit se mouvoir ; il lui reste dans l'esprit une image fidèle de ces mouvements, image qui entre ainsi dans le domaine intellectuel, qui persistera et reparaîtra en idée au moment voulu. Ce sont ces images qui permettront à la volonté de faire renaître les mouvements qu'elles représentent. L'enfant distingue dans les mouvements des autres ceux qui concordent avec les siens et s'il retire de cette coïncidence un plaisir quelconque ou une diminution de souffrance, il a un motif pour continuer ces mouvements et ceux-là seuls. Ainsi lorsqu'il avance les deux mains pour tenir quelque chose entre elles, il est facile de constater si le résultat voulu a été obtenu : si ce résultat donne du plaisir ou détruit une souffrance, l'attitude des deux mains sera conservée et naturellement fixée dans le

souvenir. Tous les mouvements des bras sont si visibles qu'après quelques mois d'éducation des sens, et de développement intellectuel, le terrain est tout préparé pour les progrès de l'imitation. On peut alors, avec avantage forcer ces progrès. La volonté imitative ne peut pas agir sans être excitée par un stimulus approprié; que ce stimulus soit un plaisir résultant de l'identité du mouvement produit avec son modèle, ou quelque diminution de souffrance, il est toujours nécessaire. Si nous pouvons provoquer la production d'un de ces deux motifs-causes, nous atteindrons rapidement le but en vue. Que l'enfant éprouve une satisfaction bien marquée à lever les bras, à fermer la main, à joindre les deux mains, cette satisfaction bien qu'elle ne soit pas à l'origine suffisante pour faire naître le mouvement, aidera à la conservation du mouvement une fois celui-ci commencé. L'imitation seule, en elle-même n'a pas d'effet sur l'esprit de l'enfant; il faut qu'il en sorte quelque résultat palpable qui puisse créer un stimulus. Quand un enfant voit une personne faire quelque chose de nouveau, d'excitant, le plaisir de faire la même chose est si fort qu'il fait l'effet d'un coup d'éperon et provoque les efforts actifs de l'enfant; l'imitation est alors un moyen d'où sort un motif de continuer l'action. Les premiers efforts d'imitation ont généralement pour but d'atteindre un effet agréable qu'on discerne comme provenant d'une action particulière; par exemple, ces efforts sont des essais pour lancer une balle, pour produire un son, pour activer une flamme, pour porter quelque chose à la bouche.

Pour ces imitations, comme pour les actions volontaires en général c'est moins d'une direction proprement dite, que d'une certaine force d'impulsion dont nous avons besoin. Ceci n'altère en rien la théorie des acquisitions. Il faut que nous attendions le moment où apparaît spontanément une forte impulsion, et que nous conservions ce degré d'énergie par la volonté comme nous conservons au courant nerveux sa bonne direction. Nous atteignons ainsi par la volonté un certain degré d'énergie, comme nous faisons volontairement mouvoir certains muscles dans une certaine direction. Le sentiment de l'effet produit est toujours là pour corriger les erreurs; et lorsqu'on tombe sur un *degré* d'énergie qui n'est pas le bon, l'impulsion présente n'étant pas soutenue fait place à quelque autre impulsion jusqu'au moment où finalement on a satisfait aux nécessités de la situation.

Nous pouvons poursuivre l'examen de la faculté imitative dans toutes les postures, tous les gestes, tous les mouvements du corps. Pour les membres inférieurs et le tronc, il n'y a pas à noter de différence essentielle avec ce que nous avons déjà indiqué. Les pieds semblent être moins bien préparés que les mains aux mouvements volontaires variés, nous voyons par la danse par exemple que ces mouvements sont limités et difficiles. La difficulté de l'imitation est beaucoup plus grande pour toutes les parties du corps qui ne sont pas directement sous les yeux. Il faut alors avoir recours à d'autres moyens pour en percevoir les mouvements, au miroir ou aux yeux d'une autre personne. L'éducation vocale d'un sourd est un bon exemple de l'emploi des moyens artificiels. Les sourds sont incapables de savoir si leurs efforts vocaux correspondent aux sons de l'alphabet tels qu'on les entend et qu'on les prononce : il faut donc trouver un moyen de leur indiquer qu'ils prononcent bien ou mal. Lorsqu'un sourd connaît par les yeux l'alphabet qu'on lui a montré avec la méthode habituelle dans ce cas, ce qu'il faut obtenir de lui ensuite, c'est l'articulation d'un son correspondant à un de ceux de l'alphabet, c'est la répétition de cette articulation lorsqu'on lui a montré la lettre qu'elle représente. C'est par ce moyen que se forme une association entre l'effort d'émission et le caractère que perçoivent les yeux.

5. — Une faculté plus importante de la volonté, c'est celle d'agir en réponse à notre désir de voir un organe particulier se mouvoir d'une façon particulière. Lorsque nous voulons lever la main, nous tenir debout, ouvrir la bouche nous accomplissons des actes qui nous font atteindre le plus haut point de puissance volontaire, bien qu'on puisse dire qu'ils ne sont que d'un degré en avant des précédents. Pour nous guider nous avons ici au lieu d'un mouvement actuel en vue, un mouvement conçu ou idéal. L'association est alors entre ces notions *idéales* de nos actions diverses et les actions elles-mêmes. Tout ce qui est alors nécessaire pour agir, c'est un motif déterminant. Un plaisir ou une souffrance quelconque, proche ou éloigné est essentiel à tout effort volitionnel, à tout passage du repos au mouvement, d'un mouvement à un autre. Nous sentons par exemple une sen-

sation désagréable dans les organes de la digestion, nous désirons naturellement y remédier; l'expérience, le commandement, l'imitation ont fixé dans notre esprit le souvenir des degrés intermédiaires par lesquels il faut passer pour y arriver, nous accomplissons donc les mouvement nécessaires. J'aperçois devant moi, sur la table, un verre d'eau; l'enfant, si altéré qu'il soit, ne peut pas faire les mouvements qu'il faudrait pour le porter à sa bouche. Mais lorsque la volonté sera pleinement développée un lien existe entre la distance, la situation du verre et le mouvement du bras pour l'atteindre; et grâce au stimulus de la souffrance ou du plaisir attendu, le mouvement est exécuté. L'esprit est plein d'associations du même genre liant toute attitude ou tout mouvement possible de tous les organes avec l'impulsion précise qui les réalise pourvu que la volonté soit également présente. Il faut beaucoup de temps pour perfectionner ces acquisitions multiples, et il n'y a qu'une manière de le faire. Pour chaque action accomplie par les mains, les bras, il faut que les yeux et la sensibilité musculaire soient affectés, et soient liés à l'impulsion centrale qui dirige l'accomplissement de l'acte : il en résulte qu'une simple idée suffit comme antécédent directeur des opérations volontaires, si elle est accompagnée d'un motif suffisant. Là où il n'y avait rien au début de la carrière active, où régnait seulement l'impulsion aveugle, se sont ouvertes peu à peu de nombreuses lignes de communication.

6. — Voilà donc trouvé le caractère défini de la volonté dans sa maturité; quelques exemples pourtant ne seront pas superflus. Grâce à la retentivité intellectuelle, nous conservons l'impression des positions externes des choses, des mouvements de tous les organes dans toutes les directions et de leur degré d'intensité. Nous avons un souvenir distinct d'avoir vu une main ouverte, une main fermée, des doigts étendus, des doigts pliés, le bras formant une ligne droite ou un angle; nous pouvons concevoir des mouvements lents, rapides, intermittents, avoir idée de la force plus ou moins grande dépensée. Toutes ces particularités n'ont d'abord été expérimentées que lorsqu'elles étaient présentes et actuelles; elles sont devenues à la fin des conceptions de l'esprit, des idées subsistant par elles-mêmes. Je n'éprouve aucune difficulté à retenir et à rappeler l'image d'une ferme étreinte de

la main, ou du balancement du pied au moment où il va frapper. Cela fait partie de nos acquisitions mentales faites par l'expérience inévitable de la vie. Nous pouvons ne pas leur accorder grande attention, mais elles n'en jouent pas moins, silencieusement un rôle indispensable dans les opérations variées de l'esprit. Elles entrent dans les associations de mouvements que nous nous représentons en idée, et assurent si bien le lien formé, que l'effort idéal peut déterminer l'occurrence du réel. L'idée de fermer la main peut diriger le courant nerveux de façon à la fermer en réalité. J'ai déjà dit que de pareilles associations sont *directrices*, *déterminantes*, parce qu'en fait, le stimulus propre de la volonté, un plaisir ou une souffrance quelconque, est nécessaire pour donner l'impulsion. Cette loi sur laquelle j'ai tant insisté, notre activité est provoquée par nos sensations *(feelings)*, se retrouve donc encore appliquée ici. Quelque bien formée que soit la connexion entre la conception et l'action, le lien intellectuel n'est pas suffisant pour que l'action naisse sur un signe de l'idée (excepté dans le cas de l'idée fixe); de même, nous n'imitons pas nécessairement tout ce que les autres font en notre présence. Mais qu'un plaisir soit provoqué ou continué par l'accomplissement d'une action que nous concevons clairement, les motifs, les causes seront complétés et suffisants; les pouvoirs directeurs et moteurs sont présents. L'idée de donner un coup de pied et la rencontre d'un obstacle par le pied peuvent suffire, en l'absence de tout motif de contrariété, à provoquer l'acte lui-même.

Les quadrupèdes forment rapidement des alliances entre les mouvements de locomotion et les apparences des choses qui s'approchent ou s'éloignent des yeux. Chez les oiseaux ces associations semblent encore mieux assurées dès le commencement au moins avec les objets qu'ils peuvent becqueter. Il peut y avoir aussi chez l'homme une certaine tendance instinctive à former ces associations, mais les acquisitions volontaires sont, plus tard, prédominantes. Ces acquisitions sont pour nous parmi les plus rapides et les plus solides, parce que tous nos mouvements apportent des changements définis dans les points de vue ce qui immédiatement les y associe. La connaissance des relations de l'espace implique l'acquisition de ces liens entre les mouvements et les changements visibles de position des objets.

7. — Les actions acquises de l'homme sont plus nombreuses et plus compliquées que celles des animaux, c'est pour cette raison, au milieu de beaucoup d'autres, qu'il les acquiert plus tard. Nos parties muables sont beaucoup plus nombreuses, elles ont des fins plus diverses à atteindre, de sorte que les idées simples qui doivent être comme les servantes de la volonté appartiennent à un ensemble très vaste. Il faut cependant remarquer que ces accessoires intellectuels de la volonté ne sont pas seulement limités aux idées de mouvements des organes ; la volonté de lever le bras n'est pas nécessairement provoquée par la notion de ce mouvement, par l'image intellectuelle d'un bras levé, bien qu'évoquer cette image soit un moyen de provoquer ce mouvement. Nous observons *les effets* de ce mouvement sur les objets extérieurs, et nous arrivons à les associer avec l'action qui les produit. Ainsi, lorsque nous arrachons une fleur, nous avons comme antécédent intellectuel, l'idée d'une fleur prise dans la main et transportée, en même temps que nous avons la notion de la force que nous déployons par certains muscles. Nous voilà donc loin de la simple image des mouvements de la main ou du bras ; c'est le lien mental entre les changements que subirait une chose si on agissait sur elle, et l'action même, qui se forme et se fixe. Prenons l'acte d'enfoncer un clou : quoiqu'on puisse déployer l'énergie nécessaire, poussé par le mouvement idéal du bras et de la main, en fait on ne la déploie que parce qu'on conçoit le clou s'enfonçant dans le bois à chaque coup donné. Lorsque nous marchons d'un bout d'une rue à l'autre, poussé par une sensation quelconque, l'antécédent directeur est l'image de la rue avec ses différents aspects variant à mesure que nous passons. Voilà l'élément intellectuel de l'association volitionnelle qui avec l'impulsion, le motif, nous donne le pouvoir de vouloir effectivement aller d'un point à un autre. Voilà l'exposition réelle du dernier degré d'acquisition volitionnelle. J'ai un motif pour dessiner un cercle : après une éducation qui m'a fait passer par les différents degrés, je trouve que la conception mentale du cercle désiré est associée en moi à une série de mouvements de la main et du bras ; voilà ce qui fait que je suis capable de tracer la figure quand j'y suis engagé en même temps par un motif de plaisir ou de peine. La sensation du froid m'engage à faire quelque

chose pour y échapper, le moyen d'y arriver, c'est d'activer le feu : l'antécédent intellectuel poussant aux mouvements nécessaires, c'est l'aspect actuel du feu lié à la vision d'une flamme plus brillante activée par le tisonnier. La substitution de ces antécédents à l'image du mouvement du bras est due à ce fait que l'attention est fixée sur le point qui nous permettra de juger de l'effet produit. Lorsque nous ouvrons une fenêtre pour introduire l'air dans une chambre, nous avons présente à l'esprit la grandeur de l'ouverture à produire, ce qui est suffisant pour conduire les muscles convenables, et pour donner à chacun d'eux une impulsion suffisante soumise au contrôle et à la puissance correctrice inhérente à l'organisation originale de la volonté, puissance correctrice qui est toujours prête à réformer ce qu'il peut y avoir de défectueux dans les associations volitionnelles. Le casseur de pierres qui regarde le tas qu'il a devant lui, a dans l'esprit une association entre les fractures qu'il doit faire et l'impulsion précise qu'il doit communiquer aux muscles du bras ; du premier coup, il produira l'effet exact attendu. Une autre personne moins expérimentée ferait trop ou trop peu, mais ayant un but en vue, continuerait à agir jusqu'à réussite complète.

8. — Nous pourrions poursuivre et multiplier les exemples, mais dans tous nous retrouvons les mêmes principes. Nous devrions toujours tenir compte des plaisirs ou des souffrances idéales ou actuelles, nous rappeler que, grâce à une propriété de notre nature intellectuelle, le souvenir, l'idée, l'anticipation peuvent, dans tous les projets d'action, opérer essentiellement de la même manière que la présence réelle. Un goût amer dans la bouche inspire des efforts pour s'en débarrasser ; qu'on pense seulement à ce même goût, et on accomplira des mouvements qui le ramèneront presque. L'enfant qui jouit de la saveur du sucre la conserve par tous les moyens au rang de ses acquisitions volitionnelles ; lorsque la stimulation actuelle de la sensation est complètement disparue, le souvenir très vif peut provoquer des tentatives précipitées pour faire revivre la puissance totale. A mesure que les années augmentent nous jouissons ou nous souffrons de plus en plus de la présence idéale des choses ; en conséquence, nos impulsions volontaires sont employées différemment bien qu'elles aient toujours les mêmes caractères. Sans

un antécédent quelconque agréable ou désagréable, actuel ou idéal, primitif ou dérivé, la volonté ne peut être stimulée. A travers tous les déguisements que prennent ce que nous appelons nos motifs, nous devons retrouver l'une ou l'autre de ces deux grandes conditions. Les exceptions à la règle sont des réveils de la spontanéité, des manifestations des habitudes ou des idées fixes; mais elles n'attaquent pas l'intégrité du principe énoncé. J'étudierai plus tard leur effet sur le cours de la volonté. Pour le moment, je tiens pour règle certaine, indiscutable, qu'il y a au début de toute impulsion volontaire naturelle quelqu'une des formes si nombreuses que revêtent le plaisir et la souffrance et par lesquelles ils prennent possession de l'esprit conscient. Il ne doit pas non plus y avoir d'intermédiaire entre un fait qui est l'antécédent et un autre fait qui est le conséquent, entre une souffrance aiguë et l'effort fait pour y échapper. Très souvent, dans nos opérations volontaires, nous avons conscience d'un intervalle de suspens entre le moment de pression pénible et le moment d'exécution apaisante; dans cet intervalle nous plaçons un certain nombre d'impulsions ayant des noms variés, motif, désir, croyance, permission, liberté de détermination, et ainsi de suite; mais ce ne sont là que des complications artificielles ou accidentelles. Nous pourrions produire un nombre illimité d'exemples prouvant l'action instantanée de ce lien de causation s'il n'est pas rompu; il arrive cependant assez fréquemment qu'il soit brisé et cela nous montre le problème sous une autre face qui demande à être considérée séparément. Il n'y a pas de loi physique aussi sure dans son application, que le mouvement d'arrêt brusque que provoque une souffrance soudaine. Il n'y a ici ni considération, ni intervention du « moi », ni délibération, ni résolution se formant par degré, dans cette suspension volontaire de mouvement qui suit un choc soudain et pénible. C'est la manifestation primitive et éternelle de notre nature volitionnelle, le lien jamais rompu qui existe entre notre sensibilité et notre activité qui décident pour nous sur le moment. Seulement, quand nous avons à surmonter cette première et irrésistible impulsion, c'est à un autre mécanisme que nous devons faire appel; nous voyons alors que c'est la résistance qui introduit la complication et l'incertitude dans le domaine de nos déterminations volontaires.

9. — Je veux, avant de terminer ce chapitre, citer encore quelques exemples ayant rapport à la voix. Nous avons déjà vu que la faculté d'imitation implique la liaison d'un son perçu par l'oreille, et de l'impulsion vocale précise nécessaire pour le reproduire. Dans un état de développement avancé, nous pouvons nous dispenser de l'audition actuelle d'une note, et provoquer l'effort vocal à la simple idée ou souvenir du son. Une éducation musicale plus complète encore nous permet de lier les mouvements du larynx à la vue d'une note écrite sur une portée. Nous avons ainsi dépassé l'imitation simple d'une émission actuelle de sons, et nous sommes arrivés à reproduire le son dont nous avons souvenir; nos associations volitionnelles ont franchi un nouveau degré. Elles en franchissent encore un lorsque nous parvenons à prononcer les mots que nous voyons écrits. On peut dire qu'ordinairement le pouvoir de la volonté sur la parole consiste en une série d'associations formées entre les mots de notre langue dans leur état idéal et leur prononciation dans l'actuel. Cet état idéal peut être auriculaire ou vocal, ou les deux à la fois; c'est à dire, que l'idée de ce mot « soleil » peut être l'idée du son produit par ce mot et entendu par l'oreille, ou l'idée de son articulation par la voix, ou l'idée, l'image du soleil tel qu'on le voit. Quand nous voulons prononcer ce mot, nous l'avons déjà présent en idée sous quelques-unes de ses formes, il y a donc un lien solidement établi entre cette notion ou cette idée et le courant particulier qui fait mouvoir les organes vocaux; il ne manque plus qu'un motif pressant d'accord avec la volonté pour que l'acte soit accompli. Quand nous n'avons aucun plaisir à prendre de la prononciation de ce mot, ou aucune peine à éloigner, la connexion intellectuelle peut être assez forte pour amener tout de suite le résultat voulu. C'est ce qui arrive lorsque notre puissance de parole est tout à fait mûre. Il serait facile de revenir un peu en arrière à ce moment de notre histoire individuelle où l'association intellectuelle n'était qu'à demi formée ou ne l'était pas du tout. La volonté, pour la parole, se développe exactement de la même façon que pour les autres parties du mécanisme. Le langage étant un instrument qui guide nos opérations, des connexions se forment dans notre esprit entre les

différentes phases de nos actions et les paroles de commandement, d'approbation ou de désapprobation qui les accompagnent. Sans avoir dans l'esprit aucune notion du mot qu'il faudrait employer, nous le prononçons cependant simplement parce que nous voyons les objets auxquels il se rapporte. Nous disons qu'un travail est bien ou mal fait, nous donnons des ordres, nous faisons des questions, demandons des informations à cause du lien direct qui unit le sujet de ces actions ou de ces conversations au courant vocal. En ce sens, l'œuvre de l'acquisition volontaire dure toute la vie ; chaque faculté active forme une branche de l'éducation de la volonté qui reste homogène à travers toutes ces acquisitions différentes. Dans tous les cas nous devons retrouver les deux éléments nécessaires : un motif d'action, un lien de communication entre la notion, l'idée présente et l'action désirée. Le motif est généralement une modification de nos sensations pénibles ou agréables ; le second des éléments, le lien de communication est le fruit de l'éducation. Tout objet qui plait, charme ou fascine l'esprit, qu'il soit présent ou futur, ou idéal, qu'il soit primitif ou dérivé, est un motif qui nous presse d'agir, qui nous donne un but à atteindre ; tout ce qui nous peine, nous fait souffrir, par quelque nom que nous désignions le mauvais côté de notre expérience de la vie, est également un motif d'action. Dans un certain nombre de cas, l'expérience nous a préparés à suivre le vrai chemin pour atteindre notre but, dans beaucoup d'autres elle fait défaut. Pour le débutant dans la vie le lien intellectuel manque, et l'éducation forme sans cesse des associations qui, par la nature des choses, ne sont jamais toutes complètes. L'incapacité complète d'atteindre nos fins en assurant le plaisir, en évitant la souffrance est une situation mentale nouvelle qui fait encore partie de notre sujet.

CHAPITRE IV

CONTROLE DES ÉMOTIONS (FEELINGS) ET DES PENSÉES

1. — Nous avons vu, dans le chapitre précédent, la volition couronnée par une puissance de commandement général. La soumission graduelle des organes à des fins intermédiaires, à l'imitation, au langage, aux notions préconçues des mouvements et des changements qu'on peut produire sur les choses extérieures, complète l'éducation de la volonté ; nous sommes alors capables (dans de certaines limites d'accomplir tout ce qu'on peut faire sous la direction et l'enseignement des autres. Je puis ne pas savoir jouer de la flûte, mais ma bouche, mes poumons, mes doigts sont capables d'imiter et d'obéir, si bien que je puis acquérir le talent de jouer sur la flûte sans passer par la période primitive de tâtonnements et d'erreurs que je serais forcé de traverser si j'étais livré à moi-même. Ce n'est pas cependant que nous puissions absolument échapper à ces erreurs qui sont presque inhérentes à notre constitution ; mais comme nous sommes capables de suivre la direction d'une autre personne nous approchons dès le début, de la bonne manière de faire, et nous diminuons ainsi le nombre de nos tâtonnements. Les associations qui ont ainsi développé notre facilité d'acquisitions, ne détruisent pas le stimulus original de la volonté ; ces associations sont directrices et non impulsives.

Cependant il reste encore bien des faits à observer. Nous n'avons rien dit des obstacles que peuvent rencontrer les impulsions volitionnelles, puisque nous avons toujours supposé que si tout est préparé pour que l'action s'accomplisse elle s'accomplit certainement. Mais bien des circonstances peuvent s'opposer à nos désirs. Le système physique peut être trop épuisé pour faire l'effort nécessaire. Les organes peuvent être activement employés dans une autre direction ; par exemple, dans une marche rapide nous sommes peu disposés à nous arrêter pour examiner un objet à côté de notre route. Enfin il peut y avoir quelque motif contraire, une puissance rivale dans l'esprit lui même. Il faut examiner tous ces cas. Dans le présent chapitre, je veux pourtant avant tout, observer deux applications de la puissance volontaire qui présentent quelques particularités ; premièrement, le contrôle qu'exerce notre volonté sur nos émotions ; secondement, l'empire que nous pouvons exercer sur nos opérations intellectuelles.

CONTRÔLE DES SENTIMENTS ET SENSATIONS

2. — Nous pouvons contenir ou régler le cours de nos sensations, c'est un fait incontestable. Nous pouvons, dans des circonstances ordinaires, arrêter la stimulation diffuse des muscles de façon à être calmes extérieurement, pendant que la passion fait rage à l'intérieur. C'est la manière la plus directe de faire intervenir la volonté dans un état d'excitation mentale. L'action musculaire d'un courant émotionnel peut être contrariée par un autre genre d'activité partie des mêmes muscles. L'élévation des bras et la fixité des yeux qui sont des signes de surprise peuvent être supprimées si nous avons un motif suffisant de rester tranquilles. Les deux forces étant homogènes, c'est-à-dire faisant toutes les deux, partie de la constitution des stimulants des muscles volontaires, l'une peut annuler l'autre si elle est plus forte. Mais quand nous passons aux autres effets du courant émotionnel, c'est-à-dire à son influence sur les muscles involontaires, ceux du cœur et du canal alimentaire par exemple, et sur les sécrétions et excrétions, le travail de la volonté n'est pas aussi clair. On doit en somme poser nettement cette question : le pouvoir de la volonté s'étend-il oui ou non, au-delà des muscles reconnus volontaires ?

La présomption des faits est toute en faveur de cette réponse : notre contrôle direct est limité à ces muscles. Indirectement nous pouvons exercer d'autres influences, mais il semble presque impossible de montrer qu'alors les muscles sont les instruments de cette intervention. Je reviendrai là-dessus dans la seconde moitié de ce chapitre en parlant du contrôle de la volonté sur la pensée. A présent il est suffisant de faire remarquer que les différentes fonctions organiques sont si bien liées aux mouvements musculaires que nous pouvons souvent les stimuler ou les arrêter par le moyen de ceux-ci. Ainsi la sécrétion des glandes lacrymales, celle de la vessie, etc., sont soumises à l'influence des muscles. Le sanglot involontaire que l'acteur sur le théâtre peut produire sans éprouver aucune émotion correspondante, peut être alors le résultat de mouvements volontaires appropriés, bien que quelques-uns de ces mouvements soient les mouvements de muscles involontaires. Là où le lien entre les fonctions organiques et les organes volontaires, manque ou est très faible, comme dans l'action du cœur, dans la sécrétion gastrique, etc., la puissance volontaire est absente aussi. La volonté ne peut faire rougir ou l'empêcher. A cause des liens naturels cités ci-dessus, et des autres associations qui se forment artificiellement, la volonté étend son contrôle très loin, au delà même de sa sphère originale, sans cependant pouvoir dépasser les limites que nous venons de lui assigner. On entend souvent parler de choses extraordinaires, de gens qui peuvent simuler un évanouissement ou une attaque d'épilepsie, de Fakirs indous qui tombent par leur volonté dans un état de léthargie qui leur permet d'être ensevelis pendant plusieurs semaines; il faut croire que l'instrument de si grands changements dans les conditions organiques, est une certaine manière de diriger les organes volontaires.

3. — La seule chose pratique à faire lorsque nous voulons commander à nos états émotionnels, c'est de réprimer ou d'exciter toute cette partie de manifestations diffuses qui est composée des mouvements des organes volontaires. Le jeu des traits, les exclamations vocales, les gesticulations des bras sont soumis à notre volonté. Lorsque nous avons des motifs assez puissants, nous pouvons arrêter subitement un éclat de rire, ou encore faire tous les mouvements nécessaires pour éclater de rire alors qu'aucune de nos émotions ne nous y engage. Il est très intéressant, théoriquement et pratiquement,

déterminer jusqu'à quel point les autres éléments constituants d'un état d'excitation émotionnelle sont liés à la diffusion musculaire de façon à être supprimés si cette diffusion est arrêtée et *vice-versa*. Les mouvements ne sont pas tout dans une manifestation physique; il faut tenir compte encore des effets organiques et de l'agitation générale du système nerveux aidant à cette manifestation. Il est probable que ce dernier fait est très important. On peut suspendre par un acte de volonté, l'activité des muscles, mais il ne s'en suit pas que les courants nerveux soient supprimés subitement parce qu'ils rencontrent un obstacle. L'expérience seule peut nous apprendre ce qui arrive dans cette circonstance. Nous trouvons que les courants émotionnels faibles, produits par une excitation faible, sont suspendus intérieurement s'ils sont arrêtés extérieurement; les courants cérébraux et l'agitation des centres meurent si on leur refuse toute issue externe. C'est par ce moyen que nous supprimons les manifestations de pitié, de colère, de peur, d'orgueil dans beaucoup de circonstances insignifiantes. Si les choses se passent bien ainsi, il faut admettre comme un fait que la suppression des mouvements actuels tend à la suppression des courants nerveux qui les provoquaient, si bien que l'apaisement externe est suivi d'apaisement interne. Cet effet ne se produirait jamais si le courant cérébral ne dépendait pas quelque peu de la libre manifestation d'une émotion. Cependant on professe souvent cette opinion, que lorsque l'excitation est intense, il vaut mieux, même lorsqu'on a l'intention de la supprimer rapidement, laisser pour un temps le champ libre à une complète manifestation externe. Lorsque la joie ou le chagrin fondent brusquement sur nous, que nous sommes la proie de la colère ou de la peur, il nous est recommandé de laisser couler le torrent pour mieux le barrer ensuite. Si cette opinion est juste, cela ne prouve qu'une chose, une émotion peut être trop forte pour qu'on puisse lui résister; on perdrait inutilement ses forces à le tenter. Mais si nous sommes capables de nous opposer au torrent, il n'y a pas plus de raison de reculer devant la tentative que lorsque les émotions sont faibles. Sans doute le contrôle *habituel* de la volonté sur les émotions ne peut s'obtenir que par une grande et systématique surveillance appliquée aux émotions fortes aussi bien qu'aux faibles. C'est une loi de notre constitution que le courant interne tend à disparaitre si on lui refuse toute issue extérieure ; le sentiment, l'émotion doit même alors disparaitre de l'esprit s'il est vrai, comme je le crois et comme j'ai essayé de le prouver, que les courants nerveux diffus sont l'élément conscient ou mental indispensable du phénomène. Les cas exceptionnels n'annulent pas la règle ; ils indiquent seulement la présence de quelque circonstance spéciale dont il faut tenir compte. Dans une grande souffrance, un grand chagrin il faut laisser au sentiment une certaine liberté de manifestation afin que notre sensibilité première s'émousse, et que nous puissions plus tard revenir sur l'incident pénible sans que l'amertume primitive renaisse. Je ne veux pas entreprendre, de chercher jusqu'à quel point le système de répression volontaire pourrait s'appliquer dans un tel état de choses, parce que je n'ai pas mesuré exactement la portée du principe que je viens d'énoncer. Lorsqu'on a trop joui et trop souffert, le plaisir et la souffrance perdent l'un de son charme, l'autre de son aiguillon ; une excitation prolongée engourdit à la fin la sensibilité, et de là s'ensuivent des conséquences favorables ou défavorables ; c'est ce qui peut justifier dans une certaine mesure l'opinion qu'il faut laisser éclater le chagrin dans le malheur. C'est d'après ce principe que nous nous répandons en lamentations lorsque nous perdons un ami et que nous ajoutons le deuil au langage naturel que nous dicte la séparation.

Il semble donc que la volonté, opérant par ses propres instruments, les muscles volontaires, atteint les profondeurs les plus cachées de l'émotion et, en apaisant les courants nerveux, fait disparaitre les états de conscience qu'ils soutenaient. Une ferme résolution, c'est-à-dire une puissante impulsion motrice peut détruire entièrement des manifestations de pitié, de colère, ou de remords, si toutefois elle est persévérante et qu'on lui donne le temps nécessaire pour cela.

Par la même intervention nous pouvons réveiller une émotion apaisée. En produisant les manifestations externes, les nerfs sont peu à peu atteints par contagion, et finalement le courant diffus est provoqué par une sorte d'induction *ab extra*. Ceci est le résultat de notre tendance originale de provoquer l'activité des centres nerveux en commençant les mouvements, ce qui présente une grande analogie avec le mode de suppression décrit ci-dessus, et sans doute aussi des associations qui unissent intimement l'externe et l'interne. C'est ainsi que parfois, forcés que nous sommes de donner à nos traits une expression joyeuse, nous arrivons à nous trouver dans un joyeux état d'esprit. J'aurai, dans peu de temps, à parler d'un moyen plus efficace encore d'évoquer une passion donnée.

Il ne faut pas cependant supposer que feindre une émotion, la provoque toujours nécessairement en réalité. Il y a tendance à ce que cela se passe ainsi, mais bien des circonstances peuvent venir s'interposer entre la manifestation externe et l'état mental qui y correspond. L'attitude qu'on prend devant des personnes étrangères ne coïncide pas précisément avec la manifestation naturelle diffuse, c'est plutôt une adaptation faite pour plaire aux yeux des spectateurs. C'est en somme une sorte de construction volontaire faite d'après le modèle de la manifestation naturelle avec les additions et les suppressions qui en font une œuvre d'art.

4. — Ces observations préliminaires nous ont montré jusqu'où pouvait intervenir la volonté pour supprimer ou évoquer nos diverses émotions; nous devons maintenant étudier comment se développe ce côté de la puissance volontaire. Si nous imaginions une personne ayant acquis toutes espèces de contrôle volontaire énumérées dans le précédent chapitre, et cela par des expériences analysées, nous comprendrions facilement l'application de ces diverses acquisitions, au cas présent. On peut facilement étendre la soumission des muscles, des motifs opérant sur l'esprit, aux manifestations émotionnelles. La puissance qui s'impose aux traits, à la voix, aux extrémités supérieures et inférieures, doit être capable de restreindre ou de provoquer n'importe lesquels de leurs mouvements. Les regards d'étonnement peuvent être supprimés par une impulsion agréable ou désagréable suffisamment forte. L'éclat de rire convulsif lui-même peut-être brusquement arrêté par la volonté commandant au diaphragme et aux autres muscles volontaires en mouvement. Cependant en général, la volonté n'attend pas pour contrôler les émotions, que son éducation soit complètement achevée sur tous les autres points. Nous commençons à commander à nos émotions alors que nous luttons encore au milieu des liaisons mal formées entre les impulsions pénibles ou agréa-

bles et le mécanisme exécutif du système. On prêche de bonne heure à l'enfant la répression des émotions violentes, et il peut y être habitué alors qu'il n'a encore formé qu'un petit nombre d'alliances volitionnelles. Lorsqu'un motif très fort qui prend la forme d'un plaisir ou d'une souffrance tend à neutraliser les mouvements d'une rage de cris, on peut l'aider à persister jusqu'à ce qu'il ait accompli son œuvre. Sans doute cette œuvre est plus difficile encore à accomplir que lorsqu'il s'agissait d'autres mouvements initiaux. Non seulement il faut ici comme ailleurs qu'une impulsion spontanée naisse et se trouve par hasard être celle qui est nécessaire, mais il faut encore qu'elle soit d'une énergie rare pour pouvoir dépasser en violence le flot émotionnel. Il faut réunir de forts motifs de plaisir et de souffrance afin que les puissances naissantes de la volition puissent s'opposer à la force de l'émotion. Il est possible néanmoins d'apprendre à un bébé de dix ou douze mois de supprimer des manifestations bruyantes. De grands progrès s'accomplissent en ce sens dans la deuxième année. La méthode de développement est toujours la même; les difficultés pour obtenir une bonne impulsion et pour la conserver une fois trouvée, sont toujours semblables. La discipline qu'on impose au jeune cheval rétif est également imposable à l'enfant que l'on veut dresser au contrôle de ses émotions. Le coup d'éperon doit être proportionné à la violence des manifestations et des mouvements à supprimer. Il ne faut pas cacher les difficultés de la situation. Cette spontanéité sur laquelle nous comptons pour amener la première conjonction d'un sentiment et d'un mouvement donnés est favorisée par le calme du système pour ce qui regarde une émotion forte. Comme cette spontanéité est une décharge du surplus de force des membres actifs, elle a des chances de subsister si le système est engagé ailleurs; mais sans l'aide d'une stimulation extraordinaire nous ne pouvons espérer que lorsque nous la rappellerons elle renaîtra de la même façon. Cependant il y a dans notre organisation, même dans l'âge tendre, des éléments de succès qui, ici comme dans les autres départements de l'acquisition volontaire, croissent en importance avec le temps. Si nous ne tenons pas compte de la souffrance qui naîtra si l'on force le développement d'une association entre un effort de répression et un indice donné, nous pouvons commencer quand cela nous plait à discipliner l'enfant. Après quelques essais sans résultat l'enfant tombera sur l'association désirée et la conservera sous l'empire de la souffrance et de la crainte. Nous avons surtout besoin d'opérer sur les violentes manifestations vocales de l'enfant parce qu'elles sont un mal en elles-mêmes et qu'elles sont le début de manifestations plus violentes encore. En conséquence nous nous appliquons à les supprimer avant leur complet développement, et nous arrivons très vite à forcer sur ce point la formation d'un lien volontaire défini. Après un certain nombre de répétitions, l'enfant sera capable de lier l'impulsion qui supprime la manifestation vocale à la cessation de menaces pénibles et parfois exécutées ; et, bien que ce soit difficile de convertir une volition imparfaite en une puissance capable de résister à un violent flot émotionnel, cependant grâce à l'emploi du grand mécanisme de la souffrance, la volonté aiguillonnée arrivera à égaler et à surpasser sa rivale en puissance. On peut se placer sur un pied d'indépendance complète pour commencer cette espèce d'éducation, c'est-à-dire n'attendre l'aide d'aucune autre acquisition volitionnelle. On peut au contraire attendre que les premières associations soient formées, que la voix par exemple obéisse au commandement extérieur fait dans un autre but. Si nous supposons un enfant déjà familier avec l'ordre de faire silence ou qui lie déjà certaines impressions reçues par l'oreille à un stimulus de la voix, on peut avoir recours à cette association pour arrêter un accès de cris désordonnés. Quand l'intelligence est préparée nous n'avons qu'à doter l'impulsion propre de la volonté, d'une intensité suffisante. Quand l'enfant comprend nettement la signification de ces mots : *silence, chut, taisez-vous*, cela veut dire que les chemins sont ouverts, que ce sont exactement les organes nécessaires qui entrent en mouvement, que la spontanéité fortuite a été régularisée, réglée. Une impulsion volitionnelle ordinaire sera alors suffisante ; elle pourra, gouvernée par l'idée d'échapper à l'infliction d'une souffrance, entrer en conflit avec l'émotion furieuse et finalement gagner la bataille. Nous ne pouvons nous empêcher de sentir une sorte de pitié en même temps que nous provoquons les efforts de répression lorsque les associations nécessaires ne sont pas encore formées entre nos indications et les mouvements désirés ; lorsque l'enfant n'a pour ainsi dire aucune notion de ce que nous lui demandons, en d'autres termes, lorsque rien ne peut aider les courants nerveux à se diriger dans la bonne voie. Nous provoquons des luttes, des mouvements énergiques, mais il peut s'écouler bien du temps avant que ce soit le bon qui paraisse ; de là une période parfois longue, de souffrances sans résultat. La souffrance cependant, active étonnamment les progrès intellectuels. La coïncidence entre la cessation d'une souffrance et la production d'un mouvement, est frappante, et après quelques répétitions, s'imprime pour toujours dans l'esprit. Les premières leçons de contrôle volontaire sont inévitablement très sévères. Toute personne attentive essaie de sonder la raison qu'a un enfant d'éclater en sanglots ; et si le mal produit par cette explosion de chagrin est plus grand que celui qu'elle aide à adoucir, cette personne essaiera résolument de supprimer la manifestation émotionnelle.

5. — La répression des manifestations de chagrin, de colère, de peur, fait toujours partie du gouvernement de soi-même et se continue par le moyen des motifs divers appropriés aux cas différents. L'intelligence arrive rapidement à donner aux courants nerveux leur juste direction, et il ne reste plus alors qu'à appliquer un coup d'éperon volitionnel d'une force suffisante. Une des grandes difficultés avec certains tempéraments d'enfants, c'est de réprimer les éclats de rire ; ces éclats étant formés de mouvements volontaires aussi bien que d'involontaires, le contrôle n'est que partiel et parfois insuffisant. On peut dire la même chose des sanglots qui sont des séries de spasmes convulsifs s'étendant à des parties du système qui n'appartiennent pas au gouvernement de la volonté. Il y a un intérêt particulier à étudier ce côté du gouvernement de soi-même parce qu'il nous permet de découvrir la puissance volitionnelle du caractère individuel. Ce qu'on appelle « force de volonté » est assez bien manifesté par le plus ou moins de contrôle exercé sur les manifestations émotionnelles. Quand une détermination volontaire en annule une autre de la même espèce, quand par exemple un homme fuit une existence luxueuse pour conserver sa santé, nous ne pouvons pas juger de la force de la volonté totale, nous ne pouvons que comparer deux espèces de motifs. Mais quand nous réunissons toute notre

énergie volitionnelle pour lutter contre le courant diffus de l'émotion, nous obtenons une mesure relative des deux grandes branches de l'esprit dans leur totalité. Si une personne a peu d'empire sur ses émotions et qu'elle soit dans une situation qui inspire tous les motifs de répression, nous pouvons dire ou que l'émotion est extraordinairement forte, ou que le lien volitionnel est naturellement ou habituellement très faible. Supposons deux personnes également sollicitées par l'émotion, également pressées par la même souffrance ou le même plaisir à réprimer leurs manifestations; si l'une seulement réussit dans son travail de répression, on dira qu'elle est douée d'une plus grande force de volonté; qu'une plus grande quantité de puissance cérébrale afflue chez elle dans les organes volontaires. La volonté faible est celle qui a besoin pour agir d'un motif plus puissant de l'aiguillon d'une souffrance ou d'un plaisir plus grand. C'est ce qu'on voit constamment lorsqu'on élève des enfants, dans leur famille ou à l'école comme dans toute l'humanité. Il n'y a pas de critérium meilleur de la volonté que le mode et le degré de répression des manifestations émotionnelles; la seule ambiguïté possible viendrait de l'inégale force de l'énergie naturelle d'une émotion.

EXPRESSION MIXTE DES ÉMOTIONS

6. — L'expression vraie des émotions, c'est le sourire, le froncement des sourcils, le rire, le sanglot. Ce sont des manifestations qui naissent avec les états d'esprit correspondants; ce sont les caractéristiques tangibles des sentiments. Ils n'ont aucun but, ils ne sont pas volitionnels, ils sont dépourvus de but conscient.

Cela importe peu que, à l'origine ils aient été volitionnels comme le suppose Darwin. Nous pouvons admettre qu'un cri de souffrance soit en premier lieu un effort de la voix fait en vue de demander assistance; mais lorsque le développement du système est complet, ce cri n'est que l'expression sans but d'une émotion, bien que, sous l'influence d'une autre impulsion, l'animal puisse jeter ce cri avec intention. Un chien aboie simplement parce qu'il est gêné par sa chaîne; l'espoir d'un soulagement lui fait trouver une manifestation nouvelle et distincte. Il se peut de même que le froncement des sourcils ait été d'abord un mouvement volitionnel, accompli pour protéger les yeux contre trop de lumière ; c'est maintenant un effet émotionnel, accompagnant la souffrance dans diverses circonstances. De même le sanglot est bien une expression émotionnelle, quelle que puisse être son origine.

Néanmoins, lorsque nous souffrons, nous faisons des efforts vraiment volitionnels qui s'ajoutent à ces expressions diverses et sont dirigés par le sentiment résultant du soulagement. Il y a donc des actes et des attitudes volontaires qui sont si fréquemment liés à certains états mentaux qu'on reconnait qu'ils font partie de leur expression régulière. Je dois d'abord signaler les mouvements de défense, ordinaires en cas d'attaque. L'attitude d'un combattant sur la défensive est très expressive mais nait entièrement de la volonté agissant en vue d'une fin particulière. Lorsqu'on appréhende un danger on essaie de couvrir les parties susceptibles d'être endommagées ; les mains se lèvent pour protéger la tête, le corps se penche pour présenter moins de prise à l'assaut. Nous frémissons en prévoyant un coup terrible, et cela, même lorsque le danger est idéal, lorsqu'on nous présente soudain des possibilités désagréables, ou qu'on nous rappelle des événements passés pénibles. Détourner la tête lorsque quelque chose nous déplait est un geste d'origine volitionnelle. Regarder le sol est une variante de même acte fait pour éviter un objet désagréable. Un geste de dégoût a aussi pour intention de repousser l'objet de ce dégoût ; on détourne la tête et on étend les mains pour éloigner l'objet. L'accusé qui se cache aux yeux de tous obéit à la même impulsion volontaire unie aux signes volitionnels. L'attitude du suppliant est également un composé mixte. Tourner sans relâche du même côté, se lever, marcher de long en large, ce sont encore des actes volontaires bien qu'ils expriment aux yeux du spectateur une lutte mentale. Les mouvements d'impatience sont purement volitionnels ; ce sont des tentatives faites pour nous délivrer d'une gêne organique, et spécialement du retard apporté dans la circulation du sang quand le corps est pressé par endroit. Se gratter la tête lorsqu'on est embarrassé, c'est soulager la tête par une sensation cuisante. Et ainsi de même pour beaucoup de cas du même genre. Lorsqu'on porte les doigts à la bouche, par exemple, c'est souvent pour adoucir une souffrance en jouissant du plaisir du toucher.

On retrouve pour le plaisir le même mélange de mouvements émotionnels et volitionnels. Lorsque notre attention auriculaire ou oculaire est intense, elle est volontaire bien qu'elle indique le plaisir aussi bien que tout autre effet émotionnel ou vraiment instinctif comme le sourire. Empoigner une chose, tendre les mains vers elle, faire signe à quelqu'un à distance, indique que nous tirons un plaisir de ces actes. L'artiste reproduit toutes ces déterminations volontaires aussi librement que les expressions primitives et strictement émotionnelles. L'homme pieux lève volontairement le regard au ciel ; l'expression solennelle de sa figure fait partie de son émotion proprement dite.

CONTRÔLE DE LA VOLONTÉ SUR LA PENSÉE

7. — Il a déjà été question dans l'examen de la loi d'association composée (§ 13), de l'influence exercée par la volonté sur les pensées ou idées. Nous pouvons, par un acte de volonté, modifier les images et les souvenirs qui se présentent à notre esprit, voilà qui est un fait. Quand je suis engagé dans une action je peux écarter toutes les pensées qui ne s'y rapportent pas, bien qu'elles puissent naître d'associations avec cette action. Mon pouvoir n'est pas illimité, pas plus que ma puissance de commandement sur moi-même lorsque je veux réprimer une émotion ; mais je puis peut-être le pousser plus loin que ne le fait un autre homme, ou encore, moins loin. Lorsque je cherche un passage dans un livre, que je parcours une table des matières, une grande activité intellectuelle se développe en moi, prête à se répandre dans une foule de directions si je ne la contenais pas, si je ne la limitais pas au seul travail que j'ai besoin de lui voir accomplir en ce moment.

J'ai déjà dit aussi que cette influence pour être naturelle et réelle, n'en était pas moins indirecte. Ce que peut faire la volonté, c'est de fixer l'attention. De même que lorsque nous avons pour cela un motif suffisant, nous observons un point dans la scène qui se passe devant nous et nous négligeons les autres, de même que nous pouvons n'écouter qu'un son et être sourd pour d'autres, ne respirer qu'un parfum, ne sentir qu'une pression sur une partie du corps, de même lorsque nous sommes attentifs d'esprit, nous pouvons fixer une idée si bien que d'autres peuvent naître et mourir sans que nous nous en apercevions. Nous devons essayer d'expliquer cette exception à la règle que nous avons supposée : l'influence de la volonté est limitée aux muscles volontaires et aux parties qui leur sont liées. Il ne semble pas évident à première vue que la rétention d'une idée dans l'esprit soit l'œuvre des muscles volontaires. Quels sont les mouvements qui se produisent lorsque je me représente un cercle ou que je pense à St-Paul? On ne peut répondre à cette question qu'en supposant que l'image mentale occupe dans le cerveau et les autres parties du système la même place que la sensation originale ; cette supposition a pour elle bien des raisons que j'ai exposées dans mon volume précédent (*Contiguité*, § 10). Comme il y a un élément musculaire dans nos sensations, spécialement dans nos sensations de l'ordre le plus élevé — toucher, ouïe, vue, — cet élément doit, d'une façon ou d'une autre, trouver sa place dans la sensation en idée, dans le souvenir. Le cercle idéal rappelle ces courants qui engageaient les yeux à parcourir un cercle réel; la différence entre les deux états est dans leur terminaison, le mouvement actuel accompli par l'organe s'arrêtant court. Nous pouvons diriger les courants nécessaires à la représentation d'un cercle imaginaire, comme nous le faisons pour comprendre un diagramme d'Euclide. Ce n'est pas que nous puissions assurer d'avance que la volition agira de même ; mais comme c'est un fait, nous traitons cette action de la volonté comme s'il s'agissait d'attention volontaire fixée sur des réalités présentes. Cette aptitude n'est ni primitive ni facile à acquérir ; mais lorsque le temps est venu de posséder des idées des choses bien formées, la sélection volontaire devient possible ; un acte spontané s'accomplit dans une bonne direction; il est conservé sous la pression de quelque émotion actuelle. On peut à l'école, dresser un enfant à fixer son regard volage sur l'alphabet qui est devant lui ; plus tard le maître fixera l'esprit de l'enfant sur une somme qui sera la base de petits calculs mentaux. Il faut forcer l'enfant à la concentration d'esprit ; cela peut être long et pénible, mais le maître y arrive avec le temps. L'attention se développe lorsqu'elle est exercée et arrive à se fixer d'elle-même. Il n'y aurait qu'un idiot (et pas toujours peut-être) qui pourrait être complètement incapable d'attention ; car il faut de l'attention pour écouter, pour répondre à la plus simple question, pour donner dans des termes convenables les informations les plus ordinaires. Le savant, l'homme qui manie des affaires compliquées, celui qui travaille de tête, ont besoin de faire des efforts d'attention d'un ordre plus élevé ; chez eux, l'élément volitionnel et l'élément intellectuel se confondent. Une grande profusion d'images, de souvenirs, d'idées aurait peu de valeur pratiquement si nous n'avions pas la faculté, purement volontaire originairement de choisir. Sans elle nous aurions le luxe de détails de la rêverie ou du rêve, mais nous ne pourrions ni suivre un plan d'opérations, ni obéir aux règles de la composition (1).

Une autre opération de la volonté qui ne consiste pas aussi clairement en mouvements musculaires idéaux, fixe l'esprit sur une qualité d'un objet plutôt que sur une autre. Un objet concret, une rose par exemple, outre l'étendue a d'autres propriétés qui lui sont également inhérentes, la couleur, la douceur au toucher, l'odeur. Pour passer de la contemplation de l'une à la contemplation de l'autre, nous ne prenons pas une nouvelle attitude musculaire comme lorsque nous passons de l'examen de la fleur à celui des

---

(1) Une remarque sur la puissance d'attention volontaire que l'on prête habituellement à l'homme très travailleur, est ici à sa place. Quand on dit d'un homme qu'il est laborieux, appliqué, sérieux, on fait nettement allusion à l'énergie de la volonté commandant aux facultés intellectuelles. Une personne qui par nature a peu de mémoire pour les langues par exemple, peut, par un travail assidu et en y appliquant toute sa force de volonté, arriver à les apprendre et à les retenir. Il en est de même pour les aptitudes qui dépendent de notre système émotionnel : on peut remarquer la même différence entre deux acteurs dont l'un a des aptitudes naturelles de comédien, l'autre un jeu acquis à force d'étude. Nous avons un acteur né, comme Kean, lorsque l'expression primitive et naturelle des sentiments coïncide presque exactement avec le maximum d'effet qu'on peut obtenir au théâtre. Quand une personne beaucoup moins bien douée veut absolument devenir acteur ou orateur, il faut qu'elle « méprise le plaisir et vive dans le travail » ; il faut qu'elle fasse appel à toute sa force de volonté pour réformer les parties défectueuses de son organisation.

feuilles ; nous conservons au contraire la même attitude, concevons les mêmes points (dans l'espace), et cependant passons d'un effet mental à un autre. Et nous le faisons volontairement, lorsque nous avons des motifs qui nous y engagent. C'est ainsi que nous pouvons nous en tenir à la considération d'un seul effet — l'odeur — et n'être pas distrait par les autres.

Les sons qui n'ont rien à voir avec l'étendue ont des effets concurrents très importants. La hauteur, la douceur, l'intensité, le timbre d'un son, tout cela affecte l'oreille mais n'affecte pas également l'esprit au même moment. Nous pouvons avoir conscience d'une de ces qualités et être relativement inconscients des autres. La volonté peut nous faire changer le point sur lequel nous sommes attentifs et passer de la hauteur à l'intensité.

Ainsi quand nous écoutons des accords musicaux nous n'avons pas conscience de toutes les notes qui les forment, notre attention va de l'une à l'autre, parfois sans aucun motif apparent, parfois en vue d'un but bien déterminé. Lorsque nous écoutons un orchestre complet, la complexité est encore plus grande, l'effort de l'attention pour faire un choix est encore plus grand. Cependant un changement de l'attention n'implique en apparence aucun mouvement musculaire même idéal. Si nous regardons les exécutants nous pouvons en remuant les yeux aller de l'un à l'autre, et concentrer notre attention sur l'effet que produit celui que nous fixons. Mais, si nous le voulons nous pouvons en regarder et en écouter un autre ; et lui accorder la préférence sans connaître la situation locale de l'instrument.

Quand nous donnons librement cours aux impulsions spontanées sans chercher à choisir parmi elles, la marche naturelle des choses semble être celle-ci : ces impulsions donnent des résultats plus ou moins agréables ; d'après la loi primitive qui régit le travail de la volonté, ce sont les impulsions les plus agréables qui attireront notre attention aux dépens des autres. Après un temps, la sensation s'affaiblit, l'attention diminue ; ce sont alors les autres résultats des autres impulsions qui deviennent prédominants et une circonstance quelconque donne à l'un d'eux une importance telle qu'il impressionne à son tour l'esprit. Ce n'est pas seulement le plaisir qui donne cette prédominance aux sensations ; l'intensité d'une sensation suffit encore pour lui donner plus de prise sur l'esprit ; il en est de même pour la souffrance, mais à cause d'une autre raison, de l'intérêt qu'on a à l'éviter.

L'élément intellectuel de la sélection par l'attention est comme on le sait l'identification du présent avec le passé. Nous pensons à la forme ronde du franc quand un franc nous rappelle les impressions collectives passées des choses rondes. Lorsque à côté du franc nous voyons une autre chose ronde, une bague par exemple, cela détermine une tendance à ne considérer que la rondeur du franc et non sa couleur ou son poids. Voilà une détermination purement intellectuelle, mais qui cependant peut fixer notre attention sur une qualité de l'objet plutôt que sur une autre. S'il n'y avait pas identification de cet effet présent avec un effet passé, nous ne fixerions pas notre attention sur une propriété spéciale de l'objet. Quand une préférence volontaire détermine l'attention, elle détermine aussi par effet de la similarité, la renaissance de l'impression passée accumulée. Ainsi d'un côté une suggestion intellectuelle peut être la cause immédiate de la sélection par l'attention, et de l'autre la cause réelle peut être une impulsion volitionnelle excitée par une sensation.

Enfin, nous avons la faculté de passer par dessus tous ces motifs d'attention,—plaisir, intensité, souffrance, coïncidence intellectuelle, — et de nous arrêter à quelque propriété n'ayant rien en elle-même qui puisse forcer notre attention. Cette faculté en réalité, n'indique pas autre chose que la présence d'autres motifs ayant une force supérieure, un motif par exemple de grande utilité ; ainsi nous regardons un poste d'où doit partir un signal et nous ne faisons attention qu'à une chose, au mouvement spécial, au signal.

Réduire ces passages d'esprit d'un objet à un autre, à des changements musculaires, voilà une des difficultés du cas étudié ; et généralement parlant, ce que nous avons à démontrer, c'est que dans le choix d'une qualité au milieu d'un effet d'ensemble complexe, dans l'attention que nous fixons de préférence sur une ou plusieurs images, en un mot dans tout le contrôle qu'exerce la volonté sur l'intelligence, il y a une intervention musculaire.

En supposant une intervention musculaire, nous la supposons souvent indirecte. Ainsi lorsque nous contemplons une rose, nous devons penser à sa forme en nous réprésentant l'effort musculaire nécessaire pour en déterminer le contour. Penser à sa couleur, c'est diminuer cet effort musculaire et mettre les yeux en mouvement. Penser à la douceur qu'elle présente au toucher, c'est se représenter les mouvements de la main et des doigts pour toucher, ce qui est bien une impulsion musculaire (en idée). Penser à son odeur, c'est nous supposer en quelque sorte la sentant, ce qui devient alors aussi une conception musculaire.

C'est lorsqu'il s'agit des sons que la difficulté est la plus grande. Penser à la douceur, intensité et hauteur à part, passer de l'une de ces propriétés à l'autre, cela n'implique pas à première vue exercice musculaire, parce que cela ne nécessite pas évidemment le mouvement d'un organe, le commencement ou la suppression d'un acte musculaire. Ce que nous pouvons faire c'est de travailler sur la condition intellectuelle de la préférence. Quand nous voulons penser à la douceur d'un son, et négliger ses autres qualités, nous engageons notre attention à la recherche de sons remarquables par leur douceur, et nous faisons de cette douceur, en accumulant les impressions passées, une impression prédominante. Il y a donc place pour un mouvement idéal, dans notre recherche idéale des sons déjà connus ; un mouvement dans un cercle, dira-t-on, mais qui cependant peut rapidement s'accomplir. Ainsi, au milieu du tapage d'un grand orchestre, nous sommes attirés par un son puis par un autre, par les causes déjà citées — douceur, intensité, souffrance, — par l'épuisement de la sensibilité, par les suggestions intellectuelles. Quand nous passons de la douceur à la force, il peut y avoir absence totale de volition, nous n'avons donc pas besoin de supposer un mouvement. Il en serait encore de même si à un son fort venait brusquement s'ajouter un son également fort ; il y aurait dans ce seul fait une cause de prédominance, et l'intervention de la volonté, d'un mouvement, serait par conséquent inutile. Si un son mélodieux se produisait soudain, il détournerait le son précédent. Ici nous devons retrouver l'influence de la volonté mue par le plaisir, et par conséquent découvrir un mouvement musculaire. L'expérience prouve qu'il est très difficile de penser à un son doux alors qu'on entend présentement un son fort ; c'est à peine si la volonté est de force à rester maîtresse de la situation. Je ne crois même pas que l'on puisse ainsi s'isoler par la force de la volonté, il doit falloir avoir recours à la méthode de sélection intellectuelle, se souvenir de sons doux passés. Nous nous trouvons fréquemment dans une situation analogue ; notre attention est surpassée par la véhémence d'une impression, bien que nos désirs soient de la fixer sur une autre impression.

8. — Nous pouvons maintenant voir comment le contrôle de la volonté sur la pensée fournit une pierre de touche pour juger du développement général de la volition dans le caractère individuel. La force de la volonté agit ici contre une force d'un autre ordre, contre la puissance des associations intellectuelles. La contiguïté et la similarité rappellent des états passés avec une certaine énergie ; l'attention volontaire les combat en ne se fixant que sur l'un d'eux, et la suite prouve qui est-ce qui est vainqueur. Je regarde attentivement la contenance d'une personne à laquelle je parle soit pour prendre des informations, soit pour en donner ; l'aspect de cette personne tend à me rappeler d'anciennes associations ou d'autres personnes ayant avec elle des points de ressemblance. La fermeté de mon dessein c'est-à-dire la force des motifs tirés d'un plaisir ou d'une souffrance présente ou appréhendée, combat vigoureusement la renaissance de ces associations ; c'est la force de la volonté qui se développe. Si, dans les expériences de chaque jour, je peux réprimer le flot des idées associées, en ayant toujours devant les yeux le but que je poursuis, on dira que j'ai une grande force de volonté.

9. — Dans mon précédent ouvrage j'ai affirmé que, dans le procédé intellectuel qu'on appelle « l'association constructive », rien n'indiquait la présence d'une nouvelle loi d'association ; qu'on y trouvait seulement un fait additionnel, l'exercice de la volonté mue par un but à atteindre. Quand je veux émettre une phrase différant de toutes celles que je connais, je procède d'après une forme connue de langage, j'élimine ou j'ajoute des mots jusqu'à ce que le résultat réponde à mon attente. Si je suis encore sous la direction d'un maître d'école sa désapprobation ou son approbation sera comme un aiguillon qui tiendra toujours mes facultés éveillées ; je travaillerai, j'essaierai, je tâtonnerai ; et lorsque

au milieu du flux d'idées provoquées par des associations, émergera une combinaison correspondant aux conditions imposées, mon esprit y adhérera, et j'arrêterai tous les autres courants de la reproduction des associations. Voilà dans quelle direction tend le mécanisme volitionnel si souvent décrit ; nous adhérons à ce qui soulage nos souffrances ou augmente nos plaisirs dans l'actuel, et nous oublions les objets et les mouvements qui ne produisent pas cet effet ou en produisent d'autres. Dans les plus hautes constructions du génie intellectuel, le début est aussi difficile chez l'homme fait que chez l'enfant ; les mouvements nécessaires ne sont pas déterminés d'avance ; il faut donc faire une série de tentatives, soutenus seulement par cette certitude, que si nous tombons sur le bon mouvement, notre instinct naturel et primordial s'en emparera et le fixera. Quand Watt, inventa son « mouvement parallèle » appliqué aux machines à vapeur, son intelligence et sa faculté d'observation travaillaient sans cesse dans toutes les directions, espérant ainsi tomber enfin sur une heureuse combinaison ; le sentiment qu'il avait de la chose précise nécessaire, était la pierre de touche de toutes les combinaisons qui se présentaient ; il accueillait ou repoussait tout ce qui approchait ou différait de sa pierre de touche. Cette admission ou cette répulsion étaient des effets purement volitionnels ; c'étaient des manifestations de la même énergie qui lui faisait chercher le sein de sa mère lorsque tout petit, il avait faim, le lui faisait quitter lorsqu'il était rassasié, ou encore lui faisait garder un morceau de sucre dans sa bouche et rejeter un morceau amer. La promptitude avec laquelle nous mettons de côté ou nous ignorons ce qui ne répond pas à nos besoins présents est de la volition pure. Nous n'avons pas absolument besoin d'une résolution formelle de l'esprit, prise après délibération, d'une intervention de l' « ego », de la personnalité pour repousser d'une main, accueillir de l'autre ce qui concorde oui ou non avec les sensations ou les nécessités du moment. L'inventeur découvre aussitôt qu'ils se présentent, les inconvénients d'une combinaison, et oublie immédiatement cette combinaison. Des considérations d'un ordre particulier peuvent l'engager à conserver le souvenir de cette combinaison en dépit de la tendance qu'a la volonté de la repousser, mais cette tendance n'en subsiste pas moins dans l'esprit, ainsi que l'instinct qui nous dit qu'une autre combinaison est la bonne. Dans toutes ces constructions, qu'elles soient mécaniques, littéraires, scientifiques, pratiques ou esthétiques, la marche première de l'esprit est toujours confiée au hasard ; le but seul est ce qu'on voit clairement, de façon à percevoir immédiatement la valeur de toutes les combinaisons et suggestions. L'énergie volitionnelle soutient l'attention ou recherche active, et se précipite, comme un animal sur sa proie, sur tout ce qui passe dans l'esprit. Je pourrais étudier toutes les variétés de l'effort créateur qui sont soumises à la loi de l'association constructive, mais je n'aurais, pour chacune, qu'à répéter ce que je viens de dire.

10. — Revenons maintenant à la division première du présent chapitre, et examinons rapidement la puissance additionnelle que nous pouvons gagner sur nos pensées et idées, en essayant de commander à nos émotions. Nos diverses émotions naissent dans des conditions déterminées, sont causées par la vue d'un objet distinct, c'est un fait; nous pouvons donc, jusqu'à un certain point, provoquer ces émotions en dirigeant l'esprit sur leurs objets, leurs causes. Nous pouvons faire naître en nous une certaine tendresse en forçant notre attention, nos idées à se fixer sur le souvenir de toutes les affections que nous avons expérimentées dans le passé. De même, toujours par une impulsion volontaire, en choisissant les images voulues dans le courant de la reproduction intellectuelle, nous pouvons faire revivre tous les torts qui nous ont été faits, et exciter en nous une violente indignation. De même, en feuilletant le catalogue de nos bonnes actions nous nourrissons notre complaisance pour nous-mêmes ; de même encore lorsque nous sommes envahis par une émotion nous pouvons détourner notre attention de la cause excitante, forcer nos pensées à prendre une autre direction; ainsi, lorsque nous sommes dans un accès de tristesse, nous pouvons forcer notre esprit à considérer le côté favorable de notre position (1). Nous faisons

---

(1) Le D' Chalmers dans différentes parties de ses œuvres, a analysé en détail et avec des exemples, cette branche de la puissance volontaire. Beaucoup d'écrivains y ont touché : l'homme s'en sert à chaque instant pour échapper à l'influence trop forte des émotions prédominantes. Pour le D' Chalmers le grand spécifique contre les mauvaises dispositions d'esprit, c'est ce qu'il appelle « la puissance expulsive d'une nouvelle

alors nous-mêmes ce que des amis, un prédicateur ou un moraliste essaieraient de faire pour nous c'est-à-dire que nous nous disons les pensées, les réflexions, les faits qui sont en faveur de la disposition d'esprit que nous désirons voir triompher. Cette opération, bien que souvent couronnée de succès, est ordinairement très pénible, elle dépasse même de fait la force de volonté de la généralité des gens. Ce n'est pas une raison pour l'oublier dans la liste de tout ce qui tombe sous le contrôle de la volonté; les quelques rares exemples de manifestation de cette sorte de puissance sont précieux et dignes d'être aimés.

11. — La répression ou l'évocation d'une manifestation émotionnelle est praticable, comme nous l'avons vu, par une action directe sur les organes affectés; le contrôle de la volonté sur les idées peut encore y aider. Il peut être très difficile de supprimer un violent éclat de rire en n'agissant volontairement que sur les muscles; mais si l'on reporte son esprit sur un sujet sérieux, on calme l'émotion centrale, on coupe l'émotion à sa racine. Quand nous voulons calmer une violente agitation, nous employons généralement les deux méthodes; nous réprimons directement les mouvements musculaires, et nous faisons passer l'attention mentale d'un sujet à un autre sujet, son contraire si possible. C'est une excellente habitude que celle qui permet de commander ainsi aux idées et à l'attention, elle est bonne au point de vue intellectuel et au point de vue du gouvernement des émotions. Lorsque nous voulons faire revivre quelque état émotionnel passé, avec ses propres manifestations, le commandement des idées est plus important que celui des mus-

---

affection ». C'est ne s'occuper que d'un cas plus facile à résoudre que celui auquel j'ai fait allusion ; une émotion peut disparaître si l'émotion contraire naît spontanément (c'est-à-dire provoquée par une occasion naturelle) sans l'intervention de la volonté (de même qu'une pensée se produit indépendamment de la volonté, suggérée seulement par le souvenir de quelque événement passé, ou par une lecture, une conversation) Quand, intimidée ou effrayée, une personne se présente devant un étranger, si l'étranger lui parle avec un accent qui inspire confiance et aisance, elle sentira le premier sentiment disparaître devant le second. Mais lorsque nous supprimons un violent courant émotionnel à cause de la souffrance qu'il nous cause, ou du plaisir que nous procurera sa suppression, c'est un effet purement volontaire. Et l'énergie nécessaire pour accomplir cette répression doit entrer dans la colonne en tête de laquelle est inscrit le mot « Volonté ».

cles, car si nous arrivons à ressusciter le sentiment lui-même, nous sommes sûrs que ses manifestations ordinaires l'accompagneront. Cette manière d'agir demande une plus grande dépense de volonté. Mais si un acteur ne peut arriver à se rendre la personnification de la terreur ou de l'indignation en agissant par la volonté sur ses traits, sa voix, ses gestes, tout ce qui fait partie de la manifestation extérieure, il peut en cherchant dans ses souvenirs personnels déterminer l'état réel avec toutes ses manifestations collatérales.

12. — Mais en parlant de l'influence des idées sur les émotions, il ne faut pas oublier d'étudier l'influence contraire, celle de nos émotions sur nos idées. Il est reconnu que rien n'est plus difficile que d'introduire dans l'esprit occupé dans une direction, des pensées et des considérations contraires. C'est reconnaître avec quelle force nos émotions gouvernent nos croyances ou nos convictions. Lorsque nous sommes engagés dans un courant de réflexions tristes ou indignées, notre volonté, pour opérer une diversion, doit combattre les autres grandes puissances naturelles liguées contre elle ; le courant des associations, ou l'intelligence et le flot furieux de l'émotion provoquée en même temps. On peut ici proposer un problème intéressant : cette puissance de l'émotion sur la pensée ne serait-elle pas en partie et même dans beaucoup d'occasions un effet volitionnel? Quand un sentiment de plaisir très intense fixe exclusivement l'attention sur un objet, quand par exemple nous écoutons de la musique, quand nous regardons une chose du plus haut intérêt, ou que nous nous souvenons et que nous faisons renaître idéalement ces états de conscience, je crois que cela est dû à une influence purement volitionnelle ; n'y a-t-il pas là le stimulant véritable de la volonté qui conduit à des actes volontaires. Une souffrance qu'il s'agirait d'éviter serait également un énergique stimulant de l'attention corporelle et mentale. Les choses se passent-elles autrement quand une violente émotion, l'amour, l'admiration, l'orgueil de soi-même, la vengeance, s'empare de l'esprit ? Est-ce que nous ne nous attachons pas à tout ce qui conserve le charme du moment (ce qui n'est pas autre chose que de la volition), et ne fuyons-nous pas tout ce qui peut l'altérer ou le détruire ? Il est clair que lorsqu'un état émotionnel est purement agréable,

la volonté a de fortes raisons de le conserver (1). Cependant ces considérations ne peuvent s'appliquer à tous les modes d'excitation. Nous voyons parfois qu'une émotion très pénible opère de façon à ce que les causes mêmes du mal persistent. La peur est un exemple de ce cas. Le malheureux sous l'empire de la peur, serait bien heureux si l'excès même de son mal pouvait chasser de devant ses yeux terrifiés les images et les objets origines de sa frayeur. Ici la marche naturelle de la volition est manifestement altérée et paralysée par quelque influence étrangère. Il en est encore de même pour la colère. Je suis convaincu qu'on éprouve du plaisir à donner libre cours à son ressentiment, mais l'énergie de la vengeance est souvent hors de proportion avec la souffrance écartée ou le plaisir cherché. Je ne parle pas du calcul des conséquences futures de la vengeance ; dans la grande majorité des cas ce calcul montrerait que pour ce qui a rapport au bonheur de l'individu, la colère est une faute, une méprise; car même dans le moment précis, les actes accomplis ne sont pas mesurés d'après l'estimation naturelle de la souffrance ou du plaisir. En résumé, il y a dans l'excitation des émotions violentes une puissance autre que celle de la volonté, et qui exerce cependant aussi un contrôle sur les actes et sur la pensée. Ce n'est certainement pas à cause d'un stimulus agréable que toutes les pensées que nourrit l'esprit contre la personne qui la met en colère, sont défavorables. C'est là une propriété du sentiment dans son caractère strictement émotionnel, et nullement volitionnel.

Une émotion persiste dans l'esprit et y exerce une influence prépondérante non pas seulement parce qu'elle est agréable ou pénible, mais parce qu'elle est forte. C'est l'effet de ce que nous appelons « l'excitation » de l'émotion. La puissance nerveuse est accumulée dans quelque coin du cerveau et en connexion avec une classe de pensées; toutes les idées qui appartiennent à cette classe s'éveilleront facilement tandis que d'autres dormiront. Dans un état d'exaltation, de joie, les pensées sont aimables et ar-

---

(1) Lorsqu'une émotion est agréable, l'émotion et la volition travaillent dans la même direction. Lorsque l'émotion est pénible elles agissent en sens contraire surtout pour le contrôle sur l'attention, et la suppression ou la diminution des idées et pensées pénibles.

dentes. Quand l'excitation est mélancolique, les pensées ont une teinte correspondante. Quand cette joie ou cet abattement ont pour causes des objets sans intérêt spécial, les pensées qui naissent de préférence sont celles qui ont rapport simplement au sujet.

Dans cet état d'esprit, on perd tout calme, tout équilibre ; les jugements et les convictions sont troublés et faussés. Pour décider sagement il faut que toutes les considérations se présentent avec leur force naturelle, ce qui n'est possible que lorsque les courants nerveux ont partout la même énergie et que le système nerveux et le système intellectuel sont en balance parfaite. Le trouble qu'apporte une émotion, une excitation spéciale, une idée fixe, empêche les considérations diverses de se faire également jour, et la décision prise alors est dite partiale (1). Dans le chapitre suivant nous reviendrons sur la perversion émotionnelle et sur son influence sur les motifs de l'action volontaire.

Ainsi dans l'exercice du contrôle de la volonté sur la pensée nous trouvons souvent deux forces contre une : la tendance qu'a l'intelligence à suivre la direction où l'entraînent les plus fortes de ses associations, et la tendance émotionnelle qui fait que, sous l'influence d'une excitation présente nous caressons une classe de pensées et bannissons les autres. Ce n'est pas la première de ces deux tendances qui rend si difficile le contrôle de la volonté sur la pensée, mais bien la seconde, qui par l'intermédiaire d'une émotion, rend une classe de considérations toute puissante sur l'esprit.

(1) M. Spencer a heureusement rendu le côté physique de cette situation d'esprit (*Psychologie*).

CHAPITRE V

MOTIFS ET FINS

1. — La conclusion du chapitre précédent prouve qu'il est temps d'aborder l'étude des différentes sortes de motifs. Jusqu'ici nous n'avons employé que des désignations générales, plaisirs et souffrances, qui résumaient toutes les causes qui ont de l'influence sur la volonté. Nous savons cependant déjà qu'il faut tenir compte des circonstances qui modifient la marche de l'activité volontaire de l'homme. Les émotions tendres, la peur, la colère, se servent du mécanisme des organes volontaires tout en nous pressant d'agir, semble-t-il, en dehors de toute considération agréable ou désagréable. Ce fait demande une explication. Indépendamment des anomalies, des exceptions à la loi générale qui régit la volonté, il y a dans les combinaisons des motifs une grande variété proportionnée à l'actualité ou à l'attente du plaisir. L'élément intellectuel, le souvenir, tient évidemment une place importante lorsque surtout la souffrance ou le plaisir n'opèrent qu'en idée, par anticipation, ne sont que les échos des expériences passées. De plus nous travaillons le plus souvent à atteindre un but qui en lui-même nous est indifférent, mais qui a de la valeur comme nous permettant d'aller au delà, bien que souvent nous perdions de vue cet objet ultérieur, tout occupés que nous sommes dans la poursuite des objets rapprochés. Le fermier met autant d'empressement à rentrer ses moissons qu'à venir prendre sa nourriture ou à se protéger contre les grands froids de l'hiver. Nous passons notre vie à poursuivre ces fins intermédiaires.

2. — Si l'énumération que j'ai faite de nos différentes émotions est complète, nous avons déjà touché à tous les objets, agents et circonstances qui peuvent constituer les motifs ou fins simples et dernières de la volition. Dans la première partie du volume les *Sens et l'Intelligence* dans la première du présent ouvrage, les *Émotions*, nous avons rencontré tout ce qui peut servir de stimulant agréable ou désagréable. La fonction propre de nos facultés actives, c'est de diminuer autant que possible les maux qui nous menacent de tous côtés, et de retenir, d'augmenter par le même moyen, nos plaisirs. Revenons brièvement sur l'énumération déjà faite. Nous trouvons d'abord toutes les souffrances du système musculaire, conséquences de maux aigus ou d'un excès d'exercice. Ces souffrances sont toutes des motifs de les fuir lorsqu'elles sont présentes ou seulement menaçantes. Le système musculaire a en outre ses jouissances qu'il est bon de cultiver. Les sensations de la vie organique comprennent un faible total de plaisirs en comparaison d'une somme considérable de souffrances que doit combattre notre volition.

Il faut une grande dose d'attention volontaire pour ne mourir ni de froid, ni de faim, ni de soif, ni de manque d'air, pour lutter contre les maladies, pour combattre dans la grande lutte de la vie et de la mort. Les motifs d'action sont nécessairement pressants et de la plus grande importance ; ils commandent à une grande partie du travail volontaire de chacun. Matériellement parlant, nous ne pouvons guère cultiver les plaisirs de la vie organique, tant nous sommes occupés, fatigués par cette lutte contre la souffrance et la mort organique, et leurs conséquences. Les intérêts des autres sens ne sont que secondaires en comparaison de ceux des sens compris dans le groupe organique ; cependant comme ces sens ont aussi leurs plaisirs et leurs souffrances, ils ont leur part d'influence sur l'activité volontaire. Il faut que nous évitions les goûts amers, les mauvaises odeurs et que nous cherchions leurs contraires agréables. Les plaisirs de la chaleur, de la douceur de contact sont très recherchés tandis que nous évitons par tous les moyens les contacts durs et piquants, de même pour les sons agréables et désagréables ; quelques natures sont très impressionnables sur ce point et souffrent vraiment de sons pénibles, si bien qu'elles feraient tout pour les fuir. Enfin la vue a ses plaisirs non moins que son utilité comme condition de réussite dans la poursuite, d'un grand nombre de fins ; les spectacles variés, les effets scéniques, le jeu des couleurs, entrent pour une grande part dans les jouissances de tous les jours. Nous sommes aussi exposés à voir des choses pénibles, révoltantes ; nous les fuyons comme nous fuyons l'obscurité complète. Les émotions spéciales que nous avons étudiées dans la première partie de ce volume, renferment aussi des plaisirs et des souffrances qui sont des stimulants pour la volonté. Nous avons déjà insisté sur le charme de la nouveauté, du merveilleux, sur la joie profonde qu'on éprouve à passer de la contrainte à la liberté. Les émotions tendres ont aussi leur influence ; ce n'est pas sans motif que l'homme s'entoure d'une famille, d'amis nombreux. Les différentes formes de la malveillance fournissent aussi un nombre de motifs très pressants. La complaisance pour soi-même, l'approbation, la louange, le sentiment de la puissance et de la supériorité donnent des jouissances profondes, poussent la volonté à agir, et inspirent quelques-uns des plus grands efforts dont soit capable la nature humaine. La partie active de nous-mêmes fournit, comme nous l'avons vu, l'occasion d'obtenir un grand nombre de plaisirs ; les plaisirs de l'action sont nombreux, il peuvent s'obtenir en poursuivant en outre une fin qui leur est étrangère.

Quelques esprits jouissent profondément par l'intelligence lorsqu'ils augmentent l'étendue de leurs connaissances et découvrent la vérité ; de même, ils souffrent des inconséquences, des contradictions ; l'ignorance les attriste ; chez eux la volonté travaille pour aider aux recherches de l'intelligence. Les sensations esthétiques partagent avec les autres plaisirs l'influence des émotions en tant que motifs d'action sur la volonté. Enfin nos sentiments moraux nous indiquent beaucoup de choses à chercher, beaucoup à éviter. Tout ce qui est motif ou fin pour l'activité volontaire doit être contenu dans ces différentes classes d'émotions, sinon, la classification des émotions de l'homme, n'est pas complète. Tout état appelé plaisir ou peine, et qui est sûrement un stimulant de la volonté doit être ou une sensation musculaire, ou une sensation des sens, ou une des émotions spéciales ; il peut aussi y avoir des sensations neutres et indifférentes par rapport à la volonté.

3. — Nous devons rappeler encore la persistance *idéale* de ces différentes émotions qui fait qu'elles sont efficaces bien que la réalité soit encore éloignée. J'ai déjà noté cette particularité en décrivant les émotions. Elle est essentielle à étudier par rapport à l'influence des objets sur la mise en activité de la volonté. Une souffrance qui fait peu d'impression sur notre mémoire peut, sur le moment, nous engager à agir vigoureusement ; mais plus tard nous ferons peu de chose pour la prévenir. D'un autre côté, quand nous nous souvenons nettement d'une forme particulière de la souffrance, ce souvenir sera à l'occasion le coup d'éperon qui nous fera agir volontairement pour nous précautionner contre le mal connu. C'est ainsi que nous pouvons nous préserver de certaines maladies, de certains accidents qui feraient tort non seulement à nous-mêmes, mais à nos biens, à notre réputation, à notre dignité, qui diminueraient nos jouissances favorites et nous plongeraient dans les maux les plus détestés. Il y a certaines choses présentes ou idéales, qui influent toujours efficacement sur notre conduite, et que l'on retrouve dans la vie de chacun. Il y en a d'autres qui n'ont d'influence que dans l'actuel. Enfin il y a une classe intermédiaire, nombreuse, de plaisirs et de souffrances qui nous stimulent fortement dans la réalité, mais dont l'influence idéale diminue chaque jour davantage à mesure que la réalité s'éloigne de plus en plus. Tous les genres de souffrance ont une tendance à persister dans la mémoire et à faire garder une attitude défensive pour l'avenir ; mais ce ne sont pas toujours les souffrances les plus intenses dont on se souvient le mieux. Bien des circonstances autres que l'intensité actuelle concourent à déterminer la persistance idéale de nos plaisirs et peines.

L'exposition complète des lois qui gouvernent l'intensité des émotions en souvenir, a déjà été faite dans le chapitre sur l'émotion idéale ; je n'y reviendrai ici que par rapport aux plaisirs et souffrances, motifs d'activité volontaire. C'est de l'efficacité du souvenir que dépend cette grande qualité d'esprit qu'on appelle prudence ou prévoyance.

Nous avons besoin de nous rappeler nos jouissances passées afin d'assurer leur répétition aussi complète que possible dans l'actuel. Nous avons besoin de nous rappeler nos souffrances passées afin que la réalité, pire que le souvenir, ne se reproduise pas.

La différence entre une prudence sévère ou relâchée tient en grande partie à la valeur générale de l'expérience actuelle agréable ou désagréable. La présence d'un grand nombre de jouissances actuelles et l'absence de peines marquées et nombreuses, nous dispensent de considérations pour l'avenir et du travail en vue de fins idéales. La prudence entre dans le caractère quand les plaisirs actuels sont peu de chose, quand les souffrances actuelles sont considérables, quand par nos efforts nous pouvons améliorer la situation, et enfin quand notre tempérament est naturellement actif. Une bonne mémoire volitionnelle, qui n'oublie pas les souffrances, appartient à celui qui doit travailler beaucoup pour acquérir son lot de jouissances et qui ne recule pas devant ce travail. En résumé cette qualité implique prépondérance du côté intellectuel et actif du tempérament sur l'émotionnel.

Les directions spéciales que suivent les individus en poursuivant le plaisir et en fuyant la souffrance, sont expliquées par les circonstances qui nous rendent plus sensibles à certains plaisirs et souffrances qu'à d'autres. L'homme qui agit doit défendre les points sur lesquels il est le plus vulnérable. Ses motifs idéaux de défense correspondent à la fréquence des menaces ou à l'imminence des maux réels. La prudence croit nécessairement avec les répétitions de la souffrance dans l'actuel. De même pour le plaisir, nos efforts sont dirigés vers ceux qui nous plaisent le plus, qui, par la répétition ont été suivant leur valeur, mieux fixés dans la mémoire ; et ici comme ailleurs on constate la grande infériorité de l'idéal par rapport à l'actuel.

Certaines circonstances augmentent l'efficacité du plaisir et de la souffrance en tant que motifs, et cela indépendamment des conditions d'intensité et de répétition. L'idée du plaisir ou de la souffrance peut se présenter souvent à nous par l'intermédiaire des autres personnes. Ainsi la vue fréquente du riche d'un côté, du pauvre luttant contre la misère de l'autre, excite notre ardeur volitionnelle à rechercher l'abondance des biens du monde.

La marche de la volition est aussi facile à suivre lorsqu'elle est activée par l'appréhension d'un plaisir ou d'une souffrance, que lorsqu'elle l'est sous l'influence d'un état actuel. L'intervention de l'intelligence fait d'un mal qui approche un stimulant aussi effectif que le serait le mal réel et présent. Le cheval obéit au coup de fouet à cause de la souffrance présente; l'enfant apprend ses leçons le soir pour éviter le lendemain les punitions de son maître. Plus notre intelligence nous aide à entrevoir la réalité des conséquences d'un acte, plus un état idéal se rapproche par son action sur notre volonté, d'un état réel. Des modes d'émotions qui par leur nature ou par le genre de mémoire de l'individu, s'oublient facilement, ne comptent pas parmi les motifs idéaux qui gouvernent la conduite présente et influent en conséquence sur notre bonheur ou notre malheur.

4. — *Fins agrégées, dérivées et intermédiaires.* — Les fins dernières ci-dessus énumérées sont souvent groupées ensemble et représentées par une fin qui les renferme en abrégé. La plus fréquemment poursuivie de ces fins abrégées c'est l'argent, cette institution des sociétés civilisées. Puis vient la santé, c'est-à-dire l'ensemble des arrangements faits pour nous préserver des souffrances organiques. La plupart de ces fins agrégées ont sous leur dépendance une fin intermédiaire dont la vue dirige nos efforts. Le laboureur qui entre dans son champ pour commencer sa journée n'est pas tant occupé du but qu'il poursuit en somme, assurer son existence, que de la pièce de terre qu'il doit avoir labourée avant le soir. Voilà ce qui guide ses énergies volontaires et ce qui fixe son attention sur un objet particulier. La vie humaine est artificielle suivant que nous agissons plus ou moins, seulement pour atteindre ses fins qui ne sont que des pas d'acheminement vers le but final de nos efforts volontaires. La sécurité sociale est une de ces fins intermédiaires que nous avons appris à chérir à cause de leurs conséquences et que nous travaillons de toutes nos forces à atteindre. Les actes de chacun impliquent ainsi l'existence d'un petit nombre d'objets qui sont les représentants, les abrégés d'un nombre plus considérable de fins élémentaires de souffrances évitées et de plaisirs conquis. Nous devons encore citer l'éducation, l'instruction, le succès professionnel, les relations sociales, les positions sociales, la puissance, les dignités, et tout ce qui satisfait les goûts spéciaux. Chacun de ces objets implique satisfaction de plusieurs de nos aspirations ; ce sont par

conséquent des motifs d'activité volontaire. Sans cet élément supérieur qui frappe directement l'esprit, des biens prochains comme la richesse, l'espoir d'un bel avenir professionnel, les relations sociales, n'auraient pas assez de force comme motifs, pour faire mouvoir le plus petit muscle du corps humain ; ce sont des courants qui n'ont de valeur que par le total d'émotion agréable qu'ils représentent dans l'actuel. Ainsi leur valeur en tant que motifs correspond à l'estimation faite d'après des expériences passées ou des observations sérieuses, et de la somme exacte des plaisirs qu'on devra réaliser ensuite dans l'avenir, ou de peines évitées, par le moyen de ces fins intermédiaires. Voilà le seul moyen que puisse employer un être rationnel pour estimer la valeur de l'argent, des situations sociales, de la science, de la puissance, de la santé, ou des autres étapes vers ces fins ou d'autres supérieures. Cette évaluation serait sans doute la seule pratiquée si nous pouvions prévoir exactement les conséquences heureuses de chaque cas. Mais il faut que l'intelligence intervienne avec force et que nous ayons déjà beaucoup expérimenté ces conséquences bonnes et mauvaises, pour dévoiler l'avenir à la volonté avec cette autorité confirmée par la réalité.

5. — *Fins exagérées, passionnées, irrationnelles. Idées fixes.* — Il y a certains modes d'activité qui ne laissent découvrir aucune liaison entre l'énergie déployée et le plaisir obtenu, la souffrance évitée. C'est qu'alors nous sommes soumis à une sorte de fascination et d'impulsion irrésistible. Nous sommes un peu comme ceux qui, au bord de l'abime sont saisis de l'envie de s'y jeter, ou comme le papillon déjà brûlé, mais qui se précipite néanmoins encore vers la flamme. Il y a des spectacles qui nous causent une souffrance extrême et dont nous sommes cependant incapables de détourner les yeux.

J'ai déjà dit *(Contiguïté)* que nous devons chercher une explication à cette influence qui traverse encore le cours régulier de la volition, dans la persistance inaccoutumée ou morbide de certaines idées dans l'esprit. La déviation n'est d'abord qu'intellectuelle ; elle s'étend ensuite aux actions. Un objet particulier, par un moyen ou par un autre s'est emparé de notre esprit, nous ne pouvons l'en chasser ; il arrivera par sa persistance à exclure de l'esprit d'autres objets, et finira par influer sur la conduite, d'après ce principe, que tout acte conçu tend à se réaliser lui-même. Lorsqu'on regarde au fond d'un précipice, l'image d'un corps tombant est assez puissamment suggérée pour donner l'impulsion qui fait passer notre propre personne à l'état d'exemple de la chute des corps. M. Braid, et bien d'autres, font appel à ce genre d'influence dans leurs expériences magnétiques (1).

6. — Le stimulus de la souffrance occasionne souvent des efforts beaucoup plus grands que ceux qui seraient vraiment nécessaires pour la fuir ; la principale des causes de cette disproportion, c'est la présence de l'émotion de la crainte. Un mal senti ou appréhendé, lorsqu'on l'envisage froidement, ne provoque que les efforts nécessaires de précaution ; mais qu'on se laisse troubler par la peur, et l'objet se fixera dans l'esprit avec une force croissante, il exclura de l'esprit toute autre considération également importante pour le bien-être de l'individu, qui se jettera à tout hasard dans la ligne de conduite suggérée par son imagination troublée par la peur. Faites peur à un enfant dans un lieu particulier, l'idée d'éviter cette place hantera son esprit si fortement qu'on pourra à peine lui faire surmonter sa répugnance en faisant appel à toute son énergie volontaire. Tous les modes de perturbation par la crainte provoquent une excitation extraordinaire des sens et de l'intelligence, excitation qui ne se porte du reste que vers l'objet unique qui a causé l'alarme. De là la grande influence de la peur sur la croyance. De là aussi l'influence de ces conceptions exagérées, en tant que motifs d'action. Saisis de frayeur nous grandissons le danger et nous dressons sur la même échelle, nos plans de défense. Un général peut apprécier avec une précision calme la force de l'ennemi, sentir avec force les difficultés de sa position sans être pour cela soumis à une excitation perturbatrice. Il ne fera que ce qui est absolument commandé par les nécessités de sa position. Ses actes volontaires seront calculés, justes, calmes, rationnels.

(1) Je crois que M. Braid a été le premier à produire ce fait comme explication des tables tournantes. Il remarqua que certaines natures sont particulièrement disposées à tomber sous le joug de l'idée fixe qui agit en dehors de la volonté, sans par conséquent qu'il y ait conscience d'un effort volontaire.

Un état d'actif dégoût, d'antipathie est encore une forme de cette excitation qui accompagne certains modes de sensibilité pénible, et qui provoque un déploiement exagéré de forces actives. On ne peut pas dire jusqu'où ira un homme ainsi excité ; il ne voit qu'un but, tous les autres intérêts de la vie sont rejetés dans l'ombre ; il agit comme si rien ne devait diviser les forces de sa constitution. La volonté n'est pourtant pas directement éveillée comme par une souffrance vraie, réelle ; elle l'est plutôt par l'idée d'infliger un mal à ce qui absorbe ainsi l'esprit jusqu'à en exclure toute idée autre. Le monomane qui ne pense qu'à tuer quelqu'un est un exemple extrême de la force que peut acquérir l'idée fixe. Il ne manque pas d'esprits qui sont la proie facile de toutes les idées qu'on leur suggère, et qui se sentent comme forcés à mettre à exécution tous les projets dont on les a entretenus.

7. — Il y a aussi des modes de plaisir qui produisent une excitation exagérée. Toute joie subite et forte peut exciter les fonctions physiques comme le ferait la passion, et les facultés intellectuelles et actives d'une façon disproportionnée. Le travail propre de l'esprit dans un état joyeux, c'est de ne faire que les efforts que justifie le charme agissant actuellement et de ne pas jeter dans l'ombre d'autres plaisirs. L'homme qui peut se conformer à cette règle, est à un certain point de vue, sans passion bien qu'il soit loin d'être privé de sensibilité, qu'il jouisse et souffre également. En réalité c'est lui qui est dans la juste mesure et qui recueille la plus abondante moisson. Il n'est donc pas vrai que la passion (1) soit le meilleur des stimulants de la volonté. Elle peut exciter des efforts momentanés et disproportionnés avec la circonstance, mais elle fait oublier des fins autres et plus importantes. Cependant, il y a pour chaque homme, un ou plusieurs plaisirs, dont il ne jouirait pas s'il était absolument de sang-froid, c'est un fait. Ces plaisirs peuvent ne pas être parmi les plus grands que nous puissions obtenir, bien qu'il soit permis de supposer qu'on les recherche en partie pour leur intensité. Quels que soient ces plaisirs qui agissent

---

(1) La « passion », synonyme d'émotion, est un mot qui indique les degrés les plus intenses de l'excitation émotionnelle, ceux qui détruisent tout calme, tout équilibre dans le système. Avec n'importe quelle émotion violente, l'objet de cette émotion devient une « idée fixe ». La crainte, la colère, l'amour sont les émotions qui deviennent souvent des passions.

sur notre sensibilité jusqu'à ébranler tout notre système, nous en sommes, jusqu'à un certain point les victimes. Ils peuvent avoir de la valeur par la somme qu'ils ajoutent à notre bonheur total, mais les efforts qu'ils provoquent sont hors de toute proportion. L'élément de bonheur qu'ils forment est taxé trop haut, les autres éléments, le sont trop bas. Parmi les fins qui nous entourent d'une chaude atmosphère, nous pouvons citer : les affections personnelles, la richesse, la gloire, la science, le sport, quelques variétés de l'émotion esthétique. Les émotions de l'amour sont peut-être ici les plus remarquables. On peut après coup, se souvenir de toutes ces émotions avec une netteté proportionnée à la satisfaction qu'elles ont procurée ; ou bien on a une tendance à exagérer ce souvenir auquel cas il y a perte de plaisir ou aggravation de peine sur un autre point. Cette faculté de prendre feu pour un sujet quelconque est particulière à la nature humaine et plus ou moins développée suivant les individus. On fait souvent l'éloge des tempéraments appelés passionnés ; on sait cependant que cette disposition poussée à l'excès mène souvent à la folie. Ne voyons-nous pas des personnes aveuglées par l'infatuation courir à leur perte malgré les avertissements du malheur présent, de la misère à venir. Il y a ainsi bien des situations anormales dans la vie humaine, qui ont des causes bien semblables entre elles. C'est une exaltation temporaire du cerveau, un enthousiasme exagéré pour un seul objet qui est parfois, mais pas nécessairement, une cause de bonheur intense ; elle a pour effet de grandir tout ce qui a rapport à cet objet, de faire oublier tout ce qui lui est étranger. Le poète et le moraliste ont l'habitude de s'étendre avec complaisance sur l'importance de cette perturbation de l'équilibre mental pourvu que l'objet leur en paraisse bon ou noble. Soit qu'ils désespèrent des essais faits pour rétablir le calme, l'équilibre dans les forces mentales, soit qu'ils ne regardent pas cet équilibre comme le « beau idéal » du caractère, ils s'accordent toujours merveilleusement pour louer une passion maitresse bien placée. Il est impossible de nier que cela n'ait pas certains avantages. S'il est nécessaire d'atteindre une certaine fin, à côté de laquelle toutes les autres ne sont rien, il faut non seulement penser aux résultats utiles et agréables qui seront la conséquence de la poursuite, ce qui n'aurait que peu d'action sur la volonté, mais encore et surtout il faut allumer un incendie, une excitation, une furie qui puisse annuler tous les motifs d'action contraires. C'était le procédé qu'employaient Pierre l'Ermite, Daniel O'Connell et tous les autres avocats passionnés d'une cause. Si l'on considère l'œuvre à accomplir, il ne peut pas y avoir de procédé meilleur ; mais il entraîne souvent l'immolation impitoyable du bonheur de l'agent (1).

On connaît qu'on poursuit une fin agréable et exagérée par le degré de l'excitation produite, et aussi par la force des sentiments pénibles qui naissent lorsqu'on est contrarié dans cette poursuite. La crainte, la colère inspirées par l'opposition, sont une juste mesure de l'exaltation exagérée du système en faveur de l'objet en vue. Souvent on éprouve une antipathie violente contre des personnes qui s'attaquent à des choses ne produisant aucun sentiment agréable extraordinaire ; contre ceux par exemple qui répudient une cérémonie vénérée qui n'a comme recommandation intrinsèque que l'usage, et comme soutien extrinsèque que l'inflammation de cette colère, de ce mode d'antipathie. C'est ainsi qu'il faut expliquer la répulsion qu'inspire la viande de porc aux Juifs et aux Mahométans.

Ainsi, en résumé, les plaisirs ou les souffrances présentes, les plaisirs ou les souffrances dans l'avenir, conçus par conséquent, les fins agrégées, les fins intermédiaires et dérivées, les fins exagérées, agissent, influent sur la volition d'après les lois distinctes qui ne constatent pas d'exception à l'efficacité des deux grands états opposés qui, influant sur l'esprit conscient, sont les moteurs de la volonté.

Dans les précédents chapitres, nous avons décrit la naissance et le développement de la partie exécutive de la volonté, guidée par l'instinct fondamental qui nous pousse

---

(1) Lorsque nos émotions se rapportent au bien des autres, ou même au nôtre lorsque auparavant nous l'avons peu cultivé, le principe d'action n'est pas le plaisir ou la souffrance que l'agent tire de cette source. Il est louable d'encourager de tels sentiments, et le poète ou l'orateur peuvent alors faire leurs efforts pour enflammer les esprits pour un but semblable ; ils ont raison de le faire comme on a raison de faire servir la terreur au bon gouvernement ou à la bonne éducation, et la rhétorique à aider au triomphe de la vérité. La grande difficulté est et sera toujours de limiter ainsi les arts qui ont le don d'exciter des impressions et des émotions exagérées.

à conserver une condition actuelle de plaisir et à fuir une cause actuelle de souffrance. Nous avons vu comme l'association établit des liens de communication entre les émotions et les actes qui les satisfont, liens qui permettront ensuite de provoquer des efforts latents. De plus nous avons constaté que l'intelligence peut faire revivre en idée des états émotionnels qui agissent sur la volonté comme le ferait une sensation actuelle. Nos travaux les plus importants, les sollicitudes les plus incessantes ont toujours un but éloigné que nous ne faisons que nous représenter de loin. L'animal poursuivi ne cesse pas de fuir, de souffrir, de se mouvoir, parce qu'il voit toujours le danger en idée. Chaque mouvement que nous faisons entre le lever et le coucher du soleil est gouverné par quelque souffrance ou quelque plaisir prévu; si c'est une fin intermédiaire qui sert de stimulus, elle n'a de force que parce qu'elle conduit à une fin supérieure qui vit dans notre souvenir aussi bien qu'elle opère dans l'actuel.

Lorsque nous avons ainsi dit comment se forme notre faculté active, volontaire, quels sont les motifs qui nous poussent à agir, on peut dire que nous avons exposé, bien imparfaitement il est vrai, le phénomène essentiel de la volition tel qu'il paraît chez l'homme et chez l'animal. On pourrait cependant produire une grande quantité d'applications des principes généraux, qui seraient intéressantes et par elles-mêmes, et parce qu'elles serviraient à rendre plus claire la théorie de la volonté. Il y a toute une partie de la question qui reste dans l'ombre et ce n'est pas la moins importante au point de vue théorique et pratique. Je veux parler des conflits volontaires. Les motifs qui influent sur la conduite humaine sont si nombreux, que nous devons nous attendre à de fréquents conflits entre eux, à des luttes dont rien ne résulte, à moins que l'une des deux forces ne l'emporte sur l'autre. Ceci nous conduit à énumérer quelques-uns des motifs d'action les plus importants. On peut construire ainsi une échelle de motifs d'après des individus, ou des classes d'êtres sentants, ou d'après la plus ou moins grande force de ces motifs pour stimuler la volonté. La vie intérieure de chacun est une sorte de champ de bataille, de combat continuel; l'issue de ces combats constants est importante et pour la personne elle-même et pour les autres.

L'estimation que nous faisons d'un être en tant qu'agent, dépend de la prédominance de certains motifs dans ses actes. L'éducation de la jeunesse a pour objet principal, le développement de la force de certains motifs d'action. Ainsi le devoir, l'éducation, l'estimation du caractère aboutissent à des considérations relatives au rang assigné aux motifs particuliers de l'activité volontaire. En conséquence il est nécessaire d'étudier plus en détail ces conflits de la volonté.

CHAPITRE VI

CONFLIT DE MOTIFS

1. — Quand deux états de conscience naissent ensemble, ils produisent, s'ils sont de même nature, une somme totale, la réunion de deux plaisirs par exemple, donne un plaisir total plus grand que les parties. Lorsqu'une souffrance naît avec un plaisir, l'un peut neutraliser l'autre, c'est un fait connu. Une diversion agréable, une douce saveur, apaisent l'enfant irrité ; dans la vie entière nous cherchons à neutraliser le désagréable par l'agréable. Lorsque les deux sont en conflit l'un doit disparaître et l'autre perdre un peu de son efficacité ; le premier est le plus faible, le second le plus fort. Lorsque le charme d'un paysage nous rend insensible à la faim ou à la fatigue, le côté agréable de la situation fait oublier le pénible ; si la lecture d'un roman intéressant n'arrive pas au même résultat, nous dirons que le paysage nous causait plus de plaisir que le roman ; voilà une façon usuelle et commode d'estimer l'influence comparative des objets qui procurent du plaisir. Je suppose ici que la volonté n'opère pas, et je ne fais que décrire ce qui arrive lorsque deux purs états de conscience opposés se rencontrent. Le cas n'est pas une simple hypothèse. Beaucoup de nos souffrances sont annulées par nos jouissances, sans pour cela qu'il y ait stimulation de la volonté. Nous usons du reste, suivant les circonstances, des différents modes de soulagement. La constitution individuelle influe sur leur emploi. Ceux qui ont une grande puissance de volonté, combattent la souffrance par des mesures actives de prévoyance ; les tempéraments plus apathiques, ou plus émotionnels cherchent à éloigner

le malheur en fréquentant les sources de jouissances ou bien à le mitiger, à l'adoucir, à le varier.

2. — Nous étudierons d'abord le conflit entre un stimulus volontaire et les impulsions spontanées résultats de conditions purement physiques, nerveuses ou musculaires. Ainsi envisagées, les impulsions spontanées, conservent jusqu'à la fin leur influence active, isolée. Après une nuit de repos, après un repas substantiel, les organes actifs sont chargés d'une puissance prête à se dépenser dans toutes les directions. Je ne veux pas reproduire ici les preuves que j'ai déjà données à ce sujet. Il suffit de dire que cet élément de notre activité entre souvent en lutte avec les impulsions volontaires inspirées par le plaisir ou la souffrance. Cette activité exubérante doit naturellement souvent contrarier les déterminations froides de la volonté. La volonté d'un enfant vigoureux qui est blessé et ne peut plus en conséquence se livrer à ses jeux, est en lutte ouverte avec ses impulsions spontanées. Le conflit est le même pour le cheval ou le chien de garde qu'on garde à l'attache alors qu'ils sont pleins de vigueur après une nuit de repos. Plus l'animal est actif, plus il est fort, frais et bien nourri, plus il sera poussé à agir sans penser à un but ou à des motifs vraiment volontaires, plus le stimulus volontaire devra être puissant pour mettre un frein à cette explosion d'activité. Il faut donner des jouets nouveaux à un enfant pour le réconcilier avec l'idée de rester enfermé pendant tout un jour. Quelle que soit l'activité personnelle de chacun, il faut des motifs plus forts pour commander aux facultés actives lorsqu'elles sont reposées. Cela est vrai pour l'esprit comme pour le corps. Une longue contrainte prépare une manifestation violente, une explosion véritable, lorsque la liberté est recouvrée. Les conflits qui naissent ainsi sont de ceux qui comptent parmi les souffrances de la première éducation ; car il est impossible que cette éducation se fasse en même temps que se déchargent toutes les forces pleines du système. Les ennuis professionnels, ceux qui sont attachés à toute entreprise qui dure longtemps, sont probablement dus à la même cause. Lorsque nous avons entre les mains le gouvernement, le règlement, de notre vie de chaque jour, nous essayons de faire que le temps où les efforts actifs sont nécessaires coïncide avec nos moments de plus grande vigueur naturelle ; mais il arrive bien souvent qu'il

faut nous contraindre lorsque l'activité bouillonne en nous, et agir lorsque notre énergie est épuisée. La vie du soldat avec ses imprévus, est pleine de ces traverses ; de là aussi la nécessité de cette pénible et énergique discipline militaire. Après un certain temps, il se forme en nous comme une seconde nature qui rend moins dure la contrainte imposée à la spontanéité ; mais le fait physique n'en demeure pas moins évident : à certains moments définis les organes se chargent d'une plénitude de puissance, et prêts à agir il faut un motif bien puissant pour les en empêcher. Cela est vrai non seulement des organes chargés d'activité spontanée par un long repos et une forte nourriture, mais des organes surexcités par quelque cause extérieure, la crainte par exemple. Il est sans importance de savoir quelle est l'origine du courant qui met en activité les membres divers. Si nous voulons le neutraliser, nous devons lui opposer une détermination de la volonté ; nous pouvons alors mesurer la force de la spontanéité par le degré d'excitation agréable ou désagréable nécessaire pour la contrebalancer.

La lutte qui se produit lorsque nous voulons forcer à l'action un système épuisé, est un spectacle intéressant et instructif sous bien des rapports. Nous retrouvons ici la preuve de l'extrême importance des conditions physiques. Ce n'est pas une simple répugnance pour la souffrance que produit tout travail pendant la fatigue, que nous observons ici, c'est une inaptitude active positive. Un temps arrive où la plus grande souffrance ne provoquerait pas la plus petite contraction musculaire. L'inaptitude est alors physique et non mentale. L'activité spontanée indispensable à la formation des innombrables associations volontaires, est encore d'une grande importance pour l'établissement complet de ces liens d'association ; il est possible, dans la maturité de la vie, d'agir lorsque le stimulus central est très faible, mais lorsque l'énergie nerveuse est épuisée, il faut augmenter la force de la cause excitante volontaire, sans cela l'effort ne serait pas possible. Les associations qui se sont formées dans le cours du développement de la volition provoquent l'action là où rien ne pourrait naitre sans cela ; le cheval qui a dépensé tout son surplus de force et qui voudrait se reposer, peut sous l'infliction d'une souffrance aiguë, fournir une course additionnelle ; c'est le point où le conflit devient de plus en plus pénible jusqu'au moment où l'animal tombe de fatigue.

3. — Passons maintenant au conflit entre les volitions proprement dites, au cas où deux plaisirs ou deux souffrances, ou un plaisir et une souffrance, sollicitent l'activité volontaire dans deux directions opposées. Ici les exemples pourraient être aussi nombreux que le sont les différentes combinaisons des émotions humaines. Dans toutes les régions de notre sensibilité, un conflit peut se produire et s'étendre indéfiniment grâce à la concurrence d'impressions faites sur les différentes parties sensibles du système. Les sensations musculaires peuvent se combattre les unes les autres ; les sensations organiques s'opposer les unes aux autres ; les goûts et les odeurs être en conflit, et ainsi de suite pour le toucher, l'ouïe, la vue. Bien que soumis à une seule émotion, que ce soit l'amour, la colère, l'égoïsme, l'émotion esthétique, etc., nous pouvons être sollicités par des objets différents et contraires. Les émotions qui nous poussent à accomplir notre devoir, ou à observer les règles de la prudence, sont souvent contrariées par d'autres émotions ; nous avons des devoirs opposés, aussi bien que des affections et des goûts opposés.

Il suffira de quelques mots pour exposer la situation de deux états *actuels*, agréables ou pénibles, naissant au même moment et suggérant des actions incompatibles. Les sensations de la vie organique nous fourniront des exemples. Les plaisirs et les souffrances du froid et du chaud sont de ceux qui vont souvent contre les autres intérêts organiques. Lorsqu'une chambre est chaude, l'air renfermé et chauffé que nous respirons peut nous être nuisible. Lorsqu'au contraire nous sortons par une froide journée d'hiver, nos poumons et nos nerfs peuvent jouir de la fraîcheur et de la pureté de l'air pendant que le froid atteint et attaque une autre partie du corps. La force relative de ces impulsions contradictoires se juge d'après les résultats. S'il ne survient pas une troisième sensation qui les prime, l'une prédominera et l'on dira qu'elle est plus forte que la seconde. Si je reste dehors pour respirer l'air froid, c'est que le plaisir que je donne ainsi à mes poumons fait plus que contrebalancer les souffrances du froid. Une autre personne, dans les mêmes circonstances agira probablement différemment ; car l'expérience prouve quelle est la sensibilité relative de deux personnes soumises aux mêmes influences.

De même, lorsque deux sensations présentes dictent deux conduites opposées, ce n'est que par l'expérience qu'on peut déterminer la force relative des deux. La volition découvre quelle est la plus forte, et juge en dernier ressort. Une créature à laquelle on laisse sa libre volonté, et qui est sous l'empire de deux influences, décidera évidemment en faveur de la meilleure pour elle. J'entends par libre volonté, qu'il n'existe pas en dehors des deux influences émotionnelles d'autre cause de mouvement. Donnez de la nourriture à un oiseau dans une cage, et en même temps ouvrez la cage et la fenêtre, et le choix qu'il fera entre le repas et la liberté montrera de quel côté est pour lui le plus grand plaisir. Lorsqu'il nous faut traverser une rue boueuse nous sommes sollicités par deux motifs : l'un nous pousse à nous diriger directement vers notre destination, l'autre à éviter de nous crotter. L'enthousiasme pour le sport, en nous faisant oublier fatigue, faim, froid, nous prouve qu'un plaisir peut contrebalancer bien des souffrances. C'est par de semblables observations que nous arrivons à connaître une région importante de notre être intime, à connaître les goûts et les antipathies, en un mot à comparer la force des influences qui agissent sur la volonté. Lorsque les circonstances sont favorables à l'expérience, c'est-à-dire lorsque l'individu est dans de bonnes conditions moyennes, et indépendant de toute idée fixe ou de toute autre influence extraordinaire, on admet que le résultat obtenu est concluant, et n'a besoin que rarement d'être revisé ou annulé ; tant est grande la constance du caractère mental. Chaque animal a ses exercices favoris, ses odeurs, ses goûts, ses plaisirs préférés. Des tribus se fondent pour satisfaire ces goûts en commun. De même pour les souffrances qui se dressent contre des jouissances ou contre d'autres souffrances, nous mesurons l'intensité par les impulsions qu'il a fallu surmonter. L'animal qui chasse malgré une extrême fatigue et des dangers à courir atteste par là qu'il est affamé au plus haut point.

4. — Si nous comparons dans *différentes* occasions, la stimulation volontaire agréable ou pénible, nous pouvons être trompés par la condition changeante des organes actifs. Parce qu'une chose éveille l'activité pendant la matinée et

qu'une autre n'y réussit pas pendant la soirée, il ne s'ensuit pas que la première soit propre à faire naitre une émotion plus forte que ne le fait la seconde. Il y a des moments où les parties qui exécutent les décisions de la volonté sont prêtes à répondre à la stimulation, d'autres moments où c'est tout le contraire. Nous devons donc faire nos expériences autant que possible lorsque les conditions physiques et mentales sont les mêmes, ou bien les faire dans toutes les circonstances afin d'avoir des moyennes. Lorsque nous avons constaté que l'effet produit un plaisir donné dans des circonstances assez diverses pour éliminer toutes les différences qu'il peut y avoir entre les activités individuelles, nous jugeons du rang que doit occuper ce plaisir dans l'échelle de la sensibilité du sujet. Certains organes, les mains, les membres, sont plus actifs que d'autres ; mais la volonté n'en reste pas moins une, tandis que les sensibilités sont multiples ; notre puissance exécutive est soumise à toutes les stimulations celle qui la fera agir à un moment donné, sera celle qu'on estimera la plus forte pendant ce temps.

La comparaison entre une personne et une autre fait découvrir un élément de variété dans la volonté elle-même ; ce qui fait que deux hommes peuvent ne pas être également mus par la même sensation, la même émotion sans pour cela différer quant à leur constitution émotionnelle. L'activité volontaire est souvent plus développée chez une personne que chez une autre. Nous jugeons qu'il en est ainsi lorsque nous remarquons une disposition à entrer en activité pour tous les motifs indifféremment ; la disposition contraire est une inactivité générale malgré tous les genres possibles de stimulation. Un homme peut agir, se lancer dans les affaires sans pour cela que ses sensations de froid ou de faim soient plus fortes et même aussi fortes que celles d'autres hommes ne faisant aucun effort. Nous ne pouvons donc juger les plaisirs et les souffrances d'une personne, les comparer à d'autres, tant que nous ne connaissons pas les différences d'énergie volontaire chez les personnes à comparer. Nous pouvons évaluer ces différences en établissant des moyennes ainsi qu'il a été dit plus haut. Une activité également manifestée lorsqu'elle est sollicitée par tous les motifs indifféremment, est la preuve d'un grand développement de la volonté ; dans un esprit aussi actif, un rien peut provoquer l'action comme le ferait un violent coup d'éperon pour un esprit d'une trempe différente.

5. — Dans les exemples que je viens de citer, j'ai toujours supposé que le conflit était entré des impressions actuelles. Passons maintenant au conflit des motifs *idéaux* et des motifs actuels. Nous aurons ici un champ d'observations encore plus vaste. La longue liste de nos souffrances et de nos plaisirs est plus ou moins gravée dans notre mémoire ; elle inspire des actes volontaires afin de ramener ou de prévenir le retour de la réalité ; un stimulus contraire, une sensation actuelle, peut aussi être présent et rivaliser d'influence avec les motifs ou fins en idée. Je me rappelle les souffrances d'une fatigue musculaire excessive et en même temps je jouis de l'excitation produite par un jeu, une partie de chasse ; il y a là deux motifs hostiles en contact ; si le plaisir de la chasse est le sentiment le plus intense, c'est lui qui l'emportera ; si la souffrance dont je me souviens est très forte et si son souvenir est assez frais, assez vivant pour me représenter toute sa force dans la réalité, il est probable que par une détermination volontaire, j'abandonnerai le plaisir présent. Par une comparaison, qui n'est pas toujours juste, on cherche la force relative des impressions contraires au moment où elles sont produites par la réalité ; la reproduction idéale d'une impression peut être mauvaise et ne pas donner une idée juste de la force dans l'actuel ; c'est ainsi qu'une chose qui a paru très pénible lorsqu'elle s'est produite peut ne pas être assez appréhendée lorsqu'on ne la ressent que par anticipation. Les souffrances que causent des excès de jouissances sensuelles sont souvent grandes, aiguës et parfois abattent, affaiblissent toute la masse : mais si le souvenir de ces souffrances s'évanouit avec la réalité, rien ne pourra empêcher le stimulant agréable qui est au début de ces excès, d'accomplir son œuvre. L'homme dont l'éducation est complète sur ce point est celui qui estime toujours exactement ce qu'il a souffert, la somme de plaisir dont il a joui, qui sait lier ses souffrances ou ses plaisirs aux objets qui les ont amenés, et qui, en cas de conflit, peut présenter à l'ennemi une résistance aussi forte que s'il était soumis à une impression actuelle. Voilà une supériorité de résistance, que donne l'âge ; mais, comme je l'ai déjà fait remarquer, la mémoire peut être particulièrement développée sur ce point, et

l'on peut être d'une sagesse pratique précoce comme il y a des mathématiciens, des peintres, des poètes précoces. Quand nous rencontrons une personne qui manifeste une volonté énergique de conserver la santé, nous pouvons interpréter sa conduite de plusieurs manières. Elle peut être d'une constitution très-sensible à tous les genres de dérangements, si bien que sa volonté est fortement sollicitée dans le sens de la précaution et de la prévoyance; cet excès de sensibilité fait aussi que les souffrances à éviter se gravent mieux dans le souvenir. Si avec cela cette personne a une tendance à être prudente, on peut être sûr qu'elle fera tout pour se protéger contre les maladies, et que toute nouvelle expérience de mauvaise santé ajoutera à la force de la représentation idéale du mal. Dans un tel état de chose, il faut un plaisir bien fort pour faire oublier les mesures de prudence, car plutôt que de le faire, on laisserait naître des souffrances réelles sur d'autres points. Prenons un autre cas. La pauvreté entraîne après elle un cortège de souffrances et de privations dont souffrent tous les hommes, mais plus ou moins à cause des différences de sensibilité entre les constitutions. Une nourriture insuffisante et médiocre, des vêtements pauvres, un logement misérable, l'absence de jouissances, une position incertaine, voilà des malheurs sentis de tous, mais qui, dans l'actuel, n'opèrent pas également à tous les moments. La volonté de sortir de la pauvreté par le travail, la tempérance, et tous les autres moyens pour parvenir à la richesse, est parfois annulée par la pression de l'actuel, tandis qu'après un temps, c'est le souvenir de ces misères qui doit être l'aiguillon de la volonté.

Si le malheureux est jusqu'à un certain point insensible à ses maux, si un travail régulier lui fait horreur, il finira par tomber dans la dégradation et la paresse incurable des races inférieures. Il peut cependant avoir très bien conscience sur le moment où il a faim ou froid, de ce qu'il souffre, et avec cela manquer absolument de la mémoire nécessaire, pour aiguillonner la volonté par l'image de ses misères. En conséquence ses efforts préventifs seront faibles, incertains et par conséquent insuffisants. Celui qui serait doué d'un autre genre d'intelligence aurait sans cesse sa misère devant les yeux de l'esprit; il combattrait sans cesse les motifs qui l'y entraîneraient davantage, et on reconnaîtrait en lui un homme laborieux et persévérant.

6. — Les plaisirs de l'affection sont parmi ceux qui influent le plus sur notre activité volontaire. Certaines personnes y sont plus sensibles que d'autres. Lorsque ces plaisirs ont beaucoup d'influence, ils annulent beaucoup d'impulsions égoïstes et suppriment les transports trop prompts qui troublent les relations amicales.

Bien que ces plaisirs comptent parmi nos impulsions les plus nobles, ils ne mènent pas à une conduite purement désintéressée ; nous devons cependant constater, dans les esprits bien constitués, l'existence du désintéressement pur en conflit perpétuel avec toutes les impulsions égoïstes. Ce conflit rappelle la lutte également éternelle du devoir et de l'intérêt. C'est en observant le développement de la sympathie que nous pouvons découvrir les circonstances qui augmentent la force des motifs désintéressés (V. aussi chap. x).

7. — Je viens de parler du conflit entre l'idéal et l'actuel, entre une jouissance actuelle des sens, et une jouissance future contraire, telle que me la représente mon intelligence. Nous pouvons facilement faire appel à d'autres exemples. Les motifs en lutte peuvent être tous deux idéaux, lorsque par exemple la perspective d'un jour de plaisir est liée à celle de souffrances subséquentes. Notre décision dépend alors premièrement de l'intensité comparative des deux motifs telle qu'elle a été expérimentée dans l'actuel, secondement de la fidélité du souvenir. Si la mémoire ne se rappelle que le plaisir dans toute sa vivacité originale, pendant qu'elle se souvient à peine des souffrances qui l'accompagnent, nous pouvons être sûrs que nous céderons aux sollicitations du plaisir, bien que dans un même conflit, mais actuel, la souffrance eût pu être le motif déterminant. Bien souvent, le souvenir de la souffrance étant plus vif que celui de la jouissance, c'est lui qui l'emporte dans cette lutte. Je peux refuser le plaisir que je prendrais si je me joignais à une joyeuse partie, parce qu'une expérience passée ne m'a pas laissé le souvenir d'une grande jouissance, tandis que j'ai le sentiment très vif du temps que je perdrais, du retard que j'apporterais à l'exécution de quelque autre détermination de mon esprit. C'est ainsi que nous sommes souvent les victimes de comparaisons imparfaites. L'image bien nette de

quelque plaisir familier peut nous faire rejeter une jouissance bien plus grande mais dont la conception idéale n'est pas égale à la réalité, parce que cette réalité n'est pas souvent expérimentée ou qu'elle l'a été dans un temps lointain. Celui qui n'a joui que rarement du plaisir si excitant du sport ne peut pas rendre justice à ce plaisir en tant que motif. Il est néanmoins possible de suppléer au manque de répétition dans l'actuel par la répétition idéale; c'est ainsi que nous nous souvenons pendant de longues années d'une ou deux journées où nous avons joui d'un bonheur sans mélange.

8. — Nous n'avons pas besoin de nous étendre davantage sur les fins agrégées, propriété, richesse, avantages sociaux, relations du monde. Leur force dépend des plaisirs futurs qu'elles assurent, des souffrances qu'elles éloignent, et du sentiment plus ou moins vif que nous avons des avantages qu'elles nous procurent: il faut encore tenir compte de la tendance qu'ont quelques-unes de ces fins à revêtir un charme particulier et indépendant à cause de leur caractère même d'agrégat. Nous pouvons être trop influencés par ces grands motifs d'action comme nous pouvons ne pas l'être assez. Une personne peut dédaigner d'acquérir la richesse, non pas parce qu'elle est insensible aux jouissances et aux avantages qu'elle en retirerait, mais parce que son intelligence n'a pas été assez impressionnée par ces avantages pour les avoir toujours devant les yeux même lorsqu'ils sont absents. C'est là une des erreurs de la jeunesse, comme l'avarice est un vice de vieillesse. Il en est de même pour la science et pour bien des acquisitions de valeur. Les plaisirs qu'elles procurent, les conséquences fâcheuses qu'entrainent leur absence peuvent être vivement sentis sur le moment; mais, par défaut de répétition dans l'actuel, l'esprit ne les a pas assez présents pour empêcher la volonté de les oublier lorsque se pressent chaque jour des motifs contraires.

9. — Les fins exagérées, par leur nature même, enflamment l'imagination pour un objet, si bien que tous les intérêts opposés perdent de leur influence. Il faut que le souvenir d'une peine aiguë, soit bien fort pour lutter contre l'attente passionnée d'un plaisir. L'esprit excité comme il le serait par l'orgueil, la crainte, l'antipathie, devient incapable de considérations autres. Une souffrance, un plaisir *actuel* même ne pourraient lutter contre le torrent de la passion ainsi excité, à

plus forte raison, un motif idéal est-il réduit à l'impuissance. L'enthousiasme pour une cause fait fermer les yeux sur les difficultés et les conséquences fâcheuses. L'amour passionné pour les personnes produit le même aveuglement. Pour dompter ces impulsions folles, il faut un motif qui réunisse trois conditions de défense ; il faut que la souffrance ou le plaisir qu'il représente nous touche intimement, que la force d'intelligence nécessaire pour le conserver en idée soit d'un ordre supérieur ; enfin qu'il se présente souvent dans l'actuel ou qu'au moins nous l'ayons récemment expérimenté.

Nous reviendrons nécessairement sur ce sujet dans les deux chapitres suivants. Je cesse donc ici ces remarques générales pour passer à l'étude de la *délibération* que l'on identifie si habituellement avec l'exercice de la libre volonté.

CHAPITRE VII

DÉLIBÉRATION. — RÉSOLUTION. — EFFORT

1. — La délibération est un acte volontaire fait en vue de terminer un conflit entre des motifs opposés ou mêlés. On peut d'abord supposer que deux sentiments sont opposés l'un à l'autre, et comme dans l'immortel exemple de Buridan, que ni l'un ni l'autre n'ayant la force de triompher de son adversaire, le conflit n'est pas suivi d'action. L'animal ne pouvait satisfaire sa faim, parce qu'il se sentait si également attiré vers les deux bottes de foin qu'il ne pouvait se décider à commencer par l'une plutôt que par l'autre. De même un plaisir et une souffrance opposés peuvent être équivalents si bien que nous n'agissons ni dans un sens ni dans l'autre. C'est ce qu'on appelle être indécis. Mais pendant le moment de suspens les courants de la pensée rapportent quelque nouveau motif qui, de tout son poids, fait pencher la balance d'un côté. Les deux motifs paraissent d'abord égaux, un moment de réflexion en plus, et l'un paraîtra supérieur à l'autre ; ou bien, dès le commencement, ils présentent une grande inégalité qui conduit à une décision immédiate : mais si l'action n'est pas aussitôt accomplie, des considérations subséquentes peuvent établir l'égalité et par conséquent l'indécision.

Nous savons tout cela par expérience ; nous savons combien il est dangereux de transformer en action le résultat du premier combat entre les motifs opposés ; et la crainte que nous avons des conséquences fâcheuses est pour la volonté un stimulant semblable à celui d'autres souffrances. Donc la délibération est pour moi une opération volontaire.

L'idée qu'un mal probable résulterait d'une décision trop hâtive, empêche d'agir même lorsque les impulsions actives sont très fortes. Dans beaucoup de cas on constate l'introduction d'un troisième élément qui neutralise l'ascendant pris par le plus influent des deux autres. Ainsi, soit qu'il y ait équilibre parfait entre les motifs, soit qu'il y ait inégalité composée par l'introduction de nouvelles considérations, il y a dans la délibération un moment de suspend pendant lequel l'esprit est ouvert à de nouvelles suggestions dues à la chaîne des associations, ou à de nouvelles obervations sur les motifs concluants ; dans ce délai voulu avant l'acte final, il n'y a rien que nous n'ayons déjà constaté dans l'opération de la volonté. C'est le souvenir de malheurs dus à une trop grande précipitation qui est ici le stimulus de la volonté. C'est le souvenir d'une nuit sans sommeil qui nous fait éviter de commettre à nouveau la méprise qui était la cause du mal. Le motif qui conduit une délibération volontaire est parfois exagéré ; car le mal d'une décision trop prompte étant seulement probable et imaginé, la peur peut intervenir, et par son influence exagérée sur la pensée, troubler l'exercice de la volonté ; dans ce cas le délai apporté avant d'agir ne ferait que rendre l'acte plus absurde. Une intelligence bien développée évalue tout de suite le temps nécessaire pour peser le pour et le contre d'une question et après ce temps raisonnable écoulé, se décide en faveur des motifs qui lui semblent les plus forts. Les hommes, bien souvent, ou prennent des résolutions prématurées ou se laissent balancer dans l'indécision. La difficulté de s'imposer un temps pour délibérer est très grande surtout si le motif qui pousse à l'activité immédiate est très fort. L'impétuosité de la jeunesse, le feu de la passion ne permettent pas d'observer le délai nécessaire ; si nous avançons en âge, ou si nous avons un tempérament lent, l'hésitation ne nous est plus aussi pénible. Nous pouvons cependant dire que les résultats malheureux de l'activité trop prompte sont des motifs de fuir la précipitation que l'on peut classer parmi les motifs intermédiaires qui, dans tout être humain bien constitué ont leur part d'influence sur la volonté. La sphère de l'activité volontaire se trouve ainsi singulièrement étendue. Un premier motif donne naissance à certaines impulsions qui préviennent beaucoup de conséquences fâcheuses dont elles ne sont ainsi en vérité que le résumé, que les représentants. De là la nécessité de confronter en idée nos différentes sources de plaisirs et de souffrances avant de les laisser entrer en lutte dans l'actuel. C'est grâce à ce procédé que nous devenons, à mesure que nous nous développons, de moins en moins les esclaves des impulsions isolées et que nous passons, pour parler le langage courant, au rang « d'agents libres ». En délibérant, en suspendant pour un temps notre jugement, nos décisions finissent par être celles qui servent le mieux nos intérêts, ou notre bonheur en général.

2. — Prenons un exemple très simple. On nous demande soudain de prêter assistance à un parent, à un ami, à quelqu'un qui a notre sympathie ou notre estime. Nous nous trouvons alors entre un sacrifice qui implique peine ou privation pour nous, et une impulsion inspirée par notre affection pour une autre personne. Une décision instantanée montrerait quel est le sentiment qui a le plus d'influence au moment même. Mais l'expérience nous a appris combien sont souvent pénibles les conséquences d'une décision trop prompte ; et sans mettre pour cela en péril les intérêts qui peuvent être en jeu, nous nous arrêtons un instant afin que la thèse du pour et du contre soit également soutenue devant notre intelligence. Nous examinons sous tous leurs aspects les mérites et la conduite de la personne en question. Peut-être l'assistance demandée serait-elle une prodigalité sans aucun bon résultat, ce qui serait un motif de ne pas répondre à la demande. Peut-être avons-nous reçu nous-mêmes un certain nombre de bons offices de cette même personne, ce qui alors nous pousserait à faire quelque chose pour elle. Enfin, ce qu'on nous demande peut réduire de beaucoup nos moyens, nos forces et nous mettre sous la dépendance d'autres obligations ; un autre fait peut alors venir neutraliser l'effet produit par un fait antérieur et diminuer les forces de l'opposition. Toute nouvelle suggestion tend à ajouter ou à retrancher à la force de l'un ou de l'autre des arguments rivaux. Un motif peut sembler très pressant à un moment, puis, à cause d'une circonstance inaperçue jusque là perdre soudain la moitié de son influence. Pendant ce temps la volonté délibérative bien disciplinée résiste aux sollicitations des deux couples ennemis jusqu'au moment

où l'on ne découvre plus aucune nouvelle circonstance ; les débats une fois clos, la crainte des conséquences fâcheuses d'une résolution hâtive cesse d'agir, et la volonté est libre de pencher pour les motifs qui semblent présenter la plus grande somme totale de puissance. Ne prendre que le temps exactement nécessaire à la délibération, et rien de plus, c'est faire preuve du plus haut développement possible d'intelligence et de volonté combinées ; c'est montrer qu'on comprend également les désavantages des conclusions irréfléchies, que par conséquent on lutte contre les impulsions les plus naturelles, et les désavantages des indécisions sans fin, qu'on surmonte donc cette faiblesse qui naît de la crainte de commettre des erreurs. L'un et l'autre défaut viennent de motifs naturels qui ont leur influence sur la volonté tout comme l'auraient d'autres souffrances expérimentées et redoutées. Ces motifs sont des souffrances idéales de leur nature puisque dans la majorité des cas l'intelligence se les représente non comme certaines, mais comme probables. En tout cas, quelque compliqué que soit un cas particulier, jamais il ne pourra cacher ce fait général, c'est que notre activité volontaire est mise en mouvement par les deux grandes classes de stimulants : il faut toujours qu'il y ait un plaisir ou une souffrance, présent ou à venir, au fond de toute situation active. Le moment de suspend, la délibération est née de la souffrance ; c'est aussi, stimulés par l'anticipation d'un mal, que nous terminons le débat en temps voulu ; et ce sont ces deux souffrances différentes ayant puissance de motifs, qui, dans toutes les occasions, permettent de résister au torrent des impulsions du moment, et d'augmenter ainsi la sagesse pratique, sauvegarde du bonheur de la vie (1).

3.—Nous pouvons encore remarquer que lorsqu'on s'impose de suspendre pour un temps son jugement, on découvre une foule de nouveaux motifs d'action. Malheureusement pour beaucoup d'esprits, le dernier arrivé est toujours le plus fort par ce fait seul qu'il se présente lorsque d'autres sont déjà relégués au second plan. De même qu'une souffrance actuelle a naturellement plus d'influence sur la volonté que la même

---

Voyez pour plus de détails les exemples donnés par Sir G. C. Lewis, *Methods of Observation and Reasoning in Politics*, chap. XXIII.

souffrance idéale, de même un motif est plus puissant au moment où il se présente à l'esprit et il faut une éducation particulière pour arriver à ne pas répondre, aux dépens d'autres motifs, à ses sollicitations. Il faut que le sentiment des conséquences fâcheuses soit ici notre conseiller. Bien des expériences pénibles nous ont appris que notre dernière idée n'est pas nécessairement la meilleure ; de là naissance d'un sentiment qui pousse la volonté à résister à la trop grande influence de la dernière de nos impressions. L'esprit petit à petit, se soumet à une sorte de discipline et apprend à mettre immédiatement une impression nouvelle sur le même plan que les anciennes. Prenons un exemple facile. On propose à un homme cette alternative : une vie libre avec des ressources médiocres, ou une vie de contrainte avec l'abondance, la richesse. Supposons que les deux sentiments excités soient également forts, que l'amour de la liberté soit aussi profond que l'amour de la richesse, il faudra, avant de prendre une décision que l'homme délibère un certain temps. Au bout de ce temps, un certain nombre de motifs pro et con se seront accumulés, et lorsqu'une première réflexion aura fait pencher la balance d'un côté, le débat est clos, et la résolution adoptée prouve quel sentiment est le plus fort. Il peut arriver qu'au moment du conflit, les circonstances donnent une puissance accidentelle soit aux souffrances de la sujétion soit aux souffrances de la pauvreté et fassent pencher la balance du côté du plus faible en somme. Une personne expérimentée connaissant ces circonstances particulières, remettrait la résolution finale. Nous avons sans cesse sous les yeux des exemples du danger de prendre une résolution dans ces circonstances. Il est si difficile d'acquérir sur soi-même l'empire nécessaire pour réfléchir avant d'agir que souvent nous sommes obligés d'accepter comme excuse de quelque erreur de jugement cette raison : un événement imprévu a influencé d'une façon irrésistible l'esprit de l'agent en cause. Les Athéniens lorsqu'ils condamnèrent leurs dix généraux pour n'avoir pas, après la bataille d'Arginuses, sauvé les marins pris par la tempête sur des vaisseaux hors de service, étaient dominés par des sentiments de famille que réveillait toujours la fête de l'Apaturia. Le grand historien de la Grèce, tout en réfutant les accusations d'inconstance et de légèreté portées contre les Athéniens, leur reproche leur faiblesse, car c'est bien de la faiblesse, que d'être toujours conduit par l'impression dernière du moment. Toute question un peu excitante les irritait, les montait au point où c'est la passion et non la raison qui parle ; de là bien des actes dont ils se repentirent souvent. (GROTE, *Histoire de la Grèce*, deuxième partie, chapitre LXIV.)

4. — En réalité il est très difficile, lorsque le cas est compliqué et que les arguments pour et contre se balancent, de donner aux considérations contradictoires leur juste valeur de façon à avoir de chaque côté, à la fin du débat, une bonne appréciation totale. Le grand génie du calcul prudent, Benjamin Franklin, a laissé une lettre remarquable adressée à Joseph Priestley et intitulée : *Algèbre morale ou manière de trancher de soi-même les questions douteuses* ; il y est recommandé, d'user, pour résoudre les problèmes pratiques de la vie de chaque jour, de la méthode artificielle en usage pour résoudre les questions d'argent. Je cite la lettre entière :

« Pour cette affaire si importante pour vous, et pour laquelle vous me demandez conseil, je ne puis, n'ayant pas connaissance de la chose depuis assez longtemps, vous donner mon avis et vous dire ce qu'il faut décider ; mais je puis dire *comment* il faut vous y prendre pour vous décider. Quand un cas compliqué se présente, il est difficile surtout parce que toutes les raisons *pro* et *con* ne s'offrent pas sur le moment, et en même temps à l'esprit ; les unes se font jour les premières, d'autres les suivent qui relèguent les précédentes dans l'obscurité. De là les projets formés et abandonnés, les incertitudes et les hésitations pénibles.

« Pour sortir de cette situation désagréable, ma méthode est celle-ci : diviser une feuille de papier en deux colonnes, écrire d'un côté le *pro* de l'autre le *con*, puis pendant les deux ou trois jours d'hésitation inscrire sous ces chefs les arguments pour ou contre qui se présentent à l'esprit. Lorsqu'on les a ainsi réunis sous les yeux, essayer de les évaluer à leur juste poids ; puis effacer les motifs opposés (un pour un) qui semblent s'équilibrer. Si l'on trouve une raison *pro* égale à *deux* raisons *con* effacer les trois. Si deux raisons *con* égalent *trois* raisons *pro*, effacer les cinq. En procédant ainsi on doit trouver de quel côté doit pencher la balance ; et si après un jour ou deux de suspend, aucune nouvelle considération importante pour ou contre, ne se fait jour, la décision à prendre est tout indiquée. Bien qu'on ne puisse mesurer la valeur des motifs pour ou contre avec une précision algébrique, cependant je crois lorsqu'on a ainsi aligné, comparé, pesé toutes les raisons on doit être en état de prononcer un meilleur jugement ; de fait je me suis toujours trouvé fort bien de pratiquer cette espèce d'équation, et ce que j'appelle *Algèbre morale*. »

5. — Une telle méthode, si par certains moyens artificiels elle aide l'esprit à se former une opinion, n'est pas à dédaigner. Dans les affaires, dans la science de semblables auxiliaires sont indispensables. L'esprit humain n'aurait pas accompli les progrès dont nous bénéficions aujourd'hui sans l'aide de procédés pareils. J'en suis si convaincu, que je veux proposer une autre méthode pour sortir des délibérations compliquées et difficiles. Elle est surtout appropriée à notre faiblesse, au trop peu de résistance que nous opposons aux sollicitations du dernier motif présent. Je suppose que nous avons un certain temps pour nous décider entre deux manières d'agir, disons un mois de trente et un jours, et que chaque jour nous sommes occupés par des considérations contradictoires. Nous pouvons employer ou non la méthode de balance de Franklin, elle a ses avantages particuliers indépendants de la méthode générale. Ce que je voudrais, c'est que chaque soir on se souvint de l'impression dominante du jour, et que pendant toute la période de délibération on conserva ce souvenir. Il arriverait qu'à certains jours nous serions davantage pressés par certains motifs ; que les jours suivants d'autres raisons auraient la prépondérance bien que pour l'ensemble le total de souffrances et le total de plaisirs fussent à peu près égaux. En assignant un certain temps pour délibérer on réduirait le nombre des circonstances accidentelles qui pourraient influer d'une manière fâcheuse sur l'évaluation générale ; et à l'expiration du délai accordé on aurait seulement à faire la somme des impressions dominantes de chaque jour pour voir quel côté l'emporte. Si le résultat de nos comparaisons donne vingt contre onze, ou dix-neuf contre douze, notre décision, selon toute probabilité sera bonne ; mais si nous avons quinze contre seize, nous pouvons être plus indécis, bien qu'en décidant pour ou contre, nous ne puissions, en ce cas, commettre une bien

grosse bévue. En somme tout le procédé est dans l'évaluation de tous les états d'esprit par lesquels nous passons, et sans ce retard apporté à la décision jusqu'au moment où nous avons le cercle complet du pour et du contre. Lorsque nous hésitons sur le choix d'une profession il faut que nous examinions comment elle s'accorde avec les circonstances, avec nos aptitudes corporelles et intellectuelles, et cela ne se fait pas en un jour. Même lorsque notre délibération dure des semaines, des mois, l'intelligence peut ne pas rapporter fidèlement les impressions successives, et nous laisser ainsi à la merci de la dernière ; c'est pour éviter ce danger que je conseille d'employer la méthode qui consiste à se souvenir et à faire la somme des décisions isolées. Cette méthode a encore l'avantage, en nous forçant à examiner périodiquement les deux côtés d'une question, de nous empêcher d'oublier les considérations qui sans cela, s'effaceraient bien vite de l'esprit.

6. — Les chances en faveur d'une bonne délibération et décision ne sont pas les mêmes s'il s'agit de choses expérimentées ou d'inconnues. Lorsque nous avons déjà fait de longs voyages, nous n'avons pas de peine à nous décider à une nouvelle traversée ; mais s'il s'agit d'un jeune homme qui n'a jamais été marin et qui désire le devenir, rien ne peut nous faire deviner s'il sera satisfait ou non de la réalité. Il est presque impossible de déterminer quels seront nos sentiments dans la situation réelle que nous nous imaginons. Cela est impossible parce que le temps et la méthode manquent. Se souvenir de ses impressions de chaque jour, c'est une bonne chose qui fait connaître comment se présentent en général les choses à l'esprit, mais on peut depuis le commencement jusqu'à la fin, être sous une influence fâcheuse qui fait voir ces choses sous de fausses couleurs. Ce serait un grand point de gagné si l'on parvenait à recueillir les sentiments d'un certain nombre de personnes ayant passé par les mêmes circonstances que nous ; nous ne pouvons recueillir trop d'informations lorsqu'il s'agit d'embrasser une carrière inconnue. Le choix d'une profession, d'un lieu d'émigration, d'un travail si considérable qu'il vous enlèvera tout loisir, de liens de famille irrévocables, sont des décisions graves pour lesquelles nous devons consulter les faits et l'expérience passée de narrateurs fidèles, tout en

nous aidant, par des méthodes artificielles, à bien délibérer. L'intelligence doit résister aux suggestions du moment, si bien qu'au bout de cinq jours de délibération, une décision doit avoir plus de poids qu'au bout de trois.

7. — Ainsi rien ne vient dans toute cette étude sur la délibération, faire exception à la théorie de la volonté, déjà exposée : dans la volition, l'exécution est toujours provoquée par quelque plaisir ou souffrance présente ou attendue. Lorsque au lieu d'agir nous résistons aux sollicitations et que nous attendons d'autres motifs complémentaires pour entrer en activité, notre effort est vraiment volontaire : une souffrance appréhendée ou imaginée, c'est-à-dire la peine que notre expérience nous a fait connaître comme suivant toute décision active prise hâtivement, nous engage à résister à la plus forte de deux impulsions présentes. Il n'y a pas de différence essentielle entre l'impulsion qui nous détourne de l'action, et l'impulsion volontaire qui nous éloigne d'une autre sorte de mal menaçant. Toute la distinction repose dans l'intervention très importante de l'intelligence dans un cas. Une série de sérieuses observations sur les conséquences de nos actions et des actions des autres, ou l'étude du récit des expériences passées de nos semblables, nous remplissent du sentiment des malheurs qui naissent des décisions trop précipitées ; la représentation des conséquences fâcheuses devient comme une souffrance qui influerait sur la volonté, et qui aurait sa valeur et sa force dans tout conflit de motifs. Au début de la vie, ce sentiment artificiel est peu développé ; le temps, une éducation patiente, les observations et réflexions personnelles, le portent à sa maturité et lui donnent cette empreinte intellectuelle durable qui le rend capable de s'opposer à un jugement trop prompt.

8. — Il est nécessaire de faire quelques remarques sur cette phase de l'activité volontaire qu'on appelle résolution. La clôture de la période de délibération indique que le sentiment du danger dont je viens de parler cesse de demander la suspension du jugement. La conduite tenue alors doit être inspirée par le motif déterminant. De même qu'après avoir examiné plusieurs articles dans une boutique nous choisissons celui qui nous plait davantage, de même notre conduite est le résultat nécessaire de la clôture d'un conflit. Il n'y a pas de phase intermédiaire à décrire, de puissance à invo-

quer pour passer d'une expérience agréable ou désagréable à l'action reconnue comme bonne dans la circonstance. Il est dans la nature de la volonté de lier dès le commencement et pour toujours un plaisir à l'acte qui le conserve ou l'augmente, et une souffrance à l'acte qui en délivre. S'il y a suspension dans l'activité, c'est que quelque influence nouvelle rompt le cours habituel de la volonté. Le veto délibératif est un moyen de produire cette rupture, mais une fois levé, l'activité reprend sa marche. Il y a cependant une situation où l'exécution ne suit pas immédiatement la décision prise, c'est quand nous décidons à l'avance, pour l'avenir. C'est à cette détermination non immédiatement suivie d'exécution que nous donnons le nom de résolution. Lorsque nous avons pris une résolution, c'est-à-dire, lorsque nous avons déterminé de quel côté sont les arguments les plus forts, nous sommes pressés d'agir mais ne le pouvons pas parce que nos impulsions actives ont été un peu modifiées dans leur direction. Au lieu d'accomplir tout de suite ce qui nous est suggéré, notre volonté nous engage à observer, à attendre ou à chercher le moment convenable. Avant de faire entrer un enfant dans une université, ses parents délibèrent sur la classe qu'il peut suivre, et prennent probablement une décision quelque temps avant l'ouverture des classes. L'exécution est donc suspendue, bien que la volonté soit toujours en œuvre, compte les jours et engage à accomplir toutes les formalités de l'admission. Nous pouvons donc dire que la volonté qui délibère et décide n'est jamais endormie. Si nous ne pouvons pas suivre immédiatement l'impulsion naturelle, résultat de la délibération, nous prenons du moins une attitude attentive afin d'être prêts à agir lorsque le temps sera venu. Résolution signifie donc volition préliminaire tendant à s'assurer du moment précis où il sera nécessaire d'entrer en activité. L'interruption n'est ici qu'une circonstance purement accidentelle qui ne change en aucune façon le caractère propre de la volonté qui est d'entrer en action là où il y a motif suffisant.

9. — Lorsqu'il s'agit d'une décision importante, il arrive souvent qu'il faut longtemps pour la mettre à exécution. Quand j'entreprends un travail de six mois, il faut que ma résolution soutienne mes énergies actives pendant tout ce temps. Bien plus, il y a des résolutions que nous tenons

toute notre vie, que nous observons comme des règles bonnes à augmenter les jouissances et à diminuer les maux de la vie. Cicéron a défini la vertu, la volonté perpétuelle d'agir suivant des principes vertueux. Des volitions aussi soutenues sont exposées aux attaques de l'indolence, de la fatigue, des plaisirs accidentels, des sollicitations de tout genre : de là la nécessité d'alimenter, de stimuler les résolutions importantes en se remettant parfois devant les yeux le but à atteindre. En réalité il arrive assez souvent qu'on l'oublie avant d'avoir accompli ce qu'il faut pour l'atteindre. Cet état intermédiaire qu'on appelle résolution est souvent pénible et rempli d'incertitudes. Le sentiment très fort du bien à gagner ou de mal à éviter, qui préside à la formation de toute décision volontaire, peut s'effacer et céder la place à d'autres sentiments dictant peut-être une ligne de conduite opposée. Ma résolution de me lever tous les matins à une certaine heure pendant l'année à venir est d'abord provoquée par certains motifs assez forts pour me faire tenir ma résolution pendant une semaine, mais non pour résister ensuite aux sollicitations des sentiments qui me retiennent au lit ; ce qui veut dire que ma résolution est détruite, annulée.

Dans toutes les vies il y a un certain nombre de résolutions hâtives ou soudaines prises sous l'influence de quelque événement imprévu, et sans qu'on ait eu le temps de délibérer. Il est impossible que l'impulsion donnée par une cause accidentelle puisse soutenir la volition engagée dans un long travail. Je me sens très humilié, lorsqu'on repousse avec humeur mes avis et mes conseils ; l'ennui du moment me fait prendre la résolution d'éviter cet ennui à l'avenir. Si dans la même journée l'occasion se présente de donner des conseils, je garde une attitude neutre. Mais le temps passe, l'expérience désagréable s'efface même de mon souvenir, et lorsque l'occasion s'en présente, je suis de nouveau disposé à donner mon avis sur les affaires des autres. Peut-être serai-je bien reçu dans cette occasion ; alors j'oublierai complètement mon humiliation passée et la résolution prise. Peut-être serai-je aussi mal reçu que la première fois ; cette nouvelle expérience fera inévitablement revivre ma résolution première, lui donnera une nouvelle force, et la mémoire conservera plus longtemps le souvenir de l'ennui éprouvé. Mais une résolution temporaire formée sans tenir compte des états d'esprit par lesquels il faut passer avant d'arriver au but, ne peut pas durer et doit naturellement tomber avant d'être mise à exécution ; d'autres événements arrivent, provoquant une conduite contraire, peut-être avec une force égale, neutralisant par conséquent ce qui semblait d'abord avoir une influence toute puissante.

10. — Nous accomplissons chaque jour une foule de résolutions. L'intelligence, mue elle-même par une grande volition, harmonie de la vie entière, ordonne le travail qui doit être fait chaque jour et dans chaque circonstance ; lorsque arrive le moment précis d'agir, la mémoire présente l'opération à accomplir avec son motif-stimulus, et les organes entrent en mouvement ; le résultat produit est divers et complexe, mais les lois mentales n'en restent pas moins peu nombreuses et simples. Nous devons avoir un certain développement d'intelligence sous la forme de mémoire de l'ordre de succession à observer, de la conduite à tenir dans des circonstances données et des plaisirs et souffrances qui aident au travail nécessaire. Le pouvoir exécutif, dans notre système général, doit être développé, c'est-à-dire que des associations doivent être formées entre les sensations que causent les objets extérieurs, et les actes qui sont en rapport avec les circonstances ; notre faculté exécutive doit être comme le soldat qui obéit au commandement ou à la trompette.

Tout homme qui sort de chez lui pour accomplir son travail journalier et qui l'accomplit, remplit toutes ces conditions. Il sait par où commencer et par où finir ; il a assigné une heure à l'exécution de toutes les parties de son travail, sa mémoire retient cette association, si bien que lorsque l'heure sonne il fait une chose et non une autre ; s'il survient une circonstance imprévue, il est pourvu d'une association que lui suggère le changement à opérer ; il est sensible au plaisir de faire ce qu'il doit faire, à la souffrance de ne pas l'accomplir, de sorte qu'il n'est pas dépourvu de l'aiguillon volitionnel nécessaire pour faire face avec suite aux circonstances. Ceci est la vraie description de la vie de l'homme laborieux. Une activité développée par l'éducation des motifs d'action volontaire, une intelligence propre à reproduire ces motifs quand ce ne sont pas des plaisirs ou souffrances actuels et à harmoniser la succession de nos opérations, voilà les éléments premiers de ces opérations multiples qui constituent le courant de notre vie active.

11. — J'ai réservé pour la fin de ce chapitre quelques considérations sur le sentiment, la conscience de l'effort dont on parle tant dans les théories de la volonté. Un acte volontaire (ainsi que quelques actes non volontaires) est accompagné de conscience *(feeling)* et cela de différentes manières. Le motif original initial doit être un plaisir ou une souffrance expérimentés ou imaginés. L'effort actif est accompagné de conscience musculaire agréable lorsqu'on est vigoureux, pénible si l'on est épuisé ou fatigué, et bien souvent indifférent, c'est-à-dire ni agréable ni pénible. Entre ces différents modes de conscience quel est celui qu'on appelle « effort »? Il doit probablement comprendre comme les autres toutes les phases par où l'on passe en dépensant son énergie active — exercice agréable, indifférent, fatigant — mais c'est le sentiment de la fatigue qui doit être le plus développé. Il y a une phrase que tout le monde dit : ce travail « ne m'a coûté aucun effort » pour marquer la différence avec un travail pénible, absorbant. Ainsi ce terme « effort » signifie en réalité conscience musculaire accompagnant activité volontaire surtout celle qui est fatigante. Cela implique conflit entre un motif nous pressant d'agir, et une souffrance musculaire ou autre qui nous engage au repos.

La conscience de l'effort a été souvent invoquée comme prouvant l'origine mentale de toute puissance active. On trouve ce passage dans l'astronomie de Sir John Herschell: « C'est la conscience immédiate que nous avons de l'*effort* nécessaire pour déployer nos forces soit pour agir, soit pour résister à une autre force, qui nous donne cette conscience interne de *puissance* et de *causation* par rapport au monde matériel et qui nous pousse à croire que lorsque nous voyons des objets matériels passer du repos à l'action, changer de direction et de rapidité dans leurs mouvements, c'est en raison de quelque effort semblable au nôtre, mais non accompagné de *notre* conscience. » Voilà des affirmations qui conduisent à des conclusions peut-être bien téméraires. C'est affirmer que l'esprit n'a qu'une existence immatérielle, bien qu'il soit capable d'engendrer et d'exercer la force physique, voilà qui n'est plus acceptable aujourd'hui. De plus, l'auteur affirme que la faculté de se mouvoir, dans le monde inanimé a sa source dans quelque énergie mentale correspondante ; ainsi la gravité ne serait pas une propriété des corps, mais un effort d'un esprit caché ; voilà une hypothèse encore moins fondée et qui ne peut en réalité s'appuyer que sur la seule analogie entre le monde inanimé et les êtres sentant, manifestant une force mécanique, une puissance motrice.

J'ai déjà discuté dans « l'*Esprit et le Corps* » la concordance des opérations physiques et des opérations mentales, et je ne veux pas réfuter ici de nouveau l'opinion de Herschell.

On se sert aussi de la conscience de l'effort comme argument en faveur de la libre volonté contre ce qu'on appelle le déterminisme ou détermination exclusive des actions volontaires par des états de conscience antérieurs, c'est-à-dire par des motifs. Je reviendrai sur ce point de controverse dans un chapitre subséquent. Pour le moment je remarque que l'effort est étroitement lié avec les motifs, dans le sens propre du mot. Si l'objet à poursuivre est d'une grande valeur, nous ne faillirons pas, nous « ferons un effort » pour l'atteindre. S'il est de peu de valeur, et si la résistance rencontrée est grande, nous succomberons sous l'opposition. C'est la force du motif, les chances de surmonter finalement l'opposition, qui gouvernent la grandeur de l'effort, sa durée, sa persistance. Les efforts que nous faisons pour atteindre une chose sont la mesure de la valeur que nous lui attribuons. Faire des efforts au delà de ce qui est nécessaire, c'est agir d'une façon irrationnelle ; agir, lorsqu'on est mû par des motifs étrangers, ou lorsqu'on n'a pas de motif du tout, et déployer une énergie non en rapport avec la cause, c'est faire preuve de folie. Si l'effort que nous faisons n'est pas en rapport avec la valeur de son objet, c'est que nous n'avons pas exactement conscience de cette valeur ; il faut que la réflexion vienne renforcer la puissance du motif. Si nous n'estimons pas justement le motif et si nous n'agissons pas en conséquence, c'est que notre constitution a un point défectueux auquel on peut oui ou non remédier ; mais en tout cas on peut raisonner sur ce remède, le chercher, le trouver, l'étudier enfin comme tout autre phénomène de cause et d'effet.

CHAPITRE VIII

DÉSIR

1. — Le désir est une forme de volition où il y a motif d'action, mais impossibilité de passer de l'idée à l'acte. Le locataire d'une chambre étroite et sombre, pense en lui-même au plaisir qu'il aurait à voir la lumière, à respirer le grand air; cette jouissance idéale ne lui suffisant pas, il est poussé à agir pour obtenir la jouissance réelle : il se lève et sort. Supposez maintenant que ce soit un prisonnier qui conçoit cette jouissance idéale. Incapable de répondre au stimulus, il n'en est pas moins sollicité d'agir, il convoite, il désire, il a soif de soleil et d'air. S'il pouvait suivre sur le champ toutes ses impulsions il ne serait pas dans cet état qu'on appelle le désir.

Le désir est donc d'abord un état où l'on souffre d'un manque, d'une insuffisance, ou d'une infériorité de bonheur. Il y a ensuite dans cet état l'idée ou la conception de quelque jouissance et la notion que le plaisir sous cette forme idéale est bien inférieur à la réalité. Enfin il y a une opposition à l'action, qui amène un *conflit*, et qui fait du désir un état d'esprit plus ou moins pénible.

2. — Nous retrouvons le désir, ou du moins une de ses formes, dans toutes les opérations à long terme, dans toutes les entreprises faites pour atteindre des fins éloignées. Il n'y a absence de désir que lorsque la satisfaction poursuivie est sous la main; ce qui arrive lorsque nous devenons altérés en voyant un verre d'eau sur la table à côté de nous. Si l'on devait sonner, envoyer quelqu'un chercher de l'eau, on resterait sous l'influence du désir de se désaltérer; mais en

ayant la certitude d'un prompt soulagement. Dans ce cas le désir est synonyme de poursuite, activité, volonté déployée en vue de fins éloignées intermédiaires ou totales. Beaucoup de nos plaisirs et de nos souffrances ont des noms signifiant non pas le but atteint, la réalité, mais le désir de l'atteindre. Ainsi « avarice » veut dire non pas possession de la richesse, mais bien poursuite de la richesse. Il n'y a pas de terme pour désigner le pur plaisir de la conquête scientifique; le mot « curiosité » signifie un état de désir actif. De même pour le mot « ambition » ; pour indiquer la jouissance réelle, nous sommes obligés d'employer des périphrases : « les jouissances du pouvoir » ; « avoir conscience de la puissance possédée et exercée ». Ce serait répéter ce qui a déjà été dit à propos de la volonté que de vouloir prouver la connexion du désir et de la poursuite active. Le seul cas à considérer est celui où la chose désirée est hors de portée.

La question se pose ainsi : Quelles sont les routes qui nous sont ouvertes ? Bien souvent nous sommes poussés à l'action par des souffrances, et cela en vain, parce que ces souffrances ne peuvent être ainsi adoucies; une autre fois c'est un plaisir qui s'évanouit avant que nous ayons pu en jouir pleinement; une autre encore, c'est un plaisir idéal que nous concevons et que nous ne pouvons pas réaliser. Enfin nous ne pouvons ni agir présentement, ni prendre la résolution d'agir sûrement dans un temps plus éloigné, nous ne suivons donc pas la loi qui veut qu'on travaille en vue de gagner le plaisir et d'éviter la souffrance.

3. — Dans la première alternative il faut faire preuve de ce qu'on appelle *patience*, résignation, force d'âme. La volonté est poussée par la souffrance qu'occasionne le conflit et par l'impossibilité de le terminer heureusement, à supprimer le désir lui-même, à chasser de l'imagination l'idée même du but désiré. Il faut un grand effort pour ne pas faire d'une richesse impossible à atteindre, ou d'une affection qu'on ne doit même pas espérer, un objet de contemplation idéale, pour conserver la paix, le contentement. Quand ce sont des jouissances d'imagination comme les honneurs, la puissance, la splendeur, dont on a envie, la force coercitive de l'Intelligence peut être suffisante pour rétablir le calme dans l'esprit troublé. Mais le cas est bien différent quand nous

sommes sous la pression de quelque souffrance actuelle physique ou morale ; en admettant que nous arrivions à supprimer la pensée d'un soulagement, il faut encore que nous nous raidissions contre l'irritation. La contre-volition de la patience vient de ce que les souffrances que causent les gestes spasmodiques, les tentatives infructueuses, nous pressent de rester calmes, de réprimer les manifestations extérieures et les vaines tentatives de soulagement. Sous ce régime austère le système entier se fait plus rapidement à sa nouvelle situation, et la force d'âme est récompensée par l'adoucissement de la souffrance.

Ce n'est pas seulement la peine d'une activité sans résultat qui inspire au système irrité ce calme forcé. La conscience du gaspillage de forces précieuses, le sentiment de la dignité qui s'associe dans l'esprit à la patience, l'approbation qu'elle excite, la désapprobation avec laquelle on parle si souvent des caractères impatients, tout cela concourt à nous faire prendre la résolution de garder une tranquillité forcée. L'histoire du monde est pleine de récits étonnants de traits de patience. La force d'âme du sauvage américain rivalise avec celle du vieux Spartiate lorsqu'il s'agit de supporter la souffrance physique et les privations.

On parle de la patience physique et morale. Le fait est que la force d'âme est nécessaire pour faire face à ce long catalogue de maux possibles composé des maux proprement dits et des souffrances causées par la privation de quelque plaisir. Toutes les choses désagréables qui nous atteignent par les sens, tous les modes d'émotion pénible stimulent la volonté, et nous font agir s'il y a un moyen connu de soulagement. S'il n'y en a pas, nous faisons des tentatives dans tous les sens, et si aucune ne réussit, la seconde souffrance produite nous dompte. Plutôt que de la voir se renouveler, nous retombons dans le calme et nous supportons le premier mal ; nous ne pouvons cependant arriver à ce résultat sans un nouvel effort de volonté provoqué par une réunion de motifs plaidant en faveur de la patience. On peut faire appel à ce même effort de répression lorsque nous sommes épuisés par une manifestation émotionnelle excessive. Nous avons déjà vu que la souffrance peut dans certains cas se perdre dans une manifestation violente, dans d'autres, dans une volition. Dans les deux cas nous devons encourir un nouveau mal plus grand que le soulagement obtenu, ce qui est un motif de supprimer toute manifestation. Il est dans le pouvoir de la volonté de supprimer les mouvements extérieurs en agissant directement sur les membres volontaires et en changeant le cours des pensées ce qui est la meilleure manière possible d'affecter, dans leur source intime les états de conscience. On peut, il est vrai, se demander si la seconde de ces forces est capable de lutter contre la première, stimulus volontaire ou émotionnel. La résignation en face des grandes et incurables douleurs qui fondent sur l'humanité n'est pas chose courante ; pour l'avoir il faut une force de volonté supérieure capable de lutter contre les autres impulsions du système, il faut y être préparé par l'éducation. Il y a quelques esprits très sensibles aux souffrances de l'effort sans résultat, et par conséquent plus disposés à écouter les raisons qui leur conseillent de rester calmes. On peut se rappeler l'exemple de Gœthe. Constitués de façon à souffrir vivement de l'épuisement nerveux produit par le conflit intérieur, de tels esprits sont conduits à concentrer toute leur force de volonté sur les mesures de précaution à prendre, ou sur un point de la lutte, au lieu de souffrir d'une dépense plus générale d'énergie volontaire. On peut aimer le calme avec une sorte de passion et abandonner des jouissances positives plutôt que de troubler la sérénité de sa vie.

4. — Voilà une des solutions au problème du désir ou de l'impulsion non suivie (1). Il n'est pas donné à tout le monde

(1) Je n'ai pas parlé dans le texte des antidotes communs au désir et à toutes les autres formes de souffrance. On apaise les désirs de l'enfance, et en général les désirs extravagants en détournant l'attention de l'esprit, en la fixant sur une source quelconque de plaisir. Comme c'est une des prérogatives du plaisir que de neutraliser l'effet de la souffrance, nous nous servons du plaisir pour apaiser l'impatience de souffrir et l'irritation de ne rien pouvoir faire pour y porter remède. L'esprit accepte la substitution d'un plaisir réel à un plaisir impossible à atteindre, cause de souffrance par conséquent.

On emploie encore contre le désir un autre remède, en présentant à l'esprit un autre sujet de contemplation. Quand le désir a son origine dans la conception de quelque plaisir et non dans une souffrance, une privation réelle, le remède est à côté du mal, c'est-à-dire dans l'intelligence. Si nous sommes témoins ou si l'on nous raconte l'heureuse fortune d'une autre personne, si déjà nous sommes atteints, nos désirs, nos envies s'activeront et nous rendront mécontents de nous-mêmes et du monde. Mais si à ce moment pénible arrive un ami, si l'on nous apporte des nouvelles importantes, si nous sommes forcés de nous mettre à un

d'arriver à cette solution complète, mais plus nous pouvons supprimer de désirs, mieux cela vaut. Il nous faut maintenant chercher s'il n'y a pas une autre solution qui demanderait de moins énergiques efforts de volonté ; on la trouve dans ce qu'on appelle l'*activité idéale ou imaginaire*. Nous savons tous ce qu'on veut dire lorsqu'on parle de bâtir des châteaux en Espagne, de rêver tout éveillé ; lorsqu'une personne a des désirs auxquels rien ne peut répondre dans la réalité elle peut chercher et trouver la réalisation de ses désirs dans un monde imaginaire. Voilà un procédé qui n'est pas aussi universel que le précédent : l'imagination ne peut satisfaire tous les désirs. S'il s'agit d'appétits corporels, ou de sensations organiques, de la faim, du sommeil, de la chaleur, de la fatigue nerveuse, etc., nous trouvons bien qu'il n'y a pas là de soulagement idéal ou imaginaire possible :

« Qui a jamais pu supporter un tison brûlant dans la main en pensant aux neiges du Caucase ? »

D'un autre côté demander le retour de scènes et de jours de plaisir passé, implique tellement jouissance « des plaisirs de la mémoire » que dans bien des cas l'idéal est en somme très satisfaisant. Ainsi lorsqu'une personne nous a profondément offensés, et qu'elle est au-dessus de nos atteintes nous pouvons jouir d'une partie du plaisir total de la vengeance, en pensant à ce que nous ferions à l'offenseur s'il se trouvait à notre portée. Tout sentiment naturellement très développé qui ne trouve pas à se satisfaire pleinement dans la réalité, compense l'insuffisance de l'actuel par une série de volitions idéales. C'est ce qui arrive souvent pour le sentiment du pouvoir. Celui dont la sphère ne comprend pas les objets que ce sentiment le pousse à désirer, trouve dans le domaine de l'imagination de quoi satisfaire les désirs les

---

travail absorbant, nous expérimenterons l'heureuse influence d'un changement complet dans les idées. De nouveaux liens d'association peuvent toujours plus ou moins détourner le courant des idées pré-existantes, et dans beaucoup de cas exercer ainsi une influence bienfaisante. C'est sur ce fait que s'appuient les conseillers spirituels ou l'ami sage dont les consolations ont une si grande et si douce action. Mais ici, comme dans la méthode indiquée plus haut, il n'y a rien de particulier au désir, le procédé est le même que celui qu'on emploie pour adoucir bien d'autres souffrances.

plus insatiables, et il peut être constitué de manière que la puissance en idée remplace la réalité absente.

5. — La comparaison des besoins physiques avec certaines des émotions ou sentiments, nous fait rapidement découvrir comment nous pouvons trouver satisfaction ou soulagement dans l'activité idéale. Si l'on se rappelle le chapitre sur l'Émotion idéale, on se souvient qu'une sensation persistante, ou ressuscitée par un effet de l'association simple sans le secours du stimulus approprié, peut parfois approcher de bien près la réalité, si bien que parfois nous nous contentons de la simple conception, de reproduction idéale de la réalité. Le souvenir d'un moment de grande gaîté, d'une conversation très intéressante, d'un livre que nous avons lu, peut faire revivre le sentiment éprouvé dans l'actuel si bien que nous sommes satisfaits et ne désirons rien au-delà. Donc, là où nous avons le pouvoir de faire renaître dans l'esprit le sentiment agréable donné par une expérience réelle, il nous est facile de transformer le souvenir en image, et de construire ainsi un échafaudage de jouissances futures ayant ou non la réalité pour fondement. Nous disons de quelqu'un qui est capable de donner du corps à un plaisir idéal, d'en tirer toute la satisfaction désirée sur le moment, qu'il a une forte imagination. Il est impossible de satisfaire de la même façon les appétits physiques. Lorsqu'on a soif, faim, froid, chaud, qu'on souffre d'une rage névralgique aiguë, il faut faire quelque chose pour apaiser un peu la souffrance; dans ce cas l'actuel a trop de force pour pouvoir être remplacé par l'idéal. Dans nos sensibilités multiples nous avons donc les extrêmes les plus opposés; l'actuel peut seul satisfaire les unes, les autres se contentent de l'idéal; entre ces extrêmes opère la volition imaginaire stimulée par les souffrances et les plaisirs, mais de façon à ce que nous ne puissions déployer, suivant le cours ordinaire des choses, nos énergies actives.

Le champ d'opération des manifestations idéales est si vaste que le difficile est de choisir un bon exemple montrant combien sont fidèlement suivies les lois de l'activité volontaire. Prenons le désir de la richesse. Ce motif : assurer le plaisir, éloigner la souffrance en gagnant en abondance les biens du monde, est un de ceux auxquels on doit peut-être rapporter la plus grande partie de l'activité humaine. Ce motif influe sur tout ce qui dépend de notre activité volontaire, c'est par lui que nous travaillons, que nous recueillons avec soin les fruits de notre labeur, que nous déployons toute notre intelligence pour améliorer notre situation, que nous surmontons notre amour de nos aises. Il peut même agir là où par diverses causes, les moyens d'atteindre la richesse sont très restreints. Un homme peut vivement sentir les souffrances qu'adoucirait la richesse et désirer les plaisirs qu'elle procurerait, mais être dans une situation qui lui rend impossible la poursuite de la richesse convoitée. C'est alors que l'imagination saute par dessus les obstacles et remplit l'esprit de ces idées de transactions, qui dans d'autres circonstances se réaliseraient. Si l'obstacle à franchir est un certain capital qui lui fait défaut, le jeune homme calquera sa ligne d'opérations imaginaires sur celle d'un homme qui possède la somme désirée ; si le difficile est d'obtenir une position qui conviendrait parfaitement à ses aptitudes, il supposera un instant que la difficulté est franchie, et il se représentera l'activité qu'il déploierait dans la position convoitée. C'est donc toujours le stimulus volontaire qui est le premier moteur de l'activité même imaginaire. En fait, cette volition idéale est le prélude essentiel de l'effort, de l'activité actuelle qui naît ensuite. L'homme qui a conquis son capital ou sa position doit dépenser un certain temps à délibérer devant ses impulsions en conflit avant d'agir réellement, le rêveur mû par les mêmes motifs initiaux passe par les mêmes préliminaires idéaux, mêmes lorsqu'ils ne doivent aboutir à rien de réel.

Les affections tendres, la complaisance pour soi-même, le sentiment de l'orgueil, de l'ambition, sont propres à développer l'activité imaginaire. De même les sentiments artistiques et l'amour de la science. En réalité toutes les sensibilités de la nature humaine peuvent surexciter l'imagination dans certains esprits et devenir la source de rêveries ; dans certains cas les choses se passent tout autrement. Il peut être très désagréable de revoir en imagination un ami perdu, de rêver de gloire, de fortune, de puissance ; cela peut renouveler les souffrances de la privation, et affecter comme le ferait la fatigue, le froid, la faim. De plus, il y a dans notre nature quelque chose qui se révolte, contre l'idéalité poussée à l'excès, contre une trop grande disparité entre l'idéal et l'actuel. Dans les esprits que froisse la contradiction, la souffrance que produit le sentiment de cette disparité est si vive, qu'elle peut agir comme motif hostile à la vaine dépense des forces de l'esprit dans des rêveries sans résultat. Cette hostilité est un frein salutaire pour ces divagations du désir qui mettent en péril les devoirs et les intérêts de la vie.

Il est facile de comprendre comment la souffrance excite à éviter la souffrance dans l'idéal aussi bien que dans l'actuel. La seule condition indispensable, c'est la vivacité du souvenir de la qualité pénible. Mais il y a quelque chose à expliquer dans l'action du plaisir en tant que motif. Si j'ai dans l'esprit le souvenir très vif d'une jouissance favorite, musique, spectacle, ou plaisirs de société, pourquoi ne suis-je pas satisfait de ce dont je me souviens? Il est vrai qu'il peut y avoir des jouissances plus grandes en degré que la mienne, mais c'est ce qui arrive pour tous les plaisirs que je puis atteindre. Examinons donc avec plus d'attention l'état d'esprit dans lequel on se trouve lorsqu'un plaisir idéal demande à devenir un plaisir réel. Il doit y avoir là autre chose que la simple impulsion qui vous demande d'ajouter à une jouissance présente une autre jouissance jusqu'à ce que la satiété s'en suive. Je suis plus satisfait d'un repas très simple mais réel que d'un grand festin en imagination, c'est un fait. Il semble qu'une certaine souffrance soit toujours mêlée au bonheur en idée, souffrance qui ressemble à celle que donnent les désirs du corps, les appétits physiques.

On dit parfois que nous mettons tout notre cœur dans un plaisir donné; c'est une manière de dire que nous avons tellement travaillé en vue de ce plaisir que nous l'enlever, c'est imposer à tout le système une privation réelle. Le désir du plaisir contient donc, dans un sens, l'aiguillon mental d'une souffrance aiguë. Nous voilà ramenés à la grande distinction faite entre les plaisirs dont le souvenir, l'idée est satisfaisante, et les plaisirs d'une autre espèce. Lorsque nous nous rappelons qu'à une certaine époque nous avons été très joyeux, si ce souvenir ne contient en lui même aucune excitation, nous souffrons d'un sentiment pénible qui nous presse de retrouver la réalité même de ce moment de joie; c'est ainsi que le souvenir seul ne peut jamais remplir la place laissée vide par la réalité. Nous pouvons retrouver par un effort d'intelligence la trace d'une émotion passée, avec ses qualités distinctives, la comparer à d'autres états émotionnels, mais sans jamais sentir renaître le feu de l'émotion vivante. C'est alors que le désir et la volition sont excités par un motif fait en partie de plaisir, c'est-à-dire du souvenir assez faible qu'il laisse dans la mémoire, et en plus grande partie de la souffrance que cause le sentiment de la réalisation imparfaite d'une jouissance dont nous connaissons la valeur élevée. Le Grec ardent en se souvenant des jeux olympiques se sentait excité par ce souvenir; mais en même temps il constatait la différence existant entre ce moment de jouissance idéale, et la joie débordante des jours de fête; et c'est le sentiment de cette différence qui l'engage à retourner aux jeux et, s'il ne le peut, à y aller du moins en imagination. Le plaisir et la souffrance impliqués dans le désir opèrent sur la volonté qui tend à chercher l'un et à éviter l'autre. Si l'excitation produite par le souvenir de quelque heureuse journée pouvait exister sans que l'esprit fasse de comparaisons avec l'actuel, il est probable que nous nous en contenterions sans être aiguillonnés par le désir; c'est l'idée de jouissances plus grandes encore qui détruit la paix de l'esprit.

6. — Passons maintenant à l'examen très délicat de ce qui provoque le désir. Nous devons, pour être plus clairs, commencer par les désirs physiques qu'on appelle appétits. La provocation doit ici venir en grande partie des conditions physiques des différents organes. Lorsqu'il s'agit de nutrition, d'exercice musculaire, de repos, de fatigue, le système nerveux n'a qu'une place secondaire dans les opérations maintenant considérées. C'est la condition dans laquelle se trouvent les organes digestifs qui cause la faim, celle des organes musculaires qui provoque le désir de l'exercice ou du repos. Les désirs musculaires n'affectent qu'indirectement les centres nerveux qui sont plus directement concernés dans le désir d'exercice ou de repos mental. Les centres nerveux passent par les mêmes alternatives de vigueur et d'épuisement que les muscles; ils demandent comme eux à décharger leur surplus d'énergie, et prennent plaisir à se reposer lorsqu'ils sont fatigués. Le sommeil repose les nerfs aussi bien que les muscles. Sous quelques termes que

nous exprimions ce fait (1), il sera toujours la première loi du bonheur et du désir ; elle peut être modifiée par d'autres lois, spécialement par celles qui ont pour objet la stimulation et l'excitation, mais elle n'est jamais annulée.

Après avoir considéré dans leur ensemble les alternatives de dépense et de reconstitution nerveuse, nous devons maintenant parler des modes spécifiques de dépense ; dans chaque individu il y a certains points sur lesquels se porte naturellement ou artificiellement, une activité plus grande. Par exemple il se peut que ce soit l'activité manuelle, ou l'activité vocale, ou l'activité des sens, qui dépasse la moyenne ; là où existe ce degré supérieur d'activité, se forme une tendance à continuer d'agir, qui est quelque chose de plus que l'appétit, le désir ordinaire. Nous n'avons pas ici à parler des modes particuliers du plaisir qui accompagne ces manifestations d'énergie nerveuse.

Le problème devient plus compliqué lorsqu'on essaie d'étendre le principe général de l'activité et du repos nerveux, aux sensations et aux émotions. L'élément de plaisir et de souffrance sous sa forme la plus simple, se range sous la loi générale de la volonté ; lorsque le plaisir est présent nous désirons le conserver, lorsque la souffrance est présente nous désirons l'apaiser, et cela dans toutes les circonstances. D'après ce principe, pour provoquer le désir, on n'a qu'à donner comme un avant goût du plaisir ou de la souffrance. Si l'un de ces deux états de conscience n'existe pas, il n'y a pas de désir ; bien des circonstances peuvent neutraliser leur effet, même lorsque la souffrance ou le plaisir sont présents.

C'est un fait admis que la grande source du désir est un plaisir goûté. Nos désirs au lieu d'être limités au rôle de solliciteurs du plaisir, prennent des formes individuelles et spécifiques en rapport avec les formes particulières de plaisirs et de souffrances expérimentés. De simples aptitudes à jouir ne provoquent pas nécessairement le désir ; nous pouvons être constitués de façon à prendre du plaisir, à cultiver la musique, la peinture, la science et cependant à ne pas le désirer si on nous en a toujours empêchés. Là où il n'y a pas eu de stimulation antérieure, le désir ne naît pas. Il est probable que si nous étions constitués de manière à jouir spé-

(1) Voyez la *Psychologie* de Spencer.

cialement de certains plaisirs, et si on nous refusait toujours de les expérimenter, de les goûter même, nous aurions une vie sans joies, une vie triste et ennuyeuse.

Les plaisirs expérimentés entrent dans la formation des appétits et augmentent leur force en tant que motifs. En général lorsqu'on satisfait ses appétits on éprouve une jouissance positive et un soulagement réel ; la vie est donc plus agréable avec eux que sans eux. Si l'on permet au désir de se développer jusqu'au point où il se produit une réaction agréable, et pas plus loin, si la satisfaction éprouvée est considérable, ce qui ne veut pas dire piquante ou choisie, alors les appétits physiques prennent une place importante dans notre bonheur total. Arrivé à ce point, c'est le désir dans le sens strict du mot, qui est prédominant. L'appétit n'est pas seulement un stimulus volitionnel simple nous pressant de vaincre la souffrance, c'est un stimulus qui implique souvenir d'un plaisir et désir de faire revivre ce plaisir dans l'actuel. De plus le désir se fixe sur certains objets particuliers qui satisfont les appétits en donnant le plus de jouissance possible ; nous ne désirons pas une nourriture quelconque, nous désirons une nourriture choisie, nous désirons dépenser notre énergie d'une certaine façon.

Le désir étant donc fondé sur un plaisir expérimenté entre en activité au souvenir d'un plaisir passé ; alors il nous tente, il nous enflamme. Le genre du souvenir règlera aussi la forme du désir ; un plaisir qu'on se rappelle vivement avec le sentiment que l'idée est inférieure à la réalité opérera en tant que désir. Le pauvre enfant estropié qui reste à la maison pendant que ses frères sortent pour chasser, souffre de désir.

7. — Les désirs liés à nos différentes émotions sont encore plus complexes. Il semble, d'après la loi d'accumulation et de dépense nerveuse que notre aptitude a être affectés par une émotion particulière réclame cette émotion même. Nous avons déjà vu que rien ne prouve que nous devions désirer les plaisirs sensuels et beaucoup de nos émotions, si nous ne les avons jamais éprouvés. Les plaisirs de la vengeance, de la domination sont très grands, mais il ne semble pas qu'il y ait de désir inné leur correspondant. Pratiquement cela n'est pas important à savoir parce que nous ne pouvons vivre longtemps dans le monde sans goûter ces plaisirs, sans pouvoir les désirer par conséquent. Les émotions sociales soulè-

vent des questions délicates à résoudre. Un être hypothétique jeté seul sur un coin de terre peut ne pas désirer voir d'autres êtres, bien que l'absence de société lui laisse un malaise inexprimable. Comme nous sommes nés dans la société, nous en connaissons les plaisirs et nous les désirons. L'enfant apprend à connaître les joies de l'amour et de ses caresses; il a un certain fonds de susceptibilité nerveuse qui détermine pendant combien de temps et à quel moment il veut jouir de ces plaisirs. Il en sent le besoin à certains intervalles plus ou moins rapprochés suivant les circonstances qui sont plus ou moins liées aux plaisirs; si les circonstances ne viennent pas stimuler son désir, il sent un malaise réel qui se transforme en désir positif.

Il y a certains désirs qui ne viennent pas d'une expérience passée, ceux de l'amour sexuel par exemple, et dont l'origine est plus difficile à déterminer. Depuis l'enfance nous savons ce que c'est que l'affection, mais les relations entre les sexes font naître des désirs dont les objets n'ont pas été expérimentés. En réalité on ne sait pas exactement ce qu'on désire; on éprouve seulement une surabondance de puissance tendant à se dépenser et de vagues sensations agréables qui semblent susceptibles d'augmentation.

La difficulté est facile à surmonter si l'on fait appel à la théorie de l'hérédité. L'expérience héréditaire des sensations de l'amour expliquerait le désir; elle enseignerait qu'un sentiment agréable est éveillé par la vue du sexe opposé et prend la forme d'un désir puissant. Mais avant de chercher là une explication essayons de la trouver ailleurs.

On sait que nous désirons bien des choses que nous n'avons jamais expérimentées. Qu'est-ce que les rêves du jeune ambitieux si ce n'est le désir de choses entièrement inconnues et peut-être vues par l'imagination tout autrement qu'elles le sont? Voilà un cas qui admet une explication bien facile. Notre expérience fournit des matériaux à l'imagination constructive; nous connaissons certains plaisirs, certaines souffrances, nous pouvons aisément supposer un état de choses où les plaisirs sont tout et les souffrances rien. En partie à cause de ce que nous connaissons, en partie à cause de notre ignorance nous attribuons cet état de choses à une certaine situation dans le monde, bien que nous n'ayons jamais occupé cette position. Les matériaux dont est formé le désir sont donc tous tirés de l'expérience, leur arrangement, l'illusion qui nous les fait lier à un objet spécifique, voilà seulement ce qui vient de nous-mêmes. Le désir de l'immortalité après la mort ne peut être fondé sur un fait ; il est seulement allumé par notre amour pour le bonheur.

L'imagination constructive sait parfaitement quelles sont ses limites, et elle ne s'essaie pas à concevoir des plaisirs absolument nouveaux comme ceux de l'amour et de la maternité. Ce ne sont pourtant que des modifications du sentiment de l'amour général ; mais on ne peut d'après des états antérieurs en concevoir ni le mode ni l'intensité. Il n'est pas nécessaire d'être mère pour aimer à caresser un enfant, mais ce serait pure présomption que de croire qu'on a ainsi la préconception de l'expérience réelle de la maternité.

On peut encore rappeler une autre loi. L'expérience présente d'un plaisir provoque souvent le souvenir et comme l'écho de beaucoup d'autres plaisirs, avec une somme de désirs correspondants. C'est rappeler la loi de l'émotion idéale, d'après laquelle un stimulus présent donne un plaisir qui compte pour plus qu'il ne vaut en réalité. Mais les plaisirs en idée, étant le plus souvent si inférieurs à la réalité, les suggérer c'est provoquer le désir. Il arrive pourtant que nos plus grands moments de bonheur soient mêlés de désirs ; non pas que le désir soit nécessaire au plaisir, mais un plaisir très grand qui renferme une multitude d'échos du passé, doit renfermer aussi bien des points qui ne sont que la réalisation imparfaite de plaisirs idéaux.

Il s'est élevé une discussion intéressante sur ce point : dans le désir, avons nous toujours en vue un plaisir ou une souffrance ? On a remarqué par exemple que l'objet de l'appétit qu'on appelle la faim, ce n'est pas le soulagement d'une souffrance, la recherche d'un plaisir, mais bien seulement la nourriture. Enfin on a encore observé que souvent ce n'est pas le désir qui suit le plaisir, mais le plaisir qui suit le désir.

Butler s'est bien souvent servi de ces remarques pour prouver l'existence de motifs désintéressés. M. Sidgwick (*Methods of Ethics*, book I, chap. IV) a dit à peu près dans la même intention : « La faim est une impulsion qui disparaît en prenant de la nourriture. L'apaisement de la faim est généralement accompagné d'une sensation agréable plus ou moins intense ; mais on ne peut pas dire que cette sensation agréable soit l'objet de la faim, et que c'est l'idée de ce plaisir qui stimule la volonté de l'homme affamé. Naturellement la faim est fréquemment accompagnée de l'anticipation du plaisir de manger ; mais elle peut exister sans cela comme le prouve un examen sérieux ; cet examen montre même que là où la faim et l'anticipation du plaisir sont réunies, l'anticipation n'est qu'un appétit secondaire bien distinct du désir premier stimulant de la volonté. »

L'activité, la poursuite est souvent agréable pour elle-même. Prenons par exemple la chasse au renard. « Personne en entrant en chasse ne se représente la mort du renard comme une source de jouissances séparées de l'excitation produite par une poursuite ardente. » En réalité le chasseur doit avant tout, pour jouir de la chasse, se lancer avant tout à la poursuite du renard, sans trop penser à son propre plaisir. « On peut dire, ce qui à première vue semble un paradoxe, que si l'impulsion d'intérêt personnel est *trop prédominante* elle se détruit elle-même. » Cela est vrai non seulement de la chasse, mais de la pensée et de l'étude. « On ne peut réellement jouir par l'intelligence que lorsqu'on se lance dans l'étude avec une ardeur d'esprit qui vous emporte pendant un temps loin du moi et de ses sensations. » Il en est de même pour l'exercice de la faculté créatrice dans tous les arts ; afin de trouver le plaisir nous devons l'oublier.

Il y a de la vérité dans toutes ces observations, mais elles ne renferment rien de contraire à la loi générale de la volonté. Il suffit de constater que les anomalies apparentes sont dues à la présence de certaines circonstances modifiantes.

D'abord, bien que le plaisir et la souffrance soient les fins dernières de la volonté (avec quelques exceptions reconnues) elles ne sont pas les fins tangibles, ce n'est pas sur elles que les organes actifs mettent la main. Nous ne pouvons pas prendre un plaisir dans notre main et le loger dans le cerveau, nous ne pouvons avec nos doigts enlever de notre mémoire un chagrin profond. Ainsi nous ne pouvons satisfaire notre faim qu'en nous emparant de son objet matériel, la nourriture. Notre dessein est d'apaiser une souffrance, mais nos efforts, nos opérations sont dirigés sur une partie du monde extérieur qui devient pour nous aussi intéressante. Sans une souffrance ou un plaisir éprouvés nous ne penserions jamais à prendre de la nourriture, nous n'en ferions pas un objet de désir. Mais en voyant qu'elle a de tels effets sur notre conscience subjective nous faisons tous nos efforts pour nous la procurer.

Dans cette poursuite nous semblons parfois oublieux du plaisir que nous voulons recueillir, tout notre esprit est absorbé par les apparences sensibles des choses. Il n'est pas nécessaire, ce n'est pas une des conditions de notre jouissance, que nous soyons à tout moment occupés de la pensée du plaisir ou de la souffrance subjective liée à notre dépense d'activité ; c'est cette pensée qui nous met en mouvement, nous pouvons la perdre de vue pendant un certain temps. C'est une loi bien connue de l'esprit et à laquelle j'ai déjà bien souvent fait allusion, que nous ne pouvons pas être occupés objectivement et subjectivement dans un même instant ; nous passons rapidement de l'une à l'autre occupation. Il y a avantage à interrompre notre conscience subjective même lorsque c'est interrompre un plaisir ; parce que nous la retrouvons avec une nouvelle jouissance. C'est un mérite, une recommandation pour certains exercices que de nous sortir de nous-mêmes pour un temps ; ce n'est pas une bonne chose que d'être toujours conscient du moi *(self conscious)* ; si nous sommes dans le malheur l'exercice objectif est un remède ; si nous sommes dans le bonheur, il empêche la sensibilité de s'émousser trop vite.

Dans tout ceci il n'y a rien d'incompatible avec la loi de la volonté, rien qui détruise l'équilibre entre la force de notre désir, l'énergie de notre poursuite, et le plaisir attendu, en résumé rien qui annule notre caractère d'êtres rationnels qui est de ne désirer une chose qu'exactement d'après la valeur du plaisir qu'elle procure. Un homme désire prendre de la nourriture et ordinairement une nourriture particulière ; mais du moment que celle-ci n'apporte plus de soulagement et cause même une indigestion, le désir de la prendre cesse. La nourriture est un moyen pour atteindre un but et on la considère comme un but ; notre esprit a une certaine disposition à mettre parfois le moyen au-dessus du but et cette disposition poussée à l'extrême fait tenir une conduite irrationnelle.

Je ne crois pas qu'on puisse tirer de ces considérations aucun argument en faveur des impulsions désintéressées. L'homme le plus égoïste peut interpoler, pour la satisfaction de ses appétits, leurs objets extérieurs ou causes ; et, dans l'acte de prendre sa nourriture, en oublier pour un moment les conséquences subjectives. De même pour le chasseur, l'homme d'étude, l'artiste. On ne peut tirer de cette source aucun argument en faveur de l'existence de motifs purement vertueux ou de leur influence bienfaisante sur le moi de l'agent vertueux. Ce sont là des rêves aussi chimériques que la pierre philosophale.

J'ai déjà combattu bien des fois pour soutenir que nous possédons une certaine somme de motifs purement désintéressés. Et pour cela je m'appuie non pas sur l'argument de Butler, mais sur des faits et des inductions tirées de ces faits. Dans plusieurs circonstances (je les voudrais plus nombreuses), je trouve que les individus agissent en vue du bien des autres, contrairement à leur propre intérêt et sans penser à une compensation. Si cela n'était pas vrai, je ne sais pas comment par exemple, Rome aurait jamais fondé son empire, et l'Angleterre atteint le degré de puissance qu'elle possède aujourd'hui. Je ne vois pas que ceux qui se sont dévoués pour obtenir ces grands résultats aient jamais trouvé un plaisir les dédommageant de leur dévouement, ou aient cru qu'ils trouveraient ce plaisir. Le second ministère de Lord Derby a probablement écourté sa vie ; il a certainement diminué ses jouissances et augmenté ses souffrances ; et cependant je ne puis trouver dans ce monde ou dans un autre de bien correspondant pouvant le payer de ses sacrifices.

Je suis de l'avis de M. Sidgwick, si l'impulsion égoïste est trop prédominante, elle se détruit elle-même. J'ai déjà fait observer qu'un peu de désintéressement est un moyen d'augmenter notre bonheur en obtenant l'attention et les services de nos semblables. Une générosité spontanée, nous poussant à accomplir une bonne action sans penser à chercher une compensation, est le meilleur moyen d'obtenir la considération de ceux qui nous entourent. Cette générosité ne doit cependant pas être étourdie, aveugle, sans cela la perte serait plus grande que le gain. Nous devons après quelques essais cesser de travailler pour des ingrats. Mais une certaine promptitude à montrer de la bonté pour tout le monde est un bon placement quand il est soumis à la raison qui nous conduit à notre propre bonheur. Il semble que les personnes complètement égoïstes ne sont jamais assez clairvoyantes pour découvrir que c'est en s'occupant du bonheur des autres qu'elles ont le plus à gagner. On trouve toujours un peu d'honnêteté naturelle dans ceux qui paient honnêtement.

En soutenant donc que « le plaisir que procure la vertu peut seulement s'obtenir à la condition expresse de ne pas le chercher », je n'admets pas que ceci ait rien à voir avec la loi du désir. C'est seulement une des nombreuses et tristes preuves de la faiblesse et du peu de clairvoyance de notre nature. Nos désirs doivent en réalité s'attacher aux accompagnements objectifs indifférents de nos plaisirs parce qu'ils ne peuvent faire autrement ; mais ils ne font pas de ces accompagnements indifférents des buts d'action même lorsqu'ils sont séparés des plaisirs qui les ont mis en lumière. Lorsqu'un homme perd le plaisir qu'il prenait en chassant, il ne désire plus chasser ; une longue habitude, certaines associations d'idées feront qu'il continuera à prendre un certain intérêt à l'idée de la chasse ; mais il ne cherchera plus à y aller du moment qu'il aura cessé d'avoir conscience d'un plaisir éprouvé.

Il se peut que ce soit à bonne intention que l'on cherche à découvrir parmi la foule des motifs qui gouvernent l'activité humaine, des motifs indépendants de tout plaisir, de toute souffrance ; cela peut être tout dans l'intérêt de la vertu. On peut dire la même chose de la théorie de la libre volonté, du libre arbitre, qui va plus loin et cherche à établir qu'il y a des actions sans motif quel qu'il soit. On peut faire aux deux systèmes la même question. En évitant l'égoïsme par ces moyens, sommes-nous jetés dans les bras de la vertu ? quand le motif d'action d'un homme n'est pas égoïste, ou quand cet homme agit sans motif, sommes-nous sûrs que la vertu en tire tout bénéfice ? N'est-ce pas plutôt se livrer au hasard, à la merci des circonstances qui peuvent conduire au vice aussi bien qu'à la vertu ? Ce que je voudrais, dans l'intérêt de l'humanité, c'est qu'on agisse non pas en vue d'objets

indifférents, non pas non plus sans motifs spécifiques, mais
bien en vue du bonheur de l'humanité, et toujours dans cette
direction. Nos sympathies, lorsqu'elles sont assez développées nous poussent dans cette direction ; lorsqu'elles cessent
de nous influencer, je ne puis trouver qu'une sauvegarde à
notre conduite c'est de la diriger vers les points où l'égoïsme
et le bien des autres coïncident. Ces ruses de l'indifféren-
tisme, je voudrais les supprimer, comme je voudrais dans
l'intérêt de l'humanité, supprimer ces impulsions du libre
arbitre auxquelles on ne peut assigner aucun motif. Des
motifs poussant vers des choses indifférentes, des actions
sans motifs doivent servir également le vice et la vertu.
Par elles nous renonçons à poursuivre notre propre bonheur, et nous n'ajoutons rien au bonheur des autres.

CHAPITRE IX

LES HABITUDES MORALES

1. — Dans mon précédent volume j'ai donné une exposition complète du principe constitutif que l'on trouve à la base de toutes les puissances acquises, réservant pourtant le cas des acquisitions morales. On sait que le procédé plastique exprimé sous le nom de loi de contiguïté, a une grande influence dans les conflits volontaires au point de donner à un motif une force supérieure. Pour l'enfant c'est une grande difficulté que de fixer son attention sur une même chose pendant un certain temps ; pour l'homme l'apparence même de lutte n'existe pas. L'application de ce procédé à la confirmation des volitions de développement mental, conformes à la prudence, et des volitions ayant pour but l'intérêt des autres, constitue une partie des plus importantes du travail de l'esprit humain.

On retrouve dans cette espèce d'acquisitions le même principe fondamental dont nous avons déjà parlé. Il faut pour les faire, un certain nombre de répétitions et des circonstances favorables. (V. *Contiguïté* et *Émotion idéale*). En écartant d'abord les différences naturelles de caractère, la plus importante des conditions accessoires est la liberté d'esprit par rapport à d'autres sujets et son absorption dans le sujet en vue. Une bonne nutrition, la santé, la jeunes sesont encore nécessaires. La particularité qui distingue les acquisitions morales des acquisitions intellectuelles, c'est la présence de deux puissances hostiles dont l'une doit graduellement prendre l'ascendant sur l'autre. Dans une telle situation il faut, s'il est possible, ne jamais perdre la bataille.

Tout gain du mauvais côté peut annuler l'effet de bien des conquêtes du bon côté. Il faut donc, avant tout, assurer une série ininterrompue de succès à la force qu'on veut faire triompher, jusqu'au moment où la répétition l'ait tellement fortifiée qu'elle puisse vaincre les obstacles dans toutes les circonstances. Voilà théoriquement, la meilleure manière d'assurer le progrès moral.

2. — Je dois naturellement d'abord parler du contrôle de la volonté sur les sens et les appétits. Lorsque nous balançons les intérêts contraires de la vie, nous trouvons que les plaisirs des sens nous engagent trop vivement à les poursuivre, et que les souffrances des sens nous poussent trop à les éviter. On ne peut chercher les jouissances de l'exercice, du repos, de la nutrition, de la chaleur, du goût, de l'odorat, de l'ouïe, de la vue, sans rencontrer d'autres intérêts actuels ou futurs en conflit; il faut que ces intérêts soient assez forts pour résister au choc au moment voulu. Pour cela il faut que nous appelions à l'aide de la volonté, la force de l'habitude, qu'on ne peut obtenir que par une série ininterrompue de décisions. C'est ainsi que nous évitons la fatigue musculaire, les souffrances aiguës, la soif, la faim, la chaleur ou le froid excessifs, les saveurs amères, les odeurs dégoûtantes, etc.; bien que pour sauvegarder des intérêts plus sérieux nous nous soumettions à ces excitations pénibles. Ce qu'il faut d'abord faire, c'est remarquer que certains objets sont supérieurs à d'autres, et faire partager par les moyens les plus doux cette préférence à chacun. Nous n'obtenons aucun résultat en laissant un fruit défendu à la portée d'un enfant affamé; son éducation volontaire n'est pas assez avancée pour donner aux motifs qui l'empêcheraient de saisir le fruit, une force suffisante. Il faut commencer par présenter de faibles tentations d'un côté, et de forts motifs de leur résister de l'autre; et s'il ne survient pas quelque obstacle imprévu, nous pouvons compter que notre élève fera quelques progrès solides dans le commandement de ses appétits. Chaque pas à franchir a ses difficultés spéciales. Parfois nous avons à combattre des impulsions sensuelles d'une force extraordinaire, d'autres fois nous avons à faire à des caractères précoces qui sont disposés à prendre des résolutions prudentes, et à tenir compte de ces intérêts d'autrui si importants pour l'éducation morale. Le seul fait

général que l'on retrouve partout, c'est que par une série d'opérations où un motif triomphe toujours des sollicitations des sens, il se forme un courant nerveux qui confirme la victoire, donne au vainqueur une force nouvelle, le met en état de résister à des attaques plus fortes, pendant que disparaît graduellement le sentiment de l'effort à faire, de la lutte. Le contrôle des appétits, nécessaire pour la conservation de la santé, si difficile dans la jeunesse et même dans l'âge mûr, peut, avec l'aide de l'habitude devenir si complet que l'individu ne souffre même plus de la tentation.

3. — Prenons l'habitude de nous lever de bonne heure. Nous avons ici d'un côté les sollicitations de nos sens, de l'autre le stimulus volitionnel inspiré par les intérêts collectifs de la vie. Je veux écarter toutes les suppositions qui modifieraient la situation, ou l'indifférence rare de quelques personnes pour la jouissance de rester couchées tard, ou bien encore la force trop grande des motifs nous déterminant à poursuivre nos intérêts. Afin de prendre l'habitude de se lever de bonne heure il faut d'abord *une initiative forte et décidée*. Ce n'est pas le cas ici d'employer les moyens doux et gradués. Je ne tiens pas grand compte de la méthode qui consiste à se fixer une heure ordinaire pour se lever puis à avancer peu à peu d'un quart d'heure son lever. Le véritable moyen d'arriver au but c'est d'avoir, ou bien une volonté très puissante, ou bien une nécessité pressante, et de se lever dès le début à l'heure voulue. Une nécessité quelconque force un homme depuis sa grande jeunesse à être hors du lit chaque matin à six heures. Pendant des semaines, des mois, des années peut-être, la lutte à soutenir sera vive, il souffrira de sa résolution. Puis peu à peu la force de l'habitude se fera sentir modifiant par degrés imperceptibles l'amertume première du conflit. A force de répéter le même acte l'individu finit par l'accomplir sans s'en apercevoir ; parce qu'un courant nerveux s'est établi qui confirme la victoire de l'impulsion dominante et détruit l'impulsion vaincue. La force de détermination qui unit le mouvement décisif fait pour sauter du lit avec la perception de l'heure convenue se forme et s'accentue lentement mais sûrement. La répétition adoucit l'amertume de la première expérience et nous fait approcher rapidement du but final, la ponctualité machinale et l'indifférence absolue. Des années sont peut-être nécessaires pour arriver

à ce point, mais tôt ou tard l'élément plastique qui est en nous doit triompher, si toutefois les deux conditions de réussite, une force d'initiative suffisante, et une persévérance absolue, ont été remplies. Si ce n'est que par occasion, à des intervalles plus ou moins longs qu'on s'applique à acquérir une habitude, on a beaucoup de chance pour ne pas y arriver. Il faut changer tout l'ordre du système pour que la faible impulsion du devoir de chaque jour puisse arriver à contrebalancer et à dominer l'influence des plus fortes impulsions sensuelles ; et, ordinairement, il faut compter sur des années pour opérer ce changement. Ici, comme dans les acquisitions intellectuelles, les différences de puissance plastique sont très grandes suivant les individus. De plus les circonstances extérieures de la vie ont parfois une grande influence sur son efficacité. Si un homme a une existence régulière, à l'abri des imprévus, des fatigues extraordinaires, il pourra développer facilement ses habitudes morales. Les soucis d'une existence peu sûre, un travail excessif nous blessent toujours sur un point ou sur un autre ; si le mal atteint certaines parties, il peut diminuer la force de l'élément plastique. On peut aussi avoir un tempérament, des émotions qui disposent ou non à se soumettre à la discipline de l'habitude. Il peut convenir à mes goûts et à mes émotions de réclamer les heures du matin ; ils m'aideront donc à prendre certaines habitudes de ponctualité machinale. Qu'au contraire je ne ressente ni goût ni intérêt pour l'acquisition de cette habitude, l'absence de toute aide rendra l'acquisition proportionnellement difficile.

4. — L'exemple que je viens de prendre contient tous les éléments que l'on retrouve dans l'acquisition des habitudes contrebalançant les appétits violents. Les difficultés à surmonter sont les mêmes dans d'autres cas ; ce sont toujours la force de l'appétit lui-même, l'insuffisance de l'impulsion initiale, les interruptions, l'absence d'une inclination très forte pour le but à atteindre. La plus grande des influences initiales est d'abord la contrainte extérieure, puis vient la contrainte morale ; et enfin tous ces moyens par lesquels nos semblables agissent sur nous sans cependant nous forcer. Dans le plus grand nombre des cas nous n'avons pour nous guider, que nos résolutions intimes dictées par nos plaisirs et nos souffrances et par des motifs indépendants de

la manière de voir des autres hommes. Quand ceux qui nous ont précédés dans la vie ont résumé pour nous leur expérience en maximes, nous nous en remettons à leur sagesse, plutôt qu'à notre propre choix ; c'est la situation où se trouvent les jeunes gens. Rousseau dans son *Emile* a poussé jusqu'à ses dernières conséquences la théorie adverse de la détermination personnelle. Il propose de ne jamais s'opposer directement aux inclinations de l'enfant, mais de le laisser se blesser en les suivant, si bien que le mal senti soit son seul correcteur. Il voudrait qu'on le laisse expérimenter les conséquences fâcheuses des désirs mal placés, au lieu de les supprimer d'autorité. Sans doute on pourrait dire beaucoup en faveur de la force supérieure de l'expérience qu'apporte chaque jour, comparée à celle des conseils, des avis ou de l'exemple ; mais le système d'éducation de Rousseau n'est pas possible ni pratique à cause de cette raison entre beaucoup d'autres, qu'il est impossible d'expérimenter dans un temps convenable toutes les conséquences mauvaises de nos imprudences. Puis ces conséquences sont parfois si graves qu'il est bon d'en sauver l'enfant. Nous ne pouvons ensuite, malgré tout l'art possible placer l'enfant dans une situation où il doive donner sa libre et personnelle détermination, comme s'il était dans la maturité de la vie. De plus, bien que l'autorité tienne peut-être trop de place dans la vie humaine en général, l'homme est destiné à n'être jamais complètement émancipé, une éducation qui lui apprenne à obéir lui est donc aussi nécessaire pour la vie du monde qu'elle l'est pour le soldat qui doit vivre au régiment.

5. — Les habitudes de tempérance se forment de la même manière et pourraient être de même étudiées en détail. Que leur formation soit bien résolue à la suite de souffrances causées par des excès, et de plaisirs causés par un régime sain, et l'individu se restreindra de lui-même, et l'on pourra dire que par la force de sa volonté il est devenu tempérant. Mais s'il n'est tempérant que rarement et incidemment, la volition n'en deviendra pas plus facile à mesure qu'il avancera en âge. Cependant, quand la volonté est assez forte pour agir toujours et dans toutes les circonstances, l'élément plastique aidant, la tempérance devient une *habitude*.

6. — Je dois maintenant passer à une autre classe d'habi-

tudes fondées sur la résistance aux sollicitations des sens, c'est-à-dire au contrôle habituel de l'attention dirigée contre les distractions, les diversions, causées par les objets extérieurs. Les sens reçoivent sans cesse les impressions du dehors, et, s'il survient quelque chose d'agréable, la puissance volontaire en retient l'effet, et détourne les énergies actives de tout autre objet moins agréable; d'un autre côté, une impression pénible stimule encore la volonté qui cherche à fuir le mal. Enfin, bien que parfois des plaisirs ou des souffrances intenses se trouvent réunis, cela n'est pas fréquent; mais parmi la foule de sensations qui naissent du hasard nous sommes frappés par nos sens d'une multitude de petits plaisirs, de petites souffrances. Chacune de ces petites impulsions a son stimulus volitionnel et si un agent plus puissant, une volition ou une volonté, n'est pas présent, l'esprit est sans cesse tiraillé dans toutes les directions. C'est surtout chez les enfants que nous trouvons cet éparpillement de l'attention. Il faut se soumettre à une véritable éducation pour résister à mille sollicitations diverses et pour garder son intelligence fixée sur un seul point. Dans ce cas le but à atteindre, c'est l'indifférence pour ce qui d'abord cause du plaisir ou de la souffrance. Nous ne pouvons jamais nous soustraire aux impressions du toucher, mais nous pouvons contracter l'habitude de ne pas y faire attention. L'esprit étant occupé ailleurs, les courants nerveux ne viennent plus alimenter la susceptibilité tactile, si bien que même lorsqu'il y a peu de chose pour détourner notre attention, nous sommes à peine sensibles à l'impression que produisent nos vêtements sur toute la surface de notre corps. L'oreille présente des exemples non moins remarquables du même fait. Les sons produisant en général une impression plus vive, plus aiguë, que le toucher, il n'est pas si facile de leur devenir insensible. Lorsque les circonstances sont favorables, cela peut pourtant arriver. Nous pouvons contracter l'habitude de ne pas écouter certains bruits, une conversation. Pour en arriver là il faut d'abord n'avoir pas une oreille trop délicate, car sans cela ce serait extrêmement difficile. Il faut ensuite que quelque chose d'important détourne notre attention du bourdonnement de la conversation. Il y a quelques esprits si délicats par rapport aux sons, qu'ils n'arrivent jamais à l'insensibilité complète même pendant une demi-heure; l'acquisition sera impossible pour eux par défaut de détermination initiale. Si nous pouvons trouver une manière de commencer, une occasion d'être un instant indifférents, nous avons une base sur laquelle nous pouvons édifier une habitude. On peut appliquer les mêmes remarques aux sollicitations de la vue. Il faut que nous acquérions une certaine indifférence pour une grande partie des scènes si étendues qui passent dans notre champ visuel, et dont tous les détails frappent probablement l'esprit de l'enfant. Nous apprenons à résister aux impulsions volitionnelles qui tourneraient nos yeux vers le point le plus agréable de la scène qui nous environne, et à observer fidèlement l'objet peut-être peu attrayant, sur lequel il faut que notre attention soit fixée. Nous pouvons vivre entourés de beautés très grandes et être complètement indifférents à leur charme, excepté lorsque nous nous donnons à nous mêmes la permission d'en jouir.

7. — Beaucoup de nos habitudes sont prises en vue de réprimer les mouvements primitifs ou instinctifs du corps. J'ai essayé de prouver que les mouvements des membres sont comme une partie de l'organisme et qu'une tendance primitive incline tout le système à la communauté d'action. *(Instinct.)* C'est cette dernière tendance que nous devons surtout apprendre à gouverner. Il faut que nous supprimions ces mouvements des membres qui accompagnent instinctivement la parole, que nous résistions à cette espèce d'incendie qui fait qu'une excitation locale gagne rapidement et devient une activité générale. Ces acquisitions sont de la même famille que les acquisitions presque machinales dont j'ai parlé à propos de la loi de contiguïté. Je n'y reviendrai donc pas ici.

8. — Les émotions présentent un vaste champ d'étude pour le développement des habitudes. Nous avons étudié le contrôle et la suppression des émotions par la volonté ; là il faut un effort plus ou moins considérable suivant le but poursuivi. Les nécessités diverses de la vie, sont les motifs de détourner les courants émotionnels ; après un certain nombre d'années, les premières luttes s'apaisent et se modifient sous l'influence de l'élément plastique. Quelques remarques achèveront de faire connaître les particularités distinctives des émotions considérées dans leurs rapports avec la formation et la confirmation des habitudes.

On peut faire sur l'éducation émotionnelle une observation générale. Il est possible, par l'éducation, d'élever ou de rabaisser la situation de l'émotion par rapport aux autres départements de l'esprit. Chaque personne vient au monde avec un développement plus ou moins grand des trois grandes facultés naturelles, ce développement de chacune d'elles peut changer, se modifier dans la vie. On peut supprimer ou encourager le flot primitif dans une direction particulière, suivant les circonstances dans lesquelles on se trouve placé. En l'absence de toute intervention, le courant naturellement le plus fort, se renforce lui-même, le plus faible s'affaiblit encore. L'homme qui est né avec une puissante intelligence, qui l'étend en la cultivant, affaiblit chaque jour la partie émotionnelle, naturellement faible, de sa nature; lorsque deux éléments ont toute la prédominance, il reste peu de place à occuper pour un troisième. Une personne mal constituée sous le rapport émotionnel, c'est-à-dire qui n'est pas excitée par le désir de jouir des plaisirs communs à l'humanité, qui ne se laisse pas aller aux manifestations violentes, qui n'a pas dans le malheur la ressource du rire et des larmes, peut être guidée et conduite à un plus grand développement émotionnel. Le mode d'éducation le plus efficace serait alors de faire appel à la force de l'exemple, de la sympathie, des plaisirs multipliés, si bien que le côté faible soit sans cesse fortifié pendant qu'on néglige les autres. La seule autorité, la volonté personnelle ne seraient pas suffisantes pour opérer un changement aussi profond. De même par l'application d'un régime judicieux on peut apaiser une nature trop disposée à se livrer à toutes ses émotions, et permettre à l'intelligence et à la volonté de se développer librement, ce qui, peut-être, est ce qu'il y a de plus difficile pour le patient. Une partie très importante de notre éducation morale est celle qui s'applique à la répression de ces motifs excitants qui poussent la volonté à l'action d'une manière qui n'est pas en rapport avec la jouissance ou la souffrance éprouvée par l'individu. On doit tout faire pour aider à la formation d'une habitude ayant autant de valeur, et comme cela est difficile, on ne peut trop faire. On ne peut aller trop loin dans l'apaisement systématique de l'excitation physique ni y trop appliquer sa force de volonté. Le pouvoir de l'homme atteint son maximum quand il s'impose aux excitations violentes, aux peurs sans raison, aux manifestations extravagantes ; mais comme c'est aussi triompher des plus grandes faiblesses de l'homme, il faut que les circonstances soient encore favorables à l'acquisition ; il faut encore faire appel à l'aide de la force plastique pour triompher dans la lutte.

9. — Ce que nous avons dit des émotions en général peut s'appliquer à chacune d'elles en particulier. Nous pouvons par l'éducation affaiblir celles qui sont prédominantes, tandis que laissées à elles-mêmes, elles deviendraient de plus en plus fortes. Dans tous les exemples possibles, on ne prend une habitude que dans le but d'augmenter ou de diminuer une susceptibilité originale. Prenons la liberté. La satisfaction donnée aux impulsions naturelles d'indépendance, la confirmation de ces impulsions par l'habitude, sont un obstacle insurmontable à une vie de travail régulier. Au contraire, par une discipline bien entendue on peut dégoûter des plaisirs de la pure liberté, jusqu'au moment où l'esprit fatigué par les échecs que subissent ses impulsions, ne recherche plus ces plaisirs, et les estime de peu de valeur. Voilà la situation de l'esclave résigné à son sort, de l'homme, de la femme dont la vie n'est qu'une soumission perpétuelle à des conventions artificielles.

10. — L'émotion de la peur prouve combien est vrai ce que j'ai avancé au début de ce chapitre, sur l'importance de la persévérance absolue dans la formation d'une habitude. Si nous avons à faire à un esprit craintif, il est connu que nous devons éviter tout incident qui provoquerait certainement un accès de frayeur. L'initiation doit être graduelle et l'épreuve ne doit jamais être au-dessus de la force acquise. Une simple frayeur peut reculer de beaucoup les progrès de l'éducation que nous avons entreprise. De même lorsque nous voulons habituer notre corps à la fatigue et aux privations, l'effort ne doit jamais être au-dessus des forces que nous avons acquises. Jamais celui qui fait un entraînement ne dépasse les limites qu'impose la santé du système musculaire ; si à cause d'un excès quelconque nous attrapons une maladie en nous habituant à endurer le froid et l'humidité, nous sommes sûrs de retarder beaucoup notre éducation sur ce point. Tout porte à croire qu'il existe là un principe général qu'il ne faut pas oublier lorsqu'on veut se fortifier contre la maladie

et les tendances dissolvantes, et qui trouve encore sa confirmation dans la répression de l'émotion de la peur. Une grande frayeur s'emparant de l'esprit, diminue pour longtemps la somme de courage dont on dispose, si elle ne l'épuise pas complètement. Il ne faut jamais perdre de vue ce précepte : exercer, éprouver le système jusqu'au point acquis, mais ne jamais le dépasser. On peut être exposé à certaines occasions de frayeur, de façon à fortifier son courage naturel, mais des épreuves prématurées pourraient laisser le sujet plus susceptible que jamais. Pour imposer une discipline de ce genre il faut des commencements très sûrs. L'exemple, les encouragements, la santé, la régularité dans la vie, sont nécessaires pour faire une acquisition morale difficile. Si l'on en juge par les différences physiologiques entre les animaux et entre les sexes, il semble que le courage dépend d'un mode particulier de vigueur nerveuse, et consume une quantité définie de la nourriture de tout le système. Verser goutte à goutte cette qualité dans une nature qui n'en est que très faiblement pourvue, cela demande l'application de toute l'énergie plastique sur un seul point et explique comment il est si rare de voir réussir les tentatives faites pour implanter cette qualité, pour l'acquérir.

11. — On peut reproduire à propos des émotions tendres les mêmes remarques sur la possibilité d'activer ou de restreindre le développement qui leur a été assigné par la nature. Si ces émotions sont naturellement fortes, si elles rencontrent sur qui se répandre, elles croîtront en force inévitablement, et elles fourniront à la personne des jouissances sociales et intimes augmentant et durant toujours davantage. Toute l'énergie du système délaissant l'intelligence et la volonté se concentrera sur le côté émotionnel. D'un autre côté un caractère manquant de tendresse, peut, entouré d'affections, se développer sous ce rapport, pourvu qu'on ne laisse pas l'esprit s'absorber en lui même. Nous pouvons donc agir sur nos sensibilités leur donner une importance plus ou moins grande, en tant que sources de jouissances et de souffrances : ce qui est encore tout autre chose que de les diriger sur certaines personnes, certaines choses qui sont des objets d'attachement ou d'affection. Sans doute les deux choses se suivent habituellement ; mais elles peuvent aussi se séparer. De même que certaines choses inspirent à première vue une

grande tendresse, l'enfance par exemple, de même, par l'association, s'agrandit le cercle de nos affections qui deviennent aussi plus fortes. Toute circonstance qui détermine toujours de la même façon une émotion tend à faire corps avec cette émotion, à la faire naître plus facilement, et à développer par conséquent sa propre puissance de stimulation ; sans sortir des émotions usuelles, et sans nous élever pour cela au-dessus de notre somme originale de susceptibilité générale, c'est ainsi que se forment de puissants attachements pour les personnes et les choses. Par exemple la complaisance pour soi-même est une attention tendre et habituelle fixée sur le moi comme sur un objet renfermant d'admirables et attrayantes qualités. Le fond primitif de tendresse peut ne pas être ici très considérable ; mais l'émotion à force de se renouveler l'agrandit et il peut se produire là une excitation beaucoup plus forte que sur d'autres points. Peu de personnes entreprennent de gouverner ce sentiment chez elles ou chez les autres, il n'est pas facile de résister à sa marche insinuante une fois qu'il s'est établi chez nous. On peut en supprimer les manifestations extérieures mais non pas l'influence intime. A la suite de l'amour de soi-même nous trouvons la vanité et toutes les formes de l'amour de l'admiration et des applaudissements, qu'un système répressif bien entendu peut diminuer tandis que livrés à eux-mêmes ces sentiments se nourrissent eux-mêmes et dépassent les limites du permis. Il faut ici que l'individu veuille les supprimer, car il est trop facile de les dissimuler pour qu'un maître étranger soit seul chargé d'y veiller.

12. — Le sentiment malveillant qu'on appelle le désir du pouvoir est une des formes gigantesques de l'égoïsme humain. On essaie de la culture morale pour enrayer son développement ; mais ce sentiment renaît toujours au moment où l'on croit l'avoir étouffé. A la longue une ferme répression personnelle, aidée de l'habitude peut adoucir la violence de ce désir. Mais pour la généralité des hommes il n'y a que la résistance ouverte, la répression par la force, qui puisse avoir de résultat.

13. — Les plaisirs de l'activité ont parfois trop d'attraits pour ceux qui les cherchent ; il faut alors mettre un frein à l'excitation que produit la chasse ou la politique, par exemple, dans la jeunesse, parce qu'elle engendre une espèce de dissi-

pation incompatible avec le combat si sérieux de la vie. Quand on a un certain goût pour l'agitation, les émeutes ou les batailles, un simple récit historique peut devenir une source d'ennuis et de dangers. Il est inutile de revenir ici sur les moyens de combattre cette tendance et de s'habituer à y résister.

14. — Les émotions de l'intelligence, comme l'intelligence elle-même, ont plutôt besoin d'être choyées que d'être réprimées. Une atmosphère sociale sympathique, des moyens de culture, des livres, des ressources pécuniaires suffisantes pour nous délivrer des soucis de l'existence, l'absence de goûts rivaux aussi forts, voilà ce qui est nécessaire pour cultiver avec succès les germes naturels de curiosité, l'amour de la vérité dont nous a doté la nature.

15. — Les goûts, la culture esthétique, sont soumis aux mêmes lois générales de plasticité et d'habitude. On peut fortifier ou limiter les émotions esthétiques, en choisir une pour la cultiver spécialement. Prenez un homme aux goûts artistiques, naturels, moyens, et placez-le dans l'atmosphère artistique de Florence ou de Rome sans offrir d'autre nourriture à ses autres tendances, par degré il se réchauffera au contact de ce qui l'entoure, et finira par acquérir des goûts artistiques très vifs et très décidés. Placez au contraire une nature artistique dans un milieu très puritain, éloignez toutes les influences qui nourrissent l'amour de l'art, forcez l'esprit à s'engager dans une voie toute différente, et selon toutes probabilités, la proportion originale des éléments constitutifs de l'esprit, se trouvera renversée au bout d'un certain temps. Il est possible d'implanter ou d'arracher les plaisirs et les tendances les plus enracinés dans la nature humaine. Nous ne devons cependant pas oublier qu'on n'accomplit pas de telles révolutions sans qu'il en coûte beaucoup, et que c'est tout si on peut en faire réussir une dans une vie d'homme. La puissance de l'éducation est ici limitée parce que la force constructive est elle-même limitée. Nous ne pouvons concentrer notre force plastique sur deux ou trois objets différents d'une grande étendue. C'est à peine s'il est possible d'implanter artificiellement dans un même esprit l'amour de la science et l'amour de l'art ; nous ne devons pas espérer lutter contre deux sortes de faiblesse morale de façon à en faire sortir deux forces morales.

La culture de l'intérêt poétique est une source de plaisirs raffinés. C'est une partie de notre développement moderne ; nos grands poètes, Byron, Coleridge, Wordsworth, Shelley sont sur ce point nos grands éducateurs. Voilà un exemple bien frappant de ce que peut faire l'éducation pour nos sensibilités émotionnelles. Les progrès résultant de cette éducation sont exactement expliqués par les lois de l'émotion idéale ; ce qui rend avant tout la répétition fructueuse, c'est la liberté d'esprit d'un côté, de l'autre sa concentration sur un point donné.

Il est plus difficile de trouver du plaisir dans la vertu que de développer les sentiments esthétiques. Spinoza notait en lui-même le développement de sa faculté de contempler avec délices le *rerum bonum* ; mais cela s'applique plutôt au sentiment de la vérité et de la vertu qu'à leur mise en pratique.

16. — Je dois dire quelques mots de grands et soudains changements qui se font parfois dans les caractères et qui forment un contraste frappant avec le mode d'action tranquille et lent des habitudes. Il faut chercher l'explication des conversions subites dans quelque impression violente faite sur l'esprit, devenant un nouveau et puissant motif d'action pour la volonté, base initiale par conséquent d'une nouvelle ligne de conduite. Si nous sommes capables de frapper un coup assez fort pour absorber toutes les pensées d'un homme, pour dominer sa volonté pendant un certain temps, nous pouvons le faire changer de conduite, le maintenir dans une direction jusqu'à ce que l'habitude commence, que l'état présent des choses soit assez fort pour lutter contre les anciennes tendances. De pareils changements s'accomplissent mais non sans des luttes terribles car il est bien difficile à la volition d'un jour de lutter contre les habitudes des années.

17. — Nous arrivons maintenant à la classe d'habitudes qui se rapporte à nos impulsions purement volitionnelles. La spontanéité, élément essentiel de la volonté, se trouve modifiée par les circonstances de la vie. On peut supposer qu'à l'origine les impulsions spontanées suivent la direction que leur indique la nutrition ou les stimulants accidentels. Il faut que nous apprenions à supprimer nos mouvements lorsque les centres chargés d'énergie sont prêts à agir, à les continuer lorsque les centres sont épuisés. On ne peut travailler activement et longtemps, sans apporter à certains centres et

peut-être au dépens des autres, un surplus d'énergie. Pour qu'on puisse se servir constamment d'un organe, de la voix, d'un membre par exemple, il faut qu'après des années d'exercice, un flot de puissance vitale beaucoup plus grand que le flot original, alimente les organes en activité. Parmi les acquisitions professionnelles de chaque homme, il y a la faculté de mouvoir sans fatigue un organe spécial, pendant un temps beaucoup plus long qu'il ne serait possible de le faire sans une éducation particulière. La *manière* dont nous agissons se trouve donc ainsi différente de la manière dont nous agirions si nous avions été laissés tels que la nature nous avait faits. On peut donc calmer un tempérament spontané très vif mais on comprend que cela ne doit pas se faire sans effort ni sans patience.

18 A propos du désir nous pouvons noter une série d'acquisitions morales importantes. Les conditions habituelles étant remplies, on peut prendre l'habitude d'être patient en face des souffrances sans remèdes, des souffrances périodiques. Il est bien dur de ne supporter la souffrance que par un effort de volonté ; c'est pourquoi l'on cherche d'autres moyens de la supporter, on fait appel à la sympathie, à la distraction, ou à l'espérance ; si l'on est capable de soutenir la lutte pendant un certain temps, on peut compter sur la réussite du procédé. Dans l'état d'esprit qu'on appelle contentement, les habitudes prennent la forme de bonnes résolutions. L'apaisement de l'esprit excité par des désirs irréalisables, doit occuper pour une grande part les forces morales de l'homme ; il n'y a pas de point où l'élément plastique intervienne avec plus d'efficacité pour le bonheur de l'individu. Il faut que de bons avertissements soient soutenus par le sentiment du mal produit par la convoitise, et que l'esprit ait une certaine liberté pour combattre les désirs malsains. Tout individu peut être particulièrement susceptible pour une chose que les circonstances sont loin de favoriser ; de là la nécessité d'une éducation, d'une discipline particulière. L'amour de la splendeur éclatant dans un homme placé dans une condition modeste, l'ambition dans l'âme d'un esclave, déterminent des luttes intimes qui peuvent intéresser le poète ou le romancier, mais qui en réalité sont terribles pour celui qui en souffre. Nous ne réfléchissons pas souvent à la peine qu'il a fallu prendre pour acquérir les

vertus qui font peu d'effet, parce qu'elles ne sont que des négations d'action. La décision de vivre avec frugalité qu'on prend pour éviter une dépense, peut l'être facilement, cette facilité n'étant que le couronnement d'années remplies de luttes mentales.

19. — Nous pourrions encore prendre des exemples dans la domestication des animaux. Il est curieux et instructif de chercher quelles sont les particularités qui font qu'on peut dresser certains animaux, tandis que d'autres sont toujours si rétifs. Les animaux les plus haut placés dans l'échelle des vertébrés possèdent tous, à un degré égal peut-être, une grande ténacité de souvenir ; si nous pouvons faire entrer l'animal dans une voie artificielle, avec une énergie suffisante, l'habitude d'y rester se formera tôt ou tard. Le cheval, le chien, le chat acquièrent certaines habitudes. Certaines circonstances pourraient expliquer comment tous les animaux n'ont pas également la faculté de faire de semblables acquisitions. L'impossibilité d'apprivoiser le lion ou le tigre peut s'expliquer par l'intensité extraordinaire de leurs impulsions naturelles, et par une dose moins forte de plasticité dans l'esprit. Si l'on voulait donner à ces féroces animaux l'habitude d'obéir, il faudrait les soumettre à une éducation si sévère que nous aimons mieux y renoncer. On peut rendre une créature l'esclave de la peur au point de la faire obéir à la main de l'homme. Le cheval et le chien ont une certaine dose de timidité que nous savons faire servir à nos desseins ; tandis que nous entreprenons rarement de soumettre des animaux doués d'un grand courage naturel.

20. — L'opposition qu'on peut faire aux séries intellectuelles ou au courant d'idées régies par les lois de contiguïté et de similarité, est une question de volonté ; l'habitude peut y aider. Nous trouvons à ce propos deux cas intéressants. Le premier c'est la concentration de l'intelligence sur un objet déterminé, et la force de volonté qui devient alors nécessaire pour lutter contre la légèreté, contre les distractions extérieures ; c'est l'écueil contre lequel viennent se briser bien des esprits jeunes ou livrés à eux-mêmes. Lorsque l'occasion se présente fréquemment d'exercer en ce sens sa force de volonté, qu'on a en outre de forts motifs de le faire, l'effort diminue au bout d'un certain temps, la volonté devient complètement prédominante. Cette éducation particulière de la

volonté fait partie de l'apprentissage de toute profession intellectuelle, et dans le monde des idées, n'est que la confirmation de la possibilité de soustraire l'attention à l'influence troublante des sensations.

Le second cas intéressant, c'est celui où nous chassons à volonté un sujet de notre esprit. Etre absorbé par un sujet d'affaire alors que c'est devenu pratiquement inutile, ou bien continuer à diriger ses pensées sur ce sujet, c'est faire preuve de faiblesse, et d'une faiblesse qu'il faut surmonter si possible. Pour cela on peut employer la volonté ; et bien que nos premières tentatives soient souvent infructueuses, on est sûr avec de la persévérance de ne pas lutter pour rien. Dans la mêlée de la vie il faut que les hommes passent fréquemment d'un sujet à un autre, qu'ils oublient complètement l'un pour appliquer à l'autre toute leur force d'intelligence. Il faut alors pouvoir obéir entièrement à la volonté suspendant tout d'un coup les considérations sur le sujet occupant l'esprit auparavant, et c'est ce à quoi on arrive bien rarement dans les premières années de l'apprentissage de la vie.

21. — En terminant ce chapitre je termine aussi définitivement ceux ayant rapport aux lois de contiguïté, du souvenir, et de l'acquisition volontaire ou mentale. Je n'avais pas pour but d'étudier tout ce qui peut devenir en nous une habitude morale, j'ai donc fait un choix d'exemples, et négligé bien des détails également importants. Par exemple, les habitudes d'obéissance sont en lutte avec la volonté personnelle et avec notre tendance instinctive à suivre nos propres décisions. Il faut acquérir certaines habitudes d'autorité aux dépens de nos dispositions à sympathiser avec nos semblables dans toutes les circonstances. Les habitudes d'activité, de vivacité sont souvent le résultat d'une longue lutte avec le caractère naturel. Les habitudes d'amabilité, d'urbanité ne sont pas naturelles à l'homme. En résumé j'ai eu surtout pour but dans ce chapitre de déterminer quelles sont les conditions principales dont dépend la formation d'une habitude, car ce sont ces conditions que nous oublions le plus souvent. Il est admis par tout le monde que la répétition de l'acte est une condition *sine qua non* ; mais on ne reconnaît pas aussi généralement la nécessité d'une forte impulsion initiale capable de triompher dans tous les conflits jusqu'au moment où l'habitude en voie de formation est suffisamment

développée. Dans la pratique, il est rare que nous chassions de notre esprit toute préoccupation, que nous évitions toute distraction. Je ne suis pas sûr non plus que nous rendions pleine justice à l'adage « il sera donné à celui qui a »; que nous nous souvenions toujours que là où les dispositions naturelles sont faibles, l'éducation doit être lente, douce et persévérante. Quelques natures sont mieux dotées que d'autres de plasticité, de puissance d'acquisition, et justifient mieux le proverbe qui dit que « l'homme est un composé d'habitudes ». Il semble chez elles que toute leur énergie constitutive néglige de renforcer les penchants naturels pour consolider toute tendance artificielle. L'observateur attentif peut rencontrer sur sa route les extrêmes les plus opposés.

L'habitude d'un côté, affaiblit ou supprime une émotion, de l'autre augmente l'intensité d'une autre émotion. Butler regarde cette opposition comme favorable au développement de la vertu active. Il fait remarquer que pendant que l'habitude nous vient en aide pour *agir*, augmente nos aptitudes actives, elle a un effet opposé sur nos impressions *passives*. L'habitude du danger diminue l'empire de la peur, celle de voir mourir les autres diminue notre crainte de la mort, celle d'être malheureux affaiblit nos sentiments de pitié mais si d'un autre côté nous pratiquons le soulagement de la misère notre bienveillance en tant que principe d'action, deviendra plus puissante.

On a beaucoup admiré cette remarque de Butler; elle fait honneur à sa sagacité mais ne rend pas un compte exact des choses. Ce n'est pas deux cas qu'il faut distinguer ici, c'est trois. Le plus simple, c'est celui où l'habitude opère sur l'activité, sur l'effort actuel quel qu'il soit: sur le travail manuel ou le travail intellectuel par exemple: les sensations étant absolument hors de cause. L'habitude opère alors dans une seule direction. C'est seulement en passant aux états de conscience, sensations ou émotions que l'on trouve l'apparente contradiction, signalée par Butler. Les principes déjà exposés sont parfaitement suffisants pour résoudre la difficulté présente.

L'esprit s'habitue petit à petit aux choses, et bien souvent c'est lorsqu'on l'expérimente pour la première fois qu'une sensation produit son maximum d'impression. Un plaisir répété perd de sa saveur, cependant ce déclin a des limites assignables. De même une souffrance répétée devient moindre, bien que dans les cas extrêmes l'effet soit tout opposé.

J'ai montré dans ce chapitre que la conquête par l'habitude de certaines souffrances, de certaines excitations pernicieuses, demande des conditions favorables et que sans elles, la chose est impossible. En voulant s'habituer à la peur on peut augmenter sa force au lieu de la diminuer. Il y a des personnes qui ne peuvent jamais vaincre certaines frayeurs, comme d'autres sont constituées de façon à ne jamais surmonter le mal de mer.

Je dois aussi remarquer, ce qui est universellement reconnu, que nous pouvons cultiver nos émotions et par là les augmenter, comme nous cultivons notre goût pour la beauté, la science, nos plaisirs de l'amour et de la bienveillance.

Les plaisirs des sens eux-mêmes, si l'on ne dépasse pas certaines limites, ne diminuent pas par la répétition. On ne peut conserver l'impression de nouveauté, de fraîcheur que donne un nouveau plaisir; mais après un certain nombre d'expériences, si l'on a soin de régler comme il faut leur retour, on obtient un total fixe de jouissances qui peut rester le même pendant toute la vie; mais qu'on en soit privé pendant longtemps, et l'on pourra retrouver l'impression première dans toute son intensité.

Dans l'opinion de Butler il n'y a qu'une chose de soutenable, c'est que l'habitude d'éprouver le sentiment de la pitié sans produire aucune action correspondante, peut tourner en habitude sentimentale, le plaisir ne diminue pas comme semblerait le faire supposer sa théorie des impressions passives, ce qui diminue, c'est la *tendance active* qui fait naturellement partie de nos impulsions charitables et qui s'augmente par l'exercice comme elle diminue par absence d'exercice.

CHAPITRE X

PRUDENCE — DEVOIR — INCAPACITÉ MORALE

1. — Je me propose d'étudier dans ce chapitre les motifs de prudence et les motifs dictés par le devoir c'est-à-dire le grand conflit qui s'élève sans cesse entre les fins des actions humaines.

Prudence. — Nous savons que la volonté est constituée de façon à opérer pour éviter la souffrance et pour chercher le plaisir. On pratique la prudence, on cherche le bonheur, en suivant les impulsions volontaires, en comparant entre eux les plaisirs et les souffrances qui sont présents ensemble, en pensant toujours à l'avenir aussi bien qu'au moment actuel. En sachant à l'avance quels biens ou quels maux doivent se produire, nous travaillons en vue de fins éloignées aussi bien que pour nos sensations et nos émotions présentes. Nous avons devant les yeux le catalogue des maux et des plaisirs possibles, nous savons en même temps ce que nous devons rencontrer le plus sous nos pas. Nous connaissons certains objets comme produisant des peines ou des jouissances extraordinaires. Toutes ces différentes espèces de stimulations agissent alternativement sur notre activité. Nous évitons constamment des maux organiques, physiques, le froid, la faim, la fatigue, l'épuisement, tout ce qui constitue une sensation pénible; nous cherchons les contraires de ces souffrances en général, et en particulier ceux qui ont le plus de charme pour notre esprit. Ce sont eux qui deviennent les motifs d'action personnels à chacun. Le résultat de la lutte entre les motifs, est une décision de prudence, prise en vue de notre bonheur, et que nous ne combattrions jamais si nous étions entièrement laissés à nos impulsions naturelles ; les plus fortes de ces impulsions deviendraient, par la répétition, complètement prédominantes, et notre caractère ne serait alors fait que d'impulsions naturelles et d'habitudes.

2. — Nous ne sommes cependant pas libres de suivre ainsi uniquement nos impulsions personnelles. Des influences étrangères viennent en outre peser sur nos déterminations volontaires, là où nos sentiments n'ont pas fait sentir leur puissance. Nous sommes soumis à une éducation, à une discipline, avant de savoir atteindre les fins agréables, éviter celles qui sont pénibles. Outre les actions que provoquent nos propres impulsions, il faut qu'on nous apprenne à manger, à boire, à marcher, à nous tenir en repos. Sans être pour cela toujours gouvernés, nous nous trouvons à côté de personnes dont nous suivons les exemples ; et c'est ainsi que les coutumes du passé faisant face à celles du présent nous enlèvent des mains une grande partie de notre initiative personnelle et moulent notre personne sur un modèle préétabli. Quand ces influences étrangères ont accompli leur œuvre nous sommes des êtres artificiels. Les impulsions naturelles ne sont pas entièrement déracinées, mais elles sont modifiées, transformées ; et si nous voulons estimer un caractère il ne faut pas oublier qu'il est le résultat de la combinaison de deux forces impulsives. L'influence qui se fait sentir dans les premières années par l'autorité et l'exemple des plus âgés, des maîtres, des compagnons, se continue dans la vie par les conseils, les remontrances de vive voix, les admonestations écrites, les exemples brillants, les grands succès, les revers éclatants. L'ami dans la vie privée, le moraliste autorisé en public, influent sur nos décisions. D'autres ne font que fournir des indications qui peuvent éclairer notre jugement sans nous imposer une conduite particulière. L'un nous apprend à conserver la santé, l'autre nous expose les règles économiques et les moyens de s'enrichir, le troisième nous montre comment on gagne ou l'on perd une bonne réputation, le quatrième nous guide jusqu'aux sources de la science. Lorsque nous nous appliquons à la poursuite d'un but, nous acceptons tous les renseignements loyaux donnés sur les moyens de l'atteindre et nous agissons en conséquence. Rien ici n'est livré au caprice, au hasard. Notre conduite peut être le résultat de la combinaison de

plusieurs influences, mais chacune d'elles a ses conséquences caractéristiques et fixes, semblables aujourd'hui à celles d'hier. Il est bien difficile de dire absolument que la reproduction du même motif conduira au même acte ; mais notre incertitude n'existe que parce que nous ne savons pas si quelque motif nouveau ne s'est pas introduit et n'a pas modifié l'efficacité du premier.

3. — Notre exposition ne serait pas complète si nous ne disions pas qu'il faut encore pour attribuer aux motifs de prudence toute leur valeur, pour se résoudre à agir en conséquence, que l'esprit soit libre en partie du moins ; par l'attention qu'on y accorde, on ajoute à la force des motifs qu'on pèse. Quand on sait qu'une personne est réfléchie, on attend secrètement d'elle des résolutions plus prudentes et une plus grande persévérance à les mettre en pratique.

Des intérêts futurs et éloignés s'impriment dans l'esprit qui les discute pendant toute la période de délibération, et reparaissent plus forts au moment où les motifs sont en conflit. Il n'y a pas de loi physique plus sûre que celle qui régit ainsi la consolidation des suggestions de prudence. Celui qui s'est consacré à la poursuite de la richesse, pense souvent à la fortune comme fin principale et subordonnée ; son amour pour l'argent augmente alors même qu'il est combattu par la tentation de jouir davantage, de vivre plus largement.

4. — On rencontre parfois des caractères naturellement prudents ; il suffit pour cela qu'une volonté active très forte se trouve liée à une bonne mémoire du plaisir et de la souffrance expérimentés. Si le but poursuivi est la santé ou les sensations physiques, il faut que l'intelligence garde un souvenir très vif de la maladie, de la faiblesse éprouvée, qu'elle se les représente fortement en idée avec les circonstances qui les ont provoquées. De même pour toute autre fin, et même pour la somme totale des objets à atteindre. Il faut que l'intelligence prête son concours et conserve dans toute sa vivacité l'image de la fin poursuivie afin qu'elle puisse lutter de puissance avec les impulsions présentes opposées. Il peut y avoir, comme je l'ai dit, des génies de prudence comme il y a des génies mathématiques ou musicaux ; ce fait, la persistance intense en idée de l'impression caractéristique particulière, étant commun à tous. Lorsque nous savons qu'une personne est douée d'une façon extraordinaire

sur un point particulier, nous tenons pour certain qu'elle agira en conséquence, et d'une manière toute différente de celles qui n'ont qu'un souvenir bien peu effectif des expériences douces ou amères de la vie. Un caractère prudent a le sentiment très vif des conséquences bonnes ou mauvaises de ses actions, se soumet aux conseils, suit les exemples qui peuvent l'aider à vivre heureusement, recueille les informations qui lui permettent de défendre ses intérêts les plus généraux contre les biens partiels ou temporaires ; n'agit qu'avec réflexion, et est toujours occupé à bâtir une sorte de forteresse mentale faite de prévoyance et de prudence. Un tel esprit en arrive facilement à faire de tous ses actes un calcul. Il est inutile de chercher à lui faire prendre part aux dissipations de la foule imprévoyante et légère.

5. — Voici les forces, qui du côté de la prudence nous poussent à agir, il n'est pas difficile de trouver quelles sont les forces contraires. Ce sont d'abord et surtout nos sensations et émotions actuelles et pressantes qui naturellement sont plus fortes que celles qui sont seulement en souvenir ou anticipées, et en triomphent aisément. L'intempérance, l'indolence, la prodigalité, l'offense faite à ceux qui pourraient nous servir, tout enfin ce qui indique une conduite insouciante, est une faute contre la prudence, faute qui vient uniquement de ce que notre sentiment de nos intérêts durables, n'agit pas sur la volonté avec la même énergie que le goût pour les stimulants agréables, et les jouissances émotionnelles ou autres. Dans ce cas il y a faiblesse volitionnelle ou morale, faiblesse qui, aussitôt qu'elle se manifeste d'une manière évidente, permet de formuler la loi de notre existence, aussi facilement que la loi de la fumée qui est de monter et celle de l'eau qui est de descendre. Nous ne sommes pas ici soumis à une contrainte comme l'enfant qui prend une médecine, ou le vagabond qui couche à ciel ouvert parce qu'il n'a pas d'abri. Mais la loi qui régit l'acte n'en est pas moins aussi stricte dans un cas que dans l'autre après que l'on a écarté les différences de sensibilité entre les individus. On peut dire réellement que la personne qui ne peut pas résister aux tentations qui doivent lui causer un mal, est attaquée de faiblesse, d'impuissance morale, parce qu'il est possible de remédier à ce défaut en faisant appel à des moyens moraux ou en suscitant de nouvelles émotions ren-

fermant un fort stimulus volitionnel. L'intempérance est une faiblesse à laquelle on ne peut remédier en enfermant un homme, en lui donnant seulement une certaine quantité de nourriture. Ce serait tomber dans la folie. Ce que l'on peut faire pour diminuer une faiblesse ordinaire, c'est de renforcer les motifs en faveur de la contrainte ; si ce moyen réussit, c'est que la faiblesse venait seulement du caractère des impulsions qui agissent sur la volonté. On peut présenter à une personne les malheureuses conséquences d'un acte avec plus de force qu'elle ne se les représente à elle-même ; on peut faire intervenir sa propre autorité en imposant un mal en plus de ceux qui sont inévitables, on peut promettre une récompense, un plaisir à la personne si elle vainc sa faiblesse, on peut prêcher, exhorter, remplir l'esprit d'exemples prouvant les horreurs du laisser aller, les félicités de la bonne conduite. Par tous ces moyens on arrive parfois à sauver la victime, souvent on échoue. Si l'on obtient un résultat satisfaisant, c'est seulement qu'on est arrivé à combler le déficit du côté des motifs de prudence ; c'est ainsi que l'on fortifie une construction lorsqu'on veut qu'elle résiste aux tempêtes, qu'on augmente le nombre de ses pièces d'artillerie lorsqu'il faut détruire une citadelle.

6. — Chaque personne faisant choix d'un but suprême, tout le monde est plus ou moins disposé à subordonner à cette fin tous les autres motifs d'action. Tout homme a son caractère complètement formé par rapport au but final de sa vie, quand la nature, la force de la volonté, les habitudes, et d'autres circonstances, ont réussi à subordonner tout ce qui forme ce caractère à l'idée dominante de cet homme. Les observations que nous avons déjà faites sur les fins de prudence s'appliquent également à l'ambition d'Alexandre, à la philanthropie d'Howard, à la carrière de tout homme dévoué à la littérature, à la science, au progrès politique. En général personne ne répond entièrement à ce qu'exige le but poursuivi. Néanmoins nous connaissons bien des moyens de remédier à notre infériorité. Un homme est entraîné par un sentiment de fatigue, par son amour des plaisirs sensuels, par ses craintes, ses affections, ses haines, son goût pour les beaux-arts, à laisser échapper une occasion de se rapprocher du but de sa vie ; nous notons la circonstance, et nous nous attendons, toutes choses étant semblables, à le voir montrer

la même faiblesse à un autre moment. Mais nous savons aussi que si quelque ami ou quelque personne ayant de l'autorité sur lui prend la chose à cœur, elle pourra lui fournir les motifs de résistance qui manquaient et lui faire prendre la résolution convenable. Nous savons encore que si la personne en cause a des remords de sa propre faiblesse morale, le souvenir de sa chute sera un motif de plus en faveur de la décision à prendre dans une autre occasion. Après quelques expériences nous pouvons dire avec une assez grande certitude quelle est la valeur du repentir en tant que motif d'action pour la personne en cause. Chez quelques hommes le remords est un stimulant puissant de la volonté longtemps après que la faute a été commise, chez d'autres le remords n'a aucune influence, aucune valeur. Si nous pouvons suivre constamment une personne, nous arrivons à pouvoir prédire comment elle agira dans des circonstances données et nous agissons en conséquence. Si l'événement nous contredit, nous ne l'attribuons pas à quelque incertitude dans la séquence des motifs et des actes, mais à notre ignorance antérieure des motifs présents. Lorsque nous spéculons à l'avance sur les décisions d'un corps délibératif, nous pouvons connaitre exactement les opinions et les inclinations de chaque membre en particulier ; mais nous ne pouvons pas prévoir lesquelles de ces opinions et de ces inclinations influeront au jour donné. De même lorsque nous essayons de prévoir quelle doit être la décision prise par un membre seul. Nous sommes capables de calculer à peu près le résultat d'un conflit de motifs lorsque nous connaissons les motifs présents, mais il n'est pas toujours en notre pouvoir d'assurer d'avance quelles seront les influences qui se feront sentir dans toutes les occasions. Un incident désagréable peut tout à coup refroidir des sympathies très chaudes un instant avant. Il se peut qu'un tempérament irascible laisse passer un affront sans colère, qu'un avare nous surprenne par sa libéralité. Personne ne supposera que ces exceptions impliquent que le lien qui attache le motif à l'acte soit rompu pour le moment par un caprice de la nature, qu'il y ait par instant suppression de la loi qui unit le conséquent à l'antécédent. A ces exceptions on sait qu'il n'y a qu'une explication à chercher, c'est la présence d'un second motif qui pour un temps prend la direction de l'esprit, tient en échec le motif habituellement prédominant. Nous ne pourrions pas admettre comme explication l'hypothèse suivante : un homme profondément avare dans la conduite générale de sa vie, peut à certains jours oublier complètement son amour pour l'argent, et agir alors comme si ce n'était pas son caractère d'être avare. Nous connaissons trop bien l'uniformité des actions des hommes pour admettre la possibilité d'une suppression absolue des motifs, bien que nous ne soyons que trop préparés à voir faiblir occasionnellement les plus puissantes impulsions de l'homme. « Le fripon et le fou sont honnêtes et sages par accès. »

7. — *Devoir*. — Les diverses branches de ce qu'on appelle devoir, obligation, convergent toutes vers les intérêts de nos semblables que nous devons respecter tout en nous occupant des nôtres. Justice, vérité, fidélité aux engagements contractés, respect de la personne, du caractère, de la propriété et des droits de nos semblables, obéissance à l'autorité légale, voilà ce que nous sommes forcés de pratiquer comme membres d'une communauté, unis pour obtenir protection commune. Il y a dans la nature humaine certaines tendances primitives qui nous font agir comme le devoir le demanderait. Par nos affections, nos sympathies nous nous identifions avec toutes les créatures qui souffrent et qui jouissent, ce qui est pour nous un motif de travailler pour elles jusqu'à un certain point comme pour nous. Dans le groupe restreint des émotions intellectuelles, il y a un sentiment qui nous rend hostiles aux inconséquences, à l'inégalité, à la déloyauté, qui nous aide par conséquent à remplir nos devoirs de vérité et de justice. Voilà ce que nous fournit la nature pour l'accomplissement des devoirs sociaux. Le cercle des motifs anti-sociaux est bien plus étendu. Heureusement, qu'on peut écarter, mettre hors de cause, les impulsions purement égoïstes ; sans cela il serait presque impossible d'accomplir tout ce que le devoir réclame de nous.

8. — J'ai déjà exprimé l'opinion (*Émotions éthiques*, § 1) que l'autorité, le châtiment, est le commencement de l'état d'esprit qu'on appelle de ces différents noms : Conscience, sens moral, sentiment de l'obligation. La majorité dans chaque communauté adopte certaines règles comme nécessaires à la conservation et au bien-être commun. Elle constate qu'il y va non seulement de ses intérêts, mais

encore de son existence même, si ces quelques règles, répression individuelle, respect des sentiments et des propriétés des autres, sont mal observées. Il faut que l'obéissance soit spontanée de la part du plus grand nombre, ou de ceux dont l'influence est prépondérante dans la société ; pour le reste on peut l'amener à la soumission par la contrainte. Celui qui n'est pas disposé de lui-même à obéir aux règles prescrites par la société, doit, afin de suppléer à l'absence de tout autre motif, être menacé et soumis à des punitions, augmentant jusqu'au moment où l'obéissance est complète. C'est ce *régime* de contrainte, d'inflictions augmentant sans cesse, jusqu'à ce que la résistance soit vaincue, qui implante dans l'esprit de l'enfant les premiers germes du sentiment de l'obligation. Je ne connais aucun fait qui puisse prouver l'existence de ce sentiment dans notre constitution mentale primitive. C'est un système artificiel de contrôle des actions qu'on invente, pour annuler certains modes de conduite. On jette dans chaque esprit la semence d'une distinction profonde entre les actions qui ne sont suivies d'aucune souffrance, sauf celles qui lui sont inhérentes, un goût amer, un toucher rugueux par exemple, et les actions que suit une souffrance imposée par l'autorité. Ces inflictions et les circonstances qui les accompagnent font sur l'esprit une impression profonde, nous en conservons un souvenir spécial ainsi que des personnes qui nous les ont imposées. On éprouve un éloignement qui n'est peut-être pas sans mélange de crainte pour ce qu'on nous défend en nous menaçant de punitions. Le sentiment qu'inspirent ceux qui infligent le châtiment est aussi mêlé de peur, c'est ce qu'on appelle le sentiment de l'autorité. C'est ce qui compose l'essence de la conscience, lui donne son vrai caractère bien que d'autres éléments puissent s'y mêler. De même que le devoir est circonscrit par le châtiment, de même le sentiment de l'obligation n'a pas d'autre propriété universelle que l'éloignement idéal et réel pour certains modes de conduite prohibés. Le nouveau venu dans la société est soumis à cette discipline qui lui inculque le sentiment du *défendu* ; ce sentiment prend racine et devient bientôt le sentiment de la *désapprobation morale* ; le nouveau venu, lorsqu'il possède ce sentiment se joint aux autres membres de la société pour imposer et soutenir les prohibitions, qu'il a appris à respecter dans le cours de sa propre éducation. On peut donc dire que le devoir est fondé sur deux de nos sentiments naturels les plus égoïstes : le sentiment de la conservation et du bien être général agissant sur la majorité prépondérante, et le sentiment de la punition qu'il faut imposer à la minorité qui n'est pas suffisamment imprégnée du premier sentiment. L'ordre une fois établi dans la société, c'est-à-dire l'obéissance étant habituellement pratiquée par la majorité des membres de la société, il n'est plus nécessaire que de discipliner les jeunes pendant le cours de leur éducation, afin de les préparer à acquiescer comme leurs parents à la morale publique. L'imposition de punitions engendre rapidement le sentiment du défendu, et le respect de l'autorité ; ces sentiments sont conservés dans toute la vie, et deviennent la base de la conscience individuelle, les motifs les plus forts d'éviter les actes qualifiés de mauvais.

9. — Cela ne veut pas dire que la conscience ne soit jamais autre chose que le désir d'éviter en idée et en réalité les châtiments. D'autres éléments concourent à la formation de la conscience, et dérobent à la vue le germe primitif qui donne à cette faculté sa forme caractéristique. Il y a des motifs qui dans bien des occasions supplantent la crainte de la punition : c'est ainsi que nous pouvons contracter un réel sentiment de bonne volonté pour ceux que la loi nous défend d'outrager. Même dans cette circonstance nous ne perdons pas le sentiment très vif de respect que nous avons pour l'autorité qui nous défend certaines actions ; nous ne sommes plus seulement mûs par ce sentiment, voilà tout. Nos sentiments tendres, nos sympathies, notre sentiment du juste et du vrai, s'ils sont bien développés et bien dirigés, nous poussent comme si c'était de nous-mêmes, à respecter ces intérêts de nos semblables qui sont protégés par les lois de la société. De plus, comme je l'ai déjà dit, l'esprit bien disposé, lorsqu'il arrive à une certaine maturité, entre naturellement dans cette majorité dont l'obéissance à ce qu'elle croit nécessaire à la sûreté générale, est spontanée, et qui l'impose de force à la minorité dissidente. La conscience d'abord dérivée et implantée, devient alors indépendante, elle se soutient d'elle-même. Le jugement de l'individu approuve la prohibition générale de la mauvaise foi, de l'injustice, et de tout ce qui peut nuire à sa propre sécurité,

aussi bien qu'à la sécurité commune ; et c'est ainsi que la conscience devient d'un degré, supérieure au motif de prudence.

Arrivé à ce point, il est presque impossible d'exclure entièrement de nouveaux éléments, les impulsions généreuses ou désintéressées. La prudence la plus achevée pourra faire qu'un homme ait soin de ses propres intérêts au sens le plus large. Tant que ses devoirs publics seront d'accord avec son bien être privé, il les accomplira pleinement, mais si c'est le contraire qui arrive, il pourra bien les négliger complètement aussi. S'il voit que par un acte de violence contre son voisin, par un acte de résistance à l'autorité suprême, il court les risques de subir un châtiment, et de détruire sa propre sécurité, son sentiment de la prudence l'empêchera d'accomplir cet acte. Mais il n'en sera pas ainsi si un crime doit lui procurer un gain considérable, sans lui faire encourir de châtiment personnel, et sans mettre en danger la sécurité publique à laquelle il a part. Il y a bien des cas où l'obéissance sociale d'un homme, sa loyauté, sa justice, sa véracité, son respect des droits des autres, lui coûtent un sacrifice qui n'est pas payé de retour, tandis que s'il n'accomplissait pas ce sacrifice, il ne serait pas puni pour cela. La simple prudence lui conseillerait alors la conduite criminelle. Nous voyons constamment des hommes se soustrayant à des obligations, parce que la loi ne les force pas à les remplir, sans compter le nombre de crimes commis parce qu'on croit être sûr du secret. Si chacun était disposé à agir d'après le strict calcul de ce qui est nécessaire pour son propre bonheur, on abandonnerait les devoirs sociaux qui ne rapportent rien, ne font que rembourser ce qui a été déboursé, et jamais on ne ferait un sacrifice à l'intérêt public. Dans une société formée d'égoïstes intelligents, on pourrait voir certaines vertus mieux pratiquées qu'elles ne le sont actuellement. On a souvent remarqué qu'un certain genre de loyauté aide les hommes à prospérer dans leurs affaires, à cause de la confiance qui en résulte ; ce qui ne veut pas dire qu'il faille être un adorateur de la vérité abstraite, ni pousser à l'excès la maxime « l'honnêteté est la meilleure des politiques » ; cela signifie seulement que l'homme d'affaires s'est rendu compte jusqu'à quel point la franchise et l'honnêteté lui sont utiles et qu'il ne pousse l'adoration que jusqu'à ce point et pas plus loin. Cependant, en somme, on peut se demander si une société fondée sur ce principe d'égoïsme prévoyant rigoureux, que chaque génération doit tenir un certain compte des intérêts de celle qui lui succédera, pourrait durer. Nous devons admettre que le sentiment qui fait que l'esprit muri par la vie adopte des devoirs sociaux comme devant diriger sa propre conduite, est formé d'un mélange de prudence égoïste et de générosité. L'élément de générosité, qui en dernier lieu se résout dans la sympathie, peut aussi faire complètement défaut, et c'est alors que nous avons un membre de cette société idéale d'égoïstes intelligents dont j'ai parlé ci-dessus. Les impulsions généreuses peuvent aussi avoir un développement et une force supérieurs ; elles donnent alors naissance à des actes de sacrifice personnel, de dévoûment. Ni l'un ni l'autre extrême ne se rencontrent ordinairement dans la vie. Dans la constitution de la généralité des hommes civilisés, Anglais, Français, Turcs, Chinois, etc., les éléments d'égoïsme et de dévoûment se balancent de façon à ne jamais permettre l'annihilation complète de soi-même, ni l'égoïsme absolu. La conscience d'un homme pris dans la moyenne de la majorité prépondérante renferme donc un certain nombre de devoirs sociaux que l'individu accomplit en partie pour lui-même et en partie pour ses parents, ses amis, ses concitoyens, l'humanité en général, et les générations à venir. Nous adoptons plus ou moins comme nôtres, les intérêts d'un certain nombre d'êtres qui ont éveillé notre affection ou nos sympathies. Les décisions que nous prenons sont influencées par ces intérêts d'adoption qui parfois submergent complètement les intérêts du moi isolé. Dans ces circonstances, c'est assez pour nous de savoir que ne pas accomplir un devoir social c'est faire tort à quelques individus pour lesquels nous sommes bien disposés. Nous nous abstenons de l'acte et nous le désapprouvons, nous le punissons lorsque d'autres l'accomplissent. Voilà je crois, la nature de la conscience du *citoyen*, distincte de celle de l'enfant, de celle du criminel qui ne connait qu'une chose, la crainte du châtiment. Nous devons tous pendant tout notre noviciat faire partie des consciences rebelles à l'obéissance et nous pouvons ne jamais être capables d'en sortir. Cependant il doit y avoir dans la société un nombre de membres prépondérants qui acceptent les devoirs sociaux, les tiennent pour agréables, qui n'ont pas besoin pour eux-mêmes de la crainte du châtiment, et qui sont assez forts pour punir là où cela est nécessaire. Il faut, dans une société d'hommes libres et égaux, que la majorité soit animée de cet esprit. Dans bien des sociétés, c'est un gouvernement composé d'un nombre très limité de personnes qui a su maintenir le sentiment de l'autorité et la crainte du châtiment, sans le concours du reste de la communauté. Les despotismes spirituels ou temporels ont établi et imposé le respect de la loi, le sentiment de l'obéissance que la communauté entière, librement consultée n'aurait pas acceptés. La conscience du serf russe, ou du sujet de Xerxès ou de Tibère, n'était formée que du sentiment de la crainte ; la conscience de l'anglais ou de l'américain doit en outre approuver les lois auxquelles il doit obéir.

10. — Après avoir ainsi distingué dans le sentiment de l'obligation morale deux éléments dont les différentes combinaisons forment deux espèces de conscience : la conscience de l'esclave, la conscience du citoyen ; il faut rappeler qu'il y a une troisième espèce de conscience, très rare, qu'on désigne sous les noms de conscience indépendante, personnelle, ou idiosyncratique. Quand un individu s'écarte des notions du devoir acceptées par la communauté dont il fait partie, soit qu'il renonce à ce qu'elles imposent, soit qu'il se constitue à lui-même de nouvelles obligations, on peut dire qu'il a une conscience bien à lui. On rencontre rarement de ces consciences indépendantes, ce qui prouve combien cette faculté qui fait partie de notre nature est loin d'être innée. En tant que conscience dissidente, elle est généralement le résultat de grandes études et de longues réflexions, c'est-à-dire d'un exercice plus qu'ordinaire de notre intelligence et de notre faculté d'observation, quand elle n'est pas seulement le produit d'un esprit de révolte contre les contraintes sociales. C'est celui qui tout en obéissant aux lois en vigueur dans son pays, s'impose en outre d'autres obligations, qui bien certainement sort le plus du type ordinaire du sens moral. Mais il fait encore du sentiment d'autorité que lui a donné l'éducation, le modèle de ces obligations qu'il s'impose à lui-même. Si un Européen arrive à cette conclusion que la

destruction de la vie animale à n'importe quel degré est une chose mauvaise, c'est parce qu'il a depuis longtemps conclu la même chose à propos de la vie humaine ; il ne fait que transférer le sentiment de prohibition d'un cas connu et admis, à un autre qui ne l'est pas ; ce n'est pas tant une loi nouvelle qu'il fait, qu'une nouvelle application de ce qui était déjà loi. Ne pas détruire la vie sentante, cela devient un point de conscience par *extension* ou déduction, que l'individu met de lui-même en pratique et qui lui fait sentir l'aiguillon du remords chaque fois qu'il pèche contre cette obligation. Le remords est ici le même que celui que ressent le citoyen qui a enfreint certaines règles imposées par la société et que sa conscience avait acceptées ; et la même satisfaction mentale naît de l'accomplissement des ordres que dicte chaque conscience.

11. — Les motifs agissent comme il a déjà été dit sur la conscience, l'aident à prendre une décision, lorsqu'il y a conflit. L'instruction et l'exemple dans la jeunesse ; les usages de la société, les avis pressants, un enseignement systématique ayant une forme religieuse, l'enseignement moral et littéraire, la contemplation d'une vertu illustre, de l'infamie du crime, la beauté poétique d'une conduite qui provoque l'approbation et l'admiration, voilà les principales influences, les principaux motifs qui engagent à accomplir les devoirs sociaux. Les craintes et les espérances religieuses, l'ascendant d'hommes révérés, de classes, de castes ou de dynasties, appartiennent encore à la même catégorie. Nous ne devons pas non plus oublier ici comme pour le bonheur individuel, la grande influence des réflexions faites à loisir sur la différente force des motifs, la réflexion est un grand moyen d'augmenter à l'avance notre force morale. Quand toutes les considérations qu'on peut faire sur le devoir se présentent spontanément ou naturellement à l'esprit, quand l'intelligence conserve un souvenir très vif des plaisirs et des souffrances supportés pour le devoir, il naît un génie moral comme nous avons déjà rencontré un génie de prudence.

12. — Les impulsions contraires au devoir sont les excitations violentes temporaires et passionnées, les sensations fortes, quelques-uns de nos appétits ou de nos émotions ; il faut résister à ces impulsions dans l'intérêt de nous-mêmes et de

notre devoir. Mais dans bien des cas les calculs de prudence eux-mêmes, les décisions prises en vue de notre propre bonheur, ou du but suprême, que nous poursuivons, sont opposés au devoir aussi bien que les impulsions les plus irréfléchies des désirs ou des passions. Il faut alors que nous désapprenions à chercher notre bonheur dans le malheur des autres hommes. Chacun sait combien il est difficile d'élever un homme jusqu'à ce point de maturité, où les influences égoïstes et passionnées sont sous la subordination complète des obligations sociales. Nous avons tous vu des luttes très dures qui n'aboutissaient à rien, des chutes soudaines, des faux-pas causés par la défiance ouverte. Mais nous avons toujours la notion très claire de ce qui est arrivé et de ce qu'il aurait fallu faire théoriquement et pratiquement; car jamais la théorie ou la pratique n'admettent, même pour un instant, qu'il y ait rupture sans cause dans les séquences uniformes et continues dont est faite la volonté humaine. Quand quelqu'un qui nous intéresse a failli sur un point dans l'accomplissement de son devoir, nous l'acceptons comme un fait qui nous dévoile un côté de son caractère, et qui se reproduira certainement si aucun changement ne survient dans son esprit ou dans les circonstances ; nous pouvons nous donner la tâche d'amener ce changement afin de rompre la chaîne des séquences. Il faut que nous ajoutions des motifs d'un côté, que nous en retranchions de l'autre, c'est-à-dire que nous présentions des plaisirs et des souffrances, qui avaient été absents dans la première expérience ; c'est le seul moyen par lequel nous puissions espérer prévenir la répétition de l'erreur ou de la faute. Il n'y a aucune perplexité métaphysique dans l'esprit du père, du tuteur, du maître, du chef militaire, de l'autorité civile qui punit une faute commise afin de prévenir son retour, et augmente de sévérité si un premier châtiment ne suffit pas. Le moraliste n'hésite pas plus, parce qu'il sait que par des leçons judicieuses et persévérantes il peut donner à l'homme une clairvoyance qui lui permet d'éviter les punitions en obéissant quand il le faut. Il est possible de calculer l'effet général de toutes ces influences qui nous aident à accomplir notre devoir et à triompher des impulsions contraires ordinaires ; mais ce calcul serait impossible sans l'uniformité de séquence. Le remords agit pendant un certain temps, sur l'esprit d'une personne ; les réprimandes ont une influence déterminée sur celui d'une autre ; ces causes ont la même efficacité dans les mêmes circonstances. Chacun sait ce qu'il faut attendre d'un enfant négligé et affamé ; l'issue de l'activité morale déployée dans ce cas est sûre, surtout lorsque nous en savons assez pour tenir compte des différences naturelles de caractère. Le père attentif et droit d'esprit sait quel contraste formerait cet enfant avec un autre dont le caractère serait le résultat d'une application soigneuse des règles qui concourent à la formation du tempérament moral.

13. — Ainsi, pour le devoir comme pour la prudence, l'*incapacité*, l'*impuissance morale*, résulte de la faiblesse des motifs, et l'on peut y remédier en faisant appel à de nouveaux motifs. Si le désir d'éviter une amende de dix francs n'est pas assez fort pour nous empêcher d'insulter ou de frapper un de nos semblables, il faut augmenter l'amende. Dans la famille c'est par des récompenses aussi bien que par des punitions, par des réprimandes, par un appel aux sentiments généreux, qu'on fait accomplir le devoir et qu'on résiste aux sentiments égoïstes. De plus on éloigne soigneusement de l'enfant dont le caractère n'est pas formé, les tentations trop fortes. Il serait dangereux de laisser l'enfant lutter contre de forts motifs de désobéissance, alors que les motifs d'obéissance sont encore si peu développés chez lui, et qu'on ne peut lui inspirer une crainte suffisante de quelque grande punition. L'impuissance morale est une question de degrés ; on peut en rencontrer toutes les variétés. Cependant cette incapacité ne doit pas perdre son caractère mental ou moral. Le pécheur endurci et incorrigible ne sera pas influencé par toutes les terreurs de la loi, l'emprisonnement, la servitude, l'infamie, par l'adresse persuasive de quelque tendre conseiller, ou par ses propres réflexions et remords ; cependant, après tout, la faiblesse qui fait que tout tombe pour se relever est seule morale. Il est vrai, qu'arrivé à ce point, rien n'a assez de force pour réformer un caractère aussi dégradé ; et cependant si on s'y était pris d'assez bonne heure, les défauts ne seraient pas arrivés à être incorrigibles, et l'on aurait des moyens de réforme. Il y a nécessairement une limite au pouvoir qu'a la loi d'entourer l'individu de motifs, puisque la loi n'a de puissance que par

les punitions qu'elle impose, et qu'elle est obligée de procéder par règles générales. Après avoir essayé du pouvoir des influences morales, le magistrat inflige l'impuissance physique en prenant la liberté ou même la vie du délinquant.

Dans les cas de folie, nous avons des exemples d'une incapacité, qui perd tout caractère moral, parce que les motifs n'ont plus d'influence. Nous pouvons imaginer une faiblesse d'intelligence telle que l'individu oublie les conséquences de ses actes; dans ce cas il serait absolument inutile d'employer comme motifs soit les récompenses, soit les châtiments. De même sous l'empire de certaines illusions, l'esprit est si troublé qu'il voit sous des couleurs fausses tout ce qu'on lui présente. Il est bien difficile d'agir comme le demande la responsabilité légale, lorsqu'on a affaire à la *folie morale*; ici l'individu n'échappe pas à l'influence des motifs, plaisirs ou souffrances en perspective, mais il se sent poussé avec une force d'une grande violence vers un crime quelconque, si bien que le total le plus fort possible de motifs ne peut le retenir. Si l'orgasme était un peu moins fort, les motifs seraient suffisants; ils ont leur poids, mais une force plus grande l'emporte. Lorsqu'un monomane ayant eu assez de liberté pour cela, a enfreint la loi, il faut résoudre un intéressant problème légal pour savoir que faire. Son avocat essaiera toujours de le rendre irresponsable, et par conséquent de le soustraire à la punition. Le cas se complique encore parce que le juge doit tenir compte, comme considération principale, de l'effet d'une punition actuelle pour prévenir le crime futur en général. Sur ce terrain, c'est justice de condamner tout homme qui n'est pas évidemment dans cet état où les motifs ont perdu toute influence. L'insanité morale n'est qu'une des formes extrêmes de la folie que provoque la passion furieuse, et qui détruit dans l'esprit tout sentiment des motifs et des conséquences d'action; cependant tant qu'une personne peut être influencée par les conséquences de sa conduite, quand elle est dans un état d'esprit ordinaire, la loi ne peut accepter comme excuse le transport de folie qui a causé le crime. Tous ceux qui ont des rapports non avec la société entière, mais avec des individus séparés, isolés, doivent tenir compte de l'impuissance morale et de l'inégalité des développements moraux. Nous devons empêcher autant que possible les désobéissances à la loi, mais dans la vie privée nous ne pouvons traiter chacun de la même manière. L'administration publique est embarrassée par les règles générales, elle ne peut donc en faire des applications différentes pour des individus particuliers.

14. — Il y a une manière de présenter ces faits, qui nous met en face de la grosse difficulté métaphysique. Nous voyons souvent les délinquants invoquer leur faiblesse morale comme justification de leur faute. L'écolier qui a enfreint la discipline s'excuse en disant qu'il a été entraîné, qu'il n'a pas pu résister. En d'autres termes il transforme le cas en un cas de contrainte physique. On lui répond en lui disant qu'il aurait pu résister s'il l'avait voulu, ou l'avait désiré. Une telle réponse renferme un paradoxe, un problème, et doit signifier autre chose que ce qu'elle semble exprimer. Le fait est que le coupable était dans un état d'esprit tel que sa conduite en était la conséquence naturelle, et que si l'on reproduisait exactement les mêmes antécédents, les mêmes conséquences s'en suivraient. La réponse citée plus haut n'a donc pas de sens pour ne pas dire qu'elle est absurde. La véritable réponse pratique serait celle-ci : « Il est vrai que votre conduite ne pouvait être autre, étant donnés les sentiments qui vous animaient ; mais je m'arrangerai maintenant, lorsque la situation se représentera, pour introduire de nouveaux sentiments et de nouveaux motifs qui seront suffisants j'espère, pour changer le résultat. Je vous punis, ou je vous menace maintenant afin que vous ayez un motif antécédent gravé dans l'esprit qui puisse servir de contrepoids à vos esprits animaux dans une autre occasion, car je vois que ce motif vous fait complètement défaut en ce moment. Je suis résolu à vous faire changer de conduite, et ainsi chaque fois que je vous prendrai en faute, j'augmenterai la dose des punitions pour vous stimuler à accomplir ce qui est votre devoir. » Voilà ce que le maître a véritablement l'intention de dire à son élève fautif. Il peut ne pas l'exprimer ainsi, mais il agit exactement comme s'il l'avait fait. En présence d'une infraction à la règle il se dit tout de suite qu'elle se répétera si les mêmes circonstances extérieures éveillent les mêmes émotions et les mêmes idées : il n'a donc qu'une chose à faire, changer les antécédents, et introduire

dans l'esprit un nouveau et puissant motif qui puisse déterminer l'enfant à suivre la direction qu'on désire lui faire prendre.

J'ai porté l'étude de la volonté jusqu'au point où l'on se rencontre avec le dernier grand problème qu'elle suscite, le problème de la liberté. Le présent chapitre n'est qu'une introduction une préparation à l'examen de ce problème.

CHAPITRE XI

LIBERTÉ ET NÉCESSITÉ (1)

1. — Tout ce que nous avons dit jusqu'ici relativement aux actions volontaires des êtres vivants, implique la prédominance d'une uniformité, d'une loi dans cette classe de phénomènes, bien qu'il faille tenir compte toutefois de la complication de nombreux antécédents qui ne sont pas toujours parfaitement connus. La pratique de la vie est en général d'accord avec cette théorie : si bien que si l'on avait proposé quelque autre théorie, l'expérience de l'humanité y aurait répondu négativement selon toute probabilité. Depuis que les hommes vivent en société ils ont pris l'habitude de prédire la conduite future de ceux dont ils connaissaient le passé. Le caractère qu'on attribue à un individu et qui est comme le résumé de toute sa vie, ne pourrait être unique si ce principe d'uniformité n'était pas fondé. Nous appelons Aristide un juste, Socrate un héros moral, Néron un monstre de cruauté, le czar Nicolas un preneur de provinces ; nous tenons pour accordé que certains motifs agissent avec une certaine régularité, une certaine persistance, comme certains corps ont des attributs invariables, comme nous affirmons que le pain est nourrissant, et que la fumée monte. Pourquoi cette uniformité ? A quelle fatalité est-elle due ? Voilà la grande difficulté théorique, cette serrure rouillée de la métaphysique, ce paradoxe du plus haut degré, ce nœud inextri-

---

(1) M. James Sully a rendu un grand service à la philosophie en étudiant la naissance et le développement de la théorie de la liberté. (Voyez *Sensation et Intuition*, essai V.)

cable qui s'est formé là où pratiquement le pire qu'on puisse dire, c'est que le nombre et la complication des motifs échappent à notre savoir et rendent toute prédiction incertaine. Il y a des problèmes sur le monde qui ont travaillé l'intelligence humaine ; mais alors les difficultés étaient aussi grandes en théorie et en pratique. Autrefois, et aujourd'hui encore il est bien difficile de donner une explication des conditions de santé et de mort dans le corps animal ; et c'est pourquoi l'art médical progresse si lentement et est encore dans son enfance. L'astronomie pratique a devancé l'astronomie théorique dans sa marche. De même la solution des problèmes sociaux et historiques, la philosophie de l'histoire, et la théorie des hommes d'État, sont encore bien incertaines ; les imperfections sont ici aussi bien pratiques que théoriques.

2. — Il ne manque pas d'autres difficultés liées à la question et assez importantes pour qu'on en tienne compte. Plusieurs ont donné naissance à des problèmes théoriques factices qui ne peuvent avoir d'applications pratiques pendant qu'ils exercent au plus haut point les facultés spéculatives. Les sophismes de Zénon d'Élée sur le mouvement sont célèbres. Ce philosophe démontrait comme il la concevait, l'impossibilité du mouvement, bien que le contraire soit un fait, et soit classé parmi les plus certaines des expériences de l'homme. Il disait qu'un corps doit se mouvoir soit dans la place où il est, soit dans la place où il n'est pas, mais que dans les deux cas le mouvement n'est pas possible. Dans le premier le corps quitte sa place ; le second est manifestement absurde, comment un corps peut-il se mouvoir dans la place où il n'est point (1) ? Il y a ici d'un côté un fait évident, de l'autre une démonstration théorique qui le dément.

---

(1) Il n'est pas après tout bien difficile de se tirer de ces termes embarrassés : Zénon, en exposant les conditions d'un corps qui se meut, employait des termes qui excluent entièrement le mouvement et ne s'appliquent qu'à la condition du repos. Il suppose qu'un corps *est dans* une place, mais c'est là la définition du repos qui exclut tout mouvement, comme si nous disions que le corps est au repos. Un corps qui se meut n'est pas *dans* une place ; l'essence du phénomène du mouvement, c'est le changement de place, et nous ne pouvons admettre le langage de Zénon sans nier le mouvement lui-même. Sa démonstration équivaut à ceci : il est impossible à un corps de se mouvoir, pourvu qu'il soit au repos et non en mouvement ; ce qui est suffisamment évident, puisque ce n'est que la répétition du même fait sous d'autres termes.

Bain. — Émotions et Volonté.

Le même philosophe soutenait que si Achille et une tortue devaient lutter à la course, Achille ne vaincrait jamais la tortue; nos sens nous montrent le contraire, et cependant ce n'a pas été une petite affaire que de réfuter ce sophisme.

On a essayé de prouver par le raisonnement que la matière était divisible à l'infini, alors que rien dans l'état actuel de notre science expérimentale ne justifie cette assertion; il faudrait pourtant, que le raisonnement fût fondé sur quelque preuve inductive puisque en somme c'est une matière de fait qu'il prétend établir.

Depuis l'époque où vécut Archimède, on a fait usage en mathématiques, du calcul infinitésimal, ce qui n'a pas soulevé peu de discussions. Le calcul différentiel inventé par Newton et Leibnitz s'appuie sur ce calcul infinitésimal si discuté, et cependant jamais il n'a conduit à aucune erreur pratique, et a de plus puissamment aidé à résoudre les problèmes mécaniques et astronomiques les plus compliqués. On a vivement attaqué cette méthode qui opère en dehors de la région des grandeurs finies et intelligibles, on l'a déclarée irrationnelle. Berkeley a raillé la crédulité des mathématiciens qui se servent du calcul différentiel; et aujourd'hui encore certaines personnes ont des scrupules sur la légitimité d'une méthode qui ne conduit pourtant à aucune erreur pratique. Je crois qu'en fait, les mathématiciens doivent plus encore que tous ceux qui raisonnent, se soumettre au contrôle des vérifications de la pratique; les résultats qu'ils obtiennent étant numériques, peuvent généralement être rigoureusement contrôlés expérimentalement; les méthodes qu'ils emploient doivent se régler sur ce fait. Ce qu'on a appelé « les quantités impossibles » du calcul infinitésimal, sont bonnes à employer si elles conduisent à des conclusions saines dans la sphère du possible et du réel.

Le mystère qui enveloppe les questions de liberté et de nécessité, vient en grande partie des termes impropres qu'on emploie, et de la subtilité du phénomène à exposer. J'admets que ce n'est pas chose facile que de rendre un compte exact des opérations de la volonté humaine, mais il n'est pas plus facile de saisir les phases obscures par lesquelles passe l'entendement. Il faut peut-être se donner un peu plus de peine pour résoudre l'un ou l'autre problème; mais je nie qu'il y ait dans la volonté quelque particularité qui en fasse une question insoluble, en supposant (ce qui n'a pas toujours été reconnu) qu'il y ait d'autres parties de l'esprit susceptibles d'une explication scientifique. Tout ce livre est la justification de ce que j'avance ici : et tout en reconnaissant que l'exposition que j'ai tentée est bien imparfaite, je ne la trouve pas cependant radicalement inférieure, lorsque je la compare à d'autres expositions des différents départements de l'esprit humain. Je vais passer en revue les différents termes relatifs à la question de la liberté et de la nécessité, afin de montrer qu'ils sont pour la plupart, l'expression inexacte d'un phénomène qui n'est ni contradictoire ni inintelligible.

3. — *Liberté, libre arbitre, libre volonté.* La notion de la libre activité de l'homme apparait pour la première fois chez les Stoïciens et plus tard dans les écrits de Philon le Juif. On appelait alors, libre l'homme vertueux, et esclave l'homme vicieux ; c'était évidemment avec l'intention de donner, par une forte métaphore, une haute approbation à la vertu, et une désapprobation dégradante au vice. Pour ce qui est d'expliquer l'œuvre de la volonté humaine, on ne pouvait plus mal choisir les termes ; il serait tout aussi correct, et peut-être plus, de dire que l'homme vertueux est l'esclave, et l'homme vicieux celui qui est libre, puisque c'est l'homme qui connait le moins de contraintes qui jouit de la plus grande liberté. L'élaboration métaphysique de la doctrine du libre arbitre et de la nécessité est due d'abord à saint Augustin et à sa controverse avec Pélage ; plus tard, les Arminiens et les Calvinistes se sont disputés sur la théorie de la liberté, qui pendant des siècles a été un sujet de controverse pour les théologiens et les métaphysiciens. Je crois qu'un des arguments qu'on peut opposer aux avocats du libre arbitre, c'est l'impropriété du nom, de la notion même, pour exprimer et expliquer le phénomène en question. C'est le mystère, la confusion, l'incompréhensibilité, le transcendantalisme que nous produisons en conservant cette phraséologie, cette représentation théorique qui n'est pas conforme aux faits. Je peux imaginer qu'il y a des partisans enthousiastes de cette idée que la force polaire (celle de l'aimant) est le type et l'essence de toutes les autres forces de la nature et que, trouvant difficile d'expliquer la gravité, ils déclarent que la gravité est un problème insoluble. Mais il arrive que la théorie de la gravitation que nous connais-

sons depuis Newton explique de la manière la plus complète et la plus scientifique les phénomènes naturels. Substituons une autre théorie, celle de la polarité par exemple, à la théorie newtonienne, et tout deviendra obscurité et mystère dans la nature, tandis que rien n'est plus simple avec la théorie de la gravitation. De même je crois qu'exiger qu'on déclare notre volonté libre ou non, c'est compliquer et embrouiller la question à plaisir, et ajouter des difficultés factices à un problème qui n'est pas insoluble par nature. Je suis poussé par un certain motif, la faim, j'agis en conséquence, je prends la nourriture qui est devant moi, ou je vais la chercher, ou je réalise quelque autre condition préliminaire. La séquence ainsi exprimée est simple et claire ; faites y entrer l'idée de liberté et aussitôt la question n'est plus qu'un imbroglio, un chaos. Donc cette idée n'aurait jamais dû être introduite dans une explication théorique de la volonté, et aujourd'hui il faut l'en expulser sommairement. Le terme « aptitude » *(ability)* est inoffensif et intelligible, mais le terme « liberté » a été introduit de force dans un phénomène avec lequel il n'a rien de commun. En suivant une marche semblable à celle que nous avons remarquée en faisant l'historique du mot, c'est-à-dire en convertissant une métaphore en terme scientifique, nous pourrions arriver à demander si la volonté est riche ou pauvre, noble ou ignoble, souveraine ou sujette, puisque nous avons vu que la vertu rend l'homme non seulement libre, mais riche, noble, roi ; ce qui aboutirait à une confusion inextricable, impossible à démêler par le contrôle des faits et où il y aurait toujours des arguments décisifs pour l'adoption d'épithètes opposées. Nous comprenons la différence qu'il y a entre l'esclave et le libre citoyen, entre la censure et la liberté de la presse, entre le despotisme sous toutes ses formes et la liberté du sujet ; mais qu'on me demande si la volition, dans l'homme ou dans la bête est un cas de despotisme ou un cas de liberté, je répondrai que ces termes n'ont aucun rapport avec le sujet, qu'on ne peut les appliquer ainsi. La question que mettait Carlyle dans la bouche d'un de ses personnages : « La vertu est-elle un gaz ? » n'est pas une parodie si ridicule qu'il semble de la précédente. « Que chaque phénomène soit exprimé dans le langage qui convient exactement à sa nature » voilà une maxime de haute philosophie, affirmer le contraire, ce serait pousser au chaos et à la confusion (1).

4. — Je ne veux pas dire que le problème de la liberté soit entièrement une question de mots, et que si les termes actuels étaient abandonnés, si l'on discutait à nouveau avec d'autres mots, les combattants arriveraient à s'entendre complètement. On a nié et l'on nie encore la vérité de la théorie de causation uniforme appliquée aux actions humaines. Je puis rappeler à ce propos la doctrine socratique qui affirmait que l'homme peut atteindre par l'étude quelques parties de la science, mais que les dieux se réservent les autres. L'homme en étudiant la séquence des événements qui appartiennent à la première division peut arriver à prédire ce qui arrivera et agir en conséquence ; il est inutile qu'il applique son intelligence à la seconde, sa seule ressource est de consulter les dieux : voilà la négation de la généralité de la loi de causation uniforme. La théologie des temps modernes s'est souvent placée à un point de vue semblable. Il est cependant évident que la dispute n'est pas ici purement théorique, mais bien qu'elle porte sur des faits, qu'elle doit s'appuyer sur l'expérience ou l'induction. Peut-on prouver qu'il y a parmi les actions humaines, certains actes

---

(1) Je puis encore citer, comme exemple des problèmes que crée une phraséologie impropre, l'application que faisait Platon dans son *Philèbe*, aux plaisirs et aux souffrances des termes « vrai » et « faux ». M. Grote remarque à ce sujet : « C'est un grand défaut que cette *pression violente* imposée aux plaisirs et aux souffrances pour les faire entrer de force dans une classification où ils se trouvent rangés à côté du vrai et du faux. »

Dans l'appendice de mon précédent volume, j'ai indiqué les méprises auxquelles peuvent donner lieu les applications fâcheuses des termes externe et interne dérivés du monde étendu ou objet, pour exprimer l'opposition fondamentale de l'objet et du sujet. Je ne puis m'empêcher de trouver ici encore qu'il n'y a qu'une métaphore forcée et impropre. Tout ce que nous pouvons dire relativement à ce couple opposé unit dans l'univers, c'est que l'esprit est *allié* à la matière, à un mécanisme nerveux, etc., mais non pas qu'il est enfermé dans le mécanisme, comme le cerveau est enfermé dans le crâne.

Ces théories sur la nature même de l'esprit, ainsi que la plupart des premières théories matérialistes, qui impliquaient l'affirmation d'une substance *étendue*, étaient chargées d'une phraséologie défectueuse. Le contraste entre la matière et l'esprit était exprimé par l'attribut de l'étendue, voilà la qualité fondamentale de *l'objet*. C'était donc un progrès vers la correction que de se déclarer avec saint Augustin et d'autres penseurs du v° siècle en faveur de l'esprit *non étendu*.

qui, par leur nature même et en écartant leur complication, l'obscurité qui les entoure, excluent la possibilité de les prévoir, de les prédire? Socrate écartait du champ de l'étude de l'homme la prédiction des mouvements des corps célestes ; aujourd'hui c'est le domaine par excellence de la prédiction humaine. Il y a maintenant plus de certitude dans nos prédictions des mouvements des astres, que dans l'étude de bien des choses que Socrate considérait comme faisant si bien partie du domaine de l'homme qu'il aurait été impie de consulter les dieux à leur sujet.

Il faut encore chasser les mots liberté et nécessité de l'exposition de la théorie de l'uniformité des séquences appliquée à l'activité humaine. En ne considérant la loi de causation que comme une induction tirée de nombreux exemples d'uniformité sans avoir rencontré d'exception absolue, on peut dire que nous ne serons jamais sûrs que cette exception ne se produise pas. Tant que nous n'aurons pas prouvé que la loi est vraie pour toutes les parties, tous les coins de l'univers, nous ne pouvons pas affirmer qu'il n'y a pas d'irrégularité cachée, nous ne pouvons donc pas affirmer que la loi de causation soit parfaitement certaine. Même en concédant cela, il est suffisant d'avoir examiné une grande partie des phénomènes naturels sans avoir jamais rencontré de cas faisant exception à la règle générale. Jusqu'à ce qu'on produise cette exception incontestable, nous sommes autorisés à supposer l'universalité de la loi, nous conformant ainsi à la maxime philosophique émise par Newton et acceptée par toutes les écoles scientifiques.

Cependant chacun est libre de faire de la volonté humaine une région anarchiste pourvu qu'il croie avoir des faits à l'appui de sa conclusion. Ce que je désire avant tout en ce moment, c'est renverser le vieux *drapeau* au pied duquel on s'est si longtemps disputé ; je suis persuadé que la lutte prendrait alors un aspect différent, et que si elle ne se terminait pas immédiatement, elle serait au moins débarrassée des paradoxes et de tout cet appareil transcendentaliste qui la rendrait impossible à suivre.

5. — *Nécessité.* — Nous pouvons reproduire pour ce mot les mêmes critiques. En tant qu'exprimant le contraire du libre arbitre, il est sujet aux mêmes objections. De plus, je ne crois pas qu'on doive conserver ce mot dans n'importe

quelle science, physique ou morale ; on n'a jamais rien gagné avec lui. Nous parlons de « nécessité mathématique », mais nous pouvons exprimer la même idée sous une forme aussi bonne si ce n'est meilleure. Dans la vie ordinaire le mot a une signification assez précise, d'urgence ordinaire, et il ne devrait avoir que celle-là. Je crois que toute discussion scientifique dans laquelle il a été introduit, en a été très embarrassée. Je ne vois que confusion dans des questions comme celles-ci : « Les axiomes mathématiques sont-ils *nécessaires* ? » « La connexion de la cause à l'effet est-elle nécessaire ? » les disputes seraient bien abrégées si on adoptait le point de départ que je réclame. Parce qu'un terme s'est une fois introduit dans la phraséologie scientifique, il ne s'en suit sûrement pas qu'il a créé un intérêt nouveau nous forçant à conserver le mot lorsque nous avons découvert qu'il était mal appliqué et exposait à des malentendus ! L'affection que nous avons pour les sentiments des hommes qui vivent n'est nullement applicable à des instruments inanimés. Je suis convaincu qu'actuellement le mot « nécessité » n'est qu'un embarras dans notre langage scientifique (1).

6. — *Liberté de choix.* — *Délibération.* — Le mot « choix » est une des manières de désigner la soi-disant liberté des actions volontaires. La vraie signification du mot, le seul fait auquel il corresponde, c'est qu'on agit en suivant une seule impulsion bien qu'on soit sollicité par plusieurs. Quand une personne poursuit une fin et en néglige d'autres, cela ne veut dire qu'une chose, c'est que la première est plus attrayante que les autres. Il peut arriver que les attraits de différents buts se balancent, toute décision est alors suspendue. L'équilibre peut être conservé pendant longtemps ; mais quand la décision est prise cela veut dire que quelque considération s'est fait jour dans l'esprit, donnant une force supérieure à

---

(1) Je ne veux pas dire qu'il faille bannir ce terme de la conversation. Ce que je désire, c'est qu'on ne l'emploie plus dans les affirmations scientifiques importantes. Il y a d'autres mots qui s'appliquent beaucoup mieux à l'expression des phénomènes naturels : *uniforme, conditionnel, inconditionnel, séquence, antécédent, conséquent*, qui ont un sens précis et écartent toute association confuse. Si, dans une proposition principale, importante, on se sert de ces termes précis, il sera de moins d'importance d'employer ensuite des mots plus vagues. La rhétorique impose à une exposition, même scientifique, certaines conditions qui ne permettent pas de répéter à chaque occasion le mot propre.

un motif quelconque. Voilà en somme ce que c'est que choisir. Par *liberté de choix* on n'entend qu'une chose, nier toute intervention étrangère. Si une autre personne me force à agir d'une certaine façon, il est assez clair que je n'ai pas la liberté de choisir ; on mène l'enfant à la boutique où l'on doit lui acheter un vêtement, mais ce n'est pas lui qui choisit. Mais ici comme pour les différents motifs qui occupent mon esprit, rien ne justifie l'emploi de l'expression, liberté de choix. Des motifs divers, des plaisirs et des souffrances actuels ou à venir, concourent pour me porter à l'action : le résultat du conflit montre quel groupe est le plus fort, et voilà tout. Toute personne m'observant à ce moment et connaissant exactement les considérations qui m'influencent, apprendra, du résultat de la lutte, quel est mon caractère, elle saura ce qu'il faut attendre de moi dans de semblables occasions. Elle ne songera nullement soit à la liberté, soit à la nécessité, à moins pourtant que je ne sois tellement poussé par un étranger que mes goûts, mes répugnances n'aient plus rien à faire avec le résultat du conflit. Même dans ce cas, il ne faudrait pas employer le mot « nécessité » ; il serait beaucoup plus correct de dire que, dans ce cas, le cours de ma volonté est complètement suspendu, que je ne compte pas dans la décision prise. La question n'est pas ici de savoir si ma volonté est libre, mais bien si l'action est bien mienne ou si elle n'appartient pas plutôt à une autre personne dont je ne suis que l'instrument. L'expression courante « il n'a pas de volonté » est exacte, elle suppose que c'est une puissance extérieure qui dirige l'individu. Quand on a un motif très fort d'accomplir un acte, et qu'on lui résiste, c'est que le motif contraire est encore plus fort. Ainsi dans quelque situation que se trouve l'homme ou l'animal il y a une manière simple et exacte d'exprimer quel conflit a précédé la décision résultante. Il y a au contraire bien peu de circonstances où l'on puisse faire un juste emploi des termes liberté et nécessité ; on en peut toujours trouver de meilleurs ; car dans la généralité des cas ils conduisent à la confusion. Il ne pouvait rien y avoir de plus pernicieux que d'enfermer le fait fondamental de la volition dans une telle phraséologie. Chercher le plaisir, éviter la souffrance, voilà les faits suprêmes, les types de l'exercice de la volonté ; je ne vois pas comment on peut les décrire en se servant de ces termes.

Ce serait tout aussi approprié de qualifier les procédés de l'esprit, de circulaires, d'ovales, d'humides ou de secs. En réalité les termes en question ont pesé comme un cauchemar sur l'esprit de tous ceux qui ont exploré la partie active de l'homme. Il est positif que l'étude de la volonté n'a pas fait des progrès proportionnés à ceux qui sont accomplis pour l'examen des sens, de l'intelligence, des affections, des émotions, des goûts, etc., je ne vois qu'une explication à ce fait, c'est que ceux qui nous ont éclairés au sujet de l'esprit humain ont été brusquement arrêtés lorsqu'ils ont voulu aller plus loin, par un problème en grande partie factice (1).

J'ai déjà expliqué ce que j'entends par *délibération* (Chap. VII). La théorie générale n'est contredite par aucune exception quand l'esprit délibère un certain temps avant d'agir. Si les fins opposées se balancent également, il y a indécision jusqu'au moment où de nouveaux motifs font triompher l'une ou l'autre. Ce moment de suspend dû à l'égalité d'influence des stimulants, est une des phases de la délibération. L'esprit, lorsqu'il est indécis, continue a être préoccupé par le sujet de ses pensées, il découvre bientôt quelque nouveau motif qui détruit l'équilibre, une décision s'ensuit. Ici, comme dans l'acte de choisir, il n'y a rien autre qu'un ajouté de motifs ; on ne peut donner de la délibération une description plus simple ni plus exacte. L'autre mode de délibération suppose que l'esprit est influencé par une inclination prépondérante, mais qu'il conserve toujours le sentiment des fâcheux résultats d'une décision trop prompte. Voilà un nouveau motif bien distinct qui s'introduit ici, c'est le désir de contrebalancer pour un certain temps la force d'impulsion d'une forte inclination qui sans cela nous pousserait à agir immédiatement. Mais c'est un fait qui rentre

---

1) Locke, après avoir donné son avis sur la nature du libre arbitre (son opinion se résume à ceci : ce qui est volontaire est opposé non pas à ce qui est nécessaire, mais à ce qui est involontaire), ajoute : « Je laisse à examiner s'il ne vaudrait pas mieux supprimer cette question irrationnelle, parce qu'elle n'est pas intelligible, *la volonté de l'homme est-elle libre ou non ?* Car, si je ne me trompe, il résulte de ce que j'ai dit que cette *question est impropre ;* elle n'a pas plus de signification que celles-ci : le sommeil est-il prompt, ou la vertu carrée ? La qualification liberté n'est pas plus applicable à la volonté que les mots rapidité de mouvement ne le sont au sommeil. (*Essai sur l'entendement humain*, livre II, chap. XXI.)

dans ce que nous avons déjà dit sur la volition reculant l'accomplissement d'un acte pour éviter un mal en perspective, comme, dans beaucoup d'autres circonstances où l'on peut recueillir plaisirs et souffrances, elle s'assure promptement des uns et fuit les autres. Après un certain temps le sentiment que nous avons du danger d'une exécution trop précipitée est satisfait, et cesse d'opérer ; nous entrons alors en activité, dans la direction où l'urgence est la plus grande, ou, pour être correct, notre conduite montre quel motif a été le plus fort, puisque la décision prise à la suite du conflit est le seul critérium possible de la force des motifs.

7. — *Spontanéité.* — *Détermination personnelle.* (*Self-determination*, détermination qui vient de nous-mêmes). — On a introduit ces mots pour aider, pour renforcer la théorie de la liberté en supposant qu'ils la rendraient plus claire. S'il y a oui ou non de la spontanéité dans l'activité des agents volontaires, c'est ce que nous avons discuté dans les pages précédentes. La spontanéité première du mouvement est le résultat physique mécanique de la nutrition ; nous avons vu comment un mouvement commence et comment il est associé à un sentiment agréable ou désagréable. Les tendances, spontanées opèrent pendant toute la vie et ont une influence définie sur nos actions. En étudiant le conflit des volitions, nous voyons qu'il faut tenir compte de cet élément de spontanéité. Après avoir pris de la nourriture ou s'être reposé, tout animal tend à dépenser, en agissant, l'énergie qu'il vient d'amasser ; si les autres motifs qui pourraient lui faire prendre une direction ou une autre, ou l'engager au repos sont absents ou faibles, l'énergie centrale le décidera au mouvement. Pour y résister il faudrait avoir un fort motif de rester au repos. Il n'y a rien dans tout ceci qui sorte de la marche ordinaire de l'activité humaine, ou qui réclame l'emploi des mots : nécessité et liberté. La nutrition est le stimulus physique de la volonté, voilà un fait ; ce stimulus agit toujours plus ou moins suivant les conditions corporelles dans lesquelles nous nous trouvons ; si l'on connait exactement ces conditions, on peut donner une juste évaluation de l'influence du stimulus physique concurremment aux autres motifs présents. En général nous devrons surtout tenir compte de cet élément dans les manifestations évidemment spontanées, comme celles des jeunes gens ou des tempéra-

ments actifs. Le maître d'école connait bien le moment où ses élèves sont le plus rétif, le cavalier sait combien il est difficile de gouverner un cheval qui est resté trop longtemps à l'écurie.

Le terme *détermination personnelle* semble supposer quelque chose de plus que la spontanéité, et faire appel à quelque puissance inconnue cachée derrière la scène, qui n'est ni un motif, ni une fin. Pris dans un certain sens, ce terme représente un fait réel ; c'est lorsqu'on s'en sert pour indiquer l'influence *durable*, permanente de certains motifs opposés aux sollicitations *temporaires* et fugitives. Quand une personne continue l'œuvre qu'elle a entreprise, malgré toutes les tentations qui tendent à l'en détourner, quand elle montre toujours le même caractère au milieu de toutes les vicissitudes, quand elle conserve une même opinion malgré les changements extérieurs, on peut dire qu'elle a une grande force de détermination personnelle. Ce n'est pas dire pour cela qu'il existe une nouvelle espèce d'activité volontaire ; mais dans ce cas, les motifs d'action tirés des fins collectives et des fins les plus éloignées sont si puissantes sur l'esprit qui les contemple, qu'ils contrebalancent complètement l'influence des sensations actuelles. On ne peut omettre ce cas particulier dans une exposition de la volonté prétendant être complète, et j'y ai déjà souvent fait allusion. L'opposition entre les fins plus générales de la vie et les désirs engendrés par les choses qui nous entourent est une des formes du grand conflit volitionnel qui mérite de n'être pas oubliée. On dit d'un homme qu'il est le jouet des circonstances, d'un autre qu'il les domine. La différence entre les deux est due à la plus ou moins grande puissance des fins éloignées au milieu des circonstances changeantes de la vie extérieure.

8. — S'il faut voir dans la détermination personnelle quelque chose de différent de l'opération des motifs donnés par la sensibilité agréable ou pénible jointe à la spontanéité centrale du système nerveux, c'est que l'analyse des parties constitutives de l'esprit humain n'est pas complète. Il faut qu'outre les sentiments, la volition, l'intelligence, il y ait une quatrième région inexplorée, celle du moi, et nous devons chercher quelles sont les lois (ou l'anarchie) qui là comme dans les autres parties, doivent exister. Cependant

il faut avant tout régler la question préliminaire, quand on a éliminé tous les phénomènes compris dans les divisions ordinaires, y a-t-il un résidu? Je ne puis rien découvrir qui y ressemble; et dans cette affirmation à l'aide du terme « moi » de l'existence d'une puissance déterminante qui forme un contraste avec tout le groupe des motifs formés comme je l'ai dit, je ne puis voir qu'une conception erronée des faits. Le moi ne peut signifier que ma propre existence corporelle jointe à mes sensations, mes pensées, mes émotions et mes volitions, il ne fait que représenter la somme de tout cela, car je considère la liste comme épuisée. Toute activité se rattachant par sa nature à cet ensemble fait partie du moi. L'activité des poumons, les mouvements du cœur sont partis du moi; quand je me dirige vers le feu pour me chauffer, quand je m'étends lorsque je suis fatigué, quand je gravis une hauteur pour jouir d'une belle vue, j'accomplis des actions où je fais autant qu'il est possible preuve de détermination personnelle. Personne ne peut affirmer l'existence, dans les profondeurs de notre être, d'une entité impénétrable qui porte le nom distinctif de *moi* et qui n'est ni un organe, ni une fonction corporelle, ni un phénomène mental déterminable. Autant vaudrait parler d'un minéral distinct de la somme de toutes ses propriétés. Un morceau de quartz est un agrégat d'inertie, de gravité spécifique, de forme cristalline, de dureté, de transparence ou d'opacité, de couleur, d'infusibilité, de réaction chimique, le tout uni dans une situation définie; si nous avons oublié quelque autre propriété, nous l'ajouterons à la liste. Cette agrégation est le moi du quartz, son essence, ce qui le distingue d'un autre minéral. Il est impossible qu'un objet soit autre chose que la réunion de ses propriétés; s'il y a quelque chose en plus, cela veut seulement dire que l'énumération n'est pas complète. La puissance de détermination du moi, n'est donc pas autre chose que la volonté de l'agent, telle que nous l'entendons, seulement l'expression est mauvaise. Les souffrances personnelles de l'agent provoquent des actes qui sont aussi personnels à l'agent; les plaisirs qui sont une portion du moi collectif agissent de même suivant leur nature. Il est évident que la grande masse de nos actions volontaires ont des antécédents qu'on peut découvrir et noter, et l'on suppose qu'il en est de même pour le tout. Si l'on pouvait découvrir des actes sans motifs ou sans antécédents, il faudrait chercher si l'exception est bien réelle, et l'admettre alors comme un nouvel élément de détermination volontaire. Mais avant de donner à ce phénomène supposé un nom ambigu, il faudrait vérifier son existence, reconnaître qu'il est un fait et non une hypothèse ce qui est loin d'être démontré dans l'état actuel de notre savoir.

Le seul exemple qu'on puisse produire, semblant se distinguer un peu des motifs ordinaires, c'est la perversité, la dissimulation que montrent parfois certains individus afin de prouver que leurs actes ne sont pas de ceux que peut prédire n'importe quel observateur. Nous nous imaginons que ce serait humiliant pour nous si nos voisins calculaient facilement quelle sera notre conduite, et nous changeons de conduite exprès pour les dérouter. Il n'y a pourtant là qu'un nouveau motif né du sentiment de l'humiliation ou de l'orgueil, cet inspirateur si habituel des actions des hommes. Un observateur très pénétrant pourra aussi prévoir le rôle de ce nouvel élément. Ainsi de quelque côté que nous nous tournions, nous ne pouvons échapper à la loi qui donne des motifs pour antécédents des actes volontaires ; et si nous semblons nous y soustraire par un point c'est pour toujours y obéir en réalité.

9. — *Conscience du libre arbitre.* — On a bien souvent fait appel, dans la grande controverse sur la liberté, au témoignage de la conscience. M. Sidgwick a encore étudié la valeur de ce témoignage après avoir fait une démonstration écrasante en faveur du déterminisme, comme loi de la conduite humaine.

« Cette démonstration me semble cependant plus que contredite par ce simple argument : *l'affirmation de la conscience au moment où il y a volition délibérée*. Il m'est impossible de penser à ce moment que mon activité est complètement déterminée par mon caractère et par les motifs qui influent sur lui. L'opinion contraire est si fortement imprimée dans mon esprit qu'elle ne peut être détruite par les preuves les plus évidentes. » — « J'ai conscience que je pense ordinairement de deux manières différentes à ce sujet, et je ne puis prétendre opérer entre les deux une réconciliation. Mais il me semble possible d'enfermer la lutte dans des limites plus étroites, en analysant soigneusement cette conscience de la liberté, et en déterminant exactement la portée de cette affirmation. »

En conséquence M. Sidgwick désigne les moments de délibération comme étant ceux où il y a conscience de la liberté ; surtout lorsque la conscience du moi est intense. Il admet de plus que la liberté ne se montre pas dans les simples mouvements musculaires faits pour changer les choses du monde extérieur, ni même dans le contrôle qu'exerce la volonté sur les pensées et les sentiments. L'effet sur lequel il insiste c'est « l'altération du caractère. » Il croit que les psychologues ont toujours dédaigné d'étudier ce fait, qui cependant est des plus importants parmi ceux qui témoignent la puissance de la volonté. Sans doute, c'est une question vitale pour l'homme que d'améliorer son caractère. Il est admis que chaque résolution prise n'a qu'un effet limité ; cependant ce serait aller contre l'évidence de l'expérience que de nier cet effet de la volonté. De telles résolutions peuvent changer brusquement de vieilles habitudes ; ou au moins rendre difficile ce qu'on faisait sans s'en apercevoir. Cet effet semble être souvent strictement volitionnel. Parfois il est vrai il est dû à des causes extérieures qui opèrent à l'aide d'un choc émotionnel puissant ; d'où l'on pourrait conclure que dans tous les cas c'est une puissante impression émotionnelle qui cause le changement, et que la volonté ne fait que prêter sa coopération en fixant l'attention sur les biens à gagner, les maux à éviter, en augmentant donc l'intensité de l'impression. Mais en reconnaissant la valeur d'un tel auxiliaire, nous pouvons le distinguer de la résolution prise d'opérer le changement.

10. — Voilà les opinions de M. Sidgwick ; je ferai remarquer d'abord que son interprétation est très différente de celle des défenseurs ordinaires du libre arbitre. Je n'en infère donc pas qu'elle est mauvaise ; mais tout argument en faveur de la conscience est bien affaibli lorsqu'il n'y a pas entente sur la valeur de la conscience. Moi-même je préférerais l'interprétation de M. Sidgwick à celle de bien d'autres philosophes ; mais pour lui donner du poids il faudrait qu'elle soit adoptée par bien des observateurs. Les vieux défenseurs du libre arbitre lui donnent une place bien plus importante ; ils ne restreignent pas son empire au changement volontaire de caractère, ils l'étendent au con-

traire à la sphère des actions bonnes ou mauvaises en général : quand un homme s'enivre, commet une méchanceté, trompe son voisin, ils disent que sa volonté était libre d'éviter ces fautes. Je pense qu'aussi longtemps que le libre arbitre sera invoqué comme levier de la vertu on regardera comme aussi important de s'abstenir de mauvaises actions particulières, que de prendre des résolutions générales, les deux mesures, semble-t-il étant parfaitement de même nature.

Bien que je reconnaisse la différence qui sépare la contemplation volontaire des conséquences bonnes ou mauvaises d'un acte et les mouvements particuliers qui constituent une résolution décisive, je ne puis la croire aussi radicale que l'affirme M. Sidgwick en abandonnant la contemplation des conséquences au déterminisme et en réclamant la liberté de la décision. Je ne puis soustraire cette dernière à l'influence de tout antécédent mental, ni en faire par conséquent un cas de libre arbitre.

Entre les deux cas de l'opposition desquels dépend le succès ou la chute de la théorie de la liberté, je ne vois qu'une différence de phase dans l'opération de la volonté. Pendant qu'on s'appesantit sur les fâcheuses conséquences d'une mauvaise habitude, les motifs de la combattre deviennent de plus en plus forts ; cependant elle n'en reste pas moins une habitude qui nous a gouvernés jusqu'à ce jour et qui ne peut être détruite sans un conflit pénible. Sur le moment il y a délibération et hésitation ; cette indécision peut n'aboutir à rien mais elle peut aussi se terminer par la résolution de tout faire pour vaincre l'habitude. Dans tout ceci je ne vois que la marche ordinaire de la volonté au milieu du conflit des motifs ; et ce conflit est semblable à celui que doit souffrir le voleur avant de se risquer à voler. Je ne puis discerner, il faudrait pourtant que ce soit clair, une distinction à faire entre la résolution de combattre une habitude et celle d'émigrer ou de devenir franc-maçon.

L'explication la plus générale et je crois la meilleure du changement qui se fait dans le caractère de l'homme lorsqu'il le veut, c'est que, bien que victime de mauvaises habitudes, il a en lui-même une certaine susceptibilité vertueuse ; dans certaines circonstances assignables cette susceptibilité peut être éveillée, excitée et atteindre la force d'efficacité d'un motif. Que ces circonstances se produisent, que la personne en jeu soit de plus conseillée et soutenue par un ami, et il y aura espoir de voir une transformation s'opérer dans le cas le plus désespéré. Cette transformation sera encore plus facile à prévoir si l'on connait la force de volonté persévérante de l'individu ; rien n'est plus facile que de savoir par l'observation si un homme est tenace dans ses résolutions. Ainsi la possibilité de ces résolutions réformatrices est un fait de caractère, aussi facile à prévoir que tout autre fait d'une complication égale.

11. — Les adversaires du libre arbitre appuient sur les inextricables absurdités de toute tentative faite pour formuler dans un langage précis la théorie de la liberté. Est-ce qu'elle affirmera que nos meilleures résolutions naissent de rien ? Que dans une situation parfaitement identique nos résolutions seront totalement différentes ? Ou bien que d'une source inconnue, découle une force de secours qui vient renforcer le motif faible, sans être pour cela soumise à aucune loi ? Si c'est à cette dernière opinion qu'il faut s'arrêter nous n'avons qu'à attendre le messager invisible pour prendre une résolution vertueuse. Cette supposition nous transporte au milieu de toutes les difficultés de la grâce, du choix des élus, de la permission du mal.

Le libre arbitre ainsi interprété ne fait plus partie de l'étude inductive de l'esprit humain, c'est une théorie théologique qui n'appartient même pas à la théologie rationnelle.

L'opinion qui fait de la vertu un but vers lequel poussent les motifs vertueux, est bien plus conforme à tous nos préjugés (préconceptions) sur la dignité et la vertu humaine. Elle nous laisse le champ libre, que nous essayons d'améliorer notre propre caractère ou celui d'autrui. Tout l'art de la persuation morale repose sur ce terrain.

Il sera toujours difficile de concilier l'observation de la conduite des autres hommes, avec le procédé individuel de l'information par la conscience qui n'est applicable qu'à soi-même. Les deux points de vue sont si différents que le même phénomène parait en former deux. La situation ressemble à celle de l'œil se regardant lui-même. La difficulté commence avec l'observation consciente de nos pensées ; la pensée à examiner disparait au moment où nous commençons à l'observer, un nouvel acte mental remplace l'ancien. C'est grâce à la mémoire qu'on tourne la difficulté ; on se souvient de la pensée lorsqu'elle est passée et on peut la décrire comme telle. Essayez du même procédé pour la volonté. Après avoir pris une décision, au lieu de penser à nous-mêmes, au moment de décider, revenons sur nos pas. Nous verrons alors que nous avons été sous l'influence de divers motifs, sollicités de divers côtés. Pendant un temps il n'y a prépondérance dans aucun sens. Mais le cours de la pensée introduit de nouveaux motifs ou de nouvelles circonstances qui font pencher la balance d'un côté ; la délibération peut encore durer, mais si rien ne vient rétablir l'équilibre, nous nous décidons définitivement. Nous ne pouvons nous rappeler que nous avons fait un pas dans la direction de la vertu sans ressentir une augmentation correspondante dans la force de nos motifs vertueux. Nous croyons que si nous nous trouvions dans la même circonstance, nous agirions de la même manière ; nous ne nous souvenons pas d'avoir été aidé dans notre délibération par quelque visiteur mystérieux qui a écarté les motifs et sans y référer, a décidé en faveur de la vertu.

12. — Dans un article de la *Revue de Dublin*, avril 1874, les arguments pour et contre le libre arbitre ont été clairement résumés et exposés. L'auteur de cet article identifie cependant trop le déterminisme à la théorie morale utilitaire ou pour mieux dire au pur égoïsme ; car il regarde la doctrine du libre arbitre comme pouvant seule faire contre-poids aux actions égoïstes. Il est vrai qu'en exposant l'opération des motifs, les adversaires de la théorie de la liberté font ordinairement de ces motifs des *plaisirs* ou des *souffrances* ; parce que ces deux mots représentent d'une manière commode la somme entière des motifs. Mais ils ne soutiennent pas pour cela que toute conduite soit nécessairement égoïste ; pour la plupart ils affirment le contraire de la manière la plus forte, l'existence d'impulsions purement désintéressées. Mais la citation de ces motifs désintéressés, la pitié, le dévouement héroïque, etc., ne changerait en rien l'état de la question. En tant que motifs, ces impulsions agissent sur la volonté, et lorsqu'elles sont seules présentes, elles la déterminent ; lorsqu'il y a conflit, l'un des combattants doit triompher, prouvant ainsi qu'il est le plus fort, et le prouvant encore si la même situation se reproduit.

L'auteur, notant l'affirmation des déterministes, que le nombre et la complexité des motifs sont les seuls obstacles qui nous empêchent de prévoir toutes les décisions volontaires d'un individu, ajoute que c'est bien à cette complexité et non à la liberté de la volonté humaine, qu'est due l'incertitude des prévisions. Nous n'avons qu'une chose à répondre à ceci, c'est que la loi de la nature c'est l'uniformité, et qu'il faut accepter cette loi dans tous les cas douteux jusqu'au jour où on lui aura trouvé une réelle exception.

L'auteur se montre surpris de ce qu'on n'ait pas plus tôt examiné ce qu'il regarde du reste comme une difficulté de la théorie du libre arbitre, c'est-à-dire comment on se sert si peu du pouvoir de résister aux impulsions vicieuses. La vérité est qu'aux yeux de tout psychologue scientifique il est impossible de soutenir que le libre arbitre est un simple auxiliaire de la vertu, en se plaçant sur le terrain ordinaire où se discutent toutes les questions mentales. Si notre conscience semble nous montrer quelque chose de distinct de la séquence uniforme du motif et de l'acte, elle nous le montre également pour toutes les conduites possibles ; restreindre ce quelque chose à l'activité vertueuse, c'est purement arbitraire, et comme je l'ai déjà dit c'est affirmer une chose qui est du ressort de la théologie et non plus de la psychologie.

Les défenseurs du libre arbitre admettent que l'éducation, les bons conseils et d'autres moyens, ont le même effet pour renforcer les motifs vertueux et affaiblir les vicieux, que cette supposée manifestation de volonté non déterminée par une cause. Pourquoi donc alors ne pas se contenter d'une hypothèse conforme aux lois de la nature, au lieu de faire appel à un principe étranger qui peut à peine s'énoncer dans un langage intelligible ? L'auteur de l'article de la *Revue de Dublin* reconnaît : « que si un homme a franchi les premières années de son noviciat, s'il a de fermes habitudes de vertu, on peut prévoir (*mais* seulement jusqu'à un certain point) quelle résistance il fera à une forte tentation. » Mais si de bonnes habitudes et une bonne éducation mettent à même de résister aux tentations, comment savons nous qu'elles ne sont pas la seule et suffisante cause du bien moral ? Comment pouvons nous découvrir où cesse leur influence et où commence une volition impossible à prédire. L'existence d'une puissance aussi incertaine est faite pour décourager comme pour encourager toute tentative de bonne éducation, à moins que nous supposions que la force de l'impulsion libre est proportionnée à la vertu de l'éducation reçue. Cette impulsion encouragerait alors la bonne éducation, mais elle perdrait son caractère libre ; ce ne serait plus la puissance mystérieuse et incertaine qui déjoue toute prévision. Ainsi, quand nous ramenons la volonté à la loi, nous encourageons la formation de bonnes habitudes ; quand nous la soustrayons à la régularité, à ce qui permet de prédire ses manifestations, nous rendons incertaine toute poursuite de la vertu.

Il y a bien des occasions où il serait nécessaire d'aider à la volition, de renforcer les motifs faibles. Prendre une médecine amère, voilà une dure épreuve pour la volonté ; elle s'en tire à son honneur si les motifs sont assez forts. Un voleur, n'a besoin pour supporter les souffrances d'une longue nuit glacée, que d'être soutenu par l'espoir de faire une bonne prise. On ne peut supposer dans ce cas qu'il y a don généreux d'une augmentation de pouvoir moral ; pourquoi alors un saint, un missionnaire dont la dévotion est forte, ne supporterait-il pas les mêmes souffrances uniquement parce que les motifs qu'il a de les endurer sont suffisants ? Comment tracerons-nous une ligne de séparation entre la volonté aidée, fortifiée pour accomplir des actions vertueuses, et l'égoïsme agissant seul ou la volonté indifférente ? La persévérance héroïque de Livingstone était-elle due à une nature héroïque fortifiée par de grandes aspirations, ou aux inspirations capricieuses du libre arbitre, que les hommes ne peuvent prévoir, sur lesquelles ils ne peuvent donc pas compter ? Que serait-il arrivé si cette inscrutable détermination personnelle l'avait assisté au moment où il partait pour l'Afrique, puis l'avait abandonné au moment critique ne lui laissant qu'une force calculable de motifs ?

On peut inventer bien des subtilités pour expliquer le mode d'action de la volonté, mais il répugne à notre intelligence et à notre sens moral de croire à une puissance qui naît de rien, n'a pas de commencement, ne suit aucune règle, ne tient compte ni du moment ni de l'occasion, et opère sans impartialité. En pratique, nous n'aurions jamais confiance en une telle puissance. Que nous renforcions un certain motif, nous le comprenons ; mais après cela, s'il arrive un nouveau pouvoir pour nous dire lequel des motifs présents il faut écouter, sans tenir compte de leur force respective, nous sommes donc soumis à une influence que nous ne pouvons expliquer, que nous ne savons comment nous concilier, à un destin insondable, dont les décrets sont aussi sévères que ceux de la fatalité.

13. — *Activité morale.* — *Responsabilité.* — On définit souvent l'homme, un agent moral responsable. Le mot « moral » a évidemment ici deux sens, l'un étroit, c'est l'opposé d'immoral, l'autre plus large, c'est l'opposé de physique. La même ambiguïté se retrouve dans cette désignation : « Philosophie morale » qui peut convenir soit à l'éthique, à la théorie du devoir, soit à une étude si ce n'est de l'ensemble de l'esprit humain, du moins des émotions et des facultés actives. Si l'on adopte le sens large, je suis un agent moral quand j'agis poussé par mes propres sentiments agréables ou pénibles, et le contraire quand j'agis par contrainte. C'est la distinction entre l'esprit et les forces du monde physique, la gravité, la chaleur, le magnétisme, etc., et encore entre les activités volontaires et involontaires du système animal. Nous ne sommes pas des agents moraux relativement à l'action du cœur, des poumons, ou des intestins. Tout acte qui suit un état agréable ou pénible et les états associés, est un acte volontaire et, c'est tout ce qu'on peut et doit signifier par les mots : activité morale. Tout animal qui poursuit une fin, cherche un objet, en évite un autre, témoigne une activité morale. Le tigre qui chasse et dévore sa proie, l'être qui vit en cherchant et en choisissant sa nourriture est un agent moral. Il n'y aurait rien à redire à cela si le même mot n'avait pas deux significations aussi différentes qui ont dû occasionner bien souvent des confusions d'idées. Et cependant il n'y a rien de plus généralement admis que ces deux sens et nous sommes obligés de remarquer que le terme *moral* qui parfois est synonyme d'*éthique* l'est encore de *volontaire*.

14. — Le mot *responsabilité* est une expression figurée du genre de celles qu'on appelle en rhétorique *métonymiques*, et par lesquelles on nomme une chose par une de ses causes, un de ses effets ou un de ses accessoires ; ainsi on dit la couronne pour la royauté, la mitre pour l'épiscopat, etc.

Dans tous les pays ou sont établies des formes judiciaires, le criminel doit répondre aux accusations dont il est chargé avant d'être puni; cette circonstance particulière est devenue une manière de désigner la punition. Il est bien plus clair de mettre de côté la figure et de se servir du terme littéral. Au lieu donc de responsabilité, je parlerai de châtiment, car on ne peut pas dire qu'un homme soit responsable si l'on n'est pas prêt à le punir s'il ne répond pas d'une façon satisfaisante aux accusations qui pèsent sur lui. Ce premier degré qu'on appelle responsabilité, en suppose nécessairement un préalable où il y a accusation, et un autre subséquent où il y a punition. Toute la question, en écartant les termes habituels de discussion, se résume en ceci : accuser, juger et punir quelqu'un.

La seule chose à discuter, ce sont les limites et les conditions du châtiment. Dans certains cas, quand il s'agit par exemple de corriger les enfants, de faire appliquer la loi violée par des criminels ordinaires, on admet généralement que la punition est une chose juste et convenable. Mais dans bien d'autres cas, on peut discuter le droit de punir, par exemple, quand on veut l'appliquer à de très jeunes enfants, aux aliénés, à ceux qui sont physiquement incapables. On peut se placer sur différents terrains pour discuter ce droit. On peut d'abord dire que l'action faite à cause d'une menace de châtiment, n'est pas volontaire, c'est-à-dire qu'elle n'est pas produite par un ensemble de motifs. On ne peut la ranger parmi les actions individuelles. En se servant du plus fort des stimulants possibles, on peut faire faire à un homme une tâche qui dépasse ses forces physiques ; on peut demander à un homme de peine grossier d'accomplir un travail où il faut de l'adresse ; on peut enlever à un ouvrier ses outils et cependant le forcer à agir sans eux. Évidemment voilà des cas, où le châtiment est inadmissible. De même, un état d'esprit tel, que l'individu ne peut comprendre la signification d'une loi ou d'une pénalité, l'enfance, l'imbécilité, l'ignorance du langage parlé, soustrait cet individu aux atteintes du châtiment.

Pour attaquer le droit de punir, on s'appuie encore, non pas sur l'impossibilité de faire naître une action, en produisant des motifs suffisants, mais sur la force trop grande des motifs qu'il faut évoquer. On peut arriver à faire produire à un homme ce qu'il ne donnerait pas lui-même, fût-il pressé par les plus forts motifs. Vous pouvez menacer la vie de votre esclave s'il ne dépasse pas par un violent effort le plus haut point de travail possible, et il est probable que vous tirerez ainsi quelque chose de lui. La question alors ne sera plus une question de possibilité métaphysique, mais bien une question de justice, d'utilité, d'humanité (1). Il est grave de punir toutes les fois que l'acte pourrait être déterminé par une

(1) *Responsabilité de croyance.* — Le mot de lord Brougham : « L'homme n'a pas à rendre compte à l'homme de sa croyance, sur laquelle il n'a lui-même aucun contrôle » a soulevé, dans son temps, bien des controverses. (Voyez, entre autres choses, le traité de Wardlaw sur la *Responsabilité.*) Voilà l'idée sous une forme précise : la croyance de l'homme étant involontaire, il ne peut être puni à cause d'elle. Le point à discuter est celui-ci : jusqu'à *quel point* la croyance est-elle volontaire ? car chacun sait que la volonté n'est pas sans une certaine influence sur elle.

Quelle que soit la vérité sur la conviction intérieure, il est évident que la profession extérieure en est volontaire, et que les actions qui en sont la conséquence sont volontaires. Maintenant, ces manifestations extérieures seules qui sont sous le contrôle de la loi, et comme, si les motifs de le faire sont suffisants, ces manifestations peuvent être supprimées, la loi peut-elle suppléer le motif, le remplacer, le supprimer aussi, par conséquent ? Il n'est ni frivole ni absurde de faire des lois contre une croyance, car si l'expression de cette conviction est supprimée, ainsi que les actes qui en sont la conséquence, la loi atteint pleinement son but.

On a bien souvent fait remarquer que l'homme est l'esclave des circonstances pour toutes les opinions qu'il se forme sur des sujets qui ne sont pas du ressort direct des sens ou de l'expérience journalière. Nous voyons dans un pays des croyances se conserver intactes pendant des générations, et dans un autre des croyances absolument contraires persister également. Puisqu'il y a si peu d'originalité et d'indépendance de jugement dans l'humanité, il est évidemment possible de faire prévaloir, par des moyens extérieurs et par la force des motifs, une opinion quelconque. Je puis être né catholique romain, et cependant avoir l'esprit fait de telle façon, qu'en examinant mes croyances je sois conduit irrésistiblement à embrasser le protestantisme. Mais si je suis sous un régime qui punisse un changement de religion, l'appréhension me détournera de toute lecture, de toute étude entraînant au protestantisme. Il est au pouvoir de ma volonté d'ouvrir ou de fermer les yeux, bien que ce que je verrais si j'ouvrais les yeux soit hors des atteintes de ma volonté. Donc, le législateur qui veut faire triompher une croyance et qui l'appuie sur de sévères menaces peut être un tyran, mais ce n'est pas un fou.

Il y a bien des moyens de gouverner les convictions des hommes. Les rhéteurs ont bien des armes à leur service ; la corruption est bien puissante dans la guerre entre les partis d'opinions différentes ; l'habitude de n'entendre plaider qu'une thèse a des effets sûrs. Le plus grand des arts est celui qui, malgré les tendances naturelles contraires, dirige l'homme dans quelque voie fixée d'avance. Il serait tout à fait faux de dire que les châtiments ne peuvent pas imposer, implanter une croyance ;

simple urgence de motifs ; on peut faire de grandes et graves objections, au nom de la justice et de l'humanité, contre l'application du droit de punir. Les codes draconiens, les inflictions barbares peuvent répondre à leur but et gouverner des hommes qui se soumettent à de telles terreurs ; mais ils n'en sont pas moins impossibles à défendre.

que le procédé soit justiciable, c'est une autre question qui nous ramène au vieux problème de liberté sociale et politique.

La pression extérieure ne pouvant imposer des convictions à l'homme que dans certaines limites, toutes les puissances du monde ne me feront pas croire que trois fois quatre font six. Je puis une fois succomber devant les menaces et affirmer en paroles cette proposition, mais je sens en même temps que s'il fallait que j'adhère à une foule d'autres propositions du même genre, j'aimerais mieux aller droit au bûcher, car la vie ne vaudrait pas alors la peine d'endurer les ennuis d'une semaine seulement. Si, à chaque marché conclu on pouvait me tenir des raisonnements pareils, toute ma sécurité disparaîtrait, et le plus tôt je quitterais la vie, serait le mieux. Il y a pourtant en circulation, tant d'affirmations dont on n'a jamais éprouvé pratiquement la vérité, que nous devons pouvoir absorber une assez grande quantité d'inconséquences et de contradictions. Tant que nous n'agissons pas, nous ne sommes pas forcés d'être conséquents; chaque homme admet en général bon nombre de propositions contradictoires, tandis que sitôt qu'il y a matière à expérience, que nos actions ou notre bien-être sont en cause, tous les motifs du monde, ne changeraient pas nos convictions. La puissance souveraine, légale ou sociale, a tout pouvoir sur les manifestations extérieures des croyances, mais ne peut affecter ce sanctuaire intime où nous réunissons tout ce que nous apprend notre expérience pratique. Le plus grand des despotes ne nous imposera pas une table de multiplication arbitraire; il sait au contraire que bien des convictions religieuses et politiques sont à sa merci, c'est sur elles qu'il exerce une pression. Après tout donc, le mot de lord Brougham n'est que la conclusion contestée depuis des siècles, de la discussion sur la liberté de penser et de croire.

CHAPITRE XII

CROYANCE

1. — L'état d'esprit qu'on appelle croyance, espérance, confiance, assurance, conviction, implique participation de l'intelligence ; il faut que nous connaissions ou que nous concevions le fait que nous croyons. Mais connaître n'est pas tout dans cet état, nous devons encore savoir ce que nous croyons et ce que nous ne croyons pas, nous devons connaître la vérité et l'erreur.

La foi est souvent accompagnée d'une émotion forte, et cependant l'émotion seule n'arrive jamais à la croyance. Des récits fictifs peuvent exciter l'esprit plus fortement que la réalité ; nous pouvons ne pas y croire et trembler cependant en les écoutant, de plus nous pouvons être fermement convaincus sans être émus ; le mathématicien est aussi froid qu'il est convaincu lorsqu'il affirme qu'il croit à une proposition d'Euclide.

2. — Nous sommes donc conduits à nous poser cette question : la foi est-elle ou n'est-elle pas essentiellement liée à l'activité, c'est-à-dire à la volonté ? Je réponds par l'affirmative. Le seul, le véritable critérium de la croyance, c'est la disposition à agir dans le sens de ses convictions. Colomb prouva sa croyance que la terre était ronde et qu'il existait un océan ininterrompu entre l'Europe et la côte Est de l'Asie, en entreprenant ses voyages.

Dans la forme primitive de la volonté que l'on retrouve toute la vie, l'action commencée pour une première fois et qui apporte, soit une augmentation de plaisir, soit une diminution de peine, persiste. On peut dire que l'on croit que l'action nous donne du plaisir, mais l'expression est forcée, pour ne pas dire impropre. Dans l'opération de cette impulsion primordiale il n'y a pas de place pour la croyance, pas plus que pour la délibération, la résolution, le désir ; l'état de croyance n'est pas encore distinct des autres. Il peut exister là en germe, mais si aucune de nos actions ne sortait de ce moule primitif on n'aurait jamais à parler de cet état d'esprit particulier. C'est seulement lorsque nous accomplissons des actes qui ne nous apportent pas de jouissance immédiate mais qui sont reconnus comme devant en apporter dans le futur, que l'on peut dire que nous manifestons notre foi. L'animal qui fait un voyage pour gagner l'étang où il apaisera sa soif croit que l'objet signalé par l'apparence visible de l'eau, désaltère.

3. — Donc, l'action est la base et le critérium suprême de la croyance ; mais il entre aussi dans la foi, comme élément nécessaire, quelque connaissance de l'*ordre de la nature*, de la marche du monde. En usant de certains moyens pour arriver à un certain but, nous nous appuyons sur une alliance supposée par nous, entre deux faits ou deux phénomènes naturels, et l'on dit que nous avons confiance ou foi en cette alliance. Un animal qui juge de sa nourriture à première vue, ou qui sait trouver un abri, connaît l'accord de certaines propriétés naturelles et manifeste pour elles la plus grande confiance. L'insecte le plus humble qui a une demeure fixe, et des ressources définies pour vivre, est doué de la faculté de croire. Toute nouvelle coïncidence entre un moyen et un but, introduite dans la routine de l'existence animale, est un nouvel article de foi. L'enfant qui a trouvé le chemin du sein de sa mère pour se nourrir ou se réchauffer commence à acquérir la faculté de croire, qui s'élargit sans cesse à mesure qu'il avance dans la vie. Il n'y a pas de croyance qui n'implique d'une façon ou d'une autre, connaissance de l'ordre et des séquences de l'univers. Ce ne sont pas seulement les sérieuses et certaines réalités de l'expérience qui passent ainsi à l'état de croyances, mais encore les superstitions, les rêveries, les fantaisies de l'imagination ignorante. Quand nous peuplons l'air d'êtres surnaturels, et remplissons le vide de la nature de démons, de fées et d'esprits ; quand nous pratiquons des invocations, des évocations, des cérémonies expiatoires et des sacrifices, nous sommes les victimes de croyances aussi fortes que la

confiance que nous avons dans le retour périodique de certains événements expérimentés déjà. Dans tous ces cas, la réalité de l'état d'esprit appelé croyance est attestée par nos actes pendant que l'objet de notre foi est quelque fait supposé ou quelque événement naturel. L'intelligence doit se souvenir de la coexistence ou de la succession des phénomènes, et distinguer nettement entre ces séquences, et les simples états émotionnels et volitionnels. La foi ayant ses racines dans l'activité volontaire a des branches qui occupent une grande place dans les royaumes de l'intelligence et de la spéculation. A mesure que les fonctions intellectuelles se développent et deviennent prédominantes dans le système mental, on moissonne avec plus d'abondance, sur leur propre champ, les matériaux de la croyance ; nous ne devons cependant jamais oublier qu'elle s'appuie sur des faits et sur la poursuite des fins, sans cela elle perdrait son caractère fondamental, et ses matériaux, n'étant plus des objets de foi, passeraient à l'état de fantaisies de l'imagination et de pures spéculations. Il est vrai qu'à mesure que la sphère de l'intelligence pure s'élargit, on amasse une plus grande quantité de faits et de lois sans en référer immédiatement à des fins pratiques ; c'est ainsi que certains individus possèdent une partie de ces connaissances si nombreuses accumulées aujourd'hui comme dans une vaste encyclopédie à la suite des expériences passées, et qu'ils ne songent nullement à se servir de ce qu'ils savent pour chercher le plaisir et éloigner la souffrance. Mais il y a là comme dans toute croyance une disposition à l'action, à appliquer toute cette science emmagasinée.

Cette disposition à agir est ce qui fait de la croyance autre chose qu'une question d'imagination. Nous pouvons agir d'après un savoir très imparfait, mais il faut que nous croyions à ce savoir. Nous pouvons avoir la science parfaite sans agir ; beaucoup de nos connaissances les plus élevées sont plus théoriques que pratiques. Ce n'est pas que nous manquions de foi, mais bien d'occasions d'agir. La disposition à l'acte est encore le meilleur témoignage de la haute valeur de ces connaissances (1).

(1) On dit usuellement que l'on ne peut avoir une sensation sans croire qu'on a cette sensation; cette croyance semble alors venir de la cons-

4. — Puisque nous sommes des êtres qui regardons en arrière et en avant, la foi tient chez nous une place importante et a une grande influence sur notre bonheur et notre malheur. En prévoyant que nous aurons besoin de quelque chose, nous voyons à l'avance par quels moyens nous pourvoirons à ce besoin, et lorsque nous avons confiance en l'efficacité de ces moyens, nous éprouvons une jouissance positive de n'avoir aucune crainte pour l'avenir. Il en est de même pour le plaisir qui a pris la forme d'un désir impérieux. Ce désir ne se réalisera que dans l'avenir ; mais l'esprit ne peut être, dans le présent, complètement indifférent relativement à l'objet du désir ; nous sommes alors malheureux si nous ne voyons pas les moyens d'atteindre la chose désirée, heureux si nous avons l'assurance que nous pourrons l'atteindre. Par conséquent pour tout ce qui regarde notre bonheur futur ou le triomphe futur des intérêts qui ont excité notre sympathie, la croyance, la confiance en un *bien* à venir, est le nom d'un heureux état d'esprit. Cet état nous donne déjà, comme il a été dit, la réalisation de notre désir. La condition de la confiance étant remplie, on a l'émotion idéale sous sa forme la plus heureuse.

En examinant l'émotion de la peur, il est impossible de ne pas être frappé de sa relation inverse avec le sujet du

---

cience et n'impliquer aucune activité. En fait cependant, nous agissons constamment d'après nos sensations, nous cherchons celles qui sont agréables et nous fuyons celles qui sont pénibles. L'observateur s'appuie sur mes actions pour connaître mes sensations. Si je suis altéré, je puis dire que je crois que je le suis, parce que j'agis en conséquence. Je ne puis affirmer à moi-même ou à une autre personne que je ne rêve pas que par un effort volontaire correspondant à la sensation éprouvée. Quand j'affirme que j'avais soif hier, on suppose que je suis encore prêt à agir, de même lorsque je m'appuie sur un fait pour prédire que je serai altéré dans l'avenir à un jour dit, et que je prends les moyens d'éviter cette souffrance. Quand on ne peut indiquer aucune action comme suivant directement ou indirectement une affirmation, on peut encore croire en elle si l'on est envers elle dans la même disposition à agir que pour les sensations. Je crois qu'hier je suis monté sur un mur pour éviter d'être écrasé par une voiture. Je ne puis rien faire qui soit la conséquence de cette conviction; cependant, j'affirme que c'est une conviction et non une simple idée parce qu'elle m'affecte comme m'affecte un souvenir qui me dispose à l'action. Je sens que si je me retrouvais dans les mêmes circonstances, je ne monterais pas sur le mur si je pouvais faire autrement, ce qui prouve assez qu'en ayant confiance en ma mémoire je pense encore à une action plus ou moins lointaine il est vrai.

présent chapitre ; c'est pourquoi pour expliquer l'un des deux faits il faut parler de l'autre. Parlons *logiquement*, c'est-à-dire en ayant égard à la forme du sujet de discussion ; le contraire de la croyance, c'est la méfiance, le refus de croire. Lorsque je suis au croisement de deux routes, je crois que l'une me conduira chez moi, et je refuse d'affirmer que l'autre m'y mènerait aussi. Dans les deux cas, mon esprit affirme, il est convaincu, il a foi ; je connais les moyens d'atteindre ma maison, je suis dans cet état de satisfaction que provoque toujours la conviction que l'on atteindra son but. Le contraire réel de la croyance comme état d'esprit, c'est le *doute*, l'incertitude ; et dans chaque langue il y a des mots qui expriment l'alliance de cet état avec l'émotion de la crainte, non pas que le doute et la crainte soient deux faits identiques ; mais cet état qu'on appelle l'incertitude, l'ignorance, l'hésitation a toujours passé pour provoquer la perturbation de la peur.

L'*idée* du plaisir, sous bien des formes répand dans l'esprit ce qu'on appelle la joie, état que chacun distingue nettement de la réalité d'une satisfaction sensuelle. L'idée d'un bien approchant, unie à la foi de sa réalisation, est le stimulus le plus puissant de la joie. Un mariage, la naissance d'un héritier, une victoire, un succès, sont ce qu'on appelle des événements joyeux, à cause des plaisirs à venir qu'ils promettent. De là, dans le langage familier l'union des mots joie, foi, espérance.

L'idée de la souffrance produit ce qu'on appelle l'abattement, la prostration, qui est le vrai contraire de la joie. Plus l'idée a de prise sur l'esprit plus son influence est grande. Mais ici encore l'effet de l'idée d'une souffrance que nous croyons voir fondre sur nous, est le plus grand possible, dans une telle circonstance l'esprit peut être plein de tristesse, et tout prêt à se laisser envahir par la terreur. Il est possible de résister à cette tendance, mais le courage lui-même n'exclut pas toujours la tristesse. La force d'une conviction se mesure à sa puissance de faire passer l'esprit de la joie à l'abattement. Une croyance moins forte serait moins attristante.

Quand on dit que « les démons croient et tremblent », on signale le cas où l'on croit qu'un événement malheureux va arriver ; le doute vaudrait alors mieux que la certitude.

Lorsque nous affirmons que nous sommes mortels, cette assurance est loin de nous rendre joyeux. De mauvaises nouvelles nous attristent si elles ne nous alarment pas, et plus elles sont certaines, plus elles nous affectent péniblement.

L'esprit abattu a de la peine à croire à un bien en perspective, et croit facilement à un nouveau malheur. Voilà l'action et la réaction de ces deux états, l'abattement et la crainte unis comme le sont l'espérance et la joie.

5. — Ainsi la croyance varie en degré ; nous croyons fermement que le soleil se lèvera demain matin, faiblement peut-être qu'il se lèvera sans nuages. La force de la croyance est attestée de deux manières. Premièrement si, en poursuivant un but, nous travaillons autant pour atteindre les moyens que pour atteindre le but, c'est que nous avons une confiance parfaite dans l'union des moyens et du but. Notre foi en la puissance de l'argent pour nous procurer des vêtements, de la nourriture et d'autres jouissances, est attestée par nos efforts pour gagner de l'argent, efforts qui sont aussi grands que ceux que nous ferions pour être nourris et vêtus. Un homme malade a peu de confiance dans le remède qu'on lui ordonne, s'il ne fait pas pour se le procurer les efforts qu'il ferait pour revenir de suite à la santé. Deuxièmement la force de la croyance est attestée, par la joie qu'on éprouve en s'assurant les moyens d'atteindre la fin qu'on poursuit, ou par l'abattement qu'on ressent à l'annonce d'une calamité. Quand un général voit plier les premières lignes de l'ennemi, il jouit par avance de la victoire ; Cromwell n'attendait pas la fin de la journée pour s'écrier dans son triomphe : « Le Seigneur les a livrés entre nos mains. » Quand Keats vit son oreiller taché par le sang qui venait de ses poumons, il dit : « Voilà mon arrêt de mort. »

Supposons que la foi soit une force qui gouverne nos actions et affecte notre esprit en bien ou en mal, et étudions la depuis son origine.

Il semble d'abord qu'on ne puisse trouver cette force qu'on appelle un motif que dans les régions de l'émotion et de la volition. L'intelligence peut être un guide nécessaire, mais elle ne fournit pas de motifs, sauf lorsque l'idée tend à devenir une actualité, exception importante qui influe sur notre activité volontaire et par conséquent sur notre foi.

6. — Nous avons vu que la foi, sous sa forme la plus ordinaire, veut dire confiance dans l'ordre du monde, dans le cours des événements physiques ou mentaux. Cette confiance est très variable ; non seulement on croit plus ou moins fermement en diverses affirmations, mais différentes personnes ne croient pas au même degré, à une seule et même affirmation, et suivant les moments, la conviction d'une seule personne varie. On a besoin ici de quelque explication psychologique de ce fait.

Bien d'autres questions aussi délicates et plus subtiles ont exercé la sagacité des métaphysiciens. Par exemple, l'esprit est souvent la victime de l'illusion, de l'erreur, il se trompe sur la réalité des choses, il croit en des apparences, des ombres ; ce qui provoque les superstitions, les erreurs des esprits mal équilibrés, les rêves ou les visions, les erreurs des esprits les plus rationnels ; comment expliquer ces faits ? La foi en notre mémoire ; comment distinguons nous entre les souvenirs de ce qui a été, et les conceptions de notre imagination ; la foi en notre identité personnelle; voilà encore des problèmes bien curieux. Pour traiter la grande question de l'existence d'un monde matériel indépendant, il faut encore rappeler les lois de la croyance.

Le meilleur plan à suivre, est d'étudier d'abord le phénomène sous sa forme typique ou normale. Je rangerai ensuite les sources ou fondements de la croyance sous ces quatre chefs : 1° Tendances intuitives ; 2° Forces intellectuelles ; 3° Émotions ; 4° Activité.

7. — I. — Le fait principal à noter est pour moi, notre crédulité primitive. Nous commençons par croire à tout ; tout ce qui est, est vrai. Si l'on me dit que cette manière de voir fait de la croyance un paradoxe qui équivaut à celui-ci, croire toute chose, c'est ne croire à rien, je répondrai que l'on croit véritablement lorsque l'on souffre d'une contradiction, d'un désappointement. La foi implique la supposition que nous travaillons en vue d'une fin, que nous employons pour atteindre notre but, les moyens que nous suggère notre expérience, et que nous n'élevons même pas de doutes sur l'excellence de ces moyens, tant qu'ils réussissent ; nous croyons en eux sans le savoir. L'animal né le matin

d'un jour d'été, agit en conséquence de ce fait, il suppose que la lumière du jour durera perpétuellement. Quoiqu'il fasse, il le fait sans méfiance. S'il commence le matin une série d'actions favorisées par la lumière, il les continuera sans hésiter pendant toute l'après-midi. Son état d'esprit est alors une confiance pratique sans limites, et cependant il ne sait pas encore ce que c'est que la confiance.

8. — La confiance primitive est bien vite ébranlée ; l'expérience désagréable apporte une nouvelle lumière. Être contrarié, rencontrer des obstacles, voilà une de nos premières et de nos plus fréquentes souffrances. Ces nouvelles expériences développent en nous le sentiment de la distinction qu'il y a entre l'impulsion libre, et celle qui est contrariée, l'inconscience primitive avec laquelle on marchait sur une route toute tracée, devient de la conscience ; on peut alors dire vraiment que nous croyons aux moyens qui ont toujours réussi et que nous ne croyons pas à ceux qui ne réussissent pas. Nous croyons qu'après l'aurore nous avons encore devant nous un long temps de jour, mais nous ne croyons pas que ce jour durera toujours.

Ainsi pour croire, il faut qu'une condition essentielle soit remplie, il faut que nous n'ayons jamais rencontré de contradiction, que la chose en laquelle nous croyons, garde, en un mot, tout son prestige. Le nombre des répétitions a ici peu d'importance : nous sommes aussi convaincus après dix qu'après cinquante ; nous sommes plus convaincus après dix ininterrompues, qu'après cinquante, et un événement contraire. Nous voyons si souvent des chemins qui semblaient libres, se remplir d'obstacles ensuite, que nous arrivons facilement à un état d'esprit pénible où nous nous méfions des apparences en général ; pour combattre cette fâcheuse disposition d'esprit, il faut répéter souvent des expériences qui, donnant toujours le même résultat, provoquent la confiance. Le grand nombre des exemples témoignant tous dans le même sens, est le meilleur critérium de l'uniformité, et aussi notre meilleur préservatif contre l'anticipation pénible d'un désappointement.

9. — Donc, dans nos croyances, nous sommes placés entre deux influences ; la tendance primitive qui nous pousse à accepter tout ce qui n'a pas été contredit ; et l'effet attristant et décourageant des contradictions. Le compromis qui

se présente d'abord à l'esprit est celui-ci : continuer à agir là où rien n'a encore détruit notre confiance, cesser ailleurs. Mais ceci ne tranche pas toutes les difficultés. Il peut y avoir des désappointements qui ne détruisent pas toute notre confiance ; nous ne cessons pas d'agir alors ; dans d'autres cas, nous avons confiance en dépit des contradictions accidentelles.

Il est curieux d'observer comment se balancent ces deux tendances opposées : la crédulité primitive et le scepticisme acquis. L'étude directe des hommes peut seule nous faire connaître leurs forces respectives. On doit rarement rencontrer des esprits où ces tendances se balancent exactement, nous sommes ou trop crédules, ou trop défiants. En général c'est la crédulité qui est excessive ; en dépit de tout, la foi en l'uniformité de la nature prédomine, et fait oublier les attentes déçues. La grande erreur de l'esprit humain, c'est de croire, de croire sans raisons ou contre l'évidence. De là cette manie de généraliser, maladie de la jeunesse, et, dans l'âge mûr, de dix-neuf personnes sur vingt. Il se peut que les forces émotionnelles aident à ce résultat, mais on peut prouver que nous ne généraliserions pas ainsi sans fondement, si nous n'avions pas une tendance naturelle à supposer que ce que nous voyons et nous connaissons est la mesure du non-vu et de l'inconnu.

On peut parfaitement comprendre que l'esprit soit aussi disposé à prendre la route opposée et à trop douter de la ressemblance du futur, de l'éloigné, avec le passé, le présent. Cette disposition équivaut à une grande susceptibilité de caractère par rapport aux désappointements et aux expériences hostiles. Au milieu de la grande variété des hommes, il n'est pas rare de rencontrer de tels caractères. Parfois cette disposition est excessive et morbide ; elle indique un tempérament mélancolique plus sensible aux souffrances qu'aux plaisirs. Un tempérament joyeux, sanguin, prendra gaiement une contradiction, et l'oubliera rapidement, tandis qu'elle laisserait une impression pénible sur un autre caractère.

10. — Examinons maintenant comment l'expérience renforce la croyance. Il semble d'abord naturel de supposer que la croyance commence avec l'expérience, qu'elle est d'abord faible, puis augmente à mesure que les faits se

répètent, en un mot, que la conviction est en proportion exacte avec la science. Mais cette supposition n'est pas soutenable. Il serait plus facile de défendre l'opinion complétement opposée : la foi est souvent plus grande là où la science n'est rien; l'ignorant est crédule. Cependant il y a des raisons de supposer que l'expérience confirme la tendance à agir dans une direction donnée; la connexion qui se forme dans l'esprit entre un antécédent et un conséquent doit devenir plus ferme par la répétition; le lien intellectuel est capable de devenir une force morale. La conviction est fortifiée si l'on résiste au désappointement que cause une exception à l'uniformité, si l'on continue à agir dans la même direction. L'expérience et la répétition ne sont pas suffisantes pour faire naître la foi, elles ne produiraient pas la disposition à agir d'une façon particulière en comptant fermement sur un résultat donné. Mais s'il existe au contraire une tendance primitive à suivre une route ouverte et à renouveler l'acte qui a eu une première fois des conséquences heureuses, la répétition ne doit que la confirmer; la confirmation n'est nécessaire que lorsqu'il y a obstacle à vaincre. Ainsi tous les faits naturels dont la répétition est constante, le lever du soleil, la chute des corps, la croissance des plantes, la routine de la vie animale, deviennent pour nous des articles de foi; et nous passons facilement sur quelques contradictions apparentes. Dans de semblables cas, nous sommes tentés d'assigner une origine purement intellectuelle à la croyance, ou d'affirmer qu'une association très ferme suffit pour faire naître la confiance la plus complète.

Ainsi l'expérience contribue avant tout à fortifier notre foi, contre les désappointements, les contradictions. La répétition nous permet de ne pas nous laisser abattre par un de ces événements hostiles que l'on rencontre toujours dans une longue carrière. Après quelques échecs, notre disposition à la généralisation (notre crédulité primitive) nous fait voir partout des obstacles; nous nous méfions même des choses qui n'ont jamais été contredites. La découverte inattendue de quelque bassesse, de quelque trahison détruit pour un temps notre confiance en la nature humaine : c'est-à-dire en des personnes dont la bonne conduite ne s'est jamais démentie. C'est l'œuvre de l'intelligence et de l'expérience étendue, de nous apprendre à distinguer entre un nombre suffisant de répétitions qui nous élève au-dessus de la crainte de rencontrer des exceptions, et un nombre insuffisant qui ne nous assure contre rien. D'après cela on peut réellement affirmer que l'expérience accroît la croyance ; mais le procédé est loin d'être simple. Dans un état d'ignorance, les impulsions de la crédulité ou du scepticisme sont exagérées ; peut-être rencontre-t-on les deux genres d'exagération dans le même esprit. La même crédulité primitive qui fait qu'on a une foi aveugle pour les faits que rien n'a démenti en apparence, donne aussi une méfiance exagérée pour les choses qui ont été contredites. Le seul moyen de combattre cette tendance c'est d'expérimenter les choses, de répéter souvent ces expériences afin d'arriver, autant que les émotions le permettent, à une juste appréciation. Au commencement du développement de l'esprit humain, la crédulité est trop grande sur certains points, trop faible sur d'autres. L'explication anthropomorphique de la nature est le résultat d'une confiance trop grande en une uniformité particulière ; la doctrine du libre arbitre repose sur une trop faible croyance en les lois fixes de l'activité humaine.

11. — L'expérience sous forme d'attention et de discernement a une grande importance par rapport à la croyance. Lorsque des interruptions viennent froisser notre crédulité primitive, l'expérience vient à notre aide, rectifie les associations que nous avions cru pouvoir former et fixe les séquences en lesquelles nous pouvons avoir foi. L'eau apaise la soif, rafraîchit dans la grande chaleur, croyons-nous pouvoir affirmer ; mais l'eau bouillante ne produit pas cet effet. L'expérience, c'est-à-dire une connaissance meilleure, nous apprend que l'eau rafraîchit tant qu'elle ne dépasse pas certains degrés de température ; et jusqu'à la fin de notre vie nous croyons à l'effet de l'eau qui ne dépasse pas ces dégrés. Nous croyons qu'une apparence visible est toujours tangible jusqu'au moment où nous nous trouvons en face d'un miroir. Nous faisons une exception pour la glace, et nous conservons notre première conviction. Et cependant il n'est pas juste de dire que la connaissance étendue qui nous permet de substituer des séquences certaines à des suppositions hâtives, est la cause ou l'essence de notre

disposition à croire; c'est plutôt ce qui la sauve des chocs, des désappointements qui la détruiraient bientôt.

Beaucoup de croyances primitives étant absolument fausses, tombent d'elles-mêmes sous le poids des contradictions. Nous sommes d'abord aussi disposés à croire en une coïncidence accidentelle qu'à une loi de la nature. Petit à petit nous sommes désillusionnés pour l'une, et notre confiance pour l'autre augmente. Cependant comme cette coïncidence peut être à la fois accidentelle et constante, nous pouvons être entraînés à lier ensemble des choses qui ne le sont pas, pendant que nous doutons d'une uniformité que masquent des circonstances accessoires. Il faut atteindre souvent les plus hauts degrés de la science pour annuler ces méprises. Nous ne lions pas la destinée humaine à la position des planètes; nous voyons que les saisons sont uniformément liées à la rotation de la terre, et aux positions de la lune et du soleil.

Quand d'un côté nous avons remarqué une séquence invariable et de l'autre une absence totale de séquence, nous nous trouvons dans les deux phases extrêmes de la croyance, la foi absolue, la négation absolue. Si notre science était parfaite, si nous avions le don de l'omniscience, ce serait là les deux seules alternatives possibles. Il n'y a qu'un état d'esprit possible en face d'une uniformité ininterrompue, et une autre en face des faits et des phénomènes étrangers les uns aux autres. Mais, à cause de l'imperfection de nos connaissances, nous sommes souvent dans un état d'esprit intermédiaire; nous avons des degrés de confiance, et le même cas ne nous affecte pas toujours également. Un esprit qui aurait le don de l'omniscience saurait laquelle des deux issues possibles d'un combat qui se livre, il peut prédire. Pour toute cette classe de faits qu'on appelle probables les esprits ordinaires ne peuvent atteindre l'état de certitude, de confiance absolue, et tous n'ont pas pour eux le même degré de foi, c'est cette situation qu'il faut prendre comme type d'étude, en cherchant quelles forces autres que la crédulité primitive concourent à la formation de la croyance, et quelles modifications la croyance reçoit de la science.

12.—La théorie de la probabilité telle que l'expose systématiquement la logique, montre quelle doit être l'attitude de l'esprit devant des cas qui ne sont ni absolument certains, ni absolument incertains. Il y a toujours dans ces cas un élément de certitude, c'est le nombre des faits pour ou contre ; l'élément d'incertitude vient de l'impossibilité de prévoir si de nouveaux faits ne viendront pas s'ajouter et faire pencher la balance d'un côté ou d'un autre. Avant de commencer une longue excursion nous regardons d'où vient le vent, nous nous rappelons quel temps il fait depuis quelques jours, quel est le temps ordinaire de la saison dans laquelle nous sommes, et comme résultat de toutes ces considérations nous affirmons que le temps sera presque certainement beau. Nous croyons donc au beau temps jusqu'au moment où quelque changement dans l'atmosphère introduit un nouvel élément, un pronostic de changement de temps qui n'existait pas quand nous avons d'abord formulé un autre jugement. L'esprit le plus réglé est sujet à des changements de croyance, sans qu'il y ait variation dans les circonstances essentielles. Le passage d'un nuage sur le soleil bien que d'accord avec nos calculs et admis comme tel par nous, affaiblit pour un moment notre confiance ; la disparition du nuage suffit pour rendre l'assurance. Nous pouvons avoir prévu une journée avec quelques gouttes de pluie, et cependant douter péniblement de la valeur de notre prédiction si la pluie se met tout de suite à tomber.

Cet exemple montre bien à quelles influences est soumise la croyance. D'autres exemples prouveraient que des choses qui ne sont nullement liées à l'apparence du temps, par exemple, la fatigue, un incident pénible, physique ou mental, peuvent diminuer notre confiance en un beau jour. Les personnes robustes, énergiques, ne demandant qu'à exercer leurs forces, auront au contraire la ferme espérance que tout ira bien.

Si nous considérons les croyances qui ne sont pas absolument certaines comme des compromis entre les deux tendances opposées lesquelles ont chacune leur influence, nous trouverons que toutes les circonstances qui tendent à détruire l'équilibre entre elles, doivent changer notre attitude mentale. Par exemple nous pouvons complètement oublier les cas qui sont des exceptions à une séquence, nous regardons alors la séquence comme invariable ou uniforme, nous croyons et nous agissons en conséquence. D'un autre côté nous pouvons nous souvenir très vivement des cas exceptionnels, et très faiblement de ceux qui constituent la règle; ce qui réduit notre confiance en la règle à une simple expectative, correspondant à une faible probabilité. Nous savons de plus combien nos souvenirs sont diversement composés. Les influences qui président à leur formation sont tantôt purement intellectuelles, tantôt émotionnelles, tantôt volontaires et actives.

Ceci nous conduit à examiner les trois dernières sources de la croyance.

13. — II. — L'expérience présente ou actuelle d'un fait est ce qui fait le plus d'impression sur l'intelligence. Dans toute tentative faite pour diriger la conduite et la croyance de l'homme, il faut toujours tenir grand compte de la puissance absorbante du présent. En allant dans un lieu inconnu pour nous, nous sommes vivement influencés par d'autres et antérieures expériences, bien que nous sachions que bien des circonstances sont temporaires et accidentelles. C'est une des grandes faiblesses intellectuelles de l'homme que de prononcer des jugements généraux sous l'influence, la pression, du moment présent; il faut les casser naturellement lorsque les faits changent. J'ai déjà fait remarquer cette tendance à propos du conflit des motifs, mais elle est avant tout liée à la croyance, car elle a une grande influence sur notre confiance en l'ordre de la nature. Il faut contrebalancer cette influence, en se servant de moyens déjà cités pour arriver à une conduite prudente, c'est-à-dire en donnant une grande persistance et une grande force aux expériences passées dont on se souvient. Quand nous sommes sous l'influence d'une expérience présente qui nous pousse à agir dans une direction, nous ne prenons pas facilement une décision qui implique d'autres expériences opposées lors même que nous les avons déjà faites. Quand tout roule sans bruit, nous ne pouvons croire à l'imminence d'un désastre. Il faut encore tenir compte de l'influence émotionnelle qui est d'une grande importance dans la décision prise entre des manières de voir pleines, soit d'espérance, soit de découragement. Par sa nature même un fait actuel est plus puissant que l'idée d'un fait absent; si bien que même dans un état de tristesse très accentué, nous sommes réjouis par une heureuse réalité. L'actionnaire malheureux voit tout de

suite l'avenir de la Compagnie dont il fait partie, sous un meilleur jour, s'il touche seulement huit pour cent de dividende.

14. — A côté de la réalité d'une expérience, il y a son évocation puissante par les forces intellectuelles. C'est un fait sur lequel je n'aurais plus besoin de revenir, après en avoir tant parlé à propos de l'Association, si j'avais eu occasion de noter les différences de *degré* dans l'intensité du souvenir. Le plus souvent il suffit que l'idée d'un fait soit éveillée; mais ici le contraste qu'il y a entre les représentations plus ou moins vives de la réalité, appelle notre attention. La différence d'intensité devient importante lorsqu'il faut que l'idée lutte contre d'autres idées ou contre la sensation et la réalité. Quand l'esprit est parfaitement libre, on n'a besoin que de la suggestion d'une idée avec son caractère distinctif; mais quand il doit y avoir bataille, tout ce qui ne frappe pas fortement passe inaperçu. Dans de telles circonstances, nous observons la force des liens d'association et nous trouvons que là où il y a une ou plusieurs sensations présentes et puissantes, l'idée qu'elles suggèrent prend une meilleure position, a plus d'influence que celle qui n'est stimulée que par des circonstances idéales ; naturellement il est préférable d'avoir une idée vive plutôt qu'une idée faible. Un homme qui sort le matin de sa chambre et qui ne voit aucun préparatif de déjeûner bien qu'on lui ait promis un repas pour cette heure sent que sa foi est sévèrement éprouvée. Cependant, quand la nappe est mise et que sortent de la cuisine des signes sensibles de préparatifs, l'idée de ce qui va suivre est suffisante pour donner pleine confiance à cet homme. Une annonce verbale produirait à peu près le même effet. Un message est suffisant pour annoncer un fait, mais, quand les messages se succèdent, ce fait prend sur l'esprit de plus en plus de puissance ; nous savons alors ce que c'est qu'une idée qui possède l'attribut applicable surtout aux émotions, la force ou intensité : c'est un effet de causes purement intellectuelles renforcées parfois par l'émotion. L'annonce réitérée de mauvaises nouvelles laisse dans l'esprit des idées qui s'y fixent avec une intensité extraordinaire non seulement à cause de l'émotion qu'elles provoquent, mais encore à cause de la force que possède une réunion d'associations.

La similarité qui éveille avec tant de force le souvenir, contribue aussi à rappeler l'idée et à lui donner le pouvoir de résister aux sensations ou aux autres idées. Les similarités, même métaphoriques peuvent affecter la croyance. Un orage suivi de calme rappelle les vicissitudes de la vie et l'ordre moral des choses ; il influe par là sur la croyance.

Nous savons tous quelle influence momentanée prend sur l'esprit de l'auditeur, l'opinion, le jugement de celui qui parle.

15. — III. — Considérons maintenant l'influence des sentiments et des émotions sur la croyance, comment elle s'exerce suivant les lois de l'esprit, et jusqu'où elle s'étend.

Je dois répéter d'abord qu'il n'est pas question de croyance tant qu'il n'y a pas lutte entre des apparences opposées. Lorsqu'il y a uniformité absolue et constante, nous n'avons besoin de faire appel ni à l'expérience ni aux émotions ; elles peuvent être présentes, mais l'effet serait le même si elles étaient absentes. Mais quand il y a conflit entre les tendances, quand on a expérimenté les contradictions, l'émotion, non moins que l'expérience, a un rôle à remplir. Les sentiments n'ont rien à voir avec le lever du soleil, mais ils peuvent avoir une influence considérable sur notre foi en la beauté ou la laideur du jour, sur notre confiance par conséquence en ce qui est soumis au changement.

Pour commencer par le commencement nous devons remarquer la réciprocité générale des énergies émotionnelles et intellectuelles qui fait que les unes vivent aux dépens des autres. L'intelligence ne réclame qu'une faible partie émotionnelle pour donner de l'intérêt aux exercices intellectuels, mais il la faut très faible ; toute émotion qui arrive à produire l'excitation dépasse la mesure et commence à affaiblir la vigueur intellectuelle. Elle peut avoir aussi pour effet de développer le souvenir de certains faits, aux dépens des autres. A mesure que monte le flot émotionnel, le discernement devient de plus en plus faible ; l'esprit est la proie de la confusion de la pensée et de ses conséquences. La conduite rationnelle, appropriée aux circonstances, repose sur les distinctions les plus délicates ; cette délicatesse de discernement fait défaut à celui qui est soumis à une violente surexcitation émotionnelle. Le passionné Lally Tolendal qui au siècle dernier disputait pour la France l'Inde à l'Angleterre, fit exécuter comme espions six brahmes qu'il rouva dans la pagode de Kiveloor. C'est l'acte d'un esprit enflammé par le soupçon et dès lors incapable de discernement intellectuel. Othello ne pouvait voir dans la conduite de Desdemone de différence entre ce que pouvait inspirer un intérêt amical pour Cassio, et les impulsions de l'amour. L'incapacité de distinguer ou d'identifier les apparences délicates des choses, qu'elle vienne d'une défectuosité naturelle, ou qu'elle soit le résultat d'une grande excitation émotionnelle, a toujours les plus fâcheuses conséquences en général, mais elle n'affecte la croyance que d'une seule manière. En confondant les choses qui diffèrent, en n'identifiant pas celles qui se ressemblent, on ne peut avoir du monde une connaissance exacte, on prend l'erreur pour la vérité, l'ombre pour la réalité, et la croyance en est affectée d'une manière correspondante.

Le manque de discernement est un fait général qui influe sur tous les départements de la pensée. Mais il prend des formes particulières ; ainsi il empêche de distinguer les idées de l'imagination de celles de la mémoire, ce qui est une grande cause d'illusions et de désillusions. Dans certaines circonstances, les idées de l'imagination prennent quelque chose de la vivacité et du détaillé des idées de la mémoire ; un esprit auquel l'émotion enlève la faculté du discernement, peut parfaitement les confondre, ce qu'il ne ferait pas s'il était plus calme.

16. — C'est presque le même fait, bien qu'ayant un aspect différent, que nous retrouvons encore ici ; l'émotion augmente l'intensité de l'idée et contribue à lui donner cette persistance que nous avons déjà décrite comme produite par les forces intellectuelles. C'est bien peu de chose qu'une idée comparée à la réalité qu'elle représente ; et cependant c'est suffisant dans bien des cas. Grâce aux influences émotionnelles l'idée peut avoir une intensité telle, qu'elle se rapproche autant que possible de la réalité ; et qu'elle est même plus forte comme état de conscience présent, que toute autre influence agissant en même temps. Il est possible, en stimulant le système nerveux, d'exciter les courants liés à une idée jusqu'au point qu'ils atteindraient pour la réalité ; nous arrivons là à un cas extrême, celui de l'excitation maladive ou fébrile qui conduit au dérangement, à l'illusion. Une

émotion ordinaire est loin de produire cet effet ; mais elle a aussi son efficacité en faisant de l'idée quelque chose de plus intense qu'un simple et froid souvenir. Cette figure du discours qu'on appelle vision, suppose qu'une émotion donne une vie telle à une scène, à une personne à laquelle on pense, qu'elle semble actuellement présente.

Quand, dans toutes les choses douteuses, il y a des apparences pour et contre une uniformité donnée, si l'émotion se mêle à la question, elle fait pencher la balance d'un côté en donnant à ce côté une force apparente plus grande pour un temps. Ce qu'on appelle ordinairement l'amour du merveilleux et qui n'est que l'émotion idéale du sublime ou du grandiose, dédaigne toutes les apparences qui représentent les choses sous un aspect humble, ; il se manifeste souvent dans la façon de traiter les caractères et les événements historiques.

17. — Dans la pratique on ne peut séparer l'effet de l'émotion qui est de rendre plus intense une idée, de celui des sentiments qui est d'éloigner les idées incompatibles. Les deux procédés mentaux sont différents, mais ils accomplissent leur œuvre ensemble. Lorsqu'un sentiment occupe fortement l'esprit, son objet reste en vue, tous les autres sont repoussés au second plan ou même ignorés. Il y a lutte entre l'excitation émotionnelle et le développement naturel des associations intellectuelles ; les faits, les considérations, les jugements que provoqueraient ces associations sont supprimés, et en leur absence une décision est prise. L'esprit ne déclare pas qu'il croit en un fait bien qu'il en voit devant lui la contradiction, mais aveuglé par une excitation violente et toute dans un sens, il n'aperçoit même pas la contradiction qui, dans d'autres circonstances, serait évidente pour lui. L'émotion agit avec l'intelligence comme le coupable agit avec le témoin qui doit témoigner dans son procès, et qui cache ce qui est contre lui.

18. — Tout ce qui excite les esprits animaux, excite aussi la confiance en l'avenir si incertain. Il est dans la nature de certaines constitutions, de conserver au milieu des vicissitudes et des événements les plus variés, la confiance et la gaieté. Cette heureuse disposition peut être soutenue ou combattue par des causes physiques, et aussi par ce qu'on appelle des causes *morales*, c'est-à-dire par les émotions

mentales : des exemples familiers peuvent être cités à ce propos. Lorsqu'il s'agit de choses dont la certitude est expérimentale ou démonstrative, les fluctuations dans les dispositions mentales sont de peu d'importance ; elles ne confirment ni ne diminuent notre confiance dans la puissance vivifiante du sommeil ou de la nourriture, ou dans l'exactitude des calculs arithmétiques. Mais, à mesure que nous passons de la certitude absolue, à la probabilité, et à l'incertitude complète nous devenons de plus en plus soumis aux causes physiques et morales, qui conservent ou détruisent dans l'esprit l'heureuse disposition qui nous rend confiants et gais. L'homme de beaucoup de science et de beaucoup d'expérience habitué à réfléchir, à manier l'évidence et à se soumettre aux preuves, apporte sa disposition à croire tout ce qui est rationnel, jusque sur le terrain des probabilités ; seulement il demande qu'on fasse ici plus de place pour les sentiments qui dominent par moment, bien qu'il ne puisse jamais estimer exactement quelle sera leur influence. Le soldat en campagne mène une vie animée et joyeuse, et n'est pas troublé par la possibilité d'être bientôt tué. Si, en dépit des périls du champ de bataille il continue à agir en tout point comme s'il devait arriver à l'âge le plus avancé, sa conviction est simplement une qualité de son tempérament, et elle diminuera lorsque sa constitution souffrira de la faim ou de la fatigue, ou que la vue de mourants et de morts le fera trembler de crainte. J'ai déjà cité une heureuse expression de Arthur Helps : « Là où vous ne connaissez plus rien, placez les terreurs » ; mais étant donné un tempérament vif, sanguin, courageux, jeune, joyeux et un peu surexcité, heureux dans ses entreprises, là où l'on ne connait rien, il faut placer les espérances les plus hautes. Là où il n'y a aucune évidence, la surexcitation et la foi en un bien à venir, sont un seul et même fait ; la croyance et l'émotion joyeuse une même chose. En se servant des ressources qui supportent le jeu des émotions heureuses, on peut faire qu'un homme conserve une grande confiance dans un avenir inconnu favorable : mais que l'excitation du système tombe, et l'espérance brillante se changera en abattement et en découragement.

19. — IV. — Nous avons déjà entrevu que la croyance est gouvernée par l'activité. Nous devons faire une distinction entre l'activité spontanée et la volition.

Le principal effet de la spontanéité ou disposition à agir qui n'est pas aussi forte chez tout le monde, et même dans une même personne, à des moments différents, c'est de donner un motif, ou une prédilection qui fait qu'on accepte tout ce qui conduit à l'action. Une personne dans la plénitude de son énergie active s'engage dans la voie qui lui permet de donner libre carrière à la surabondance de sa force; les obstacles à franchir sont un jeu pour elle. Un tempérament énergique est confiant dans le succès de toute entreprise active et n'adopte pas volontiers la tactique d'un Fabius. Un tempérament de cette espèce a le même genre d'influence qu'une émotion extrêmement violente, elle rend la personne sourde aux conseils les plus persuasifs qui contrarient son inclination.

20. — La puissance de la volonté proprement dite est la même que celle des sentiments pris sous un autre aspect. Nous la trouvons surtout dans l'opération simple du plaisir et de la souffrance, libre des caractéristiques émotionnels qui distinguent la peur, la colère, l'amour. Tant que nous cherchons ce que nous aimons et que nous fuyons ce que nous n'aimons pas, notre croyance est soumise au même contrôle que nos plaisirs et nos souffrances. Pour avoir un exemple de la manière dont notre volonté qui représente nos goûts et nos antipathies gouverne notre croyance, il suffit de se rappeler combien nous croyons facilement à l'excellence d'un régime pour lequel nous avons une certaine inclination. Nous avons aussi une tendance très prononcée à croire que ce que nous faisons dans notre propre intérêt est aussi dans l'intérêt des autres, et qu'en le faisant nous accomplissons notre devoir envers eux. La froide poursuite de l'intérêt personnel, compte peut-être pour un tiers de la force de la conviction d'un homme sur ce qui est bien. Le libre-échangiste et le protectionniste n'affectent pas de croire, mais croient réellement que leur intérêt personnel coïncide avec l'intérêt de la nation entière. Les penchants naturels font des hommes de sincères croyants et non pas nécessairement des hypocrites.

De plus la volonté ayant une grande influence sur l'attention, aide à ce choix, à ce jugement contre les circonstances qui fait un côté plus puissant que l'autre dans un conflit. Il est vrai qu'il est presque impossible de faire deux opérations mentales, distinctes de l'œuvre de l'émotion en tant qu'émotion, et de l'œuvre de l'émotion en tant que motif volontaire. Sous ce rapport la seule différence à noter est celle qu'il y a entre les états d'esprit passionnés et la froide estimation des plaisirs et peines ; dans le premier cas il y a ce que nous appelons, une force, une influence émotionnelle, dans le second une force volitionnelle. Dans les cas extrêmes la distinction est facile à faire ; dans les cas ordinaires, l'empire de la croyance n'est pas sensiblement plus fort que celui du motif, plaisir ou souffrance.

Tout ce qui a été dit de la volonté s'applique à cette modification de la volonté qu'on appelle le désir. Nous sommes disposés à croire que nous obtiendrons tout ce que nous désirons vivement ; cette disposition est très forte dans un tempérament sanguin ; on peut neutraliser et détruire son influence en excitant le découragement mental. Nos désirs ambitieux qui ont pour objet notre avenir, notre carrière, sont accompagnés d'une certaine somme de conviction, tant que nous ignorons la réalité des choses. Le désir et le tempérament fournissent à l'aventurier hardi ce qu'il aime à appeler son *étoile*.

21. — Revenons à notre point de départ. La croyance étant considérée comme une crédulité innée, diminuée par les désappointements, il est facile de comprendre comment les émotions et nos dispositions actives peuvent pallier ou exagérer l'effet de ces désappointements sur l'esprit. Par exemple une émotion agréable fait oublier la souffrance que donne l'idée qu'on sera trompé dans son attente ; une disposition mélancolique augmentera au contraire l'impression pénible et lui donnera une efficacité plus grande pour détruire la confiance primitive. Les contradictions glissent légèrement sur un esprit ardent, elles affectent vivement l'esprit plus calme et qui ne se sent pas capable de courir les risques d'une entreprise commencée sans assez de réflexions. Nous pouvons imaginer un esprit qui serait dans le juste milieu, qui estimerait à leur juste valeur les contradictions, et qui ferait des probabilités un calcul aussi exact que possible ; la conviction que produiraient des réflexions aussi sérieuses inspirerait naturellement une conduite rationnelle au plus haut degré. Il faut arriver à cette impartialité, à cette sorte de neutralité pour pouvoir résoudre, même en partie

un problème comme celui-ci : La société progresse-t-elle constamment ou non ?

Nos facultés actives ont aussi leur influence ; le voyageur fatigué ou faible de muscles perd toute foi en son excursion aussitôt que se présentent des obstacles, tandis que son compagnon plus énergique les franchit et se sent comme excité par l'idée qu'il en aura d'autres à vaincre.

Il est inutile de répéter ici les remarques déjà produites à propos de la volonté et du désir.

22. — Toutes ces influences diverses se retrouvent dans nos vues sur le monde, dans nos théories scientifiques, dans nos jugements sur l'évidence. La source la plus intéressante et la moins généralement reconnue de la croyance, c'est ce que nous avons nommé la crédulité primitive ou confiance en la vérité de ce qui n'a pas essuyé de contradictions. On pourrait donner à l'appui de cette opinion bien des exemples frappants. La foi que nous avons en la cause et l'effet c'est-à-dire en l'uniformité de la nature, ne peut-être soumise au contrôle de l'expérience ; car non seulement nous affirmons que chaque effet a une cause, mais encore que tout effet *doit* avoir une cause. De plus, en prenant pour point de départ nos premières expériences d'activité, où nous suivons notre propre volonté, nous affirmons que tout mouvement et toute force a son origine dans l'esprit et qu'elle doit l'y avoir ; c'est-à-dire que notre tendance primitive est aidée, soutenue, pour arriver à cette conclusion, par certaines associations factices sur la dignité supérieure de l'esprit. Le principe de raison suffisante adoptée comme base de preuve scientifique est un exemple curieux de la confiance reposant sur l'absence de contradiction. En parlant de l'authenticité des livres Eudemiens de l'*Éthique* d'Aristote, sir A. Grant remarque : « Il n'y a pas d'argument vraiment décisif pour attribuer ces livres à Aristote, si ce n'est l'habitude de le croire qui vient de ce que cette croyance *n'a jamais été contredite.* » Quand James Mill représentait la croyance comme le produit d'une « association inséparable », il passait à côté de sa véritable source. Lorsque deux choses ont été inséparablement unies dans notre expérience, elles sont définitivement associées et nous croyons que l'une doit suivre l'autre ; mais cette association définitive est la conséquence d'un certain nombre de répétitions, la croyance ne vient que de l'absence de contra-

diction. Dans notre esprit la Diane d'Ephèse est intimement associée à l'épithète de grande, beaucoup plus probablement que dans l'esprit même de ses adorateurs ; cependant ils croyaient en l'assertion qu'impliquait cette épithète, et nous, nous n'y croyons pas. C'est d'après notre crédulité primitive que nous fabriquons nous-mêmes, la mesure, la pierre de touche qui sert à nos semblables pour estimer toutes choses ; nous faisons *de hic et nunc, ubique et semper.* Voilà une croyance bien puissante, mais c'est dans la faiblesse et non dans la force de l'homme qu'elle a sa source. L'homme le plus sage de l'humanité, s'il existe, peut seul en la combattant sans cesse, arriver à la déraciner. Les sentiments, excepté peut-être l'amour de l'aisance et l'orgueil, ont peu de rapports avec cette croyance.

23. — Les émotions et l'intérêt personnel exercent une grande influence sur la confiance avec laquelle nous recevons les doctrines particulières qui manquent de certitude démonstrative ; cette influence s'exerce à côté de celle de notre crédulité primitive qui nous fait avant tout croire à ce qui a été souvent répété et rarement contredit. Dans l'*Idola* de Bacon l'influence émotionnelle est évidente.

La prédilection excessive que nous avons pour l'unité et la simplicité, a inspiré bien des théories philosophiques, et cela pour deux raisons : d'abord parce que l'idée de faire partout prévaloir une seule règle, une seule idée, s'accorde bien avec notre crédulité primitive, puis parce qu'elle nous évite une fatigue intellectuelle.

Ce sont les sentiments qui nous entraînent à concevoir du monde, un idéal sublime et à croire à sa réalisation. Personne n'accepte volontiers une évaluation basse et étroite des choses. L'humanité se laisse facilement éblouir par les promesses brillantes. Nous acceptons immédiatement tout ce qui semble nous donner une chance d'améliorer notre condition ; les esprits que n'a pas fortifiés une solide connaissance de la réalité des choses doivent nécessairement devenir à un moment ou à un autre les victimes d'entreprises séduisantes mais aussi décevantes.

La crédulité primitive unie à la faiblesse intellectuelle, à l'amour des aises, et le désir de voir les choses s'améliorer, sont peut-être les deux tendances qui pervertissent le plus profondément nos vues sur le monde. Ces influences se ren contrent partout et toujours. Les autres émotions sociales ou personnelles, l'amour, l'admiration, la vénération, la haine, l'antipathie, l'ambition, la vanité, l'amour-propre ont leur influence qu'on distingue à première vue.

La crainte a un grand empire sur la foi, mais non pas en tant que motif primaire, comme l'amour ou l'intérêt personnel. C'est une influence qui ajoute au poids de tout ce qui nous attriste ou abat nos énergies, qui augmente un mal commencé soit par la souffrance, les privations, ou les chagrins ; qui affaiblit nos énergies mentales, détruit notre confiance dans le bien et augmente notre croyance au mal.

24. — La croyance au surnaturel est, semble-t-il, la plus inexplicable de toutes. Nous pouvons assez naturellement supposer que la faible intelligence des races inférieures est étroite et prosaïque, qu'elle doit se révolter contre l'idée d'un dieu fleuve, ou d'un être invisible. Comment est-on arrivé à confondre le souffle du vent avec le retour d'un homme mort ? Le fait évident d'où l'on part est celui-ci : un homme meurt, c'est-à-dire qu'il perd sa puissance corporelle, la faculté de boire, de manger, et est soumis à la décomposition, et à la putréfaction désagréable. Cependant on met dans sa tombe de la nourriture et des armes en croyant qu'il en fera usage parce qu'il peut encore manifester une force active. Que quelqu'un énonce subitement une telle notion et on le traitera de fou, on l'enfermera comme tel, et cela dans une société dont la civilisation sera aussi peu développée que possible. Et cependant toutes les races humaines, même celles qui sont douées d'une imagination ordinaire, entretiennent de semblables croyances. Ces croyances ne se sont pas formées subitement, elles se sont au contraire développées et constituées très lentement : on peut appliquer à chacune d'elles les lois du développement de la croyance. D'après l'expérience que nous avons des progrès de l'humanité et qui nous prouve que chaque pas en avant est ordinairement dû à un homme d'une culture mentale supérieure, nous pouvons supposer que chaque pas fait vers le surnaturel était dû à des esprits plus accessibles que d'autres à l'illusion, mais qui cependant ne présentaient pas aux autres hommes une somme de rêverie plus grande que ce qu'ils pouvaient accepter. De plus il fallait qu'il existât un point de départ adéquat, point de départ que l'on regarde aujourd'hui

comme la source de la conception de l'esprit *(spirit)*, et qui est le rêve. Quelque irrationnel que cela semble d'attribuer une âme au monde inanimé, on dirait que l'esprit de l'homme a été conduit pas à pas jusqu'à cette croyance en passant par toutes les interprétations presque inévitables des rêves.

25. — Les cas ordinaires d'illusion sont accompagnés d'un trouble extraordinaire dans l'équilibre mental, puisque une suggestion y domine par absence de tout contrepoids. Nous avons déjà vu comment une idée peut s'élever à la force de la sensation réelle, comment dans un conflit on peut faire triompher une opinion en tenant l'opinion contraire dans l'obscurité. La folie, le somnambulisme, le mesmérisme sont des modes anormaux d'un fait si ordinaire qu'il nous semble tout naturel, le rêve.

26. — L'espérance est le nom bien connu par lequel on désigne la foi en quelque événement futur heureux. Nous pensons à tout ce qui nous donne un plaisir intense, et si l'idée seule de ce plaisir ne nous satisfait pas, nous désirons la réalité. Il se peut qu'il n'y ait encore là rien qui ressemble à une croyance. Mais quand un événement heureux place l'objet de notre désir à notre portée de telle sorte que nous n'avons qu'à faire un effort ou à attendre un certain temps, pour l'atteindre, nous commençons à croire. Nous accomplissons l'effort nécessaire avec la même ardeur que nous mettrions à accomplir un acte volontaire fait en vue d'une fin immédiatement réalisée, et nous jouissons par avance du succès de nos efforts. Le rude travailleur qui ne voit même pas quand son labeur finira, éprouve une joie accidentelle à l'idée seule qu'il aura un jour de congé. Il peut désirer sa libération, en jouir en imagination et se raconter à lui-même tout ce qu'il ferait s'il était réellement libre. Mais qu'une personne autorisée lui dise qu'il aura sa liberté quand il aura accompli une certaine tâche, vous le verrez croire à cette parole et se mettre au travail avec l'ardeur d'un homme qui gagne à chaque instant une partie de sa récompense future. Dites-lui simplement qu'il sera libre tel jour, et il concevra immédiatement la radieuse image idéale de la réalité et il lui semblera qu'il commence à réaliser ce qu'il vient de concevoir. Qu'au lieu d'une promesse sérieuse on lui fasse entrevoir qu'il a quelques chances d'être libéré, il fera moins d'efforts et n'arrivera pas à la jouissance anticipée de la réalité.

L'excitation mentale produite par l'espérance nous donne sa valeur en tant que croyance ; c'est un agent de plaisir et rien de plus. Toute cause de plaisir augmente, concurremment à l'espérance, l'émotion heureuse. Nous pouvons dire alors que notre conviction a été renforcée, et dans un certain sens, cela est vrai ; mais en réalité c'est notre plaisir qui s'est accru. Le seul effet que l'on puisse tirer de l'espérance proprement dite, c'est d'aider à l'œuvre d'autres sources de croyance, par exemple aux sources intellectuelles, en suscitant la répétition de faits, en rendant plus sensibles aux arguments pour ou contre un cas. Un renseignement purement intellectuel peut avoir, en affectant la croyance, les plus grandes conséquences émotionnelles. Quand éclate une maladie épidémique, les preuves que cette maladie est oui ou non contagieuse, peuvent rassurer un esprit habitué à l'évidence scientifique ; elles ont ce genre d'influence qui les rend bien différentes de ces influences accidentelles qui stimulent ou abattent les esprits.

27 — Le contraire de l'espérance est non la crainte, mais le découragement, le désespoir. C'est là encore une croyance, mais s'appliquant aux malheurs à venir. Il est pénible de penser aux malheurs ; la souffrance correspond à l'intensité de l'idée qu'on s'en fait. C'est une loi déjà connue de l'émotion idéale. Quand nous voyons une calamité certaine arriver sur nous, sa représentation idéale prend un nouveau caractère ; la souffrance produite devient beaucoup plus intense et elle peut ou non être accompagnée de l'émotion, de la crainte proprement dite. Dans ce cas l'incertitude serait un soulagement ; la souffrance dépend alors beaucoup des causes étrangères, extérieures. On peut dire que toute influence réconfortante diminue la force de la conviction parce qu'elle allège la souffrance. Mais il y a une influence bien plus puissante, c'est celle qu'aurait un raisonnement fondé sur des faits qui prouveraient que la calamité en perspective ne peut ou ne doit pas nous atteindre. Un plaideur envisage tristement la perte de son procès ; et cependant sa conviction varie dans la même journée à mesure qu'elle est soumise à différentes influences. La découverte d'un document ou d'un témoin favorable, change brusquement l'état de sa croyance, en dehors de toute cause émotionnelle, et disperse en un moment toutes ses appréhensions.

Bain. — Émotions et Volonté 33

28. — La *Foi*, au sens religieux du mot, a surtout une source émotionnelle; et en réalité on la chérit elle-même comme une émotion consolante et réconfortante. L'expérience directe n'a que peu de chose à voir avec cette émotion d'essence spirituelle. Le témoignage de nos semblables, leur adhérence à une croyance, peuvent être assez influents pour provoquer la confiance en une déité présente, souveraine, bonne, et en une existence future pleine de bénédictions. Néanmoins pour qu'une semblable conviction soit ferme, il faut toujours cultiver les affections et les sentiments forts. Jérémie Taylor a dit : « Croyez et vous aimerez », il aurait mieux fait de dire : « Aimez et vous croirez, » ou plutôt « *Apprenez* à aimer et vous apprendrez à croire. » On ne peut donc, comme on l'a cru parfois, communiquer aux esprits la vérité religieuse par un moyen intellectuel, une exposition verbale, ou une démonstration théologique. Puisque la foi est une affaire de sentiments, il faut chercher une méthode pour augmenter leur intensité. Nous pouvons cependant rencontrer un homme habitué aux raisonnements métaphysiques et autres, qui soit profondément convaincu de la véracité de ses conclusions au point de vue intellectuel. Sans doute Thomas d'Aquin, Calvin, Butler tiraient une grande consolation et une grande aide de leurs convictions intellectuelles, en dehors de leur culture émotionnelle qui était probablement inférieure à celle de beaucoup de chrétiens qui ne peuvent rendre compte de la foi qui est en eux.

La croyance peut aussi s'appliquer ici au mauvais côté des choses ; on voit alors par avance se réaliser les menaces de malheurs futurs. En général lorsque l'on parle de la foi on pense au côté consolant de la religion. Mais le contraire arrive parfois, et cette croyance menaçante jette dans l'esprit une tristesse profonde.

29. — On peut à propos de la croyance en la mémoire se lancer dans les plus grandes subtilités métaphysiques. Comment distinguons-nous entre une idée qui représente un fait, une actualité passée, et une idée conçue par notre imagination, ne répondant par conséquent à aucun fait? Je crois que j'ai été à Saint-Paul ; je puis imaginer que je suis à Saint-Pierre mais je n'y crois pas.

A propos de la nouvelle édition de l'*Analyse* de James Mill, j'ai suivi de très près l'explication que donne l'auteur de cette distinction et je m'y tiens. D'un autre côté John Stuart Mill affirme que la différence entre la mémoire et l'imagination est inexplicable.

Il y a trois choses que l'esprit dans un état normal, distingue toujours : la sensation, l'idée de ce qui a été sensation ou actualité, et l'idée de ce qui n'a jamais été sensation, qui est donc artificielle bien que construite avec des sensations. Il faut être arrivé à un degré extraordinaire d'excitation pour confondre la sensation avec son idée ou souvenir ; mais on confond encore assez souvent la seconde chose avec la troisième. Les différences entre la sensation et l'idée sont, je crois, assez nombreuses et assez fortes ; j'y reviendrai avec plus de détails dans mon dernier chapitre *(Conscience)*. Mais J. S. Mill pense, que parfois nous sentons que la sensation et l'idée sont distinctes et cela en dehors de toutes ces différences assignables ; ce sentiment peut même servir de point de départ pour assigner ces différences. Il avait sans doute découvert le défaut de la théorie de son père qui définit la sensation par ses relations avec d'autres sensations.

Il me semble pourtant qu'en tenant compte de toutes les différences qu'il y a entre la sensation et l'idée on arrive à un total tel qu'il est tout à fait inutile de faire appel comme John Stuart Mill à un résidu inexplicable. Je dirai même que si ces différences font défaut dans un cas quelconque, il est impossible de ne pas confondre les deux choses ; enfin lorsque ces différences sont présentes elles sont tellement évidentes que rien ne pourrait les accentuer sensiblement. Le nombre et l'intensité des contrastes qui existent entre la sensation et l'idée constituent la grande différence de l'objet et du sujet, différence la plus profonde que connaisse l'intelligence humaine.

La différence qui existe entre l'idée d'une sensation passée et l'idée qui ne représente aucune sensation, entre la mémoire et l'imagination est beaucoup plus petite et par conséquent beaucoup plus délicate à faire. S'il y a aussi ici une distinction inexplicable suprême, elle ne s'affirme pas toujours d'elle-même, car il nous arrive, assez souvent, de confondre les deux genres d'idée. La remarque, que j'ai faite à propos de ce sens moral inné dont la voix est trop faible pour se faire entendre au moment où cela serait le plus nécessaire, est encore applicable ici ; car en l'absence des différences explicables entre le souvenir et l'idée imaginaire la différence inexplicable ne s'affirme jamais.

La principale distinction entre la mémoire et l'imagination vient de la *position* de leurs idées respectives. Les idées de la mémoire ont une place dans la chaîne continue de nos souvenirs ; les idées de l'imagination ne correspondent à aucun anneau de cette chaîne, ou plutôt elles sont la combinaison consciente de différentes idées de la mémoire prises à la place qu'elles occupaient et réunies par un motif spécial.

La continuité ininterrompue de notre vie mentale unit le passé et le présent dans une séquence que nous appelons l'ordre dans le temps. Les événements qui se sont passés hier restent dans l'esprit comme une réalité passée liée à la réalité présente. Notre vie est faite d'expériences présentes qui deviennent sans cesse des expériences passées ; dans cet état elles revêtent certaines dissemblances avec le présent tout en conservant avec lui un grand nombre de points de ressemblance. Ces expériences perpétuées par la mémoire prennent le caractère d'états de souvenir ; nous savons ce que c'est que le souvenir d'un événement récent, nous savons quels changements subit ce souvenir à mesure que la réalité recule dans le passé. Nous connaissons bien les particularités de notre vie passée, en tant que souvenirs ; ces particularités occupent une position dans l'ordre du temps comme elles en occupent une dans la plénitude de l'expérience concrète. A moins que la mémoire faiblisse au point qu'on puisse confondre ses idées avec celles de l'imagination, une scène, un événement dont on se souvient a sa place dans la chronologie de notre vie, avec un grand nombre d'autres souvenirs associés et collatéraux. J'ai été à Saint-Paul de Londres : voilà un fait qui a sa place ou sa date dans mon histoire personnelle telle que je me la rappelle ; il est de plus associé avec le plan concret de l'intérieur de Londres. Mais l'idée, quelque exacte qu'elle puisse être, que mon imagination se forme de l'intérieur de Saint-Pierre, ne trouve pas sa place dans mon histoire ; cette conception péniblement formée, de mon imagination n'est pas accompagnée d'associations locales environnantes. Je ne ferai pas une différence essentielle et primaire, de la vivacité et de l'aisance des idées de la mémoire ; c'est un fait pourtant observable dans les circonstances ordinaires, mais dans certains cas extraordinaires, c'est le contraire de ce fait qui arrive.

Quand, par suite de l'âge ou de la maladie, la mémoire du passé faiblit, et réduit le souvenir le plus vif à des lueurs fugitives, rien ne peut plus nous empêcher de confondre l'imagination et la mémoire. Les hommes âgés affirment souvent qu'ils ont expérimenté des faits qu'ils n'ont qu'imaginés (1). Une fois les chaînes du souvenir brisées, il n'y a pas de vertu secrète et inexplicable dans la mémoire qui puisse nous sauver des erreurs de l'illusion, et nous permettre de rétablir le lien brisé entre les souvenirs.

30. — M. Sully dans son volume d'*Essais psychologiques* a fait une remarquable étude sur la croyance ; il croit que le passage si délicat de la sensation à l'idée explique la nature de l'état d'esprit qu'on appelle croyance. Il y a, dit-il, dans la croyance « une reproduction d'une sensation passée par le moyen d'une idée présente que l'on sent semblable à cette sensation », en d'autres termes, une idée (de la mémoire) grâce à une efficacité innée, nous rapporte à une sensation passée. « L'idée présente distinguée de la sensation absente, nous donne la conviction que cette sensation absente a été présente autrefois » ; il y a dans l'idée quelque chose qui la rend différente de la sensation, mais cependant la ressemblance et la différence combinées désignent une sensation comme origine ou antécédent de l'idée. « Une idée présente porte la marque de son origine » parce qu'on retrouve une certaine similarité au milieu d'une diversité admise : une idée de l'imagination n'a pas la même ressemblance au milieu de la dissemblance qu'une idée de la mémoire. De plus, « une idée présente a une tendance inhérente à se rapprocher du caractère et de l'intensité de la sensation dont elle sort », c'est une question de force des centres nerveux et d'absence d'autres actualités. « On prend souvent des idées très vives pour des impressions réelles », pourvu toutefois qu'elles puissent augmenter d'intensité et qu'on ne les compare pas avec des impressions réelles. « L'idée lutte

---

(1) Un des hommes les plus distingués d'une génération précédente, et qui avait atteint un grand âge, déclarait positivement qu'il avait vu Mirabeau à Londres, bien que tous les faits connus de la vie de Mirabeau fussent contre son témoignage.

pour simuler les formes de la sensation, mais ses efforts sont toujours déjoués par la conscience de la différence » ; — on imagine un compromis, on regarde l'idée comme n'étant pas actuellement réelle, mais comme l'ayant été ou pouvant le devenir. On prend bien des idées vives pour des impressions réelles ; quelques-unes de ces idées présagent une réalité proche ou s'approchant ; tout ce qui augmente la force d'une idée exprimant quelque événement futur augmente notre croyance, notre attente pour cet événement ; la vue de la nourriture renforce singulièrement la promesse que notre faim sera bientôt satisfaite.

M. Sully, avance, contre l'opinion que je viens de formuler, que la croyance est simplement un incident de notre activité spontanée et volontaire ; il produit des arguments que je crois être de véritables objections à la manière d'envisager le cas. La pure spontanéité peut être ou non accompagnée de croyance ; il peut y avoir une disposition à croire ou à espérer dans des moments de repos pur, bien que M. Sully admette que l'activité spontanée et volontaire caractérise la force de notre croyance.

En ramenant notre croyance à notre activité, j'ai toujours tenu compte de l'influence de ce genre que j'ai appelé notre crédulité primitive. La croyance est une disposition primitive à avoir confiance en une séquence qui s'est produite une fois et à en attendre le même résultat. C'est donc un incident dans notre constitution *intellectuelle* ; puisque par la croyance nous acceptons d'abord une forme sous laquelle se manifeste l'ordre du monde, et nous prévoyons son retour jusqu'au jour où notre conviction est contredite. La conception intellectuelle de la séquence expérimentée, implique la supposition que le passé se reproduira dans le futur. Nous pouvons, si cela nous convient, appeler cela une impuissance de pensée ; car il n'y a pas moyen d'agir et de penser autrement, si rien d'étranger n'intervient. Ce n'est ni l'activité, ni l'émotion qui expliquent complètement la croyance, mais elles y aident.

Cette manière de voir n'est pas incompatible avec celle de M. Sully ; en réalité il la sous-entend sans l'exprimer. Dans le cours de son exposition, il appuie sur les causes qui modifient la force de nos idées jusqu'au point de les rendre influentes sur notre conviction. Il présente à ce propos une série d'exemples instructifs qui montrent combien la croyance est affectée par les associations intellectuelles, les émotions et les activités. Il arrive ainsi à expliquer les croyances illusoires qui viennent de l'oubli de la distinction entre les idées et les sensations.

Je ne crois pas que la théorie de M. Sully mette assez en évidence cette circonstance, que la croyance implique avant tout *séquences de la nature* ou ordre dans la nature. Le point sur lequel il appuie le plus est celui-ci : une idée présente (de la mémoire) a été une sensation. Cela est vrai, mais ce n'est qu'une partie de la vérité. Il serait plus exact de définir cette sensation une séquence. J'ai en ce moment, *l'idée* que l'eau appaiserait ma soif ; je dis alors que cette idée vient d'une *sensation* ou de plusieurs sensations répétées faites de cette *séquence* : l'état qu'on appelle soif et son soulagement par l'eau. Il est très important de savoir si oui ou non une idée nous ramène à une sensation ; car si cela n'était pas, nous devrions envisager d'une façon toute différente notre croyance en l'avenir ; mais il n'y a pas de cas où la croyance ne s'appuie pas sur une idée née d'une sensation qui implique séquence. A mesure que M. Sully avance dans son exposition, il trouve nécessairement que l'ordre de la nature est corrélatif à la croyance, et il appuie sur la distinction à faire entre le souvenir du passé, l'anticipation du futur, et la mémoire sans anticipation. Il rencontre naturellement la seule explication possible de ces différences dans les contradictions et les désappointements.

Je ne puis trop recommander à tous ceux qui s'occupent de cette question la lecture de l'essai de M. Sully ; il intéressera tous ceux qui, poussés par des motifs théoriques ou pratiques, étudient l'origine et le développement de nos croyances.

CHAPITRE XIII

CONSCIENCE

1. — J'ai réservé pour la fin de ce volume la discussion de ce tout qu'on appelle la conscience, parce que je suis persuadé que cette discussion est très délicate, et qu'elle nécessite comme préparation une étude complète des phénomènes de l'esprit. J'ai supposé dans le cours de cet ouvrage, qu'on avait accepté une définition provisoire, parce qu'il aurait été inopportun d'entrer alors dans tous les problèmes délicats liés à la question.

Étudions d'abord rapidement les différentes acceptions du mot conscience dans la conversation courante. Une définition scientifique ne doit pas être arrêtée, contrôlée par un usage non-scientifique ; cependant il faut tenir compte des significations qui ont prévalu, s'en rapprocher autant que possible, afin d'être clair. Il faut que nous rendions ces significations précises là où cela se peut ; et que nous adoptions une nouvelle phraséologie, là où ce n'est pas possible.

Premièrement. — Un esprit est conscient lorsqu'il est *éveillé*, vivant ; le rêve, le sommeil, l'évanouissement, la stupeur, l'anesthésie, la mort sont des états où nous ne sommes plus conscients ; lorsqu'il y a absence de toute énergie mentale, il y a inconscience. En revenant à la vie, c'est-à-dire à la sensation, à l'émotion, à la pensée, à l'activité volontaire, nous redevenons conscients. Le terme conscience signifie donc l'ensemble des fonctions de l'esprit (1).

---

(1) « On se rend parfois mieux compte de la signification d'un mot par son contraire. *Inconscience,* c'est à dire manque ou absence de *conscience*

Deuxièmement. — On regarde nos sentiments de *plaisir* et de *souffrance* comme des modes de conscience. Si nous sommes inconscients il y a négation complète de l'un ou de l'autre état. Il y a quelques opérations vraiment mentales que nous accomplissons sans qu'on puisse dire que nous en ayons conscience ; mais en tout cas l'inconscience exclut souffrance ou plaisir. La souffrance est peut-être la manifestation la plus intense de la conscience. Les différences du degré dans le plaisir ou la souffrance indiquent aussi des degrés de sentiment (ce que l'on sent, *feeling*) ou de conscience.

Quand nous sommes très *excités*, sans pour cela que nous ressentions une souffrance ou un plaisir, on peut dire que nous sommes éminemment conscients. L'énergie mentale est alors fortement surexcitée pour un temps. En face d'un travail quelconque, d'un spectacle scénique, je suis ennuyé, indifférent, endormi, tandis qu'une autre personne est animée, excitée ; on dira que je suis à peine conscient, à moitié endormi ; et que l'autre personne est extraordinairement vive, consciente.

Les significations que je viens de donner — plaisir, souffrance, excitation en général — correspondent à la division mentale du sentiment *(feeling)*.

Troisièmement. — On caractérise souvent l'attention, l'observation, du nom de conscience ; en ce sens une personne consciente est le contraire de la personne qui est assise à côté de l'horloge et qui ne l'entend pas sonner l'heure. Je regarde ces objets qui sont dans une chambre mais il arrive ensuite que je ne me souviens pas de plusieurs choses qui ont dû cependant frapper ma rétine. Ce sont des cas d'inconscience qui s'expliquent mieux lorsqu'on les considère eux et leurs contraires. En parlant des sens spéciaux nous pouvons dire que nous entendons ou que nous n'entendons

---

implique suspension de toutes nos facultés. Nous sommes donc conscients quand toutes nos facultés sont en activité. La conscience est la condition de toute opération mentale. » — *Vocabulaire de philosophie*, du professeur Fléming article *Conscience*. La conclusion de cette définition n'est pas en harmonie avec ce qui précède. Nous ne pouvons en réalité décrire comme condition ou accompagnement d'une chose ce qui est la chose elle-même, conçue et nommée sous sa forme la plus haute et la plus générale.

pas, que nous voyons ou que nous ne voyons pas, etc., et que nous ne percevons pas l'effet ou l'objet en cause.

Quatrièmement. — On dit encore que nous remarquons une *différence* ou une *ressemblance*, que nous avons conscience d'une différence entre deux teintes, deux sons, deux personnes, etc., de même nous pouvons ne pas avoir conscience d'une ressemblance, de la similarité de deux choses pareilles. On peut encore exprimer ce fait en disant qu'on ne sent pas, qu'on ne perçoit pas une différence ou une ressemblance, qu'elle ne nous frappe pas.

On exprime encore par ce terme une augmentation, une amélioration de notre connaissance sur un point quelconque. Quelqu'un nous raconte qu'il se souvient d'avoir eu des périodes d'abattement physique et mental dont il ne connaissait pas la cause ; il découvre ensuite que cet effet était dû au vent d'est.

Cinquièmement. — Dans une vie *passive* contemplative, indolente, opposée à une vie active ayant pour but un objet extérieur et tangible, on a conscience de ce qui se passe en soi. — J'ai déjà eu l'occasion de remarquer que l'attitude objective suspend ou arrête jusqu'à un certain point les courants du sentiment et de la pensée, qu'elle donne donc une tendance à l'anesthésie. En l'absence de tout but d'action l'esprit devient la proie d'une sorte d'activité intérieure et reste étranger aux sensations ou actualités.

Sixièmement. — La conscience est le contraire de la pensée *latente*, des actions qui par l'habitude sont devenues aussi machinales que les actions réflexes. Une intelligence rapide, qui n'a pas l'habitude de noter la succession de ses propres pensées, atteint les résultats les plus lointains sans pouvoir reproduire les degrés intermédiaires par lesquels il a dû passer. On attribue une semblable disposition à Newton ; dans ses démonstrations du *principia* il laissait de grandes lacunes que devait combler l'esprit du lecteur. On ne sait pas s'il aurait pu lui-même les combler sans faire de grands efforts d'intelligence. Lorsqu'on atteint ce dernier degré de l'habitude où l'on peut s'occuper de ses membres pendant que l'esprit voyage ailleurs, on dit que cette occupation est presque si elle n'est pas complètement inconsciente. En tout cas il y a une bien grande différence entre la situation où se trouve le commençant qui doit appliquer toute son intelligence à l'accomplissement de sa tâche, et l'ouvrier expérimenté dont l'esprit reste entièrement libre, entièrement indépendant. On peut dire que dans le premier cas il y a conscience et intensité de conscience, et que dans le second il y a inconscience presque complète. Comparez les premiers essais de l'enfant pour faire une addition et la manière de faire d'un comptable expérimenté.

Septièmement. — Un homme agit spontanément, poussé par une *impulsion irréfléchie* ; un autre n'agit qu'après avoir considéré quels moyens il emploiera et quelles conséquences s'ensuivront. On explique cette différence de conduite par un degré différent de conscience. Si je tire un coup de fusil au hasard, mon action appartient à la catégorie des actes presque inconscients : si j'ai un but devant les yeux et que je le considère avec attention, dans le but de l'atteindre, on peut dire que je suis d'un degré plus conscient. Si, en plus de cette attention, j'ai présentes à l'esprit les règles qui doivent diriger mon attitude, la manière de tenir mon fusil, si je m'observe dans mes mouvements, je suis le plus conscient que je puisse être. Il y a des écrivains qui louent les actions que l'on fait sans penser à un modèle, à un type ; si on y pensait, ils diraient avec une intention de reproche, que ces actions sont « trop conscientes. » — Il est clair qu'il vaut mieux faire une chose sans se charger l'esprit de considérations et de règles ; la question est de savoir ce qui est nécessaire pour que la chose soit bien faite. Ordinairement on commence par imiter quelqu'un, et l'on finit par agir sans penser à un modèle ; stigmatiser un retour à la première manière d'agir parce qu'elle est très consciente, c'est tout simplement absurde.

Il y a un autre cas où la conscience est un élément perturbateur pour l'esprit. Quand on accomplit une opération très délicate, qui nécessite l'emploi de toutes les facultés, toute excitation étrangère pourrait être funeste. Il n'y a ici qu'à empêcher toute pression nerveuse d'arriver aux organes occupés. Lorsque nous traversons un abime sur une planche étroite, il vaut mieux regarder au but et ne pas penser à nos pas : ceux-ci seront plus assurés si nous nous confions en nos habitudes antérieures.

Huitièmement. — On désigne par le nom de conscience l'*examen personnel* qu'on fait de ses motifs, de ses actes bons ou mauvais. Non seulement on agit, mais encore on étudie ses propres actions et motifs, on les compare avec d'autres actions, on les juge en s'appuyant sur un principe, une règle. Nous approchons de plus en plus de l'acception spéciale du mot, qui signifie étude du moi par l'esprit.

Neuvièmement. — Nous avons encore conscience des émotions qui ont le *moi* pour objet ; nous cherchons à savoir ce qu'on pense de nous, nous désirons qu'on nous loue ; en accomplissant une action nous sommes persuadés de notre mérite, de notre valeur ; on sent que nous avons conscience de nous-mêmes.

Dixièmement. — Les trois derniers paragraphes me conduisent à une définition qui a été adoptée par beaucoup d'écrivains. Je cite Dugald Stewart : « Ce mot désigne la *connaissance immédiate* qu'a l'esprit de ses émotions, de ses pensées, et en général de toutes ses opérations actuelles. » (Voyez le *Dictionnaire de philosophie* de Fleming pour d'autres définitions du même genre.) L'étude de l'esprit humain serait d'après cela une affaire de conscience, tandis que l'étude du monde extérieur n'impliquerait pas la même condition.

Onzièmement. — On dit que certaines de nos croyances, celles qu'on appelle *intuitives*, sont fondées sur notre conscience. C'est encore donner une définition particulière de la science de l'esprit humain et des théories métaphysiques qui y sont mêlées. Cependant cette définition est d'un degré en progrès sur la définition précédente ; car la simple connaissance de nos opérations mentales ne renferme pas la connaissance qu'impliquent ces jugements intuitifs. Quand Stewart disait : « Les changements que je perçois dans l'univers me donnent la conviction que quelque cause doit les produire, il y a là un jugement intuitif impliquant la simple idée de *causation*. » Il désignait quelque chose qui dépasse la simple étude des opérations mentales. Il est impossible, quelque attention que nous apportions à l'étude des phénomènes de notre esprit, que nous y trouvions une information quelconque sur l'ordre des événements qui se passent dans ce qu'on appelle le monde externe. Tout ce que nous pouvons espérer, c'est d'arriver à une connaissance profonde de notre vie mentale. C'était donc affirmer quelque chose de nouveau que de dire que la conscience renferme un jugement comme celui cité.

Douzièmement. — Après ce que je viens de dire, on comprend facilement qu'on ait attaché le sens de *croyance* en général au mot conscience. La phrase : « Avoir conscience de ceci ou de cela » renferme une forte affirmation. Il est naturel, instinctif, de croire à un certain nombre de choses que nous avons à peine expérimentées. La foi est donc un attribut important de notre activité mentale. Nous sommes presque dans l'impossibilité de sentir ou d'agir sans que la croyance intervienne, sans que nous supposions la réalité. Nous croyons d'abord, nous expérimentons ensuite. Loin de nier que les jugements intuitifs soient des émanations originales et spontanées de l'esprit, je crois au contraire que l'esprit les engendre avec une grande profusion ; je leur refuse seulement l'autorité, la certitude, qu'a seule l'évidence positive.

Treizièmement. — Enfin c'est souvent la *mémoire* qu'on veut désigner par le terme en cause. Nous disons que nous ne nous souvenons pas d'une chose, que nous n'avons pas conscience du moment où elle est arrivée. La liaison entre les deux termes est explicable, car, pour conserver une impression fidèle d'un objet, il faut que la première impression soit nettement consciente ou qu'elle tienne une place dans l'esprit pendant un certain temps. Si je n'entends pas un son qui tombe dans mon oreille il est naturel que je n'en conserve aucune idée. Ce dont je me rappelle, c'est ce qui m'a frappé fortement l'esprit sur le moment, m'a rendu sourd pour un temps à toute autre impression.

2. — Voilà une énumération assez complète des significations attachées au mot conscience. Elles ont toutes une tendance commune. Néanmoins nous pouvons les classer en groupes distincts, suivant qu'elles appartiennent aux différentes classes évidemment sorties de la signification primitive.

1. — La signification que nous avons donnée la première, renferme une idée capitale ; les autres définitions jusqu'à la septième et en en exceptant la cinquième ne sont que des nuances ou des ramifications de la première. La conscience est identique à la vie mentale et à ses énergies diverses, distinctes des autres fonctions organiques ; elle est opposée

à la condition du sommeil, de l'insensibilité. Tout ce qui rend l'activité mentale plus intense (sentiments de plaisir ou de souffrance, intérêt pris dans un sujet, surexcitation de l'imagination) augmente la conscience ; ce qui affaiblit l'activité ou l'annule, produit l'inconscience. Quand nous écoutons, que nous sommes dans un état contraire à celui qu'on appelle inattention, nos facultés mentales sont plus activement exercées. Dans sa signification particulière, lorsqu'il signifie attention donnée à des règles, des exemples, par opposition à l'impulsion irréfléchie, le mot désigne encore quelque chose qui se rapporte au cas précédent ; ici encore il y a accroissement d'activité mentale ; plus je réfléchis avant d'accomplir une action, plus on peut dire que je suis conscient. Mon esprit est éveillé à des considérations très diverses ; il est plus impressionné par les circonstances environnantes, il conservera un souvenir plus vif de l'acte accompli. La conscience et la vie mentale sont donc unies de telle façon que lorsque la vie mentale devient plus intense, la conscience augmente.

II. — Plusieurs définitions (5, 8, 9, 10) ont rapport à l'étude de l'esprit par lui-même, formant contraste avec l'étude du monde extérieur par l'esprit. Il n'est pas difficile d'expliquer comment ces définitions sont liées à la principale. J'ai déjà eu l'occasion de faire remarquer le caractère anesthésique de l'attention objective. Lorsque cette attention se relâche, le sentiment (*feeling*) et les autres états de l'*ego* atteignent leur plein développement. Le plaisir et la souffrance même, sont moins sensibles pendant qu'on donne au monde objectif une attention intense. Un problème délicat se pose aussitôt : sommes-nous conscients à un degré quelconque quand nous sommes uniquement occupés du monde objectif ? je répondrai par l'affirmative, en faisant une distinction entre la conscience objective, et la conscience subjective.

CONSCIENCE EN TANT QUE SENTIMENT « FEELING »

I. — États passifs.

3. — Tout le monde admet que nous sommes conscients lorsque nous jouissons ou que nous souffrons. Le plaisir et

la souffrance sont nos états de conscience par excellence. J'ai déjà mentionné l'existence d'états neutres d'excitation. La *surprise* est peut-être le meilleur exemple que l'on puisse donner de cet état. Il y a des surprises qui sont agréables ou désagréables, mais il y en a qui ne sont ni l'un ni l'autre, et cependant ce sont de véritables émotions. Nos émotions agréables ou désagréables passent même souvent par une phase neutre sans cesser d'opérer en tant qu'excitant mental. J'ai été vivement effrayé, mais un événement inattendu a détruit ce qu'il y avait de pénible dans ma situation ; je n'ai donc plus peur, mais je ne suis pas encore revenu à l'indifférence tranquille qui précédait l'émotion éprouvée. De même, nos émotions agréables perdent souvent ce qui les rendait agréables, bien avant que le système soit redevenu parfaitement calme. Notre vie mentale n'est pas éteinte dans ces occasions, mais nous ne sentons ni plaisir ni souffrance.

L'excitation neutre produit, comme tout autre, un courant émotionnel diffus. Sous le choc de la surprise, notre figure s'anime, nos mouvements, nos gestes deviennent plus rapides, en un mot nos manifestations extérieures sont les mêmes que pour une autre émotion. Lorsque nous avons été soumis à une grande excitation, le système est agité, affecté pendant longtemps, que nous le voulions ou non. La conscience interne est alliée à une condition externe correspondante, et les deux se soutiennent ensemble pendant le même temps. Les caractères physiques, ou expression, qui accompagnent naturellement une manifestation émotionnelle se montrent aussi lorsqu'il y a excitation neutre.

On doit encore remarquer que lorsque l'excitation est neutre, l'esprit est fermé à toute autre impression, exactement comme lorsque l'excitation est agréable ou pénible. Toute stimulation influe sur l'esprit et absorbe plus ou moins son attention. Une stimulation en elle-même indifférente, peut contribuer indirectement à notre plaisir en remplaçant un mode pénible d'occupation et, d'un autre côté nous empêcher d'être affecté par un plaisir réel. L'esprit peut donc être occupé par ce qui n'est ni agréable, ni désagréable, et cela avec tant de force qu'il n'a plus d'attention à donner à ce qui possède l'un ou l'autre caractère.

4. — De plus l'émotion indifférente a une efficacité intel-

lectuelle qu'il ne faut pas oublier. Ce n'est pas seulement le plaisir et la souffrance qui éveillent l'esprit aux impressions intellectuelles et lui en font conserver le souvenir. Un objet qui excite notre surprise s'empare de notre esprit à l'exclusion de tout autre. Éveiller l'attention n'implique pas nécessairement plaisir ou souffrance, mais seulement animation mentale. L'astronome Tycho Brahé se promenant un soir vit un groupe de personnes qui contemplaient une nouvelle étoile ; ces personnes avaient été arrêtées par l'émotion de la surprise ; elles ne pouvaient quitter des yeux ce qui avait si puissamment éveillé leur attention. Nous ne pouvons dire qu'elles jouissaient ou qu'elles souffraient, elles avaient peut-être passé par les deux états ; mais cela ne pouvait être que d'une manière accidentelle. L'essentiel dans leur cas, c'est l'excitation attentive de leur regard qui donnait pour résultat un souvenir proportionnellement vif de l'objet considéré avec surprise. Ces personnes ont probablement conservé toute leur vie le souvenir très net de cette nuit. Sans ajouter sensiblement à leur bonheur, et sans leur procurer aucune souffrance, cette étoile devait leur revenir souvent à la mémoire, occuper leur intelligence comme l'avait fait la réalité pendant la nuit où elle fut perçue. La surprise a pu chez elles, arriver au degré où elle est agréable ; elle a pu être accompagnée de peur ; mais qu'elle n'ait fait ni l'un ni l'autre, elle n'en aura pas moins éveillé une émotion et fixé une idée.

II. — *États actifs.*

5. — J'ai déjà souvent parlé de la conscience de l'énergie, fondement de notre connaissance objective, des attributs, étendue, force, etc., de ce qu'on appelle le monde extérieur. Ceci n'implique ni souffrance ni plaisir ; l'exercice a ses souffrances et ses plaisirs, mais lorsque l'esprit en est affecté, il est dans un état purement subjectif. Ce genre de conscience est une sorte d'excitation neutre qui est éveillée par le sentiment spécial des degrés d'énergie dépensée ; on peut ajouter encore à ce sentiment comme élément composant cette espèce de conscience, le grand domaine de nos associations d'énergie possible ou potentielle.

CONSCIENCE INTELLECTUELLE (1)

6. — La conscience sous son *aspect intellectuel* est le centre du sujet que nous étudions présentement. On franchit un grand intervalle en passant de l'émotionnel à l'intellectuel ; on rencontre bien des difficultés en voulant déterminer d'un côté leur commun terrain, de l'autre leurs particularités distinctives. Bien souvent comme l'a fait remarquer sir William Hamilton, ils sont en relation inverse, ou s'excluent l'un l'autre. L'attention de notre esprit est éveillée lorsque nous sommes engagés en quelque opération intellectuelle, et cependant elle peut être indifférente pour ce qui est plaisir ou peine. Quel peut donc être le terrain commun à ces deux modes de l'activité mentale dont les manifestations extrêmes sont si absolument divergentes ? A quel point précis ces deux modes se rencontrent-ils en supposant qu'ils aient des nuances graduées ; ou bien si l'on admet l'hypothèse contraire, y a-t-il entre eux une brusque séparation ? C'est dans l'excitation neutre dont j'ai déjà parlé qu'il faut trouver le trait d'union cherché.

SENTIMENT DE LA DIFFÉRENCE

7. — Comme je l'ai déjà fait bien souvent remarquer *Intelligence*, Introduction, la base, la propriété fondamentale de l'intelligence, c'est la faculté de discernement, ou sentiment de la différence qu'il y a entre des impressions consécutives ou coexistantes. On ne peut rien attribuer à

---

(1) *Conscience volitionnelle.* — On pourrait s'attendre à trouver une forme spéciale de la conscience attachée à la volonté comme aux autres départements de l'esprit. Il n'en est rien cependant. Le genre de conscience qui naît pendant l'exercice de la volonté, est émotionel ou intellectuel. Nous rencontrons d'abord tous les plaisirs et souffrances liés à l'exercice des organes actifs, à la poursuite, aux désir et aux états opposés, puis les états d'excitation neutre. Enfin l'appréciation du degré d'énergie dépensée sur laquelle est fondé le sentiment de la résistance, de la force, du poids, du mouvement, est une variété de la conscience intellectuelle. La délibération, la résolution, le désir, la croyance, sont des états où l'impulsion volitionnelle est suspendue et où l'activité est idéale.

BAIN. — Émotions et Volonté.

l'intelligence, de plus fondamental, de plus particulier comme marque distinctive, que cette propriété : l'émotion en tant qu'émotion seulement ne la renferme pas nécessairement. Quand je suis affecté différemment par deux couleurs, deux sons, deux odeurs, ou par un goût et un son, je suis intellectuellement conscient. C'est ce sentiment de la différence qui me permet de faire les expériences variées qu'impliquent ce que nous appelons la connaissance et même l'action volontaire. Il n'y a là dedans rien d'agréable ni de désagréable ; le plaisir et la souffrance n'interviennent dans l'acte du discernement qu'accidentellement. Je suis différemment affecté par le bleu et le rouge, par l'aboiement d'un chien ou le chant du coq : cette distinction peut être accompagnée de plaisir ; mais le phénomène mental est tout aussi complet s'il n'est accompagné ni de plaisir ni de souffrance. Nous sommes mentalement vivants, éveillés, lorsque nous exerçons notre discernement on peut donc dire que nous sommes conscients. Le difficile est de découvrir, s'il existe, le lien de parenté entre ce nouveau genre de conscience et la conscience type représentée par des états émotionnels.

8. — D'après une loi générale de notre constitution mentale, plus ou moins reconnue par ceux qui étudient l'esprit humain (1), le changement d'impression est essentiel à la conscience sous n'importe laquelle de ses formes. C'est la loi de relativité que j'ai si souvent eu occasion de mentionner dans le cours de cet ouvrage. Il y a des exemples bien remarquables qui prouvent qu'une action toujours semblable,

(1) « Il faut pour que les sens discernent une différence entre des impressions reçues, que ces impressions soient variées. Supposons un homme doué seulement du sens de la vue et privé des autres; supposons encore qu'il n'ait devant les yeux qu'une seule chose toujours de la même couleur et de la même forme, il me semble qu'il ne verrait pas plus cette chose que je ne vois les os de mes jambes que j'ai l'avantage de pouvoir toujours palper. Peut-être cet homme est-il étonné (?) et regarde-t-il, mais je ne saurais dire qu'il voit la chose, car c'est presque la même chose pour l'homme que d'être sensible à la présence d'un seul et même objet, que de n'être sensible à rien. »

« Le mouvement est dans la nature des sens ; tant que les organes concentrent leur activité sur un objet, ils ne peuvent être assez affectés par un autre objet pour être au même degré occupés de deux objets distincts. Donc deux objets agissant ensemble sur nous, ne nous donneront pas deux impressions séparées, mais bien une seule impression composée il est vrai. » HOBBES, Éléments de philosophie, le Corps, chapitre XXV.

toujours constante, ne produit aucun effet sur les sens. Prenons le mouvement de la terre sur son axe et dans l'espace, qui nous entraîne si rapidement et si également, mais qui à cause de cela même n'est pas sensible. Lorsque nous sommes sur un vaisseau en mer, nous voyons le même fait se reproduire ; dans une voiture au contraire nous ne perdons jamais le sentiment du mouvement. L'explication en est facile. C'est le passage du repos au mouvement qui éveille notre sentiment, et inversement le passage du mouvement au repos. Une situation uniforme n'a pas sur l'esprit cette influence excitante. La pression de l'air sur la surface du corps est encore un exemple frappant d'insensibilité. Ici, il y a un effet excessivement puissant qui agit sur un sens particulier. La peau subit une influence exactement semblable à celle qui éveille le sentiment du toucher ; et cependant aucun sentiment ne paraît. Diminuez la pression, en montant dans un ballon, par exemple, et vous commencerez à être sensibles. Donc, pour l'esprit, une impression constante n'est pas plus efficace que l'absence d'impression. L'inconscience partielle que nous avons de nos vêtements vient de ce qu'ils ne nous quittent pas. Le plus petit changement, nous rendra sensible au contact. Si nous entendons le même son depuis le commencement de notre vie jusqu'à la fin, nous avons aussi peu conscience de son existence que de celle de la pression de l'air. Ce son, son origine échapperait même complètement à notre connaissance, si quelque accident, quelque découverte expérimentale, ne venait pas suspendre l'impression produite ou la rendre différente en degré. Sauf dans quelques rares circonstances, nous n'avons pas conscience de notre propre poids et cependant ce poids existe toujours. Bien des choses peuvent donc exister sans être perçues, l'interruption ou le changement étant les conditions de la conscience. Il peut sembler difficile de nous imaginer insensibles à une influence aussi importante que celle de la lumière ou de la couleur ; et cependant si nous avions depuis le commencement de notre vie une couleur quelconque devant les yeux, nous serions incontestablement aveugles à cette couleur.

9. — Admettons donc le principe du changement comme condition de la conscience, et supposons qu'un choc soudain nous frappe au milieu de notre inconscience, comme un éclair au

milieu de l'obscurité. Le choc reçu peut être agréable, pénible, ou simplement excitant. En tout cas, c'est un sentiment *(feeling)* un état plutôt émotionnel qu'intellectuel. Nous pouvons l'appeler une surprise ; elle a ses effets physiques et ses effets mentaux bien caractérisés.

Entre l'inconscience et la conscience, ou entre la conscience vague et la conscience intense, il y a une telle différence que l'esprit doit la saisir, mais ce n'est pas là-dessus qu'il s'appesantit ; les effets de ces états différents sont purement émotionnels, la conscience de la différence est jacente.

Supposons qu'il y ait entre deux états de conscience une transition assez forte pour faire impression, pas assez cependant pour provoquer un nouveau courant émotionnel. Cette transition en tant qu'émotion n'a aucune valeur, mais comme variété d'un état, elle peut en avoir. Toutes les fois qu'il y a changement d'état de conscience il y a discernement, que nous en prenions note ou non. Qu'est-ce qui nous engage donc à appuyer sur l'acte du discernement, de telle façon que nous donnons de l'importance à la transition ou aux changements qui ne sont pas suffisants pour provoquer une excitation émotionnelle ? Le sentiment, la sensation, l'émotion, sont le but final de la vie, c'est-à-dire que chercher les états de conscience agréables, éviter ceux qui sont pénibles, se servir de ceux qui sont neutres, voilà le but. Le discernement, dans le cas que nous avons supposé, ne donne pas de plaisir. On distingue facilement les passages brusques d'un état de conscience à un autre, mais leur valeur dépend de l'excitation émotionnelle qu'ils produisent et non de leur distinction. De petits changements, juste assez considérables pour être perçus, ne sont pas suffisants pour être autre chose qu'indifférents.

Dans la maturité de la vie la faculté du discernement devient importante comme moyen d'atteindre certaines fins. Que nous visions au plaisir directement ou indirectement, nous avons besoin de discernement. Nos plaisirs se présentent à nous voilés ou cachés ; ils exigent de nous que nous exercions notre sentiment de la différence ; et c'est ainsi que le discernement acquiert de l'importance. Nous possédons dès l'enfance la faculté de discerner plus ou moins délicatement, mais nous ne nous en servons que lorsque nous devons établir des distinctions afin de trouver le plaisir et d'éviter la souffrance. Ainsi, les grandes différences entre les états de conscience sont émotionnelles ; ceux qui sont trop faibles pour exciter une émotion suffisent à l'intelligence, qui s'en sert pour atteindre des fins éloignées.

Il est encore probable qu'une différence suffisante pour produire l'émotion, soit importante par rapport au discernement. Sans doute, si l'émotion est agréable ou pénible c'est comme telle qu'elle nous impressionnera, ne laissant pas le loisir d'exercer notre discernement, à moins que quelque motif pressant ne nous y engage. C'est alors que le sentiment neutre ou indifférent, la surprise ou l'excitation simple, a de la valeur. A moins que cette excitation simple soit très violente elle ne suspend pas l'exercice du discernement, elle y aide au contraire parce qu'elle est indifférente. Si une chose utile à savoir était en cause, dans ce cas, l'esprit concentrerait toute son attention pour bien accomplir l'acte du discernement. Le sentiment indifférent doit être perçu ou ne pas être : en général c'est un stimulant stérile de l'esprit. Au moment où nous appliquons notre faculté de discernement la stimulation émotionnelle demeure, les manifestations diffuses sont arrêtées, le sentiment de la distinction est à sa plus haute intensité. L'excitation neutre se trouve ainsi être la transition qui conduit à la conscience intellectuelle. Ce genre de conscience exclut le plaisir et la souffrance parce que ceux-ci affirment trop fortement leur existence ; ils constituent, en somme, l'intérêt final et dominant de la vie, auquel tous les autres intérêts sont subordonnés (1).

(1) Il y a une grande différence entre la première surprise que nous cause une distinction, et le degré d'excitation que nous donne la même différence lorsque nous sommes plus avancés dans la vie. Quand nous voyons pour la première fois du rouge et du bleu à côté l'un de l'autre, l'esprit tressaille, est surpris avec une force qui va jusqu'à l'émotion. Après un certain temps le même contraste ne produit qu'une excitation très faible ; nous conservons cependant le sentiment de la différence qu'il y a entre les deux couleurs et nous le faisons servir à des fins pratiques. Quand nous réduisons le rouge à la fonction de signal signifiant une chose et le bleu pareillement, l'excitation émotionnelle primitive produite par le contraste entre les deux couleurs, est également réduite à sa plus faible intensité. L'effet du contraste occupe encore l'esprit, c'est-à-dire qu'il est conscient ; mais il l'est si faiblement et pendant si peu de temps qu'il est bien prêt d'être inconscient. C'est ainsi que ce qui commence par être une émotion pleinement consciente, devient peu à peu un

10. — Il y a donc une différence importante entre le sentiment en tant que plaisir et souffrance, et l'excitation qui éveille le sentiment intellectuel de la différence. Une jouissance intense absorbe les énergies mentales ; elle a pour principal effet intellectuel de rendre les objets qui aident à la produire, plus frappants pour l'esprit. Quand nous avons vivement conscience d'un plaisir ou d'une souffrance, les formes neutres de la conscience restent dans l'ombre. Une simple surprise qui n'est pas assez efficace pour faire établir une différence entre deux sentiments, ne reste pas longtemps présente à la mémoire. Pour tirer d'un état d'excitation neutre tout ce qui peut nous aider à fixer une différence, il faut que l'esprit soit libre et de soucis présents, et de la perspective des plaisirs à venir.

Ainsi, sur une base mentale commune s'élève une différence d'espèce entre l'excitation agréable ou pénible, et l'excitation intellectuelle. Ce n'est pas *a priori* que je formule cette conclusion, mais bien à la suite d'inductions appuyées sur des faits. On ne peut interpréter autrement la plus grande partie de nos expériences. La recherche exclusive du bonheur, comme la préoccupation exclusive d'éviter le malheur est entièrement contraire à la culture générale de l'esprit, culture qui, en somme, repose sur le sentiment de la différence.

Au milieu de la paix, de la sérénité, on peut arriver à une haute culture intellectuelle, pourvu qu'on ne souffre pas plus qu'il n'est nécessaire pour stimuler l'activité, et qu'on jouisse du plaisir juste assez pour avoir un motif de vivre. Toute l'énergie du cerveau se trouve alors réservée pour les excitations neutres qui éveillent le sentiment de la différence et laissent par conséquent dans l'esprit des images distinctes. Pour arriver au maximum d'excellence intellec-

---

état indifférent et seulement distinct. Nous ne pourrions jamais arriver à accomplir l'acte du discernement, si nous n'étions pas plus excités au début par la différence qu'il y a entre le rouge et le bleu, que nous ne le sommes ensuite, lorsque nous ne nous servons plus de ces deux couleurs que comme de signaux ou de marques. Ce ne serait pas juste, ce serait une erreur, de regarder cette manifestation transformée comme le type de la sensation primitive. C'est un des effets de l'habitude que cette transformation de l'excitation première en une indifférence finale ; cette indifférence renfermant encore en substance ce qui est nécessaire au discernement.

tuelle il faut donc être économe de plaisir et exempt de souffrance, jusqu'à un certain point (1).

SENTIMENT DE LA RESSEMBLANCE

11. — Les remarques précédentes s'appuient sur cette hypothèse : une impression continue ne fournit aucun élément de conscience dans l'esprit. Il y a des cas où la ressemblance produit le choc nécessaire pour éveiller l'intelligence. Mais alors cette ressemblance est un mode de différence. Nous avons vu tout au long à propos de la loi de similarité que la découverte d'une identité produit sur l'esprit un choc qui ressemble à la surprise ; mais dans ce cas l'identité est entourée de diversité. Cela ne donne aucune surprise de s'éveiller tous les matins et de voir toujours les mêmes objets occuper les mêmes places ; mais nous sommes surpris lorsque nous faisons un voyage et qu'au milieu de toutes les choses nouvelles que nous nous attendions bien à voir, nous rencontrons une chose avec laquelle nous sommes familiers, que nous voyons sans-cesse dans notre pays. Nous ne sommes pas surpris de rencontrer nos amis dans les lieux que nous savons fréquentés par eux, mais nous sommes très étonnés de les

---

(1) J'admets que la souffrance et le plaisir aient une certaine efficacité intellectuelle, qu'ils impriment dans l'esprit ce qui leur est relatif, qu'un homme, par exemple, conserve une impression très vive d'une scène qui lui a fait plaisir, simplement à cause de ce plaisir, je dois admettre aussi qu'il peut y avoir excitation neutre sans que le sens du discernement soit éveillé.

Une chose nouvelle peut me faire tressaillir de surprise et cependant ne pas arrêter longtemps mon attention, je puis faire bénéficier une autre chose de l'excitation produite. Une excitation qu'on peut ainsi transférer n'est pas vraiment intellectuelle. Quelques heures de presse, de bruit, de désordre donnent au cerveau une sorte de fièvre, une énergie qui n'est pas naturelle ; pendant ce moment d'excitation tout ce que l'on sent ou fait prend des proportions extraordinaires. A la longue un tel état n'est pas plus favorable à l'exercice du discernement que le plaisir ou la souffrance poussés à l'extrême. La perception d'un changement d'impression aiderait simplement au maintien des courants produits par cette impression, et couperait court à cette surexcitation générale du cerveau. Mais elle ne préviendrait pas la destruction de l'onde émotionnelle, ni la production d'un autre courant peu de temps après, bien que l'esprit fût pendant tout ce temps, parfaitement froid. Trop de stimulants agissant ensemble produisent une excitation vague aussi fatale à l'intelligence que la dissipation du plaisir ou l'excès du malheur.

retrouver dans quelque contrée lointaine. La ressemblance est alors en réalité une différence ; elle brise une attente, elle nous donne un choc, comme le ferait une différence que nous trouverions à la place d'une ressemblance. L'esprit s'accoutume à certains changements, qui se reproduisent sans cesse, et quand il se produit une uniformité, il est étonné. Lorsque nous avons l'habitude d'aller dans une chambre dont les murs sont couverts de tableaux et richement ornés, nous éprouvons un désappointement et une violente surprise en trouvant la chambre vide et les murs nus. C'est un changement, une différence dans la situation mentale qui est la cause excitante de la conscience, il arrive parfois que le changement consiste dans le retour d'une vieille et familière impression.

Nous devons maintenant étudier l'influence de ce genre de surprise sur l'intelligence. L'observation de la ressemblance au milieu de la diversité est très importante par rapport à l'accroissement de nos connaissances sur le monde. Je ne reviendrai pas sur ce fait et sur ses conséquences ; ce qui est important en ce moment, c'est de remarquer que nous sommes facilement frappés par les ressemblances et que celles-ci, s'imprimant facilement dans l'esprit, deviennent une partie de notre bagage intellectuel. Pour rendre ceci plus évident prenons un exemple fourni par les classifications. L'enfant qui regarde attentivement un arbre en conserve une impression due surtout au sentiment de la différence. Quand, à la suite de nombreuses répétitions, il est devenu familier avec le même agrégat de différences, s'il est permis de s'exprimer ainsi, il est de moins en moins surpris lorsqu'il se trouve en présence d'un arbre et il arrive à cette indifférence que produit toujours la monotonie. Que l'enfant se trouve ensuite en face d'un arbre plus petit que le premier auquel il est du reste semblable sous tous les autres rapports, la similarité lui rappellera le premier arbre, la différence lui donnera le stimulus de la surprise. Voilà notre conscience réveillée par une nouvelle circonstance aussi importante que celle de la différence primitive ; une excitation proportionnée accompagne cette seconde expérience, l'imprime sur l'esprit jetant ainsi les fondements d'un souvenir durable. Voilà donc comment nous acquérons une nouvelle classe d'impressions, les impressions que donne le sentiment de l'uniformité dans la diversité. Mais que ces ressemblances se présentent toujours de la même manière à l'esprit c'est à peine si nous aurons conscience de la grande loi de la répétition qui nous permet de classer, de généraliser, en donnant à l'esprit l'idée de l'existence d'un ensemble de faits ayant des ressemblances et que nous appelons *classe*. Je ne vois pas comment ces éléments si importants de la connaissance, généralités, idées générales, principes, auraient leur point d'appui dans la conscience intellectuelle s'ils ne nous donnaient pas, comme tout ce qui change en général, cette impression de surprise qui nous affecte si profondément. Si nous étions absolument indifférents au retour d'un même sentiment au milieu d'un nombre d'objets différents, il est probable que nous n'aurions pas la faculté de classer et de généraliser. C'est le choc de la surprise qui donne l'uniformité au milieu de la diversité, qui nous éveille, nous permet d'avoir la perception ou l'impression du retour de certaines propriétés, et d'une loi uniforme gouvernant la nature. Certains individus sont assez stupides pour montrer sur ce point une complète indifférence ; ils manquent absolument de la faculté de généralisation, ils sont incapables de constater les analogies les plus évidentes. De même qu'un sens très développé de la différence provoque la connaissance étendue de la variété des propriétés naturelles, qu'un sens plus grossier confondrait, de même le sentiment de la similarité dans la diversité conduit à la formation des généralités de la nature, à l'appréciation de l'unité de plan.

Dans notre définition de l'esprit, nous avons donné plutôt une division qu'une définition. Ce qui se rapproche le plus d'une unité dans l'esprit, c'est la volition considérée comme un fait complexe, fait d'émotion et d'activité corporelle, et de réduire ainsi les phénomènes suprêmes à deux, l'émotion et l'intelligence. Mais nous avons vu que cette division ne peut pas être absolue, et qu'elle représente seulement les deux faces d'un même phénomène. En d'autres termes tout état de conscience a son côté émotionnel, et son côté intellectuel. Quelques-unes de nos expériences se montrent surtout sous l'aspect de l'émotion pendant qu'elles sont fraîches et frappantes tandis qu'elles affectent notre faculté de discernement lorsqu'elles diminuent d'intensité ; ce sont alors ce que nous appelons des sentiments *feeling*). Quand au contraire ces expériences sont avant tout intellectuelles, pratiquement on peut dire qu'elles n'existent pas au point de vue émotionnel. La monade de la conscience est donc un phénomène à deux faces, l'une de ces faces pouvant être beaucoup plus importante que l'autre, au point même de l'annuler presque. Il n'y a pas, à vrai dire, d'état de conscience purement émotionnel, c'est-à-dire excluant tout discernement, pas plus qu'il n'y a d'états purement intellectuels excluant l'émotion.

M. Spencer exprime la grande antithèse de l'émotion et de l'intelligence par les mots : *sentiments* et *relations de sentiments*. Cette manière de s'exprimer est bonne, mais je crois que le contraste est encore plus fortement marqué par les mots *émotions* et *discernement*. Le discernement n'est pas naturellement toute l'intelligence, mais c'est ce qui en fait le fondement, ce que l'on peut le mieux opposer à la partie émotionnelle de notre être. Le mot *relation* est plus étendu, plus large, mais plus vague aussi ; c'est le terme le plus vaste qu'on puisse employer.

On peut dire encore que l'émotion est la *substance* et l'intelligence la *forme*. On a usé et abusé de cette distinction entre la matière et la forme en philosophie ; dans le cas présent nous ferons mieux de nous en abstenir.

SENSATION ET PERCEPTION

12. — L'espèce de contraste qu'il y a entre la sensation et la perception donne lieu à bien des considérations.

Ce contraste implique une distinction entre l'aspect émotionnel et l'aspect intellectuel des impressions des sens. Le plaisir ou la souffrance que nous donnent les sensations de la vue et de l'ouïe sont des sensations dans toute la force du mot, elles sont aussi peu intellectuelles que possible. Bien des sensations sont simplement des plaisirs et des souffrances et rien de plus : les sensations de la vie organique, les goûts et les odeurs doux ou pénibles appartiennent à cette catégorie. Pour tous les sens nous avons à distinguer entre les sensations agréables ou pénibles et l'application du genre de discernement qui leur est particulier et qui donne les sensations du genre intellectuel.

C'est à propos de ce contraste que sir W. Hamilton

signale la proportion inverse de la sensation et de la perception. Sous certains rapports il est en effet vrai que l'émotion (ou la sensation) est opposée à l'intelligence, que les deux s'excluent même l'une l'autre; les manifestations extrêmes de l'une sont plus ou moins incompatibles avec celles de l'autre.

13. — Mais ce n'est pas tout. Après avoir été un certain temps en contact avec le monde sensible, nous nous trouvons dans une situation nouvelle, nous avons un nouveau genre de conscience, ce qui demande une explication. Quand un enfant expérimente pour la première fois la sensation de l'écarlate il a la sensation d'une nouvelle impression dont l'intensité dépend de l'objet qui fait impression et de la sensibilité plus ou moins grande de l'esprit qui reçoit l'impression. Il est très difficile pour nous de reproduire le choc primitif ou de retrouver sa trace dans notre mémoire, car la situation change complètement dans la maturité de la vie. C'est une chose bien rare pour nous que d'éprouver une impression radicalement neuve ; c'est seulement en s'appuyant sur des analogies bien imparfaites que nous concevons approximativement ce qui a dû arriver quand nous avons éprouvé une sensation intellectuelle pour la première fois. Les impressions répétées restant dans l'esprit donnent aux sensations subséquentes un caractère tout différent de celui qu'elles avaient primitivement. Si une seconde impression se produisait seule elle ressemblerait à la première ; mais l'esprit est constitué de façon à ce qu'elle ne puisse se reproduire isolément, elle réveille nécessairement une idée plus ou moins nette de la première. Une sensation répétée est donc la combinaison d'un choc présent et de tout ce qui reste de la sensation précédente. Ainsi quand nous recevons une impression, soit que nous nous mouvions, que nous écoutions, que nous touchions une chose, cette impression est faite par l'objet qui la donne et par le souvenir de cet objet. La conscience est formée de trois éléments : d'un choc actuel, d'un retour vers les impressions passées provoqué par la ressemblance, et du souvenir du passé rappelé par le présent. En réalité l'effet d'une impression présente peut être entièrement effacé par l'effet du souvenir d'une impression semblable, le discernement n'est pas alors affecté par les vrais caractéristiques de l'objet en cause. Par exemple, j'ai devant moi

deux nuances d'une même couleur ; au lieu de percevoir leur différence exactement comme je dois en être frappé sur le moment, mon jugement se forme à la suite d'un retour sur le passé, d'une identification avec les séries d'impressions semblables anciennes ; deux sommes d'impressions se forment dans mon esprit et la différence dont j'ai conscience est entre les deux totaux. Si je me trompe, ce n'est peut-être pas parce que j'ai mal appliqué ma faculté de discernement, mais parce que mon identification est mauvaise. C'est comme si je voulais juger de deux substances placées sur la table d'un chimiste en identifiant les bouteilles qui les renferment à d'autres bouteilles semblables ; je ne jugerais pas d'après les spécimens mais d'après les bouteilles. Si mon identification est mauvaise, mon jugement sera sûrement mauvais. Donc toutes les sensations qui ne se produisent pas pour la première fois impliquent le souvenir du passé qui leur donne en réalité leur vrai caractère. Le choc présent ne fait que faire revivre certains chocs passés ; la nouvelle impression que nous donne l'écarlate est presque insignifiante en elle-même : elle sert seulement de moyen pour ressusciter la condition cérébrale résultat de toutes les impressions passées d'écarlate. Si, par une hallucination temporaire, l'écarlate nous donne l'impression du bleu foncé, l'esprit aurait réellement la sensation du bleu pendant que les yeux seraient fixés sur l'écarlate. La sensation met donc en œuvre les deux grandes lois intellectuelles, outre qu'elle fait appel au sens primitif de la différence. La durée de l'impression dépend de la puissance plastique que nous avons étudiée à propos de la loi de contiguïté. Le pouvoir qu'a une nouvelle impression de rappeler le souvenir d'une ancienne fait partie de l'œuvre de la loi de similarité. Lorsque nous accomplissons les actes les plus simples : que nous regardons, que nous entendons, les conditions intellectuelles sont les mêmes que pour des actes d'un ordre beaucoup plus élevé.

L'observation peut être mauvaise, et produire l'illusion. Un objet imparfaitement observé par les yeux suggère une image fausse que la mémoire, peut-être aidée par l'émotion, conserve naturellement. Nous avons donc une idée fausse de la réalité qui donne lieu aussi à des comparaisons ou à des identifications fausses jusqu'au jour où quelque incident remet devant nos yeux la réalité de façon à ce que son influence détruise celle du passé (1).

14. — Plus une sensation est intellectuelle plus elle se rapproche de la *perception*. Donc, dans la sensation nous sommes tour à tour objet et sujet. Nous sommes *objet* quand nous observons la forme et l'étendue d'une conflagration ; et *sujet* quand nous nous laissons aller à l'effet émotionnel. Bien qu'on puisse donner le nom de sensation aux deux états, la désignation perception est meilleure appliquée à l'attitude objective.

Ce que nous venons de dire sur l'intervention des forces intellectuelles dans la sensation indique une semblable tendance. Supposons qu'on appelle la première impression que donne l'écarlate, une sensation : la combinaison du souvenir de trente impressions subséquentes suscitée par la trente et unième impression serait une perception, parce qu'elle renfermerait quelque chose de plus que l'effet strict du stimulus présent. Quand nous avons dans l'esprit plus que ce qui est devant nos yeux, nous percevons plutôt que nous sentons. Ce n'est pas que la conscience, la sensation aient comme signification, le plus petit effet présent libre de tout effet additionnel dû au souvenir ; mais quand il s'agit de comparer et de distinguer les deux termes, la perception est une sensation et quelque chose de plus. On peut prendre le mot *sensation* dans un sens si étroit qu'il exclurait toutes les opérations intellectuelles décrites ci-dessus ; mais on ne peut faire de même pour la *perception* ; il faut toujours que l'intelligence intervienne dans l'acte de percevoir ; et lorsque l'intelligence intervient ainsi dans une sensation, il serait

---

(1) Coleridge a clairement exposé cette opération dans un paragraphe cité par M. Venn dans ses « *Hulsean Lectures* » p. 15 :
« Les personnes qui ne sont pas habituées aux subtilités de l'observation de soi-même, pourront refuser de croire que les ressemblances les plus faibles et les plus lointaines avec un objet réel externe suffisent à éveiller l'image vivante de la réalité et la perception externe. Quand même nous sommes dans un état normal, que de fois, si nous attendons une chose avec une certaine anxiété, n'avons nous pas cru entendre des sons articulés là où il n'y avait que les sons confus de la nature ? N'avons nous jamais pris le murmure du ruisseau pour la voix de l'ami que nous attendons ? » *L'Ami*, de COLERIDGE. L'auteur se sert aussi d'une façon très intéressante de ce principe pour expliquer la vision que Luther eut du diable dans la tour de Wartburg.

permis de dire que ce n'est plus une sensation, mais une perception. Le souvenir, le réveil d'une somme totale de sensations passées étant un effet qui dépasse de beaucoup l'effet spécial de la sensation actuelle, nous sommes libres d'appeler cet état mental une *perception* c'est-à-dire quelque chose de plus que la simple sensation enfermée dans l'impression du moment.

15. — La tendance que l'on a à admettre que la perception est plus intellectuelle que la sensation, s'affirme encore dans d'autres applications du mot. Quand nous parlons de percevoir la distance et l'étendue des choses nous voulons certainement parler de quelque chose d'autre que la sensation simple. La sensation que j'éprouve en regardant la maison, qui est devant moi n'est que le résultat de l'union d'une sensibilité optique et musculaire n'impliquant aucune notion de la distance. Cette notion ne nous vient pas par les yeux, mais bien plutôt par nos membres actifs. L'expérience nous prouve cependant qu'il existe certaines coïncidences entre certaines impressions optiques et certains mouvements : après un certain temps les unes suggèrent les autres. Je puis alors percevoir une distance par mes yeux, comme je perçois, par les sons que j'entends, la voiture qui passe dans la rue à côté. Mes sensations s'étendent par l'association et c'est ainsi que j'arrive à avoir la perception d'une chose dont je ne peux avoir la sensation. Le premier de ces mots s'applique à une foule de choses auxquelles ne peut s'appliquer le second ; car bien qu'on puisse appeler sensation ce renfort additionnel que l'esprit tire du souvenir du passé, à la sollicitation de l'impression présente, nous ne pouvons étendre cette appellation aux impressions collatérales qui peuvent concourir à la formation de ce total que nous appelons perception. Il serait bien peu correct de dire que je *vois* la distance qui me sépare d'une colline ; nous ne devons pas plus dire que nous voyons la grandeur, la grandeur absolue, d'une chose. Grâce à des expériences, à des comparaisons, nous avons quelques indications qui nous permettent de juger une grandeur jusqu'à un certain point et de dire tout au plus que nous la percevons.

C'est parce qu'elle peut dépasser les limites étroites de la simple sensation que la perception va jusqu'à affirmer des choses qu'on n'a jamais senties ni même expérimentées.

mais qu'on croit ou qu'on suppose exister. La prétendue perception d'un monde matériel externe et indépendant, appartient à ce genre de perception (1) ce que l'on dit percevoir est une fiction commode qui, par sa nature même, échappe à toute expérience. Dans ce cas c'est s'appuyer sur notre crédulité que de se servir du terme perception qui dans son sens propre signifie quelque chose appartenant au domaine de notre expérience passée, pour affirmer une entité de notre imagination.

SENSATION (INTELLECTUELLE) ET IDÉE

16. — Les distinctions à faire entre la sensation et l'idée reposent d'abord sur leur force, leur intensité comparative en tant qu'éléments intellectuels, et ensuite sur leur signification et leur valeur par rapport à l'objet et au sujet.

Il faut d'abord remarquer que la sensation et l'idée sont :

Premièrement, des éléments intellectuels ou de conscience. L'une ou l'autre nous rendent conscient.

Deuxièmement, qu'elles sont accompagnées des mêmes conditions physiques, si toutefois, j'ai raisonné juste lorsque j'ai essayé de prouver que les courants nerveux qui accompagnent les idées sont semblables aux courants les plus violents liés aux sensations. (Voyez *Contiguïté*, *Idées de mouvement*). De cette identité doivent sortir certains effets physiques communs, différents peut-être seulement en degré.

On peut supposer que ces deux points de ressemblance que nous trouvons entre la sensation et l'idée viennent de ce que les associations formées entre les sensations persistent dans les idées correspondantes ; de même qu'une sen-

---

(1) Nous pouvons dire quelque chose de plus ici. J'ai déjà fait remarquer que le terme perception signifie somme-totale de beaucoup de sensations semblables dont le souvenir est éveillé par une sensation présente. Tous les éléments de cette somme se trouvant réunis et confondus, nous prenons cette somme-totale pour une unité, et nous imaginons un quelque chose qui fait que ces éléments sont un, parce que lui même est un et qu'ils émanent de lui. Une semblable transformation d'une somme-totale d'associations en une unité existant comme telle est le résultat d'une illusion mentale assez fréquente. Cette unité supposée est une entité, non des sens, mais de l'imagination et de la foi à laquelle nous appliquons par erreur le mot de perception.

sation peut rappeler une autre sensation associée, en idée, de même l'idée d'une sensation peut rappeler toutes celles qui lui sont associées. Lorsque nous entendons prononcer les lettres a, b, c, ou que seulement nous y pensons, nous sommes portés à achever la série d, e, f, etc.

Troisièmement, que toutes les deux sont des éléments intellectuels c'est-à-dire de discernement, ce qui leur donne leur caractère, leur individualité. Nous distinguons entre les idées que nous avons de la lune et du soleil comme nous distinguons entre les sensations que nous donnent le soleil et la lune. De même nous découvrons des ressemblances entre les idées comme entre les sensations.

Les idées, servant comme les sensations au discernement, peuvent comme elles nous guider dans notre conduite. Nous pouvons travailler en ayant dans la tête un plan, un modèle, tout comme s'il était tracé devant nos yeux. Nous pouvons faire entre les choses des arrangements idéaux puis les accomplir dans l'actuel.

17. — Cherchons maintenant les différences qui séparent la sensation de l'idée. Remarquons d'abord que la sensation précède l'idée; que l'une est l'original et l'autre la copie.

Nous trouverons ensuite que la sensation et l'idée diffèrent en force, en intensité; l'une est un effet fort, la seconde un faible. Il y a une grande différence entre la vue d'une flamme et ce qu'il en reste comme souvenir dans l'esprit, entre le son d'une trompette et ce que nous nous en rappelons, entre le goût d'un morceau de sucre et l'idée de ce goût, entre l'odeur du musc et l'idée que nous nous en faisons.

L'infériorité de l'idée par rapport à la sensation quoique très accentuée n'est pas cependant dans un rapport constant. Elle varie suivant les circonstances. Comme je l'ai déjà dit la répétition donne à l'idée plus de prise et plus de force sur l'esprit. Plus les sensations sont intellectuelles plus elles persistent en idée. De plus un certain degré d'excitation morbide active la circulation des courants nerveux et donne aux idées une force qui les égale presque aux réalités; c'est ce qui arrive surtout quand la sensation présente est suspendue, comme dans le rêve et dans tous les états anormaux du système, somnambulisme, sommeil magnétique, etc.

Dans les cas où une sensation a des conséquences physiques nous pouvons mesurer, au point de vue physique, la force comparative de la sensation et de l'idée. Ainsi le contact de la nourriture et de la langue et des joues détermine un flot de salive, l'idée seule de ce contact le déterminera de même. Mais il sera beaucoup plus considérable dans le premier cas que dans le second. Nous pleurons en fixant le soleil, l'idée de le fixer produit le même effet, mais à un degré moindre. Nous pouvons encore mesurer l'effet subjectif des deux états. La vue d'un bel objet, d'une scène, d'un tableau, d'une figure vivante nous charme à un point que l'on peut déterminer ; le souvenir le fait à un degré moindre ; comparons les deux plaisirs éprouvés dans les deux cas et nous aurons la force comparative de la sensation et de l'idée.

L'effet de l'intensité, de la force, est d'abord de produire un état de conscience qui fait que l'esprit fixe sur lui son attention, à l'exclusion de tout autre état. Une sensation actuelle montre sa supériorité en chassant de l'esprit de simples idées qui ne peuvent revenir occuper l'esprit que lorsque la sensation s'éloignera ou disparaîtra.

18. — La sensation donne une netteté et une force supérieures aux détails. En observant une scène réelle, nous en percevons tous les traits, tous les points, toutes les lignes ; tandis que lorsque nous nous la représentons en idée nous perdons de vue la majorité des détails et ne nous rappelons que les plus saillants.

Ainsi, dans l'idée ou la conception simple, les détails se perdent dans l'ensemble, ils s'effacent comme si la lumière qui les éclaire s'affaiblissait ou s'éloignait. L'idée d'un objet bien connu est comme la sensation de cet objet entrevu seulement. Cependant on ne peut confondre les deux impressions ; car nous sentons que si cet objet entrevu cesse d'être une sensation pour n'être plus qu'un souvenir, il devient de plus en plus vague. C'est pourquoi lorsqu'il est nécessaire d'agir avec précision l'idée ne peut remplacer la sensation originale. Pour arriver à la ressemblance il faut que l'artiste travaille en présence du modèle pendant un certain temps. Enfin certains esprits conservent mieux que d'autres un souvenir plus net et plus minutieux des objets.

De plus une scène actuelle fait sur l'esprit une plus profonde et plus durable impression. L'idée au contraire s'efface, il faut un effort pour provoquer sa réapparition. Faire appel à une sensation ou à un souvenir implique donc une grande différence d'effort qui nous empêche de prendre une sensation faible pour une idée vive. Il faut encore se souvenir ici qu'il faut tenir compte des différences qu'il y a entre les individus. Une répétition fréquente, une grande mémoire naturelle, l'excitation morbide ou autre des courants nerveux, font que l'esprit conserve mieux et plus facilement une impression.

Voilà les principaux points de différence que nous sentons exister entre la sensation et l'idée, en laissant de côté leur origine, les groupes qu'ils forment et les remarques qu'ils suggèrent. Une étude plus approfondie de ces différences nous ramènerait à la grande antithèse du monde objectif et subjectif, la sensation faisant partie de l'un et l'idée de l'autre.

DE LA NATURE DE LA CONNAISSANCE

19. — Ce n'est pas un problème facile à résoudre que celui de la véritable nature de cette connaissance pourtant si familière à notre expérience. Que se passe-t-il lorsque nous disons que nous connaissons une chose? J'ai peur que cette question, comme toutes celles qui touchent à notre présent sujet d'étude, ne soit bien difficile à résoudre à cause de son étendue : en général on n'assigne pas de limites fixes à la connaissance pas plus qu'à la conscience. Et cependant les bornes de la connaissance sont les mêmes que celles de la conscience et de la sensation; on peut même dire que la seule chose évidente et admise par tous, c'est qu'une excitation mentale quelconque, un état de conscience par conséquent, est la condition indispensable de la connaissance. Le *changement* est la condition de la conscience; on ne peut donc connaître une chose que lorsque cette chose exerce sur l'esprit une action variée ou intermittente. Nous n'avons connaissance de la pression qu'exerce sur notre corps l'air qui nous entoure que lorsque nous avons trouvé un moyen d'altérer en degré cette pression; supprimez la conscience et vous supprimerez la connaissance.

20. — Toutes les écoles de philosophie se sont disputées au sujet de l'origine de la connaissance; les unes affirmant que la sensation est la source de la connaissance, les autres

que l'esprit lui-même est une partie de la connaissance. *Nihil est in intellectu, quod non prius fuerit in sensu*, disent les uns, *nisi intellectus ipse* ajoutent les autres avec Leibnitz. Je ne veux pas renouveler ici la discussion; d'ailleurs j'ai déjà, dans mon précédent volume, étudié l'origine de la plupart de nos notions les plus simples. En attribuant au système musculaire quelques-unes de ces notions élémentaires, étendue, forme, volume, on change entièrement l'état de la question telle qu'on la formulait à l'origine. Si la sensation renferme tout ce que nous apprenons des sentiments (*feelings*) du mouvement, la première des solutions est acceptable, mais si l'on exclut le mouvement, elle est entièrement insoutenable.

21. — Ce qui nous intéresse maintenant ce n'est pas tant de savoir quelle est la source de la connaissance, que de déterminer quelle est sa nature. Nous pouvons nous servir de ce qui a été dit plus haut à propos de la sensation et de la perception pour trouver une réponse au problème. Il est évident que la sensation sous sa forme la plus inférieure, la plus restreinte n'est pas un élément de connaissance. Le simple état d'esprit qu'on appelle la sensation du rouge n'est pas la connaissance, mais la condition préliminaire de la connaissance. Nous pouvons avoir conscience, grâce à notre faculté de discernement, de différents états d'esprit, avant de percevoir ou de connaître, dans quelque acception qu'on prenne ces termes. Nous pouvons même éprouver tout ce que peut signifier le mot sensation, mêler le souvenir du passé à l'impression du moment, sans cependant arriver à la connaissance. La sensation que donne un coup de tonnerre dont l'effet est augmenté par le souvenir de toutes nos expériences passées de la même sensation, est un élément vraiment intellectuel sans être une connaissance. Les perceptions inférieures qui sont identiques à une sensation aussi intellectuelle appartiennent à la même catégorie. Mais quand nous arrivons à la perception de l'ordre le plus élevé, nous entrons dans le domaine de la véritable connaissance. Lorsque deux impressions différentes se rencontrent dans l'esprit une première fois, puis souvent dans la suite, elles s'associent et l'une rappelle l'autre ; et si non seulement nous savons par expérience qu'elles sont ainsi associées, mais encore le *croyons*, on peut alors dire que nous

connaissons quelque chose. La simple notion ne constitue pas par elle-même la connaissance ; deux notions liées entre elles ne deviendront pas une connaissance si l'on ne croit pas en elles. La connaissance est donc identique à l'affirmation, à la croyance. J'ai déjà essayé de montrer comment se forment les éléments de la croyance, comment celle-ci s'empare de la région de l'expérience, comment nous ne sentons pas seulement la coïncidence présente de l'éclair et du tonnerre mais avons la conviction et assurons que cette coïncidence se reproduira. Il reste, à propos des éléments purement intellectuels de la connaissance, quelques points à éclaircir et à discuter, car ils ont donné lieu à de grandes divisions dans les opinions.

22. — Je dois d'abord faire observer que la connaissance est loin de toujours coïncider en tout point avec la sensation ou la conscience. Prenons toutes les variétés de l'effet sensible, tous les moyens par lesquels les impressions diverses arrivent à l'esprit, tous les sentiments musculaires, toutes les sortes de sensation, et nous ne pourrons encore arriver à une appréciation numérique exacte de tous les moyens qui exercent notre faculté de discernement, qui nous rendent conscients en un mot. Ce n'est que quelques-unes de ces impressions que chacun convertit en connaissances, en convictions, en croyances. Considérons la complexité du spectacle qui s'offre aux yeux de l'enfant lorsqu'il les ouvre sur le monde extérieur. On peut dire que l'enfant sent, qu'il a conscience de tout ce qui entre dans ses yeux ou dans ses oreilles ; mais pour transformer en connaissances toutes ses impressions, il faut qu'il fasse un choix. Ce que nous appelons attention, observation, concentration de l'attention, doit intervenir avant que la conscience ne devienne connaissance. Le procédé qui opère cette transformation est avant tout un procédé de sélection ; il agit lorsque l'esprit monopolise, spécialise la conscience qu'il a des choses, à certaines parties de son expérience. De tous les sons qui tombent dans notre oreille, qu'ils soient produits par la nature ou par des êtres animés, quelques-uns seulement sont réellement connus de nous. Les sons articulés, ceux par lesquels l'homme nous fait connaître sa pensée, ceux qui sont les indices précurseurs de la tempête et de l'orage, sont ces quelques impressions choisies qui

prennent dans certains esprits le rang de connaissances d'autres sons ; le bourdonnement de l'insecte, le murmure du ruisseau, sont perçus par les uns et non par les autres. Il est évident que tous les individus n'ont pas les mêmes motifs de choisir les mêmes sons. La détermination de ces motifs qui fixent l'attention sur une sensation pour en faire quelque chose de plus, fait partie du problème de la connaissance. Il faut, outre le sentiment primitif de la différence qui nous rend sensible aux différences de mouvements, de goûts, d'odeurs, de contacts, de sons, de spectacles, d'émotions, que quelque inégalité frappante surgisse pour fixer sur un point particulier notre attention, si bien que lorsque plus de cinq cents étoiles impriment leur image sur notre rétine, il n'y en a que deux ou trois qui occupent notre esprit déterminant la direction que prendront nos émotions, nos pensées et notre imagination.

23. — Ces forces qui nous font choisir entre des milliers d'impressions, celles sur lesquelles doit se fixer notre attention, n'introduisent pas dans l'esprit un nouvel élément. Ce ne sont en général, que ces influences plus fortes il est vrai dans le cas particulier, que j'ai déjà décrites comme essentielles à la conscience dans ses manifestations les plus faibles. Une *différence frappante* éveille notre attention et nous rend aveugle pour des différences moindres. Un coup de canon dans le silence de la nuit nous donne une sensation qui pour un temps sera prédominante. Les sens peuvent être ouverts à toutes les impressions et l'esprit cependant n'en percevoir que quelques unes qui lui auront fait éprouver une plus grande surprise ; ce sont ces impressions choisies qui deviendraient pour nous des articles de foi et des connaissances. Mais elles ne sont pas encore arrivées à cette transformation finale, il faut qu'elles passent encore par des transformations intermédiaires.

De même, la surprise que cause la découverte de la ressemblance éveille la conscience et fixe l'attention ; nous prenons toujours le mot ressemblance dans l'acception qui lui a déjà été donnée, similarité dans la diversité. Si je regarde un grand nombre de personnes, la découverte d'une figure ressemblant à une figure qui m'est familière arrêtera mon attention et me donnera une impression spéciale ou choisie.

24. — Ce n'est pas suffisant d'appeler ces impressions les forces qui spécialisent mes états de conscience ; il faut encore affirmer que les circonstances qu'elles impliquent sont essentielles à la nature même de la connaissance. Nous ne connaissons que des relations ; l'absolu, à proprement parler, ne peut être atteint par notre faculté de connaître. Les deux grandes relations fondamentales sont la différence et la ressemblance (1). Connaître une chose c'est la sentir en juxta-position avec une autre qui en diffère ou lui ressemble. Être seulement impressionné par un son ou un contact, ce n'est nullement connaître au vrai sens du mot ; la connaissance commence quand la comparaison nous fait voir plusieurs choses à propos d'une seule. Ma connaissance du rouge est la comparaison que je fais de cette impression, avec un nombre d'autres sensations différentes ou ressemblant à elle ; plus j'étends ces comparaisons plus j'étends ma connaissance. Une couleur rouge absolue *per se* échapperait comme une pression invariable à ma

---

(1) Ce que nous appelons la *co-existence* et la *succession* bien que très généraux ne sont pas des attributs aussi fondamentaux que la différence ou la ressemblance. Ce sont en réalité un couple opposé, antithétique ; passer de l'un à l'autre, c'est affecter l'esprit de façon à développer deux connaissances opposées. Je suis affecté d'une façon par la vue de deux oiseaux perchés ensemble sur le même buisson et d'une autre par la vue d'un oiseau arrivant pour se percher sur ce buisson et d'un autre oiseau en partant. Si les faits séparés produisaient une impression identique, je n'aurais conscience ni de la co-existence, ni de la succession. C'est le sentiment de la différence qui nous permet de percevoir les deux attributs et donne à chacun sa signification réelle, c'est-à-dire fait de l'un la négation de l'autre. Si dans la nature tout était éternellement calme, et si notre vision était simultanée au lieu d'être successive, il n'y aurait pas dans la nature ce que nous appelons succession, il n'y aurait pas non plus pour nous connaissance de ce qui existerait pourtant, la co-existence. Nous généralisons tous les cas de co-existence particulière, nous tirons des faits un attribut abstrait, nous faisons de toutes les successions particulières, la succession abstraite ; et si nous ne sentions pas la différence qu'il y a entre un cas et un autre nous n'aurions connaissance ni de l'un ni de l'autre ; notre connaissance s'explique par ces deux propriétés qui sont la négation l'une de l'autre. Toutes deux ont une existence positive parce que l'une est toujours le contraire de l'autre, comme le froid l'est du chaud, la lumière de l'obscurité. La succession implique antécédent et conséquent, l'un affirmant l'existence de l'autre. Un antécédent suppose un conséquent et *vice-versa* ; supprimez ce fait et vous supprimez la connaissance. Puisque nous avons conscience d'une succession nous avons conscience d'une différence entre ce qui précède et ce qui suit ; l'antécédent et le conséquent deviennent un article dans notre connaissance ; l'un ou l'autre pris isolément ne pourrait constituer une connaissance.

connaissance ; car en supposant que nous puissions dire que nous en avons conscience nous ne pourrions pas ajouter que nous la connaissons. Pourquoi la même sensation, celle du rouge par exemple impressionne-t-elle si différemment deux personnes, un opticien et un artiste, si ce n'est parceque la connaissance dépend non pas de la sensation elle-même, mais des autres sensations qui lui sont associées dans l'esprit? Quand je dis que je connais une certaine plante cela ne veut rien dire, jusqu'au moment où j'indique quelles sont les choses qui dans mon esprit sont liées à cette plante ou en diffèrent. Je puis la connaitre en tant que mauvaise herbe, c'est-à-dire comme différente des fleurs, des fruits ou des légumes qu'on cultive dans un jardin ; je puis la connaitre comme semblable à beaucoup d'autres plantes qui poussent sans qu'on les sème ; je puis la connaitre scientifiquement, c'est à dire déterminer par les différences et les ressemblances qu'elle présente avec d'autres plantes à quel ordre, quelle classe, quel genre elle appartient. Je puis la connaitre au point de vue artistique en la comparant, pour la couleur et la forme à d'autres plantes, mais en tant qu'objet isolé dans mon esprit je ne puis avoir de cette plante aucune connaissance. C'est ainsi qu'au milieu de la multiplicité et du chaos des impressions distinctes les esprits différents non seulement dirigent leur attention sur des objets différents mais encore la fixant sur les mêmes objets en tirent chacun une connaissance entièrement différente. Semblable aux deux électricités qui ne peuvent exister l'une sans l'autre, l'impression mentale ne peut exister à l'état de connaissance sans être accompagnée de quelque autre avec laquelle elle puisse être comparée. Réduite à une simple unité de conscience, l'excitation mentale s'évanouit ; au point de vue intellectuel comme au point de vue émotionnel le contraste seul nous éveille à la vie consciente ; en conséquence on ne peut définir ou caractériser une impression qu'en la considérant avec d'autres impressions accompagnantes. Nous savons combien il est difficile de donner une définition explicite et brève ; l'interprétation de la loi, d'un contrat, d'un testament, d'un texte écrit en général, c'est la tentative faite pour déterminer ce que l'auteur a voulu exclure ou comprendre dans son texte. C'est par le même procédé qu'on arrive à la connaissance.

Une simple impression ou pas d'impression du tout c'est la même chose. La qualité implique relation en dernier lieu, bien que la logique distingue les deux choses. Le rouge et le bleu font ensemble impression sur l'esprit, l'affectent différemment, se soutiennent l'un et l'autre en tant qu'excitation mentale et en réalité l'un fait connaître l'autre. Le rouge que nous voyons aujourd'hui et celui que nous avons vu hier agissent pareillement l'un pour l'autre, parce qu'entre eux deux il y a eu absence de sensation ou sensations autres. Tout deux se conserveront dans notre cerveau en tant que souvenir et ils s'élèveront mutuellement au rang de connaissances. Accentuez la comparaison entre les différences ou les ressemblances et vous augmenterez la connaissance.

25. — La littérature, l'art, la science nous fourniraient des exemples du nombre illimité de choses qui peuplent l'esprit de l'homme. Les manières de connaître sont sans nombre quand nous ajoutons l'art à la sphère plus étroite de la science. Chacun a l'occasion de remarquer combien un génie original nous fait découvrir des choses qui étaient pourtant déjà devant nos yeux. C'est qu'en réalité avoir une chose devant les yeux ce n'est pas la voir, encore moins la connaître. L'homme de génie, qu'il soit Homère ou Shakespeare, supplée à ce qui manque, nous fait apercevoir les accompagnements d'une chose et l'élève ainsi au rang de connaissance. Une heureuse comparaison, un contraste frappant sont les instruments qui éveillent l'attention de l'esprit et la fixent sur des objets qui étaient passés inaperçus bien qu'ils fussent depuis longtemps sous les yeux du corps.

Le langage est un moyen de fixer l'attention sur des impressions choisies en dehors du total déjà si considérable qui constitue notre univers. Tout ce qui a reçu un nom est comme montré du doigt : tout homme qui entend ce nom et qui voit la chose en même temps, y prête une attention particulière et pour cela même a des chances de la connaître dans toute la force du mot, c'est-à-dire dans sa diversité ou sa similarité avec d'autres choses. Les étoiles dont les noms sont les plus répandus sont mieux connues à cause de cette circonstance même. Nous sommes donc plus attentifs à une plus grande somme d'impressions si nous parlons une langue riche et si nous vivons dans un milieu intelligent et instruit.

26. — Résumons ce qui est essentiel à la connaissance :

Premièrement. — Pour connaître une chose, il faut que nous ayons conscience qu'elle diffère d'autres choses, qu'elle ressemble à d'autres. Jusque là la connaissance n'implique que ce que renferment déjà la sensation et la perception.

Secondement. — Quand la connaissance arrive à être une affirmation, deux choses au moins sont remarquées ; il faut de plus qu'on puisse attribuer à ce couple une troisième propriété, qui le range dans la classe de la co-existence ou dans celle de la succession. « Le soleil est un corps lumineux », — « la nuit suit le jour », — sont des combinaisons de mots qui indiquent un ordre plus élevé de connaissances que les mots simples : « Soleil » — « nuit » — « jour », — par ces combinaisons nous unissons des connaissances simples ou élémentaires et nous en faisons des affirmations ou des propositions ; et la circonstance qui lie ces connaissances élémentaires ce sont ces attributs généraux que nous appelons co-existence et succession.

Troisièmement. — Dans ces affirmations doit entrer cette disposition ou état actif nommé croyance (ou non-croyance).

SUJET ET OBJET. — LE MONDE EXTERNE

27. — Dans cette étude si rapide sur la connaissance, le dernier point à examiner, c'est la question du sujet et de l'objet qui renferme le plus grand de tous les problèmes métaphysiques, le problème du moi et du monde externe.

Nous devons rappeler ce que nous avons dit de chaque connaissance conquise dans le domaine du connaissable ; pour connaître il faut qu'il y ait pluralité d'impressions et comparaison entre ces impressions. L'objet n'a de valeur qu'en tant qu'accompagné du sujet, et *vice-versa*. L'un est le complément, le corrélatif de l'autre. Le sujet et l'objet forment un de ces couples semblables aux deux pôles de l'aimant qui sont, dans la masse de nos impressions, des parties de notre connaissance. Une lueur perpétuelle et constante équivaudrait pour l'œil à l'absence de lumière ; c'est l'obscurité qui en nous privant par instants de la lumière nous donne la conscience de la lumière. Cependant, de même que nous pouvons penser à la lumière en elle-même sans faire mention de son contraire indispensable, que nous pouvons concentrer toute notre attention sur le pôle nord de l'aimant et oublier pour un temps le pôle sud, de même nous pouvons penser à l'objet en sous-entendant le sujet, ou au sujet en sous-entendant l'objet. Nous ne serions jamais arrivés à acquérir la notion de l'externe si son contraire n'existait pas ; mais une fois cette notion acquise nous pouvons faire abstraction d'un des membres du couple antithétique pour fixer toute notre attention sur l'autre. Un objet ou un sujet absolu est une pure absurdité ou impossibilité, pas plus pourtant que le serait la conception de la lumière sans l'obscurité, du rouge sans aucune autre couleur, de la ligne droite sans la ligne courbe, du grand sans le petit.

28. — J'ai déjà esquissé (*Contiguité*, *Perception*) les principaux traits qui forment la distinction à faire entre le sujet et l'objet : — I. Mouvement (objet) formant contraste avec la sensation passive (sujet) ; II. Etats de conscience définis liés à des mouvements définis (objet) ; états de conscience indépendants de nos mouvements (sujet) ; III. Expérience commune à tous (objet) ; expérience spéciale à chacun (sujet).

Sous le premier chef je comprends ce sentiment particulier que nous appelons sentiment de la résistance et que les métaphysiciens regardent comme l'essence du monde objectif ; John Stuart Mill s'est singularisé en n'en parlant même pas dans son explication.

Dans la seconde division nous retrouvons la distinction entre la sensation et l'idée ; de nouvelles circonstances accentuent la différence.

On s'étend rarement assez sur la troisième division, elle est pourtant très importante pratiquement, parce qu'elle nous fournit les moyens faciles de distinguer la réalité de l'illusion.

29. — M. Spencer a donné une analyse minutieuse de l'objet et du sujet et de ce qui les distingue.

Il renferme les différences qu'il croit devoir marquer dans une série d'observations antithétiques. Ces observations au nombre de dix donnent lieu à des subdivisions. Voilà ces différences capitales :

1. — Les états objectifs sont plus vifs que les états subjectifs.

2. — Les états objectifs précèdent dans le temps les états subjectifs.

3. — La volition ne peut changer les propriétés et attributs de l'objet, elle peut changer les attributs du sujet.

4. — La volonté ne peut changer l'ordre simultané des états objectifs, elle peut changer celui des états subjectifs.

5. — La volition ne peut changer l'ordre successif des états objectifs ; l'ordre successif des états subjectifs est changeable.

6. — Les états objectifs font partie d'un agrégat qu'on n'a jamais vu briser ; l'agrégat des états subjectifs ne peut se détruire non plus, mais le premier est plus fortement constitué que le second.

7. — Les états objectifs sont entièrement indépendants des subjectifs ; les subjectifs ne le sont que lorsqu'ils sont de première importance.

8. — Les lois des états objectifs ont leur origine en elles-mêmes ; les lois des états subjectifs sont en partie dérivées.

9. — Les antécédents d'un état objectif peuvent être ou ne pas être évidents ; on trouve toujours l'antécédent d'un état subjectif.

10. — Un état objectif est une partie d'un tout dont l'étendue est inconnue ; un état subjectif appartient à un tout dont l'étendue est limitée, et appelé mémoire.

M. Spencer produit en outre quelques considérations qui sont plus ou moins impliquées dans les distinctions formulées ci-dessus. Il se suppose physiquement *passif* pendant qu'il note ces différences, et cependant admet que ces différences impliquent le souvenir d'activités passées. Il soutient pourtant que lorsque l'attitude est entièrement passive, la séparation entre les agrégats objectifs et les agrégats subjectifs doit être profonde. L'indépendance des états objectifs doit être plus grande que celle des autres. Nous retrouvons dans la contemplation passive quelques-uns des couples antithétiques, la volonté peut ou non changer l'ordre des phénomènes, les antécédents sont visibles ou non, l'objet est illimité, le sujet est limité, par exemple.

De quel côté faut-il ranger les états agréables et désagréables qui sont parfois liés à une conscience très vive, parfois à une plus faible et qui varient eux-mêmes en degré et en intensité ? Du côté du sujet, et voici pourquoi : Quelques-uns de ces états sont liés à des sensations, les plaisirs de la vue et de l'ouïe par exemple, mais le plus grand nombre, les émotions et les souvenirs par exemple, sont liés aux idées. Les lois qui régissent ces états sont les lois qui gouvernent non pas les sensations très fortes, mais bien les idées et les états de conscience les plus faibles. Les lois de l'émotion sont les lois d'association avec des groupes idéaux : la colère est liée à l'injure et ainsi de suite. Enfin ces états sont limités comme le sont les états subjectifs ou faibles.

La manière dont ces états provoquent nos mouvements corporels peut encore aider à les caractériser. Les changements qui s'opèrent alors rendent plus apparente la ligne de démarcation entre une portion choisie de cet agrégat vivant que nous appelons notre corps, et le reste de notre sphère visible. Nous arrivons aussi par ce moyen à apercevoir le lien qui unit l'agrégat le plus faible et cette portion de l'agrégat vivant.

L'auteur remarque ensuite que nos mouvements ont pour effet de déterminer la présence ou l'absence de l'autre partie, de nous ouvrir ou de nous fermer les yeux pour ainsi dire, de modifier la scène par conséquent. C'est là la distinction sur laquelle il appuie en dernier.

Il revient ensuite aux expériences faites sur le corps lui-même et par là au sentiment si important de la résistance. En serrant notre genou avec notre main, nous combinons la conscience de l'effort musculaire avec la sensation du toucher, de la pression, les deux faisant diversion l'une à l'autre. Que les deux mains se pressent l'une contre l'autre, et nous aurons des deux côtés, — effort et pression. Une des mains fait l'effort, l'autre offre la résistance (ce qui est aussi un genre d'effort) ; de ces deux sensations nous formons un couple important qui renferme les deux grandes énergies qui caractérisent le monde extérieur, — puissance et résistance.

30. — Si je devais étudier avec la même minutie que M. Spencer les principaux contrastes que l'on trouve entre l'objet et le sujet, je les rangerais sous trois chefs déjà cités.

I. — *Résistance.* — C'est le sentiment de la dépense d'énergie musculaire, contrastant avec les sensations entièrement passives. J'incline à mettre ce contraste en premier parce que je le considère comme le plus simple, et parce qu'il renferme nos expériences les plus primitives. M. Spencer rend du reste justice à l'importance de ce sentiment lorsqu'il dit que la résistance « c'est l'élément constitutif primordial, universel et toujours présent de la conscience ».

En supposant un homme luttant physiquement contre lui-même, M. Spencer obtient une expérience complète de la résistance, avec d'un côté la dépense d'une énergie, de l'autre la résistance à cette énergie. « Nos membres poussés par des idées ou des émotions s'explorent les uns les autres : c'est grâce à ce genre d'exploration que se forme dans la pensée un lien indissoluble entre l'énergie active telle qu'elle jaillit des profondeurs de notre conscience, et la résistance équivalente qui s'y oppose ; ou bien entre cette résistance et une pression équivalente dans la partie du corps qui résiste. Ainsi la conception première de l'*existence en dehors de la conscience*, devient celle de la résistance *plus* quelque force que mesure la résistance. »

Pour ma part je ne puis voir dans ce double effort : action d'un bras, réaction de l'autre, que deux actes musculaires séparés, liés avec différentes parties du corps. Il est parfaitement vrai que l'on compare ces deux efforts et qu'on les mesure l'un par l'autre, mais ceci n'altère en rien leur caractère propre. Je ne vois donc pas comment ce cas implique sentiment de « l'existence en dehors de la conscience ».

II. — Le contraste qu'il y a entre une sensation indifférente et un plaisir ou une souffrance se fond dans le contraste même de l'objet et du sujet. Un état de parfaite objectivité est un état neutre ou indifférent ; tandis qu'un état subjectif est immanquablement accompagné d'un état de conscience pénible ou agréable.

Dans l'effort musculaire même nous retrouvons cette distinction. L'effort musculaire objectif est une simple dépense d'énergie ; nous sommes vraiment dans une attitude subjective quand nous expérimentons les plaisirs ou les souffrances de l'exercice.

En disant que l'attitude objective est neutre nous ne voulons pas impliquer que toute neutralité est de l'objectivité. De même en disant que tout plaisir ou toute souffrance implique subjectivité nous ne voulons pas affirmer que toute subjectivité est pénible ou agréable.

III. — Le contraste qu'il y a entre l'intelligence et la sensation coïncide bien souvent avec celui qu'il y a entre l'objet et le sujet. La faculté maîtresse de l'intelligence, c'est le discernement ; un état de conscience objectif est dû à l'emploi de cette faculté. Quand nous nous sevrons de plaisir ou de souffrance, que nous refusons de nous laisser envahir par un état de conscience agréable ou pénible, nous n'avons plus qu'à exercer notre discernement, à comparer, à mesurer. L'énergie dépensée, sous son aspect objectif est discernable, évaluable. Si nous ne la prenons pas sous cet aspect c'est que nous la prenons sous son côté subjectif ou émotionnel ; si elle n'occasionne pas un plaisir ou une souffrance, c'est qu'elle est une émotion mentale (subjective).

On peut dire la même chose à propos de tous nos sens : quand nous exerçons notre faculté de discernement, notre attitude est objective ; quand nous nous laissons envahir par l'émotion notre attitude est subjective. Au moment où nous comparons deux nuances nous sommes tout à l'objet ; quand nous ne cherchons pas à faire de comparaison et que nous jouissons du plaisir que nous donnent ces nuances, nous reprenons l'attitude subjective.

IV. — La dernière antithèse sur laquelle j'insisterai est celle que M. Spencer a citée en premier lieu, c'est le contraste qu'il y a entre la vivacité des états de conscience objectifs et la faiblesse des états de conscience subjectifs. J'ai déjà parlé de cette distinction très importante. Dans l'état objectif (1) les détails, les circonstances dont on a conscience sont nombreux et distincts (2), on en conserve facilement le souvenir. Voilà qui s'accorde bien avec les deux caractéristiques déjà citées, indifférence et exercice du discernement. Pour observer une scène complexe et variée il faut que notre neutralité soit complète et que nous appliquions toute notre faculté de discernement ; là où il y a peu à discerner, dans une scène vague et sans caractère, nous retombons bien vite dans une condition subjective et émotionnelle. Ainsi pour connaître un objet il faut que nous soyons à notre aise et rien de plus ; un plaisir positif nous rejetterait dans l'attitude subjective, et de même un effort pénible.

Le genre de conscience faible et parfois un peu vague

que nous appelons idée, mémoire, conception, contrastant avec la plénitude de conscience que donne la sensation, confirme de plus en plus l'opinion que nous avons énoncée sur la distinction entre l'objet et le sujet.

V. — Comme conséquence de ce que nous venons de dire, nous pouvons encore citer le contraste qu'il y a entre l'étendue visible, et la conscience non étendue. Je ne veux pas encore donner une définition complète de l'étendue ou de l'espace, mais simplement remarquer que les yeux avec leurs fonctions optiques et musculaires combinées sont d'une grande importance pour formuler cette définition. Les sensations de la vue sont avant tout objectives tandis que celles qu'on ne peut qualifier d'étendues, les sensations de l'odorat, de la chaleur, du froid, sont avant tout subjectives. Elles peuvent devenir objectives par l'ajouté de l'élément musculaire.

VI. — La grandeur incommensurable du monde objectif contraste bien vivement avec la sphère limitée du monde subjectif, M. Spencer l'a fait remarquer dans sa dixième proposition ; c'est là en effet une des grandes différences qui séparent les deux mondes. Mais elle est déjà plus ou moins impliquée dans ce que j'ai déjà dit sur l'intelligence ou la faculté de discernement particulièrement.

On pourrait encore ranger sous ce chef quelques-unes des autres propositions de M. Spencer : l'objet est *prior*, original, indépendant, le sujet est *posterior*, copié et dépend en partie de l'objet. Mais ces distinctions ne sont acceptables que si l'on ne prend dans les états subjectifs que nos idées qui sont en effet postérieures à nos sensations qui en sont les copies et qui en dépendent. Mais si nous voulons parler de plaisirs et de souffrances subjectives il faudrait renverser les termes ; car ces états ne sont jamais les copies d'états objectifs qu'ils précèdent et contrôlent même souvent.

Les arrangements du monde objectif ont une fixité qui frappe ; celle des états subjectifs est beaucoup moins évidente et paraît soumise à de nombreuses irrégularités. Nous découvrons bien vite dans le monde objectif une grande et constante uniformité qui voile un grand nombre d'irrégularités. Dans le monde subjectif on rencontre peu de ces séries invariables ; l'uniformité n'est pas apparente bien qu'elle soit au fond des choses ; bien des gens l'ont niée.

Dans la sphère objective le nuage qui passe nous empêche un moment de voir au delà, et quand il a disparu nous retrouvons tout dans le même ordre. Tout dans l'espace, au ciel et sur la terre, nous prouve par mille contre un une uniformité éternelle. Les émotions éveillées par une même scène n'ont pas la même identité nécessaire.

VII. — Malgré toute l'importance des différences que nous venons de signaler entre les deux mondes, nous ne pouvons nous dispenser de citer, comme marque du monde objectif faisant absolument défaut au monde subjectif, la loi qui unit certains efforts musculaires définis à des changements définis dans nos sensations. En réalité la fixité dont je viens de parler un peu plus haut est très limitée, et n'existe même que si les objets que l'on a en vue sont éloignés. Nous n'avons vraiment une notion du monde étendu que lorsque nous avons acquis un nombre incalculable d'associations entre des mouvements et des sensations, et réalisé les uniformités qu'elles présentent. Le spectateur dont l'*inactivité physique serait complète*, tel que le suppose M. Spencer expérimenterait bien des contrastes entre l'objet et le sujet, mais ne conserverait, s'il était dans un lieu animé, un marché, qu'une idée bien confuse de ce qu'il aurait vu ; ce serait tout le contraire s'il était assis sur un rocher élevé au bord de la mer et s'il observait une scène éloignée.

Les circonstances déjà citées plaident fortement en faveur de l'objectivité du monde visible. Ce que je viens d'ajouter ne peut qu'aider à surmonter certaines difficultés, et n'en coopère pas moins à former le résultat général. C'est en ouvrant les yeux, en les conservant ouverts, en étant attentifs que nous expérimentons ces états qui par leur étendue, leur variété, leur fixité et leur vivacité constituent notre monde objectif. Si nous n'étions pas capables d'observer nos propres changements corporels, nous ne comprendrions pas comment certaines images sont plus grandes ou moins grandes que d'autres, suivant la place qu'occupent les objets dans notre champ visuel ; la vivacité, la multiplicité, et une fixité partielle resteraient les attributs des états objectifs et nous empêcheraient de confondre en un tout l'objet et le sujet ; mais bien des scènes objectives nous paraîtraient vagues et singulièrement incertaines.

L'association que l'on forme avec des efforts définis, est

moins importante par rapport à la sphère visuelle, mais elle est de première importance lorsqu'il s'agit de sensations à la fois subjectives et objectives, comme celles de l'ouïe, de l'odorat, de la chaleur. Un son objectif, celui d'une chute d'eau par exemple, change de caractère suivant les mouvements que nous faisons : le bourdonnement maladif que nous entendons dans nos oreilles mêmes, ne varie pas avec nos mouvements. La même chose se produit s'il s'agit d'une cause de chaleur objective, ou de la chaleur de la fièvre.

VIII. — Enfin il est impossible d'oublier le contraste qu'il y a entre ce qui est *commun à tous*, et ce qui est *spécial à chacun*. Dans la même situation objective, différents esprits sont affectés exactement de la même manière; dans des circonstances subjectives identiques on peut être affecté de bien des manières différentes. Une rue donne une même image pour plusieurs personnes placées au même endroit; les changements que subit cette image sont les mêmes pour tous ceux qui quittent cet endroit; mais les émotions et les idées qu'elle éveille ne sont pas les mêmes dans tous.

Je ne crois pas qu'on puisse rien dire de plus fort en faveur de l'objectivité. Le réalisme populaire repose sur l'identité absolue de sensation que produit la même scène sur tous les individus; toute disparité sérieuse renverserait la théorie. Les différences si connues qui existent entre les susceptibilités optiques, certains yeux ne voient pas certaines couleurs, par exemple, nous donnent une incertitude pénible sur le véritable caractère du monde extérieur qui serait d'être indépendant, de subsister par lui-même, toujours le même qu'il soit perçu ou non. Elles nous forcent à considérer ce monde qui dépasse ainsi notre perception comme ayant des attributs de forme, mais comme privé d'un aspect fixe sous le rapport de la couleur; la foi réaliste se trouve ainsi bien ébranlée, car si la couleur n'est pas fixe, comment sommes-nous sûrs que la forme et la résistance même sont absolues, c'est-à-dire semblables pour tous ?

31. — Voilà donc l'analyse psychologique de la distinction à faire entre le sujet et l'objet. Il reste encore à examiner le problème métaphysique ou ontologique entièrement distinct de l'autre, bien qu'on le confonde souvent avec lui. Je crois que jusqu'ici on n'a pu dégager la théorie populaire réaliste ou du sens commun de toute contradiction. M. Spen-

BAIN. — Émotions et Volonté. 36

cer a remplacé cette théorie par un réalisme transformé qui s'appuie sur deux faits pour prouver l'existence ultra-phénoménale. L'un de ces faits, c'est le dualisme de la force et de la résistance. Lorsque nous serrons nos deux mains l'une contre l'autre, l'une dépense de la force, l'autre de la résistance ; de même lorsque nous rencontrons un corps qui se meut la résistance est en *nous*, et la force en *lui*. « Le corrélatif inconnu de l'état que nous appelons pression, et auquel nous appliquons les termes que nous employons pour nommer nos propres efforts, constitue ce que nous appelons la substance matérielle. »

Le second fait sur lequel s'appuie cette théorie, c'est la propriété que nous avons de lier ensemble nos états objectifs si infiniment variés, de former un *nexus* invisible sans lequel nos états objectifs seraient dans une confusion et un désordre bien autrement grand que nos états subjectifs. Ce qui existe d'une façon durable et certaine, ce ne sont pas les états objectifs, mais ce *nexus*, principe d'ordre qui nous donne une méthode pour les ranger. Au milieu de tous les changements, il y a quelque chose de permanent, et c'est ce quelque chose qui ne devient jamais un état de conscience objectif, mais qui lie entre eux les états objectifs, et les classe en groupes. La Force et l'Ordre sont donc les deux propriétés de l'absolu, l'entité existant par elle-même qui donne à l'être un côté objectif.

« Quelque mystérieuse que paraisse être cette conscience de quelque chose qui est hors de la conscience, on affirme la réalité de ce quelque chose par le seul fait *qu'on est obligé d'y penser*. » Pour moi je me méfierai de tout procédé de raisonnement renfermant cette obligation. Mais, comme je n'ai pas l'intention de discuter ici la grande question de la réalité d'un monde externe indépendant, je ferai seulement remarquer que ce qui recommande le réalisme c'est la facilité qu'il nous donne pour exprimer et expliquer le contraste qu'il y a entre nos expériences objectives et subjectives. Si Berkeley avait inventé une manière d'exprimer ce contraste aussi facile à manier que les anciennes expressions, on aurait peut-être reçu sans murmures son idéalisme. Mais la grandeur, la plénitude, la fixité du monde objectif semblent s'affaisser sous cette dénomination si faible : *esse est percipi*; elle paraissait faire du monde objectif un environnant inconditionnel, une sorte de concession faite à la croyance de l'homme que le monde est devant lui et demeurera longtemps après que l'homme en aura disparu ; mais comment conserver cette croyance si elle ne représente que la somme des perceptions de la succession fugitive de ceux qui perçoivent ?

Nous parlons du lever et du coucher du soleil ; voilà un exemple de la facilité avec laquelle, pour plus de commodité, nous adoptons une manière de parler qui n'est pas l'expression exacte du fait. Nous n'emploierions qu'à contre-cœur des termes qui exprimeraient le fait réel, tout le mouvement est dans la terre, sur laquelle nous sommes ; nous préférons conserver des expressions impropres mais nous avons soin de ne jamais nous laisser entraîner par elles à commettre des erreurs pratiques. De même et à un degré bien plus grand encore, la convenance du langage réaliste et la répugnance que nous montrons pour ce qui est peut-être le fait réel, nous fait conserver les termes réalistes comme exprimant dans toute sa force la distinction qu'il y a entre les deux mondes ; mais nous ne sommes pas forcés, parce que ce langage nous convient pratiquement, de le tenir pour philosophiquement bon.

32. — Le Réalisme qui convient le mieux aux nécessités pratiques, est celui qui affirme l'existence inconditionnelle, permanente, absolue d'un monde extérieur résistant, étendu et contenant en lui-même les énergies qui éveillent nos différentes sensations. Afin de n'être pas embarrassé par toutes les différences subjectives, il nous faudrait un étalon, un type modèle, pour les perceptions de couleur, de chaleur et d'autres effets sensibles. Ce serait la réalité, l'existence par soi, le monde envisagé par un esprit type, divin ou autre. Ce type existerait, qu'il soit perçu ou non ; il précéderait la vie sentante et pour tout ce que nous connaissons, pourrait la dépasser. Pour la raison spéculative cette conception est incohérente et insoutenable ; mais pour la raison pratique c'est tout ce qu'on peut désirer de mieux.

33. — Les extraits suivants de Destutt de Tracy donnent une excellente idée de ce qu'est notre perception du monde externe.

« Nous ne connaissons notre existence que par les impressions que nous éprouvons; et celle des autres êtres que par les impressions qu'ils nous causent.

« Aussi, de même que toutes nos propositions peuvent être ramenées à la forme de propositions énonciatives parce qu'au fond elles expriment toutes un jugement, de même toutes nos propositions énonciatives peuvent toujours être réduites à une de celles-ci : Je pense, je sens, ou je perçois que telle chose est de telle manière, ou que tel être produit tel effet — propositions dont nous sommes nous-mêmes le sujet, parce qu'au fond nous sommes toujours le sujet de tous nos jugements, puisqu'ils n'expriment jamais qu'une impression que nous éprouvons.

« Il s'en suit de là : que nos perceptions sont tout pour nous, que nous ne connaissons jamais rien que nos perceptions, qu'elles sont les seules choses vraiment réelles pour nous, et que la réalité que nous reconnaissons dans les êtres qui nous les causent, n'est que secondaire et *ne consiste que dans le pouvoir permanent de faire toujours les mêmes impressions dans les mêmes circonstances*, soit à nous, soit à d'autres êtres sensibles qui nous en rendent compte, encore *par des impressions qu'ils nous causent*, quand nous sommes parvenus à nous mettre en communication avec eux par des signes. » (*Idéologie*, vol. IV, p. 164-165, éd. 1825.)

« On peut même dire que comme nous ne sentons, ne savons et ne connaissons rien que par rapport à nous, l'idée, sujet de la proposition est toujours en définitive notre moi : car quand je dis, *cet arbre est vert*, je dis réellement *je sens, je sais, je vois que cet arbre est vert*. Mais précisément parce que ce préambule se trouve toujours dans toutes nos propositions, nous le supprimons quand nous voulons ; et toute idée peut être le sujet d'une proposition. » *Principes logiques*, vol. IV, p. 231.) — (Cité en français dans le texte anglais.)

APPENDICE

A. — CONDITIONS PHYSIQUES LES PLUS GÉNÉRALES DE LA CONSCIENCE

J'ajouterai les quelques observations suivantes sur les lois les plus générales qui régissent l'union des fonctions physiques et mentales.

J'ai constamment fait appel à la grande loi mentale de la relativité. Bien que nous ne puissions assigner exactement qu'elle est la contre partie physique de cette loi, l'exposition suivante sera en harmonie avec notre connaissance actuelle des phénomènes physiques et mentaux.

L'équilibre nerveux troublé par l'application d'un stimulus se reconstitue sans cesse de lui-même.

Voilà une loi élémentaire qui régit toutes les forces matérielles que nous connaissons, force mécanique, chaleur, force chimique, électricité, etc. Un liquide au repos, mis en mouvement, tend à rentrer dans son état primitif, nous en avons la preuve dans la marée. Le même principe s'applique encore aux vents dans l'atmosphère. Il n'y a pas de raison pour qu'il ne soit pas applicable à la force nerveuse. Tout nous autorise à supposer que lorsque tous les courants cérébraux s'équilibrent, quand aucun n'est plus fort ou plus faible, la conscience ou la sensation est nulle, l'esprit est au repos. Qu'un trouble quelconque se fasse sentir sur un point, et la conscience sera éveillée ; et une fois la conscience éveillée la variété dans les stimuli empêche l'esprit de retrouver l'équilibre parfait. La nature instable de l'esprit est parfaitement en harmonie avec cette manière de voir ; la conscience est formée d'une série d'ébullitions ; ce n'est pas un fleuve au courant lent et constant. Quand l'esprit passe par des excitations faibles ce n'est peut-être pas très apparent : mais toutes nos expériences d'excitations intenses s'accordent parfaitement avec cette hypothèse.

La loi de diffusion exprime la seconde condition de la conscience : en fondant cette loi avec la loi de relativité nous aurons la condition physique la plus générale de conscience :

Une augmentation ou une diminution dans la force des courants nerveux circulant dans le cerveau, suffisamment diffus pour affecter le système nerveux entier.

La dernière partie de cette phrase « suffisamment diffus pour affecter le système nerveux entier », renferme la loi de diffusion et implique le développement d'une conscience collective, une, que les remarques suivantes feront mieux connaître :

M. G.-H. Lewes dans sa « *Physiology of common Life* » a affirmé d'une façon qui semble irréfutable que la sensation c'est à dire la conscience est une propriété des ganglions nerveux. Il nie l'existence d'un genre de stimulation et d'activité inconsciente semblable à celle que l'on trouve dans ce qu'on appelle les « Actes réflexes » et qui viendrait de la moelle épinière : et à l'appui il produit des observations et des expériences que j'ai déjà citées dans les *Sens* ; il se fonde surtout sur ce fait que dans la stimulation réflexe on trouve les éléments essentiels de l'action volontaire. Autant que je puis en juger je crois que tout le poids de l'évidence penche en faveur de cette opinion. Il est beaucoup plus rationnel de croire que la sensibilité est développée par n'importe quelle excitation des ganglions (cérébraux, spinaux, sympathiques) que de croire que la sensibilité n'est attachée qu'à certains ganglions (ceux du cerveau) et qu'elle est absente d'autres, composés exactement des mêmes éléments nerveux.

La théorie de M. Lewes n'est nullement incompatible avec les conditions de conscience ci-dessus énoncées. Je suppose que lorsqu'il attribue la sensibilité aux ganglions il veut dire aussi aux nerfs, car les ganglions sans les nerfs ne sont rien : ce sont des stations de chemin de fer sans rails pour les relier entre elles. Retirer la sensibilité à la moelle épinière pour la localiser dans les ganglions, ne nous donnerait pas une meilleure solution du problème : en réalité la sensibilité doit accompagner toute activité nerveuse et les ganglions jouent par rapport à celle-ci un rôle indispensable.

Cette théorie s'accorde encore avec la loi du changement ou de relativité. M. Lewes la suppose du reste souvent tacitement et à l'occasion l'expose en termes formels. En parlant de la sensibilité des viscères il dit : « Et c'est à la variété d'états qui peut être déterminée par des *changements* dans la circulation et dans les conditions des viscères, qu'on doit attribuer la grande variété d'actions des animaux décapités. » (Vol. II, p. 240.) Quelque théorie que nous adoptions sur la sensibilité de tous les organes qui sont liés en quelque manière par les nerfs aux centres nerveux, nous devons reconnaître que sans certains changements dans la condition de ces organes, ils n'éveilleraient pas notre conscience.

Enfin la théorie de M. Lewes n'est pas contredite par la loi de diffusion. Transposée dans les termes dont il se sert, cette loi serait : « La sensibilité augmente suivant le nombre de ganglions affectés. » La vraie difficulté ici est de trouver qu'elle est la circonstance qui détermine l'*unité* de conscience.

Il se peut que toutes les fois qu'un courant nerveux passe par un ganglion il y ait sensibilité ou conscience ; et que lorsque les cordons nerveux remplissent séparément leurs fonctions, les sensibilités soient aussi séparées, divisées. Pour qu'il y ait unité, il faut que les courants nerveux agissent concurremment, que les sensations locales se fusionnent et forment un état de conscience collectif. Si un mouvement de la moëlle épinière arrive, comme pour la grenouille décapitée, à être un mouvement volontaire sans qu'il y ait participation du cerveau, il peut y avoir sensibilité ou conscience aussi bien que volition, mais ce n'est pas la conscience de l'animal telle que nous l'entendons, mais celle d'un animal séparé et inférieur. Pourquoi? Parce que ce que nous appelons notre conscience se sert de notre voix pour décrire aux autres notre état, de notre bouche, de nos yeux, etc., pour traduire cet état en manifestations extérieures, de nos membres pour agir en conséquence. Quelque étendue que soit l'influence d'un centre nerveux autre que le cerveau, et qui agit séparément, son activité n'éveille pas une conscience qui soit notre conscience proprement dite, mais plutôt la conscience d'un parasite.

Il me semble donc que ce qui détermine l'unité de conscience quand un stimulant local a mis en mouvement les courants collectifs, c'est l'unité de l'*exécution*, c'est-à-dire l'unité du mouvement, déployée par le mécanisme actif et par les sens les plus élevés. Nous pouvons n'employer les organes de l'expression que pour rendre un sentiment à la fois ; tous nos sens peuvent concourir au même acte d'attention, tout notre corps, au même acte de volonté. Si ces propositions ne sont pas absolument vraies, la conscience n'est pas une unité, mais une sorte de pluralité. On peut avoir conscience de certaines opérations détachées, par exemple de la marche qu'on accomplit en fixant toute son attention sur un autre point, mais ces opérations n'affectent pas la conscience centrale dont les propriétés sont d'être localisées dans le cerveau, de posséder l'unité, et d'être seule reconnue comme élément constitutif de notre histoire mentale.

B. — CLASSIFICATION DES ÉMOTIONS

M. Herbert Spencer dans un article critique sur les émotions et la volonté (*Essais*, 2ᵐᵉ série) s'est spécialement arrêté sur la classification des émotions. Il exprime ainsi le principe conforme à l'évolution, qui doit gouverner cette classification :

« Nous pouvons d'abord étudier l'évolution des émotions à travers les différents degrés de l'échelle animale ; observer quelles sont celles qui paraissent le plus tôt, unies à l'organisation la plus inférieure, à l'intelligence la moins développée, examiner dans quel ordre naissent les émotions à mesure que l'organisation devient plus riche, et enfin comment elles se lient aux différentes conditions de la vie. Nous étudierons ensuite les différences émotionnelles entre les différentes races humaines ; les émotions qui leur seront communes seront regardées comme plus simples et plus primitives que les émotions des races les plus civilisées. Nous devons observer en troisième lieu comment et dans quel ordre les émotions se développent depuis l'enfance jusqu'à la maturité. Enfin, en comparant ces trois espèces de développement émotionnel, le développement animal en général, celui des races humaines, et celui que montre l'histoire individuelle, nous pourrons découvrir jusqu'à quel point ces développements s'harmonisent et quelles sont les lois générales qui les régissent.

« Après avoir comparé et généralisé ces différentes classes de faits, l'analyse des émotions serait plus facile. En admettant que toute nouvelle forme d'émotion qui apparaît dans l'individu ou dans la race, est une modification de quelque émotion pré-existante, ou un composé de plusieurs émotions existantes, cette analyse serait rendue bien plus facile par ce fait que nous connaîtrions les émotions pré-existantes. Quand par exemple nous trouvons que bien peu d'animaux inférieurs sont capables de montrer l'amour de l'accumulation, que ce sentiment n'existe pas dans l'enfant, quand nous voyons qu'un enfant manifeste sa colère, sa crainte, son étonnement, alors qu'il ne manifeste aucun désir de possession permanente, et que la brute qui n'a pas ce désir non plus est incapable d'attachement, de jalousie, d'amour de l'approbation, nous sommes autorisés à supposer que le sentiment de la propriété est un composé d'émotions plus simples. Quand un chien cache un os, nous devons supposer qu'il jouit par avance de la satisfaction qu'il prendra à apaiser sa faim ; de même lorsqu'on s'assure, qu'on prend possession d'une chose, il faut qu'il y ait excitation idéale de l'émotion que satisfera cette chose. Nous pouvons supposer de plus lorsque l'intelligence est suffisante, lorsque par exemple des armes, des vêtements, des ornements répondent à différents besoins des sauvages, l'acte par lequel on s'approprie une chose doit toujours renfermer des associations agréables, être agréable en lui-même donc, sans référence à la fin qu'il sert. Lorsque, dans la vie civilisée par exemple, le genre de propriété qu'on acquiert ne conduit pas à un ordre particulier de jouissance, mais peut procurer toutes les espèces de satisfactions, le plaisir d'acquérir devient de plus en plus distinct des plaisirs divers qu'il peut procurer et arrive alors à être une émotion séparée. »

M. Spencer divise les émotions en quatre classes :

I. — « *(Presentative feelings.)* Les sensations, états d'esprit dans lesquels nous regardons une impression corporelle non pas comme étant d'une espèce ou d'une autre, ou comme localisée ici ou là, mais comme un plaisir ou une souffrance. » Cette division correspond à celle où je place les sentiments et sensations musculaires.

II. — « *(Presentative, representative feelings.)* Les sensations et émotions ou groupes de sensations, de sensations et d'idées, que nous devons en partie à notre expérience personnelle, en partie à une expérience beaucoup plus vague, à celle de nos ancêtres dont nous avons hérité et qui par conséquent n'est pas limitée. » Comme exemple de ce genre d'émotions, M. Spencer donne la terreur ; certaines souffrances, dit-il, sont héréditaires dans la peur. Il ne donne pas d'autre exemple, mais il pourrait citer les émotions élémentaires en général, comme l'amour et la malveillance.

III. — « *(Representative feelings.)* Les émotions représentatives, comprenant les idées des émotions ci-dessus citées, lorsqu'elles se présentent libres de toute excitation externe appropriée. On peut donner comme exemple de ces émotions, les sentiments que décrivent les poètes et qu'ils éveillent dans l'esprit de leurs lecteurs.

IV. — « *(Re-representative feelings.)* Enfin les états complexes qui sont moins les résultats directs des excitations extérieures que leurs résultats indirects, réflexes pour ainsi dire. L'amour de la propriété est un sentiment de cette espèce. Il est éveillé non par la présence d'un objet spécial, mais bien par tous les objets qu'on peut posséder en général ; et ce n'est pas la seule présence de ces objets qui le provoque, mais encore une certaine relation idéale avec eux. »

« Les émotions les plus hautes, celles de la justice par exemple, appartiennent tout à fait à cette catégorie. »

Je veux citer quelques autres classifications :

Celle de Reid est très défectueuse. Dans ce qu'il appelle « principes animaux d'activité » il renferme les appétits, les désirs (puissance, estime, science) les affections malveillantes, la passion, la disposition, l'opinion. Sous le nom de « principes rationnels d'action » il comprend le respect du bien de tous et le sens moral. Il ne parle ni de la surprise, ni de la crainte, ni de la croyance. C'est à peine s'il nomme en passant les émotions esthétiques dans son dernier chapitre sur les facultés intellectuelles.

Dugald Stewart s'appuie naturellement sur l'opinion émise par Reid. Son étude sur la puissance active est divisée en deux parties principales : — I. Principes instinctifs d'action (principes animaux de Reid). Ce sont : 1° les appétits ; 2° les désirs science, société, estime, puissance, supériorité ; 3° les affections bienveillantes et malveillantes. — II. Principes rationnels et directeurs de l'activité. Ils comprennent : l'amour de soi ou la prudence, la faculté morale ; puis le sentiment de la décence, de la sympathie, du ridicule, le goût.

C'est une faute que de ne pas discuter séparément (dans les deux grandes divisions, *Intelligence* et *Activité* les émotions en tant qu'émotions, et les émotions en tant que stimulants de la volonté ; Reid et Dugald Stewart ne considèrent pas uniquement les plaisirs de l'estime, de la société, de la puissance, de la science, comme des plaisirs, mais comme des désirs qui sont des composés d'émotion et de volonté.

Thomas Brown ne voit que deux manières de classer les émotions d'après leurs éléments les plus simples, ou suivant les formes complexes qu'on leur connaît. Il adopte la dernière classification, parce que s'il adoptait la première les émotions élémentaires se trouveraient être : la joie, le chagrin, le désir, l'étonnement, le respect, le mépris, le sentiment moral. Il range les émotions complexes d'après leur relation avec le temps et les divise ainsi : *Émotions immédiates* comprenant la gaieté et la mélancolie, l'étonnement, la languéur, la beauté, le sublime, le risible, le sentiment moral, l'amour et la haine, la sympathie, l'orgueil et l'humilité ; — *Rétrospectives*, la colère, la reconnaissance, le simple regret, la joie, le remords et son contraire ; — *Prospectives*, les désirs (existence continuée, plaisir, action, société, science, puissance, affection, gloire, bonheur des autres, mal des autres). Ce plan, beaucoup plus compliqué que celui de Reid et de Stewart, est aussi défectueux. Il montre encore mieux l'inconvénient qu'il y a à considérer nos principaux plaisirs dans leur influence sur la volonté, c'est-à-dire sous la forme de désirs.

Sir W. Hamilton a l'avantage d'un meilleur point de départ puisqu'il reconnaît les trois divisions de l'esprit (bien qu'il place l'intelligence d'abord et les émotions ensuite.) Il divise les émotions : 1° en sensation, et 2° en sentiments moraux ou internes. Il subdivise ensuite les émotions en émotions *contemplatives* ou intellectuelles, et en émotions *pratiques* ou volontaires. Il semble singulier que les émotions n'aient de *locus standi* que comme simple accident des deux autres puissances de l'esprit ; on pourrait dire pour justifier cette singularité que les émotions naissent des sensations par l'opération des forces intellectuelles, mais c'est ce qu'Hamilton n'affirme pas. Il divise ensuite les émotions contemplatives en émotions des facultés subsidiaires et de la faculté d'élaboration ; les premières sont encore subdivisibles en émotions de la conscience du moi, et de l'imagination. Il cite parmi les émotions de la conscience du moi, l'ennui *(tœdium)* et son contraire. Parmi celles de l'imagination, l'ordre, la symétrie, l'unité dans la variété. Liés à l'entendement ou à la faculté d'élaboration, sont : l'*esprit*, les plaisirs de la *vérité* et de la *science*, la jouissance qu'on éprouve à trouver et à appliquer les *moyens* qui servent à un *but*. L'union des forces de l'imagination et de l'entendement donne naissance à la beauté et au sublime. Les émotions pratiques sont celles qui sont liées à notre (1) *conservation personnelle*, (2) à la *jouissance d'exister*, (3) à la *conservation de l'espèce*; ce sont nos tendances (4) qui nous poussent vers le *développement* et le *perfectionnement*, (5) la *loi morale*. La conservation de soi-même comprend les sensations de faim et de soif, le chagrin, la souffrance corporelle, le repos, la crainte, l'anxiété, la sécurité, l'émotion suscitée par l'idée de la mort. Les émotions de l'existence renferment la joie et ses contraires, la crainte et le chagrin. La conservation de l'espèce implique amour sexuel, affections sociales et de famille, sympathie, vanité, honte, orgueil, indignation, ressentiment, colère, mépris, etc... Nos tendances au perfectionnement comprennent les sentiments de puissance et d'impuissance, les sentiments d'émulation et d'envie. La loi morale implique respect des autres, respect de soi-même, humiliation de soi-même, sentiment moral, conscience, remords.

On dirait un plan tracé à la hâte, esquissé seulement et que l'auteur n'a jamais eu le temps de revoir et de perfectionner. Les défauts en sont nombreux et évidents. Une des conséquences caractéristiques de l'ordre dans lequel Hamilton traite les émotions des deux grandes divisions, intelligence et émotion (émotion et intelligence étant l'ordre véritable suivant moi), c'est la manière dont il fait sortir la beauté de l'imagination.

La triple division de l'esprit adoptée par la philosophie allemande devrait, semble-t-il, avoir une bonne influence sur son système de classification émotionnelle. Kant adopte la triple division, mais il ne pousse pas loin les subdivisions qui nous permettent seules de connaître ce qu'impliquent les divisions. Dans son *Anthropologie* il divise les plaisirs et les souffrances (c'est-à-dire les états de conscience) en *sensuels* et *intellectuels* ce qui ne coïncide pas exactement avec les sensations et les émotions. Les plaisirs ou souffrances sensuels nous viennent par les *sens* ou par l'*imagination* ; ils comprennent l'ennui, le contentement, etc. Les plaisirs et souffrances intellectuels sont liés aux *concepts* de l'entendement et aux *idées* de la raison. Voilà qui ne diffère pas beaucoup de la méthode d'Hamilton. Mais c'est dans la faculté appétitive, la conation, ou comme nous dirions, la volonté, qu'il renferme les émotions ordinaires, amour, haine, etc... C'est ainsi que malgré un point de départ qui est bon, Kant retombe dans la division vicieuse des philosophes anglais. Il lie les *affections* et les *passions* à notre faculté active. Une affection est un sentiment présent de plaisir ou de souffrance qui nous enlève pour un temps tout pouvoir de réflexion, qui détruit notre équilibre mental. La passion est une inclination trop forte pour être compatible avec la raison. Les passions sont *naturelles* (liberté, amour sexuel, etc.), ou *acquises* (ambition, avarice).

L'opinion d'Herbart et de ses disciples est plus importante que celle de Kant au point de vue psychologique et de la classification des émotions. Herbart accepte la triple division de l'esprit ; mais tout en accordant que les trois parties sont scientifiquement divisibles, elles sont unies et inséparables dans leur œuvre, parce qu'elles ont toutes un élément commun élémentaire qu'il appelle présentation *(Vorstellung)* et que nous nommerions la sensation sous son aspect intellectuel. Les autres états intellectuels, émotionnels et volitionnels sont secondaires d'origine. Les états de conscience viennent de la réaction mutuelle des présentations *(Vorstellung)* : la réaction est produite soit par un arrêt, un obstacle, ou une ressemblance, une harmonie ; en d'autres termes, les émotions *(feeling)* sont *entièrement* soumises aux lois d'harmonie et de conflit. Une émotion est donc : « une perception immédiate de l'obstacle ou de l'harmonie au milieu des présentations prédominantes dans tout moment de conscience » ; et comme les présentations ne sont que les forces actives de l'esprit qui permettent de mesurer sa vitalité, on peut dire que l'émotion est « la conscience immédiate de l'augmentation ou de l'affaiblissement de l'activité mentale vitale. »

Les successeurs de Herbart expriment de différentes façons la distinction à faire entre l'émotion et la sensation. Nahlowsky définit la sensation un état dépendant de la simple perception d'un stimulus organique et l'émotion le résultat, non d'une stimulation immédiate des nerfs, mais de présentations existant simultanément dans la conscience. Waitz dit que les émotions se produisent naturellement dans le cours de la succession de présentations, *mais que ce ne sont pas de simples présentations modifiées*, ce qui arrive presque à dire qu'il y a un élément distinct dans l'émotion ; l'émotionnel est fondé sur l'intellectuel sans se confondre avec lui. Wundt, influencé par Herbart, tout en n'étant pas son disciple, fait un pas de plus quand il dit que l'émotion est un état dont l'aspect est purement subjectif, c'est dire que la sensation a un aspect subjectif. Le grand vice du système d'Herbart, comme celui de presque tous les systèmes philosophiques, c'est de tendre à une trop grande simplicité : l'unité de l'esprit qu'il affirme vient encore de l'idée (adoptée par Hamilton) de tout fonder sur la connaissance ou la cognition.

La classification donnée par Herbart, complétée par Waitz et ses disciples, divise les émotions en *formelles* et en *qualitatives*. Les premières ne sont pas particulièrement subjectives, elles ne dépendent que de la manière dont se rencontrent les présentations. Les secondes dépendent des caractères spéciaux des présentations. Je cite les principales subdivisions données par Nahlowsky (*Das Gefuhlsleben*).

I. — ÉMOTIONS

A. — *Formelles*

a. L'oppression et le soulagement, l'effort et l'aisance, chercher et trouver, réussir et ne pas réussir, harmonie et contraste, puissance et faiblesse, sont les émotions formelles les plus élémentaires.

b. Les plus complexes sont : attente, espérance, appréhension, étonnement, doute, ennui, joie (diversion, récréation).

B. — *Qualitatives*

a. Émotions inférieures ou des sens, plaisirs et souffrances simples, des couleurs et des sons.
b. Émotions supérieures ou intellectuelles (vérité et probabilité), esthétiques, morales, religieuses.

II. — ÉTATS ÉMOTIONNELS COMPLEXES

1. États émotionnels impliquant conation (volonté), (désir, aversion).
    a. Sentiment sympathique (en réalité qualitatif, non classé comme tel, parce qu'il renferme à la fois un élément sensuel et un élément idéal).
    b. Amour (sensuel et idéal compliqué de désir).
2. États fondés avant tout sur un élément organique.
    a. La disposition ou humeur générale de l'esprit, n'admettant pas la prédominance d'une émotion ou d'un agent spécial : gaîté générale, etc.
    b. Affections (non dans le sens d'amour) qui sont opposées aux précédentes, comme le transitoire l'est au permanent. Il appartient en propre à Herbart de désigner ainsi les troubles transitoires de l'équilibre par quelque impression inattendue (crainte, colère) qui affectent tout l'organisme et font perdre le calme et le pouvoir de délibérer librement.

Ces affections ont été diversement classées ; 1° suivant qu'elles augmentent ou affaiblissent l'activité intellectuelle (Drobisch) ; 2° suivant que l'élément émotionnel change ou que l'émotion est agréable ou désagréable ; 3° suivant qu'elles influent ou non sur l'activité, qu'elles produisent le désir ou l'aversion (c'est la division de Kant en sthéniques et asthéniques) ; 4° suivant que la force du corps est entière ou faible.

En se plaçant comme Nahlowsky à un autre point de vue, on divise ces affections en deux groupes :

A. — *Affections actives.*	B. — *Affections passives*
Surprise agréable.	Étonnement faible.
Gaieté soudaine.	Embarras.
Joie.	Perplexité.
Gaieté folâtre.	Surprise pénible.
Transport joyeux.	Accès de chagrin et de tristesse.
Ravissement.	Appréhension.
Courage.	Découragement.
Fureur.	Pusillanimité.
Contrariété.	Honte.
Admiration.	Crainte.
Enthousiasme.	Angoisse.
Extase.	Terreur.
	Horreur.
	Remords.
	Désespoir.

La nature active des affections de la première colonne se manifeste dans la plus grande généralité et la plus grande vivacité des présentations impliquées; ces affections éveillent de plus le sentiment de la puissance, de l'élasticité musculaire, de la promptitude à l'acte, et d'une augmentation générale de vitalité.

Enfin il faut distinguer la passion de l'affection. De même que l'affection naît de violentes sensations, de même la passion naît du désir désordonné. Un sentiment violent blessé produit une affection, une inclination contrariée excite la passion. La passion est une disposition prédominante fixe qui nous fait désirer une chose que nous refuse la raison.

Pour moi, cette distinction est une subtilité, et ne serait même pas possible si les mêmes états ne se reproduisaient pas sous l'influence impétueuse du désir. De plus, il me semble que ce qu'il appelle les affections, lorsqu'elles atteignent une grande intensité, présentent tous les caractères de la passion.

Wundt, dans son ouvrage, *Vorlesungen über die Menschen ûnd Thierseele*, vol. II (1864), étudie avec soin la nature de l'émotion. Il est très embarrassé de distinguer la conscience objective de la conscience subjective, cette dernière faisant partie du domaine des émotions. Il reconnait que les plaisirs et les souffrances des sens sont à la base de toute émotion, et il évite de tomber dans la théorie de Herbart qui résout l'émotion dans la cognition. Il remarque qu'on applique aux émotions les mêmes termes qu'aux sensations : l'amour brûle, les soins oppressent, les remords rongent. De plus les émotions sont accompagnées d'effets sensibles, de sorte qu'elles ne sont qu'une des formes particulières de l'excitation physique.

Les émotions comme les sensations, sont divisibles en agréables et en pénibles. On peut encore les subdiviser en affections et en dispositions d'esprit pénibles ou plaisantes. Les affections, lorsqu'elles sont très intenses arrivent à la passion qui est la transition qui mène au désir.

Les autres affections sont des variétés des grands états d'esprit qu'on appelle : chagrin et joie. La tristesse, le trouble, l'affliction, la mélancolie, le deuil sont des espèces différentes de chagrin. Quelques-unes ont un élément objectif, tombent sur une cause spécifique, comme l'affliction ; d'autres sont purement subjectives comme la tristesse et la mélancolie ; d'autres enfin sont tantôt subjectives, tantôt objectives.

La joie a aussi ses formes diverses ; mais nous ne sommes pas aussi riches en termes pour exprimer ses nuances. Un des modes les plus durables de la joie, c'est l'allégresse. Comme le fait remarquer l'auteur, il est curieux et caractéristique qu'il n'y ait pas de mot pour distinguer les affections joyeuses subjectives de celles qui sont objectives : il croit qu'en somme, la joie est plus subjective que le chagrin. Lorsque l'un ou l'autre état est directement produit par l'impression reçue de quelque object externe, il devient un état objectif qui est de la sympathie ou de l'antipathie. Nous avons une affection aussi bien qu'une sensation de dégoût, ce qui implique objectivité.

Wundt remarque aussi que les affections et les dispositions d'esprit diffèrent des sensations en ce qu'elles nécessitent une plus grande quantité de présentations intellectuelles ; le chagrin qu'on ressent à la mort d'un ami est le résultat complexe de bien des pensées et de bien des souvenirs. Une simple présentation peut exciter une émotion dont la force et le caractère dépendront des idées éveillées.

BAIN. — Émotions et Volonté. 37

Nous pouvons encore passer à d'autres combinaisons de la sensation et de l'idée. Nous aurons alors une classe d'émotions dépendant non comme les précédentes de la *matière* des présentations, mais de leurs *rapports* entre elles, de leur harmonie ou de leur discordance. Nous sommes très différemment affectés suivant que le cours de nos pensées est facile et ininterrompu ou suivant qu'il est laborieux et souvent brisé. Nous avons donc encore deux classes d'émotions : 1° celles où le sentiment du plaisir est joint au cours ininterrompu, mais non trop rapide de la pensée, et 2° celles où nous avons le sentiment que le courant de nos pensées est trop rapide ou parfois rompu. Cette forme spéciale d'émotions a aussi ses variétés : sentiments de l'*effort* et de l'*aisance* des opérations mentales et corporelles, correspondants aux sensations éprouvées lorsque l'effort musculaire est aisé ou difficile, sensations qui en réalité accompagnent toujours plus ou moins les sentiments beaucoup plus intellectuels. Les sentiments de la *diversion* et de l'ennui, impliquent en même temps sentiment du temps. Les émotions du *succès* et de l'*insuccès* ; de l'*accord* et de la *contradiction*, du *doute* et de l'*indécision*, de l'*harmonie* et de la *discordance* au point de vue esthétique, ont encore leur côté sensuel. L'harmonie (du son) suivant Wundt est le produit d'un nombre de sons perpétuellement unis, tombant dans l'oreille ; la dissonance naît lorsque ces sons simultanés sont accompagnés d'autres sons qu'il est impossible d'amener à l'unité ; ces affections ont de l'affinité avec l'*étourdissement* qui est un sentiment des sens qui naît lorsque le cerveau est stimulé à l'excès par un objet sensible. Dans l'*attente* la pensée se tourne avec un peu de désordre vers l'avenir. Quand l'événement répond à notre attente nous sommes *satisfaits*, si non, nous sommes *désappointés*. Quand ce qui arrive diffère de ce que nous attendions, nous sommes *surpris*, agréablement ou péniblement, suivant les circonstances. Quand notre esprit a de la peine à se faire à ce qui est arrivé, il est *étonné*. A l'harmonie est lié le *rythme* qu'on peut définir : le sentiment où l'attente et la satisfaction coïncident ; il y a désappointement lorsque le rythme est détruit. L'*espérance* et la *crainte* sont des formes spéciales de l'attente, elles contiennent un élément d'indéterminé ; l'espoir est l'attente d'un événement désiré ;

la crainte est l'attente d'un événement qu'on ne désire pas. L'anxiété est la crainte d'un grand malheur immédiat : elle est liée à l'*effroi* comme la surprise l'est à l'attente. La *consternation* et la *terreur* sont les formes les plus intenses de l'émotion de la crainte ; le *souci* devient facilement de la crainte.

Wundt, tout en reconnaissant l'existence d'affections naissant à l'occasion du flot libre ou contenu des idées, refuse d'admettre comme Herbart que toutes ces émotions sont ainsi fondées. Il soutient que non seulement les émotions citées en premier et les sentiments des sens, dépendent de la manière ou du contenant des présentations, mais encore, que les affections citées en dernier, espoir, crainte, etc. sont encore plus que simplement formelles, puisque ce sont en réalité des composés d'affections qualitatives et formelles. Il complète son exposition des émotions par une revue des états émotionnels esthétiques, moraux et intellectuels.

Je ne puis m'étendre indéfiniment et critiquer dans toute leur minutie toutes ces différentes classifications ; les ressemblances et les différences des diverses théories, avec celle que j'ai exposée dans le texte sauteront aux yeux de tout lecteur attentif. La redondance des termes employés dans toutes ces classifications, est frappante ; on retrouve le même phénomène exprimé sous des chefs différents. J'ai souvent remarqué la répétition d'un même état sous forme de désir ; je crois incompatible avec une analyse exacte des émotions l'introduction de l'élément de la croyance (crainte et espérance).

M. Shadworth H. Hodgson (*Theory of Practice*, vol. I,) classe les émotions en trois divisions.

Premièrement. — Émotions directes.

Trois subdivisions : Classe A. — 1. Émotions venant de la *matière* de l'objet représenté : Joie, tendresse, chagrin, aversion. — 2. Émotions venant de la *forme* de l'objet représenté : Plaisirs et souffrances de l'admiration ; émotions esthétiques, ou sentiment de la beauté, sentiment du laid et de la difformité. — 3. Émotions naissant de la comparaison des objets représentés : Etonnement, surprise, terreur ou crainte, surprise joyeuse, curiosité ou instinct logique, ennui émotionnel et intellectuel.

Classe *B*. — Émotions directes imaginatives :

1. Émotions de la classe *A*, avec addition de désir ou de passion, espérance, congratulation, crainte, regret. — 2. Émotions naissant de la représentation en imagination des états compris dans les groupes 2 et 3 de la classe *A* : Fantaisie, esprit, humour grave et gaie, plaisanterie, ironie, sarcasme, naïveté.

Deuxièmement. — Émotions réfléchies.

Classe *A*. — 1. Groupe sympathique : Bonne volonté, affection, amour, amitié, gratitude, pitié, joie du bien qui arrive à tous. — 2. Groupe antipathétique : Mauvais vouloir, haine, colère, amertume, vengeance, joie du mal qui arrive aux autres, malice. — 3. Mélange des deux groupes : Passion de la bienveillance, de l'affection, esprit excitable, rage, courage, rudesse, audace. — 4. Émotions qui naissent des comparaisons faites entre les propriétés : Confusion, admiration pour l'extérieur des personnes, vanité, jalousie, envie. — 5. Émotions de la comparaison entre les genres d'existence : Humilité, admiration pour les importants, complaisance pour soi-même, mépris, passions de l'émulation. — 6. Émotions de la réflexion portée sur soi seul : Honte, respect de soi-même, orgueil.

B. — Émotions de la forme : Justice et injustice, véracité, équité, indulgence, indignation.

C. — Émotions venant de la matière et de la forme. Émotion du sens moral ; bonne conscience, remords, utilité, devoir ou droit moral.

Troisièmement. — Émotions réfléchies et imaginatives.

Groupe 1. — Émotions poétiques.

Groupe 2. — Émotions religieuses — primitives : culte, faute, sentiment de justification — secondaires : foi, espérance, charité.

Il y a bien des détails intéressants et heureux dans le plan complet que je viens de citer. Je crois cependant qu'il y a un certain inconvénient à séparer aussi nettement les émotions sociales réfléchies des autres. Je ne vois pas bien ce qu'on gagne en introduisant dans toutes les subdivisions le couple abstrait et antithétique matière et forme. Dans bien des cas j'ai de la peine à découvrir la convenance d'une telle distinction ; elle me paraît toujours tendre à établir une séparation bien artificielle. Nous comprenons dans une définition extrêmement générale qu'on parle de la *forme* de la justice ; la *matière* serait alors son application à différentes classes d'actions, justice civile (droits égaux) justice criminelle (proportion de la punition au crime) ; mais je ne vois pas pourquoi la justice serait la forme tandis que l'amour et la colère seraient la matière.

B. — SIGNIFICATIONS DU MOT CONSCIENCE

La grande erreur que l'on fait à propos de la conscience me semble avoir rapport à l'attribut de la connaissance. « La conscience, dit Hamilton, est la connaissance qu'a l'esprit de ses propres actes et de ses propres affections », ce qui revient à la définition étroite de Stewart de l'étude de notre propre esprit. Un plaisir dont on jouirait seulement, mais qu'on n'étudierait pas, ne serait donc pas conscient. Hamilton ajoute : « Il est évident que tout phénomène mental est un acte de connaissance et n'est possible que par un acte de connaissance ; car la conscience c'est la connaissance ; c'est en partant de ce principe que bien des philosophes, Descartes, Leibnitz, Spinoza, Wolf, Platner, et d'autres, ont été conduits à regarder la connaissance, ou la faculté représentative comme ils l'appellent, comme la faculté fondamentale de l'esprit, et dont dérivent toutes les autres facultés. » Il croit que c'est pourtant aller trop loin. « Ces philosophes ne remarquent pas que bien que le plaisir et la souffrance, le désir et la volition, ne soient que ce qu'on les connaît être, il y a cependant dans ces modifications, une qualité, un phénomène de l'esprit absolument nouveau qui ne faisait pas partie de la faculté de connaître, qui ne pouvait donc en sortir. La faculté de connaître est sans doute la première, et la condition *sine qua non* des autres facultés ; nous pouvons concevoir un être qui posséderait la faculté de connaître et qui cependant serait entièrement privé du pouvoir de souffrir ou de jouir, de désirer ou de vouloir. » (*Métaphysique*, lect. XL) Ainsi dans les trois grandes fonctions de l'esprit, c'est la faculté de connaître qu'on affirme être la première et la plus fondamentale ; elle est indépendante des deux autres pendant que les deux autres dépendent d'elle.

On peut donc dire qu'Hamilton affirme qu'un état mental

doit être à la base d'un état de connaissance ; qu'un plaisir n'est un plaisir et ne peut être un plaisir que lorsqu'il y a quelqu'un, nous ou une autre personne, pour noter que nous jouissons ; que ce n'est pas l'intensité d'un sentiment qui fait qu'il est conscient, mais bien l'opération par laquelle on reconnait l'émotion comme un fait ou un phénomène de notre être. Ce n'est pas seulement Hamilton et ses disciples qui soutiennent cette théorie ; elle est très répandue en Allemagne. Pour moi je ne puis l'adopter, il me semble qu'elle pervertit les faits. J'admets pleinement que lorsque nous avons une émotion, que ce soit un plaisir ou une souffrance, il est en notre pouvoir d'étudier cette émotion, de la reconnaitre comme un fait, de la comparer avec d'autres émotions, et qu'il n'y a pas d'état qui soit un état conscient si nous n'avons pas la possibilité de le connaitre ; mais je n'admets pas que cette possibilité de le connaitre soit le fait fondamental, la condition *sine qua non* de l'émotion. Une émotion très intense attire naturellement l'attention sur elle-même ; mais cette attention ne fait pas l'émotion ; si cela était, plus nous serions attentifs plus nous sentirions ; en fait, lorsque une émotion est très forte, son étude a un effet apaisant, toutes les forces de l'esprit se concentrent alors sur l'étude à faire, la connaissance à acquérir.

Il me semble plus conforme aux faits de considérer l'émotion comme un élément conscient, qu'elle soit connue ou non, qu'on fixe sur elle peu ou beaucoup sa pensée. Les trois grandes fonctions de l'esprit s'entremêlent tellement qu'il est presque impossible d'en trouver une agissant absolument isolément des autres ; nous ne pouvons être tout émotion, sans un élément d'intelligence : il est impossible d'être conscient sans que quelque élément intellectuel vienne nous instruire sur nous même, ou sur le monde extérieur. Nous ne pouvons ne faire que vouloir, sans sentir ou connaître. Et cependant Hamilton soutient que nous pouvons être tout connaissance, exister dans un état de cognition, non accompagné d'émotion ou de volonté. C'est cela que je refuse d'admettre. Nous pouvons avoir un état de conscience où nous connaissons sans éprouver ni plaisir ni souffrance, et par conséquent sans avoir de motif volontaire d'action, mais non pas sans une certaine somme d'excitation neutre que je regarde comme une nuance de l'émotion, comme un moment accidentel où les éléments agréables ou pénibles de l'émotion se neutralisent les uns les autres.

Le professeur Ulrici, de Halle, dans la critique qu'il a faite de mes deux volumes dans le *Zeitschrift für Philosophie und philosophische Kritik* 38ᵉ vol. part. II, 1861), me reproche d'employer le mot conscience comme synonyme d'émotion, parce que, dit-il, sentir est une chose, connaître que nous sentons, une autre, et que cette dernière seule peut s'appeler conscience. J'ai déjà changé ma manière de m'exprimer à ce sujet ; pour des raisons déjà exposées (*les Sens et l'Intelligence*) je me sers du mot émotion *(feeling)* pour désigner un genre dont en réalité la sensation (et sentiment musculaire) et l'émotion sont les deux espèces ; et du mot conscience pour désigner tout état de la vie mentale, subjective ou objective. J'ai essayé d'expliquer comment la conscience en tant qu'émotion était liée à la conscience en tant qu'intelligence : je place comme transition entre les deux, l'excitation neutre.

Le contraste entre l'émotion et la connaissance que nous avons de l'émotion, tel que l'expose le professeur Ulrici, correspond à la différence qu'il y a entre ce qu'on appelle la stimulation réflexe et la sensation avec sentiment, au sens ordinaire du mot : il attribue la première à l'animal comme sa seule vie mentale, il réserve la seconde à l'homme. Cette manière de faire est pour moi, d'abord une licence de mots, ensuite une supposition aussi gratuite qu'inadmissible. On se sert ordinairement du mot sentir pour signifier qu'on vit mentalement, qu'on est éveillé, ou conscient, qu'on jouit, qu'on souffre ou qu'on est simplement excité : le vrai problème à débattre c'est celui que j'ai déjà signalé à propos de la théorie d'Hamilton : La conscience *(feeling)* est-elle basée sur la connaissance, ou la conscience et la connaissance sont-elles des fonctions égales mais inséparables de l'esprit ?

FIN

TABLE DES MATIÈRES

PREMIÈRE PARTIE

LES ÉMOTIONS

CHAPITRE PREMIER

Du sentiment (1) en général. 3
ACCOMPAGNEMENTS PHYSIQUES DU SENTIMENT. 3
   1. Divisions de l'esprit. — Subdivisions du sentiment 3
   2. Principes généraux de concomitance. — Loi de diffusion. . . . 3
   3. Exemples de cette loi. — Unité de la conscience 4
   4. Preuves de diffusion 5
   5. Circonstances qui limitent les manifestations diffuses du sentiment. 6
   6. Stimulus d'une impulsion active. — Concours des effets organiques. — Influence sur les petits capillaires 8
CARACTÈRES DU SENTIMENT. 10
   7. La distinction entre le plaisir et la douleur n'est pas suffisante . 10
CARACTÈRES ÉMOTIONNELS DU SENTIMENT 11
   8. Le *côté physique* et le *côté mental*. 11
   9. Le côté physique du plaisir 12
   10. Le côté physique de la douleur 12
   11. Le sentiment comme plaisir 13
   12. Le sentiment comme souffrance 13
   13. Le sentiment indifférent ou neutre. 13
CARACTÈRES VOLITIONNELS DU SENTIMENT 14

---

(1) Le mot anglais *feeling* n'a pas d'équivalent absolu en français; il veut dire : sensation, émotion, sentiment, mais toujours ce que l'on sent, ce dont on a conscience.

14. Les sentiments attestés par la conduite. 14
CARACTÈRES INTELLECTUELS DU SENTIMENT. 15
  15. Persistance des sentiments. — Renaissance en idée 15
  16. Conditions de la renaissance en idée des sentiments 16
CARACTÈRES MIXTES DES SENTIMENTS. 18
  17. La prévoyance : elle est faite de volonté et d'intelligence. . . . 18
  18. De la fixation des impressions intellectuelles. 18
  19. Différences de caractère intellectuel en rapport avec la prédominance des sentiments 19
  20. Influence du sentiment sur la croyance. 20
  21. Les émotions influent sur le jugement ; elles corrompent profondément l'intelligence 21
INTERPRÉTATION ET ESTIMATION 23
  22. L'appréciation de la quantité est nécessaire à toute science exacte. 23
  23. Grande latitude laissée dans l'évaluation des qualités mentales . 24
  24. Chacun ne connaît directement que son propre esprit, la connaissance des autres esprits est inductive. 25
  25. Degrés de délicatesse dans l'évaluation de nos états d'esprit. . . 27
  26. Manière d'évaluer les plaisirs et les souffrances en observant leurs effets neutralisants. L'intensité évaluée par la durée et les chiffres. Méthodes statistiques. Force de la croyance 28
  27. Mesure des correspondants objectifs : l'expression ; évaluation des agents connus 30
  28. Signes volitionnels. 32
  29. Signes intellectuels ; leur influence sur la pensée. 33
  30. Des difficultés qui s'opposent à l'évaluation des sentiments des autres ; hypocrisie et dissimulation ; habitude de la satisfaction ; différences entre les forces physiques 33
  31. Témoignage contradictoire de l'émotion, de la volonté et de l'intelligence ; types de caractères différant radicalement. 35
  32. Règle pour évaluer les degrés dans les qualités de l'esprit : établissement d'une moyenne. 37
  33. Règle formulée d'après des individus connus. 37
  34. Sommaire de la méthode à suivre pour évaluer les degrés de l'esprit. 38
  35. De la valeur de l'analyse mentale pour réduire les difficultés. . . 41
DE L'ACCROISSEMENT ET DE L'AFFAIBLISSEMENT DES ÉMOTIONS 41
  36. Chaque émotion a sa période de prospérité et de décadence . . . 41
  37. Périodicité des sentiments. 43
  38. Certains sentiments s'excluent mutuellement 44
  39. Certains sentiments s'allient et se renforcent mutuellement . . . 45

CHAPITRE II

La théorie de l'évolution appliquée à l'étude de l'esprit. 47

  1. La doctrine de l'évolution réalise la condition d'une exposition scientifique. 47

2. Les arguments généraux, principes de la doctrine, favorisent l'application de cette doctrine à l'étude de l'esprit   47
3. Similitude entre les instincts et les habitudes.   48
4. Caractère douteux des faits produits en faveur de la transmission héréditaire des particularités acquises.   49
5. Quelques individus sont mieux doués que d'autres par les hasards qui confèrent la supériorité physique.   49
6. L'histoire des races les plus élevées ne s'accorde pas avec la théorie de l'évolution.   51
7. Faits tirés de la domestication des animaux.   51
8. Hériter de perfectionnements, c'est une exception.   53
9. Conditions : (1) — simplicité (2) — répétition (3) — intérêt. .   53
10. Exemples : actions réflexes. — Locomotion.   53
11. Nos relations avec l'espace.   54
12. Le sentiment moral. — Difficultés dans le sujet.   55
13. Les instincts moraux sont douteux en eux-mêmes.   56
Hérédité de l'émotion.   57
14. Un cas dans la grande échelle des sentiments associés. — Les environnants permanents et naturels du sentiment peuvent être retenus et transmis.   57
15. L'exemple le plus concluant est celui que fournissent les êtres vivants.   59
16. Énumération des sentiments non héréditaires : sensations organiques. — Instinct maternel et paternel.   59
17. Sentiments primitifs des cinq sens.   61
18. Sentiments qui dépendent de conditions corporelles.   61
19. Un sentiment transmis possède le caractère *idéal*.   62
Hérédité des relations sociales.   62
20. La vie en commun.   62
21. L'appétit sexuel.   63
22. Le sentiment maternel.   63
23. Le sentiment de la revanche nous mène à la vie de rapine des animaux.   64
24. Les sollicitations de cette vie viennent directement du plaisir de la malveillance.   64
25. Le plaisir de la malveillance suppose nécessairement la faculté de pouvoir se représenter les sentiments des autres.   65
26. Les impressions héréditaires de la personnalité peuvent être fixées dans l'esprit par les passions hostiles.   66
27. Jusqu'à quel point la propriété et la liberté sont-ils des sentiments développés par l'évolution.   66

CHAPITRE III

Les émotions et leur classification.   68
1. Les émotions sont des sentiments dérivés ou composés.   68
2. Côté physique de l'émotion proprement dite.   69

3. Particularités mentales de l'émotion.................. 69
4. Certaines émotions semblent être d'espèce simple. — D'autres sont composées. — Un classement naturel s'ensuit............. 70
5. Les émotions dérivent-elles exclusivement des sens......... 71
6. Sources d'émotions, indépendantes en apparence : l'amour, la colère... 71
7. Conséquences de l'adoption de l'hypothèse : il y a trois sources d'émotions. — Difficulté de classer ces trois sources pour les étudier... 72
8. Classement proposé................................ 73
9. L'amour et la colère sont très importants............... 74
10. La distinction entre le plaisir et la souffrance ne peut pas servir de base à une classification....................... 75

CHAPITRE IV

Émotions de la relativité. 76
1. La relativité est reconnue par les maximes courantes, mais on en fait une fausse application....................... 76
2. Ses rapports avec les sentiments. — Exemples........... 76
3. Loi subordonnée de l'accommodement, fixée par l'observation. 77
4. Conditions diminuant l'efficacité de la stimulation : fréquence. Souvenir de la condition première.................... 79
5. Quelques émotions sont relatives par rapport à la *cause objective*. 80
6. Nouveauté.. 81
7. Variété... 82
8. Monotonie....................................... 82
9. Surprise.. 83
10. Liberté et contrainte............................... 84
11. Plaisirs associés à la liberté......................... 84
12. Puissance et impuissance........................... 85

CHAPITRE V

Émotion idéale. 86
1. Les sentiments émotionnels peuvent revivre............ 86
2. Facilité comparative dans le réveil d'états émotionnels..... 86
3. Le réveil suit le discernement........................ 87
4. Les sentiments sont unis à des états intellectuels qui servent à les faire revivre..................................... 88
5. Conditions spéciales qui règlent le réveil des émotions : L'émotion agréable prise comme type.................... 89
6. Tempérament émotionnel........................... 92
7. Les accroissements émotionnels sont distincts des accroissements intellectuels.................................... 93

TABLE DES MATIÈRES 589

8. Condition d'intensité.	94
9. Liberté d'esprit.	95
10. Réveil des accompagnements.	96
11. Concentration des regards.	97
12. Conditions du *rappel* (*recall*). — Exposé des circonstances qui le suggèrent.	98
13. Force de la similarité.	99
14. (Liberté) de l'esprit.	101
15. Application au cas des émotions pénibles.	102
16. Notre vie sentante est un mélange d'actualité et d'idéalité.	104
17. Une certaine part d'actualité est indispensable.	105

CHAPITRE VI

Sympathie. 107
1. Définition de la sympathie. 107
2. Agir pour les autres, ce n'est pas nécessairement faire preuve de motifs intéressés. 107
3. On doit expliquer les apparences. 108
4. Première condition de sympathie. — Expérience des sentiments. 108
5. Expérience des signes. 109
6. Association entre les sentiments et les signes. 111
7. Susceptibilité d'impression des sens en général. 111
8. Relation avec la personne pour laquelle on a de la sympathie. 112
9. Neutralisants de la sympathie. 113
10. Effet de la sympathie sur celui qui l'éprouve. 114
11. La sympathie suppose de la considération pour notre propre bonheur. 115
12. Quelle est la source de nos impulsions sympathiques? 116
13. Hypothèse sur la vie grégaire primitive des animaux. 117
14. La sympathie est compatible avec la répugnance. 118
15. Largeur des sentiments sympathiques. 118

CHAPITRE VII

Les émotions tendres. 120
CONSIDÉRATIONS PRÉLIMINAIRES. 120
1. Les émotions tendres sont les premières des émotions humaines. 120
2. L'amour et la sociabilité sont les deux faces d'un même phénomène. 120
3. L'amour pour le faible, est, suivant M. Spencer, le principe de la bienveillance. 121
4. L'amour est fondé sur le plaisir de l'*embrassement*. 122
CARACTÈRES DE L'ÉMOTION. 123
5. Objets, ou causes inspirant l'émotion. 123
6. Grands plaisirs. — Souffrances. — Plaisirs du corps. 124
7. Côté physique de l'amour ; les larmes. 124

8. Les sanglots.	126
9. Côté mental : rapport avec la faiblesse.	127
DIFFÉRENTES ESPÈCES DE L'AMOUR.	127
10. État grégaire formé à la suite de relation d'égalité : la paternité.	127
11. Force supérieure des associations agréables avec des êtres qui sentent.	128
12. Le plaisir de donner.	129
13. Agréments, accompagnements de la personnalité.	130
14. Transformations de l'embrassement.	130
SEXE.	131
15. Éléments de l'amour sexuel.	131
16. Résultats de la dissemblance.	131
17. Émotions accessoires. — La passion pour une personne.	132
LE SENTIMENT PATERNEL.	134
18. Hypothèse sur son origine.	134
19. Stimulants du sentiment paternel : il s'exerce envers des faibles.	135
20. Aspect touchant de l'enfance. — Sentiment maternel.	137
21. Le sentiment paternel.	138
LES AFFECTIONS BIENVEILLANTES.	138
22. La bienveillance sous forme de pitié ou de compassion.	138
23. L'amour mêlé de sympathie.	139
RECONNAISSANCE.	140
24. L'amour complété par l'embrassement. — La reconnaissance proprement dite commence avec la sympathie.	140
25. Reconnaissance émotionnelle. — Justice.	141
26. Sentiments tendres envers les animaux inférieurs.	141
27. Sentiments tendres pour les choses inanimées.	141
CHAGRIN.	142
28. Des peines auxquelles nous sommes exposés par rapport aux objets aimés. — Consolations de la tendresse.	142
29. Aspect social et éthique de la tendresse.	143
30. La tendresse est un levier moral pour l'éducation de l'humanité.	143
ADMIRATION ET ESTIME.	144
31. L'admiration répond à l'excellence supérieure.	144
32. L'estime répond aux qualités utiles.	144

CHAPITRE VIII

Émotion de la crainte.	147
REMARQUES PRÉLIMINAIRES.	147
1. La crainte présuppose certaines conditions mentales.	147
2. La crainte en tant que produit de l'évolution.	150
CARACTÈRES DE LA CRAINTE.	152
3. Côté physique. — Dérangement dans les fonctions avec perte de puissance.	152
4. Côté mental. — Dépression. — Effet sur la volonté ; les impressions intellectuelles en sont plus fortes.	153

5. L'*appréhension* de la souffrance. — Singularité. 154
DIFFÉRENTES ESPÈCES DE CRAINTE. 156
 6. La crainte chez les animaux inférieurs. 156
 7. Chez les enfants. 157
 8. Crainte servile. 158
 9. Présages de malheur; anxiété, soupçon, panique. 159
10. Superstition. 160
11. Nouveaux phénomènes. — La crainte de la censure. — Timidité. 161
12. Crainte de la mort. 162
13. Neutralisants de la crainte. 163
14. La réaction après la peur. — Confort et sécurité. 164
15. La crainte comme moyen de gouvernement et d'éducation. . . . 165
16. La crainte dans l'art. — Les anciens mystères. 165

CHAPITRE IX

L'émotion de la colère. 168
 1. L'émotion de la colère considérée comme un produit de l'évolution 168
 2. La colère, chez l'homme, est le plaisir de faire le mal en réponse à un mal reçu. 169
 3. Côté physique. — Expression de l'émotion décrite par Darwin. . 170
 4. Côté mental. — Le choc de la souffrance. — Ce qui pousse à faire du mal. 172
 5. La blessure faite avec intention s'envenime. 173
 6. La fascination qu'exerce la vue de la souffrance. 174
 7. L'acte de faire souffrir, suspend les sentiments compatissants. 175
DIFFÉRENTES ESPÈCES DE COLÈRE. 175
 8. Les animaux inférieurs. 175
 9. L'enfance et la jeunesse. 176
10. La colère soudaine. 176
11. Le ressentiment prémédité. — La revanche. 178
12. Antipathie. 179
13. La haine. 180
14. Hostilité ou bataille. — État primitif de la colère. 181
15. Le plaisir de la malveillance mis en question. 182
16. Indignation légitime. 185
17. Conséquences morales de la colère. 185

CHAPITRE X

L'émotion du pouvoir. 186
 1. Sentiments variés d'activité. — Le plaisir du pouvoir est distinct. 186
 2. L'élément sociable est nécessaire au plaisir du pouvoir. . . . 188
 3. Le plaisir du pouvoir a de grands rapports avec le plaisir de la malveillance. 189
 4. Le pouvoir renferme les plaisirs de la propriété et de l'amour. 189

5. C'est avec *satisfaction* qu'on touche à la fin d'un travail. . . . 190
6. Coté physique. — Il ne renferme aucune manifestation originale.
   — Le rire. 191
7. Etendue du plaisir du pouvoir, en idée. 192
8. Intérêt des signes et des manifestations que fait naître le pouvoir. 193
9. Retour vers le plaisir du pouvoir en exercice. — Disposition à
   se ranger sous un protectorat. — Admiration pour la puissance
   morale. 193

CHAPITRE XI

Émotions du moi (self). 195
  1. Signification du mot « moi ». 195
  2. Choix dans ces significations. 196
Considération de soi-même. — Estime de soi. — Satisfaction de soi. 197
  3. Forme primitive de la considération de soi-même. 197
  4. La considération de soi-même est empruntée aux considérations
     sociales. 197
  5. Par la considération de soi-même on évalue son propre mérite. . 198
  6. La pitié pour soi-même, est l'appropriation du luxe de pitié que
     nous avons pour les autres. 199
  7. La complaisance pour soi. — La satisfaction de soi. 200
  8. Le respect de soi-même est un sentiment élevé. 201
  9. Se suffire à soi-même. 201
Approbation, Admiration, Louange. 202
  10. L'approbation impliquée dans la situation sociale primitive. . 202
  11. Circonstances qui augmentent l'effet de l'approbation et de la dé-
     sapprobation. 203
  12. Se sentir approuvé, c'est le premier sentiment conscient de notre
     propre supériorité. 203
  13. Flatterie, adulation, réputation, honneur, applaudissements, com-
     pliments, vaine gloire. 204
  14. Artifices de la *politesse*. 205
  15. Désapprobation, censure, etc. 205
  16. Honte. 206
  17. Influence de l'éducation sur les émotions du moi. 206
  18. Amour-propre et égoïsme. Calcul de prudence. 206
  19. Jusqu'à un certain point, on trouve toujours un peu d'égoïsme dans
     les actions désintéressées. 207

CHAPITRE XII

Émotions de l'intelligence. 209
  1. Les opérations de l'intelligence donnent naissance à des sentiments. 209
  2. L'émotion due à la similarité dans la diversité, est une espèce de
     surprise. 209

TABLE DES MATIÈRES 593

3. Les découvertes de l'identité font naître un sentiment de *soulagement*. — Émotions de la science 210
4. Souffrance que procure la contradiction. — La vue de la vérité. . 212

CHAPITRE XIII

Émotions de l'action. — Poursuite d'un objet. . . . 214
  1. L'évolution peut rendre compte de la fascination de la poursuite d'un objet. 214
  2. Conditions qui rendent cette poursuite agréable. 215
  3. Buts d'actions qui admettent le mieux l'incertitude. 215
  4. Incertitude. — Mystère. 216
  5. La poursuite grandit l'objet. 216
  6. Exemples : le sport, l'industrie, la recherche de la science. . . 217
  7. Nos plaisirs sociaux augmentent par l'intérêt pris à leur poursuite. 217

CHAPITRE XIV

Émotions esthétiques. 219
  1. Particularités qui circonscrivent les plaisirs esthétiques. . . . 219
  2. Les oreilles et les yeux sont les sens esthétiques. 220
  3. Les sentiments musculaires et sensuels sont esthétiques en *idée*. 221
  4. Le problème du beau. 221
  5. Les qualités esthétiques. 222
  6. Lois applicables aux plaisirs esthétiques. 222
  7. Plaisirs de la vue et de l'ouïe. 223
  8. Coopération de l'intelligence. 224
  9. Les émotions dans l'art. 225
10. Sentiment intellectuel de l'unité. — Unité dans la diversité. . . 226
11. Certaines incapacités frappent les émotions dues à la science. . . 226
12. *Combinaisons du son.* — Musique. — Les *sensations* musicales primitives. 227
13. Unité dans la variété. — *Forme* musicale. 228
14. *Expression* musicale. 229
15. Mélodie de la parole. 230
16. Les *harmonies* de la vue. — Effets simples. 231
17. Unité dans la variété. — Proportions.— Établissement des lois. 232
18. Beauté de la forme. 232
19. L'*expression* dans les objets de la vue. — Beauté venant d'associations différentes. 234
20. Expression de la forme et du contour. 235
21. Beauté des supports. 235
22. Aisance dans les supports. 236
23. Symétrie. 238
24. Beauté du mouvement. 238
25. *Opportunité*. — L'esthétique de l'utile. 238

Bain. — Émotions et Volonté.   38

26. Beauté dans l'ordre. 239
27. Le *sublime*. — Aspects complexes de la force.. 240
28. La force humaine est sublime, ... 241
29. Sublime des supports. 242
30. Sublime de l'espace. 242
31. Grandeur du temps. 243
32. *Objets naturels, en général*. — Règnes minéral et végétal. — Surface du globe. 243
33. Le règne animal, ses beautés, ses laideurs. 244
34. La forme humaine. 245
35. Beauté de caractère. 246
36. L'idéalisation est une opération artistique. 246
37. Les arts d'imitation. — Conditions de l'imitation artistique. . . 247
38. Le *burlesque* : Causes du rire. — L'incongruité n'est pas nécessairement burlesque.. 249
39. Le burlesque, comme dépendant de la dégradation. — Théorie de Hobbes.. 249
40. Le comique est la réaction du sérieux. 251

CHAPITRE XV

Les émotions éthiques, ou le sens moral. 255
1. Le criterium de l'obligation morale, c'est le châtiment. . . . 255
2. Les différentes théories morales. 256
3. La volonté de la divinité. — La droite raison. — La volonté du souverain. 257
4. Intérêt personnel. 258
5. Le sens moral. 259
6. Exposition de la théorie Whewell. 260
7. Le principe premier de la morale ne peut pas être abstrait . . 251
8. Examen de l'uniformité supposée des jugements moraux de l'homme. — Rapport avec la sécurité publique. 261
9. Les hommes, à l'unanimité, se sont imposés des restrictions purement sentimentales. — Différences entre les restrictions imposées.. 263
10. La théorie de la sympathie d'Adam Smith. 264
11. Le principe d'utilité. — On doit lui faire subir quelques modifications.. 265
12. Les objections habituelles dirigées contre l'utilité sont sentimentales.. 268
13. Les règles existantes combinent l'utilité et le sentiment. . . 270
14. Exemples de sentiment converti en règles morales. . . . 271
15. Procédé de la *mise en vigueur* des règles morales. . . . 272
16. Exemple : opinion contraire à l'esclavage.. 274
17. L'*abrogation* des lois morales. 275
18. La conscience se modèle sur l'autorité extérieure.. 275
19. Différence dans les consciences.. 277

20. La conscience indépendante. 278
21. Le sens abstrait du devoir. 279
22. Nos jugements moraux sur la conduite des autres hommes. — Désapprobation morale.. 281
23. L'approbation morale est liée à la récompense. — Vertu et mérite. 282
24. Discussion sur la nature et la réalité des considérations désintéressées. 283
25. Le chaos moral.. 288

DEUXIÈME PARTIE

LA VOLONTÉ

CHAPITRE PREMIER

Les éléments primitifs de la volition 293
LA SPONTANÉITÉ DU MOUVEMENT 294
   1. Récapitulation de la théorie 294
   2. Les organes du mouvement opèrent par groupes 295
   3. Exemples de spontanéité isolée 296
CIRCONSTANCES QUI GOUVERNENT LA DÉPENSE SPONTANÉE 299
   4. Vigueur naturelle ; cause excitante ; stimulants mentaux 299
   5. Gradation dans les dépenses d'énergie motrice 301
LIEN ENTRE LE SENTIMENT ET L'ACTION 302
   6. Loi de la conservation personnelle 302
   7. Les mouvements émotionnels peuvent-ils être le commencement de la volonté ? 303
   8. Œuvre de la loi de la conservation sous l'empire du plaisir ou de la souffrance 304
LA THÉORIE PRÉCÉDENTE MISE EN RAPPORT AVEC LA DOCTRINE DE L'ÉVOLUTION . 307

CHAPITRE II

Croissance du pouvoir volontaire 312
   1. Associations volitionnelles avec les sentiments musculaires . . . 312
   2. Sensations organiques. Souffrances des muscles ; crampe ; soif . . 313
   3. Sentiments de la respiration ; chaleur et frisson 316
   4. Succion 317
   5. Mastication 318
   6. Respiration des odeurs douces ; répugnance pour les odeurs désagréables 320
   7. Les sensations agréables du toucher sont recherchées, on fuit les sensations désagréables : l'éducation du fouet 322
   8. On évite ou l'on recherche les sons suivant leurs qualités . . . 325

TABLE DES MATIÈRES 597

    9. Le sens de la vue ; observations d'Abbot 325
   10. *Actions intermédiaires, fins associées* ; action de porter la main à la bouche 327

CHAPITRE III

Croissance du pouvoir volontaire (suite)   331
    1. Transport des liaisons acquises à d'autres usages. 331
    2. Instruments de contrôle général : la parole et le commandement. 332
    3. Faculté d'imitation. 335
    4. Imitation de mouvements à vue 338
    5. Agir d'après un *désir*. 340
    6. L'antécédent mental, l'*idée* du mouvement doit exister. . . . 341
    7. L'antécédent mental, l'idée des *effets* doit exister 343
    8. Le plaisir et la souffrance en idée. 344
    9. Exemples tirés de la voix 346

CHAPITRE IV

Contrôle des sentiments et des pensées 348
    1. La volition couronnée par la puissance du commandement. . . . 348
CONTRÔLE DES SENTIMENTS 349
    2. L'opération de la volonté est limitée aux muscles 349
    3. Parties de l'onde émotionnelle qui ne sont pas musculaires ; moyens de contrôle émotionnel 350
    4. Accroissement du contrôle volontaire des sentiments. 353
    5. Le contrôle des sentiments atteste le pouvoir de la volonté . . 356
EXPRESSION MIXTE DES SENTIMENTS 357
    6. Cas où l'expression émotionnelle est combinée avec l'opération de la volonté 357
COMMENT SE GOUVERNENT LES PENSÉES 359
    7. La volonté peut fixer l'attention de l'esprit, aussi bien que celle du corps. 359
    8. Le contrôle des enchaînements intellectuels atteste l'énergie volitionnelle 365
    9. L'association constructive est une opération de la volonté. . . 365
   10. Les pensées sont les instruments qui commandent les sentiments. 367
   11. Les idées aident à la suppression ou à la liberté des manifestations émotionnelles 368
   12. Fait inverse : Les sentiments gouvernant les pensées. 369

CHAPITRE V

Motifs et Fins 372
    1. Variété dans ce qui constitue les motifs 372

2. Les fins dernières d'une action sont comprises dans les sentiments du mouvement, sensations et émotions. 375
3. Persistance idéale des sentiments variés qui agissent comme motifs. 375
4. Fins totales, dérivées, et intermédiaires : argent, santé, science, puissance. 377
5. Fins excitantes, passionnées, exagérées, irrationnelles : idées fixes. 378
6. Excitation accompagnant la souffrance 379
7. Excitation accompagnant le plaisir. 380

CHAPITRE VI

Le conflit des motifs 385
1. Concurrence de deux sentiments regardés comme émotions . . . 385
2. Spontanéité en conflit ; épuisement physique. 386
3. Deux états opposés et présents agréables ou pénibles, ont pour résultat un fait de caractère 388
4. Le même plaisir ou la même souffrance dans différentes occasions et chez des personnes différentes. 389
5. Conflit entre l'actuel et l'idéal 391
6. Les affections, motifs de conduite dans le conflit 393
7. Fins idéales en conflit 393
8. Fins agrégées. 394
9. Fins excitant une impulsion exagérée 394

CHAPITRE VII

Délibération, résolution, effort. 396
1. La délibération est un acte volontaire suscité par la connaissance des mauvais effets d'une action irréfléchie. 396
2. Exemple. 398
3. L'attitude délibérative permet à toutes les considérations de se faire jour 399
4. L'algèbre morale de Franklin. 401
5. Autre moyen : se rappeler ses impressions à la fin de chaque jour. 402
6. La délibération diffère suivant que la chose en vue a été oui ou non expérimentée. 403
7. La délibération n'est pas une exception à la théorie de la volonté. 404
8. Résolution; action suspendue jusqu'à ce que certaines choses arrivent. 404
9. Les résolutions prises pour des périodes éloignées sont susceptibles de ne pas être suivies 405
10. Le plan de la vie humaine est un enchaînement de résolutions . . 407
11. L'effort ; des sentiments différents sont associés à des actes volontaires. Différentes significations de l'effort 408

CHAPITRE VIII

Le désir 410
 1. Le désir est un motif pour la volonté, mais son action est restreinte. 410
 2. Le désir dans les opérations prolongées. Quelle est l'issue d'une action empêchée ? 410
 3. Première alternative : la patience. 411
 4. Seconde alternative : action idéale ou imaginaire 413
 5. Cas qui permettent la satisfaction imaginaire : sentiments persistant en idée 415
 6. Provocations du désir : les appétits du système ; plaisir goûté. . 418
 7. Désirs nés de nos émotions : la passion sexuelle ; le désir des choses inconnues. 420
 8. Recherche sur l'objet propre du désir : est-ce le plaisir, la souffrance ou quelque chose d'indifférent ? doctrine de Butler ; opinion de M. Sidgwick 422

CHAPITRE IX

Les habitudes morales. 428
 1. Particularités dans les acquisitions morales 428
 2. Contrôle des sens et de l'appétit. 429
 3. Exemple : l'habitude de se lever de bonne heure. 430
 4. Nécessité d'une puissante initiative. 431
 5. Tempérance ; qu'entend-on par avoir l'*habitude de* ?. 432
 6. Contrôle de l'attention. 432
 7. Suppression des mouvements instinctifs. 434
 8. On peut transformer la prépondérance de l'émotion 434
 9. La culture appliquée à des émotions spéciales 436
 10. Terreur ; courage. 436
 11. Émotion tendre. 437
 12. Le sentiment malveillant comme convoitise du pouvoir. 438
 13. L'amour des aventures 438
 14. Émotions de l'intelligence. 439
 15. Goût et culture esthétiques. 439
 16. Comment sont possibles les conversions subites. 440
 17. La spontanéité modifiée par l'habitude. 440
 18. Répression du désir ; contentement 441
 19. Domestication des espèces animales 442
 20. Opposition aux enchaînement intellectuels : Concentration de la pensée 442
 21. Opinion de Butler : l'habitude amortit la susceptibilité passive. . 443

CHAPITRE X

Prudence ; devoir ; impuissance morale........... 446
1. Prudence ; la volonté dans la recherche du bonheur ; les impulsions naturelles............. 446
2. Aides aux impulsions naturelles................ 447
3. La méditation faite à loisir est un élément de prudence..... 448
4. Caractères qui sont nés prudents............... 448
5. Forces contraires à la prudence................ 449
6. On peut prédire quelle sera la conduite d'un homme si l'on connaît la force de ses motifs.................. 450
7. Devoir ; les impulsions naturelles............... 452
8. L'autorité extérieure, punissant, est la première source du sentiment moral ; la conscience esclave................ 452
9. Éléments de la conscience autres que la crainte de la punition ; impulsions désintéressées ; la conscience du citoyen.... 454
10. La conscience indépendante................. 457
11. Ajoutés et aides à la conscience............... 458
12. Impulsions contraires au devoir................ 458
13. Impuissance morale ; elle consiste en une faiblesse de motifs à laquelle on peut remédier................ 460
14. L'excuse habituelle de l'offenseur : « Je n'ai pas pu l'empêcher. »... 462

CHAPITRE XI

Liberté et nécessité................. 464
1. En pratique on suppose la conduite humaine comme uniforme ; le libre-arbitre est un embarras métaphysique............ 464
2. Il n'est pas extraordinaire de voir des questions obscurcies par des difficultés factices................. 465
3. *Liberté ; libre-arbitre* ; mots mal choisis pour exprimer la volition. 467
4. La question de la liberté n'est pas seulement une dispute de mots ; la succession invariable des actions des hommes peut être niée comme elle l'a été par Socrate............ 469
5. Nécessité ; mot mal fait et trompeur............
6. Choix ; délibération ; signification de ces mots : leur rapport avec la question de la liberté................. 471
7. Spontanéité ; détermination du moi ; le moi représentant nos intérêts permanents.................. 474
8. Le moi (*self*) est la somme totale des fonctions mentales classées. 475
9. Conscience du libre arbitre ; argument de M. Sidwich : Le libre arbitre se montre dans nos résolutions de changer de caractère. 477
10. Le changement de caractère n'est pas un mode particulier de volition ; explication ordinaire du cas............ 478
11. Le libre arbitre est un mot qui ne peut rester dans une langue définitivement fixée................. 480

12. Le déterminisme n'a aucun rapport avec l'utilitarisme ou avec les théories morales égoïstes. L'hypothèse du libre arbitre est contraire à la poursuite de la vertu 481
13. Action morale ; responsabilité ; deux significations du mot « moral ». 484
14. La responsabilité nécessite la punition. Limite dans le droit d'imposer des punitions. Responsabilité de croyance 484

CHAPITRE XII

La croyance (*belief*) 488
1. La croyance n'est pas identique au savoir ou à l'émotion. . . . 488
2. Le critérium d'une croyance, c'est une préparation à l'action ; dans l'aspect primitif de la volition, la croyance n'a pas de place. 488
3. La croyance implique la perception de l'ordre de la nature ; croyance dans nos sensations 489
4. Notre bonheur et notre malheur dépendent de la prévision de ce qu'il nous faudra pour subvenir à nos besoins ; l'opposé de la croyance est le doute. Le plaisir et la souffrance en *idées* sont plus efficaces lorsque la croyance les accompagne. 491
5. La croyance varie en degrés. Témoignages de sa force. 493
6. Ordre de la discussion de la question soulevée. 494
7. I. — Crédulité primitive 494
8. L'assurance primitive et ses contradictions. 495
9. Conciliation de deux influences opposées. 495
10. Comment l'expérience renforce la croyance : contradictions vaincues 496
11. L'expérience distingue les conditions précises du fait. 498
12. Comment agir avec les successions probables : introduction des sentiments. 499
13. II. — Au point de vue intellectuel nous devons d'abord examiner le pouvoir du moment 501
14. Influence de la suggestion puissante d'une idée. 502
15. III. — Efficacité des sentiments ; les sentiments annulent la distinction 503
16. L'émotion ou le sentiment renforce l'intensité d'une idée. . . . 504
17. Comment s'éloignent les idées hostiles ou incompatibles. . . . 505
18. Confiance et dépression dans les esprits 505
19. IV. — La croyance gouvernée par l'activité ; activité spontanée . 506
20. La volonté et le désir, leur influence sur la croyance. 507
21. Effets des sentiments et des activités sur les contrôles ou contradictions. 508
22. Application de notre croyance en l'uniformité de la nature. . . 509
23. Perversions dues à la crédulité primitive associée aux sentiments . 510
24. Croyance au surnaturel 511
25. Cas ordinaires d'erreur et d'illusion 512
26. L'espérance 512
27. L'antithèse de l'espérance : le désespoir. 513
28. La foi, dans le sens religieux. 514

29. La croyance à la mémoire : opinions de James Mill et de John Stuart Mill. Différence entre la mémoire et l'imagination . . . 514
30. Opinion de M. Sully sur les bases de la croyance. 517

CHAPITRE XIII

Conscience. 520
   1. Significations principales du mot « conscience ». 520
   2. Tendance générale de ces différentes significations : I. Vie mentale ; II. Subjectivité. 525
LA CONSCIENCE EN TANT QUE SENTIMENT : 1° *Les états passifs*. 526
   3. Plaisir et souffrance ; excitation neutre, sa diffusion ; son rôle dans l'esprit 526
   4. Influence intellectuelle de l'excitation neutre ; elle imprime les impressions reçues. 527
      2° *Les états actifs*. 528
   5. Conscience de l'énergie ; cognition de l'univers étendu ; la conscience volitionnelle 528
LA CONSCIENCE INTELLECTUELLE 529
   6. Fondement commun de l'émotion et de l'intellect 529
SENTIMENT « SENSE » DE DIFFÉRENCE 529
   7. Le discernement est le fait fondamental de l'intelligence 429
   8. Le changement d'impression est une condition de la conscience. . 530
   9. Une transition émotionnelle se fixe comme une différence. . . . 531
  10. Valeur intellectuelle spéciale de la forme mentale de l'excitation ou de l'émotion. 534
SENTIMENT « SENSE » DE RESSEMBLANCE 535
  11. Le choc mental donné par la ressemblance ou la diversité est nécessaire pour que nous reconnaissions la ressemblance et la généralité. Les trois propriétés de l'esprit se résolvent dans une seule unité qui a deux faces, l'émotionnelle et l'intellectuelle . 535
SENSATION ET PERCEPTION 538
  12. Distinction entre l'aspect émotionnel et intellectuel des sens. . . 538
  13. Une sensation combine un choc présent avec le souvenir collectif de plusieurs chocs anciens semblables. Erreurs venant d'une identification fausse 539
  14. La perception est plus intellectuelle que la sensation 541
  15. Exemples de perceptions acquises de la vue 542
LA SENSATION (INTELLECTUELLE) ET L'IDÉE 543
  16. La sensation et l'idée se ressemblent par plusieurs points 543
  17. Leurs différences : force ou énergie comparatives. 544
  18. Plénitude de la sensation dans les détails. Elle est facilement maintenue devant l'esprit. 545
DE LA NATURE DE LA CONNAISSANCE 546
  19. Qu'est-ce que c'est que connaître une chose ? 546
  20. Dispute sur l'origine de la connaissance : vient-elle des sens ?. . 546
  21. La connaissance est au dessus de la sensation et de la perception. 547

22. Toutes les sensations ne deviennent pas des connaissances . . . 548
23. Forces spécialisantes ou sélectives. 549
24. Dire qu'il y a des forces sélectives, c'est dire que nous ne connaissons que des relations 550
25. Le génie littéraire et la langue sont des instruments de sélection. 552
26. Sommaire des conditions essentielles de la connaissance 553
SUJET ET OBJET ; LE MONDE EXTERNE 553
27. Un exemple de relativité 553
28. Les trois signes, déjà donnés, qui distinguent l'objet et le sujet. 554
29. L'analyse détaillée de M. Herbert Spencer. 554
30. Proposition d'une autre analyse. 556
31. Le problème ontologique de la réalité d'un monde externe indépendant. Le réalisme ordinaire exprime d'une façon remarquable la distinction de l'objet et du sujet 561
32. Le caractère du réalisme convient à cette fin. 563
33. La perception externe telle qu'elle est comprise par Destutt de Tracy. 563

APPENDICE

A. — Sur les conditions physiques, les plus générales de la conscience. Loi de relativité et de diffusion ; opinion de G. H. Lewes sur les actes réflexes. 565
B. — Classification des émotions Herbert Spencer ; Reid ; Dugald Stewart ; Thomas Brown ; Sir V. Hamilton ; Kant ; Herbart Waitz ; Nahlowsky ; Wundt ; Shadworth ; H. Hodgson . . . 568
C. — Signification du mot Conscience ; Hamilton, sur la priorité de la connaissance dans la division de l'esprit ; Ulrici, sur la conscience 581

www.ingramcontent.com/pod-product-compliance
Lightning Source LLC
Chambersburg PA
CBHW060257230426
43663CB00009B/1497